Karin Birkner, Peter Auer, Angelika Bauer und Helga Kotthoff
Einführung in die Konversationsanalyse

Karin Birkner, Peter Auer, Angelika Bauer
und Helga Kotthoff

Einführung in die Konversationsanalyse

ISBN 978-3-11-019612-2
e-ISBN (PDF) 978-3-11-068908-2
e-ISBN (EPUB) 978-3-11-039370-5

Bibliografische Information der Deutschen Nationalbibliothek
Die Deutsche Nationalbibliothek verzeichnet diese Publikation in der Deutschen Nationalbibliografie; detaillierte bibliografische Daten sind im Internet über http://dnb.dnb.de abrufbar.

© 2020 Walter de Gruyter GmbH, Berlin/Boston
Umschlagabbildung: zeremski / iStock / Getty Images
Druck und Bindung: CPI books GmbH, Leck

www.degruyter.com

Inhalt

Vorwort — 1

1	**Grundlegendes — 3**	
1.1	Die soziologischen Wurzeln der Konversationsanalyse — 7	
1.1.1	Garfinkel und die Ethnomethodologie — 7	
1.1.2	Indexikalität — 11	
1.1.3	Reflexivität — 12	
1.1.4	Accountability — 13	
1.2	Die Ethnomethodologische Konversationsanalyse — 14	
1.2.1	Adressatenzuschnitt — 17	
1.2.2	*Display* und *Doing* — 18	
1.3	Methodisches Vorgehen — 19	
1.3.1	Datenerhebung — 20	
1.3.2	Datenaufbereitung — 21	
1.3.3	Datenanalyse — 22	
1.4	Transkriptionen lesen: eine Kurzanleitung — 24	
1.5	Gat 2-Konventionen für Verbaltranskripte — 29	

2	**Anfang und Ende fokussierter Interaktion — 32**	
2.1	Grundgedanken — 32	
2.2	Das Problem der Zugänglichkeit — 38	
2.3	Körperliches Miteinander — 41	
2.4	Identifizierung und Signalisieren von Erkennen — 49	
2.5	Rituelle Komponenten der Gesprächseröffnung — 60	
2.6	Der Grund des Gesprächs — 79	
2.7	Gesprächsbeendigung — 85	
2.7.1	Die kanonische Form — 85	
2.7.2	Expandierte und verkürzte Varianten — 90	
2.7.3	Die Auflösung des Miteinander — 97	
2.8	Wissenschaftsgeschichtliches Nachwort — 103	

3	**Die Struktur von Redebeiträgen und die Organisation des Sprecherwechsels — 106**	
3.1	Einleitung: die Progressivität von Gesprächen — 106	
3.2	Einige grundlegende Beobachtungen und Begriffe — 108	
3.3	Wann wird das Rederecht neu verteilt? — 115	
3.3.1	Einfache Redebeiträge — 117	

3.3.2	Komplexe Redebeiträge —— 142	
3.4	Wer erhält als nächster das Wort? —— 164	
3.4.1	*One speaker at a time* – Eine kulturunabhängige Orientierungsregel? —— 164	
3.4.2	Wahl des nächsten Sprechers durch den augenblicklichen Sprecher (Regel a) —— 168	
3.4.3	Aktivitäten des Rezipienten, die keinen Anspruch auf den Redebeitrag anmelden —— 178	
3.4.4	Praktiken der Selbstwahl des nächsten Sprechers (Regel b) —— 190	
3.4.5	Der augenblickliche Sprecher macht weiter: Erweiterungen nach einem MÜP (Regel c) —— 199	
3.4.6	Was passiert, wenn niemand weitermacht? —— 210	
3.5	Turbulenzen —— 215	
3.5.1	Zu Wort kommen —— 217	
3.5.2	Simultane Erwiderungen —— 222	
3.5.3	Hilfeleistungen —— 224	
3.5.4	Gesichtswahrung —— 227	
3.5.5	Maximierung von Übereinstimmung und Nicht-Übereinstimmung —— 230	
3.6	Wissenschaftsgeschichtliches Nachwort —— 233	
4	**Sequenzstruktur —— 236**	
4.1	Sequenzialität und die Grundbausteine von Gesprächen —— 236	
4.2	Sequenzielle Organisation —— 237	
4.3	Basale Paarsequenzen —— 242	
4.4	Präferenzorganisation —— 249	
4.5	Typen von Paarsequenzen —— 257	
4.5.1	Informationen erfragen & antworten —— 257	
4.5.2	Mitteilen & quittieren —— 261	
4.5.3	Neuigkeit verkünden & bewerten —— 264	
4.5.4	Bitten & gewähren/ablehnen —— 269	
4.5.5	Anbieten, vorschlagen, einladen & annehmen/ablehnen —— 273	
4.5.6	Einen Gefallen tun, ein Geschenk machen etc. & sich bedanken —— 278	
4.5.7	Sich entschuldigen & annehmen/ablehnen —— 279	
4.5.8	Vorwurf machen & sich rechtfertigen/entschuldigen —— 280	
4.5.9	Bewerten & (positiv/negativ) gegenbewerten —— 283	
4.5.10	Kompliment machen & annehmen/ablehnen —— 287	
4.5.11	Sich selbst abwerten und widersprechen/ratifizieren —— 294	

4.5.12	Zusammenfassung —— 296
4.6	Paarsequenzerweiterungen —— 297
4.6.1	Vorläufe —— 298
4.6.2	Einschübe —— 314
4.6.3	Nachläufe —— 320
4.6.4	Mehrere Erweiterungen in einer Sequenz —— 323
4.7	Institutionenspezifische Sequenzverläufe: Schule —— 325
4.8	Schlussbemerkungen —— 328

5	**Reparaturen —— 331**
5.1	Nicht immer läuft alles rund —— 331
5.2	Reparieren —— 336
5.3	Die Standardformate des Reparierens —— 346
5.4	Die Standardformate im Reparaturinitiierungsraum —— 350
5.4.1	Selbstinitiierte Reparaturen in Position R1a und R1b —— 352
5.4.2	Fremdinitiierte Reparaturen in Position R2 —— 356
5.4.3	Selbstinitiierte Reparaturen in Position R3 —— 364
5.4.4	‚Nachträge' in Position R4 —— 367
5.5	Das Präferenzsystem für Reparaturen —— 369
5.6	Situierte Praxis: Praktiken des Reparierens —— 375
5.6.1	Problemanzeigende Signale im Vorfeld von Reparaturen —— 376
5.6.2	Initiierungspraktiken —— 378
5.6.3	Ratifizierungspraktiken —— 389
5.7	Wortsuchen —— 391
5.8	Wozu Reparaturen sonst noch verwendet werden! —— 399

6	**Erzählen in Gesprächen —— 415**
6.1	Einleitung —— 415
6.2	Interaktionales Erzählen —— 417
6.3	Vom Einstieg in Erzählungen —— 419
6.3.1	Erzähleinleitung mit Bezug zum aktuellen Thema —— 420
6.3.2	Erzähleinleitung ohne Bezug zum aktuellen Thema —— 422
6.3.3	Erzähleinleitung gegen ein laufendes Thema —— 426
6.3.4	Fremdinitiierung von Erzählungen —— 428
6.4	Vom Ausstieg aus Geschichten —— 430
6.5	Erzählungen als Ko-Konstruktionen —— 433
6.5.1	Rezeptionskundgaben —— 433
6.5.2	Zum Management von Erzählhaltung (*stance*) —— 436
6.5.3	Eine Klatschgeschichte im Duett —— 441

6.5.4	Serien von Geschichten —— **447**	
6.6	Berichten —— **449**	
6.7	Witze —— **454**	
6.8	Erzählen mit Kindern —— **461**	
6.9	Schlussbemerkung —— **466**	
7	**Literaturverzeichnis —— 469**	
8	**Glossar —— 491**	
9	**Index —— 497**	

Vorwort

Was lange währt..., wird manchmal dann halt doch nichts mehr! Diese Befürchtung, das ist verständlich, ergriff im Laufe der etwas längeren Entstehungsgeschichte dieser Einführung mal die eine, mal den anderen aus unserem Autorenteam, aber zum Glück nie alle zur selben Zeit. Und so wurde dann, auch wenn es lange währte, das Buch am Ende doch fertig!

Der Ausgangsimpuls vor etlichen Jahren war, eine Einführung in die klassische Konversationsanalyse auf Deutsch vorzulegen, da es sie bis dato noch nicht gab. Das gilt im Prinzip noch immer, wenn man berücksichtigt, dass die Einführung von Elisabeth Gülich und Lorenza Mondada aus dem Jahr 2008 Französischkenntnisse voraussetzt. Ein weiteres Ziel war, die drei klassischen konversationsanalytischen Gegenstandsbereiche Sprecherwechsel, Sequenzorganisation und Reparaturen, mit Ausblicken auf aktuelle Forschungsentwicklungen, in den Mittelpunkt zu stellen. Auch das gilt noch immer. Ergänzt wurde das Konzept aber zum einen durch ein Kapitel zum Anfang und Ende fokussierter Interaktion, das wesentlich Erkenntnisse von Erving Goffman berücksichtigt, und durch ein Kapitel zum Erzählen, denn Erzählen ist (auch in institutionellen Kontexten) zentral und schlägt zudem eine Brücke zum medial schriftlichen Erzählen, das z. B. in der computervermittelten Kommunikation untersucht wird.

Allerdings hat sich auch einiges im Laufe des Entstehungszeitraums verändert. Es ist ein Einführungsbuch entstanden, das aufgrund seines Umfangs und der Detaillierung über eine BA-Einführung hinaus verwendet werden kann. Es ist aber immer noch für Anfänger/innen gut geeignet, da es keinerlei Voraussetzungen macht. Das Lesepensum, das die einzelnen Kapitel darstellen, mag Studienanfängerinnen und -anfänger vielleicht auf den ersten Blick verschrecken; wir haben versucht, dem durch Verständlichkeit, Lesbarkeit und eine Fülle von Beispielen entgegenzuwirken – die Praxis wird zeigen, ob es uns gelungen ist.

Vor allem aber hat sich der Kenntnisstand der Konversationsanalyse im Laufe der Jahre vergrößert. Mit zunehmender Verwendung von Videoaufzeichnungen wachsen die Erkenntnisse über die multimodale Konstituiertheit von sprachlicher Interaktion: Verbales, Visuelles, Auditives, Haptisches und Olfaktorisches sind unauflösbar miteinander verwoben und werden von den Beteiligten für die Konstruktion von Bedeutung in der Interaktion ausgeschöpft, sowohl von produzierender wie von rezipierender Seite. Nicht zufällig haben frühe konversationsanalytische Arbeiten häufig Telefondaten verwendet, bei denen nur das Verbale relevant ist; heute sind die technischen Voraussetzungen gegeben, sprachliche Interaktion in ihrer multimodalen Audio-Visualität zu untersuchen. Damit entwickelt sich auch die Konversationsanalyse weiter und es entstehen neue Ansätze, die grundlegende methodisch-theoretische Prämissen der KA teilen, aber auch das Methodenspektrum erweitern, um spezifische Fragestellungen zu bearbeiten. Dies zeigt sich besonders im Kapitel zum Sprecherwechsel, in dem z. B. neuere Forschungsergebnisse zur Rolle des Blicks eingegangen sind, die z. T. auf *Eye-Tracker*-Studien zurückgehen.

Unser Dank geht an all jene, deren Feedback im Laufe der Zeit eingeflossen ist: an Kolleg/innen, die die Kapitel in verschiedenen Stadien in ihren Seminaren verwendet haben, Studierende, deren Rückmeldungen bei der Überarbeitung hilfreich waren, und an all diejenigen, die uns Beispiele zur Verfügung gestellt haben (die bei weitem nicht alle zum Einsatz kommen konnten). Auch gäbe es dieses Buch nicht ohne all die Sprecher/innen, die die Beispiele produziert und der Wissenschaft zur Verfügung gestellt haben, und ebenso wenig ohne die vielen studentischen Hilfskräfte, die sie transkribiert haben. Sie alle hier namentlich zu erwähnen, würde den Rahmen sprengen und außerdem würde ich Gefahr laufen, wegen der langen Entstehungszeit jemanden dabei zu vergessen.

Das Buch wurde von vier Autor/innen gemeinsam konzipiert, diskutiert und mit Datenmaterial versorgt; die Verteilung der Kapitel hat dann Verantwortlichkeiten ausgeprägt, so dass jedes Kapitel eine Hauptautorschaft hat. Die Koordination lag dabei bei mir und damit die moralische Pflicht, immer an das Projekt zu glauben. Diesen Erfolg beanspruche ich für mich; ob am Ende dann wirklich alles „gut" geworden ist, entscheiden nun andere!

Karin Birkner
im Februar 2020

1 Grundlegendes

Karin Birkner

Ein Buch über Konversationsanalyse sollte mit einem Beispiel anfangen. Dieses sollte deutlich machen, mit welchen Phänomenen sich das Buch beschäftigt, zeigen, dass es um gesprochene Sprache geht, und zwar in Interaktionen, an denen mindestens zwei Personen beteiligt sind. Vor allem sollte es gleich zu Beginn sichtbar machen, dass die Beteiligten mit dem, was sie sagen, etwas *tun*. Das heißt, dass sie nicht nur sprechen, sondern dass sichtbar wird, wie sie damit *handeln*. Wichtig wäre auch, gleich klar zu machen, dass es hier nicht um gepflegte Konversationen geht, sondern um ganz alltägliche Gespräche, wie man sie beim Einkaufen oder Frühstücken, in der Arztpraxis oder am Arbeitsplatz führt. Dabei sind natürlich nicht nur solche Ereignisse von Interesse, bei denen am Ende ein konkretes Ergebnis vorliegt, z. B. ein Zahnarzttermin vereinbart ist oder drei Brötchen gekauft sind oder eine ungerechtfertigte Stromrechnung reklamiert wurde, sondern auch solche, in denen Mitgefühl ausgedrückt, moralische Urteile gefällt oder ein Versprecher korrigiert wird. An den der **sozialen Interaktion** zugrundliegenden **Ordnungsstrukturen** ist das **Miteinander-Sprechen** maßgeblich beteiligt. Und last but not least sollte durch ein Einstiegsbeispiel gleich von Anfang klargestellt werden, dass die Konversationsanalyse einen rigorosen Anspruch an ihr Untersuchungsmaterial hat, nämlich, dass es aus authentischem **Sprechen-in-Interaktion** (*talk-in-interaction*) kommen muss.

Eine grundlegende theoretische Überzeugung der Konversationsanalyse ist, dass **in noch so unbedeutend erscheinenden Details sprachlicher Interaktionen soziale Ordnung produziert und reproduziert wird.** Und wenn dem so ist, müsste das ja in einem beliebigen Ausschnitt aus einer natürlichen sprachlichen Interaktion sichtbar werden. Mein Blick fällt auf einen USB-Stick mit den Daten zu einer Hausarbeit, die auf dem Schreibtisch auf ihre Bewertung wartet. Ich stecke ihn in den Computer, öffne die Sounddatei und höre: *Darf ich? Gerne.* Welche konversationsanalytischen Beobachtungen lassen sich also an diesen zwei zufällig gewählten Äußerungen machen, auch ohne schon zu wissen, in welcher Situation sie gefallen sind?

Zunächst muss natürlich klar sein, dass die Äußerungen von zwei Personen stammen, die miteinander sprechen. Um das sichtbar werden zu lassen, verwenden wir zwei Sprechersiglen, denen je eine der Äußerungen in zwei (nummerierten) Zeilen zugeordnet ist:

```
01  A: darf ich?
02  B: gerne.
```

So dargestellt, wird auch schriftlich deutlich, dass es sich um zwei Gesprächsbeiträge handelt, in denen sich A und B aufeinander beziehen: in Zeile 01 initiiert A etwas, worauf B in Zeile 02 reagiert. Auch etwas genauer zu beschreiben, was die beiden Interaktionspartner/innen hier miteinander *tun*, fällt nicht sonderlich schwer: Der erste Zug ist eine Bitte von A, die im zweiten Zug von B gewährt wird. (Die Reihenfolge ist dabei, auch wenn das trivial erscheint, keineswegs beliebig.)

Der Austausch, wie er hier wiedergegeben ist, zeichnet sich durch einige „Leerstellen" aus. Sprachpuristen würden vielleicht sogar monieren, dass *Darf ich* kein wohlgeformter deutscher Satz sei. Doch offensichtlich bereitet das den Beteiligten keinerlei Probleme. Wir können u.a. annehmen, dass es sich wohl nicht um ein Telefongespräch handelt, sondern um eine **soziale Situation,** in der die zwei Personen gleichzeitig anwesend sind und allerlei Materielles vorfinden, worauf sie Bezug nehmen können, ohne es benennen zu müssen. Im vorliegenden Fall sind das u.a. Teller und Tische, denn das Beispiel stammt von einem Stehempfang auf einem Netzwerktreffen. Die (weiblichen) Gäste versorgen sich am Büffet mit Suppe und Getränken, um dann an einem der Stehtische einen Platz zu suchen.

Welche soziale Ordnung wird hier produziert bzw. reproduziert? Ordnung ist nicht statisch zu verstehen, sondern als „ein im Handlungsvollzug fortwährend mitgeleistetes ‚Ordnen'" (Bergmann 1991: 87). Es kommen Dimensionen in den Blick wie „Wie fragt wer wen wann um Erlaubnis?" und „Wer verfügt über welche Befugnisse, um wem etwas zu gewähren?". Fragen von Höflichkeit und Formalität kommen einem in den Sinn, von Räumen und Gegenständen, denen soziale Bedeutungen eingeschrieben sind. Wie isst man gemeinsam und nutzt einen Tisch unter Unbekannten, wie nimmt man Kontakt auf? Allgemeiner formuliert: *Wie ist das Miteinander-Sprechen organisiert?*

Das sind die Fragen, die sich die Konversationsanalyse stellt. Die vorliegende Einführung will die Antworten, die die klassischen Konversationsanalyse darauf gibt, unter Berücksichtigung des heutigen Kenntnisstands über Formen und Verfahren der sprachlichen **Interaktion** vorstellen.[1] Ihr Anliegen ist es, die

---

1 Es gibt zahlreiche englischsprachige Einführungen (vgl. u.a. ten Have 1999, Hutchby & Wooffitt 2005, Liddicoat 2007, Sidnell 2009, Sidnell & Stivers 2013, Clift 2016); deutschsprachige liegen dagegen wenige vor. Eine Ausnahme bilden die Einführung von Gülich & Mondada (2008), allerdings mit überwiegend französischsprachigen Beispielen, und die den Forschungsprozess anleitende Einführung in die Gesprächsanalyse von Deppermann

Potenziale des konversationsanalytischen Ansatzes für die Analyse von sprachlicher Interaktion auszuleuchten und damit nicht zuletzt auch Grundkenntnisse über die Funktionsweise von sozialem Handeln und Interaktion zu vermitteln. Das Buch soll Vertreter/innen aller Fachdisziplinen ansprechen, in denen das methodische Paradigma der Konversationsanalyse eine Rolle spielt, wie in Linguistik, Soziologie, Psychologie, Pädagogik, Kommunikationswissenschaften, Ethnologie, Anthropologie u.a.m. Darüber hinaus können auch Berufsgruppen, für die die Analyse von Gesprächen eine zentrale praktische Bedeutung hat, bspw. in Kommunikationstrainings, Beratung, Supervision, Sprachtherapie etc., von dieser Einführung profitieren.

Die deutsche Bezeichnung „Konversationsanalyse" ist die direkte Übertragung von *conversation analysis* aus dem Englischen. Dabei ist der Begriff *Konversation* etwas unglücklich, da man damit schnell höflichen Smalltalk assoziiert.[2] Tatsächlich ist mit *conversation* aber ganz allgemein „Gespräch" gemeint, so dass die Übersetzung „Gesprächsanalyse" angemessener wäre. Da sich jedoch der Begriff Konversationsanalyse für die frühe, „formale" Ausrichtung der Konversationsanalyse, die eng mit den Namen Harvey Sacks, Emanuel Schegloff und Gail Jefferson verbunden ist, etabliert hat, werden wir diese Bezeichnung beibehalten.

Eine gängige Fehleinschätzung, die möglicherweise mit dieser Übersetzung zusammenzuhängt, ist die Annahme, die Konversationsanalyse beschäftige sich ausschließlich mit Alltagsunterhaltungen und blende **institutionelle Kommunikation** aus. Tatsächlich untersuchte schon Harvey Sacks, Begründer der Konversationsanalyse, als Doktorand in den 1960er Jahren Telefonanrufe bei der Notrufnummer einer psychiatrischen Klinik (*emergency psychiatric telephone help-line*, Sacks 1966, vgl. a. Sacks 1992: 3ff.). Auch Schegloffs Dissertation (1967) befasste sich mit Telefonanrufen bei der Polizei im Zusammenhang mit der Untersuchung von Verhalten bei Katastrophen (vgl. Mondada 2013: 35). In der Folge entstand eine Vielzahl konversationsanalytischer Untersuchungen in den unterschiedlichsten institutionellen Settings wie Medizin, Bildung, generell

---

(1999/2008a). Empfehlenswert sind ferner die Überblicksdarstellungen von Bergmann (1994) und Stukenbrock (2013). Viele (vor allem) englischsprachige Arbeiten findet man als PDF unter http://emcawiki.net/EMCA_bibliography_database (Zugriff 19.07.2019).

[2] In jüngerer Zeit finden im Deutschen immer häufiger auch Begrifflichkeiten wie „*talk-in-interaction*" oder im Deutschen „Sprechen/Sprache-in-Interaktion" Verwendung.

am Arbeitsplatz etc.,[3] aber auch zu Tischgesprächen, Privatanrufen usw., kurz: zu Gesprächsanlässen, wie sie uns in unserem sozialen Alltag begegnen.[4]

Im Laufe dieses Buches werden Sie 340 Beispiele kennen lernen, mit denen wir die Erkenntnisse der Konversationsanalyse und ihre Arbeitsweise vorführen wollen, um das theoretische Rüstzeug für eigene Analysen sprachlicher Interaktion zu vermitteln. Dabei darf man nicht vergessen, dass die Präsentationsform eines Einführungsbuchs nicht dem Vorgehen der Konversationsanalyse selbst entspricht. Aus didaktischen Gründen stellen wir die Dinge auf den Kopf; wir nutzen die Beispiele, um daran Regularitäten sprachlicher Interaktion, die bereits entdeckt und beschrieben wurden, zu illustrieren, statt diese Regularitäten aus Kollektionen von Beispielen zu entwickeln.[5]

Nach dieser ersten Situierung werden im folgenden **Abschnitt 1.2** dieses **Kapitels 1** die fachdisziplinären Wurzeln der Konversationsanalyse in der Soziologie vorgestellt, denn mit dem Verständnis für ihren ethnomethodologischen Ursprung lassen sich die methodisch-theoretischen Voraussetzungen des konversationsanalytischen Vorgehens besser nachvollziehen. In **Abschnitt 1.3** wird die Übertragung des soziologischen Programms auf die "Ethnomethodologische Konversationsanalyse" und ihre typischen Fragestellungen vorgestellt. **Abschnitt 1.4** präsentiert wichtige methodisch-theoretische Prämissen, an denen sich konversationsanalytisches Vorgehen orientiert. In **Abschnitt 1.5** wird abschließend dargestellt, wie eine Transkription aufgebaut ist und welche Transkriptionskonventionen in diesem Buch verwendet werden.

So vorbereitet, wenden wir uns den nächsten fünf Kapiteln zu. **Kapitel 2** führt in Praktiken der Eröffnung und Beendigung von „fokussierter Interaktion" (z. B. Gespräche) ein. Mit dem Einstieg in ein Gespräch wird sofort die Verteilung des Rederechts virulent: **Kapitel 3** beschreibt das Regelsystem des Sprecherwechsels, zum einen aus der Perspektive der Gestaltung von Redezügen

---

[3] Heritage & Clayman (2010) nennen konversationsanalytische Arbeiten zu Notrufen, Arzt/Patient-Interaktion, zum Recht und in der Presse und Politik (vgl. a. Heritage 2013 für einen Überblick).

[4] Den nicht durch institutionelle Rahmenbedingungen geprägten informellen Gesprächen mit symmetrisch verteilten Gesprächsrechten unter den Beteiligten wird nichtsdestotrotz eine besondere Bedeutung zugemessen, da man davon ausgehen kann, dass hier die grundlegenden Praktiken des Miteinander-Sprechens erlernt werden. Arzt/Patient-Gespräch, Radiointerview oder Unterrichtsgespräch können dann leicht als Modifikationen davon gefasst werden.

[5] Wissenschaftliche Artikel in der Konversationsanalyse wiederum sind dem nicht unähnlich, denn sie beschreiben ja ebenfalls die Ergebnisse ihrer Analysearbeit aus der Retrospektive. Die Analyse selber zeichnet sich durch eine intensive Arbeit mit den Daten aus (vgl. a. Deppermann 1999/2008a).

und zum anderen als koordinierte Aktivität der Interagierenden. Im Anschluss werden in **Kapitel 4** Paarsequenzstrukturen vorgestellt, d.h. zusammengehörige Handlungsabfolgen, die einen engem Bezug zueinander aufweisen und das Prinzip der Sequenzialität in besonderer Weise deutlich werden lassen. Da nicht immer alles reibungslos läuft, gibt es ein ausgeklügeltes System von Reparaturverfahren, die das Scheitern der Interaktion verhindern; es wird in **Kapitel 5** vorgestellt. Das letzte **Kapitel 6** widmet sich größeren interaktiven Projekten wie Erzählungen, Witzen etc. Im Anhang stehen ein **Stichwortverzeichnis** und ein deutsch/englisches **Fachbegriffsglossar** zur Verfügung.

1.1 Die soziologischen Wurzeln der Konversationsanalyse

Harvey Sacks gilt als der Begründer der Konversationsanalyse. Er war Soziologe an der *University of California at Los Angeles* (UCLA), wo er in den Jahren zwischen 1964 und 1972 seine berühmten, als bahnbrechend geltenden Vorlesungen hielt (vgl. Sacks 1992/1995),[6] mit dem Anspruch, die *analysis of conversation* zu etablieren. Sacks starb 1975 mit nur 40 Jahren bei einem Autounfall, so dass viele seiner Arbeiten posthum erschienen sind und fremdeditiert werden mussten. Trotz seines kurzen Wirkens ist der Einfluss seiner Ideen auf die Soziologie und angrenzende Disziplinen wie Linguistik, Psychologie, Kommunikationswissenschaften, Ethnologie und Anthropologie etc. nach wie vor ungebrochen.

1.1.1 Garfinkel und die Ethnomethodologie

Sacks arbeitete mit Harold Garfinkel zusammen, der seit 1963 als Soziologe an der UCLA lehrte und die sog. „Ethnomethodologie" begründete.[7] Die enge Ver-

---

[6] Die auch als *Lectures* bekannten Vorlesungsmitschriften wurden das erste Mal 1992 von Gail Jefferson in drei Bänden veröffentlicht; 1995 erschien die Paperback-Ausgabe als ein Band. Die *Lectures* sind im Buchhandel vergriffen, aber in Bibliotheken und im Internet verfügbar (z. B. auf https://archive.org, Zugriff 19.07.2019).
[7] Eine gute Einführung zur Bedeutung von Sacks, Garfinkel und Schütz für die Untersuchung von sozialem Handeln gibt Auer (2013, Kap. 11–13). Zur Vertiefung vgl. Garfinkel (1967), für einen Überblick vgl. vom Lehn (2012), zur von Garfinkel einer fundamentalen Kritik unterzogene Position des Systemfunktionalismus vgl. Parsons (1937). Die Fundierung der Alltagssoziologie und die Ausweitung des Verstehenskonzepts findet sich in Schütz (1932). Von besonderer Relevanz für die Ethnomethodologie sind vor allem Schützens Analysen über „Common-Sense und wissenschaftliche Interpretation menschlichen Handelns", die 1953 erschienen sind (vgl. Schütz 2004).

bindung wird auch daran deutlich, dass Sacks' Ansatz als „Ethnomethodologische Konversationsanalyse" bezeichnet wird. Die grundlegenden Prämissen lassen sich aus dem Namen *Ethno-Methodologie* ableiten: Sie untersucht die **systematische Anwendung lokal-situativer Praktiken**, die *Methoden*, mit denen in menschlichen *Gemeinschaften* (angelehnt an gr. *ethnos*) „Sinn" erzeugt wird. Dabei werden abstrakte Theorien über die soziale Wirklichkeit vermieden; vielmehr sollen die **formalen Strukturen praktischer Handlungen** herausgearbeitet werden, die die Handelnden nachweislich benutzen, um ihr eigenes und das Handeln anderer zu strukturieren, koordinieren und ordnen bzw. ggfs. zu reparieren (vgl. auch Bergmann 1994: 3) und es damit sinntragend zu machen.

Garfinkel war stark von Alfred Schütz geprägt, einem Vertreter der phänomenologisch fundierten Sozialtheorie, der die von Max Weber entwickelte handlungstheoretische Basis der Verstehenden Soziologie weiter vertiefte.[8] In deren empirischer Umsetzung liegt ein wichtiges Verdienst Garfinkels, nämlich selbstverständlich erscheinendes Alltagswissen und die stillschweigend akzeptierten Normen und Verfahrensweisen untersuchbar zu machen, an denen wir uns in den sozialen Strukturen der alltäglichen Lebenswelt wechselseitig orientieren. Ein bekanntes methodisches Vorgehen zur Sichtbarmachung dieser Regeln sind die sog. **Krisenexperimente** (*breaching experiments*, vgl. Garfinkel 1967). Dabei werden bewusst die Ethnomethoden der Teilnehmer/innen an einer Interaktion – selbstverständliche, d.h. nicht explizit formulierte Verfahren der Sinngebung in alltäglichen Interaktionen – verletzt, um anhand der so ausgelösten Irritationen die geltenden Regeln sichtbar werden zu lassen. Garfinkel beauftragte bspw. seine Studierenden, die im Allgemeinen akzeptierte Vagheit von Sprache zu problematisieren, indem sie auf präzise Formulierungen bestehen. Das führte zu Gesprächsverläufen wie dem folgenden (Beispiel aus Garfinkel 1961; vgl. a. Garfinkel 1967: 42; Übersetzung von Auer 2013: 135).

---

8 Schütz' Lebenswerk ist nicht nur zu einem wesentlichen Ausgangspunkt für die handlungstheoretische Wende in der Soziologie seit Mitte der 70er Jahre, sondern auch zum Wegbereiter für eine phänomenologisch orientierte, verstehende Soziologie des Alltags und eine qualitativ ausgerichtete empirische Sozialforschung geworden.

VP:	Hallo Ray, wie fühlt sich deine Freundin?
E:	Was meinst Du mit der Frage, wie sie sich fühlt? Meinst du das körperlich oder geistig?
VP:	Ich meine: wie fühlt sie sich? Was ist denn mit dir los? (Er wirkt eingeschnappt)
E:	Nichts. Aber erklär mir doch ein bisschen deutlicher, was du meinst.
VP:	Lassen wir das. Was macht deine Zulassung für die medizinische Hochschule?
E:	Was meinst du damit: „Was macht sie?"
VP:	Du weißt genau, was ich meine.
E:	Ich weiß es wirklich nicht.
VP:	Was ist mir dir los? Ist dir nicht gut?

Hier werden grundlegende Orientierungen in der **sozialen Interaktion** erkennbar, beispielsweise, dass wir die üblicherweise eher unpräzisen Formulierungen und vage bleibenden Auskünfte nicht problematisieren. Wenn dann jemand diese zugrundeliegenden Ordnungsstrukturen verletzt, werden sie an den Irritationen und den Versuchen der Beteiligten, die Normalität aufrecht zu erhalten oder wiederherzustellen, erst richtig sichtbar, z. B. indem man Erklärungen (*accounts*) heranzieht, dem anderen sei wohl nicht gut (s.o.) etc. Garfinkel tritt damit der Auffassung entgegen, soziale Wirklichkeit bestehe aus einem Ensemble von eindeutig bestimmbaren Objekten, klar definierten Institutionen und Gesetzen, objektiven Sachverhalten und festgefügten kulturellen Wertesystemen, denen wir unterworfen sind.

Aus ethnomethodologischer Sicht werden **gesellschaftliche Wirklichkeit** und **soziale Ordnung** vielmehr erst in den wechselseitigen Wahrnehmungen und den Interaktionen der Beteiligten erzeugt, auch wenn sie ihre Wirklichkeit selbst als selbstverständlich und gegeben erfahren. Um diese etwas abstrakten Ideen an einem Beispiel zu verdeutlichen, mache man sich klar, dass eine Vorlesung nicht einfach deshalb stattfindet, weil der Termin im Vorlesungsverzeichnis steht, sondern weil sie von den Beteiligten als solche gemeinsam hergestellt wird: Sie erscheinen zu einer festgelegten Zeit an einem vereinbarten Ort (dabei hilft das Vorlesungsverzeichnis), die Dozentin trägt etwas Vorbereitetes vor, die Zuhörenden schweigen und hören zu, stellen vielleicht auch mal eine Verständnisfrage, nachdem sie sich mit dem Heben der Hand gemeldet und das Wort zugeteilt bekommen haben. Aber sobald ein Flashmob aufgebrachter Kritiker/innen der Studienbedingungen den Hörsaal stürmt, wird aus der Vorlesung sehr schnell eine Protestveranstaltung.

Soziale Tatsachen sind damit das Resultat von Interaktionsprozessen. Gemeinschaftsmitglieder sind nicht einfach passiv ihren sozialisierten Bedürfnissystemen, internalisierten Normen, gesellschaftlichen Zwängen etc. unterworfen, sondern bringen soziale Wirklichkeit in konkreten Situationen und in der Interaktion mit den anderen Beteiligten als einen sinnhaften Handlungszusammenhang hervor und gestalten ihn aktiv. Das wird in dem Begriff der „**Vollzugswirklichkeit**" (Bergmann 1994: 6) ausgedrückt. Bergmann (1988) formuliert es folgendermaßen:

> Im Gegensatz zu sozialwissenschaftlichen Theorien mit einem ungebrochen normativen, objektivistischen Wirklichkeitsverständnis geht die Ethnomethodologie davon aus, daß soziale Wirklichkeit nichts ist, was hinter oder jenseits von unseren tagtäglichen, wahrnehmbaren und erfahrbaren Handlungen liegt, diese gar determiniert. Der Wirklichkeitscharakter gesellschaftlicher Tatbestände ist nicht eine diesen inhärente Eigenschaft; gesellschaftliche Tatbestände erhalten vielmehr ihren Wirklichkeitscharakter ausschließlich über die zwischen den Menschen ablaufenden Interaktionen: nur im alltäglich-praktischen Handeln „verwirklicht" sich gesellschaftliche Wirklichkeit. (Bergmann 1988: 25)

Diese Hervorbringung ist nicht beliebig und jedem Einzelnen jeweils neu überlassen, sondern basiert auf geteiltem Wissen einer Kommunikationsgemeinschaft. Wir erklären nicht ständig explizit, was wir tun etc., sondern die Erkennbarkeit und Verstehbarkeit hat sich in soziale Handlungen einschrieben. Das heißt: diese Wirklichkeit wird **fortlaufend** (*ongoing*), **in der Situation** (*local*), **audio-visuell** (durch Hören und Sprechen, Wahrnehmen und Agieren), **in der Interaktion** erzeugt, bestätigt und weiterentwickelt von Mitgliedern von Kommunikationsgemeinschaften (*members*), die sich ständig mit zwei praktischen Fragen konfrontiert sehen: *Why that now?* (Sacks 1995: 352) und *What to do next?* (Garfinkel 1967: 12).

Wenn soziale Wirklichkeit auf wechselseitigem, aufeinander bezogenem Handeln basiert, muss mein Handeln verstehbar sein, so wie auch ich das Handeln des Gegenübers verstehen muss. Garfinkel (1967, vii) formuliert es in einer vielzitierten Definition des ethnomethodologischen Forschungsprogramms folgendermaßen: in den alltäglichen Aktivitäten gilt es, die Methoden (bzw. die Methodizität, vgl. a. Heritage 1988) aufzufinden, mit denen die Interagierenden ihr Handeln füreinander so gestalten, dass es „**sichtlich vernünftig**" (*visibly-rational*) und „**vermittelbar**" (*reportable*) und damit „**begründet**" (*accountable*) erscheint, und zwar **für alltagspraktische Zwecke** (*all-practical-purposes*). Die Konstruktion sozialer Wirklichkeit ist damit eine interaktionale Leistung, die auf einem fortwährenden Analyseprozess der Beteiligten basiert.

Garfinkels soziale Akteure werden als praktische Regeln benutzende Analytiker betrachtet, anstatt sie als vorprogrammierte, von Regeln gesteuerte kulturelle Trottel [*cultural dopes*, K.B.], wie in den traditionellen soziologischen Akteursmodellen, zu konzipieren. (Atkinson & Drew 1979: 22; Übersetzung K.B.)

„Analytiker" heißt nicht, dass sie wissenschaftliche Theorien bilden oder verwenden würden. Es handelt sich vielmehr um alltagspraktische Verfahren, die alltagspraktischen Zwecken (s.o.) genügen müssen, also gut genug sind, wenn sie gelingen. Das alles ist den Beteiligten nicht bewusst, sondern gehört zum „stillen" (bzw. „impliziten") Wissen" (*tacit knowledge,* vgl. Polanyi 1967, vgl. a. Garfinkel 1967: 118: *seen but unnoticed*); dennoch können diese Strukturen bewusst gemacht werden, und das „Was", aber auch das „Wie", d.h. die Methoden der Hervorbringung sozialer Tatsachen, können in ihren Mikrodetails rekonstruiert werden.

1.1.2 Indexikalität

Das obige Beispiel aus einem der Krisenexperimente Garfinkels macht ein Merkmal von Sprache deutlich, das Indexikalität genannt wird: **Sprache ist unheilbar vage, und konkrete Äußerungen erhalten ihre Bedeutung erst durch den Bezug auf den sozialen Kontext.** Natürlich ist die Frage „Wie geht es dir?" unkonkret, aber offensichtlich bereitet das Interagierenden weniger Probleme als auf Präzisierung insistierendes Nachfragen. Denn tatsächlich zeigen die Reaktionen der Gesprächspartner/innen, dass ein Problem erst durch das Beharren auf Konkretisierung, d.h. dem Versuch der Heilung der Vagheit entsteht, während es ohne Weiteres möglich gewesen wäre, die Äußerung als höfliche Frage nach dem Wohlergehen der Freundin zu verstehen, die keine detaillierte Antwort erfordert.

Indexikalität lässt sich an den sog. Deiktika, wie den Personalpronomina (*ich, du, ihr* etc.), Demonstrativpronomina (*diese, jene* etc.) oder Adverbialia (*jetzt, gestern, hier* etc.) besonders gut verdeutlichen. Die referenzielle Bedeutung dieser Ausdrücke kann erst unter Bezug auf ihren konkreten Gebrauchskontext erschlossen werden: *ich* verweist auf die Person, die es sagt, *dieser* wird erst durch eine Zeigehandlung erkennbar und *morgen* kann heute schon gestern sein.[9]

---

[9] Wir nutzen allerdings auch häufig und virtuos „deiktische Verschiebungen", z. B. wenn in direkter Redewiedergabe die Zitierten „ich", „hier" oder „jetzt" verwenden; das wird dann

Garfinkel geht aber weiter und argumentiert, dass jedes kommunikative Handeln immer auf den Kontext seiner Ausführung bezogen ist und nur unter dessen Einbezug sinnhaft wird. So kann die Äußerung *fünf* einmal eine Antwort auf die Frage nach der Uhrzeit sein und ein anderes Mal die Kinderzahl einer Familie nennen (vgl. dazu Kap. 4). Die Aufgabe der Interagierenden ist es nun, die in der konkreten Interaktion passende Bedeutung der sprachlichen Zeichen zu ver- bzw. zu ermitteln. Die Kompetenz, Zeichen auf Kontexte zu beziehen, ist ein Prozess, der durch Normalitäts- und Selbstverständlichkeitsannahmen gesteuert wird. Gelingt dies nicht immer sofort, lassen wir die Dinge häufig im Sinne des **Et-cetera-Prinzips** (Garfinkel 1967: 74) erst einmal weiterlaufen, in der Erwartung, dass sich offene Fragen im weiteren Verlauf schon klären werden.

Aber wie kann sprachliche Interaktion überhaupt gelingen, wenn Indexikalität herrscht, d.h. unsere sprachlichen Äußerungen tatsächlich so vage und unterspezifiziert sind? Als einen wesentlichen Faktor nennt Garfinkel die Tatsache, dass wir unsere Alltagshandlungen unter **Bezug auf den Kontext** organisieren. Aus der zeitlichen Platzierung relativ zum Handlungszusammenhang, dem Ort, Sprecher/innen, Adressat/innen, dem bisherigen Verlauf und weiteren Kontextmerkmalen, d.h. den lokalen Umständen der Äußerungsproduktion erhalten wir Informationen darüber, wie die Äußerungen verstanden werden sollen bzw. wurden.

1.1.3 Reflexivität

Mit dem Begriff der Reflexivität wird auf die zirkuläre Beziehung von Sprache und Kontext verwiesen: Im Vollzug von Handlungen setzen die Akteure Techniken und Verfahren ein, um eben diese Handlungen noch während ihrer Ausführung identifizierbar, sinnvoll, verstehbar, beschreibbar, erklärbar, begründbar: *accountable* (siehe 1.1.4) zu machen. So wird der **Vorgang der sinnvermittelten Konstruktion von sozialer Wirklichkeit in der Ethnomethodologie als eine interaktive Leistung** begreifbar.[10] Die Konversationsanalyse nutzt Refle-

---

häufig mit entsprechenden Einleitungen („Sie meinte dann..." oder „Er so...") und prosodischen Kontrasten markiert.

10 In der Soziologie sieht man Garfinkel vermutlich eher als *Interaktions*theoretiker denn als *Handlungs*theoretiker, weil sein Interesse auf den beobachtbaren Abläufen zwischen den Beteiligten liegt und er Fragen der subjektiven Sinnsetzung, der Intentionalität usw. ausdrücklich nicht berücksichtigt.

xivität als Sinngebungsprozess, da eine Handlung durch den dargestellten Sinn erklärbar und verstehbar gemacht und gleichzeitig durch die Folgehandlung bestätigt wird (Bergmann 1994: 6) bzw. ihrerseits eine Folgehandlung darstellt, die einer vorangegangenen Handlung einen bestimmten Sinn verleiht. Die Praktiken der Sinngenerierung strukturieren so eine Handlung nicht von außen, sondern gleichsam von innen.

Wenn Ordnungsstrukturen und Sinn aber nicht vorgegeben sind und sozusagen nur abgespult werden, sondern in der Interaktion hergestellt werden, müssen **diese Sinnzuschreibungen von den Interaktionsteilnehmer/innen füreinander ‚sichtbar' gemacht werden**. Ein etabliertes Verfahren zur Überprüfung, wie eine Äußerung verstanden wurde, ist beispielsweise die Berücksichtigung der Reaktion des Gegenübers: die sog. *next-turn-proof-procedure*.

Und da liegt der analytische Clou: Auch für die Wissenschaftler/innen eröffnet sich hier ein Analysefenster, an dem die Konversationsanalyse ansetzt. Denn nicht nur die Beteiligten, auch die Analysierenden können in den jeweiligen Folgezügen ablesen, wie eine vorangegangene Äußerung verstanden wurde.

1.1.4 Accountability

Ein zentraler Begriff für die Verfahren, mit denen Alltagsinteraktionen Sinn erhalten, ist *accountability* und damit verbunden: „einen ‚*account*' liefern, „etwas ‚*accountable*' machen" oder ‚*accounting for*'. Diese Begrifflichkeiten werden in der Wissenschaft mit sehr unterschiedlicher Bedeutung benutzt.[11] Robinson (2016) unterscheidet in seinem Überblick zwei große, wenngleich zusammenhängende Verwendungen. Die erste (2016: 2) führt er auf Garfinkels Definition zurück:

> [...] die Aktivitäten, mit denen Mitglieder Situationen organisierter Alltagsangelegenheiten erzeugen und regeln, sind identisch mit ihren Verfahren, diese Situationen begründbar [‚*account-able*' im Original, K.B.] zu machen. (Garfinkel 1967: 1; Übersetzung K.B.)

Account-able ist hier mit „begründbar" besetzt, damit ist im weiten Sinne erkennbar und verstehbar, kurz: für die Herstellung von **Intersubjektivität** ver-

---

11 Hinzu kommt, dass *account* schwer zu übersetzen ist: Vorschläge reichen von *begründen* über *rechtfertigen*, *Rechenschaft ablegen* und *verantworten*. Wir verwenden in dieser Einführung „Begründung" und setzen „*account*" dahinter in Klammern, um deutlich zu machen, dass es um die spezielle konversationsanalytische Bedeutung geht.

wendbar gemeint. Auf das Eingangsbeispiel übertragen, zeigt die Tatsache, dass auf *Darf ich?* die Äußerung *gerne* folgt, dass hier nicht nur eine Informationsfrage vollzogen wird. Indem die eine fragt, ob sie etwas nutzen darf, was der anderen eigentlich nicht gehört, nämlich den Platz neben ihr am Stehtisch, vollzieht sie (auch) ein Gesprächseröffnungsangebot. Dass das Gegenüber das auch so versteht, deutet sie u.a. in der Antwort *gerne* an; damit behandelt sie die Frage nicht nur als Frage nach einem freien Platz, sondern reagiert positiv auf das Angebot der Kontaktaufnahme. (Die Frage, ob hier noch frei ist, würde vielleicht eher mit *ja* beantwortet werden.)

Bei der zweiten Gruppe von Verwendungen, die Robinson (2016: 11) in der Forschung unterscheidet, geht es um Begründungen (*accounts*), die der „**Normalisierung**" dienen, wenn Diskrepanzen bei der Erwartbarkeit, Typizität, vorausgesetzten moralischen Ansprüchen etc. auftreten oder die Beteiligten fürchten, dass sie auftreten könnten. In den Begründungen, Erklärungen etc. (*accounts*) (vgl. a. Heritage 1988) werden dann wiederum auch die eigenen Erwartungen, Annahmen etc. sichtbar gemacht (vgl. z. B. VPs *Ist dir nicht gut?*). Ähnlich argumentiert auch Sacks in seinen Vorlesungen, wenn er die Verwendung von „Warum?" als eine mögliche Praktik, eine Begründung zu fordern, beschreibt, womit zugleich eine vorangegangene Handlung als eine begründbare (*accountable action*) behandelt wird (Sacks 1995: 4).
Die Konversationsanalyse hat die beschriebenen Prämissen auf die Analyse von sprachlicher Interaktion angewendet, d.h. auf verbales, vokales und visuelles Verhalten in Kopräsenz, unter Berücksichtigung von Artefakten und der Situierung in spezifischen Kontexten.

1.2 Die Ethnomethodologische Konversationsanalyse

Sacks höchst detaillierte und zugleich abstrahierende Beschreibung von kurzen Ausschnitten natürlichen Sprechens-in-Interaktion unterscheidet sich von allem, was bis dato im Bereich der Sozial- oder Sprachwissenschaften existierte; ganz zu Recht bezeichnet er sich in einer Vorlesung selbst als Erfinder der Analyse von Gesprächen, der *conversation analysis* (Sacks 1992: 549; vgl. a. Sacks 1984).[12]

---

[12] Der wohl wichtigste Perspektivwechsel für die Soziologie bestand in dem programmatischen Anliegen, die Soziologie zu einer „beobachtenden Wissenschaft" zu machen, die nicht (deduktiv) von Theorien ausgeht, sondern empirische Beobachtungen (induktiv) als Basis für die Theorienbildung verwendet (Sacks 1984: 21f).

Sacks, der Rechtswissenschaften und Soziologie studiert hatte, kam nicht über die Linguistik dazu, sich mit Gesprächen zu beschäftigen. Er erkannte allerdings, dass im Miteinander-Sprechen soziale Ordnungsstrukturen besonders vielfältig untersuchbar sind. Die Konversationsanalyse ist somit nicht an Sprache (als System) interessiert, wie die Linguistik, sondern am *Sprechen*, d.h. der Verwendung von Sprache in der Interaktion. Sie beschreibt Sprachverwendungsstrukturen als ein zentrales Phänomen des sozialen Miteinanders und arbeitet die Systematik heraus, mit der die Beteiligten in Gesprächen gemeinsam Sinn produzieren. Dass das **Miteinander-Sprechen** für die soziale Interaktion unter den Menschen eine zentrale Rolle spielt, dürfte jedem einleuchten; der spezielle Fokus des konversationsanalytischen Ansatzes zeichnet sich aber dadurch aus, dass er die Praktiken, mit denen die Ordnung im sozialen Miteinanders sprachlich hergestellt wird, in den Mittelpunkt des Untersuchungsinteresses stellt.

Sprache-in-Interaktion ist ein Werkzeug: Wir benutzten sie, um zu fragen, zu antworten, etwas zu bewerten, Informationen zu geben, eine Einladung anzunehmen etc. An dieser Aufzählung wird schon deutlich, dass die Verwendung von Sprache ohne ein – zumindest imaginiertes – Gegenüber schwer denkbar ist. Versuche, Sprache(n) zu beschreiben, gibt es seit Tausenden von Jahren, und das Bemühen, die Bedeutung von Sprache für den Menschen zu ermessen, ist vermutlich ebenso alt. Lange Zeit wurden die linguistischen Strukturen von Sprachen normativ beschrieben und in Grammatiken präskriptiv erfasst. Der pragmatischen Analyse von Handeln gehen **kybernetische Kommunikationstheorien** in der Nachkriegszeit voraus (vgl. Auer 2013: Kap. 1). Da sind zum einen die sog. Rohrpostmodelle zu nennen, die durchaus gängige Vorstellungen von Kommunikation repräsentieren. Ein Sprecher kodiert eine Botschaft und schickt sie ab, der Empfänger muss sie nur mehr entgegennehmen und entschlüsseln. Das Gelingen der Kommunikation ist dabei vor allem an die Funktionstüchtigkeit des Übermittlungskanals gebunden. Zum zweiten kann man die **Sprechakttheorie** anführen, die Austin mit seinem programmatischen Buch *How to do things with words* begründet hat. Auch hier wird die Bedeutung einer sprachlichen Handlung vor allem durch das bestimmt, was der Sprecher intendiert und produziert. Die Konversationsanalyse geht einen Schritt weiter; sie betrachtet **die interaktive Konstitution von sprachlicher Bedeutung**, das Miteinander, in dem die Beteiligten füreinander Handlungssinn erzeugen, und erkennt „allgegenwärtige Ordnung" (*order at all points*, Sacks 1984: 22).

Chomsky, ein Zeitgenosse von Sacks und der Begründer der **Generativen Grammatik**, war gerade zu der gegenteiligen Einschätzung gelangt (vgl. Chomsky 1965; für eine kritische Sicht Levinson 1983). Chomsky hielt gesprochene Sprache für so chaotisch, dass ihm die Sprachverwendung (die Performanz) für linguistische Untersuchungen nicht brauchbar erschien; er fokussierte das Sprachwissen (die Kompetenz) der Menschen. Nicht zuletzt die Analysen der Konversationsanalyse zeigen jedoch, dass z. B. der Sprecherwechsel ein simples, aber hocheffizientes System von Ablaufstrukturen in Gesprächen mit einer hohen Regelhaftigkeit ist. Noch so unbedeutende Alltagsinteraktionen zeigen, dass sich zwei oder mehr Menschen koordinieren und in ihren trivial erscheinenden Handlungen miteinander synchronisieren, so dass interaktionale Ordnung entsteht und sichtbar wird.

Als besonders relevant für das auf Mikroanalysen beruhende Vorgehen erwies sich die technische Möglichkeit, die Ereignisse mithilfe von Tonbändern zu dokumentieren, zu konservieren, zu transkribieren und wieder und wieder abspielen zu können (Sacks 1984: 26). Das führte zu erstaunlichen Erkenntnissen in drei frühen, klassischen Gegenstandsbereichen der Konversationsanalyse: Sprecherwechsel, Reparaturen und Sequenzorganisation.

Der **Sprecherwechsel** befasst sich mit einem so naheliegenden wie vertrautem Merkmal von Gesprächen, das wir kaum wahrnehmen: die Beteiligten wechseln sich fortlaufend ab. Dabei kommt es in Gesprächen weder häufig zu gleichzeitigem Sprechen noch zu längeren Pausen zwischen den Gesprächsbeiträgen. Obwohl der Ablauf von Gesprächen nicht geplant ist, sind die Gesprächspartner/innen offensichtlich in der Lage vorherzusehen, wann das Gegenüber zum Ende und sie an die Reihe kommen. Was sind – bildlich gesprochen – die Ampeln, welches die Verkehrsschilder, die verbale Kollisionen zwischen Gesprächsteilnehmerinnen verhindern und ihnen helfen, sicher durch ein Gespräch zu navigieren? Eine frühe und außerordentliche einflussreiche Arbeit aus den Anfängen der Konversationsanalyse von Sacks, Schegloff & Jefferson (1974) beschäftigt sich mit dieser fundamentalen Frage. Sie beschreibt die Regeln, die dieses Sich-Abwechseln im Miteinander-Sprechen, den sog. Sprecherwechsel, organisieren (vgl. Kap. 3).

Sequenzorganisation ist ein zweiter Bereich, der in der Konversationsanalyse sehr früh auf zentrales Interesse stieß. Er basiert auf der Erkenntnis, dass das Miteinander-Sprechen in der Zeit und über Abfolgebezüge miteinander verflochten ist. Erinnern wir uns an den kurzen Austausch am Beginn des Kapitels: 01 A: *Darf ich?* 02 B: *gerne*. Hier stellt A eine Frage (oder genauer: äußert eine Bitte bzw. ein Anliegen (*request*)). B hätte natürlich etwas anderes als *gerne* antworten können, z. B. *tut mir leid, hier ist schon besetzt*. Kaum denkbar ist jedoch, dass B gar nicht reagiert. Ähnlich fordert eine Einladung die Annahme oder aber die Ablehnung, ein Gruß einen Gegengruß oder die namentliche Vorstellung die Erwiderung mit der Nennung des eigenen Namens (Schegloff 2007) (vgl. Kap. 4).

Beim Sprecherwechsel stellt die zeitliche Koordination geradezu die zentrale Aufgabe dar, die es zu lösen gilt. Die Sequenzorganisation zeigt, wie Sinn auch aus den aufeinander bezogenen Abfolgebeziehungen von Handlungspaaren entsteht. **Reparaturen**, der dritte Bereich, der hier genannt werden soll, kommen zum Einsatz, wenn die Progression gefährdet ist und wieder sichergestellt werden muss: Versprecher, akustische Störungen, Missverständnisse, fehlende Wörter. Einmal aufgetretene Störungen können nur noch im Nachhinein repariert werden. (Hier liegt ein wesentlicher Unterschied zum Schreibprozess, wo redaktionelle Veränderungen getilgt werden können und für den Leser unsichtbar bleiben.) Dafür, dass das funktioniert, ist Sorge getragen: Wir verfügen über einen gut gefüllten Werkzeugkasten, mit dem Probleme, die beim Sprechen und Hören und Verstehen auftreten können, gelöst werden. Diesen kann der Sprechende entweder selbst oder das Gegenüber zum Einsatz bringen (vgl. Sacks, Schegloff & Jefferson 1977) (vgl. Kap. 5).

Was genau für alltagspraktische Zwecke notwendig ist, um Handeln verstehbar zu machen, ist nicht zuletzt vom Kontext abhängig, d.h. den konkreten Beteiligten, deren geteiltem Wissen, dem Vorausgegangenen, der räumlichen Umgebung etc. Alltagshandlungen stehen immer in einem konkreten Handlungszusammenhang, sind zeitlich platziert, finden an einem spezifischen Ort statt, werden von konkreten Sprecher/innen an konkrete Adressat/innen gerichtet, weisen einen individuellen Verlauf auf etc. Sie sind in hohem Maße kontextsensibel gestaltet.

1.2.1 Adressatenzuschnitt

Ein wichtiger Aspekt von Kontextsensibilität zeigen sich in den Praktiken des Redebeitragsdesigns; ein zentraler Aspekt dieser Gestaltung wurde von Sacks, Schegloff und Jefferson (1974) unter der Bezeichnung **Adressatenzuschnitt** (*recipient design*) eingeführt; er erfasst die spezifische Orientierung von Äußerungen auf ihre Rezipienten.[13] Sacks, Schegloff & Jefferson definieren ihn folgendermaßen:

---

13 Deppermann & Blühdorn (2013) argumentieren, dass es weniger die tatsächlichen Rezipierenden einer Äußerung sind, auf die der Zuschnitt erfolgt, sondern die Adressat/innen und plädieren deshalb für die Verwendung der Terminus „Adressatenbezug" statt des ebenfalls verbreiteten „Rezipientenzuschnitts".

> Mit ‚Adressatenzuschnitt' wollen wir auf eine Vielzahl von Weisen verweisen, mit denen das Sprechen eines Gesprächsteilnehmers konstruiert oder gestaltet ist, die eine Orientierung an und Sensibilität für den (die) spezifischen anderen Gesprächsbeteiligten zum Ausdruck bringt. (Sacks, Schegloff & Jefferson 1974: 727; vgl. a. Sacks 1992, Vol. II, 438; 445; Übersetzung K.B.).

Sprechen-in-Interaktion weist Adressatenzuschnitte in vielfältiger Weise und mit nicht-zufälligen, sondern eben systematisch gewählten Merkmalen auf. So lässt bspw. schon die Begrüßung erkennen, ob sich die Beteiligten gut kennen oder einander unbekannt sind, ob sie in einem engen Verhältnis stehen oder nicht etc. Oder die sogenannten **Folgeerzählungen** (*second stories*), die in geselligen Runden häufig auf vorangegangene Erzählungen folgen, zeigen, wie die Geschichten verstanden wurden, insofern die zweiten Geschichten in der Regel einen zentralen Aspekt aufgreifen (vgl. Kap. 6). Zum anderen ist ein ungünstiger Adressatenzuschnitt eine häufige Quelle für Verständigungsschwierigkeiten, z. B. in interkulturellen Gesprächssituationen (Günthner 1991: 306). Allgemein betrachtet gibt er Aufschluss darüber, was die Sprecher/innen als geteiltes Wissen annehmen (vgl. a. Deppermann 2018; für einen kognitiven Zugriff te Molder & Potter 2007: 24f.).

1.2.2 *Display* und *Doing*

Die Tatsache, dass Gesprächsbeteiligte einander in vielfältigsten Arten und Weisen aufzeigen, welchen Sinn sie ihren Äußerungen zuschreiben, wird u.a. in dem Begriff ***display*** gefasst.[14]

> Das *display* solchen Verstehens in folgenden Redebeiträgen ist eine Ressource sowohl für die Analyse vorangegangener Beiträge wie auch eine Prüfprozedur für die professionelle (wissenschaftliche, K.B.) Analyse vorangegangener Beiträge – Ressourcen, die in den Daten selbst liegen. (Sacks, Schegloff & Jefferson 1974: 729; Übersetzung K.B.)

Eng damit verbunden ist der Begriff des ***doing***: die Art der sozialen Handlung, die eine Äußerung gerade vollzieht, wird über den *display* aufgezeigt wird; so liegt es nahe, bestimmte Handlungen als „*doing* fragen" oder „*doing* Verlegenheit" oder auch als „*doing being a doctor*" zu fassen. Churchill (1971: 183) argumentiert, dass Sacks mit dem Zusatz *doing* die Methodizität, die Mitgliedern

---

[14] Der Begriff „*display*" wird als Verb und als Nomen verwendet; als deutsche Übersetzung schlägt Deppermann (2008a: 50–52) „aufzeigen" (*to display*) und Verdeutlichungsleistung (*the display*) vor.

einer Gemeinschaft in ihrem Vorgehen aufzeigen, besonders hervorheben wollte.[15] *Doing X* oder *doing being an Y* umfasst damit die Anzeigepraktiken und Merkmale, mit denen Handlungen erkennbar gemacht werden (vgl. a. Schegloff 1997a).

1.3 Methodisches Vorgehen

Bei der Aufdeckung interaktionaler Ordnungsstrukturen arbeitet die Konversationsanalyse „**rekonstruierend**", das heißt, sie vollzieht anhand der genauen Dokumentation und Beschreibung aufgezeichneter Interaktionsereignisse systematisch das sprachliche Handeln der Beteiligten in seiner sequenziellen Abfolge nach. Dieses Vorgehen bezeichnet man als induktiv; aus den Beobachtungen werden die Regeln und Regularitäten abstrahiert, mit denen sich die Gesprächsbeteiligten wechselseitig Orientierung geben, um das soziale Ereignis des Miteinander-Sprechens herzustellen.

In konversationsanalytischen Projekten stehen drei zentrale Fragen im Fokus des Untersuchungsinteresses:

Handlung (*action*): Wie werden Handlung vollzogen (*action formation*), wie werden sie zugeschrieben (*action ascription*) und, nicht zuletzt, welche Handlungen werden vollzogen.

Ordnungsstruktur (*order*): Wie ist soziales Handeln strukturiert und welche Regularitäten weist es auf? Es gilt, die „allgegenwärtige Ordnung" und ihre Herstellung zu rekonstruieren.

Intersubjektivität (*intersubjectivity*): Wie wird Sinn bzw. wechselseitiges Verstehen im Miteinander-Sprechen hergestellt? Verstehen ist zunächst ein kognitiver Vorgang in den Köpfen Einzelner, in die man (mit Methoden der Soziologie oder Linguistik) nicht hineinschauen kann. Deshalb wird Intersubjektivität anhand der wechselseitig vollzogenen Handlungsverläufe rekonstruiert, und zwar in ihrem Gelingen und Misslingen, ihrer Aushandlung, Aufrechterhaltung etc.

All das verläuft erstaunlich reibungslos; um die Verfahren und Praktiken zu entdecken, mit denen Interagierenden für einander Sinn und wechselseitiges Verstehen, d.h. Intersubjektivität, erzeugen, braucht es keinen pompösen theoretischen Überbau aus Definitionen, Hypothesen oder wissenschaftlichen Kate-

---

15 Im Institut für Deutsche Sprachen wurde in der Abteilung Pragmatik im Anschluss daran die Analyse von Verstehensdokumentationen als Arbeitsprogramm etabliert (vgl. Deppermann & Schmidt 2008; Spranz-Fogasy 2010; Deppermann & Helmer 2013).

gorien. Die Perspektiven der Interagierenden sollen aus deren Handeln rekonstruiert und ein verstehender Nachvollzug aus den Daten heraus entwickelt werden; dazu muss man im Prinzip nicht mehr wissen, als die Beteiligten in der Situation selbst.[16]

Das praktische Vorgehen im Forschungsprozess kann man in drei Stationen unterteilen: Datenerhebung, Datenaufbereitung und Datenanalyse.[17]

1.3.1 Datenerhebung

Aus all dem, was wir bisher über die Konversationsanalyse und ihre Interessen erfahren haben, ergibt sich fast schon zwangsläufig, dass sie nur „natürliche" Sprachdaten verwenden will.[18] In Experimenten, Sprachtests, Interviews etc., die extra zum Zwecke der wissenschaftlichen Nutzung organisiert wurden, lässt sich das konversationsanalytische Erkenntnisinteresse an den Methoden von Menschen, im Alltag soziale Ordnung und Intersubjektivität zu erzeugen, logischerweise nicht realisieren. Eine gute Frage für die Bestimmung, ob ein bestimmtes Ereignis den Ansprüchen an eine natürliche Interaktion für die Analyse entspricht, lautet: Hätte das Ereignis auch ohne die Gesprächsanalytikerin mit ihrem Aufnahmegerät stattgefunden?[19]

---

16 ... aber auch nicht viel weniger als die Beteiligten selbst. Das ist manchmal schwieriger sicherzustellen als man denkt, vor allem, wenn man nur über Audioaufzeichnungen verfügt und selbst nicht bei der Aufnahme dabei war. Aber das hat auch eine generelle Konsequenz: So ist es für den rekonstruierenden Nachvollzug und das Verstehen notwendig, ein kompetentes Mitglied der Kommunikationsgemeinschaft zu sein, aus der die Daten stammen, da sonst das „stille Wissen" fehlt. Die konversationsanalytische Arbeit mit fremdkulturellen Sprachdaten steht damit methodisch-theoretisch vor besonderen Herausforderungen.
17 In diesem kurzen Einführungskapitel können nur die wichtigsten Dinge erläutert werden, die für die Rezeption des Buches erforderlich sind; für eine den Forschungsprozess anleitende ausführliche deutschsprachige Darstellung sei auf Deppermann (2008a) verwiesen.
18 Der Begriff „natürlich" geht auf die Phänomenologie Schützes und die „natürliche Einstellung" in der Alltagswelt mit der fraglosen Gegebenheit von „Dasein" und „Sosein" der Erfahrungswelt zurück (Schütz 1962).
19 Natürlich sind wissenschaftliche Erhebungen auch Teil unseres sozialen Alltags, z. B. Befragungen, und an authentische Interviews kann man bestimmte Fragestellungen anlegen, z. B. wie wird der Sprecherwechsel im Interviews organisiert. Aber Interviews sollten nicht mit dem Ziel gemacht werden, um Material für eine konversationsanalytische Studie zu generieren. Ebensowenig ist es mit diesem Ansatz möglich, Menschen über die Praktiken der Herstellung sozialer Ordnung zu befragen. Wenn man sich vor Augen führt, dass für die Konversationsanalyse mikroskopische Phänomene relevant sind – eine Blickzuwendung, eine abgebrochene Silbe, eine Pause, ein Einatmen etc. –, wird nachvollziehbar, warum die Datenqualität im Sin-

Die systematische Erforschung von Gesprächsdaten steht vor einem Problem: Wie will man detaillierte Analysen vornehmen, wenn das, was passiert, so ungeheuer **flüchtig ist wie sprachliche Interaktion**? Eine Lösung liegt im Aufzeichnen von Interaktionsereignissen: Die Konversationsanalyse arbeitet mit Tonaufnahmen und heute zunehmend auch mit Videoaufzeichnungen. Das Verfügbar-Machen durch die Aufzeichnung von Ereignissen ist für die Entdeckung von sozialer Ordnung unabdingbar. Es handelt sich um „**registrierende Konservierung**" (Bergmann 1994: 9), mit deren Hilfe ein Datenausschnitt wieder und wieder abgespielt bzw. gelesen werden kann und die Analysen so immer detaillierter und detailreicher werden können. Ein zweiter, ebenfalls wichtiger Vorteil besteht darin, dass man die Daten mit anderen teilen kann, gemeinsam anhören und nicht zuletzt, dass sie damit für die kritische Prüfung durch andere Wissenschaftler/innen verfügbar sind.

1.3.2 Datenaufbereitung

Ist die Aufnahme erfolgt, entsteht das methodische Herzstück der Analyse: das Transkript. **Transkribieren heißt** im Prinzip „**verschriftlichen**"; dabei wird nicht nur der reine gesprochene Text transkribiert, sondern auch weitere für die Analyse (potenziell) relevante Mikrophänomene wie Pausen, auffälliges Ein- und Ausatmen, Lautstärke, Überlappungen, der Stimmverlauf etc.[20] Nach vielen Jahrzehnten der Forschung sind heute die dem menschlichen Körper verfügbaren Ausdrucksressourcen, sowohl auditive wie visuelle Sinnesmodalitäten, gut untersucht, wenngleich sich einheitliche Transkriptionskonventionen erst allmählich herauskristallisieren.

Diese Verschriftlichung verfeinert sich im Zuge des wiederholten Abhörens in dem Maße, wie mit dem Fortschreiten der Analyse zunehmend mehr Details sichtbar und als relevant erkannt werden. In diesem rekursiven Vorgehen erweist sich einmal mehr die enge Beziehung zwischen Daten, Transkription und Analyse der Konversationsanalyse (Hutchby & Wooffitt 2005: 92). Im Abschnitt 1.4. wird auf die Transkriptionskonventionen genauer eingegangen.

---

ne von umfassender Authentizität essenzieller ist als für andere soziologische oder linguistische Ansätze.
20 Der Aufzeichnung geht eine Phase der „Erkundung des Feldes" voraus, eine Art ethnographischer „Proto-Analyse" (Mondada 2013: 38); das ist u.a. sinnvoll, um zu klären, wo man die Aufzeichnungsgeräte gut platzieren kann.

1.3.3 Datenanalyse

Die Praktiken, mit denen Gespräche organisiert werden, sind in der Regel routinierte Selbstverständlichkeiten, die uns keineswegs bewusst sein müssen, aber eben doch zweckmässig eingesetzt werden. Nichtsdestotrotz kann man auf einer Metaebene darüber reflektieren, sie erforschen etc. Auffällig (und zum expliziten Gegenstand von sprachlicher Interaktion) werden **gesprächsorganisatorische Praktiken** meist erst dann, wenn etwas nicht klappt (wenn alle durcheinanderreden oder jemand kein Ende findet oder auf Ansprache nicht reagiert oder immer woanders hinschaut oder Dinge tut, die eben unüblich, unerwartet, auffällig sind). Beispielsweise kann auch Nicht-Vorhandensein relevant werden, wenn z. B. entgegen dem erwartbaren Verlauf ein typadäquater zweiter Paarteil einer Paarsequenz, d.h. die Frage auf eine Antwort, die Erwiderung eines Grußes etc. (vgl. Kap. 4), fehlt. Diese „**bemerkbare Abwesenheit**" (***noticable absence***) wird in den Reaktionen der Sprecher/innen in der Regel sichtbar (Hutchby & Wooffitt 2005: 98).

Die analytischen Beobachtungen basieren auf sehr detaillierten Fallanalysen. Dabei versucht die Konversationsanalyse, jede Form der Spekulation über das soziale Ereignis zu vermeiden. Das wird dadurch sichergestellt, dass sie sich sehr konsequent an die Sprachdaten hält. Der enge Bezug zum Datenmaterial wird in den Arbeiten selbst auch daran deutlich, dass Datenausschnitte präsentiert und die Analyse z. T. winzigster Details (ein Einatmen, ein Zögern, eine Betonung ...) für die wissenschaftliche Rezeption nachvollziehbar gemacht werden. Um den Phänomenen auf die Spur zu kommen, darf kein noch so unscheinbares Detail im Vorhinein ausgeschlossen werden, jedenfalls so lange noch nicht absehbar ist, ob es nicht doch eine Rolle spielt.[21]

Die Konversationsanalyse erkannte früh die besondere Bedeutung, die für die soziale Interaktion aus dieser speziellen zeitlichen Situierung erwächst. Eine zentrale Prämisse ist, dass sprachliches Handeln unausweichlich in die voranschreitende Zeit eingebunden ist. Das macht die Sequenzanalyse, bei der die Situierung von Äußerungen in ein Davor und ein Danach maßgeblich berücksichtigt wird, zum wichtigsten methodischen Vorgehen.

Man versucht also nicht, vorher theoretisch bestimmte und benannte Handlungen oder Handlungstypen im Datenmaterial zu finden, sondern beginnt mit einer möglichst unvoreingenommenen Sichtung, um Phänomene zu entdecken,

---

[21] Den Sinn einer sprachlichen Handlung erkennt man nicht an den verwendeten Wörtern (vgl. Kap. 4). Die Unterscheidung isolierter, kontextloser Sprechakte, wie sie die Sprechakttheorie annimmt, führt hier ebenfalls nicht weiter.

WAS die Beteiligten WIE in diesen konkreten Exemplaren natürlichen sprachlichen Handelns miteinander tun.

Das Datenmaterial ist und bleibt der Ausgangspunkt für die Analyse, und die Hinzuziehung externer Informationen ist unüblich. Aber natürlich fließt alles, was bisher konversationsanalytisch erforscht und beschrieben wurde, ebenfalls ein, auch wenn der Stand der Forschung, wie bei jedem wissenschaftlichen Vorhaben, immer wieder kritisch reflektiert und seine Gültigkeit am Material überprüft werden muss.

Schegloff gibt uns drei Fragen an die Hand, mit denen eine Datenanalyse startet und die man als eine Art übergeordnetes Forschungsprogramm der Konversationsanalyse verstehen kann (vgl. a. Gülich & Mondada 2008: 14ff.).
1) Was könnte jemand tun, indem sie/er so spricht?
2) Wofür scheint dieses Stück Rede (*talk*) gestaltet zu sein?
3) Für welche Handlung wird diese Praktik verwendet? (Schegloff 2007: 8; Übersetzungen K.B.)

In der weiteren systematischen Analyse werden Sammlungen ähnlicher Phänomene zusammengestellt, sog. **Kollektionen.** Sie basieren auf Rekurrenzen. Auf dieser Basis formuliert man über die Einzelfälle hinweg Regularitäten und die Beobachtungen werden schließlich auf ein abstrahiertes Niveau überführt: Wie kommt man zu einem Platz am Stehtisch, woran erkennt man einen Vorwurf, was unterscheidet eine Unterbrechung von einer Überlappung, wie werden Erzählungen am Kaffeetisch beendet etc.?

Ist ein basales Muster identifiziert, werden im nächsten Schritt **abweichende Fälle** in die Sammlung aufgenommen (Hutchby & Wooffitt 2005: 98). Sie können u.a. indirekt bestätigen, dass das basale Muster richtig erfasst ist. Heritage (1995: 399) weist darauf hin, dass abweichende Fälle eine Möglichkeit sind, zu zeigen, ob es sich bei einem vermeintlichen Muster tatsächlich um mehr als eine zufällige empirische Übereinstimmung handelt. In den Abweichungen kann z. B. ersichtlich werden, dass die Interaktionsbeteiligten auf ein **Fehlen** reagieren, bspw. des erwartbaren zweiten Teils einer Paarsequenz, der Erwiderung eines Grußes, der Antwort auf eine Frage etc. Damit bestätigt sich indirekt die Geltung eines unmarkierten interaktiven Verlaufs, z. B. eine Frage verlangt eine Antwort etc. (vgl. a. Kap. 4).

Ein wichtiges Instrument bei der Analyse sind Datensitzungen, die Konversationsanalytiker/innen miteinander in kleinen Gruppen abhalten und in denen kurze Ausschnitte diskutiert und Lesarten am Material durchgespielt werden. Dies geschieht mit der Haltung einer „disziplinierten Subjektivität", die man sich eigentlich nur durch das Praktizieren von Datenanalysen aneignen kann und die wie Klavierspielen oder Operieren ständiges In-Übung-bleiben verlangt (vgl. Schenkein 1978 zur „Analytischen Mentalität der Konversationsanalyse").

1.4 Transkriptionen lesen: eine Kurzanleitung

Aufgrund der Flüchtigkeit von Gesprochener Sprache gehören Transkriptionen zum zentralen Handwerkszeug der Konversationsanalyse. Bei Transkriptionen unterscheidet man zwischen Verbaltranskripten, die ausschließlich das Gesprochene verschriftlichen, und multimodalen Transkripten, in denen auch andere körperliche bzw. visuelle Ausdrucksressourcen notiert werden. Die meisten Transkripte in diesem Buch sind Verbaltranskripte; betrachten wir zunächst ein Beispiel für ein solches:

Beispiel (1) ROCK
```
01 Bia: und wat WIRD det,
02 Mik: det WIRD? (---)
03      muss ick SEHN;
04      wenn_et KLAPPT;
05      n_ROCK.
06      (-)
07 Bia: ach ECHT,
```

Wir wissen schon, dass die beteiligten Sprecher/innen jeweils, hier mit drei Buchstaben abgekürzt, aufgeführt werden, um genau zu bezeichnen, wer gerade spricht (Bia = Bianca, Mik = Mike). Die Zeilennummerierung erleichtert es beim Nachvollziehen der Analyse, die Stelle eindeutig zu identifizieren, die gerade besprochen wird. So stellt Bianca in Z. 01 mit der Äußerung *und wat WIRD det*, eine Frage.

Die Orthographie wird zugunsten eines besonderen Bedürfnisses nach genauer Erfassung des Gesprochenen in mancherlei Hinsicht missachtet, dennoch bleibt das Transkript im Wesentlichen gut lesbar, wenn man sich einige Grundprinzipien merkt. So wird generell klein geschrieben, außer diejenigen Silben in einer Äußerungseinheit, die den Hauptakzent tragen (d.h. betont werden). Sie werden durch Großbuchstaben angezeigt (bspw. das *WIRD* in Z. 01 oder *ROCK* in Z. 5).

Das Bedürfnis, die tatsächliche Realisierung nachzuvollziehen, geht zwar nicht so weit, dass man das Gesprochene mit dem *International Phonetics Alphabet* notiert, aber Besonderheiten wie die Artikulation von *det* statt *das* (Z. 01 und Z. 02), *et* statt *es* oder die Verschleifung (durch den Unterstrich markiert) von *wenn* und *es* (realisiert als *wenn_et*, Z. 04) wurden in dieser Transkriptionsversion notiert.

Neben dem verbalen Text im engeren Sinne sind als weitere Phänomene in diesem Ausschnitt Pausen verzeichnet: die in Klammern gesetzten drei Spiegelstriche am Ende von Z. 02 weisen eine ca. 0.8-sekündige Pause nach, ein einzelner Spiegelstrich (Z. 06) zeigt ca. 0.2-0.5 Sekunden Pause an.

Die vielleicht auffälligste Abweichung von der Orthographie ist die Verteilung von Mikes Redebeitrag auf vier Zeilen. In diesem Zusammenhang werden auch die Satzzeichen relevant; sie zeigen, ganz anders als im schriftsprachlichen Gebrauch, zum einen die Portionierung des Gesprochenen und zugleich den Stimmverlauf am Ende an. So kommt Mikes Antwort nicht „in einem Rutsch", sondern wird in vier Teilen geäußert. Am Ende der ersten Portion zeigt das Fragezeichen an, a) dass hier eine prosodische Einheit beendet ist und b) dass dieses Ende durch eine stark steigende Stimmbewegung markiert wird. Das Komma markiert in diesem Sinne eine nur leicht steigende, das Semikolon (Z. 03, 04) eine leicht fallende finale Stimmbewegung und der Punkt am Ende von Z. 05 eine stark fallende. Das reicht für den Moment aus, um das Transkript dieses kleinen Ausschnitts zu verstehen; es lässt zugleich erahnen, welche Detailgenauigkeit für die Analysen von Bedeutung ist.

Aus den frühen Jahren der Konversationsanalyse in den USA gibt es Transkriptionskonventionen, die Gail Jefferson etabliert hat. Im deutschsprachigen Raum wird jedoch die sog. „Gesprächsanalytische Transkription" verwendet. **Die GAT-Transkriptionskonventionen basieren auf langjährigen Erfahrungen mit der Analyse gesprochener Sprache**; die hier aufgeführten und mit Konventionen verzeichneten Phänomene haben sich in der Vergangenheit als potenziell relevant erwiesen. (Das ist nicht als erschöpfend zu verstehen, sondern repräsentiert einen Stand der Forschung, der fortschreitet.)

Für die Transkription verwendet man eine äquidistante Schriftart, z. B. Courier, weil auf diese Weise gleichzeitiges Sprechen gut sichtbar gemacht werden kann, da die immer gleich großen Schrifttypen exakt platziert werden können.[22]

Beispiel (2) STELLE
```
   01 I1:   <<f>GU:T herr:  (.) doktor kensch;>
   02       guten TAG, (.)
→  03       nehmen sie doch dort [bitte  PLA]TZ;
→  04 K:                        [guten  TAG,]
```

---

[22] Ein weiterer Vorteil ist, dass damit die Distanz zwischen dem Untersuchungsobjekt (markiert durch eine andere Schrift) und den Analysen, die über diese Ereignisse geschrieben werden, deutlicher markiert wird.

In Z. 03 und 04 erwidert Herr Dr. Kensch den Gruß von I1 in Z. 02, und zwar parallel mit dessen Angebot, auf einem bestimmten Stuhl Platz zu nehmen. Weitere Merkmale, die hier verzeichnet wurden, sind das vergleichsweise laute Sprechen von I1 in Z. 01. Es wird in den spitzen Klammern mit dem Symbol „f", das für forte steht, angezeigt; die äußeren spitzen Klammern zeigen an, wie lange I1 laut spricht. Dabei werden *GU:T* sowie *herr:* leicht gedehnt, und vor dem Titel plus Nachname erfolgt eine Mikropause (unter 0.2 Sekunden), die mit *(.)* markiert wird. Die Pfeile links vor den Zeilennummern verweisen auf für die Analyse relevante Stellen.

Die Konventionen sind explizit so ausgestaltet, dass eine Transkription sukzessive immer detaillierter werden kann. GAT2 unterscheidet drei Detaillierungsstufen: Minimaltranskript, Basistranskript und Feintranskript. Dies ist jedoch nicht als streng abgegrenzt zu verstehen, vielmehr werden hier Mindestanforderungen an ein GAT-Transkript formuliert (Minimaltranskript) sowie eine maximale Detaillierungsstufe (Feintranskript) vorgeschlagen. Je nach Phänomen, das man behandelt, kann man sich für die Transkription dieser Vorschläge bedienen und die Stufen dabei mischen. Der Artikel von Selting et al. (2009), in dem diese Konventionen zusammengestellt wurden, gibt sehr ausführliche Hintergrundinformationen zur Entstehung und Verwendung der Konventionen sowie Zugriff auf ein Hörbeispiel.

Neben diesen beiden Verbaltranskripten sollen nun die in dieser Einführung verwendeten multimodalen Transkriptionskonventionen vorgestellt werden. Dies betrifft die Blickrichtung, sie wird – in Anlehnung an Rossano (vgl. z. B. Rossano 2013) – über dem Verbaltranskript notiert.

Beispiel (3) LOBSTER (aus: Weiß 2018: 33)
```
01 M: ja: aber (.) weil (.) was IS das für ne;
```

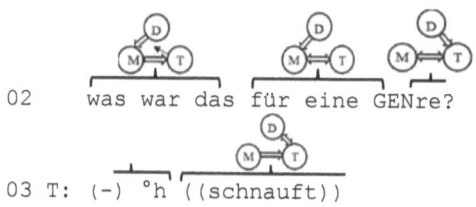

```
02     was war das für eine GENre?

03 T: (-) °h ((schnauft))
```

Die Kreise repräsentieren die beteiligten Sprecherinnen und Sprecher mit den jeweiligen Namenskürzeln. Die Pfeile geben die Richtung an, in die eine Person blickt. Ein Pfeil mit Doppelspitze zeigt Blickkontakt zwischen zwei Beteiligten an. Die Erstreckung von Blickkonstellationen wird über geschweifte Klammern über dem Verbaltranskript markiert; so dauert z. B. der Blickkontakt zwischen M und T solange wie „*für eine GENre? (-) ° h*" in Zeile 2 und 3. D schaut während dieser Zeit zunächst zu M, dann zu T, der erst Blickkontakt mit M hält und dann in Blickkontakt mit D eintritt.

Für andere Phänomene werden wiederum andere Konventionen benötigt, im folgenden Beispiel steht das Melden im Unterricht im Zentrum des Interesses.

Beispiel (4) FUCHSBANDWURM (Transkription adaptiert, nach Harren 2015)
```
((Unterrichtsgespräch))
01  FW:  WOrin besteht denn jetz der UNterschied,
02       äh zwischen der ZEcke?
03       als paraSIT,=
04       =und dem BANDwurm.* (.)
                           * ((Manuel meldet sich))
05       <<p>als *paraSIT.>
                *((Inge meldet sich))
06       *(2.5)
         *((Annette, Tanja, Elke und Maria melden sich))
07  FW:  <<p>MAnuel.>
```

Es meldet sich zuerst Manuel (Z. 04), nachdem die Lehrerin *BANDwurm.* artikuliert hat, dann folgt Inge (Zeile 05, bevor *paraSIT* gesagt wird). Während der 2,5 Sekunden Pause, bevor die Lehrerin Manuel aufruft, melden sie noch vier weitere Schülerinnen.

Eine dritte Möglichkeit besteht in der Verwendung von Standbildern, die in das Transkript eingefügt werden.

Beispiel (5) MÜLL
```
54       hat mich auf den STUHL gesetzt,
55       hat meinen [brUder² meine schwEster³ DAhin gesetzt,
```

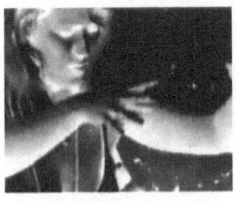
2

3

Die Gesten der Sprecherin könnte man nur sehr umständlich beschreiben, ein Standbild dagegen macht sie schnell anschaulich. Wie schon bei der Blicktranskription und dem Melden im Unterricht sind die körperlichen Phänomene in einer Zeile mit dem Verbaltranskript (bzw. mit der Pause) notiert (z. B. Z. 55). Um zu vermerken, wann genau das Standbild gemacht wurde, werden Indices verwendet. Die hochgestellte 2 im Transkript und die 2 unter dem linken Standbild zeigen die Alignierung von Verbalem und Geste an. Die verschiedenen Ausdrucksressourcen treten synchron auf, deshalb gibt es nur eine Zeilennummer (s. a. Bsp. 3 und 4).

Während die Konventionen für das Verbaltranskript mit GAT 2 mittlerweile gut etabliert sind, hat sich in der Interaktionalen Multimodalitätsforschung eine verbindliche multimodale Notation noch nicht herausgebildet, wenngleich eine Reihe guter Vorschläge vorliegen, an denen man sich bei Bedarf orientieren kann. Für die Benutzung der vorliegenden Einführung sollte diese Kurzanleitung jedoch ausreichen!

Abschließend sei noch auf zwei Besonderheiten in dieser Einführung hingewiesen. Erstens werden in den Transkripten rechtsbündig Analysen eingetragen, wie im unten aufgeführten Beispiel, wo die Handlungssequenz „Frage" (als Erster Paarteil (EPT)) und „Antwort" (als zweiter Paarteil (ZPT)) aufgeführt sind. Der Pfeil ← bedeutet, dass die letztgenannte Handlung in dieser Zeile fortgesetzt wird.

```
05 M: bisch(d) fest(e) am PUTzen,        EPT Frage
06 F: nein,                               ZPT Antwort
07    BÜgeln tu_i                         ←
```

Zweitens wird in den Transkriptüberschriften notiert, wenn ein Beispiel dankeswerter Weise zur Verfügung gestellt oder aus einer Publikation entnommen wurde (alle anderen Beispiele stammen aus dem Fundus der Autor/innen). Z. B. besagt folgender Transkripttitel „Beispiel (73) KONSOLENABEND (von Elisabeth Zima)", dass das Beispiel mit dem Namen „Konsolenabend" von Elisbeth Zima zur Verfügung gestellt wurde. „Beispiel (60) (nach Golato 2002: 556)" besagt, dass das Beispiel der Publikation Golato 2002 entnommen ist.

Im Folgenden werden die Gat2-Konventionen nach Selting et al. (2009: 391) aufgelistet. Für ausführliche Erläuterungen sei auf den online verfügbaren Artikel verwiesen, der den Hintergrund der gewählten Konventionen erläutert und in deren Verwendung einführt.[23]

---

[23] Die GAT-Konventionen findet man in der Online-Zeitschrift für Gesprächsforschung unter: http://www.gespraechsforschung-ozs.de/heft2009/px-gat2.pdf (Zugriff 19.07.2019). Hier stehen auch eine englische (Couper-Kuhlen & Bart-Weingarten 2011) und eine spanische Version (Ehmer et al. 2019) zur Verfügung (Zugriff 19.07.2019):
http://www.gespraechsforschung-ozs.de/heft2011/px-gat2-englisch.pdf.

1.5 Gat 2-Konventionen für Verbaltranskripte

Minimaltranskript
Sequenzielle Struktur/Verlaufsstruktur
[ ]   Überlappungen und Simultansprechen
[ ]
Ein- und Ausatmen
°h/h°   Ein- bzw. Ausatmen von ca. 0.2–0.5 Sek. Dauer
°hh/hh°   Ein- bzw. Ausatmen von ca. 0.5–0.8 Sek. Dauer
°hhh/hhh°   Ein- bzw. Ausatmen von ca. 0.8–1.0 Sek. Dauer
Pausen
(.)   Mikropause, geschätzt, bis ca. 0.2 Sek. Dauer
(-)   kurze geschätzte Pause von ca. 0.2–0.5 Sek. Dauer
(--)   mittlere geschätzte Pause von ca. 0.5–0.8 Sek. Dauer
(---)   längere geschätzte Pause von ca. 0.8–1.0 Sek. Dauer
(0.5)   geschätzte Pause von ca. 0.5 Sek. Dauer
(0.78)   gemessene Pause von 0.78 Sek. Dauer (Angabe mit einer Stelle hinter dem Punkt)
Sonstige segmentale Konventionen
und_äh   Verschleifungen innerhalb von Einheiten
äh öh äm   Verzögerungssignale, sog. „gefüllte Pausen"
Lachen und Weinen
haha hehe hihi   silbisches Lachen
((lacht))((weint))   Beschreibung des Lachens
<<lachend>wörter>   Lachpartikeln in der Rede, mit Reichweite
<<:-)>wort wort>   „smile voice", mit Reichweite
Rezeptionssignale
hm ja nein nee   einsilbige Signale
hm_hm ja_a nee_e   zweisilbige Signale
ʔhmʔhm   mit Glottalverschlüssen, meistens verneinend
Sonstige Konventionen
((hustet))   para- und außersprachliche Handlungen u. Ereignisse
<<hustend>wort>   sprachbegleitende para- und außersprachliche Handlungen und Ereignisse, mit Reichweite
(   )   unverständliche Passage ohne weitere Angaben

---

http://www.gespraechsforschung-online.de/fileadmin/dateien/heft2019/px-gat2-espanol.pdf. Für hilfreiche Informationen zu verschiedensten Themen vgl. a. http://emcawiki.net (Zugriff 19.07.2019).

(xxx), (xxx xxx)   ein bzw. zwei unverständliche Silben
(solche)   vermuteter Wortlaut
(also/alo)
(solche/welche)   mögliche Alternativen
((...))   Auslassung im Transkript
→   Verweis auf im Text behandelte Transkriptzeile

Basistranskript
Sequenzielle Struktur/Verlaufsstruktur
=   Ein schneller, unmittelbarer Anschluss neuer Sprecherbeiträge oder Segmente (*latching*)
Sonstige segmentale Konventionen
:   Dehnung, Längung, um ca. 0.2–0.5 Sek.
::   Dehnung, Längung, um ca. 0.5–0.8 Sek.
:::   Dehnung, Längung, um ca. 0.8–1.0 Sek.
?   Abbruch durch Glottalverschluss
Akzentuierung
akZENT   Fokusakzent
ak!ZENT!   extra starker Akzent
Tonhöhenbewegung am Ende von Intonationsphrasen
?   hoch steigend
,   mittel steigend–gleichbleibend
;   mittel fallend
.   tief fallend
–   schwebend (gleichbleibend)
Sonstige Konvention
<<erstaunt>wörter>   interpretierende Kommentare mit Reichweite

Feintranskript
Akzentuierung
akZENT   Fokusakzent
akzEnt   Nebenakzent
ak!ZENT!   extra starker Akzent
Auffällige Tonhöhensprünge
↑   kleinere Tonhöhensprünge nach oben
↓   kleinere Tonhöhensprünge nach unten
↑↑   größere Tonhöhensprünge nach oben
↓↓   größere Tonhöhensprünge nach unten

Verändertes Tonhöhenregister

<<t>wort wort>	tiefes Tonhöhenregister, mit Reichweite
<<h>wort wort>	hohes Tonhöhenregister, mit Reichweite

Intralineare Notation von Akzenttonhöhenbewegungen

`so	fallend´
´so	steigend
¯so	gleichbleibend
^so	steigend-fallend
ˇso	fallend-steigend
↑`	kleiner Tonhöhensprung hoch zum Gipfel der Akzentsilbe
↓ ´	kleiner Tonhöhensprung herunter zum Tal der Akzentsilbe
↑ ¯so bzw. ↓ ¯so	Tonhöhensprünge zu auffallend höheren bzw. tieferen gleichbleibenden Akzenten
↑↑`so bzw. ↓↓ śo	auffallend hohe bzw. tiefe Tonhöhensprünge zum Gipfel bzw. Tal der Akzentsilbe

Lautstärke- und Sprechgeschwindigkeitsveränderungen, mit Extension

<<f>	>	forte, laut
<<ff>	>	fortissimo, sehr laut
<<p>	>	piano, leise
<<pp>	>	pianissimo, sehr leise
<<all>	>	allegro, schnell
<<len>	>	lento, langsam
<<cresc>	>	crescendo, lauter werdend
<<dim>	>	diminuendo, leiser werdend
<<acc>	>	accelerando, schneller werdend
<<rall>	>	rallentando, langsamer werdend

Veränderung der Stimmqualität und Artikulationsweise

<<creaky>	>	glottalisiert, „Knarrstimme"
<<flüsternd>	>	Beispiel für Veränderung der Stimmqualität, wie angegeben

Weitere im vorliegenden Buch verwendete Konventionen:

tiefgestelltes B	Basis-Paarsequenz
tiefgestelltes EIN	Einschub
tiefgestelltes VOR	Vorlauf
tiefgestelltes NACH	Nachlauf

2 Anfang und Ende fokussierter Interaktion

Peter Auer*

2.1 Grundgedanken

Nicht jeder darf in unserer Gesellschaft mit jedem reden, und schon gar nicht zu jeder Zeit und in beliebiger Weise. Und selbst wenn zwei Menschen miteinander reden dürfen, ist es für sie nicht immer einfach, ein Gespräch zu beginnen. Jeder Übergang vom Nebeneinander zum Miteinander nimmt den Beteiligten zeitweise etwas von ihrer persönlichen Autonomie und legt ihnen für den Zeitraum dieses Miteinanders Verhaltenszwänge auf. Trotzdem ist dieser Übergang nicht vermeidbar: Gespräche sind die Basis des gemeinschaftlichen und gesellschaftlichen Lebens, nicht nur, weil wir andere Menschen – ihre Hilfe, ihren Rat, ihre Sympathie und ihre Unterstützung – brauchen, sondern weil der sprachliche Austausch die Grundlage unserer Lebenswelt ist. Durch ihn wissen wir, wie ‚man' denkt und fühlt, was ‚man' fraglos als gegeben annehmen kann, was ‚jeder' glaubt und denkt, d.h. was ‚normal' ist; und wir freuen uns, dass unsere Sicht auf die Welt nicht nur unsere eigene ist, sondern oft von vielen anderen geteilt wird. **Der Übergang vom Nebeneinander zum Miteinander ist also zugleich notwendig und prekär**; wir können auf ihn nicht verzichten und wir wissen dennoch, dass wir jedem Angesprochenen auch lästigfallen können.

Sind aber mehrere Menschen erst einmal in ein Gespräch verwickelt, so entsteht dadurch eine ‚Mikro-Welt', die flexibel Außeneinflüsse aufnimmt bzw. abwehrt, aber erst einmal sich selbst und ihren eigenen Regeln und Zwängen verpflichtet ist und durch diese am Laufen gehalten wird. Auch die Auflösung einer solchen sozialen Mikro-Struktur, also die Rückkehr aus dem Miteinander ins Nebeneinander, ist deshalb ein Vorgang, den es gut zu organisieren gilt: ein Gespräch kann in der Regel nicht einfach durch Weggehen oder Unterbrechung

---

* Ich danke Karin Birkner, Pepe Droste, Anja Stukenbrock, Susanne Uhmann und Clarissa Weiß für viele wichtige Hinweise zu diesem Kapitel. Seminare in Münster, Freiburg und Wuppertal haben das Kapitel als Lektüre verwendet und dabei ebenfalls hilfreiche Rückmeldungen gegeben. Für die Anfertigung der Zeichnungen danke ich Ina Hörmeyer.
Angesichts der sehr zahlreichen (meist nicht-referenziellen) Personenbezeichnungen im Text verwende ich aus Lesbarkeitsgründen anstelle der Doppelbezeichnungen das generische Maskulinum; es hat überdies den Vorteil, binäre Geschlechterideologien zu vermeiden.

des Übertragungskanals beendigt werden, sein Ende muss vielmehr systematisch herbeigeführt werden.

Dieser Text befasst sich mit dem **Interaktionssystem ‚Gespräch'** aus der Perspektive von Beginn und Abschluss. Wir werden sehen, dass Gesprächsanfänge und -abschlüsse in vielerlei Art **routinisiert** sind; ebenso wird sich aber zeigen, dass diese Routinen als gesellschaftlich verfestigte Standardlösungen für Probleme der sozialen Zugänglichkeit und sozialen Kategorisierung keineswegs trivial sind. Vielmehr sind gerade der Anfang und das Ende eines Gesprächs höchst sensible und komplexe interaktive Angelegenheiten. Wie so oft erweist sich gerade an scheinbar unbedeutenden Ereignissen, die schnell und nebenher erledigt werden, die hochgradige Strukturiertheit alltäglicher Interaktionsabläufe.

Interaktion ist nicht dasselbe wie Gespräch. Vielmehr findet oft Interaktion statt, ohne dass Menschen in ein Gespräch verwickelt sind. Wo immer wir in einem öffentlichen Raum mit anderen Menschen zusammen sind, stellen wir unser Verhalten auf deren **Kopräsenz** ein und interagieren vielleicht auch mit ihnen – zum Beispiel, indem wir ihnen auf dem Gehweg ausweichen, ihnen den Vortritt lassen, die Tür aufhalten oder uns in einer Schlange anstellen; Interaktion findet auch statt, wenn zwei Fremde sich zulächeln, weil sie sich über einen dritten freuen oder ärgern, wenn ein Autofahrer bei Gelb nicht mehr über die Ampel fährt, weil er das Polizeiauto hinter sich im Rückspiegel sieht, oder wenn jemand den Blick abwendet, sobald er bemerkt, dass der Beobachtete bemerkt, dass er ihn beobachtet hat. Der amerikanische Soziologe Erving Goffman, der solches **Verhalten in der Öffentlichkeit** (*Behavior in Public Places*, so sein Buchtitel von 1963) ausführlich beschrieben hat, nennt diese Form der Interaktion, die sich aus der öffentlichen Kopräsenz von Gesellschaftsmitgliedern ergibt, **unfokussiert** (*unfocused interaction*) und die spezifische Beziehung der Menschen, die ohne gemeinsamen Fokus dennoch miteinander interagieren, eine **Ansammlung** (*gathering*). In einer Ansammlung von Menschen stimmen sich die Anwesenden also durchaus aufeinander ab und verhalten sich anders, als wenn sie sich unbeobachtet fühlen würden, aber sie treten nicht in ein **Miteinander** (*with*) ein (Goffman 1963: 15–24).

Die Formen des Umgangs, die die unfokussierte Interaktion in Ansammlungen regeln, sind kulturspezifisch. Etwa gilt in vielen Kulturen (wie auch der unseren) lange und intensive Blickzuwendung als unschicklich; Kinder lernen, dass sich solch ‚ungeniertes Anstarren' nicht gehört. Überdies ist ein gewisses Maß an körperlicher Distanz angemessen; man setzt sich in Deutschland zum Beispiel nicht an denselben Tisch in einem Restaurant, wenn noch andere frei sind. Wenn die Umstände uns entgegen dem Regelfall dazu zwingen, die an sich gebotene körperliche Distanz aufzugeben (etwa in einer dichten Menschenmenge, in einem kleinen Aufzug oder einer überfüllten U-Bahn), nehmen wir uns ganz besonders zurück; wir versuchen möglichst wenig Platz einzunehmen, vermeiden Blickkontakt, entschuldigen uns etc. Zu den Normen des Verhaltens in Ansammlungen gehört schließlich auch, dass manche an sich auffälligen Verhaltensweisen oder Eigenschaften kopräsenter Menschen geflissentlich ‚übersehen' werden (*civil inattention*, Goffman 1963: 84) – jemand, dem etwas herunterfällt, jemand, der bemerkenswert gekleidet ist, Menschen mit körperlichen oder mentalen Handicaps, Paare, die sich in der Öffentlichkeit streiten etc.

Mit einer ganz anderen Art der Interaktion haben wir es hingegen zu tun, wenn mehrere Menschen einen gemeinsamen Aufmerksamkeitsfokus herstellen und beibehalten und an einem **gemeinsamen interaktiven Projekt** (Goffman spricht von *mutual activity*, Luckmann 1995 und Linell 2009: 188 von *communicative project*, Clark 1996: Kap. 7 von *joint project*) arbeiten – sprachlich und/oder körperlich. Solche **fokussierten Interaktionen** sind das Thema dieses Kapitels, und zwar in einer bestimmten Ausprägung, die wir in einem sehr weiten Sinn als **Gespräch** bezeichnen wollen. Gespräche sind die wichtigste und typischste Form der fokussierten Interaktion, aber sie sind keineswegs die einzige. Fokussierte Interaktion kann auch mehr oder weniger komplett ohne Sprache ablaufen. In anderen Fällen ist Sprache nur Beiwerk (Beispiele: Kammermusik, Sport, gemeinsame handwerkliche Aktivitäten). Wieder andere Arten fokussierter Interaktion werden zwar sprachlich ausgeführt, laufen aber grundlegend anders als Gespräche ab. Dazu gehören insbesondere solche, die die Beteiligte in ein Publikum und einen oder mehreren auf einer ‚Bühne' Handelnden aufteilen (**Aufführungen** im wörtlichen oder weiten Sinn des Wortes, also etwa Reden, Vorlesungen, Theateraufführungen). Als Sammelbegriff für alle Formen fokussierter Interaktion eignet sich der Begriff **Aktivitätstyp** (*activity type*; vgl. Levinson 1992).

Unter **Gespräch** verstehen wir also eine besondere Form der fokussierten Interaktion.[24] (a) Gespräche umfassen relativ wenige Teilnehmer (was Massenkommunikation ausschließt), die potentiell alle aktiv als Sprechende an diesem Ereignis teilnehmen (was zudem Aufführungen ausschließt). Das bedeutet nicht, dass allen Gesprächbeteiligte dieselben Rechte zustehen; etwa kann ein

---

24 Ich gebe hier eine Arbeitsdefinition von ‚Gespräch', der ich keinen besonderen theoretischen Wert zumesse. Aus der Perspektive der sozial handelnden Sprecher scheint der Begriff ebenfalls eher unscharf zu sein. Feinere Unterscheidungen als der zwischen Gesprächen und nicht-gesprächsartigen Aktivitätstypen sind möglich und sinnvoll.

Gespräch eine Gesprächsleitung haben, der bestimmte Aufgaben wie die Gesprächseröffnung und -beendigung zu organisieren zukommen. (b) Gespräche können also durchaus institutionell eingebettet sein. Ein *meeting* ist in diesem Sinn ebenso ein Gespräch wie eine psychotherapeutische Gruppensitzung oder ein Vorstellungsgespräch. Gespräche sind zu einem wesentlichen Teil sprachlich konstituiert und strukturiert, selbst wenn die Gesprächsbeteiligte nebenher oder zwischendurch nicht-sprachliche Handlungen ausführen – man kann auch ein Gespräch führen, während man Auto fährt oder das Abendessen vorbereitet etc. (c) Schließlich sind Gespräche durch ein Maximum an **Synchronisierung** zwischen den Partnern gekennzeichnet, die i.d.R.[25] mindestens den akustischen Kanal umfasst. Diese Synchronisierung liegt nicht vor, wenn wir zum Beispiel brieflich kommunizieren und die Abfolge der einzelnen Interaktionsschritte deshalb in der Zeit zerdehnt ist. In diesem Fall wird die einzelne Botschaft von einem Interaktionsteilnehmer sozusagen *off-line* zusammengestellt und dann an den Interaktionspartner geschickt; die Beteiligten sind also nicht synchronisiert, während sie ihre Botschaften ‚kodieren'. Gemäß dieser Definition sind zwar Telefongespräche eine Form des Gesprächs, nicht aber elektronische *chats* o.ä.[26] Nicht relevant ist, ob die Interaktion direkt oder elektronisch vermittelt ist. So sind natürlich auch *skype*-Interaktionen Gespräche.

Wenn Menschen in eine fokussierte Interaktion – und ganz besonders in ein Gespräch – miteinander eingetreten sind, verhalten sie sich ganz anders als in unfokussierten Ansammlungen. In der Regel wenden sie sich körperlich einander zu, der Abstand zwischen ihnen verringert sich, sie schauen sich viel häufiger direkt an und halten dabei sogar über längere Zeit **Blickkontakt** aufrecht. (Die Häufigkeit und Dauer der Blickzuwendung ist allerdings starken Schwankungen unterworfen, die nicht nur kulturell bedingt sind, sondern auch von der Art der Beziehung zwischen den Interaktionsteilnehmern und der Art der Handlung abhängen, die sie gerade ausführen; vgl. Rossano, Brown & Levinson 2009). Zugleich wird die Interaktion mit den Menschen, die keine ratifizierten Teilnehmer dieser fokussierten Interaktion sind, reduziert; sie werden, wenn nicht ausgeblendet, so doch in den Hintergrund der Aufmerksamkeit gerückt. (Deshalb übersehen Menschen, die in der Öffentlichkeit in ein Gespräch verwickelt sind, die Dinge, die in ihrem Umfeld passieren, wesentlich leichter als einzelne Menschen in einer Ansammlung.) Die soziale Umgebung ihrerseits akzeptiert und achtet die besondere Art der Zuwendung, die fokussierte Interaktion mit sich bringt; wir gehen zum Beispiel, wenn es irgendwie möglich ist,

---

[25] Die Einschränkung „in der Regel" bezieht sich auf Gespräche zwischen Gebärdenden.
[26] Vgl. zu dieser Debatte u.a. Beißwenger (2007).

nicht in der Öffentlichkeit zwischen zwei Personen hindurch, die miteinander sprechen.

Menschen in fokussierter Interaktion bilden also für eine gewisse Zeit ein sich selbst organisierendes und sich gegen die Umwelt abgrenzendes Mikrosystem (siehe Abb. 1).

Abb. 1: Eine extreme Form der Außenbegrenzung und Abschottung einer fokussierten Interaktion (Christopher Johnson (https://commons.wikimedia.org/wiki/File:Nadeshiko_Japan_huddle.jpg), „Nadeshiko Japan huddle", rundum beschnitten, https://creativecommons.org/licenses/by-sa/2.0/legalcode).

Dennoch sind die Grenzen zwischen diesem Interaktionssystem und seiner Umwelt nicht völlig undurchlässig:
- Die Partizipationsstruktur (*participation framework*; vgl. Goffman 1981) kann sich ändern, indem neue Teilnehmer aufgenommen werden und andere die Interaktion verlassen.
- Es können zeitweise Störungen des Kommunikationskanals auftreten, die repariert werden müssen (Unterbrechung der Mobiltelefonverbindung, Geräusche im öffentlichen Raum, die die Kommunikation unmöglich machen, bei Gesprächen im Gehen eine enge Stelle, an der das Gespräch unterbrochen wird, weil man nur hintereinander hindurch passt etc.).
- Unvorhergesehene Ereignisse können die Interaktion unterbrechen und kurzfristige Auszeiten bewirken (vgl. Bergmann 1990); in manchen Situationen – z. B. in Gegenwart kleiner Kinder oder von Haustieren (Bergmann 1988) – sind solche Auszeiten geradezu vorprogrammiert.

- Andere fokussierte Interaktionen können interferieren. Heutzutage spielt dabei das Telefon eine große Rolle; insbesondere das Smartphone ist eine ständige Gefahrenquelle für jedes direkte (d.h. nicht elektronisch vermittelte[27]) Gespräch.
- Es kann sein, dass der Typ der Aktivität selbst die zeitweise Abwendung eines Teilnehmers oder mehrerer von der laufenden fokussierten Interaktion notwendig macht; so muss vielleicht ein Arzt während des Sprechstundengesprächs den Fokus aus der Interaktion mit dem Patienten abwenden, um am Computer die Krankenakte zu bearbeiten oder um mit der Sprechstundenhilfe Vorbereitungen für eine Untersuchung zu treffen.

Fokussierte Interaktionen mit vielen Beteiligten können auseinanderbrechen und sich in mehrere auflösen (und natürlich auch wieder zusammenfinden). Offensichtlich sind fokussierte Interaktionen umso stabiler, je kleiner sie sind und je wichtiger die gemeinsame Aktivität ist, auf die die Teilnehmer ihre Aufmerksamkeit fokussieren. In informellen Gespräche in Gruppen von mehr als fünf oder sechs Teilnehmern sind solche **Abspaltungen** (*conversational schism*; vgl. Egbert 1997a) sehr häufig; dasselbe gilt für fokussierte Interaktionen, die für manche Teilnehmer nur von geringem Interesse sind (Schulunterricht, Stadtführungen) (vgl. Goffman 1981).

Manche sozialen Situationen wie Partys oder Empfänge (*multifocused gatherings* im Sinne von Goffman 1963: 91) neigen eher zu schnellen Veränderungen der Partizipationsstruktur als andere, deren Außengrenzen vielleicht sogar symbolisch im Raum markiert sind, etwa Beichten im Beichtstuhl, vertrauliche Gespräche am Bankschalter, deren Außengrenze durch einen Strich am Boden oder ein Schild „Bitte Abstand wahren" gekennzeichnet ist etc. Hier bietet der Raum durch seine spezifische Struktur bereits Möglichkeiten und Unmöglichkeiten seiner interaktiven Nutzung an (Hausendorf 2012 spricht von „Nutzbarkeitshinweisen").

---

27 In der englischsprachigen Literatur ist der Begriff der „Interaktion von Angesicht zu Angesicht" (*face-to-face*) üblich, um voll synchronisierte, auf allen Sinnesmodalitäten aufbauende Interaktionstypen zu bezeichnen. Auf Deutsch kann man von direkter oder unmittelbarer Interaktion sprechen, in jüngerer Zeit wird auch der Begriff Angesichtskommunikation verwendet.

2.2 Das Problem der Zugänglichkeit

Unter welchen Umständen dürfen Menschen überhaupt in eine fokussierte Interaktion miteinander eintreten? Wann dürfen sie es nicht, und wann müssen sie es vielleicht sogar?

Man muss hier zwischen den sozialen Kategorien der **Bekannten und Fremden** unterscheiden. Für Bekannte gilt eine **Grußpflicht**. Ihr nicht nachzukommen, gilt als *face*-bedrohend (vgl. Goffman 1963: 115 zu diesem als ‚Schneiden' bekannten Verhalten). Je besser man mit jemandem bekannt ist, umso unmöglicher ist es, an ihm vorbeizulaufen, ohne ein zumindest minimales Gespräch zu beginnen. (Weniger enge Bekannte müssen zumindest im Vorbeigehen gegrüßt werden.) Die Steigerungsstufe von ‚guten Bekannten' sind ‚gute Freunde' und Familienangehörige: hier gibt es sogar die Verpflichtung, sich in regelmäßigen Abständen zu kontaktieren, wenn sich dies nicht zufällig ergibt. Im bürgerlichen Zeitalter wurde das durch Hausvisiten geleistet (vgl. Linke 1996), im 20. Jahrhundert zunehmend durch Telefonanrufe. Telefongespräche, die mit der Floskel ‚Ich wollt nur mal anrufen, um zu schauen, wie's Dir geht' eröffnet werden, haben genauso wie die Visiten „zeremoniellen Charakter" (Goffman 1967).

Unter Fremden ist der Einstieg in eine fokussierte Interaktion hingegen nur unter eingeschränkten Bedingungen möglich. Der wichtigste Fall sind Kontaktaufnahmen mit Menschen, die nicht als Individuen, sondern in ihrer **institutionellen Rolle** für den Kontakt mit Unbekannten zur Verfügung stehen müssen. Die fokussierte Interaktion ist dann auf diese Rolle beschränkt: die Verkäuferin im Backshop darf in ihrer beruflichen Rolle angesprochen, nicht ohne Weiteres aber in ein Gespräch über das Kinoprogramm verwickelt werden, eine Polizistin darf nach dem Weg gefragt werden, nicht aber nach dem Gesundheitszustand ihrer Kinder, eine Angestellte im Reisebüro darf nach günstigen Urlaubsangeboten, aber nicht nach den Details der Prüfungsordnung für die Promotion in Linguistik gefragt werden etc. Es gibt auch den umgekehrten Fall, d.h. manche institutionellen Rollen erlauben es ihren Inhabern, fremde Personen anzusprechen; das gilt z. B. für Polizisten im Rahmen ihrer Dienstaufgaben, für das Personal in Krankenhäusern oder für Lehrerinnen, die sich im institutionellen Rahmen ihrer Schule bewegen. Die Übergänge in solche fokussierten Interaktionen sind oft so angelegt, dass der Zweck des Gesprächs (und damit die Legitimiertheit des Kontakts) von Anfang an klar ist.

Außerhalb dieser institutionellen Rollen sind die Kontaktinitiierungsmöglichkeiten unter Fremden gering und mit erheblichen Risiken für das eigene Gesicht und das des Anderen verbunden. Das **Risiko eines Gesichtsverlusts** wird dadurch minimiert, dass der **Grund der Kontaktaufnahme** so schnell wie möglich formuliert wird. So ist es etwa in unserer Gesellschaft erlaubt, Fremde auf der Straße nach dem Weg und vielleicht nach der Uhrzeit, unter Rauchern evtl. auch nach einer Zigarette zu fragen. (Weg, Uhrzeit und Zigaretten sind in diesem Sinn „freie Güter", vgl. Goffman 1963: 130.) Es ist außerdem erlaubt, einen Fremden darauf hinzuweisen, dass er gerade etwas tut oder getan hat, was zu seinem Nachteil ist (wie: etwas liegen gelassen zu haben, an einer Bushaltestelle zu warten, die außer Betrieb ist etc.). Das berühmte viktorianische Beispiel des absichtlich fallen gelassenen Taschentuchs zeigt, wie diese Ressource intentional eingesetzt werden kann; in diesem Fall, um den Kontakt zwischen den Geschlechtern zu erleichtern. All diese Beispiele deuten darauf hin, dass die Möglichkeit des Kontakts unter Fremden eng an gegenseitige Hilfeleistungen gebunden ist. Unter Umständen, die solche Hilfeleistungen notwendiger machen, vergrößern sich deshalb auch die Chancen, Fremde anzusprechen. Das gilt für alle Notsituationen, die eine Gruppe von Menschen betreffen, die dadurch ‚enger aneinanderrückt' (ein stecken gebliebener Aufzug, eine Gruppe pöbelnder Betrunkener im Bahnabteil nebenan, ein überschwemmter Campingplatz ...).

Darüber hinaus gilt, dass **gemeinsame Interessen** den Kontakt zwischen Fremden leichter machen: es ist leichter, jemand in einem Uni-Seminar anzusprechen als im Café, und je höher die Berge sind, umso leichter kommen die Bergsteiger in Kontakt (oder grüßen sich zumindest). Dieses gemeinsame Interesse kann auch einfach nur das Interesse an neuen Kontakten sein, wie der Erfolg von Single- oder Flirt-Abenden deutlich macht. Schließlich kann fokussierte Interaktion zwischen Fremden dadurch möglich (und sogar wahrscheinlich) gemacht werden, dass sie einander von einem Dritten **vorgestellt** werden (vgl. das Beispiel 15). Dies ist eine rituelle Form des Übergangs von der sozialen Kategorie des Fremden in die soziale Kategorie des Bekannten.

Die Zugänglichkeit von Personen lässt sich durch vorgängige Maßnahmen testen und verbessern; umgekehrt können Menschen ihre Zugänglichkeit systematisch dadurch reduzieren, dass sie solche vorgängigen Interaktionsanbahnungen obligatorisch machen, d.h. sie können nicht durch direkte Ansprache in eine fokussierte Interaktion verwickelt werden. Zum ersten Fall gehören ‚Anmeldungen' aller Art (durch Sprechstundenlisten, E-Mails, Telefonate mit dem Sekretariat etc.). Zum zweiten Fall ist zu zählen, wenn Zugänglichkeitsbarrieren wie Vorzimmer oder Telefonzentralen eingeschaltet werden. Vorgängiges Abtesten der Zugänglichkeit ist auch im privaten Bereich durchaus üblich: kaum jemand besucht heutzutage einen Bekannten oder Verwandten noch ‚einfach so', ohne sich vorher telefonisch oder über elektronische Medien anzumelden. Dies verringert die Wahrscheinlichkeit, dass Kontaktversuche abgelehnt werden, weil sie für die Kontaktierten ‚unpassend' sind oder weil die Kontaktierten nicht erreichbar sind.

Eine Menge von Telefongesprächen dienen daher lediglich subsidiären Zwecken; sie führen auf ‚richtige' Gespräche oder Treffen hin, indem sie ihre Bedingungen abklären. Hier ist ein Beispiel für ein solches **präliminäres Telefongespräch**, in dem die Anruferin nicht die Zugänglichkeit der Gesprächspartnerin abtestet, sondern ihre eigene Zugänglichkeit sicherstellen möchte:

Beispiel (1) MILO Nr. 8 (von Inga Harren)
```
01 K: ((Telefon läutet.))
02 S: MIlo?
03 K: KAthie.
04 S: ↑hei.
05 K: sag mal wann has_du vor zu KOMmen?
06 S: ich wollt jetz GRAde los:.
07 K: herVORragend.=
08    =weil wir nämlich DOCH nich so lange hier bleiben
      wollen.
09 S: ja ich? ich bin in fünf minuten BEI dir.
10 K: ↑Okee.
11 S: ↑Okay,
12    TSCHAU. h
13 K: m::uah °h hh
```

Wie sich später bei der Beschreibung des ‚normalen' Ablaufs von Telefonanfängen und -beendigungen noch zeigen wird, weist dieses Gespräch verschiedene strukturelle Reduktionen auf – neben einem Gruß Kathies am Anfang wie auch am Ende fehlt dem Gespräch vor allem ein richtiges Thema. Das hat damit zu tun, dass Kathie und der Angerufene sich sowieso verabredet haben. Es geht Kathie lediglich darum sicherzustellen, dass dieser noch rechtzeitig an den verabredeten Ort kommt, den Kathie schon bald wieder verlassen will – dann wäre ihre Zugänglichkeit nicht mehr gegeben. Es handelt sich bei diesem Beispiel zwar sicherlich um eine fokussierte Interaktion. Allerdings ist sie kein selbstständiges Gespräch, sondern dient lediglich der Vorbereitung eines Treffens.

Beim Übergang von der nicht-fokussierten zur fokussierten Interaktion müssen die Teilnehmer **vier Aufgaben** lösen:
a. Die zukünftigen Gesprächsteilnehmer müssen aus einem Nebeneinander in ein Miteinander übergehen. Das erfordert vor allem, dass sie sich wechselseitig ihre Aufmerksamkeit so zuwenden, so dass ein Maximum an Synchronisierung möglich ist;
b. die Gesprächsteilnehmer müssen sich gegenseitig identifizieren (d.h. sie müssen sich entweder als Individuen oder in ihrer sozialen Rolle erkennen);

c. es werden in der Regel sowohl am Anfang als auch am Ende eines Gesprächs rituelle Handlungen ausgeführt, mittels derer sich die Gesprächsteilnehmer ihrer gegenseitigen Achtung und ihres Wohlwollens versichern, also *face-work* leisten;
d. es muss der Fokus der fokussierten Interaktion bestimmt werden; in einem Gespräch ist das meist das Thema, das den Kontakt rechtfertigt.

Diese Aufgaben und die ihnen zugeordneten gesprächsstrukturellen Lösungen werden wir nun genauer betrachten. Sie werden in der *face-to-face*-Interaktion anders gelöst als beim Telefonieren. Überdies spielen zahlreiche weitere Faktoren eine Rolle: bei der *face-to-face*-Interaktion etwa die Frage, wie die Interaktionspartner ursprünglich räumlich zueinander positioniert sind und was sie gerade tun; beim Telefonieren zum Beispiel die Frage, ob der Anrufende für den Angerufenen schon auf dem Display angekündigt wird. In allen Fällen spielen interaktionsgeschichtliche Faktoren eine Rolle: Kennen sich die Interaktionsteilnehmer? In welcher Beziehung stehen sie zueinander? Wie lange haben sie sich nicht mehr gesehen? Institutionelle Gesprächsanfänge laufen anders ab als solche im Privatleben.

2.3 Körperliches Miteinander

Wenn zwei oder mehr Menschen in eine fokussierte *face-to-face*-Interaktion eintreten, nehmen sie in der Regel eine bestimmte **Konfiguration von Körperpositionen** ein. Es gibt Kulturen, in denen das übliche Arrangement für ein Gespräch eine Linienanordnung ist, d.h. die Teilnehmer sitzen oder stehen nebeneinander (wie Rossano, Brown & Levinson 2009 dies für die Tzeltal in Chiapas, Mexiko, zeigen). Dies hat allerdings den Nachteil, dass es schwer ist, aus dieser Konfiguration heraus die Augen- und Gesichtsbewegungen des Anderen genau zu beobachten. Dazu wäre das Drehen des Kopfs im rechten Winkel zum Torso notwendig, eine auf die Dauer anstrengende Körperhaltung. Möglicherweise sind Kulturen, in denen man im Gespräch präferenziell nebeneinander steht/sitzt, deshalb auch solche, in denen – wie bei den Tzeltal – Augenkontakt vergleichsweise selten ist. In unserer Kultur ist die dominante und präferierte Konfiguration für ein Gespräch hingegen die sog. **F-Formation** die Adam Kendon ausführlich beschrieben hat. Bei einer F-Formation wird ein transaktionaler Raum zwischen den Teilnehmern hergestellt, der sich aus der Überlappung ihrer individuellen Transaktionsräume ergibt. Diese wiederum entsprechen dem normalerweise von der Achse des Unterkörpers bestimmten Raum, in dem der Einzelne körperlich handelt (z. B. gestikuliert oder etwas manipuliert oder auf etwas verweist). Klassische F-Formationen sind in den Abbildungen 2 und 3 zu sehen.

Abb. 2: Beispiel für eine F-Formation: parallele Oberkörper.

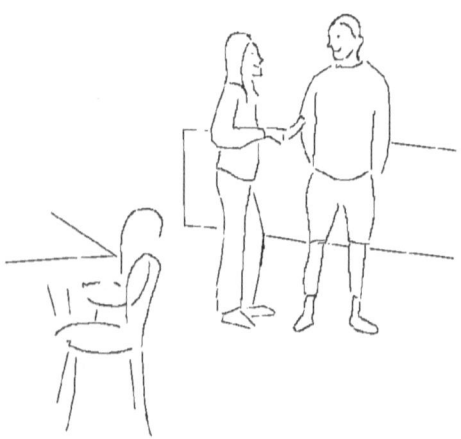

Abb. 3: Beispiel für eine F-Formation: rechtwinklige Oberkörper.

In Abb. 2 sind zwei Teilnehmerinnen einander so zugewandt, dass sie ihre Körper-Vorderseiten annähernd parallel zueinander ausrichten (die linke Teilnehmerin zeigt dabei auf ihren Hals, die rechte cremt sich das Gesicht ein); in Abb. 3 stehen sie im Winkel zueinander.

Die Präferenz für F-Formationen schließt nicht aus, dass Teilnehmer an fokussierten Interaktionen auch in anderen körperlichen Konstellationen miteinander reden; man kann zum Beispiel in ein Gespräch verwickelt sein, während man sich ankleidet oder gemeinsam kocht. Es scheint allerdings schwer zu sein, diese nicht-präferierten Konfigurationen auch noch dann beizubehalten, wenn die verbale Interaktion kognitiv aufwändig und/oder interaktional kritisch wird. In diesem Fall scheint die körperliche Zuwendung in Form der F-Formation bevorzugt zu werden, weil sie die beste visuelle Orientierung der Interaktionsteilnehmer aufeinander garantiert. So bleiben Gesprächsteilnehmer, die zugleich gehen und miteinander reden, oft stehen und drehen sich in F-Formation, wenn das Gespräch einen kritischen Punkt erreicht hat. Allgemein gilt: Gespräche präferieren die F-Formation, verbale Sprache ist aber (im Gegensatz zur Zeichensprache) grundsätzlich (und notfalls) auch ohne die Hilfe visueller Kanäle möglich – eine Möglichkeit, die durch die klassische Telefonie (vor Einführung der Videotelefonie) zentrale gesellschaftliche Bedeutung bekommen hat.

Die F-Formation muss nicht schon in dem Augenblick hergestellt sein, in dem die Teilnehmer miteinander zu sprechen beginnen, d.h. sie ist keine Bedingung für den Beginn eines Gesprächs. Es kann vielmehr sein, dass die Teilnehmer sich erst während der ersten Gesprächsschritte in eine F-Formation einfinden. Ein klassisches Beispiel sind Fragen nach dem Weg unter Fremden auf der Straße, die Mondada unter dem Aspekt der körperlichen Orientierung untersucht hat (vgl. z. B. De Stefani & Mondada 2009). Der besondere Charakter ihrer Beispiele ergibt sich daraus, dass sich die F-Formation aus dem Vorbeigehen und deshalb sehr schnell entwickeln muss. Abbildung 4 zeigt ein Beispiel aus Frankreich. Die rechts vom Betrachter weggehende Wegsuchende spricht die ihr links entgegenkommende Passantin an. Diese blickt zunächst ohne Veränderung ihrer Körperhaltung im Gehen auf die Wegsuchende, indem sie ihr den Kopf zuwendet (3. Bild); der Blickkontakt wird erst zu Beginn der 2. Intonationsphrase (*je cherche* ...) (4. Bild) vollständig hergestellt. Noch sind die beiden Interagierenden aber nicht in F-Formation. Die Angesprochene dreht sich erst langsam der Wegsuchenden zu, und erst in der letzten Abbildung bringt sie die parallele Orientierung der Körper-Vorderseiten zum Abschluss.

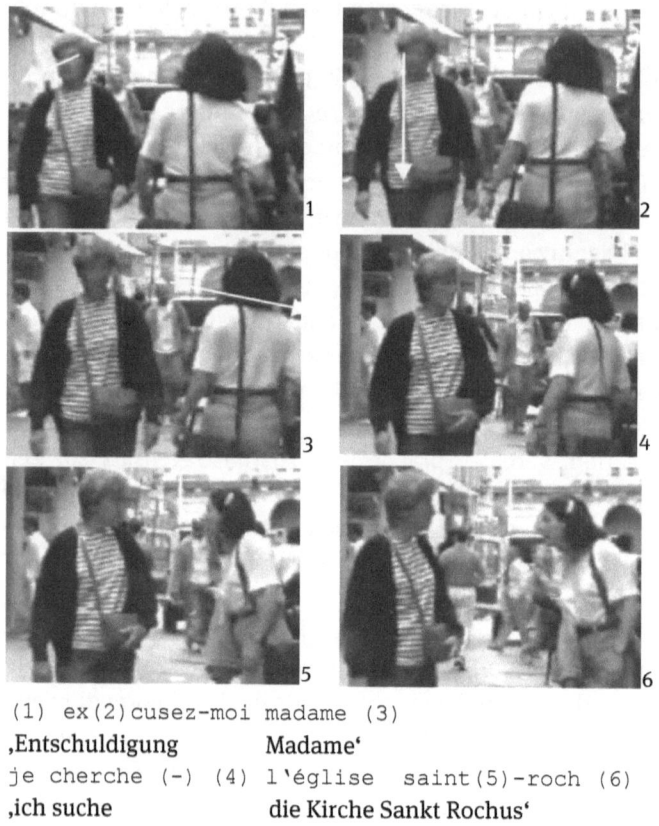

```
(1) ex(2)cusez-moi madame (3)
‚Entschuldigung        Madame'
je cherche (-) (4) l'église saint(5)-roch (6)
‚ich suche             die Kirche Sankt Rochus'
```

Abb. 4: Beginn einer Wegauskunft (aus: de Stefani & Mondada 2009: 109). Die Ziffern im Transkript zeigen, wo die 6 Standbilder im Verlauf der Interaktion situiert sind.

Für Menschen, die miteinander in fokussierte Interaktion treten wollen, ist wesentlich, dass Räume oft so konstruiert sind, dass sie bestimmte körperliche Konfigurationen für die Interaktion nahelegen und andere ausschließen (Hausendorf 2012). Dazu gehören z. B. Tische mit um sie herum gruppierten Stühlen oder Sesseln, in denen die F-Formationen schon angelegt ist (im Gegensatz zum Bar-Tresen), Schalter und Verkaufstheken, in die die *face-to-face*-Konfiguration inskribiert ist, Autos, deren Insassen fast notwendigerweise nur in der sonst nicht üblichen Nebeneinander-Anordnung (oder sogar *face-to-back*) kommunizieren müssen etc. Sehr oft ist die Herstellung einer fokussierten Interaktion auch mit dem Betreten eines mehr oder weniger abgeschlossenen Raums verbunden, der dem dort Befindlichen in irgendeiner Weise ‚gehört'. (Geschlossene) Türen sind so gesehen nicht zuletzt auch interaktionale Einrichtungen zur Abschottung einzelner oder Gruppen von Individuen und zur geordneten Herstellung einer fokussierten Interaktion, die durch **Anklopfen oder Klingeln** vorgeschlagen werden kann. Dieses Anklopfen/Klingeln ist dann die Aufforderung an einen Anderen, die fokussierte Interaktion zu beginnen, eine **Fokussierungsaufforderung** (*summons*). Sie erfordert von einem interaktionsbereiten Partner eine nächste Handlung, nämlich (nonverbal) das Öffnen der Tür oder (verbal) ein durch die Tür verständliches *herein!* oder *ja?*.[28] Vergleichbar ist sie mit Fokussierungsaufforderungen im öffentlichen und nicht weiter vorstrukturierten Raum, die verbal etwa durch *hallo?*, durch Ansprechen mit einem sozialen Kategoriennamen (*junger Mann!*) oder durch eine Entschuldigung oder nonverbal (Herbeiwinken der Bedienung, auf-die-Schulter-Klopfen) erfolgen können. In dem soeben diskutierten Beispiel des Nach-dem-Weg-Fragens dient vermutlich die Formel *bonjour madame* nicht als Gruß, sondern eben in diesem Sinne als Fokussierungsaufforderung.[29]

Auch für elektronische Kommunikationsmedien gilt, dass ihre spezifische Technik die körperlichen Konfigurationen vorstrukturiert: die Video-Telefonie (z. B. über *skype*) erlegt z. B. den Körpern der Teilnehmer deutliche räumliche Beschränkungen auf, weil sie darauf achten müssen, im Radius der digitalen Kameras, die quasi als verlängertes Auge des Gesprächspartners fungieren, zu bleiben. Das Pendant zum Anklopfen ist in der Telefonie der **Signalton des Telefons** für den ankommenden Anruf: die fokussierte Interaktion gilt als hergestellt, sobald der Angerufene sich gemeldet hat (nicht, sobald er den technischen Kommunikationskanal geöffnet hat).

Da die Analyse von **Telefongesprächen** in der Gesprächsanalyse eine bedeutende Rolle gespielt hat, wollen wir uns diesen Fall des ‚elektronischen Anklopfens' etwas genauer anschauen. Dazu ist eine Vorbemerkung notwendig: der Umgang mit dem Telefon und der Beginn von Telefongesprächen hat sich durch die Einführung der Mobiltelefonie sowie von Telefonen mit Displays, die den Anrufer schon anzeigen können (falls dieser die Nummernerkennung nicht absichtlich unterdrückt hat), deutlich verändert. Die folgenden Beispiele beziehen sich zunächst – soweit nicht anders vermerkt – auf die klassische Telefonie

---

28 Bei der Abfolge von Fokussierungsaufforderung (*summons*) und Fokussierungsbestätigung (*answer*) handelt es sich um eine **Paarsequenz** (*adjacency pair*), der wichtigsten Form des Austauschs im Gespräch (vgl. Kap. 4), hier mit einer spezifischen interaktionseröffnenden Funktion.
29 Das lässt sich daran erkennen, dass auf solche ‚Grüße' an Fremde in der Öffentlichkeit regelmäßig kein Gegengruß folgt.

(Festnetz oder Mobilfunk ohne Anruferkennung), denn einige nicht zuletzt methodisch grundlegende Aufsätze der Konversationsanalyse kommen aus dieser Zeit.

Beispiel (2) FASCHING (Telefongespräch,)
```
01 M:  ((mehrfaches Klingeln))        Fokussierungsaufforderung
02 F:  halLO?                         Fokussierungsbestätigung
```

In der deutschen Telefonkultur bestehen im Rahmen der klassischen Telefonie mehrere Möglichkeiten, einen Telefonanruf zu beantworten. Das Melden mit *halLO?* wie in Beispiel (2) ist eine reine **Fokussierungsbestätigung** und gehört zum selben Handlungstyp wie das *ja?* nach einem Türklopfen. Von einem Gruß unterscheidet sich diese Formel nicht nur dadurch, dass sie in einer anderen sequenziellen Umgebung vorkommt, nämlich nach einer Fokussierungsaufforderung (dem Telefonläuten), sondern auch in der formalen Struktur des verwendeten sprachlichen Zeichens: der Akzent liegt obligatorisch auf der zweiten Silbe und die finale Intonationsbewegung geht nach oben. Üblich ist aber auch das Melden mit Namen, das in einem einzigen, multifunktionalen Redebeitrag die Fokussierungsbestätigung mit der Selbstidentifizierung verbindet:[30]

Beispiel (3) Teil 1 (von Inga Harren)
```
01 G:  ((Klingeln))         Fokussierungsaufforderung
02     ((Klingeln))         Fokussierungsaufforderung
03     ((Klingeln))         Fokussierungsaufforderung
04 P:  FreSEnus?            Fokussierungsbestätigung
```

In der klassischen Telefonie ist also der Beginn so organisiert wie das Klopfen an einer Tür: dem Klopfen entspricht das Klingeln des Telefons, dem als nächstes eine Bekundung des erwünschten Interaktionspartners folgen muss, dass er zur Interaktion bereit ist. Die Äquivalenz von Klingeln und anderen, auch sprachlichen Fokussierungsaufforderungen belegt das folgende Beispiel:

Beispiel (4) PAPA
```
((Anruferin ist die Mutter des angerufenen Jungen, der Anruf
erfolgt an die Firmennummer))
  01 A:  ((mehrmaliges Klingeln des Telefons))
  02 A:  halLO?
  03     (3.5)
  04 K:  ja firma benkewitz REder?
```

---

30 Andere Formen der Selbstidentifizierung werden im Abschnitt 2.4 behandelt.

```
05  A:  JA karsten,
06      is der papa schon DA gewesen?
07  K:  nee,
```

Das Beispiel scheint zunächst der allgemeinen Beobachtung, dass ein Telefongespräch mit dem Melden des Angerufenen beginnt, zu widersprechen: als erstes spricht die anrufende Mutter (*halLO?* in Z. 02). Schegloff (1968), der in einem klassischen Text der Konversationsanalyse Telefonanfänge ausführlich untersucht hat und ebenfalls mit einem „abweichenden" Beispiel wie (5) konfrontiert war, konnte jedoch zeigen, dass es sich in solchen Fällen keineswegs um Abweichungen oder Ausnahmen handelt. Vielmehr erklärt sich ein Beispiel wie dieses sehr einfach, wenn man die allgemeine Sequenzstruktur von Telefongesprächsanfängen kennt: es besteht an der Oberfläche aus Läuten und einem darauffolgendem Sich-Melden, repräsentiert aber eigentlich nur einen spezifischen, technisch geprägten Sonderfall des Paarsequenz **Fokussierungsaufforderung/Fokussierungsbestätigung**. Wenn eine Fokussierungsaufforderung beim ersten Mal nicht zum Erfolg führt, kann sie wiederholt werden, wie dies beim mehrmaligen Läuten des Telefons der Fall ist. Im Beispiel (5) liegt das Besondere lediglich darin, dass die Fortsetzung der Serie von Fokussierungsaufforderungen, die mit dem mehrmaligen Läuten des Telefons beginnt, eine verbale Fokussierungsaufforderung ist (eben *halLO?*). Ansonsten entspricht das Beispiel dem allgemeinen Format.

Wenn auf eine Fokussierungsaufforderung keine Fokussierungsbestätigung folgt, kommt naturgemäß keine fokussierte Interaktion zustande. Derjenige, der eine solche Interaktion beginnen wollte, wird sich dann fragen, warum der Andere die Fokussierungsbestätigung nicht produziert hat. Die einfachste Interpretation ist, dass er schlicht und einfach nicht anwesend ist und die Fokussierungsaufforderung nicht wahrnehmen konnte. Komplexere Interpretationen unterstellen, dass er im Augenblick nicht gestört werden möchte oder, noch schlimmer, ahnt, wer mit ihm sprechen möchte und diese Interaktion vermeiden will. Das solche Inferenzen tatsächlich stattfinden, zeigt sich an der folgenden Beobachtung: wenn die Fokussierungsbestätigung erst sehr spät (also nach mehreren Fokussierungsaufforderungen) erfolgt, wird das zu Beginn des dann doch erfolgreichen Gesprächs oft thematisiert, wie etwa im folgenden Beispiel:

Beispiel (5) LEGAG
```
    01  T:  ((mehrmaliges Telefonklingeln))
    02  R:  richard LEgag?
    03  T:  °h grüß dich RIChard;=
    04      =hier is marTIna;=
→   05      =hab_ich_dich aus_m BETT geholt?
```

```
 06 R: nö:, (-)
→07 T: oKEE.
 08    i? ich wollte nämlich grade schon AUFlegen weil des so
       lAngk gedauert hat;
 ((etc.))
```

Nicht nur das Fehlen einer Fokussierungsbestätigung ist also auffällig und kommentierungswürdig, sondern auch schon ihre **Verzögerung**.[31]

Natürlich gehören die ‚Räume', in die jemand nach dem Anklopfen ‚eintritt', nicht immer nur einer Person. Gerade am Telefon, wo klassischerweise die visuelle Information fehlt, kann es sein, dass die Person, die die Fokussierung bestätigt, nicht die ist, die der Anrufer zu erreichen sucht. In der Regel wird die Interaktion dann schnell wieder beendet:

Beispiel (6) STILLT (von Inga Harren)
```
 05 G: °h ↑ja halLO.=
 06    =hier spricht GITte:.
 07    °hh is MArion wohl da?
 08 P: (0.4)<<len> ehm (.) ja?
 09    die is zwar [dA:?>
 10 G:             [°hhh A:[ber?
 11 P:                     [<<len,cres> a:ber (die) mUss
       jet[zt<<cres> (.) GItte:. °h die scht- d(h)ie STILLT
 12       [((Babyweinen im Hintergrund))
 13    j(h)etz grade und> °hh=]
 14    ((Babyweinen))         ]
 15 G: =<<all>ACH so.>
```

Die Beantworterin des Anrufs ist nicht die gewünschte Gesprächspartnerin (Marion). Wie sich herausstellt, ist diese zwar anwesend, aber nicht gesprächsbereit, weil sie ihr Baby stillt.[32]

Noch unangenehmer ist es, wenn der Anrufende die ‚falsche Nummer' gewählt hat und sich quasi ‚in der Haustür irrt', wie in dem folgenden Beispiel:

---

[31] Übrigens kann auch das sofortige Abheben kommentierungswürdig sein („sitzt du neben dem Telefon?"). Schegloff (1986: 120) argumentiert, beim Beantworten eines Telefonanrufs müsse man das richtige Mittelmaß finden: nicht zu früh und nicht zu spät abheben.
[32] Im Zeitalter des Mobiltelefons hat sich die Chance solch unbeabsichtigter Kontakte allerdings wesentlich reduziert, denn Mobiltelefone werden in der Regel nur von ihrem ‚Besitzer' genutzt und Anrufe entsprechend nur von ihm angenommen.

Beispiel (7) FALSCH VERBUNDEN (von Schmelzling/Ziegler)
```
01 B: ((Telefonläuten))
02 A: halLO,
03 B: oh guten TAG; ähm (.)
04    ist loREna da?
05 A: oh: da sind sie verkehrt verBUNden.
06 B: ach so.
07 A: [ja.
08 B: [oh dann tut mir das LEID. (.)
09    [TSCHULdigung.
10 A: [BITte.
11 B: danke.
12    [tschüüß.
13 A: [tschüß.
```

In diesem Fall hat der Anrufende die Zugänglichkeitsregeln durchbrochen und einen Fremden zur fokussierten Interaktion aufgefordert. Die Bitte um Weiterleitung an die gewünschte Interaktionspartnerin ‚Lorena' wird nicht beantwortet, sondern sofort auf der Metaebene behandelt. Der Angerufene bleibt genauso wie der Anrufende anonym. Die Normübertretung wird durch eine Entschuldigung in ihrer Gesichtsbedrohung für beide Interaktanten abgemildert und sofort mit einer Grußsequenz beendet.

2.4 Identifizierung und Signalisieren von Erkennen

Die Herstellung einer spezifischen Art von wechselseitiger körperlicher Orientierung ist die erste der interaktionalen Aufgaben, die die Teilnehmer am Anfang einer neuen fokussierten Interaktion zu bewältigen haben. Ebenso wichtig ist eine zweite Aufgabe: die Gesprächsteilnehmer müssen einander identifizieren und sich dies gegenseitig signalisieren. Dies ist nicht auf Bekannte beschränkt, die sich als Individuen erkennen: es ist auch möglich, dass sich jemand als ‚Bekannter von X' oder als ‚Ableser der Stadtwerke' identifiziert und in dieser Funktion das Gespräch beginnt. (Dazu mehr in Abschnitt 2.5 im Zusammenhang des Vorstellens.) Es reicht also aus, die soziale Rolle zu erkennen, in der jemand in ein Gespräch eintreten möchte.

Beginnen wir mit dem Fall der direkten Interaktion (*face-to-face*) unter **Bekannten oder Freunden**. In diesem Fall erfolgt das Erkennen ohne eine verbale Vorstellung ‚vom Sehen'. Sprachliche Bearbeitungen des wechselseitigen Erkennens wären hier hochgradig markiert. Wenn sich z. B. zwei ‚alte Bekannte' nach langer Zeit wiedersehen und einer den anderen erst nach expliziter Vorstellung wiedererkennt, ist dies je nach Intensität der (damaligen) Bekanntschaft ein mehr oder weniger *face*-bedrohendes Ereignis. Das übliche Verfahren, unter Bekannten Erkennen zu signalisieren, erfordert keine explizite sprachliche Handlung. Vielmehr geben sich die Gesprächsteilnehmer zu verstehen, dass sie sich über das Zusammentreffen freuen, was in ganz verhaltener, aber auch in exaltierter Form geschehen kann – je nach situativer Angemessenheit und Habitus der Beteiligten. Daraus kann jeder der Beteiligten schlussfolgern, dass er erkannt worden ist. (Die Freude über das Wiedersehen präsupponiert das Erkennen.)

Da Erkennen unter Bekannten nicht-verbal abläuft, erfordert seine Analyse eine multimodale Herangehensweise. Adam Kendon und Andrew Ferber haben in einem klassischen Aufsatz von 1973 anhand von Filmaufnahmen von einer Gartenparty amerikanischer Mittelschichtsangehöriger beschrieben, wie neu angekommene (aber bekannte) Interaktionsteilnehmer in eine schon existierenden fokussierten Interaktion in F-Formation integriert werden. Die prospektiven Interaktanten nehmen bereits aus der Ferne Augenkontakt miteinander auf und signalisieren schon in dieser Phase, also noch bevor sie aufeinander zugehen, Erkennen (in der Regel durch Lächeln, oft durch einen gestischen **Ferngruß** – *distance salutation* – wie Winken oder Kopfnicken). Nachdem auf diese Weise das wechselseitige Erkennen gesichert ist, können sich die prospektiven Interaktionsteilnehmer einander nähern. Sie tun dies in der Regel, ohne den Blickkontakt aufrecht zu erhalten, der erst kurz vor Erreichen des Anderen (kurz vor Herstellung einer F-Formation) wiederhergestellt wird. Dann folgt der zweite, der **Nahgruß** (*close salutation*), etwa durch Handschlag oder Umarmung.

Kendons und Ferbers Ergebnisse lassen sich problemlos auf den deutschen Kontext übertragen. Abbildungen 5 bis 8 zeigen zum Beispiel eine junge Frau, die vor der Uni-Mensa von einer Freundin erwartet wird.[33] (Während sie wartet, ist diese Frau noch mit einer dritten in fokussierter Interaktion.) Die neu Hinzukommende geht auf die Freundin zu (Abb. 5), und lange bevor sie sie erreicht hat, lächelt sie und grüßt sie mit einer Handbewegung (Abb. 6) aus ca. sieben Metern Entfernung. Sie signalisiert damit Erkennen. Dann geht sie ohne Lächeln weiter (Abb. 7), bis sie bei der Freundin angekommen ist, und umarmt sie (Abb. 8).

Die beiden Freundinnen zeigen sich also schon aus der Ferne gegenseitig an, dass sie Bekannte sind und dass sie sich visuell identifiziert haben. Die

---

[33] Ich danke J. Kleßler und N. Thun für die Bereitstellung der von ihnen in einem Seminar erhobenen Daten.

Form des Nahgrußes bestätigt, dass sich die beiden Frauen kennen – eine Umarmung unter Fremden wäre im deutschen kulturellen Kontext unüblich.

Abb. 5: Dazukommende Interaktionspartnerin nähert sich.

Abb. 6: Dazukommende Interaktionspartnerin signalisiert Erkennen durch Blickkontakt und Ferngruß mit der linken Hand.

Abb. 7: Dazukommende Interaktionspartnerin wendet Blick ab und geht weiter.

Abb. 8: Nahgruß (Umarmung) zwischen dazukommender Person (in der Mitte, mit dem Rücken zur Kamera) und Wartenden.

Im Falle des klassischen Telefonanrufs wird das Problem des Identifizierens und Erkennens dadurch komplizierter, dass der visuelle Kanal fehlt. Der Anrufende weiß zwar zumindest, wessen Apparat er anruft (was die Auswahl an erwartbaren Gesprächspartnern zumindest einschränkt), der Anrufer ist aber dem Angerufenen im Augenblick des Telefonläutens noch unbekannt. Das Ungleichgewicht zwischen Anrufendem und Angerufenem verstärkt sich dadurch noch, dass sich der Angerufene zumindest in Deutschland oft mit seinem Namen in der Position der Fokussierungsbestätigung meldet, so dass das Identifikationsproblem für den Anrufer gleich zusammen mit der Fokussierungsbestätigung gelöst wird.[34] Nennt der Anrufer nun ebenfalls seinen Namen, ist das Problem der Identifizierung auch für den Angerufenen bewältigt:

Beispiel (8) MILO 2 (von Inga Harren)
```
01 N:  ((Telefon klingelt))
02 S:  MIlo?                     Selbstidentifizierung Angerufener
03 N:  MIlo.
04     hier_s NIna.              Selbstidentifizierung Anruferin
05     [hei.
06 S:  [hallo NIna:.             Erkennen signalisiert
```

Wenn der Anrufer sich aber nicht selbst identifiziert, ist der Angerufene in der schlechteren Position; er muss diesen dann an seiner Stimme erkennen (*voice recognition*; vgl. Schegloff 1979a). Ohne Probleme gelingt eine solche **Stimmerkennung** im folgenden Beispiel:

Beispiel (9) N1 (von Inga Harren)
```
01 G:  ((Klingelzeichen))
02 U:  ja halLO=hier is Uwe?     Selbstidentifizierung Angerufener
03 G:  he::j Uwe::: [he he       Erkennen signalisiert
04 U:               [<<:)>HALlo> Erkennen signalisiert
05 G:  halLO was machst_n DU grad,°hh
```

Gitte hat eigentlich bei Frank auf seiner Festnetznummer angerufen; wider Erwarten meldet sich jedoch Uwe (wie durch die namentliche Selbstidentifizierung klar wird). Gittes *hej*[35] und Namensanrede, ihr Lachen, die Begrüßung und

---

34 Auch dies ist nicht immer unproblematisch, etwa, wenn sich Eltern und Kinder mit demselben Namen melden. Dann ist auch der Anrufer auf Stimmerkennung angewiesen.
35 *Hej* in Z. 03 hat im heutigen Deutschen einen ambigen Status. Es kann sowohl als Ausdruck der Überraschung als auch (in einer moderneren, wohl aus dem Amerikanischen oder den skandinavischen Sprachen übernommenen Form) als Grußform verwendet werden. Da Gitte in

Nachfrage (Z. 03, 05) drücken zugleich Überraschung, Erkennen und Freude über den unerwarteten Kontakt aus.[36] Uwe selbst reagiert zwar wesentlich verhaltener (Z. 04), sein Lächeln auf dem Gegengruß gibt aber zumindest Anlass zu der Vermutung, dass er Gitte (die sich nicht namentlich identifiziert hat) an ihrer Stimme erkannt hat.

Eine in Deutschland recht verbreitete Form der Selbstidentifikation durch die Stimme ist die folgende:

Beispiel (10) ICH BINS (von Naber)
```
  01 B:   ((klingeln))
  02 A:   ja HI,
→ 03 B:   hi MAma ICH bin_s; ((lacht))
  04 A:   HI,
  05 B:   HI ((lacht))
  06      na wie GEHT_S euch?
```

Die Selbstidentifizierung durch *ich bin's* ist semantisch gesehen wenig hilfreich: da das Pronomen der ersten Person deiktisch auf den Sprecher oder die Sprecherin verweist, ermöglicht es in Fällen, in denen diese/r nicht bekannt ist, keine sprachliche Selbstidentifizierung. Das gilt, solange man lediglich den Wortlaut betrachtet. Als Lautgestalt liefert der Satz aber dennoch wichtige Information, nämlich ein ‚Stimmsample' des Sprechers, das dem Anderen in der Regel ausreicht, um eine ihm gut bekannte Person zu erkennen. So etwa in Beispiel (11). Die Identifikation erfolgt hier *en passant*, ohne explizit gemacht zu werden. Explizite Fremdidentifikationsbekundungen wie *ach, du bist's* scheinen gerade dann eingesetzt zu werden, wenn die Identifizierung nicht reibungslos, sondern verzögert verläuft (zum Beispiel, weil der Angerufene gar nicht mit dem Anrufer, sondern mit jemand Anderen gerechnet hat). So gestalten sich die Dinge im folgenden Beispiel eines Anrufs eines Vaters bei seiner Tochter durchaus problematisch:

Beispiel (11) FASCHING
```
  01 M:   ((Telefon klingelt mehrere Male.))
  02 F:   halLO?
  03 M:   HALlo::-
  04      (1.0)
```

---

diesem Fall die Begrüßung schon in Z. 05 produziert, hat *hej* in diesem Fall wohl eher den Status eines Überraschungsmarkers (*surprise token*).
36 Drew (1989: 103) zeigt, wie intonatorische Parameter dazu dienen können, den Unterschied zwischen (zur Schau gestelltem) Erkennen und Nicht-Erkennen zu signalisieren.

```
    05      MÄUSlein?
→   06  F:  a DU bist_s.
    07  M:  a,
```

Die Tochter (F) meldet sich mit *halLO?*, also ohne Namensnennung; der darauf folgende Gruß des Vaters (M) in Z. 03 (*HALlo::*) signalisiert trotzdem Erkennen. Das Erkennen ist für ihn als Anrufer leichter als für die Angerufene. Die Tochter weiß hingegen offenbar nicht sofort, mit wem sie es zu tun hat. Denn auf den Gruß sollte ein Gegengruß folgen (vgl. Bsp. 10), der jedoch in diesem Fall ausbleibt: es entsteht eine Pause von einer Sekunde (Z. 04), eine für diese Phase der Gesprächseröffnung, in der es auf schnelles wechselseitiges Erkennen ankommt, sehr lange Zeit. Das Stimmmaterial, das der Vater seiner Tochter in Z. 03 zur Verfügung gestellt hat, hat offenbar für die Identifizierung nicht ausgereicht. Der nun nachgeschobene Kosenamen *Mäuslein* ist unter diesen Umständen eine Reparaturmaßnahme besonderer Art: nicht nur wird dadurch das verfügbare Stimmmaterial umfangreicher und die Wahrscheinlichkeit der Stimmerkennung höher, die Wahl des Kosenamens (der vermutlich nicht das erste Mal verwendet wird, sondern für diesen Vater dieser Tochter gegenüber interaktionsgeschichtlich verankert ist) schränkt außerdem den Kreis der möglichen Anrufer deutlich ein. Schließlich verkürzt der angehängte Kosename die Zeit bis zur Reaktion der Gesprächspartnerin und vermindert somit die ‚Peinlichkeit' der Nichterkennung. Tatsächlich gelingt es der Angerufenen, den Anrufer nun zu erkennen; sie signalisiert das allerdings nicht mit einem Gegengruß wie die Mutter im Beispiel (10), sondern mit einem eher unenthusiastischen Metakommentar (Z. 06), der die verzögerte und daher problematische Stimmerkennung thematisiert.

In der traditionellen Telefonie ist ein weiterer Nachteil für den Angerufenen, dass sein erster Redebeitrag (das ‚Melden') noch vor der Erkennung des Anrufers liegt und daher nicht auf diesen zugeschnitten werden kann. Selbst die Unterscheidung zwischen bekannten und unbekannten Gesprächspartnern ist für den Angerufenen nicht möglich. Im folgenden Beispiel ruft der Chef (C) von auswärts bei seiner eigenen Sekretärin (S) an, die sich mit der offiziellen Selbstidentifikation der Firma und einem Gruß meldet:

Beispiel (12) FIRMA BERGER
```
01  C:  ((Klingeln))
02  S:  firma bErger guten TAG?=
03  C:  =ja (n haben:) d (.) herr müller schon ANgerufen?
04  S:  nee,=
05      =ich bin Eben erst WIEdergekommen.
```

Der Chef reagiert darauf lediglich mit *ja* und steigt dann unmittelbar in das Gespräch ein. Sowohl die Selbstidentifikation als auch der Gruß laufen ins Leere und werden weder durch ‚erkennbares Erkennen' noch durch einen Gegengruß erwidert. Der Grund dafür ist natürlich, dass die Selbstidentifizierung der Sekretärin (S) nicht passend ist, wenn ihr Chef anruft; auf diesen Anrufer ist sie nicht zugeschnitten. Aber das ist nicht ihr Fehler: sie kann nicht wissen, wer sie anruft.

Diese interaktiv ungünstige Situation des Angerufenen in der traditionellen Telefonie (vgl. zusammenfassend Hopper 1992) hat sich durch die technischen Innovationen der letzten Zeit grundlegend verändert (vgl. Schegloff 2002; Hutchby & Barnett 2005; Arminen & Leinonen 2006). So wie ‚Türspione' und Video-Kameras an der Haustür eine technische Lösung für das Problem des Hausbewohners sind, nicht zu wissen, wer an der Tür klingelt, bevor er öffnet, so ist die Ruferkennung digitaler Telefone eine technische Lösung für das Problem des Angerufenen, den Anrufer nicht zu kennen, bevor er das Telefon beantwortet. Die **moderne Telefonie** hat also die Unterscheidung zwischen unbekannten und bekannten Teilnehmern, die für die direkte, den visuellen Kanal mit umfassende Kommunikation vom ersten Augenblick der Anbahnung einer fokussierten Interaktion konstitutiv ist, auch in der Telefonie eingeführt: bekannte Anrufer lassen sich meist schon auf dem Display erkennen, soweit sie nicht bewusst ihre Rufnummer ‚unterdrücken' oder ihre Nummer nicht mit einem Namen verbunden ist. Dies hat die Formen des kommunikativen Umgangs mit dem Telefon neu bestimmt. Als Variante der alten Struktur, derzufolge der Angerufene als Rezipient einer Fokussierungsaufforderung (Klingeln) den ersten sprachlichen Redebeitrag liefert (Melden = Fokussierungsbestätigung), ist es deshalb inzwischen möglich und häufig, dass die Fokussierungsbestätigung ebenso wie die Selbstidentifizierung übersprungen werden. Der Angerufene signalisiert sofort im ersten Redebeitrag Erkennen, in der Regel durch einen Gruß.

Beispiel (13) lAuDa 946 (von Pepe Droste)
```
((Mutter ruft Tochter an.))
  01 Mutter:     ((klingeln))
  02 Tochter:    hallo MAma:-
  03             (.)
  04 Mutter:     hi SArah;
  05             (---)
  06 Tochter:    na,
  07             (--)
  08 Mutter:     kOmmst du gerad vom BAHNhof?
  09             (-)
  10 Tochter:    ja geNAU;
```

Das ist etwa so, also ob man einem Anklopfenden, statt *herein* zu rufen, direkt die Tür aufmachen und ihn unmittelbar begrüßen würde. Man kann diese Entwicklung aber auch als ‚Normalisierung' des Umgangs mit dem Telefon ansehen, das alte, an die spezifische Technik des traditionellen Telefons gebundene Verhaltensweisen an die (ja vorgängige) *face-to-face*-Kommunikation angleicht. Um im Bild zu bleiben: die sichtversperrende Tür, an der geklopft wird, gibt es nicht mehr. Das Erkennen erfolgt, wie in der *face-to-face*-Kommunikation, non-verbal auf der Basis der visuell übermittelten Anruferinformation auf dem Display des Angerufenen.

Zusammenfassend lässt sich sagen: in Gesprächen unter Bekannten ist es obligatorisch, gegenseitiges Erkennen zu signalisieren. Man könnte sagen, dass – gesprächsanalytisch gesehen – Bekannte genau die Menschen sind, unter denen das sichtbare wechselseitige Erkennen moralische Pflicht ist. Situationen, in denen ein Gesprächspartner den anderen erkennt (oder zu erkennen vorgibt) und damit eine Bekanntschaft unterstellt, während der andere nicht in der Lage oder nicht willens ist, dieses Erkennenssignal zu erwidern, sind aus diesem Grund hoch problematisch (vgl. Drew 1989).[37]

Unter **Fremden** ist hingegen *per definitionem* persönliches Erkennen ausgeschlossen. Sie können sich in Bekannte verwandeln, wenn sie sich einander vorstellen oder vorgestellt werden. Ob und wie das zu geschehen hat, unterliegt je nach Institution und Aktivitätstyp unterschiedlichen, kulturspezifischen Regelungen, die zudem empfindlich auf gesellschaftlichen Wandel reagieren. Personen, die nur kurzfristig miteinander in Interaktion treten, identifizieren sich in der Regel nicht namentlich. Es reicht aus, dass ihre sozialen bzw. institutionellen Rollen geklärt sind oder sonst ein Grund für den Interaktionsbeginn genannt wird.[38] Zum Beispiel ist es in unserer heutigen Kultur nicht zu erwarten,

---

[37] Natürlich gibt es auch hier komplizierte Fälle. Manche Menschen kennen sich, ohne sich in der Interaktion Erkennen signalisieren zu können. Etwa können Kunden von Geschäften oder Restaurants deren Personal auf der Straße erkennen (und vielleicht auch umgekehrt). Dennoch ist in solchen Fällen das Grüßen in der Öffentlichkeit – das Erkennen signalisieren würde – unüblich. Es gibt auch Fälle, in denen Menschen, die miteinander gut bekannt sind, in bestimmten Situationen das für Andere sichtbare Erkennen unterdrücken müssen – etwa geheime Liebespaare. In ungewohnten Kontexten können Menschen, die miteinander aus einem anderen Kontext bekannt sind (etwa: der Chef im Büro und eine Mitarbeiterin), es vorziehen, sich nicht zu (er-)kennen, etwa beim Baden oder in der Sauna. Umgekehrt kann Erkennen durch eine freudige Begrüßung auch simuliert werden, wenn einem der Andere, der behauptet, einen zu kennen, völlig entfallen ist.

[38] Umgekehrt ist es üblich, in persönlichen Gesprächen neu vorgestellte Personen nicht nur mit ihrem Namen, sondern auch mit einem Hinweis auf die Beziehung einzuführen, in der sie zum Beispiel zum Vorstellenden stehen (‚das ist meine Freundin Cornelia').

dass sich jemand, der einen auf der Straße nach dem Weg fragt, namentlich vorstellt. Am Telefon war die Selbstidentifizierung mit Namen in Deutschland früher auch in Privatgesprächen üblich. Heute gilt das nur noch für Firmen, deren Mitarbeiter fast immer den Firmennamen nennen; die zusätzliche Nennung des eigenen Namens ist fakultativ, scheint allerdings in den letzten Jahrzehnten immer beliebter zu werden. Bei wichtigen Interaktionsanlässen ist es üblich, sich gegenseitig nicht nur in der jeweiligen sozialen Rolle, sondern auch namentlich zu vorzustellen, selbst wenn der Kontakt vielleicht einmalig ist. (Dass die Grenze, von der an diese Form der Personalisierung für notwendig erachtet wird, kulturabhängig ist, zeigt das Beispiel der namentlichen – und daher persönlichen – Selbst-Identifizierung des Servicepersonal in Restaurants: in den USA ist sie üblich, in Europa nicht.)

Ein wichtiger Interaktionsanlass ist sicher das **Bewerbungsgespräch**. Dementsprechend beginnt das folgende Bewerbungsgespräch damit, dass dem Bewerber die anwesenden Mitglieder der Bewerbungskommission vorgestellt werden, und zwar sowohl namentlich als auch in ihrer Funktion:

Beispiel (14) STELLE
```
((Bewerbungsgespräch. Der Bewerber K musste auf dem Flur warten.
Der erste Interviewer und Bürgermeister hat ihn nun hereingebe-
ten.))
  01  I1: <<f> GU:T herr: (.) doktor kensch;>
  02      (.) guten TAG, (.)
  03      nehmen sie doch dort [bitte   PLA]TZ;
  04  K:                       [guten TAG,]
  05  I1: (-) wir müssen sind etwas in ZEITverzug;
  06      ich bitte um entSCHULdigung;=
  07  K:  =hm_hm,
  08  I1: eh: nehmen sie bitte PLATZ;
  09      eh dAs is frau KORschi;
  10      persoNALratsvorsitzende;
  11      herr SCHMIDT;
  12      °h der LEIter unseres f? eh: kulTURamtes;
  13      (.) eh frau MANdel ist die: (.) eh LEIterin unseres
             amtes für (.) eh persoNAL-
  14      ich bin der Oberbürgermeister;
  15      meine name ist MESser.
  16      °h sie haben sich hier freundlicherweise (.) beWORben,
((etc.))
```

Die Identität des Bewerbers wird hier als bekannt vorausgesetzt; er wird bereits mit seinem Namen angesprochen und nicht vorgestellt. (Vermutlich haben die Mitglieder der Kommission seine Unterlagen vorliegen.) Die übrigen Teilnehmer werden vom Gesprächsleiter persönlich eingeführt. Eine verbale Reaktion auf die Vorstellung, wie sie in nicht-institutionellen Interaktionen üblich ist (etwa: *freut mich!*) erfolgt in diesem Fall angesichts der Formalität der Situation nicht.

> **Vertiefung**
> Auch im folgenden Beispiel, dem Beginn eines ärztlichen Aufnahmegesprächs in der Psychiatrie, stellt sich der Arzt zu Beginn des Gesprächs durch Namensnennung vor. An dieser Stelle wäre nun erwartbar, dass sich auch die Gesprächspartnerin vorstellt (diese zweite Selbstvorstellung ist „konditionell relevant", vgl. Kap. 4); tatsächlich entwickelt sich das Gespräch jedoch eigenartig. Da wir es mit einem institutionalisierten Gesprächsbeginn zu tun haben, müssen die ‚Regeln' der Institution für die Interpretation dieser eigenartigen Gesprächsentwicklung herangezogen werden.

Beispiel (15) (aus: Bergmann 1980: 85, Transkription an GAT adaptiert)
```
01 Dr. B:   BERner is mein name.
02          (.)
03          SIE sind-
04          (.)
05          frau-
06          (.)
07 K:       ich bin frau KORti.
08 Dr. B:   frau KORti;
09          TA:G.
10          (0.7)
11          [TAG frau korti.
12 K:       [TA:G
```

Die Gesprächspartnerin verweigert die namentliche Selbstidentifikation zunächst. Erst ein *prompt*, also ein halbfertiger Satz, den die Gesprächspartnerin vervollständigen soll, führt zum Erfolg (Z. 05). Solche zu vervollständigenden Handlungsfragmente sind in Alltagsgesprächen unüblich; sie symbolisieren bereits an sich eine hierarchische Beziehung. (Das könnte zum Beispiel eine Lehrer/Schüler-Beziehung sein.) Dass jemand gedrängt werden muss, sich nach der Vorstellung des Gegenübers auch selbst vorzustellen, löst wie jede Verzögerung oder gar Verweigerung einer konditionell erwartbaren Folgehandlung Inferenzen aus: Warum will sich die Gesprächspartnerin nicht (gleich) selbst vorstellen? Da auch der nun folgende Gruß des Arztes (Z. 11) erst nach einer langen Pause erwidert wird (Z. 12), liegt die Interpretation nahe, dass Frau Korti kein großes Interesse hat, mit dem Arzt in eine fokussierte Interaktion zu treten. Sie hat auch einen guten Grund, das nicht zu tun (wie Bergmann 1980 zeigt): diese Interaktion wird nämlich mit großer Wahrscheinlichkeit zu ihrer Einweisung in die psychiatrische Klinik führen. Sich ihr zu verweigern, kann also für sie strategisch sinnvoll sein, wenn sie die Einweisung nicht möchte.

Das Beispiel ist aber noch komplizierter: denn Dr. Berner liegt natürlich längst eine Krankenakte oder zumindest eine Nachricht der Aufnahmeschwester vor, aus der der Name der Patientin hervorgeht. Er hätte also die Interaktion auch mit einem *Guten Tag, Frau Korti, wie geht's Ihnen denn?* starten können. Bergmann argumentiert, dass der Aufbau konditioneller Relevanzen Teil der ärztlichen Untersuchung ist: die Fähigkeit, ein Gespräch ‚ordentlich' zu beginnen und auf konditionelle Relevanzen angemessen zu reagieren, ist ein Lackmus-Test für soziale Kompetenz. Der Arzt baut zwei solche Relevanzen auf (erste Selbstvorstellung und erster Gruß). Wer, wie Frau Korti, in beiden Fällen nicht oder nur sehr zögerlich mitmacht, ist sozial ‚auffällig'. So wird Frau Kortis unkooperative Haltung paradoxerweise gerade zu dem, was sie wohl vermeiden möchte: nämlich zum Indiz für ihre psychische Erkrankung.

2.5 Rituelle Komponenten der Gesprächseröffnung

Im letzten Abschnitt wurde besprochen, wie sich Gesprächsteilnehmer gegenseitig Wiedererkennen signalisieren. Wir haben gesehen, dass dafür selten direkte Verfahren (etwa namentliche Anreden, die zeigen, dass man jemand erkannt hat oder explizite **Erkennungssignale** (*recognitional displays*) wie *ah, jetzt weiß ich, wer Sie sind*) verwendet werden; häufiger wird vielmehr bereits die Art und Weise, wie gegrüßt wird, zum Vehikel für Erkennungssignale: der enthusiastische Gruß signalisiert dabei indirekt das Wiedererkennen. In diesem Abschnitt wenden wir uns nun dem **Grüßen** selbst zu, dessen Funktion natürlich über diese indirekte Rolle für das wechselseitige Erkennen hinausgeht. Grüße sind Teil der rituellen Aktivitäten, die am Anfang (und auch am Ende) von fokussierten Interaktionen fast immer zu beobachten sind.[39] Der Austausch von Grußformeln, körperliche Begrüßungen sowie einige andere, weniger häufige Aktivitäten (wie das Fragen nach dem Wohlergehen) gehören zu dem, was Goffman (1971) einen **bestätigenden Austausch** (*supportive interchange*) genannt hat. Seine primäre Funktion ist die eines **Rituals**, durch das sich die Beteiligten ihrer positiven Einstellung zueinander und daher ihrer sozialen Beziehung versichern.[40] Es handelt sich um eine Form des positiven *face-works* (Goffman 1955). Goffman sieht die in unserer Kultur üblichen Formen eines solchen Austauschs als reduzierte Form des Austauschs von Geschenken, wie er in vielen traditionelleren Gesellschaften zu Beginn eines Besuchs vorgeschrieben ist. Der bestätigende Austausch ist also eine kleine Zeremonie, in der einer et-

---

39 Die Ausnahmen – nämlich der Beginn einer fokussierten Interaktion ohne rituellen Austausch – werden unter dem Stichwort ‚offener Gesprächszustand' nach Bsp. 25 beschrieben. Umgekehrt muss allerdings nicht jedes Grüßen zu einer fokussierten Interaktion führen, wie am Beispiel des „Grüßens im Vorbeigehen" zu sehen ist. Der Gruß stellt nicht als solcher schon einen Gesprächszustand her, er ist nur die Lösung für *eine* der Aufgaben, die die Teilnehmer bewältigen müssen, wenn sie aus dem Nebeneinander in ein Miteinander übergehen wollen.
40 Goffmans Ritualbegriff ist also wesentlich weiter als der umgange; alle gesichtswahrenden Aktivitäten haben für ihn rituellen Charakter, nicht nur routinemäßige Handlungen (vgl. dazu Auer 2013, Kap. 14).

was gibt (z. B. einen Gruß oder die Hand) und der andere etwas zurückgibt oder sich zumindest bedankt.[41] Daraus ergibt sich, dass die Art und die Dauer des bestätigenden Austauschs von der Beziehung zwischen den Interaktionsteilnehmern abhängig ist bzw. in gewisser Weise auch diese Beziehung bestimmt.

Während fast alle fokussierten Interaktionen mit einem rituellen Austausch beginnen, muss umgekehrt keineswegs jedes Grüßen zu einer fokussierten Interaktion führen. Vielmehr gibt es Situationen, in denen (fremde) Menschen sich zwar grüßen, aber systematisch nicht in fokussierte Interaktion miteinander treten: beim Eintreten in ein Wartezimmer, beim Betreten eines Aufzugs oder wenn mehrere Menschen bei der Verrichtung ihrer individuellen Tätigkeiten so sehr in körperliche Nähe kommen, dass sie miteinander interagieren (sich zum Bespiel ausweichen) müssen. (Wenn zwei Unbekannte etwa zur gleichen Zeit ihr an einem Laternenpfahl angeschlossenes Fahrrad aufschließen wollen, werden sie sich wahrscheinlich zumindest zunicken.)

Die Formen des bestätigenden Austauschs sind weitgehend routinisiert. Es steht in unserer Kultur dafür ein ganzes Arsenal an Möglichkeiten zur Verfügung. Neben den sprachlichen spielen auch körperliche Formen der Zuwendung bzw. des Respekts eine große Rolle; sie können sowohl ohne Körperkontakt (Verbeugen, Knicks, Nicken oder Winken wie in Abb. 6 als auch mit Körperkontakt erfolgen (Händeschütteln wie in Abb. 9, Umarmungen oder andere Berührungen mit den Armen wie in Abb. 10 und 11). Auch der Austausch von sprachlichen Grußformeln ist in der direkten Interaktion mit einer körperlichen Zuwendung verbunden: er ist kaum ohne ein Lächeln möglich. (Selbst bei Anlässen, die jede Kundgabe von Freude verbieten, etwa einer Beerdigung, fällt es den Teilnehmern schwer, sich ohne ein solches Lächeln zu begrüßen. In anderen Situationen gilt ein ‚versteinertes Gesicht' als ein Zeichen für eine stark belastete soziale Beziehung.)

---

[41] Letzteres ist zum Beispiel bei Komplimenten als Teil des bestätigenden Austauschs am Gesprächsbeginn der Fall.

Abb. 9: Begrüßung durch Handschlag.

Abb. 10: Begrüßung durch Umarmung.

Rituelle Komponenten der Gesprächseröffnung — 63

Abb. 11: Begrüßung durch Berühren am Arm und an der Hüfte.

Abb. 12a: Begrüßung durch Umarmung im Gehen

Abb. 12b: Begrüßung durch Umarmung im Gehen

Abb. 12c: Begrüßung durch Umarmung im Gehen

Wir betrachten nun ein Beispiel etwas genauer, in dem die Verschränkung sprachlicher und körperlicher Begrüßungen deutlich wird und das nebenher auch noch die interaktive Organisation des **Sich-Vorstellen**s (dessen Funktion schon im letzten Abschnitt erläutert wurde) exemplifiziert. Das Beispiel ist deshalb komplex, weil viele Personen daran beteiligt sind. Die Szene spielt sich am Eingang des Hauses ab; fünf Bewohner (Josef, Veronika, Sonja, Mike und Tabea) begrüßen hinter der Haustür einen Gast (Georg Rath), der mit seiner Assistentin Monika zu Besuch kommt. Die zukünftigen Interaktionsteilnehmer sehen sich hier zum ersten Mal, haben aber schon voneinander gehört; sie stellen sich deshalb einander vor und grüßen sich sowohl durch Handschlag als auch durch den Austausch von Grußformeln.

Die Neuankömmlinge stehen mit dem Rücken zur Tür, durch die sie eingetreten sind, die Bewohner mit dem Gesicht zur Tür, so dass die Form eines Ovals (also bereits eine F-Formation) entstanden ist (vgl. Abb. 13). Das Problem ist die Sequenzierung: die Situation erfordert eine individuelle Vorstellung, einen **Händedruck** und den Austausch von Grußformeln zwischen jedem Mitglied der ankommenden Gruppe und jedem Mitglied der Gruppe der Hausbewohner (also insgesamt in 10 Dyaden). Es ist daher nicht möglich, dass alle sich zur gleichen Zeit vorstellen und begrüßen. Wie oft in großen Gruppen üblich, bestimmt eine Person die sequenzielle Abfolge maßgeblich und mehr als die anderen; das ist in diesem Fall Herr Rath.[42] (Herr Rath und seine Assistentin stehen in einer hierarchischen Beziehung zueinander, schon deshalb lässt sie ihm den Vortritt.)

In welcher Reihenfolge reicht er nun den Bewohnern die Hand? Es ist in unserer Kultur heute möglich, dass die zu Begrüßenden seriell, also von links nach rechts oder von rechts nach links gehend, die Hand zum Händedruck angeboten bekommen. Dieses informelle System konkurriert allerdings mit dem älteren Statussystem, nach dem die Statushöchsten einer Gruppe vor den Anderen, ältere Personen vor jüngeren und (von Männern) Frauen vor Männern gegrüßt werden. Herr Rath erweist sich hier als ‚Kavalier der alten Schule' und wendet sich zunächst an die weiblichen Bewohner, d.h. von ihm aus gesehen von rechts erst an Veronika, dann an Tabea und dann Sonja, erst dann an die männlichen (von links zurückkommend Josef und zuletzt Mike; vgl. das Schema Abb. 14). Als er bei Sonja angelangt ist, beginnt die Assistentin Monika ihrerseits im freien Interaktionsraum auf ihrer rechten Seite mit dem Händeschütteln, zunächst mit Mike und Veronika. Sie folgt also offensichtlich dem ‚modernen' System, das keinen Unterschied zwischen den Geschlechtern macht. Als

---

[42] In vielen Kulturen ist genau geregelt, wer im Falle eines Besuchs im Haus eines Anderen die Initiative in einem solchen bestätigenden Austausch übernimmt. In der Regel ist das der Hausbewohner. In der heutigen westlichen Mittelschichtskultur scheint es keine klare Regel mehr zu geben. Sowohl der Gast als auch der Gastgeber können die Initiative ergreifen.

sie als nächsten Josef begrüßen will, überkreuzt sich ihr ausgestreckter Arm fast mit dem von Georg Rath, der dabei ist, Mike die Hand zu geben (s. Abb. 13).

Beispiel (16) GRÜSS GOTT
((Georg Rath und seine Assistentin Monika betreten das Haus von Veronika, Tabea, Sonja, Josef, und Mike und werden von ihnen begrüßt))
```
01 GR:    ich bin georg RATH,
02        grüß ₁[GOTT,
             ₁[((Händeschütteln zwischen GR und V))
03 V:        ₁[ich bin die veROnika,
04        hal₂[LO-
05 GR:       ₂[hallo veROnika.
06        ₃[hAlLO. ((zu Tabea))
          ₃[((Händeschütteln zwischen GR und T))
07 T:     ₄[taBEa.
08 GR:    ₄[GEorg?
09 T:     ₅[hAlLO.
10 GR:    ₅[halLO ((zu Sonja))
          ₅[((Händeschütteln zwischen GR und S))
11        GRÜSS ₆[dich, ((zu Sonja))
12 S:            ₆[halLO, ((zu GR))
13 Ass:          ₆[ich bin ₇[die MOnika, ((zu Mike))
                 ₆[((Händeschütteln M/Ass))
14 J:                      ₇[ich bin der JOsef? ((zu GR))
15 GR:                     ₇[((Händeschütteln J/GR))
16 M:                      ₇[MIKE, ((zu Ass.))
17 J:     halLO? ((zu Rath))
18 GR:    wEiß ich? ((zu Josef))
19 Ass:   ₈[hallo veROnika, ] ((zu Veronika))
          ₈[((Händeschütteln Ass/V))
20 V:     ₈[hallo, veROnika,] ((zu Ass.))
21 V/Ass: ((kichern))
22        ((Herr Rath streckt die Hand aus, um sie mit Mike zu
          schütteln, der auch bereits zum Händedruck ansetzt,
          vgl. Abb. (13); zur selben Zeit streckt die Assisten-
          tin ihre Hand aus, um Josefs Hand zu schütteln. Die
          beiden Bewegungen führen fast zu einer Überkreuzung
          der Arme. Kurz bevor das passiert, brechen beide ihre
          Bewegung ab und ziehen ihre Hände zurück, die Assis-
          tentin vollständig. Rath transformiert die Rückzugsbe-
          wegung in eine angedeutete Zeigegeste auf sich
          selbst.))
23 GR:    ₉[der berLIner ne?
          ₉[((zeigt auf Mike mit der offenen Handinnenfläche))
24 J:     ₉[nich über KREUZ;=
25 M:     =(sorry,)
26        wat?
```

```
27 GR:    ₁₀[du bist aus berLIN;=ne?
          ₁₀[((Mike und GR schütteln sich die Hand))
28 M:     ja,
29 GR:    ja.
30 M:     POTS₁₁[dam. (---)
31 GR:         ₁₁[GEnau.
32        ₁₂[<<p>(so wie IKke).>
          ₁₂[((zeigt auf sich selbst))
33        ja.
34        (--)
35        ₁₃[gut.
36 Ass:     ¹³[hi JOsef;
37        ₁₄[MOnika, ((zu Josef))
          ₁₄[((gibt Josef die Hand))
38 GR:    und ₁₅[wer nimmt mir das A:B?⁴³
39 Ass:        ₁₅[((Händeschütteln mit Tabea))
40 T:     taBE₁₆[a-
41 Ass:        ₁₆[HALlo-
42 J:     ₁₇[(die) geTRÄNke (nehm ₁₈[.....)
          ₁₇[((nimmt die Flaschen von GR))
43 Ass:                        ₁₈[hai SON₁₉[ja;
                               ₁₈[((Händeschütteln mit S))
44 S:                                   ₁₉[halLO
45        ((allgemeines lautes Lachen))
46 GR:    so.
47        dann bring_ma mal das zeug REIN.
```

---

43 Er bezieht sich mit *das* auf die Weinflaschen in seiner Hand, sein Gastgeschenk.

Abb. 13: „nicht überkreuz!" (Zeile 24 aus Beispiel 16).

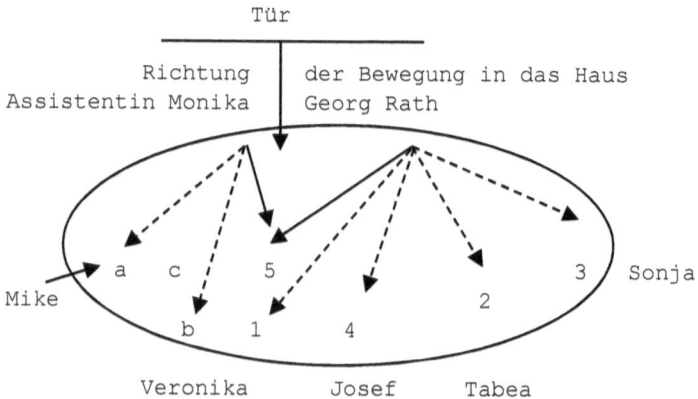

Abb. 14: Position der Beteiligten bei Zeile 24 in Beispiel 16. Die Zahlen geben die Reihenfolge an, in der Herr Rath bis zu diesem Zeitpunkt die Hände der Bewohner geschüttelt hat, die Buchstaben die Reihenfolge, in der das die Assistentin tut.

Dieser körperliche Konflikt wird unmittelbar korrigiert: die Assistentin zieht ihre Hand ganz zurück und wird sie erst in Z. 37 Josef geben, Herr Rath ist professioneller und verwandelt die Rückzugsbewegung elegant in eine kleine Zeigegeste auf sich selbst, die er in Z. 23 mit einer Zeigegeste auf Mike paart und damit seiner Äußerung *der berLIner ne?* die Interpretation ‚gemeinsame Herkunft aus Berlin' gibt (vgl. Z. 32). (Die Kopplung der beiden Zeigegesten ist ein konventionelles Mittel, um inklusives ‚wir' auszudrücken.) Zugleich wird aber aus der expliziten Kommentierung Josefs (in Z. 24: *nich über KREUZ*) klar, dass das Missgeschick auf der Ebene der Arm-/Handbewegungen nicht unbeobachtet geblieben ist: er bringt es mit dem deutschen Aberglauben in Verbindung, dass die überkreuzenden Arme bei der Begrüßung Unglück bringen.

Abgesehen von diesem kleinen Malheur weist die Anfangssequenz dieses **Mehrparteiengesprächs** (*multi-party conversation*) ein hohes Maß an Strukturiertheit auf und lässt sich in zehn individuelle Sequenzen aus Selbstidentifikation & Gruß oder Gruß & Selbstvorstellung aufteilen:

Georg Rath/Veronika:

```
01 GR:   ich bin georg RATH,              1. Selbstidentifikation⁴⁴
02       grüß [GOTT,                       1. Gruß/Händedruck
             [((Händeschütteln GR und V))
03 V:        [ich bin die veROnika,        2. Selbstidentifikation
04       hal[LO-                            2. Gruß
05 GR:      [hallo veROnika.                3. Gruß & Anrede
```

Georg Rath/Veronika:
01 GR:	ich bin georg RATH,	1. Selbstidentifikation[44]
02	grüß [GOTT,	1. Gruß/Händedruck
	[((Händeschütteln GR und V))	
03 V:	[ich bin die veROnika,	2. Selbstidentifikation
04	hal[LO-	2. Gruß
05 GR:	[hallo veROnika.	3. Gruß & Anrede

Georg Rath/Tabea:
06 GR:	[hAllO. ((zu Tabea))	1. Gruß/Händedruck
	[((Händeschütteln GR und T))	
07 T:	[taBEa. ((zu GR))	1. Selbstidentifikation
08 GR:	[GEorg?	2. Selbstidentifikation
09 T:	[hAllO.	2. Gruß

Georg Rath/Sonja:
10 GR:	[halLO ((zu Sonja))	1. Gruß/Händedruck
	[((Händeschütteln GR und S))	
11	GRÜSS [dich, ((zu Sonja))	1. Gruß
12 S:	[halLO, ((zu GR))	2. Gruß

---

44 GR schaut während 01 und 02 Veronika an, die Selbstvorstellung und der Gruß sind also spezifisch an sie gerichtet, nicht an die Gesamtgruppe. Dennoch ist die Selbstidentifizierung natürlich für alle anderen Teilnehmer ebenso zu hören und wird deshalb in den darauffolgenden Teilsequenzen inhaltlich überflüssig.

Georg Rath/Josef:

```
14 J:   [ich bin der JOsef?              1. Selbstidentifikation
15 GR:  [((Händeschütteln J/GR))         Händeschütteln
17 J:   halLO? ((zu Rath))               Gruß
18 GR:  wEiß ich? ((zu Josef))
```

Georg Rath/Mike:

```
23 GR:  [der berLIner ne?                Fremdidentifikation
        [((zeigt auf Mike mit der offenen Handinnenfläche))
25 M:   (sorry,)
26      wat?
27 GR:  [du bist aus berLIN;=ne?         Wiederholung/
        [((Händeschütteln Mike/GR))      Händeschütteln
28 M:   ja,
29 GR:  ja.
30 M:   POTS[dam.                        1. Selbstidentifikation
31 GR:      [GEnau.
32          [<<p>(so wie IKke).>         2. Selbstidentifikation
            [((zeigt auf sich selbst))
33      ja.
```

Assistentin/Mike:

```
13 Ass: [ich bin [die MOnika, ((zu Mike))  1. Selbstidentifikation
        ((Händeschütteln M/Ass))    Händedruck
16 M:   MIKE, ((zu Ass.))                2. Selbstidentifikation
```

Assistentin/Veronika:

```
19 Ass: [hallo veROnika,] ((zu Veronika))  1. Gruß/Händedruck
        [((Händeschütteln Ass/V))
20 V:   [hallo, veROnika,] ((zu Ass.))   2. Gruß/
                                         Selbstidentifikation
21 V/Ass: ((kichert))
```

Assistentin/Josef:

```
36 Ass: [hi JOsef;                       1. Gruß/Anrede
37      [MOnika, ((zu Josef))            1. Selbstidentifikation
        [((gibt Josef die Hand))         Händedruck
```

Assistentin/Tabea:

```
39 Ass:    [((Händeschütteln mit Tabea))  Händedruck
40 T:      taBE[a-                        1. Selbstidentifikation
41 Ass:        [HAllo-                    1. Gruß
```

Assistentin/Sonja:

```
43 Ass: [hai SON[ja;                     1. Gruß/Anrede
```

```
                  [((Händeschütteln mit S))           Händedruck
    44 S:                  [halLO                     2. Gruß
```

Alle zehn Einzelsequenzen enthalten als zentrale nonverbale Grußform ein **Händeschütteln**. Die übrigen Bestandteile der Sequenz – Selbstidentifikation und verbaler Gruß – werden nicht immer verwendet. Die Selbstvorstellung der Besucher erfolgt in ihrer jeweiligen ersten Teilsequenz (vgl. Z. 01 und 13) durch Nennung des eigenen Namens, in den darauffolgenden Teilsequenzen nur noch jeweils einmal (in Z. 08 und 37) – die namentliche Identität der Besucher kann hier schon vorausgesetzt werden. Die Bewohner stellen sich hingegen fast immer namentlich vor (vgl. Z. 3, 7, 14, 16, 20, 40). Allerdings scheint die Assistentin die Namen der Bewohner schon zu kennen, denn sie spricht Veronika, Josef und Sonja namentlich an, noch bevor sie sich vorgestellt haben; auch Georg Raths Kommentar zu Josefs Selbstvorstellung in Z. 18 (*weiß ich*) und sein Verhalten in der Teilsequenz mit Mike belegen, dass er zumindest einige Bewohner bereits kennt, ohne sie getroffen zu haben. Verbale Grüße sind häufiger als Selbstvorstellungen; auch hier wird jedoch die sequenzielle Vollform (mit Gruß und Gegengruß bzw. sogar drei Grüßen) im Laufe der Zeit immer mehr reduziert. So grüßt Georg Rath Josef schon nicht mehr zurück, mit Mike entwickelt sich überhaupt keine Grußsequenz. Die Assistentin grüßt Veronika, Tabea, Sonja und Josef, wird aber nur von Veronika und Sonja zurückgegrüßt.

Bemerkenswert ist der Ablauf der Teilsequenz zwischen Georg Rath und Mike. Außer dem obligatorischen Händedruck fehlt in diesem Fall sowohl die Selbstvorstellung als auch die Grußformel. Die Sequenz enthält aber durchaus Elemente, die der gegenseitigen Identifizierung dienen; sie beziehen sich allerdings nicht auf die Namen der Beteiligten, sondern auf deren Herkunft aus Berlin bzw. Potsdam. Georg Rath legt großen Wert darauf, diese **Ko-Kategorisierung** (*co-categorization*, vgl. Sacks 1972) auch über anfängliche Schwierigkeiten hinweg herzustellen (vgl. die akustisch bedingte Reparatur in Z. 25–27 und die Korrektur von Berlin zu Potsdam in Z. 30). Eine solche Ko-Kategorisierung leistet nicht nur positives *face-work* und dient damit dem bestätigenden Austausch („wir haben etwas gemeinsam"), sondern ist auch für den Einstieg in die thematische Phase der Interaktion nützlich: Je mehr zwei Interaktionsteilnehmer gemeinsam haben, umso eher werden sie ein Gesprächsthema für *small talk* finden.

Zum bestätigenden Austausch gehört neben Grußformeln, Umarmungen, Händeschütteln auch das **Erkundigen nach dem Wohlbefinden** des Anderen.

Beispiel (17) MILOS 5 (von Inga Harren)
```
   01 Frank:  ((Läuten))
   02 Milos:  MIlos?
   03         (0.2)
   04 Frank:  hi hier_s FRANK.
   05         (.)
   06 Milos:  hi.=
→  07 Frank:  =<<p>na wie GEHT_S.>
→  08 Milos:  °hh mir geht_s GUT.
```

Beispiel (18) OPERATION
((Anruf bei der Firma, die der Bruder des Anrufers (M) leitet; es meldet sich die Sekretärin (F)))
```
   01 M:  ((Läuten))
   02 F:  strobel und hartmann und maier luckmann guten [TAG,
   03 M:                                                [ja:,
   04     (-) HORN,
   05     guten TAG,
   06 F:  gUten tag herr HO:RN?
   07 M:  na?
→  08 F:  wie GEHT_S ihnen denn;
   09 M:  BITte?
   10     (-) MIR? (-)
→  11     [n(a) mir geht_s gAnz ORdentlich;
   12 F:  [ja
```

Damit ist keine echte Erkundigung nach dem Wohlbefinden gemeint, die nicht mehr zur Eröffnungsphase des Gesprächs gehören würde, sondern schon zu ihrem thematischen Hauptteil. Formelhafte Erkundigungen vom Typ *wie geht's?* machen keine ‚ernsthaften' Antworten notwendig bzw. erwartbar. Harvey Sacks hat 1975 in einem Aufsatz mit dem Titel „Everyone has to lie" solche Routine-Nachfragen genauer untersucht. Die übliche Antwort ist eine Bewertung (*value state descriptor*), die sich im mittleren Bereich der Skala von ‚sehr gut' bis ‚miserabel' bewegt (*ganz gut, gut, so la la*). Extrem positive Antworten (*ganz hervorragend*), noch mehr aber deutlich negative Antworten (*gar nicht gut*) sind selten und führen zu **diagnostischem Nachfragen** (*diagnostic procedures*), die den Rahmen von Routinen verlassen und zum Einstieg in die thematische Phase eines Gesprächs werden können. Dies kündigt sich im folgenden Gesprächsanfang an (der Fortsetzung von Beispiel 11):

Beispiel (19) FASCHING
```
   03 M:  HALlo::
   04     (1.0)
   05     MÄUSlein?
```

```
      06 F: a DU bist_s.
      07 M: a,
   →  08 F: wie GEHT_S dir DENN?=
   →  09 M: =mir GEHT_S NICH gUt.
   →  10 F: nicht?
      11 M: weil meine LEUte sind fort;=
      12    =die sind ALle zum FASChing.
      13 F: ja: (.)
      14    ich wollt jetzt AUCH grad wieder ge:hen.
```

Warum müssen wir nun – nach Sacks – alle (manchmal) lügen, wenn wir routinemäßige Fragen über unser Wohlbefinden am Anfang eines Gesprächs beantworten? Sacks argumentiert, dass es nicht angemessen ist, mit jedem beliebigen Gesprächspartner über die Probleme zu sprechen, die einen tatsächlich beschäftigen, d.h. das eigene Wohlbefinden (oder dessen Fehlen) zum Thema der Interaktion zu machen. Es gibt Hierarchien für das Erzählen von Neuigkeiten und Problemen, die eingehalten werden müssen: dem Lebenspartner erst nach der Kollegin aus dem Betrieb von einem wichtigen Ereignis oder einer wichtigen Erfahrung zu erzählen, kann zu ernsthaften Beziehungsproblemen führen.

Im Beispiel (20) handelt es sich allerdings um Vater und Tochter; die negative Antwort des Vaters (M) auf die Frage der Tochter (F) nach seinem Befinden ist also sozial angemessen. Und für die Tochter wäre es durchaus möglich, den Hinweis des Vaters aufzunehmen, dass es ihm nicht gut gehe, und daraus eine Nachfrage abzuleiten. Das tut sie auch (*nicht?* Z. 10), blockt aber weitere Details durch den Verweis ab, dass sie grade das Haus verlassen wollte (Z. 14).

Es gibt noch andere rituelle Komponenten in der Gesprächseröffnungsphase. Zum Beispiel kann der das Gespräch initiierende Teilnehmer thematisieren, ob der andere gerade verfügbar ist („Zeit hat') und zu einem Gespräch bereit ist. Das ist gerade bei Telefongesprächen sehr häufig. Auch wenn sie an sich keine Zeit haben oder mit etwas anderem befasst sind, scheinen es Angerufene nur schwer übers Herz zu bringen, eine Fokussierungsaufforderung wie das Klingeln des Telefons abzulehnen. Anrufer drücken deshalb sehr oft zu Beginn eines Gesprächs ihre Sorge aus, den Angerufenen gestört zu haben. Im folgenden Fall stört zum Beispiel die Anruferin die fokussierte Interaktion des (gemeinsamen) Essens, was sie vermutlich an der von Kaubewegungen deformierten Artikulation ihrer Mutter in Z. 05 erkennt:

Beispiel (20) GNS14 (von Inga Harren)
((Tochter ruft Mutter an, um sie um ein Gulasch-Rezept zu bitten))
```
   01 Gitte: ((Telefonläuten))
   02 Mama:  WUNder?
```

```
      03 Gitte:  <<hoch>ja hallo MAma:.>
      04         hier spricht GITte:.
      05 Mama:   hallo GITte.
      06 Gitte:  halLO::.
→     07         (.) stör ich grad beim ESsen?=
      08 Mama:   =mm,
      09         bin grad am KAUen.
      10 Gitte:  ACH so.
      ((etc.))
```

Obwohl die Angerufene beim Essen gestört wird, nimmt sie das Gesprächsangebot an und führt die Interaktion weiter. In vielen anderen Fällen beantwortet der Angerufene das Gespräch aber nur, um es sofort wieder – in mehr oder weniger geordneter Weise – zu beenden (siehe Bsp. 21). Der Sinn solcher Gespräche beschränkt sich darauf, *grundsätzliche* Verfügbarkeit zu signalisieren, die Interaktion aber auf einen anderen Zeitpunkt zu verschieben. Die Tendenz, Telefongespräche auch dann anzunehmen, wenn sie stören, und die mangelnde Verfügbarkeit erst während der Anfangsphase des Gesprächs zu erkennen zu geben, scheint noch auf die frühe Phase des Telefonierens zurückzugehen, als Telefonanrufe für wichtige Nachrichten reserviert waren. Denn auch wer gerade mit etwas Anderem beschäftigt ist (und sich vielleicht bereits in einer fokussierten Interaktion befindet), kann und muss diese laufenden Angelegenheiten unterbrechen, wenn Wichtigeres zu behandeln ist. Zeigt sich jedoch, dass die Störung nur zum Zweck des *small talk* erfolgt (oder die Wichtigkeit der Nachricht und die Zeit, die ihre Bearbeitung erfordern wird, in keinem angemessenen Verhältnis zum ‚Schaden' stehen, der sich aus dem Abbruch der laufenden Aktivität ergibt), dreht sich die Priorität um und die laufende Interaktion (oder Beschäftigung) wird weitergeführt.

Selbst wenn der Angerufene weiß, wer ihn sprechen will (weil das auf dem Display zu erkennen ist), wird der Anruf oft beantwortet, um grundsätzlich Gesprächsbereitschaft zu signalisieren:

Beispiel (21) SPÄTER TELEFONIEREN (von Naber)
```
      01 B:  ((Telefonklingeln))
      02 A:  HALlo-
      03 B:  HI; (-)
      04     nA, (.)
      05     wie GEHT_S dir,
      06 A:  telefonieren wir SPÄter?
      07     weil ich sItz jetzt grad noch ähm (-) mit meinen
             MITbewohnerinnen zusammen-
      08     weil_s wir endlich mal geSCHAFFT haben zu KOChen;
```

```
09 B: achSO;
10    ja na KLAR;
11    kEIn probLEM (.) ähm;
12    [ab WANN;
13 A: [telefonieren wir SPÄter einfach oder,
14 B: OK;
```

In diesem Beispiel deutet die Prosodie des *HAllo-* in Z. 02 (vgl. die Anfangsbetonung und das Fehlen einer steigenden Tonhöhenbewegung) darauf hin, dass es sich um einen Gruß handelt, nicht um eine Fokussierungsbestätigung. A weiß also bereits beim Abnehmen, wer anruft. Nach einem Gegengruß versucht der Angerufene in Z. 02–05 den üblichen *wie geht's Dir*-Austausch zu initiieren. Die Frage wird allerdings gar nicht beantwortet, sondern führt direkt zu einer Bitte um Aufschub des Gesprächs durch die Angerufene (Z. 06). Es folgt eine in solchen Fällen unabdingbare Begründung (*account*). Der sequenzielle Ablauf bleibt aber insofern gestört, als die Frage keine Antwort erhält und die Strukturerwartungen innerhalb der Paarsequenz verletzt werden.

Nicht nur am Telefon, auch in der Angesichtskommunikation (*face-to-face*) wird zu Beginn abgeklärt, ob das Gespräch erwünscht ist. Wer in einen Raum kommt und sieht, dass dessen Bewohner oder Benutzer gerade Besuch hat, mit jemand telefoniert oder sich umzieht, wird aus jeweilig verschiedenen Gründen davon ausgehen können, dass er oder sie stört und sich vermutlich mit einer Entschuldigung zurückziehen.

Ebenfalls zur rituellen (weil *face-work* betreibenden) Komponente der Eröffnungsphase gehören **interaktionsgeschichtliche Erkundigungen** darüber, was der andere seit Beginn des letzten Treffens gemacht hat oder warum einer der Beteiligten nicht telefonisch verfügbar war bzw. den anderen vergeblich zu erreichen versucht hat; in der Mobiltelefonie werden an dieser Stelle auch oft Auskünfte darüber eingeholt oder erteilt, wo sich die Interaktionsteilnehmer gerade befinden (vgl. Bsp. 22, Z. 16). Das starke Bedürfnis, das Thema ‚Raum' in der Interaktion zu bearbeiten und sich gegenseitig zu lokalisieren, scheint in diesem Fall die Mobilität der Teilnehmer und ihrer Kommunikationsgeräte zu kompensieren.

Besonders in Paarbeziehungen ist die telefonische **Verfügbarkeit** ein wichtiges Anliegen. Im folgenden Fall ruft der Ehemann aus dem Auto von seinem Mobiltelefon an; die Anfangsphase des Gesprächs (vgl. Z. 05–15) ist von wechselseitigen Vorwürfen wegen der Nicht-Erreichbarkeit des Partners geprägt:

Beispiel (22) PUTZTEUFEL
```
((Anruf über Mobiltelefon bei der Ehefrau aus dem Auto.))
  01 S: ((Telefon läutet.))
```

```
02 F: ja BITte?
03 S: ja LIEBling;
04    SAlü;
05    zuerst ist laufend beSETZT ja?
06 F: ja bei dir is (.) schon die ganze ZEIT (...)telefon
      abgeschaltet;
07 S: ne:; (-)
08 F: [ich versuch (        )
09 S: [(          )
10    hab_ich mit_dem RUdolf telefoniert,
11    (-) ja,
12    (1.0)
13    und hab noch mit_dem REXbaum telefoniert. (-)
14 F: m:;
15    ich versuch(s) nämlich AUCH schon laufend dich
      [zu erreichen;
16 S: [ja und ich fahr (denn) grad von scheinsdorf WEG;
```

Im folgenden Beispiel wird ebenfalls die ‚Verfügbarkeit' eines Gesprächspartners verhandelt. Wie im Beispiel (21) führt auch hier die interaktionsgeschichtliche Einbettung des Gesprächs zu Turbulenzen im sequenziellen Ablauf:

Beispiel (23) FITNESS (von Naber)
```
01 B: ((Klingeln))
02 A: HI (--)
03 B: [ich war grad im FITness;
04 A: [WIE bItte?
05 A: ACHso Achso;
06 B: JA-
07 A: wie GEHT_S dir denn?
((etc.))
```

Der Verlauf dieses Gesprächsanfangs ist überhaupt nur verständlich, wenn man weiß, dass A kurz vorher vergeblich versucht hat, B zu erreichen. Nun hat B zurückgerufen und rechtfertigt sich sofort nach der Fokussierungsaufforderung (Telefonläuten, Z. 01) und der Fokussierungsbestätigung von A (*HI*, Z. 02) in Z. 03 mit einer Begründung (*account*) für ihre Nichtverfügbarkeit zu diesem früheren Zeitpunkt. Dass die sequenzielle Platzierung dieses *accounts* gegen die Regeln für kanonische Gesprächsanfänge verstößt und den zu erwartenden bestätigenden Austausch (Grußsequenz) einfach überspringt, zeigt, wie wichtig Fragen der Verfügbarkeit sind: ihre Dringlichkeit ist so hoch, dass es der Anruferin B unangemessen erscheint, sie auf den ersten thematischen Slot im Gespräch zu verschieben.

Wir können also festhalten, dass das **Erste Thema** (*first topic*), das nach der Abarbeitung der immer anstehenden Interaktionsaufgaben wie Herstellung von Kopräsenz, wechselseitige Identifizierung und wechselseitigem *face-work* im bestätigenden Austausch (insbesondere durch Grüßen) zur Sprache kommt, noch nicht der eigentliche Grund des Anrufs ist.

Bevor wir uns nun dem Übergang in die Phase des Gesprächs widmen, die seinen eigentlichen Grund darstellt, sei abschließend am Ende dieses kleinen Überblicks über die Rituale der Gesprächseröffnung auf deren Variabilität hingewiesen. Der rituelle Austausch kann sehr kurz oder sehr ausführlich sein. Dabei spielen die bisherige Interaktionsgeschichte zwischen den Beteiligten (Hat man sich lange nicht mehr gesehen oder gerade erst vor einer Stunde? Ist man eng miteinander befreundet oder kennt man sich nur oberflächlich?) ebenso eine Rolle wie die Bedeutung des Treffens, das nun bevorsteht.

In manchen Telefonanrufen entfällt der bestätigende Austausch ganz oder wird zumindest sehr stark reduziert. Das geht vor allem dann, wenn die Interaktionspartner durch eine Serie von Kontakten innerhalb einer kurzen Zeitspanne miteinander verbunden sind. Im folgenden Beispiel hat Milos gerade erst mit Kathie telefoniert und ihr versprochen, die Nummer eines Dritten herauszusuchen. Jetzt ruft er zurück. Der rituelle Teil der Gesprächseröffnung ist auf den Gruß in Zeile 03 beschränkt, der nicht erwidert wird. Vielmehr kommt Milos unmittelbar zum Grund des Anrufs:

Beispiel (24) MILOS Nr. 7 (von Inga Harren)
```
01  Milos:   ((Klingeln))
02  Kathie:  halLOO
03  Milos:   hei:.
04           °hh ALso.
05           °hh null vier NEUN?
06           siebm VIER?
07  Kathie:  ja?
08  Milos:   (0.2)siebm SIEBM?
09  Kathie:  (.)ja?
10  Milos:   neun ACHT,
11  Kathie:  (.) ja?
12  Milos:   vier FÜNF.
13  Kathie:  (0.2) <<pp>(o)kEE_GUT.>
```

Der bestätigende Austausch am Beginn der fokussierten Interaktion kann oder muss auch noch in anderen Fällen fehlen. Insbesondere begrüßen sich in unserer Kultur Menschen, die zusammen in einer Wohnung leben, zwar in der Regel am Morgen oder wenn sie das Haus verlassen haben und nun zurückkommen, nicht aber am Beginn einer jeden fokussierten Interaktion, die während des Zusammenlebens entsteht. Dasselbe gilt am Arbeitsplatz: es ist üblich, bei Arbeitsbeginn die anderen zu begrüßen, dann aber nicht mehr, selbst wenn während dieser Zeit zahlreiche, voneinander abgegrenzte fokussierte Interaktionen stattfinden. Goffman (1981: 134) spricht hier von einem **offenen Gesprächszustand** (*open state of talk*). Wenn sie erneut in eine fokussierte Interaktion eintreten wollen, besteht für die Teilnehmer lediglich die Aufgabe, Kopräsenz zu sichern (etwa durch eine Fokussierungsaufforderung) und dann den Grund zu nennen (d.h. den Gesprächsfokus herzustellen); sowohl Identifizierung als auch bestätigender Austausch entfallen.

Und natürlich sind in der Gestaltung des rituellen Austauschs am Gesprächsanfang auch **kulturelle Unterschiede** zu beobachten.[45] So ist es in vielen Kulturen üblich, nicht nur rituelle Erkundigungen nach dem Wohlbefinden des Gesprächspartners selbst, sondern auch über dessen Angehörige einzuholen (vgl. zu Ghana: Agyekum 2008: 498–499) oder sich sogar danach zu erkundigen, ob der andere schon gegessen hat (China: Günthner 2013). Irvine (1976) beschreibt den (kanonischen) Einstieg in eine fokussierte Interaktion bei den Wolof (in Westafrika – Senegal und Gambia) schematisch wie folgt (alle Komponenten außer den arabischen Routineformeln in den Abschnitten I.1. und IV sind aus dem Wolof ins Englische übersetzt):

Beispiel (25) (aus Irvine 1976; Schema des Begrüßungsablaufs bei den Wolof)
```
((A nähert sich B, Erstkontakt; unter Bekannten entfällt I.2.))
I.1.   A: salaam alikum
       B: malikum salaam
I.2.   A: (gives his name)
       B: (gives his name)
       A: (B's name)
       B: (A's name)/naam ('yes') & (A's name)
II.    A: how do you do?
       B: I'm only here
       A: don't you have peace?
       B: peace only, yes
III.   A: Where/how are the people of the household?
       B: They are there
       A: Where/how is X
       B: He is there
       ((sequence may be iterated with other persons))
```

---

[45] Einen guten Überblick über die kulturelle Variabilität der Anfangsgrüße gibt aus anthropologischer Sicht Duranti (1997).

```
          A: Isn't it that you aren't sick?
          B:   I am praising God
          ((sequence may be iterated with other persons))
    IV.   A: H´mdillay ('thanks be to God')
          B: H´mdillay/Tubarkalla ('blessed be God')
          A: H´mdillay/Tubarkalla
          B: H´mdillay/Tubarkalla
```

2.6 Der Grund des Gesprächs

Es gibt Interaktionen rein zeremonieller Natur, die sich auf einen kurzen rituellen Austausch (*wie geht's – danke, und Ihnen?*) beschränken. Es gibt überdies sehr viele kurze Interaktionen, die so stark in eine Interaktionsgeschichte eingebunden sind, dass man sie nicht sinnvoll als eigenständiges Ereignis analysieren kann, sondern mitberücksichtigen muss, was zwischen den Teilnehmern vorher passiert ist und/oder nachher passieren soll (vgl. etwa die Bsp. 23 und 24). Es scheint, dass wir gerade am Telefon sehr viel damit beschäftigt sind, den Anderen mitzuteilen, wann und wie ein ‚richtiges' Gespräch zustande kommen wird. Diese Interaktionen führen also lediglich auf das Hauptereignis hin, sie sind interaktionsgeschichtliche Präliminarien dazu. Hier ein weiteres Beispiel:

```
Beispiel (26) PERFECT TIMING (von Naber)
  01 B: ((Klingeln))
  02 A: HI,
  03 B: HI;
  04    na [wie GEHT_S?
  05 A:    [ich wollte dich GRAD anrufen;
  06    ((lacht))
  07 B: ah oKEY;
  08    perFEKtes tIming;
  09    ((lacht))
  10 A: ja SUper-
  11    ((lacht))
  12 B: ((lacht)) ähm ja also ich hätt jetzt dann schOn ZEIT;
  13    ich muss nur noch kurz mein ZEUG packen;
  ((etc.))
```

Die beiden Interaktionspartner haben sich offenbar verabredet, und B hat angerufen, um das genaue Timing der mit A geplanten Aktivitäten zu besprechen. Das *wie geht's?* in Z. 04 ist daher in diesem Fall vielleicht eher im Sinne von ‚und wie schaut's aus mit unseren Plänen?' zu verstehen. A weiß jedenfalls genau, worum es geht, und liefert von sich aus einen Hinweis, dass sie bereit für das ‚eigentliche' Treffen ist (Z. 05, 12, 13).

In solchen Fällen gibt es zwar einen Grund für den Anruf, und es ist der Anrufende, der logischerweise diesen Grund nennen muss. Er oder sie hat die Interaktion schließlich initiiert. Aber diese Interaktion hat keinen eigenständigen Fokus – kein eigenständiges Thema –, eben, weil sie nur präliminär ist und auf eine andere hinführt.

Wenn wir nun solche präliminären interaktiven Episoden aus dem Spiel lassen, lässt sich fragen, wer **das (erste) Thema** des Gesprächs einführt und wie er es tut. Die Antwort ist wieder von bestimmten situativen Bedingungen abhängig, die durch die spezifische Art der Themeneinführung ihrerseits relevant und sichtbar gemacht werden.

Die Struktur der Überleitung in das erste Gesprächsthema ist in nicht-institutionellen Kontexten davon geprägt, ob es sich um eine **erkennbar zielorientierte Interaktion** handelt oder nicht. Für den zweiten Fall passt der Begriff des *small talk*. Ob in einer erkennbar zielorientierten Interaktion das Ziel auch erreicht wird und ob die Ziele, die die einzelnen Teilnehmer verfolgen, sich widersprechen oder übereinstimmen, ist nicht wichtig.

Normalerweise wird dem Initiator einer fokussierten Interaktion ein Ziel unterstellt. Nur in wenigen Situationstypen ist diese Annahme von vorne herein außer Kraft gesetzt und *small talk* erwartbar. Das ist z. B. in Situationen der Fall, in denen die Handelnden offensichtlich ein anderes Ziel verfolgen als das Gespräch, wie beim Warten in der Arztpraxis oder vor einer Theateraufführung. Außerdem gibt es Situationstypen, zu denen *small talk* als Teil der Situationsdefinition gehört, etwa bei Partys und auf Empfängen. Solche Gespräche sind als ‚zweckfrei' gerahmt. Natürlich können die Interaktionsteilnehmer diese Rahmung außer Kraft setzen, dies bedarf aber besonderer Maßnahmen. Umgekehrt gilt: Ist eine solche zweckfreie Rahmung aufgrund der Situationsdefinition nicht gegeben, wird vom Initiator der Interaktion auch die Angabe eines Grunds dafür erwartet, dass er in eine fokussierte Interaktion eintreten will. Das gilt auch (vielleicht sogar besonders) für Telefonanrufe. Abweichungen werden gleich zu Beginn angekündigt (‚ich wollt nur mal anrufen').

In Interaktionen, die nicht als *small talk* gerahmt sind, liegt die Verpflichtung, das (erste) Thema zu bestimmen, beim Initiator der Interaktion. Wenn er dieses erste Thema einführt, gibt er zugleich einen Grund dafür, warum er den Anderen mit seiner Kontaktaufnahme ‚gestört' hat.

Der **Übergang in das (erste) Gesprächsthema** wird regelmäßig durch Diskursmarker wie *du sag mal, hör mal, pass auf* oder explizite Ankündigungen (*preliminaries*) wie *was ich dich fragen wollt* markiert.[46] Sie markieren den Anfang des ‚ernsthaften Geschäfts'. Hier zwei Beispiele dafür, wie Diskursmarker als Übergangssignale eingesetzt werden:

Beispiel (27) VERSAMMLUNG
```
01 T:   ((Telefonläuten))
02 K:   MEIer?
03 T:   ja, (kollege ....)
04 K:   <<freudig>hallO: tom,=>
05 T:   =du KArin;
06      SAm_ma hast du ne AHnung wo: die: verSAMMlung is,
((etc.))
```

Beispiel (28) GNS 10 (von Inga Harren)
```
01 Uwe:   ((Telefonklingeln))
01 Gitte: ja halLO:?
03 Uwe:   ( .) kUckuck ich bin_s noch MA::L.
04 Gitte: ↑ja:ha: ↑KUCkuck.
05 Uwe:   bist noch NICH auf_m weg.=
06        =das is GUT.
07 Gitte: [°hh
08 Uwe:   [hie:r pass AUF.
09        wem- wir machn das jetz DOCH so-
10        dass dass dass du_mich NICH abhols;
11        ich komm dann mit_m BUS zu dir::?
((etc.))
```

Die Ankündigung des Übergangs durch explizitere Formeln ist eher für formellere Interaktionen insbesondere zwischen Fremden typisch; in diesem Fall ist die zweckfreie Gesprächsinitiierung mit dem einzigen Ziel des *small talk* ja ausgeschlossen. Im folgenden Fall möchte der Anrufer einen Besuch bei der Firma ankündigen, in der der Angerufene arbeitet. Seine Kontaktperson in der Firma ist eine dritte Person, die zurzeit nicht am Arbeitsplatz ist:

---

46 Diese Marker sind – besonders, wenn sie von einer längeren Einleitung abgesetzt werden müssen – oft durch Höherlegung der Intonation gekennzeichnet, wie Couper-Kuhlen (2001) für das Englische zeigt.

Beispiel (29) VERTRETUNG
((Der Anrufer A wurde durch das Sekretariat der Firma an Herrn L. durchgestellt.))
```
01 L: halLO?
02 A: halLO?
03 L: kru:g,
04 A: ja grüß gOtt mein name is BE::mann in MÜ:Nche:n;
05 L: grüß_sie gott herr BE:mann=
06 A: =ah:: herr KRUG der herr:: ahm: (.) CE:mann der is nicht
       im hause gei?
07 L: im: moment NICHT,
08    würd aber sam_ma in der nächsten halben STUNde;
09    also er wollte an_und_für_sich schOn am (.) VORmittag da
       sein; ['th
10 A:            [ja:,
11    j[a:
12 L:  [a:ber: eh: würd auf jeden fall in kürze EINtreffen;
→ 13 A: i:_ich frage aus folgenden GRUND, eh=
14    =<<acc>mein_name is BE:mann> in MÜNchen:?
15 L: ja:,=
16 A: =wir_hatten_uns amAl untahalten wegen_einer eventuellen
       vertrEtung in bAyern oder SÜDbayern:?
((etc.))
```

Manchmal kann es sehr lang dauern, bis der Anrufer dazu kommt, den Grund für seinen Anruf vorzubringen. Das liegt an den an sich harmlosen Fragen des Anrufers nach der Befindlichkeit des anderen, die im Rahmen des bestätigenden Austauschs erfolgen; im Normalfall wird die Antwort kurz und inhaltlich unspezifisch sein (vgl. Bsp. 17), aber sie kann manchmal auch sehr ausführlich werden. Das kann vor allem dann der Fall sein, wenn die Beziehung zwischen den beiden Gesprächspartnern eng ist (also ‚privilegiert' in dem Sinn, dass der Anrufer der primäre Rezipient für wichtige Nachrichten ist) und wenn gerade ein erzählenswertes Ereignis vorgefallen ist, das daher den Charakter einer Neuigkeit hat. Im folgenden Beispiel ist die Angerufene die Ehefrau des Anrufers; beide betreiben zusammen eine Reitschule. Der Anrufende erreicht die Angerufene in erregtem Zustand; sie wartet nicht, bis er den Grund für seinen Anruf formuliert hat, sondern beginnt gleich nach der Routinefrage nach ihrer Befindlichkeit in Z. 03 mit einer ausführlichen Erzählung:

Beispiel (30) REITSCHULE
```
01  M: ((Telefonklingeln))
02  F: (reit)schule BAUmann
03     (0.5)
04  M: nO: wie gehd_da_s⁴⁷=
05  F: =och: ja_ich hab grad mit so_ne ARSCHloch telefoniert,
       wo (ich mich) sAUmäßig schlEcht (gang).
06  M: wo[rUm
07  F:    [°hhh ach
08     (0.5)
09     mensch der eine knilch da wo uns GSCHRIEbe hat,=
10     =wegen den: be: ER: (schein) do; ne,
11     (-) weißt so rUndschreibe an zwanzig SCHU:le und so
       gell,
12     [°hhh hab_ich_denkt
13  M: [ja,
14  F: <<acc>jetz ruf(_i) den AN ob der vielleicht (.) jetz
       nächst WOCH scho mitkann;
15     vierzehn dag;
16     und dann halt im MAI die praxis mache; ne>
17  M: ja,
18     (0.5)
19  F: °hh un:d_ich rufe also AN,
((45 Zeilen ausgelassen))
64     (0.7)
65     und jetz soll ich_m den ganze schEIßdreck da schriftlich
       beSTÄtige <<dim>und so verstehscht;>
66     der geht EH net mit;=
67     =i SCHEISS dem ebbes;
68  M: hm hm,
69     <<cresc>horch_amal_HER,
70     du sollst jetz KASsebuch mache gell,
((etc.))
```

Schegloff (1986: 34) spricht von „Themenvorwegnahme durch den Rezipienten" (*recipient topic preemption*), wenn dieser das erste Gesprächsthema einführt (anstelle des Anrufenden). Dies passiert in Beispiel (30): obwohl M. angerufen hat und offenbar dafür auch einen Grund hatte – nämlich seine Frau zur Arbeit am „Kassenbuch" (vgl. Z. 70) zu motivieren –, wird die unerfreuliche Begegnung von F mit dem „Knilch", die offenbar nur kurze Zeit zurücklag, zum eigentlichen Thema des Gesprächs. Während die hier stark gekürzt wiedergegebene Erzählung von F mit viel emotionalem Engagement vorgetragen wird, hält

---

47 Dial. ‚geht es dir'.

sich M mit seinen Rezeptionssignalen zurück; auch am Ende der Geschichte bleibt er F eine angemessene Reaktion schuldig, die deren starke Erregung aufnimmt. Sein eigentliches Anliegen war ja ein anderes. Der Übergang in die Formulierung des eigentlichen Grunds des Anrufs (der dann nur sehr kurz bearbeitet wird) erfolgt – wie zu erwarten – durch einen Diskursmarker (*horch=amal=HER*, Z. 69).

Vertiefung

Wie wird das Thema einer institutionellen *face-to-face*-Interaktion initiiert? In institutionellen Interaktionen ist oft von vornherein geregelt, wer das erste und einzige Gesprächsthema einbringt und daher den Grund für die Interaktion definiert. In allen Situationen, in denen ein Klient dem Institutionsvertreter gegenüber eine Art von Problem formuliert, das dann von diesem bearbeitet wird (dazu gehören z. B. auch Arzt/Patient-Interaktionen), ist dieser ‚Problemvortrag' auch der Grund für seinen Anruf oder seinen Besuch. Ein wichtiger Unterschied zu privaten Gesprächen ist, dass der Initiator des Gesprächs trotzdem sein Anliegen oft nicht von sich aus in das Gespräch einbringen darf, sondern warten muss, bis er vom Vertreter der Institution verbal oder nonverbal dazu aufgefordert wird. Ohne Aufforderung das ‚Problem' zu formulieren gilt in vielen Fällen als unangemessen und unhöflich, vom Besuch beim Arzt bis zum Einkaufen beim Metzger. In privaten Gesprächen ist es umgekehrt: es gilt als unhöflich, den Anderen zu fragen, was er oder sie denn wolle und warum er oder sie das Gespräch denn überhaupt begonnen habe.

Das Gebot, erst nach Aufforderung durch den Institutionenvertreter das Problem zu formulieren, trifft auch auf **Sprechstundeninteraktionen** zu; hier ein Beispiel (vgl. auch Heath 1986):

Beispiel (31) (aus: Meer 2011: 42)
```
((Studentin im Hauptstudium und Professor))
  01 ((Studentin betritt den Raum))
  02 S:   guten TAG;
  03 Pr:  TAG;
  04 S:   GROThe is mein name;
  05      ((Tür wird geschlossen, die beiden setzen sich))
  06 Pr:  JA;
  07      (0.4)
→ 08      worum geht_s bei IHnen,
  09 S:   ja ich war schon mal BEI ihnen,
  10      wegen meiner be A prüfung.
  11 Pr:  hm_hm,
  ((etc.))
```

Die Studierende nimmt die verschiedenen Möglichkeiten, nach der Begrüßungs- und Vorstellungsphrase das Wort zu ergreifen, nicht wahr (vgl. insbesondere die Pause in Z. 07), sondern wartet damit, bis sie explizit aufgefordert wird, ihr Anliegen vorzubringen.

2.7 Gesprächsbeendigung

2.7.1 Die kanonische Form

In vielerlei Hinsicht kann man sagen, dass die Gesprächsteilnehmer bei der Beendigung eines Gesprächs komplementäre interaktiven Aufgaben bearbeiten müssen wie am Beginn, und dies in spiegelbildlicher Reihenfolge:
- das (letzte) Thema des Gesprächs muss zu Ende gebracht und die Abschlussphase des Gesprächs eingeleitet werden;
- in der Abschlussphase werden genauso wie in der Anfangsphrase rituelle Handlungen ausgeführt, mittels derer sich die Gesprächsteilnehmer ihrer gegenseitigen Achtung versichern; dazu gehört minimal der Austausch von Abschiedsgrüßen;
- die Gesprächsteilnehmer müssen sich aus dem Miteinander der fokussierten Interaktion lösen. Dabei wenden sie die Aufmerksamkeit voneinander ab. Es kommt zu einer Auflösung der körperlichen Konstellation (disengagement).

Die Spiegelbildlichkeit zwischen Gesprächsanfang und -ende wird dadurch gestört, dass am Gesprächsende kein Pendant zu den Identifizierungshandlungen am Beginn notwendig ist. Wir werden außerdem später sehen, dass die sequenzielle Abfolge der einzelnen Schritte am Gesprächsende weniger rigide in Paarsequenzen organisiert ist als die am Anfang. Die körperlichen Rituale des Gesprächsbeginns wie Händeschütteln, Küsse und Umarmung sind in unserer Kultur auch beim Abschied einsetzbar.

Wir beginnen mit einer Analyse der Beendigungsstruktur von privaten Telefongesprächen, weil diese in der Geschichte der ethnomethodologischen Konversationsanalyse eine wichtige Rolle gespielt hat. Es lässt sich an diesem Beispiel gut erkennen, dass fokussierte Interaktionen nicht einfach von einem der Beteiligten ohne Ankündigung einseitig beendet werden können, sondern vielmehr alle Teilnehmer in systematischer Weise bei der Auflösung der fokussierten Interaktion zusammenarbeiten. Bis zur abschließenden Grußsequenz und dem darauffolgenden körperlichen *disengagement* ist es oft ein weiter Weg, den die Teilnehmer an beliebigen Stellen auch wieder verlassen können, um in das Gespräch zurückzukehren.

Der folgende Ausschnitt zeigt zunächst den **kanonischen Ablauf**, also die ‚Normalform':

Beispiel (32) GNS 14 (von Inga Harren, retranskribiert)
```
((Gitte hat ihre Mutter angerufen, um sich danach zu erkundigen,
wie man Gulasch kocht.))
```

```
01   Mama:   <<p>mUsste> KOChen dann erst mal noch.=[nich?
02   Gitte:                                          [joa.
03   Mama:   weiß ja nich wie LANge.=
04           =bIs es WEICH is;=nich?
05   Gitte:  ja,=
06   Mama:   =mit_n schnellkoch topf WEISS ich das-=
07           =aber so auf_n [hErd LEIder nIch mehr;=nich?
08   Gitte:                 [°hhh
09           NEE=ahm schnEllkochtopf hAb ich ja noch nich HIER.
10   Mama:   mm:,
11   Gitte:  °hhh
12   Mama:   aber sO ungefähr WEISS_te das.=[nech?
13   Gitte:                                 [eja.=
14   Mama:   =gut.
15           (0.2)
16           alles KLAR.=
17           =denn sEtz_ich mich jetz weiter hin zum FUTtern?
18   Gitte:  <<lachend>ja>=
19           =und ich (.) MACH jetz erst mal meine futterei. °hh
20           ich sItz hier schon seit seit ZWEI UHR und denk so=
21           =TOLL.
22           du kannst das jetz ni(h)ch MA(h)Chen. [hu he he
23   Mama:                                        [ALles klar.
24           du MACHS_es jetz;=[nich?
25   Gitte:                    [°h j(h)a.
26           [°h
27   Mama:   [gut.
28           [OKEE. e he he he
29   Gitte:  [°hh hhe he °hh oKEE h
30   Mama:   vIel SPASS [dabei;=(nech?)he he
31   Gitte:             [↑bIs ↓DANN:
32           gut?,
33           [↑tschü↓üs
34   Mama:   [↑tschü↓üs
35   ((Auflegen))
```

Die Bearbeitung des Themas dieses Gespräch – die Tochter hat die Mutter angerufen, um sie nach einem Rezept für Gulasch zu fragen – ist in Zeile 14 zu Ende, der Grund für den Anruf abgearbeitet. Der thematische Abschluss kündigt sich schon vorher an: die Teilnehmerinnen leisten keine wesentlichen inhaltlichen Beiträge mehr, sie wiederholen schon Gesagtes oder schieben unwichtige Informationen nach (vgl. Z. 06–07 und Z. 9), und es entstehen Pausen (11, 15). In Z. 12 (*aber SO ungefähr weiß_te das.=nech?*) thematisiert die Mutter sogar explizit die Frage, ob das Anliegen der Tochter ausreichend bearbeitet worden ist. Sie gibt ihr die Chance, Nachfragen zu stellen und den Abschluss des Themas, der sich schon ankündigt, noch einmal hinauszuzögern. Da die Tochter diese Gelegenheit nicht nutzt, schließt die Mutter das Thema ‚Gulaschkochen' mit *gut* (Z. 12) und *alles klar* (Z. 14) ab. Sie schlägt den Bogen zurück zum Gesprächsanfang (vgl. Beispiel 20), wo bereits davon die Rede war, dass Gitte ihre Mutter beim Essen gestört hat. Die Ankündigung, sich nun wieder dem Essen zuwenden zu wollen, impliziert, dass das Telefonat bald beendet werden soll. Gitte betont, wie wichtig ihr der Rat ihrer Mutter ist (*ich sItz hier schon seit seit ZWEI UHR und denk so=TOLL. du kannst das jetz ni(h)ch ma(h)chen.*); sie leistet damit Beziehungsarbeit, worauf die Mutter zwar eingeht (*du machst_es JETZ;=nich?*, Z. 24), jedoch durch ein weiteres themenschließendes *alles klar* (Z. 23) und ein *gut* (Z. 27) deutlich macht, dass sie keine weitere Ausdehnung des Gesprächs mehr wünscht.

An dieser Stelle gehen die beiden Teilnehmerinnen in eine neue Phase des Gesprächs über, nämlich die **Abschlussphase** (*closing sequence*, vgl. Sacks & Schegloff 1973). Diese Phase wird durch die Produktion eines **Beendigungsvorlaufs** (*pre-closing*) durch die Mutter in Z. 28 eingeleitet: *oKEE*.[48] Ein solcher Beendigungsvorlauf eines Gesprächspartner ist nach Sacks & Schegloff (1973) das erste Paarglied in einer **Paarsequenz** (vgl. Kap. 4). Es ist zu erwarten, dass der andere Gesprächspartner in der nächsten sequenziellen Position ebenfalls einen Beendigungsvorlauf produziert; tut er dies nicht, wird das als Verweigerung der Zustimmung zur baldigen Gesprächsbeendigung gewertet. Tut er es hingegen, erklärt er damit sein Einverständnis, das Gespräch abzuschließen. In unserem Fall liefert die Tochter das erforderliche zweite Paarglied (*oKEE* in Z. 29); das Gespräch kann also beendet werden. Minimal geschieht dies durch einen Austausch von Abschiedsgrüßen, einer Form der Ehrerbietung bzw. des rituellen Austauschs, wie wir sie schon von der Behandlung der Gesprächsanfänge kennen (*tschüss* in Z. 33 und 34). Erst danach legen die Teilnehmerinnen auf und entziehen sich durch diese technische Unterbrechung des Kommunikationskanals der wechselseitigen interaktiven Verfügbarkeit.

Damit ergibt sich das folgende sequenzielle Schema für den kanonischen Abschluss eines Gesprächs:

---

[48] Möglicherweise sind bereits die verschiedenen *gut* und *alles klar*, die die Mutter schon geäußert hat, Einladungen, in die Abschlussphase überzugehen. Insbesondere der Status von *gut* ist aber insofern ambig, als es auch thematische Abschlüsse markiert und den Übergang in das nächste Thema initiiert.

A/B: Themenbeendigung
A: erster Beendigungsvorlauf
B: zweiter Beendigungsvorlauf
A: erster Gruß
B: zweiter Gruß
A/B: Auflösen der Kopräsenz

Abb. 15: Sequenzschema Gesprächsabschluss.

Vertiefung
Was passiert, wenn dieses Schema dadurch verletzt wird, dass einer der Teilnehmer ‚nicht mitspielt'? Betrachten wir dazu das folgende Beispiel, das einer telefonischen psychotherapeutischen Beratung entnommen ist, die im Rahmen einer Radiosendung stattfindet. Die Anruferin A. hat sich über die Rücksichtslosigkeit ihrer Mitmenschen beklagt. Th. ist die Psychotherapeutin. (Die ebenfalls am Gespräch beteiligte Moderatorin ist in diesem Beispiel nicht als Sprecherin aktiv.)

Beispiel (33) GLEICHGEWICHT (von W. Fischer)
```
((Die Therapeutin versucht, die Anruferin von ihrer Klage über die Rück-
sichtslosigkeit der Anderen auf ihr eigenes Verhalten zu refokussieren.))
   01 Th: 'h denn die ANdern;
   02     die könn_wer ja sowieSO nicht ändern;
   03     das geht NIE. 'h
   04     also 'h is WICHtig,
   05     (-) IRgendwo zu entDECken- (-)
   06     wO ist denn was EIgnes MITbeteiligt an dem problEm was grade
          geSCHILdert wird.
   07     (1.0)
   08 A:  das is WAHRscheinlich meine sensibiliTÄT;=ne,
   09     i[ch mei]ne wenn man natürlich-
   10 Th:  [hm_hm,]
   11 A:  'h äh_wenn man natürlich sehr emPFINDsam ist dann hat man in der
          heutigen welt sowieSO sehr wenig zu suchen nicht,=
   12     =ABER ich mein des es spricht einem ja nicht gleichzeitig die
          DAseinsberechtigung ab-
          ['hh äh
   13 Th: [ICH denke es is sehr WICHti[g:: zu emp]finden.
   14 A:                              [ich kann ]
          ich kann NICHT-
   15     ich kann d? ich ka? ich e? e? ich lebe mit SEHR vielen
          mEnschen zusammen-=
   16     =oder habe SEHR viele menschen im leben kennengelernt,
   17     die überhaupt nicht emPFINDsam sind-=
   18     =die also 'hh wie die HOLZhacker äh:?äh UMgegangen sind
```

```
                mit Andern menschen-
19              ˚hh das hätt ich ihnen Ebenso vorwerfen können;=
20              hingegen is M(h)I(h)R meine empfindsamkeit immer wieder
                VORgeworfn_e?_worden;
21              ich b? wissen sie das sind so DINge die:? ˚hh
22              es führt wahrscheinlich auch zu WEIT.
→ 23            [ich beDANK mich jedenfalls.=
24 Th:          [ich ich dEnk sie eh
→ 25 A:         =gute NACHT;
26              [((A legt auf.))
27 Th:          [SAgen etwas wi?
28              jetzt is sie leider (-) WEGgegangen,
```

Es gibt psychotherapeutische Strategien um zu verhindern, dass Klienten ihren Problemen durch eingeübte Formen der Ablenkung zu entkommen versuchen. Das gelingt der Therapeutin in diesem Beispiel durch ihre Frage an A. nach dem eigenen Beitrag zu den von dieser vorher im Gespräch geschilderten Schwierigkeiten (Z. 06). Die Anruferin antwortet nach einer relativ langen ‚Denkpause' in Z. 08 sehr präzise und vermutlich auch ehrlich, dass dafür wohl ihre „Sensibilität" verantwortlich sei. Sie gerät dadurch in ein Dilemma, denn „Sensibilität" oder „Empfindsamkeit" (sie vermeidet das nahe liegende, aber negativ besetzte Wort Empfindlichkeit) haben ihr offenbar schon viele Menschen vorgeworfen; nun hat sie sie selbst als Problem benannt. In Z. 11–20 versucht die Anruferin vehement, aber aus ihrer Sicht vergeblich, diesem Dilemma zu entkommen und trotz des Eingeständnisses ihrer „Empfindsamkeit" ihre Vorwürfe gegen die Gesellschaft aufrecht zu erhalten.

Nun laufen Patienten ihren Therapeuten in einer Therapiestunde in der Regel nicht weg, auch und gerade wenn sie sich bedrängt fühlen, sondern sie reagieren in einer emotionalen Form, die für die Therapie nutzbar gemacht werden kann. Aber ein Telefongespräch ist keine Therapiesitzung; es lässt sich relativ leicht einseitig beenden. Und so reagiert die Anruferin auf die kritische Entwicklung des Gesprächs dadurch, dass sie sich ihm entzieht. Allerdings legt sie nicht einfach auf, sondern folgt dem kanonischen Schema zumindest insofern, als sie vorher einen Abschiedsgruß produziert (Z. 25); vor diesem Gruß bedankt sie sich für das Gespräch (Z. 23), auch dies eine sehr weit verbreitete Handlung innerhalb der Abschlussphase. Die wiederum davorliegende Äußerung *es führt wahrscheinlich auch zu WEIT* kann als Themenabschluss interpretiert werden. Wie kommt es trotzdem dazu, dass dieses Gesprächsende nicht glatt abläuft, sondern von den Beteiligten als Abbruch interpretiert wird?

Der Grund wird offensichtlich, wenn wir die von der Anruferin geäußerten Elemente in einen hypothetischen Ablauf einbauen, der unauffällig zum Ende des Gesprächs führen würde (ergänzte Gesprächskomponenten kursiv):

```
21 A:   ich b? wissen sie das sind so DINge die:? ˚hh
22      es führt wahrscheinlich auch zu WEIT.
23 Th:  ja.
24 A:   okee.
25 Th:  okee.
26 A:   ich beDANK mich jedenfalls.
27 Th:  nichts zu danken.
```

```
28 A:   gute NACHT;
29 Th:  gute NACHT.
```

Die Anruferin produziert alle Elemente, die für einen akzeptablen Telefonabschluss notwendig sind, nicht allerdings einen Beendigungsvorlauf. Das ist nicht zufällig. Dieser müsste nämlich vom Gesprächspartner bestätigt werden. A. will aber nicht davon abhängig sein, dass die Therapeutin ihr die Lizenz zur Auflösung der Interaktion gibt: sie produziert Themenabschluss, Dank und Abschlussgruß ohne Unterbrechung nacheinander in einer monologischen Sequenz, ohne die simultan dazu geäußerten, weiter am Inhalt des Gesprächs orientierten Beiträge der Therapeutin in Z. 24 und 27 überhaupt zur Kenntnis zu nehmen. Der Gesprächsabschluss durch die Anruferin ist deshalb einseitig und nicht lizenziert, obwohl er keineswegs auf Abschlussroutinen verzichtet.

Das Beispiel zeigt nicht zuletzt, dass es nicht so einfach ist, einer einfach begonnenen interaktiven Episode wieder zu entkommen. Dazu ist die Kooperation des oder der Gesprächspartner vonnöten. Man sieht, warum jeder ein Risiko eingeht, der sich auf eine fokussierte Interaktion einlässt. Es liegt nicht in seinem eigenen Ermessen, diese fokussierte Interaktion wieder geordnet zu verlassen – auch wenn man das noch so sehr möchte. Tut man dies trotzdem, handelt es sich, wie im vorliegenden Fall, um ein dramatisches Gesprächsereignis, das *face*-bedrohende Inferenzen auslöst – in diesem Fall sicherlich, dass die Anruferin dringend therapeutische Hilfe braucht.

2.7.2 Expandierte und verkürzte Varianten

Das kanonische Schema des Gesprächsabschlusses kann sowohl expandiert als auch verkürzt werden (vgl. Button 1987, 1990). Betrachten wir zunächst die Expansionen. Sie können thematisch oder rituell sein. Bei **thematischen Expansionen** wird innerhalb der Abschlussphase ein früheres Thema des Gesprächs wiederaufgenommen oder – sozusagen in letzter Minute – ein neues Thema eingeführt. Ein Beispiel dafür findet sich im folgenden Beispiel aus einem Telefongespräch zwischen Vater und Tochter:

Beispiel (34) SV1, 2.17 (von Inga Harren, retranskribiert)
```
((Vater Heinz hat seiner Tochter erklärt, wie man Daten auf CD
speichert.))
    01 Heinz:  ÜBen wir dann mal.=ne[ch?
    02 Silke:                       [ijo:°hh[°h.
    03 Heinz:                               [↑Okee:;=
    04 Silke:  =↑allesch ↓KLOAR.
    05 Heinz:  ↑alles ↓KLAR.
    06 Silke:  °hh=
    07 Heinz:  =dann bis: heute Aben[d,
    08 Silke:                       [↑O:[kee:.
    09 Heinz:                           [(rufs mal DURCH) nech?
```

```
10  Silke: ja??
11  Heinz: <<f>↑gEhts [dir denn BESser jetz?>
12  Silke:         [↑↑o?
13         ijoo;
14         mür [göhts wiede:r [recht gut
15  Heinz:     [(    )        [du KLINGST auch sehr-
16         deswegn KAM_ich;?
17         ↑kam_ich auf die iDEE dich zu fragen;
18         [ob_s dir BESser gehn kö(h)n[nt °hhh=
19  Silke: [jo jo.                     [jo.
20  Heinz: =<<lachend>(h)O:kee silke.>=
21  Silke: =↑<<sehr schnell>ALL_S klar.>
22  Heinz: ALles kl[ar;
23  Silke:        [↑oKEE:-
24  Heinz: (↑tschü[silein;)
25  Silke:       [↑↑thÜ_ü;
26  Heinz: ↑↑<<pp>hm_hm,>
27         ((Auflegen))
```

Der Gesprächsverlauf zeigt bis zu Z. 10 alle Anzeichen einer bevorstehenden Beendigung. Z. 01 trägt nichts mehr zum Thema bei. In Z. 03, 04 und 05 liefern beide Teilnehmer Beendigungsvorläufe; sie signalisieren sich gegenseitig, dass sie bereit sind, das Gespräch zu beenden und in die Abschlussphase einzutreten. Der Hinweis auf das nächste Treffen und seine Bestätigung (*bis heute Abend/O:kee:*, Z. 07/08) sind typische Handlungen in der Schlussphase eines Gesprächs. Z. 09 und 10 gehören vermutlich ebenfalls zu dieser Absprache. An dieser Stelle ist nur noch eines zu erwarten, nämlich die abschließende Grußsequenz. Aber Heinz ergreift die (fast) letzte Gelegenheit, um noch ein Thema anzusprechen, dass eigentlich besser zu Beginn des Gesprächs geklärt worden wäre, wo, wie wir gesehen haben, routinemäßig Erkundigungen nach dem Wohlbefinden des Anderen regelmäßig erfolgen: er fragt nach Silkes Gesundheitszustand. Dies führt das Gespräch für eine kurze Weile aus der Schlussphase heraus in ein neues ‚kleines Thema'. Dass es bei einem ‚kleinen Thema' bleiben wird, ist aus der sequentiellen Platzierung selbst zu erkennen; Silke hätte das Thema sicher schon früher angesprochen, wenn es für sie wichtig gewesen wäre, und eigentlich weiß ihr Vater auch, dass es ihr wieder gut geht (vgl. Z. 15–17). Die Frage hat in dieser späten Position, kurz vor Gesprächsende, also vor allem gesichtswahrenden Charakter. Ihre wichtigste Funktion ist es, dem Vater den Beweis zu ermöglichen, dass er sich für das Wohlbefinden seiner Tochter interessiert, was er zu Beginn des Gesprächs versäumt hat. Nach diesem thematischen Ausflug leiten die Gesprächsteilnehmer erneut die Schlussphase ein (vgl. Heinz' *O:kee* in Z. 20 und Silkes *oKEE* in Z. 23 sowie Silkes *alles klar* in Z. 21

sowie Heinz' *alles klar* in Z. 22) und kommen sofort zur abschließenden Grußsequenz (Z. 24–25).

Rückführungen des Gesprächs aus der Abschlussphase in ein neues Gesprächsthema sind eine legitime Weise, den Gesprächspartner daran zu hindern, die Interaktion zu beenden. Dem Gesprächspartner bleibt, wenn er trotzdem aus der fokussierten Interaktion aussteigen will, nichts Anderes übrig, als das neu eingeführte Thema möglichst schnell, aber in Kooperation mit dem Anderen, abzuschließen und dann erneut den Einstieg in die Schlussphase zu versuchen. So hat man im folgenden Beispiel den Eindruck, dass T. das Gespräch beenden möchte, während der Anrufer M. (T.s Ehemann) gern noch weiterreden würde. Der Eindruck lässt sich konversationsanalytisch aus der Struktur der Abschlusssequenz und der Einführung und Behandlung letzter Themen an dieser Stelle begründen:

Beispiel (35) F11-A
```
   01 T:  kanns ja heut Abend nochmal anrufen [zu hause.
   02 M:                                      [ja MACH ich maus;
   03     [ja oKEE.=
   04 T:  [ne?
   05 M:  =oKEE; (-)
   06 T:  [gut.
→  07 M:  [is ja jetz fast FERtig das haus da Unten.
   08 T:  bidde?
   09 M:  is (das) fast FERtig das haus da unten.=
   10 T:  =a:JA ja (-)
   11 M:  auch bei mir die WOHnung [da.
   12 T:                           [hm_hm, hm_hm,
→  13 M:  (hat/) seid ihr gut geFAHN?
   14 T:  ja,
   15     die autobahn is TROCken.
   16 M:  oKEE alles KLAR.
   17 T:  ja:,
   18     gut;
→  19     hier_s PLUS jetzt.
   20 M:  ja (ib) ich glaub jetzt bei uns AUCH.=
   21 T:  =wir hatten ja? ganz starken FROST bis heut nacht ne,
   22 M:  JA ja;
   23     ja JA;
   24 T:  ja:-
   25     (-) [Okay:;
   26 M:      [m-
   27 T:  tschÜss rufst heut [Abend nochmal an;
   28 M:                     [ALles KLAR tschÜss.
   29     ja? (-)
```

```
30      [tschü:ss.
31 T:   [gell,
32      tschüss.
```

In Z. 06 ist das Gespräch schon eindeutig in der Abschlussphase angelangt (vgl. den Austausch der Beendigungsvorläufe in Z. 03 und 05). Die kurze Pause am Ende von Z. 05 vor den jetzt fälligen Abschiedsgrüßen nutzt M. jedoch aus, um ein neues Thema ins Gespräch zu bringen. Es hat nicht den Status eines ‚kleinen Themas' wie im Beispiel (33), sondern das Potential, das Gespräch völlig aus der Abschlussphase herauszuführen. Die Gesprächsbeendigung wäre damit gescheitert. T. ist von diesem unerwarteten neuen Thema ihres Mannes so überrascht, dass sie zunächst mit einer unspezifischen Reparaturinitiierung reagiert (Z. 08, *bidde?*), die vor allem bei Verständnisproblemen eingesetzt wird. M. wiederholt darauf den Satz aus Z. 07 fast unverändert.

Welchen Status hat nun die Äußerung *is ja jetz fast FERtig das haus da Unten* in der Position eines ‚letzten Themas' kurz vor Gesprächsende? Es ist klar, dass die beiden Gesprächspartner über gemeinsames Vorwissen über das ‚Haus da unten' verfügen (vgl. M's Modalpartikel *ja* in Z. 07); die Information, dass dieses Haus ‚fast fertig' ist, könnte deshalb durchaus eine Neuigkeit für T. sein und als Ankündigung einer längeren Darstellung dieser Neuigkeit verstanden werden. Nach einer solchen Äußerung ist eine Erwiderung zu erwarten, die ihrem Neuigkeitswert angemessen ist,[49] etwa *ach wirklich?*. Durch sie würde der Rezipient dem ersten Sprecher die Lizenz zu einer genaueren und längeren Ausführung geben. Im vorliegenden Beispiel reagiert T. allerdings sehr zurückhaltend (vgl. ihr *a:JA ja* in Z. 10), und auch M.s nachgeschobene Information *auch bei mir die WOHnung da.* (Z. 11) wird von ihr nur mit zwei einfachen Rezeptionssignalen (*hm_hm, hm_hm*, Z. 12) quittiert. M. versteht diese Reaktionen seiner Frau – wohl zu Recht – als Desinteresse an längeren Ausführungen über das Thema. Sein Versuch, das Gespräch in ein neues Thema zu lenken und damit vor der Auflösung zu bewahren, ist gescheitert. Statt nun die Abschlusssequenz einzuleiten, versucht er erneut, die Beendigung des Telefonats zu verhindern, diesmal allerdings tatsächlich mit einem ‚kleinen Thema', das in aller Kürze abgehandelt werden kann: er erkundigt sich nach T.s Autofahrt (Z. 13). Die routinemäßige Beantwortung durch T. veranlasst M. schließlich, das Gespräch doch in die Abschlussphase zu bringen (Z. 16). T. liefert zwar den erforderlichen zweiten Beendigungsvorlauf (Z. 17) und schließt auf diese Weise die Paarsequenz; sie spricht nun aber ihrerseits ein ‚kleines Thema' an, das möglicherwei-

---

49 Vgl. zu solchen *news receipts* Local (1996).

se durch die Erinnerung an die ‚trockenen Fahrbahn' ausgelöst wurde, nämlich das Wetter allgemein (Z. 19). Auch dieses Thema wird schnell und routinemäßig von beiden Gesprächspartnern zu Ende gebracht (Z. 19–23). Nun ergreift T. die Initiative und leitet durch einen weiteren Beendigungsvorlauf (Z. 25) die Abschlussphase ein. M.s zweiter Beendigungsvorlauf erfolgt in Z. 28 (*alles klar*), schon innerhalb der finalen Grußsequenz (Z. 27–28), in die eine erneute Verabredung zu einem baldigen neuen Kontakt eingeschoben ist (*rufst heut Abend nochmal an*).

Neben thematischen Expansionen innerhalb des kanonischen Ablaufmusters für Gesprächsbeendigungen besteht die zweite Möglichkeit, die Abschlussphase eines Gesprächs über das kanonische Format hinaus zu expandieren, in der **Erweiterung des bestätigenden Austauschs**. Minimal besteht er aus den beiden Abschlussgrüßen. Die möglichen Expansionen sind das Gegenstück zu Erweiterungen des bestätigenden Austauschs in der Anfangsphase des Gesprächs, dessen wichtigste Funktion das *face-work* zwischen den Teilnehmern ist. Am Gesprächsende gehören dazu:

– Verweise auf zukünftige Kontakte (wie in Bsp. (34), Z. 07: =*dann bis: heute Abend* bzw. in Bsp. (35) in Z. 01–02: *kanns ja heut Abend nochmal anrufen zu hause* sowie in Z. 26: *rufst heut Abend nochmal an;* und Bsp. (36) Z. 2: *ich SCHREIbe;*);
– Dank an den anderen Gesprächspartner und positive Bewertungen des Gesprächs (wie in Bsp. (33), Z. 23: *ich beDANK mich jedenfalls.=;* Bsp. (36), Z. 02: *fand ich TOLL dass du Angerufen has*);
– gute Wünsche (wie in Bsp. (32), Z. 30: *vIel SPASS dabei*);
– Grüße an Angehörige, Partner und Freunde, wie etwa in Z. 10 im folgenden Beispiel:

Beispiel (36) VERLIEBT
```
    01 G:  JA babsi; (-)
    02     <<schneller> fand ich TOLL dass du Angerufen has->
    03     ich SCHREIbe;
    04 B:  ja.
    05     gut-
    06 G:  ja?
    07 B:  würd ich mich FREUen;
    08 G:  gut.
    09 B:  [tschüss]
→   10 G:  [grüß un]bekannterweise deinen (0.9) deinen (0.4) deinen
            FREUND.
    11 B:  XAver; <<p>(h)(h)>
    12 G:  ja(h)ja(h) h h <<p>gut.>
    13 B:  g(h)u(h)t h h [h h h h
```

```
14 G:              [hh ja?
15    bis dann;=ne?
16 B: t[schüss,
17 G:  [tschüss;
18 ((Auflegen))
```

Schließlich besteht die Möglichkeit, die minimale Abfolge von Gruß und Gegengruß durch weitere Abschiedsgrüße zu erweitern. Auch Beendigungsvorläufe werden manchmal häufiger als im kanonischen Schema gefordert – also mehr als zweimal – produziert, was Zweifel daran aufkommen lässt, ob es sich bei ihnen um Paarsequenzen im klassischen Sinn handelt. Bei genauerer Betrachtung zeigt sich außerdem, dass die Abfolge der einzelnen Schritte des kanonischen Schemas in vielen Gesprächsbeendigungen nicht genau eingehalten wird. Vielmehr vermischen sich Beendigungsvorläufe und Grüße, zu denen teils auch noch rituelle Erweiterungen wie Danksagungen und Verweise auf das nächste Treffen wie *bis dann* kommen. Die Segmentierung in hintereinander ablaufende Paarsequenzen ist deshalb oft schwierig oder gar nicht möglich.

Die **sprachlichen Elemente**, die in Abschlussphasen verwendet werden, tendieren zu außergewöhnlichen prosodischen Verpackungen; so werden einsilbige Wörter zweisilbig realisiert, etwa *tschü_üß*; die erste Silbe in trochäischen Wortformen und Floskeln wird hoch-, die zweite tiefgelegt, so dass sich eine Treppenintonation ergibt, etwa ↑dan↓ke, ↑ok↓ee, ↑mach's ↓gut, (vgl. Bsp. (34, Z. 4–5); allgemein werden sie vielfach in einem höheren intonatorischen Register gesprochen als sonst üblich. Dazu kommt, dass besonders Abschlussgrüße sehr häufig in Überlappung geäußert werden (vgl. etwa Bsp. (35, 36), was erneut nahelegt, dass das System des Sprecherwechsels, das auf der Regel „Ein Sprecher nach dem anderen" basiert (vgl. Kap. 3), in der Abschlussphase eines Gesprächs nicht mehr gilt und Simultansprechen deshalb auch nicht systematisch vermieden wird.

Die Abschlusssequenz unterscheidet sich also in vielerlei Hinsicht vom sonstigen Verlauf des Gesprächs. Syntaktisch gesehen treten kaum mehr ganze Sätze auf; die meisten Äußerungen bestehen aus routinisierten Verbindungen weniger Wörter oder lediglich aus einem Wort, woran evtl. Anredeformen wie Namen oder Kosenamen angehängt werden. Paarsequenzen werden nicht mehr nur paarig realisiert etc. In Auer (1990) und Auer, Couper-Kuhlen & Müller (1999, Kap. 5) wird deshalb vorgeschlagen, dass in der Abschlussphase von Gesprächen für die Gesprächsteilnehmer nicht die sequentielle Organisation, sondern rhythmische Strukturoptimierung leitend ist. Die Elemente der Schlussphase werden in einen **gemeinsamen Rhythmus** integriert, der sich an den prosodischen Hervorhebungen orientiert, die in annähernd gleichem Abstand produziert werden. Zur rhythmischen Integration gehört auch, dass sich – besonders in längeren Abschlussphasen – gegen Ende das Tempo der Abfolge der regelmäßig aufeinander folgenden, betonten Silben steigert. Überlappungen sind ebenso wenig problematisch wie Wiederholungen; auf den Inhalt kommt es sowieso nicht an. Hingegen vermittelt der gemeinsame Rhythmus den Teilnehmern ein gesteigertes Erlebnis des ‚Miteinander', das vor dem Auseinanderbrechen dieses ‚Miteinander' von ritueller wie auch emotionaler interaktiver Bedeutung ist.

Dazu passt die Beobachtung, dass die Dauer einer Abschlussphase – und damit auch das sprachliche Material, das für die rhythmische Synchronisierung verwendet werden kann – mit der Intensität der Beziehung zwischen den Gesprächsteilnehmern, der Bedeutung des Gesprächs innerhalb ihrer Interaktionsgeschichte und der (gefühlten) Zeitdauer bis zum nächsten Treffen zusammenhängt. Durch lange Abschlussphasen vermitteln sich die Teilnehmer, dass die soziale Beziehung für sie eine große Rolle spielt, dass die nun zu beendende Interaktion schön und wichtig war und dass die bevorstehende Trennung und das Warten bis zum nächsten Treffen schwer fällt. Das Umgekehrte gilt für Kurzversionen von Gesprächsabschlüssen, die lediglich der Minimalform genügen oder diese sogar reduzieren und die im kanonischen Schema vorgesehenen Sequenzstruktur nicht erreichen. In der Regel gibt es dafür Gründe; einer der Gesprächspartner mag besonders in Eile sein, oder die Interaktion ist nur präliminär und die beiden werden sich gleich wieder sprechen.

Die **Verkürzung** tritt auch ein, wenn gar kein Gesprächsfokus hergestellt worden ist; dann sind auch keine Beendigungsvorläufe zum Zweck des dialogisch abgestimmten Eintritts in die Abschlussphase vonnöten. Hier ein typisches Beispiel:

Beispiel (37) VERWÄHLT (von Schmelzling/Ziegler)
```
01 B: ((Telefonklingeln))
02 A: Meyer?
03 B: oh (.) ähm (.) entSCHULdigung;
04    da ha ich mich glaub ich verWÄHLT.
05 A: ja (h) (h)
06 B: tschüüß;
07 A: tschüss;
```

Eine solche interaktive Begegnung kommt gar nicht über den Beginn hinaus; sobald die wechselseitige Verfügbarkeit hergestellt worden ist (Fokussierungsaufforderung in Z. 01 und Fokussierungsbestätigung in Z. 02) und sich ein Teilnehmer namentlich gemeldet hat, scheitert sie bereits innerhalb der Identifizierungssequenz. Es folgt kein Gruß, sondern eine Entschuldigung für die Kontaktaufnahme und eine Begründung (*account*) für dieses *face*-bedrohende Verhalten (Z. 04), die bestätigt werden muss (Z. 05). Das Gespräch wird dann ohne Beendigungsvorläufe, allerdings nicht ohne einen Austausch von Abschlussgrüßen, beendet. Sowohl die Anfangs- als auch die Beendigungsstruktur ist gegenüber der kanonischen Form reduziert.

2.7.3 Die Auflösung des Miteinander

Die körperliche Auflösung des Miteinander wird in telefonischen Interaktionen durch die technische Unterbrechung des Kommunikationssignals erreicht. Wie dieses *disengagement* in der *face-to-face*-Interaktion funktioniert, ist bisher nur wenig untersucht worden.[50] Wie es scheint, gibt es auch im körperlichen Verhalten zwischen Gesprächsbeginn und Gesprächsbeendigung viel Spiegelbildliches, allerdings auch einige Unterschiede. In letzter Instanz ist die Auflösung des Miteinanders wohl an die Abwendung des Blicks gebunden; körperliches Sich-Entfernen ist nicht unbedingt notwendig, wenn auch Teil des kanonischen Musters.

Die folgenden Standbildern (Abb. 16 bis 24) zeigt eine vergleichsweise komplexe Sequenz von Schritten hin zur körperlichen Auflösung einer fokussierten Interaktion, in der die Bewegungen der beiden Interaktionspartner zeitweise leicht aus der Synchronisierung geraten. Der Grund dafür liegt bei der rechts im

---

50 Heath (1986) untersucht die Auflösung einer Arzt-Patient-Sprechstundeninteraktion, Broth & Mondada (2013) verschiedene Formen der körperlichen Auflösung einer Interaktion, die allerdings nicht mit Verabschiedungen verbunden sind.

Bild sitzenden Person, die zunächst offenbar beabsichtigt, am Tisch sitzen zu bleiben, während sie sich von einem Gesprächspartner verabschiedet, der im Begriff ist aufzustehen und wegzugehen. Das gilt zumindest nach längeren, nicht nur *en passant* ablaufenden verbalen Abschiedssequenzen als unhöflich oder indiziert einen deutlichen Statusunterschied (früher auch die Geschlechterrollen); in der Regel stehen alle bisher sitzenden Beteiligten an einem Gespräch beim Abschied auf. Der rechts sitzende Mann deutet jedoch bereits in Bild (16) an, dass er das nicht zu tun gedenkt, denn er gibt seinem Gegenüber im Sitzen die Hand.

Abb. 16: Körperliche Ausgangsposition kurz vor Beginn der Abschlussphase.

Abb. 17: Händedruck und gegenseitiges Lächeln als Abschiedsrituale.

Der im Weggehen begriffene Gesprächsteilnehmer löst allerdings den Händedruck beim Aufstehen nicht auf (Abb. 18), und zwar selbst dann nicht, als er bereits steht (Abb. 19). Die körperlichen Bewegungen, die die Trennung projizieren, sind in diesem Augenblick in ihrem Ablauf quasi arretiert:

Abb. 18: Auflösung der körperlichen Kopräsenz wird durch Aufstehen eingeleitet, Hände bleiben verbunden

Abb. 19: Arretierung der körperlichen Konstellation: das Gespräch wird weitergeführt, die Hände bleiben verbunden.

Die Situation wird dadurch ‚gerettet', dass der sitzende Teilnehmer sich schließlich doch erhebt. Dies ermöglicht es dem stehenden Teilnehmer, aus dem Händedruck in eine Umarmung überzuleiten (Abb. 20). Er tut dies mit dem freien linken Arm (die beiden sind immer noch durch den Händedruck verbunden), der sich dem rechten Arm des Gegenübers nähert. Beide lächeln sich während der gesamten Sequenz an.

Abb. 20: Auch die zweite Person erhebt sich; die Hände bleiben verbunden. Die erste Person leitet die Umarmung ein.

Abb. 21: Beginn der Abschiedsumarmung.

Abb. 22: Apex der Abschiedsumarmung.

Es folgt eine vergleichsweise innige Umarmung. Der weggehende Teilnehmer hat die eher distanzierte Verabschiedung durch Händedruck also in eine deutlich intensivere Form der Verabschiedung transformiert. Er löst diese Umarmung auf, indem er sich nach rechts aus ihr herausdreht und einen Schritt weggeht. Der bleibende Teilnehmer entlässt den Weggehenden aus dem Körperkontakt, hat dabei aber seine rechte Hand noch auf seinem Rücken liegen (Abb. 23). Der Weggehende wendet an dieser Stelle seinen Blick vom Bleibenden ab; beide lächeln noch immer.

Abb. 23: Abwenden der Person links und Lösung aus der Umarmung, die Person rechts behält die rechte Hand auf dem Rücken der ersten. Die Person links löst Blickkontakt auf.

Nachdem sich der Weggehende ganz abgewendet hat und einen weiteren Schritt vom Bleibenden weggegangen ist, senkt auch dieser den Blick und löst die Berührung auf.

Dem körperlichen *disengagement* geht also, wie an diesem Beispiel gut zu sehen ist, eine Phase erhöhter interaktionaler Zuwendung voraus. In der Abschlussphase wenden die Beteiligten den Blick nicht mehr voneinander ab, wie sie das während eines Gesprächs tun können, und sie zeigen sich durch Lächeln ihre gegenseitige Zuneigung an. Dazu kommt der körperliche Kontakt, dessen Intensität in Abhängigkeit von der Beziehung der Teilnehmer sehr unterschiedlich sein kann. Einen wesentlichen Unterschied zur Anfangsphase gibt es aber: beim Abschied gibt es kein Pendant zum Ferngruß (vgl. oben, Abb. 6). Sich einander annähernde zukünftige Interaktionsteilnehmer dürfen und sollen sich bereits aus der Ferne ansehen, identifizieren und grüßen. Sich voneinander Entfernende ehemalige Interaktionsteilnehmer sollten weder zurück- noch dem Anderen nachschauen – sie würden diesem Blick sonst eine sehr besondere Bedeutung geben.

Abb. 24: Ende des körperlichen Miteinander, Person links verlässt den Raum.

2.8 Wissenschaftsgeschichtliches Nachwort

Die Erforschung der Anfangs- und Schlussphase von fokussierten Interaktionen ist eine der wesentlichen Leistungen aus der Frühphase der von Harvey Sacks begründeten ethnomethodologischen Konversationsanalyse; wichtige Erkenntnisse gehen also auf Forschungen aus den 1960er und 1970er Jahren zurück. Die ethnomethodologische Konversationsanalyse versteht sich als soziologisches Forschungsprogramm zur Untersuchung der interaktionalen Grundlagen des Aufbaus der sozialen Welt. Für ein solches Forschungsprogramm ist die Schnittstelle zwischen dem Miteinander und dem Nebeneinander der Menschen naturgemäß von besonderem Interesse. Vorläufer und Grundlagen fand die Konversationsanalyse in Erving Goffmans ‚natürlicher Soziologie', deren freilich eher unsystematischer empirischer Grundlage die Konversationsanalyse analytische und empirische Strenge entgegensetzen wollte (vgl. Schegloff 1988). Dies ist ihr zweifelsohne gelungen: die Analyse der sequenziellen Struktur von Anfang und Beendigung hat eine unerwartet strikte ‚Ordnung der Interaktion' (Goffman 1982) zu Tage befördert, die vorher in dieser Klarheit nicht bekannt war.

Es ist oft festgestellt worden, dass der Durchbruch in der Interaktionsforschung vor etwa 50 Jahren auch technisch bedingt war. Die Möglichkeit der unaufwändigen Tonaufnahme gab es damals erst seit kurzem. Da sich die frühe Konversationsanalyse sehr oft auf Aufnahmen von Telefongesprächen stützte, ergab sich noch ein anderer Vorteil: die Komplexität der unmittelbaren Interaktion ‚von Angesicht zu Angesicht' konnte umgangen und auf ihren akustischen Teil reduziert werden. Diese *bias* spiegelt sich auch im vorliegenden Kapitel wider, das sich ja als Einführung auf der Grundlage des bisherigen Forschungsstands versteht und nicht etwa die Konversationsanalyse der Zukunft programmatisch skizzieren möchte.

Wie so oft, wurde die empirische Präzision und analytische Schärfe dieses Projekts aber auch mit einer Einengung des Gegenstands erkauft. Untersucht werden konnte nur, was auch in den Tonaufzeichnungen vorkam. Das meiste, was wir über die Mikrostruktur von Anfangs- und Beendigungssequenzen wissen, ist deshalb auf der empirischen Basis der klassischen Telefonie entstanden. Dies bedeutete: Ausblendung körperlicher, multimodaler Aspekte und in der Regel Reduktion auf dyadische Kommunikation. Obwohl Pioniere der Film- und Videoanalyse wie Adam Kendon schon in den 1960er Jahren (außerhalb des ethnomethodologischen Theorierahmens) wesentlich zur multimodalen Analyse auch von Mehrparteien-Interaktionen beigetragen haben, sind diese Beschränkungen bis heute nicht vollständig überwunden. Wir wissen immer noch recht wenig über die körperliche Seite der Eröffnungs- und Abschlussphasen von *face-to-face*-Interaktionen, zumal es auch mit besseren Aufnahmetechniken immer noch schwierig ist, sie in natürlichen Settings zu dokumentieren.

Ein weiterer Nachteil der Beschränkung auf Telefoniedaten in der frühen Konversationsanalyse ist, dass technische Innovationen in der Telefonie auch die von Sacks, Schegloff und Kollegen beschriebenen interaktionalen Formate und Praktiken verändert haben. Mobiltelefon, Anruferdatenübertragung und Bildtelefonie (z. B. *skype*) haben alte Interaktionsgewohnheiten im Umgang mit dem Telefon verändert und neue bedingt. Schon die Tatsache, dass die Identifizierung des Anrufers oft bereits auf dem Display möglich ist, und die Tatsache, dass sich früher oft mehrere Menschen ein (stationäres) Telefon teilten, heute aber Mobiltelefone sehr stark an Individuen gebunden sind, hat die Struktur der Einleitungssequenz deutlich verändert.

Man sollte auch bedenken, dass Telefongespräche sehr stark von rituellen Klammern eingegrenzt werden. Dies darf nicht zu der Annahme verführen, dass alle fokussierten Interaktionen einen so klaren Anfang und ein so klares Ende haben. In der Angesichtskommunikation (*face-to-face*) sind deutlich mehr Abstufungen möglich. Gespräche müssen nicht immer mit Beendigungsvorläufen und Grußsequenzen beendet werden; sie enden manchmal recht abrupt, wenn man schon weiß, dass das nächste Treffen bald folgen wird oder man sich lediglich in einem Raum kurzfristig voneinander abwendet. Auch innerhalb einer interaktiven Episode kann deren Fokussiertheit schwanken; die Trennungslinie zwischen Gesprächspausen und Gesprächsbeendigungen ist dann unter Umständen nur noch schwer zu ziehen.

Schließlich hat die frühe Konversationsanalyse sich mit Interaktionsformen beschäftigt, die sprachliche Handlungen stark bevorzugen (eben klassische „Gespräche"). Interaktionsformen, die vor allem von körperlichen Handlungen zusammengehalten und vorangetrieben werden (wie alle gemeinsam verrichteten manuellen Aktivitäten, gemeinsames Gehen oder Autofahren, gemeinsames Tanzen oder Einkaufen und viele mehr) sind erst in den letzten zehn Jahren thematisiert worden (vgl. etwa Deppermann & Streeck 2018; Haddington et al. 2014; Haddington, Mondada & Nevile 2013).

So bleibt auch auf diesem klassischen Gebiet der Gesprächsanalyse noch viel zu tun!

3 Die Struktur von Redebeiträgen und die Organisation des Sprecherwechsels

Peter Auer*

3.1 Einleitung: die Progressivität von Gesprächen

Gespräche entstehen durch das Zusammenwirken der Menschen, die an ihnen beteiligt sind. Sobald sie miteinander in fokussierte Interaktion treten, lassen sie sich auf ein System des kommunikativen Austausches ein, das seinen eigenen Regelmäßigkeiten folgt. Gespräche sind **progressiv** (vgl. Stivers & Robinson 2006): sie schreiten im Normalfall wie ein Ping-Pong-Spiel voran – mal spricht die eine, mal der andere, und aufhören kann man nicht so einfach, denn jeder, dem der Ball zugespielt wird, wird ihn erst einmal auch zurückspielen. Die Sprecher wechseln sich überdies in der Regel schnell und mit schlafwandlerischer Sicherheit und Präzision ab, ohne dass zwischen ihren Beiträgen längere Lücken oder ausgedehnte Phasen des Simultansprechens entstünden. Sie tun dies (anders als in vielen institutionellen Interaktionen, etwa in der Schule) ohne Hilfe und Intervention eines Gesprächsleiters, und kein externes technisches System steuert sie dabei (etwa in der Art von Verkehrsampeln, die das Fahr- und Gehrecht an Kreuzungen regeln); vielmehr wird die Verteilung des Rederechts aus dem Gespräch selbst heraus (und als notwendiger Teil des Gesprächs), d.h. **endogen** organisiert.

Was hält dieses System am Laufen? Die Antwort der Konversationsanalyse ist, dass jedes Gespräch bestimmten **Regeln des Sprecherwechsels (*turn taking*)**, also der Zuweisung und Übernahme des Rederechts, folgt, die für diese Progressivität verantwortlich sind. Um das System des Sprecherwechsels zu verstehen, müssen zwei Fragen beantwortet werden:

1) An welchen Stellen im Redefluss des augenblicklichen Sprechers ist es möglich, dass ein anderer legitimerweise zu Wort kommt?

---

* Ich danke Karin Birkner, Pepe Droste, Anja Stukenbrock, Susanne Uhmann und Clarissa Weiß für viele wichtige Hinweise zu diesem Kapitel. In Wuppertal und Münster wurde das Kapitel in Einführungsseminaren in die Konversationsanalyse verwendet. Die Studierenden haben ebenfalls hilfreiche Rückmeldungen gegeben.
Angesichts der sehr zahlreichen (meist nicht-referenziellen) Personenbezeichnungen im Text verwende ich aus Lesbarkeitsgründen anstelle der Doppelbezeichnungen das generische Maskulinum; es hat überdies den Vorteil, binäre Geschlechterideologien zu vermeiden.

2) Wie regeln die Gesprächsteilnehmer untereinander, wer in größeren Konstellationen (mit mehr als zwei Teilnehmern) als nächstes ‚dran' ist?

Das Problem, wer wann das Rederecht übernehmen darf oder soll, löst sich nicht schon automatisch dadurch, dass bestimmte sprachliche Handlungen im Gespräch miteinander verknüpft werden. Die Vermutung, dass der Sprecherwechsel lediglich ein Sekundärprodukt der Handlungssequenzierung ist, erscheint zunächst allerdings nicht unplausibel. Denn sind z. B. Frage und Antwort nicht schon einfach deswegen als eine Abfolge von zwei Redebeiträgen organisiert, weil in einer solchen Paarsequenz eben eine erste Handlung eine zweite unmittelbar in der nächsten Position konditionell relevant macht (wie in Kapitel 4 gezeigt wird)? Wenn das zuträfe, wäre die zentrale Rolle, die die Konversationsanalyse der Organisation des Sprecherwechsels zubilligt, nicht gerechtfertigt. Es ist aber nicht schwer, sich klarzumachen, dass diese Sichtweise falsch sein muss. Das zeigt sich schon daran, dass die Progressivität des Gesprächs auch dort wirksam ist, wo keine sequenziellen Erwartungen an nächste Handlungen vorliegen. Auch nach Abschluss einer Handlungssequenz (z. B. nach dem zweiten Paarglied einer Paarsequenz) bleibt die Frage virulent, welcher Gesprächsteilnehmer nun weiterspricht und z. B. eine neue Sequenz initiiert oder die alte expandiert. Außerdem ist natürlich auch in sequenziell hochgradig determinierten Positionen immer noch zu klären, welcher der kopräsenten Gesprächsteilnehmer die projizierte nächste Handlung ausführen soll (etwa die Frage beantwortet). Trotz offensichtlicher Interdependenzen ist also der Sprecherwechsel kein Sekundärphänomen der Sequenzorganisation.

Die Grundlagen für die Beantwortung der beiden genannten Fragen wurden in einem Aufsatz gelegt, der zu den klassischen Texten der Konversationsanalyse gehört: *A simplest systematics for the organisation of turn-taking for conversation* von Harvey Sacks, Emmanuel Schegloff und Gail Jefferson (erschienen 1974, in einer erweiterten Form 1978). Er ist einer der einflussreichsten und am meisten zitierten Aufsätze der Linguistik überhaupt. Wir zitieren hier ihre „Systematik" zunächst wörtlich, um sie dann im Lauf dieses Kapitels genauer zu besprechen:

> Teil 1: Aufbau von Redebeiträgen
> Es gibt verschiedene Arten von Einheiten, mit denen Sprecher Redebeiträge bilden können. Im Englischen gehören dazu Satz-, Teilsatz-, Phrasen- und Wortkonstruktionen. Solche Einheiten erlauben, wenn sie verwendet werden, eine Projektion der Einheit und dessen, was nötig ist, um sie abzuschließen. Arten von Einheiten, die keine Projektion erlauben, können vermutlich nicht in derselben Weise verwendet werden.

Ein Sprecher, der einen Redebeitrag damit aufzubauen beginnt, dass er einen bestimmten Typ von Einheit verwendet, hat zunächst für diese Einheit das Rederecht. Der erste mögliche Abschluss der Einheit bildet die erste übergaberelevante Stelle. [...].
Teil 2: Zuweisung des Rederechts [...]. Regeln. [...]
Für jeden Redebeitrag gilt:
1) An der ersten übergaberelevanten Stelle einer ersten Konstruktionseinheit des Redebeitrags:
(a) wenn der bisherige Aufbau des Redebeitrags eine Technik beinhaltet, derzufolge der „augenblickliche Sprecher den nächsten auswählt", dann hat dieser Gesprächsteilnehmer das Recht und die Pflicht, als nächster das Rederecht zu übernehmen, und niemand sonst hat solche Rechte und Pflichten, so dass der Wechsel an dieser Stelle erfolgt;
(b) wenn der bisherige Aufbau des Redebeitrags keine Technik beinhaltet, derzufolge der „augenblickliche Sprecher den nächsten auswählt", dann kann (muss aber nicht) Selbstwahl des Rederechts eintreten, wobei derjenige das Recht auf den Redebeitrag erwirbt, der zuerst zu sprechen anfängt, so dass der Wechsel an dieser Stelle erfolgt;
(c) wenn der bisherige Aufbau des Redebeitrags keine Technik beinhaltet, derzufolge der „augenblickliche Sprecher den nächsten auswählt", kann der augenblickliche Sprecher weitersprechen (muss es aber nicht), soweit kein anderer durch Selbstwahl das Rederecht übernimmt.
2) Wenn an der ersten übergaberelevanten Stelle einer ersten Konstruktionseinheit des Redebeitrags weder (1)(a) noch (1)(b) eingetreten sind und wenn nach Maßgabe von (1)(c) der augenblickliche Sprecher weitergesprochen hat, dann werden die Regeln (a)–(c) an der nächsten übergaberelevanten Stelle erneut angewendet, und so fort an jeder weiteren übergaberelevanten Stelle, bis der Wechsel erfolgt ist (Sacks, Schegloff & Jefferson 1978: 12–13; Übersetzung P.A.).

Im Folgenden werden in Abschnitt 3.2 zunächst die Grundlagen des Sprecherwechsels vorgestellt und dann in Abschnitt 3.3 erläutert, an welchen Stellen die Übergabe des Rederechts möglich ist. In Abschnitt 3.4 werden die Praktiken der Turnzuweisung dargestellt und in Abschnitt 3.5 Turbulenzen im Sprecherwechsel beschrieben.

3.2 Einige grundlegende Beobachtungen und Begriffe

Um zu verstehen, wie der Sprecherwechsel im Gespräch funktioniert, ist es aufschlussreich, die Verteilung des Rederechts im menschlichen Gespräch mit anderen Arten alternierenden Verhaltens oder Handelns zu vergleichen. Solche alternierende Kommunikationsweisen gibt es ja auch bei nicht-menschlichen Spezies. So wechseln sich viele Vogelarten bei ihren Gesängen ab, wie etwa Henry et al. (2015) am Beispiel der Gesänge von männlichen Staren zeigen. Dass dieses Alternieren für die Stare wichtig ist (d.h. als Orientierung ihres Verhaltens dient), kann man daran sehen, dass ein Star seinen Gesang abbricht, wenn ein anderer zu früh einsetzt. Aufschlussreicherweise scheint dieses geordnete *turn taking* allerdings in Gefahr zu geraten, wenn Emotionen im Spiel sind: im vokalen Austausch zwischen den Geschlechtern sind bei den Staren chorische (also nicht-alternierende) Gesänge deutlich häufiger. Gut untersucht ist auch das *turn taking* bei den Weißbüschelaffen. Sie alternieren ebenfalls bei ihren Vokalisierungen und vermeiden es, sich zu unterbrechen. Chow, Mitchell & Miller (2015) zeigen sogar, dass Weißbüschelaffenbabys dieses Verhalten erst lernen müssen. (Sie überlappen noch mehr als die erwachsenen Affen.) Das belegt, dass wir es mit sozialem Verhalten zu tun haben. Bei den Menschenaffen (mit Ausnahme der Menschen selbst) sind alternierende Vokalisierungen allerdings nicht nachgewiesen. Phylogenetisch scheint das menschliche *turn taking* also nicht einfach eine Weiterentwicklung des tierischen zu sein.

Evidenz dafür, dass die Organisation des Sprecherwechsels in Gesprächen eine hochentwickelte und komplexe, typisch menschliche Verhaltensform ist, kommt aus der Forschung mit jungen Menschenkindern (Levinson 2016: 10). Bei sehr kleinen Babys im Alter von weniger als 6 Monaten funktioniert das *turn taking* mit ihren Bezugspersonen sehr gut. Auch wenn es nicht ganz klar ist, wieviel die Erwachsenen zu dem alternierenden Rhythmus zwischen ihren eigenen, an das Kind gerichteten sprachlichen Äußerungen und den Vokalisierungen der Babys beitragen, konnte die Forschung doch zeigen, dass diese Proto-Gespräche lediglich kurze Überlappungen aufweisen. In der Regel hängen die Babys ihre Vokalisierung direkt (ohne Pause) an die Äußerung der Bezugsperson an (Gratier et al. 2015). Mit Beginn des Spracherwerbs (etwa ab 9 Monaten) wird der Sprecherwechsel aber offenbar für die Kinder schwieriger; sie brauchen nun länger, um ihre Äußerungen zeitlich exakt zu platzieren, und sie nähern sich erst allmählich wieder der Geschwindigkeit und Effizienz des frühkindlichen *turn takings* an. Offenbar müssen sie beim Übergang von Proto-Gesprächen zu richtigen Gesprächen viel lernen. Im Alter von zwei bis drei Jahren (wenn der wichtigste Teil des Erstspracherwerbs abgeschlossen ist) verhalten sie sich dann bereits mehr oder weniger wie Erwachsene (vgl. Lammertink et al. 2015). Wir werden in diesem Kapitel sehen, was die Kinder alles lernen müssen.

Das Spezifische des menschlichen *turn taking* in der *face-to-face*-Kommunikation wird noch deutlicher, wenn man es mit technischen Kommunikationsformen vergleicht; auch sie werden ja manchmal als ‚Gespräche' bezeichnet (vgl. den Begriff des *chats*). Über SMS, WhatsApp, Direct Messaging auf Facebook, Instagram, Twitter etc. oder mittels E-Mails lassen sich Sequenzen alternierender Botschaften generieren. Schon die zeitliche Struktur ist hier aber anders: Simultansprechen ist nicht möglich, die Toleranz für (unter Umständen sehr lange) Pausen ist groß, d.h. es besteht keine unmittelbare Verpflichtung, das Gespräch weiterzuführen. Andererseits kann es zu sequenziellen Turbulenzen kommen, die durch Verzögerungen der technischen Übertragung bedingt sind. (Dann antwortet eine Botschaft nicht mehr unmittelbar auf die zeitlich vorherige, weil ihr eine dritte, früher abgeschickte, zuvorkommt.) Gerade diese Turbulenzen sind aufschlussreich und verdeutlichen einen wesentlichen Unterschied zur Organisation des Sprecherwechsels in direkten Gesprächen: auch wenn manche technischen Austauschsysteme inzwischen dem einen ‚Gesprächspartner' anzeigen, dass der andere gerade dabei ist, eine Botschaft zu verfassen, können die Rezipienten diesen Produktionsprozess nicht wirklich *online* mitverfolgen. Die Emergenz einer Äußerung ist nicht hörbar, erst das fertige Produkt wird verschickt. In diesem Sinn sind elektronische Austauschsysteme dem traditionellen Brief sehr viel ähnlicher als einem Gespräch, denn auch bei Briefen ist ja der Schreibprozess für den späteren Rezipienten nicht einsehbar. Dieser Punkt ist entscheidend; denn wie wir sehen werden, sind menschliche Gesprächsteilnehmer in der Angesichtskommunikation (*face-to-face*) in einer Weise miteinander synchronisiert, die weit über einfache Formen des alternierenden Austauschs bei Tieren oder mittels elektronischer Medien hinausgeht. Sie können die Gesprächspartner beim Sprechen beobachten und auf sie unterstützend oder ablehnend reagieren. Sie können weit vor Abschluss des Redebeitrags des Anderen damit anfangen, das Sprachsignal zu verstehen und Vorhersagen über seine weitere Emergenz zu treffen. Sie können in die emergierende Sprachproduktion der Anderen eingreifen und zusammen mit ihnen einen Redebeitrag produzieren (durch eine kollaborative Vervollständigung). Schließlich können sie, noch während der Andere das Rederecht hat, ihre eigene nächste Äußerung vorbereiten und diese unter Umständen starten, bevor der Sprecher zuende ist.

Teilnehmer an einer **fokussierten Interaktion** von Angesicht zu Angesicht (*face-to-face*) sind ständig aufeinander orientiert und interagieren miteinander auf vielfältige Weise, unter Einsatz von körperlichen (visuellen) genauso wie sprachlichen (auditiven) Ressourcen. (In der telefonischen Interaktion ist diese Synchronisierung weniger vollständig und betrifft nur den auditiven Kanal.) Sie schauen sich an, sie koordinieren ihre Körperhaltungen und Bewegungen, sie nicken oder sie bestätigen durch *hm_hm*s und *ja*s, dass sie ratifizierte Gesprächsteilnehmer sind. In diesem Strom **multimodaler Synchronisierung** haben allerdings bestimmte Verhaltensweisen einen herausgehobenen Stellenwert. Diese Handlungen können rein sprachlich oder rein körperlich ausgeführt werden, oft auch in einer Mischung von beidem. Sie stehen im Fokus der Interaktion. Besser gesagt: sie machen diesen Fokus aus (vgl. Kap. 2). Dadurch heben sie sich von anderen sprachlichen und körperlichen Aktivitäten ab (die man in der älteren Forschung deshalb oft als *backchannel*-Signale bezeichnet hat). Auch möglicherweise parallel ablaufende, aber sekundäre Aktivitäten (etwa das gemeinsame Gehen, Trinken oder Essen während eines Gesprächs, der Blick auf das Mobiltelefon oder die Uhr, das Zurechtstreichen der Haare oder Übereinanderschlagen der Beine) treten demgegenüber in den Hintergrund.

Die Handlungen im Fokus der Interaktion (Goffman 1963: 43ff. spricht vom *main involvement*) werden von den Gesprächsteilnehmern normalerweise nicht gleichzeitig (also ‚chorisch') und auch nicht en bloc (etwa: zuerst stellt jemand all seine Fragen, dann beantwortet sie ein anderer) ausgeführt, sondern *turn by turn*.[51] Wie das geschieht, wird durch die Regeln des Sprecherwechsels (*turn taking*) geregelt. Untergeordnete Handlungen, die nicht den Fokus der Interaktion ausmachen, können simultan dazu stattfinden.

Um einige grundlegende Begriffe einzuführen, die für die Beschreibung des Sprecherwechsels benötigt werden, gehen wir von einem einfachen Beispiel aus. Im folgenden Interaktionsausschnitt sind Anton und Josef gerade dabei, im Garten Holz zu spalten. Mike öffnet von innen die Terrassentür und reicht Anton etwas nach draußen. Anton bedankt sich und wendet sich ab. Mike beginnt, die Terrassentür wieder zuzuziehen, unterbricht diese Handlung aber und steckt den Kopf erneut nach draußen, so als ob er etwas vergessen hätte.

Beispiel (1) HEISSGETRÄNKE
```
((Anton und Josef hacken im Hof Holz und verbrennen es, Mike
steht in der Terrassentür.))
   01 ((Mike reicht Anton einen Gegenstand.))
   02 An: GRAcias,
   03    (2)
   04 Mi: WOLLTs_te noch irgendwat?=
```

In diesem Augenblick des Gesprächs haben die drei Gesprächsteilnehmer unterschiedlichen Status. Wir können zwischen dem **Sprecher** (Mike) unterscheiden, dessen sprachliche Handlung (die Frage in Z. 04) im Fokus der Interaktion steht, und dem **Adressaten** (Anton), an den die Handlung gerichtet ist. Die Wahl des Adressaten ist in Gesprächen zwischen mehr als zwei Teilnehmern

---

51 Natürlich gibt es beides auch, allerdings innerhalb von Alltagsgesprächen nur in seltenen Ausnahmefällen. Zum chorischen Sprechen siehe Lerner (2002), „en bloc" werden manchmal „Batterien" von Fragen gestellt (vgl. Ehlich & Rehbein 1977). Außerhalb von Gesprächen kommt sowohl das eine als auch das andere häufiger vor: die Gemeinde antwortet chorisch auf den Priester, der Fragesteller nach einem Vortrag stellt gleich eine ganze Reihe von Fragen, bevor der Referent eine Chance hat, die erste zu beantworten, etc.

eine komplizierte Angelegenheit. Im Beispiel macht das Pronomen der zweiten Person (*du*) zusammen mit dem Blick aber eindeutig Anton zum adressierten Teilnehmer. Der dritte Gesprächsteilnehmer steht in diesem Augenblick etwas abseits; er ist hier ein **nicht-adressierter Teilnehmer**.

Vom Adressaten einer sprachlichen Handlung ist ihr **Rezipient** zu unterscheiden, also derjenige Gesprächsteilnehmer, der durch sein Verhalten zeigt, dass er angesprochen ist (oder es zumindest zu sein meint). Oft sind Adressat und Rezipient identisch. Manche sprachlichen Äußerungen haben jedoch überhaupt keinen Adressaten, etwa weil der Sprecher zu sich selbst spricht (auch wenn er von jemand dabei beobachtet sein mag und dieser vielleicht sogar irrtümlich meint, er sei adressiert worden); andere Äußerungen haben zwar einen Adressaten (z. B. weil der Sprecher einen bestimmten Teilnehmer anschaut), aber finden keinen Rezipienten (weil z. B. der Angeschaute nicht bemerkt, dass er angeschaut wird). Umgekehrt können sich nicht-adressierte Teilnehmer als Rezipienten einer Äußerung darstellen, indem sie auf diese Äußerung eine Erwiderung formulieren, auch wenn diese gar nicht (nur) an sie gerichtet war.

Die Status der Gesprächsteilnehmer (Sprecher, Adressat, Rezipient, nicht-adressierter Teilnehmer) zu einem bestimmten Moment der Interaktion bildet den **Partizipationsrahmen** (auch: **Partizipationsstruktur**, *participation framework*) des Gesprächs an dieser Stelle (vgl. Goffman 1981; Goodwin 2007). Es ist offensichtlich, dass sich die Partizipationsstruktur eines Gesprächs ständig ändert.

Mike hat in Zeile 04 eine sprachliche Handlung vollzogen, die als abgeschlossen gelten kann: seine Äußerung ist syntaktisch, semantisch und prosodisch vollständig, und es lässt sich erkennen, welche Handlung damit ausgeführt werden soll (ein als Frage formuliertes Angebot).[52] Da sich die Frage an Anton richtet, können die Gesprächsteilnehmer damit rechnen, dass dieser jetzt antwortet.

Den **Redebeitrag (*turn*)** eines Sprechers kann man als den Zeitraum definieren, während dessen ein Gesprächsteilnehmer das Rederecht hat.[53] Mehr als diese Zeiteinheit – die sich erst retrospektiv bestimmen lässt, sobald ein nächster Sprecher zu sprechen angefangen hat – interessiert die Konversations-

---

52 Warum das so ist, wird in Abschnitt 3 in diesem Kapitel genauer besprochen.
53 Die Übersetzung von „Turn" mit „Redebeitrag" ist nicht unproblematisch; der Begriff „Turn" bezieht sich eigentlich auf den Zeitraum, währenddessen das Rederecht jemandem zufällt, auch wenn er in der englischen konversationsanalytischen Literatur von Beginn an auch für die Äußerung selbst verwendet wurde, die in diesem Zeitraum produziert wird. Der deutsche Begriff „Redebeitrag" hat nur die letztere Bedeutung. Wir verwenden in diesem Buch beide Begriffe als stilistische Alternanten.

analyse allerdings die Frage, an welcher Stelle ein Redebeitrag legitimerweise zu Ende sein könnte, unabhängig davon, ob tatsächlich ein Sprecherwechsel stattfindet. Wir nennen solche Stellen **mögliche Übergabepunkte** (**MÜPs**, *possible turn completion place*);[54] sie sind durch die Möglichkeit der Übergabe des Rederechts definiert (*transition relevance*). Um zu solchen Übergabepunkten zu kommen, muss der Sprecher zumindest eine erkennbar vollständige **Turn-Konstruktionseinheit** (**TKE**, *turn constructional unit*) produziert haben. Nicht alle TKE-Enden sind allerdings MÜPs, wie wir später sehen werden.

Betrachten wir hier zunächst, wie sich das Gespräch zwischen den drei Männern in Beispiel (1) nach Mikes Frage weiterentwickelt. Bisher hat Anton einen Redebeitrag produziert (*GRAcias*, Z. 02). Ist auch Mikes *WOLLTs_te noch irgendwat?* in Zeile 04 ein Turn? Sein Redebeitrag könnte an dieser Stelle zwar zu Ende sein, faktisch hört er aber noch nicht auf:

```
05 Mi:    [=n_KAFfee oder so?
          [((Mike lehnt sich noch weiter auf die Terrasse, Blick
          auf Anton. Josef wendet seinen Blick währenddessen auf
          Anton.))
```

Ohne auf eine Antwort zu warten, erweitert der augenblickliche Sprecher (Mike) seinen Redebeitrag um eine zweite TKE, nämlich *=n_KAFfee oder so?*. Nun ist wiederum ein möglicher Übergabepunkt erreicht; Anton ist immer noch als nächster Sprecher ausgewählt. Mikes Turn hat sich aber in seiner Struktur verändert: aus einem Beitrag, der aus einer TKE bestand, ist nun einer geworden, der um eine weitere TKE erweitert ist, die die erste spezifiziert – ein **komplexer Redebeitrag**. Erst jetzt ergreift Anton das Wort und geht auf die Frage ein, wodurch er sich als ihr Rezipient präsentiert:

```
06 An→Mi: `mAchs´te dir grade `SEL´ber einen oder wAs?
07 Mi→An: na ick würd ma heiß ´WASser `machen a[ber-
08 Jo→Mi:                                     [j[a.
09 An→Mi:                                       [ja.
10        dann nEhm ich noch_n ´KAFfee.
```

---

54 Natürlich sind diese „Punkte" eigentlich „Räume" (Intervalle), denn sie haben eine Ausdehnung. Der Übergaberaum fällt nicht genau mit dem Augenblick zusammen, an dem der augenblickliche Sprecher seine Vokalisierung beendet (im Fall eines glatten Turn-Taking können durchaus eine oder Zehntelsekunden vergehen), und, wie wir später sehen werden, sind auch schon etwas vor dem Vokalisierungsende gestartete nächste Redebeiträge möglich. In der Konversationsanalyse ist deshalb manchmal auch von *transition space* die Rede.

Allerdings antwortet er auch jetzt noch nicht auf Mikes Frage, sondern stellt zunächst eine Rückfrage (`mAchs't_e dir grade `SEL´ber einen oder wAs? Z. 06). Sie besteht lediglich aus einer einzigen TKE (in der grammatischen Form einer Ja/Nein-Frage); als Rückfrage (und durch das *du* erkennbar) richtet sie sich allein an den vorherigen Sprecher Mike. Mike ist also Adressat und zugleich **designierter nächster Sprecher**, Josef bleibt nicht-adressierter Teilnehmer. Mike beantwortet die Rückfrage sofort (*na ick würd ma heiß `WASser `machen aber* – Z. 07). Im sequenziellen Kontext ist klar, dass sich diese Antwort vor allem an Anton richtet. Anton ist nun aufgefordert, den fehlenden Abschluss der expandierten Sequenz, nämlich die Antwort auf die ursprüngliche Frage, zu liefern. Und tatsächlich beginnt Anton noch während des *aber*, mit dem Mike seinen komplexen Redebeitrag abgeschlossen hat, mit dieser Antwort, die erneut zwei TKEs umfasst. (Das erste TKE-Ende liegt bereits nach der Antwortpartikel *ja. dann nEhm ich noch_n `KAFfee. Z. 09–10.*)

Anton und Mike haben sich jeweils gegenseitig als nächsten Sprecher ausgewählt (**Selektion des nächsten Sprechers durch den augenblicklichen Sprecher,** *current speaker selects next*); Josef hatte über die ganze Sequenz hinweg keine legitime Chance, zu Wort zu kommen. Obwohl nicht-adressiert, war er aber trotzdem am Gespräch beteiligt; das zeigt sich an seinem auf die beiden anderen gerichtetem Blick. Am Ende von Z. 08 versucht er sich nun ins Gespräch einzuschalten (vgl. sein in Überlappung mit dem designierten nächsten Sprecher produziertes *ja.*), ohne zunächst erfolgreich zu sein. Erst nachdem Anton geantwortet hat, ist das Gespräch an einem Punkt angekommen, an dem es für ihn möglich ist, das Rederecht in **Selbstwahl** (also ohne von jemand anderem als nächster Sprecher selegiert worden zu sein) zu übernehmen.[55]

```
11 Jo→Mi: [MIR    kannste    wieder_n    ä:::h   `SCHWARZ´tee,
          [((Mike wendet Blick zu Josef. Beide schauen sich
          an.))
12        mit ziTROne,=
13        =aber diesmal mEhr ziTROne rein. ja?
14 Mi→Jo: mehr ziTRO[ne.]
15 Jo→Mi:          [ hm]_hm,
```

Auch er wendet sich an Mike mit dem Wunsch nach einem Getränk und verweist nun seinerseits Anton in die Rolle des nicht-adressierten Rezipienten.

---

55 Siehe die weitere Diskussion zu Bsp. (100).

3.3 Wann wird das Rederecht neu verteilt?

Die erste für den Sprecherwechsel zentrale Aufgabe, die die Rezipienten der Äußerung eines augenblicklichen Sprechers lösen müssen, ist es, überhaupt herauszufinden, wann das Rederecht neu verteilt werden *kann*. Um MÜPs identifizieren zu können, warten die Rezipienten nicht einfach ab, bis der augenblickliche Sprecher zu sprechen aufgehört hat. Vielmehr verarbeiten sie die gerade entstehende TKE **während** ihrer Produktion und machen dabei bereits Vorhersagen darüber, wann sie zu einem Abschlusspunkt kommen könnte.

Dass das so sein muss, ergibt sich schon aus der Geschwindigkeit, mit der im Gespräch unter Erwachsenen der Wechsel des Rederechts erfolgt. In einer Untersuchung mit 12 verschiedenen Sprachen (vgl. Levinson 2016) hat sich z. B. gezeigt, dass die Pause zwischen einer Frage und einer Antwort im Modalwert (modal response) bei 200ms liegt (vgl. Abb. 25):[56]

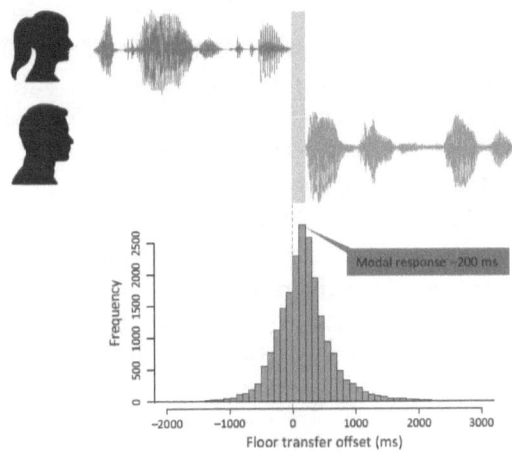

Abb. 25: Abstand zwischen Frageende und Antwortbeginn (aus Levinson 2016).

Es gibt Antworten, die schon deutlich vor dem Ende der Frage beginnen (die Minuswerte in Abb. 25), und auch einige, für die die Antwortenden länger brau-

---

[56] Der Modalwert ist der häufigste Wert in der Stichprobe. Dieser Wert sinkt etwas, wenn die Abstände zwischen Sprechende und Sprechbeginn bei anderen sprachlichen Handlungen in die Messung mit einbezogen werden. Für amerikanisch-englische Telefongespräche ergab sich dann laut Roberts, Torreira & Levinson (2015) ein Modalwert von 169ms (Median 168ms, Mittelwert 187ms).

chen; aber die meisten Antworten wurden in einem Zeitfenster produziert, das 300ms vor dem Ende des vorherigen Redebeitrags beginnt und 500ms nachher endet. Geht man einmal vom Modalwert von 200ms aus, so lässt sich psycho- und neurolinguistisch nachweisen, dass diese Zeit zu kurz ist, um die nächste Äußerung inhaltlich, syntaktisch und artikulatorisch zu planen (vgl. Abb. 26). Schon die Planung der Produktion eines einzelnen Wortes dauert vom Abruf des Worts aus dem Lexikon bis zur Vorbereitung der artikulatorischen Ausführung etwa 600ms (Levinson 2016). Die nächsten Sprecher haben also nur deshalb eine Chance, ihre Antwort so schnell zu liefern, weil sie bereits während der Produktion der Frage die Antwort vorbereitet haben. Dann müssen sie nur noch entscheiden, ob die vorbereitete Antwort auch nach der vollständigen Produktion der Frage passt und wann genau sie mit der Artikulation dieser schon vorbereiteten Antwort beginnen (was nicht länger als 50ms zu beanspruchen scheint).

Levinsons Modell in Abb. 26 nimmt einen zeitlich gestaffelten Planungsprozess an. Der Rezipient trifft zuerst (und in der Regel schon früh während des laufenden Turns) eine Vorhersage darüber, welche sprachliche Handlung der Sprecher gerade ausführen will (*speech act prediction* genannt); auf dieser pragmatischen Grundlage kann er den Typ seiner nächsten Handlung planen. Etwas später setzt die syntaktische und semantische Projektion des TKE-Endes ein (*turn-end prediction*), die die Vorhersage des nächsten Übergabepunkts erlaubt, und erst ganz am Ende des laufenden Turns entscheidet der potentielle nächste Sprecher über den genauen Start der artikulatorischen Ausführung seines nun schon zumindest teilweise geplanten Beitrags; dabei kann er noch im letzten Augenblick berücksichtigen, ob das syntaktisch-semantisch projizierte Ende tatsächlich zu einem MÜP geführt hat (*turn-ending cues/ production launch signal*). Zu solchen kleinräumigen Signalen gehört z. B. die Intonation der letzten Silben.[57]

---

[57] Für die syntaktisch-semantische Projektion des TKE-Abschlusspunkts schon während der Produktion dieser TKE gibt es auch neurologische Evidenz (vgl. Bögels, Magyari & Levinson 2015).

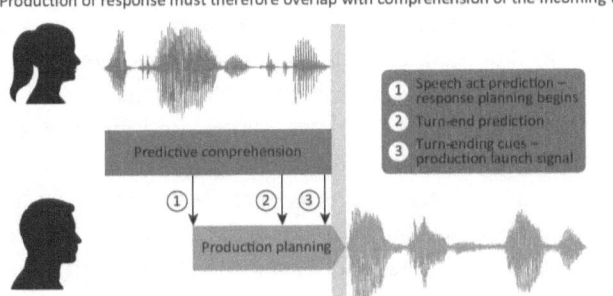

Abb. 26: Planungsprozess vor der Turn-Übernahme (aus Levinson 2016).

Die von Levinson identifizierten drei Phasen spiegeln sich im Aufbau von Redebeiträgen wider. Am Beginn eines Redebeitrags geben die Sprecher oft schon Hinweise darauf, welche sprachliche Handlung sie ausführen wollen (etwa leitet vielleicht ein *naja* oft einen verhaltenen Widerspruch ein) (*speech act prediction*). Es folgt der inhaltlich wichtigste Teil, in dem z. B. eine oder mehrere Propositionen formuliert werden (etwa der Widerspruch selbst). Die Struktur der Äußerung hilft also den Rezipienten bei der Projektion des Turn-Endes (*turn-end prediction*). Schließlich geben die Sprecher auf den letzten Silben der TKEs (oft beginnend mit der Silbe, die den Fokusakzent trägt) noch prosodische Hinweise, ob sie einen Wechsel des Rederechts erlauben; auch ein abschließender Diskursmarker (wie *oder?*) kann den Gesprächspartner auffordern, jetzt das Rederecht zu übernehmen und das bereits projizierbare Turn-Ende für einen eigenen Redebeitrag auszunutzen (*turn-ending cues*).

3.3.1 Einfache Redebeiträge

Um den nächsten MÜP vorhersehen zu können, muss ein Rezipient also auf die semantisch-syntaktisch-prosodische Abgeschlossenheit der emergenten Struktur achten (Gestaltschließung). Wenn die emergierende Äußerung keine weiteren Bestandteile mehr benötigt, ist die notwendige Bedingung für die Neuaushandlung der Teilnehmerrollen erfüllt. Solche Vorhersagen des Endes einer TKE sind allerdings nicht immer einfach. Die Rezipienten benötigen dafür ihr gesamtes sprachliches Wissen, denn sie müssen die entstehende Äußerung grammatisch-syntaktisch, semantisch und prosodisch analysieren und ihre Abgeschlossenheit auf allen drei Strukturebenen beurteilen. Die Hinweise auf diesen drei

Ebenen sind nicht immer eindeutig, und sie können sich überdies widersprechen. Manche Äußerungen entwickeln sich nach wohlbekannten, immer wieder gehörten Mustern (Konstruktionen), in denen möglicherweise Semantik, Syntax und Prosodie in konventionalisierter Weise aneinander gebunden sind; sie sind daher leicht zu erkennen. Andere sind weniger häufig, und ihre Rezeption erfordern daher mehr Prozessierungsaufwand.

TKE werden holistisch interpretiert und weisen Gestalteigenschaften auf. Dennoch ist es sinnvoll, diese Gestalten für analytische Zwecke auf den drei Strukturebenen der Syntax, Prosodie und Semantik getrennt zu betrachten (Ford, Fox & Thompson 1996). Dies geschieht in den nächsten Abschnitten.

3.3.1.1 Syntaktische Abgeschlossenheit

Für die Identifizierung einer TKE ist die Grammatik und insbesondere die Syntax von zentraler Bedeutung. Einer der Gründe, warum es in der menschlichen Sprache überhaupt so etwas wie Syntax gibt, scheint zu sein, dass die Syntax es ermöglicht, unabhängig vom Inhalt Vorhersagen über Abschlusspunkte von Redebeiträgen im Gespräch zu treffen. Ohne dass sich der Rezipient um den Inhalt der Äußerung kümmern muss, macht die syntaktische Form des emergierenden Redebeitrags Projektionen möglich, wie sich dieser weiterentwickeln und wann und wie er zu einem Abschluss kommen wird. Erst dadurch entsteht die kognitive Entlastung, die es dem potenziellen nächsten Sprecher erlaubt, sich schon während des laufenden Redebeitrags auf die Turn-Übernahme vorzubereiten. Ohne Syntax und die damit verbundenen Projektionsmöglichkeiten wäre die erstaunliche Schnelligkeit und Reibungslosigkeit des Sprecherwechsels nicht erklärbar. Das ist auch die Erklärung dafür, dass Kleinkinder im Lauf des Grammatikerwerbs bessere *turn taker* werden: mit zunehmendem syntaktischen Wissen sind sie auch für schnelleres *turn taking* besser gerüstet.

Die Syntax eines einfachen Turns kann ganz unterschiedlich ausfallen. Er kann aus einem einzelnen Wort, etwa einer Affirmationspartikel oder einem Fragewort, bestehen (vgl. Bsp. 2, Z. 15 und Bsp. 3, Z. 02), aber auch aus einem einfachen (vgl. Bsp. 2, Z. 16) oder komplexen (vgl. Bsp. 4, Z. 01–02 und Bsp 5, Z. 01–06) Satz.[58] All diese syntaktischen Einheiten sind im passenden Kontext in der Lage, eine TKE zu bilden:

---

58 Mit ‚Satz' ist hier eine vollständige Konstruktion gemeint, die mindestens ein finites Verb und dessen Argumente (Ergänzungen) enthält.

Beispiel (2) BALLERMANN

((Viola, Josef und Sybille sitzen im Garten beim Picknick.))
```
   01 Jos: wie am BALlermann;=wa?
((...))
   14 Vio: WARSte schon ma?
→  15 Jos: ja;
→  16 Vio: WARSte schon_mal am bAllermann?
   17 Jos: wir sind da mi_m (.) verEIN-
   18      ZEHN jahre lang hintereiNANder hin hingefahrn;
```

Beispiel (3) MALLORCA
```
   01 Vio: du wirst zu viel ANgelabert [und-
→  02 Jos:                             [wo.
   03 Vio: in malLORca;
```

Beispiel (4) DIÄT
```
→  01 Jos: wenn DAS ne diät is möchte ich nich sEhn was
           los is wenn ihr RICHtig;
→  02      wenn ihr RICHtig frisst; hhh
   03 Max: wieso diät is doch vorBEI;
```

Beispiel (5) KASSE MACHEN

((Bei einer Teambesprechung wird die Aufgabenteilung während eines Eröffnungsfestes geplant.))
```
→  01 Ina: beziehungsweise die FRAge wäre ob ob-
→  02      weil ich DICH grad so a ANguck-
→  03      ob DU am zwEiten mai nicht dann;
→  04      °hhh äh damit keiner REINgeht; eh?
→  05      also is KASsenschluss;
→  06      ob DU vorne [sein kannst;
   07 Nad:             [wenn ihr mir das ZEIGT,
   08      DANN-
   09      kAnn ich das schon MAChen;
```

Wesentlich ist, dass der TKE eine grammatische Struktur zugewiesen werden kann, die es ermöglicht, ihr Ende zu projizieren. Dies ist in allen Beispielen gewährleistet.

Bei satzwertigen TKEs zeigt sich der Bedeutung der sog. **Satzklammer** im Deutschen für die Projektion des TKE-Endes. Die Syntax des Deutschen ist dadurch gekennzeichnet, dass Verbkomplexe (z. B. aus finitem Auxiliar und Vollverb im Infinitiv oder Partizip bzw. aus finitem Verb und Verbalpartikel) im Deklarativsatz getrennt werden und die linke und rechte Satzklammer bilden. So stehen in der TKE in Z. 17/18 in Beispiel (2) das finite Verb *sind* und das Partizip *hingefahrn* weit voneinander entfernt:

```
wir sind da mi_m (.) verEIN-
ZEHN jahre lang hintereiNANder hin hingefahrn;
```

Diese sog. **Distanzstellung** ist oft als funktionslose oder sogar prozessierungserschwerende Eigenart des Deutschen bezeichnet worden, die die semantische Verarbeitung komplizierter macht als nötig. Aus der Perspektive des Sprecherwechsels ist die Distanzstellung allerdings nicht ganz so funktionslos. Sie ermöglicht es nämlich, das Ende des Satzes relativ deutlich zu markieren. Der Rezipient kann oft das Vollverb schon vorhersagen; das TKE-Ende hat der augenblickliche Sprecher frühestens[59] dann erreicht, wenn die rechte Verbklammer (hier: *hingefahrn*) produziert und die syntaktische Struktur der Äußerung auf diese Weise abgeschlossen worden ist.

Zur TKE gehören auch Elemente, die im **Vorvorfeld** des Satzes stehen, wie etwa in den folgenden Beispielen *übrigens* und *klar*:

Beispiel (6) ZEITLIMIT
```
   01 A: übrigens;
→  02    hat dein gespräch ein ZEITlimit?
   03 B: halbe STUNde.
```

Beispiel (7) APFELSAFT
```
   01 B: KLAR,
→  02    da zahlst du dann nur noch n BISSchen was,[=ne,
   03 A:                                           [hm_hm,
   04 B: und äh ((Räuspern)) hast halt guten äh APfelsaft;=ne,
   05 A: hm_hm,
```

Auch solche Vorvorfeldbesetzungen erfordern weitere Elemente, damit eine vollständige TKE entstehen kann. Allerdings erlauben Vorvorfeldbesetzungen noch keine spezifischen Vorhersagen über die weitere syntaktische Entwicklung des Redebeitrags. Projiziert wird lediglich die syntaktische Fortsetzung an sich. Turn-initiale Elemente, die keine solche Fortsetzungserwartung mit sich bringen, sondern auch allein einen Redebeitrag bilden könnten, sind hingegen eigene TKEs. Sollte ihnen noch eine oder mehrere andere TKEs folgen, sind sie als Teil komplexer Redebeiträge zu analysieren (siehe Abschnitt 3.3.2). Dasselbe

---

[59] Die Einschränkung ‚frühestens' ist notwendig, weil Sätze ein Nachfeld haben können, in dem allerdings, von Komplementsätzen abgesehen, nur in markierten Fällen notwendige Ergänzungen stehen.

Wort, etwa *klar*, kann in beiden Funktionen vorkommen. Während *klar* z. B. in Ausschnitt (7) im Vorfeld steht, was die Fortsetzung der TKE aus syntaktischen Gründen fordert, ist im folgenden Beispiel (8) *klar* eine Zustimmungspartikel, die den Redebeitrag und die Sequenz abschließen könnte. Der Sprecher in diesem Beispiel entscheidet sich ohne Notwendigkeit, seinen Redebeitrag um eine weitere TKE *der PASST.* (Z 09) fortzuführen:

Beispiel (8) PASST
```
01 B1: äh ich ich hab schon äh SCHISS gehabt dass er nicht
          PASST oder so-
02        [aber ]
03 A:     [doch;]
04        naTÜRlich;
05        den kann man doch so viel verÄNdern,
06        (1.0)
07 B1: ja das is ja [GUT.
→ 08 A:             [KLAR.
→ 09                [der PASST.
10 B1: [dann passt der (ja).
```

Eine TKE muss kein vollständiger Satz sein. So findet man z. B. Redebeiträge wie in (9a–e):

Beispiel (9)
```
(a)  da DRÜber hüpfen.
(b)  und marmeLAde noch bitte.
(c)  cool.
(d)  ach QUATSCH.
(e)  EY hey hey hey hey hey;
```

In (a) produziert der Sprecher lediglich eine Verbalphrase (Verb im Infinitiv und ein Richtungsadverb), in (b) eine Konjunktion (*und*) und eine Nominalphrase (*marmeLAde*), ein Adverb (*noch*) und eine abschließende Höflichkeitspartikel (*bitte*), in (c) ausschließlich ein Adjektiv, in (d) eine Interjektion und ein Nomen, das auch als prädikatives Adjektiv verwendet wird (*QUATSCH*), in (e) gar keine Wörter, sondern lediglich eine Sequenz von Interjektionen.

Betrachtet man die Äußerungen in ihrem Gesprächszusammenhang, wird deutlich, dass ihre Rezipienten keinerlei Schwierigkeiten haben, sie als abgeschlossene TKEs zu analysieren und ihren nächsten Redebeitrag ohne Turbulenzen anzuschließen.

Nicht satzwertige Äußerungen können aus ganz verschiedenen Gründen TKEs bilden. In den Ausschnitten (9a) (vgl. Bsp. 10) und (9b) (vgl. Bsp. 11) ist die syntaktische Abgeschlossenheit erst im Zusammenhang erkennbar. Nur wenn man die Syntax der Vorgängeräußerung kennt, ist die Äußerung wohlgeformt und vollständig:

Beispiel (10) HÜPFEN
```
01 Jos: schaffste dat DRÜber zu hüpfen?
02 Syb: hä?
03 Jos: da DRÜber hüpf[en.
04 Syb:             [nä.
```

Beispiel (11) DIÄT
```
01 Max→Bia: [((bestreicht Brot dick mit Butter))
02          [willst du pro[BIERN?
03 Bia:                   [nee(h)dank(h)e;
04 Mik→Max: <<imitiert Essgeräusch>UND marmelAde noch bitte.
05 Max:     diÄ(h)Tmarmelade. (h) (h) (h)
```

Die TKE in Z. 03 aus Beispiel (10) erweist sich im sequenziellen Kontext als Kurzform von Z. 01, einer syntaktisch vollständigen Frage; nach Sybilles Reparaturinitiierung in Zeile 02 (*hä?*) muss sie Josef nicht mehr vollständig wiederholen, sondern kann sich auf die Verbalphrase beschränken. Es handelt sich also syntaktisch gesehen um eine **Analepse** („Strukturlatenz" bei Auer 2015).[60] In Beispiel (11) ist hingegen der non-verbale Handlungskontext für die Interpretation des verkürzten Satzes in Z. 04 verantwortlich (**Situationsellipse**). Da die Aufmerksamkeit aller Interaktionsteilnehmer auf Maxi gerichtet ist, die sich ihr Brot dick mit Butter bestreicht, ist naheliegend, dass sich Mikes Aufforderung in Z. 04 auf diese Handlung bezieht. Mike schaut außerdem auf Maxis Hände, die das Brot schmieren, und macht durch seine verschliffene, ein Kaugeräusch imitierende Artikulationsweise klar, dass er etwas über Maxis Essen sagen will. In diesem situativen Kontext ist die Verkürzung auf die NP *Marmelade* ausreichend: Maxi soll etwas tun, was sich an die augenblickliche, in aller Aufmerksamkeitsfokus stehende Tätigkeit anschließt, nämlich nach der Butter auch noch Marmelade auf das Brot streichen. Syntaktisch gesehen bekommt die NP aus diesem situativen Zusammenhang die Funktion eines Objekts zugewiesen.

In den Beispielen (9b–d) handelt es sich hingegen um sprachliche Formen, von denen auch ohne Kontext klar ist, dass sie allein einen Redebeitrag bilden

---

[60] In der Wiederholung fehlt das für infinitivische Erweiterungen notwendige *zu* und die VP erscheint nominalisiert (*da drüber hüpfen, schaffst du das?*). Solche Unschärfen zwischen Vorgängeräußerung und Analepse sind durchaus üblich.

können. Dazu gehören evaluierende Ausdrücke wie *cool* (in Bsp. 12) und *ach QUATSCH* (in Bsp. 13):

Beispiel (12) HAUSBESETZER
```
((Gesprächsthema ist Mikes frühere Zugehörigkeit zur Hausbeset-
zerszene))
    01 Vla: ja und POST hasch dann auch in DES haus bekommen.
    02 Mik: ja KLAR.
→   03 Vla: cool.
    04 Mik: du musst det halt richtig allet offiZIELL machen,
```

Beispiel (13) ANMACHE
```
((Thema: dürfen Frauen Männer anmachen?))
    01 Cla: und anton meinte nee das wär für ne frau so AUCH schon
                total kr[ass.
→   02 Max:              [ach [QUATSCH.
    03 Dia:                   [nich in DEUTSCHland.
```

Auch ohne die syntaktische Vollform mit textdeiktischem Pronomen (*das ist cool/das ist quatsch*) bezieht sich die Bewertung erkennbar auf die unmittelbar vorher geäußerte Proposition.

Die TKE (9e) schließlich besteht aus einer Silbenfolge, die keine deutschen Wörter enthält, aber konventionell als Fokussierungsaufforderung eingesetzt wird, um das zu kritisieren (und damit zu stoppen), was ein anderer gerade tut oder getan hat. In diesem Fall scheint Mike die Lampionkette zu weit in seine Richtung gezogen zu haben:

Beispiel (14) LAMPIONS
```
((Alle Teilnehmer sind mit dem Aufhängen einer Lampionkette be-
schäftigt.))
    01 Jo→Mi: EY hey hey hey hey hey [hey;
    02 Sy→Mi:                        [pass AUF
    03        (1.5)
    04 Mi:    `WAT ´de:nn,
```

Zusammenfassend lässt sich festhalten, dass ein Redebeitrag aus mindestens einer TKE bestehen muss, die im jeweiligen Kontext syntaktisch abgeschlossen ist, d.h. keine weiteren Komponenten mehr benötigt. Diese Aufgabe können sprachliche Strukturen ganz unterschiedlicher Komplexität erfüllen.

3.3.1.2 Prosodische Abgeschlossenheit

Eine TKE ist aber nicht nur eine syntaktische, sondern auch eine prosodische Minimaleinheit, eine Intonationsphrase (IP). Eine IP erfordert mindestens eine (in der Regel durch die Veränderung der Grundfrequenz (f0), oft auch der Intensität und Dauer realisierte) prosodische Hervorhebung (**Nukleusakzent**)[61] und eine **abschließende Tonhöhenbewegung** (Grenzton), die normalerweise steigend oder fallend ist. Der Fall bzw. Anstieg kann unterschiedlich stark ausgeprägt sein und damit auch Grade von Abgeschlossenheit differenzieren. Die prosodische Realisierung von Nukleusakzent und Grenzton unterliegt sprach- und varietätenspezifischen Bedingungen.[62]

Beispiel (15) QUARK
```
→ 01 Vio: (.) °h ich_hab gedacht du kannst so leckren QUARK
          machn.
  02 Bia: ICH kann leckren QUARK machen.
```

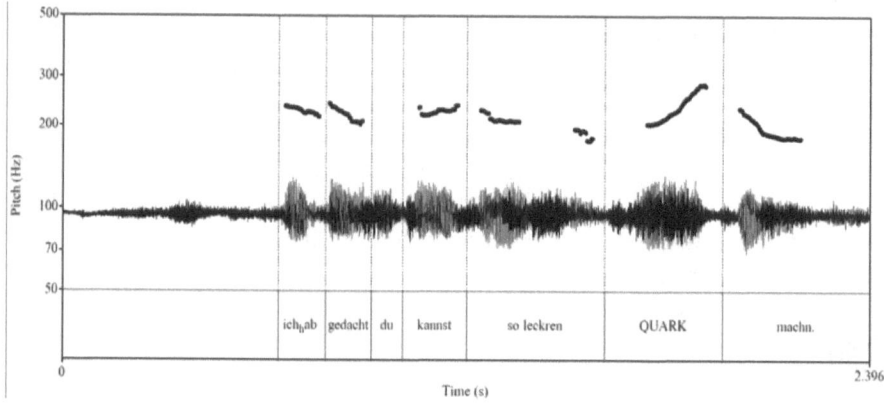

Abb. 27: Grundfrequenz und Oszillogramm zu Z. 01 aus Beispiel (15).

Abbildung 27 zu Beispiel (15) zeigt einen relativ stark fallenden IP-Abschluss, der nach dem Nukleusakzent auf der Silbe *QUARK* auf den beiden Silben von *machen* realisiert wird. Alle dem Nukleus vorausgehenden Silben liegen kon-

---

61 Der Begriff „Nukleusakzent" bezieht sich auf die phonologische Struktur der IP, der Begriff „Fokusakzent" betont die pragmatische Funktion des Nukleusakzents, nämlich den Fokus (Rhema) der Äußerung zu markieren. Im Folgenden werden beide Begriffe verwendet.
62 Vgl. Gilles (2005) für Varietäten des Deutschen; Local, Kelly & Wells (1986); Local, Wells & Sebba (1985) für das Englische.

stant etwa auf einer Tonhöhe von 200-230Hz; die Auslenkung auf der Akzentsilbe reicht hingegen bis auf 280Hz. Am IP-Ende sinkt die Grundfrequenz der Sprecherin auf 180Hz ab, was vermutlich ihre Grundlinie (*base line*) darstellt, also ihr individueller unterster Frequenzbereich.

Im Beispiel (16) wird eine Intonationsphrase hingegen durch einen starken Anstieg der Grundfrequenz abgeschlossen. In diesem Fall ist der Nukleusakzent auf *NOCH* nur durch eine kleine f0-Bewegung nach oben realisiert; am Ende der Silbe sinkt die Grundfrequenz etwas ab, um dann von etwas über 200Hz auf über 400Hz anzusteigen. Dieser starke Anstieg markiert das Ende der Intonationsphrase sehr deutlich (siehe Abb. 28).

Beispiel (16) WITZ
```
((Jos. hat soeben einen Witz erzählt.))
   01 Jos: ((kichert))
   02       (1.0)
→  03 Vio: hassu NOCH ein?
   04 Jos: (.) jaha, °h
   05 Vio: erZÄHL ma.
   06 Jos: wo d? wo der eh PORschefahrer
((etc.))
```

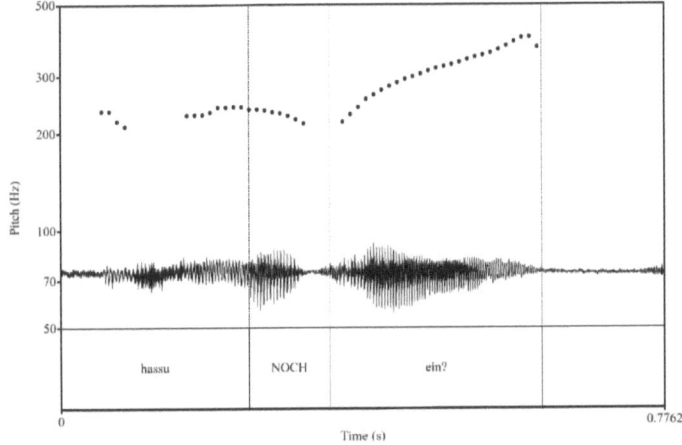

Abb. 28: Grundfrequenz und Oszillogramm zu Z. 03 in Beispiel (16).

Der Unterschied zwischen deutlich sinkenden und deutlich steigenden Abschlussbewegungen wird oft mit dem Unterschied zwischen Aussagen und Fragen in Verbindung gebracht. Diese Kopplung von Form (Grundfrequenzverlauf) und Pragmatik (Handlung) ist jedoch falsch. Viele Fragen (besonders w-Fragen) zeigen sinkende finale Tonhöhenbewegungen, und auch Aussagen werden oft mit steigendem Grenzton abgeschlossen (siehe unten). Es ist also besser, die beiden Intonationsverläufe zunächst lediglich als Verfahren der TKE-Begrenzung zu verstehen und ihre Verbindung mit bestimmten diskursiven Funktionen als Teil eines interpretativen Prozesses zu sehen, in den neben der f0-Bewegung auch noch zahlreiche andere syntaktische und sequenzielle Faktoren mit einfließen.[63]

Syntax und Prosodie sind nicht immer kongruent. In solchen Fällen wird es schwieriger, das TKE-Ende zu erkennen. Z. B. können syntaktische Einheiten in mehrere Intonationsphrasen aufgeteilt werden; dann bieten die Intonationsphrasengrenzen, die innerhalb syntaktisch-semantischer Einheiten liegen, keine Möglichkeit zur Übernahme des Rederechts, d.h. die TKE ist trotz IP-Grenze nicht abgeschlossen:

Beispiel (17) Rock
```
((Bianca beobachtet Mike beim Nähen))
   01 Bia: und wat WIRD det,
→  02 Mik: det WÜRD? (---)
   03       muss ick SEHN;
   04       wenn_et KLAPPT;
   05       n_ROCK.
```

---

[63] Wenn man überhaupt von einem Bedeutungskern der ansteigenden und abfallenden finalen Tonbewegungen sprechen will, dann muss dieser sehr viel weiter gefasst sein; etwa lässt sich spekulieren, dass fallende Tonbewegungen am IP-Ende Abschluss signalisieren, steigende hingegen Weiterführung, entweder durch denselben Sprecher oder durch den nächsten Sprecher. Die steigende Tonbewegung am Ende einer IP wäre dann als Aufforderung an den Hörer zu verstehen, eine bestimmte nächste Handlung zu produzieren. Das muss nicht unbedingt eine Antwort auf eine Frage sein; z. B. werden auch Fokussierungsaufforderungen häufig mit steigender finaler Tonbewegung produziert. Ihnen folgt eine Fokussierungsbestätigung (vgl. Kap. 2).

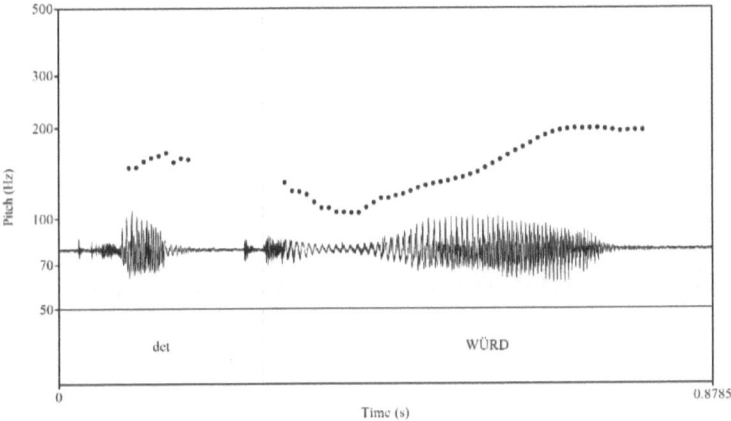

Abb. 29: Grundfrequenzextraktion zu Z. 02 aus Beispiel (17).

Die ersten beiden Wörter von Mikes Antwortturn, nämlich *det WÜRD?*, enthalten eine als Nukleusakzent hörbare, deutlich hervorgehobene Silbe und einen abschließenden Tonanstieg, der als Grenzton verstanden werden kann. So ließe sich die Äußerung als eine vollständige Intonationsphrase interpretieren. Allerdings ist an dieser Stelle syntaktisch und semantisch noch Vieles offen; es fehlt syntaktisch gesehen ein Prädikat, semantisch gesehen eine Konstituente mit der relevanten neuen Information (die Antwort auf Biancas Frage). Das syntaktisch und semantisch gestaltschließende Element wird erst in Z. 05 geliefert (die NP *n_ROCK*). Retrospektiv erweist sich, dass die Hervorhebung auf *WÜRD* nicht den Fokus der Äußerung gebildet hat. Z. 02 lässt sich also nicht als abgeschlossene TKE verstehen, auch wenn sie die Voraussetzung prosodischer Abgeschlossenheit zunächst zu erfüllen scheint.

Der umgekehrte Fall ergibt sich, wenn zwei voneinander unabhängige syntaktische Strukturen unter einen Intonationsbogen zusammengefasst werden, wie etwa in dem folgenden Ausschnitt:

Beispiel (18) DIÄT
```
   01 Jos: wenn DAS ne diät is möchte ich nich sEhn was los is
              wenn ihr RICHtig;
   02       wenn ihr RICHtig frisst; hhh
 → 03 Max: wiesO diÄt is doch vor[BEI;
   04 Jos:                       [<<p>hn?>
   05       ↑ach SO?
```

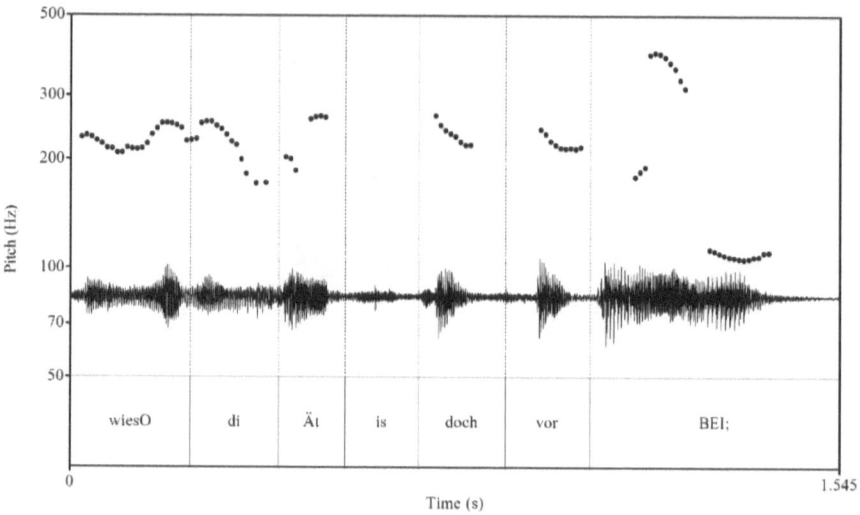

Abb. 30: Grundfrequenzextraktion zu Z. 03 in Beispiel (18).

Hier ist die Erwiderung Maxis auf Josefs Kritik an ihrem Essverhalten syntaktisch diese SCHMERzen gesehen zweigeteilt; die Sprecherin produziert zuerst das Fragewort *wiesO*, das allein schon eine syntaktisch vollständige TKE wäre. Diese syntaktische Struktur wird jedoch prosodisch in den folgenden Satz *diät is doch vorBEI;* integriert. Zwischen den beiden syntaktisch selbständigen Einheiten gibt es weder eine Unterbrechung der Artikulation noch eine prosodische Phrasierungsgrenze.[64] Die zweite Silbe von *wieso*, die einen Nukleusakzent tragen könnte, ist nicht stärker hervorgehoben als die erste Folgesilbe (*di.ät*); die Tonhöhe verändert sich auf dem Fragewort nicht wesentlich (anders als am Ende der Äußerung auf der Silbe *-bei*). In diesem Fall gibt die Prosodie den Ausschlag; an der Grenze zwischen der ersten und zweiten syntaktischen Einheit liegt keine TKE-Grenze. Die Prosodie macht also zwei syntaktisch selbständige Einheiten zu einer Intonationsphrase und damit zu einer TKE.

Auch über einen möglichen syntaktischen Abschlusspunkt hinaus können Erweiterungen erfolgen, die mit der ursprünglichen Äußerung zusammen in eine Intonationsphrase verpackt werden und deshalb als eine TKE gelten müssen. So ist es im folgenden Beispiel:

---

64 Die f0-Extraktion beim Beginn von *–bei* bei ca. 180Hz geht auf Josefs Äußerung *hn?* zurück.

Beispiel (19) SPALTUNG
```
01 Jos: (.) sind die lager endGÜLtig gespalten oder wie.
02 Bia: ((seufzt))
```

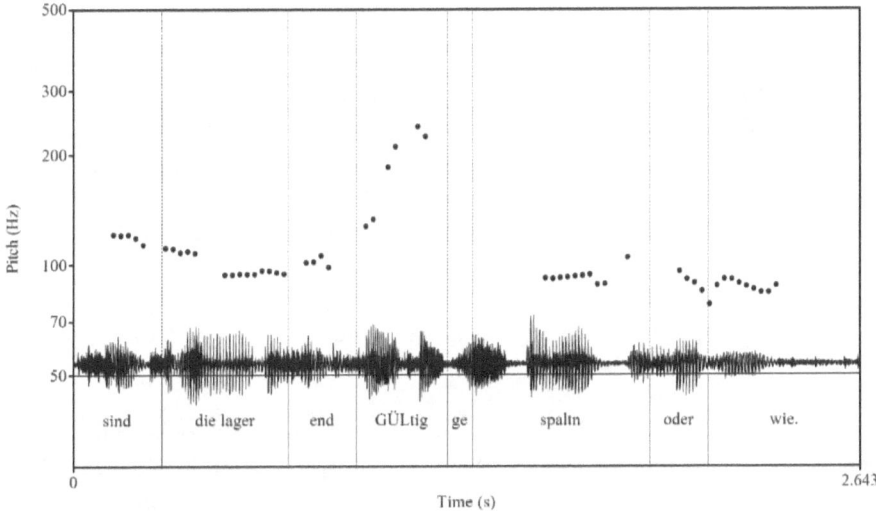

Abb. 31: Grundfrequenzextraktion zu Z. 01 in Beispiel (19).

Ein syntaktischer Abschlusspunkt wäre bereits nach *gespalten* erreicht. Prosodisch ist ein klarer Nukleusakzent auf *endGÜLtig* zu hören. Der Sprecher hängt aber ohne weitere prosodische Hervorhebung noch die Konjunktion *oder* und das Fragewort *wie* an und macht dadurch die Feststellung *jetz sind die Lager endGÜLtig gespalten* zu einer Frage an Bianca, die darauf mit einem Seufzen reagiert.

Wir werden auf die Möglichkeit, eine TKE zu erweitern, noch einmal in Abschnitt 3.2.5 im Zusammenhang komplexer Turns zurückkommen, wenn wir die Expansionsmöglichkeiten von Redebeiträgen in der Zeit genauer besprechen. Hier ist festzuhalten, dass ohne prosodische Grenze keine abgeschlossene TKE und daher auch kein komplexer Turn vorliegt.

3.3.1.3 Semantische Abgeschlossenheit bei der Bildung von TKE

Mit semantischer Abgeschlossenheit einer TKE ist hier gemeint, dass die TKE interpretierbar ist. Davon zu trennen ist die weitergehende Frage, ob sie in diesem Augenblick der sequenziellen Entwicklung auch einen erkennbar sinnvollen Handlungsschritt darstellt (pragmatische Abgeschlossenheit; vgl. dazu 3.3.2.1).

Oft sind syntaktisch unvollständige Äußerungen auch semantisch schwer zu verstehen, weil in ihnen ein wichtiger semantischer Teil (in der Regel der semantische Fokus/Rhema) fehlt. Allerdings gibt es auch Fälle, in denen die Syntax abgeschlossen, die semantische Interpretation aber trotzdem schwierig ist. Regelmäßig ist das bei katadeiktischen Pronomina der Fall. Im folgenden Beispiel enthält der erste Satz ein Pronomen (*dAran*), das im Kontext nur vorausweisend verstanden werden kann; es gibt keine vorausgehende Äußerung, auf deren Inhalt sich Josef damit beziehen könnte. Das Pronomen bezieht sich also auf einen propositionalen Inhalt, der noch kommen muss. Josef liefert ihn ohne prosodischen Einschnitt im folgenden Satz *ich hab nicht stuDIERT*.[65]

Beispiel (20) STUDIERT
```
01 Jos: vielleicht kann das dAran liegen ich hab nicht
        stuDIERT.
```

Auch der umgekehrte Fall ist möglich, d.h. eine Inkongruenz zwischen unabgeschlossener Syntax und Prosodie, aber vollständiger Semantik. Allerdings handelt es sich dabei um einen Sonderfall. Betroffen sind ‚Konjunktionen' am Ende von Redebeiträgen,[66] insbesondere *oder* und *aber*. Im kanonischen Fall projiziert eine solche Konjunktion grammatisch die Fortsetzung der Äußerung durch eine Phrase der gleichen Kategorie (im folgenden Beispiel ein Satz). Die ‚schwebende' Intonation (*trail-off intonation*) ist ebenfalls ein Zeichen dafür, dass noch weitergesprochen werden soll – es fehlt ein Grenzton. Semantisch ist die Äußerung jedoch sehr wohl abgeschlossen (im vorliegenden Fall handelt es sich um eine einfache *ja/nein*-Frage):

Beispiel (21) VERLIEBT
```
((G. hat gerade mit ihrem Freund Schluss gemacht, X ist ihre
beste Freundin.))
  01 G: das ist nur zu meinem BESten;
  02    (1.0)
  03 X: zu DEInem;
  04 G: ja.
```

---

65 Natürlich verhindert in diesem Beispiel auch die prosodische Integration der beiden Teilsätze die Wahrnehmung einer TKE-Grenze.
66 Die Anführungszeichen um die Wortklassenbezeichnung ‚Konjunktion' ist hier nötig, denn sobald sie als Turnabschlusssignal konventionalisiert sind, lassen sich diese *und* und *oder* nicht mehr als (koordinierende) Konjunktionen analysieren: sie verbinden ja nichts mehr.

```
    05 X: ja wahrSCHEINlich.
    06    (1.0)
→   07 X: hast DU ihn sattgehabt oder-
    08 G: oehho (-) das? das eh hatte irgendwie keinen ZWECK mehr.
    09    das is so sAng und klAnglos auseiNANdergegangen.
```

Die Beantwortung der Frage, ob G. mit ihrem Freund Schluss gemacht hat, determiniert logischerweise die Antwort auf die mit *oder* angedeutete Alternativfrage, nämlich ob umgekehrt ihr Freund mit ihr Schluss gemacht hat; entweder das eine oder das andere ist der Fall. Referenziell gesehen ist es also überflüssig, nach einer *ja/nein*-Frage dieselbe Frage noch einmal aus der negierten Perspektive zu stellen. Interaktiv kann dies aber durchaus berechtigt sein, um zu der formulierten Variante eine Alternative ins Spiel zu bringen und nicht eine Antwortalternative zu bevorzugen. Diesem Zweck dient die durch die Konjunktion lediglich angedeutete Alternativfrage. Ihr Inhalt ist prädiktabel. Die Sprecherin kann ihren Redebeitrag mit dem *oder* also beenden.

Das finale *oder* ist nicht (z. B. durch einen auslautenden Glottalverschluss) als Abbruch gekennzeichnet – also kein Fragment (vgl. den nächsten Abschnitt). Solche *oder*-markierten Enden von Redebeiträgen ohne starke f0-Bewegung haben sich im gesprochenen Deutschen zu einem konventionalisierten Abschlusssignal (*turn-exit device*) entwickelt, ohne allerdings dem prototypischen Muster für TKE-Abschlusspunkte zu entsprechen (vgl. Drake 2016). (Ein paralleles Beispiel findet sich in Ausschnitt (1), Z. 07: *na ick würd ma heiß ˈWASser ˈmachen aber.*)

3.3.1.4 Fragmente

Neben vollständigen TKEs produzieren die Sprecher auch immer wieder Fragmente, an deren Ende mindestens einer der Strukturabschlüsse (Syntax, Semantik, Prosodie) fehlt. In der Regel ist die Äußerung syntaktisch, prosodisch und semantisch unvollständig (vgl. Selting 2001). Solche Abbrüche bieten keine Gelegenheit zur Übernahme des Rederechts; der augenblickliche Sprecher ist mit seinem Redebeitrag noch nicht fertig und setzt vielleicht zu einer Selbstreparatur oder einem Neustart an. Es kann sein, dass ein anderer Gesprächsteilnehmer ihn dabei stört. Dann würde es sich aber nicht um einen regulären Sprecherwechsel handeln.

In den folgenden beiden Beispielen respektieren die anderen jedoch, dass am Ende des Fragments noch kein MÜP erreicht ist, und versuchen nicht, den Redebeitrag zu übernehmen. Das Fragment entsteht also innerhalb des Redebeitrags des augenblicklichen Sprechers:

Beispiel (22) DIÄT
```
→ 01 Jos:  wenn DAS ne diät is möchte ich nich sEhn was los is
              wenn ihr RIChtig;
  02         wenn ihr RIChtig frisst; hhh
  03 Max:  wiesO diÄt is doch vor[BEI;
  04 Jos:                         [<<p>hn?>
  05        ↑ach SO?
```

Beispiel (23) AUFPASSEN
```
  01 Cla:  hat er das geSA_agt?
→ 02 Dia:  °h ja er mEinte er brauch °h
  03        ich soll immer wieder AUFpassen; (-)
  04        so nAchfragen was grad so ABgeht.
  05 Cla:  ((lacht))
```

Es ist dabei unerheblich, ob der Abbruch im Rahmen einer **Selbstreparatur** (vgl. Kap. 5.4) stattfindet, wie in Beispiel (22), oder ob er zum völligen Rückzug aus dem TKE-Projekt führt, wie in Beispiel (23).

Vertiefung
Da Sprecher darauf bauen können, dass ihnen das Rederecht an einem Abbruchpunkt nicht streitig gemacht wird, können sie Abbrüche auch einsetzen, um Redebeiträge zu strukturieren. Nicht immer ist nämlich der Inhalt der abgebrochenen TKE für die weitere Entwicklung des Redebeitrags irrelevant; manchmal kündigt das Fragment schon inhaltlich spätere Komponenten eines mehrgliedrigen Redebeitrags an. Der Abbruch erlaubt es dem Sprecher, ohne syntaktisch komplexe Konstruktionen komplexe Inhalte zu vermitteln. Zugleich vermeidet er das Risiko, das mit einer einfachen Aneinanderreihung von TKEs verbunden wäre, nämlich, dass andere Gesprächsteilnehmer am TKE-Ende das Wort ergreifen.

Beispiel (24) AFFÄREN
```
  ((über einen Mann, mit dem Clara gerade eine Beziehung angefangen hat))
  01 Dia:  wollte mich so: sozusagen °h mit (.) ZWISchen euch;
  02        (.) schlEppen; °h
→ 02 Cla:  ja er hat mir des auch GEStern nochmal °hh
  03        (0.5)
  05        stimmt;
  06        LUStig;
  07        weil gestern haben wir nämlich über das ganze thEma
              geREdet;=
→ 08        =und dann hat er mir AUCH gesagt °h ehm: (---)
  09        <<p>°thh aber ich GLAUB das alles ni:ch;> °h
  10        d- äh? (.) °h ?ER meinte in HOLland, (---)
  11        hat die frau nachher so_ne voll den beschissenen RUF
              weggehabt. °h
  12        aber ich muss ganz EHRlich sagen-
```

((etc.))

Clara und ihr augenblicklicher Partner machen sich Sorgen um ihren Ruf. Clara glaubt zwar nicht, dass heutzutage in Deutschland Affären dem Ruf schaden, ihr Partner hat jedoch Zweifel daran geäußert. Die Sequenz beginnt mit Diana, die davon berichtet, dass Claras neuer Partner sie zwischen Clara und sich selbst ‚schleppen' wollte, um Zweideutigkeiten zu vermeiden. Clara startet daraufhin einen längeren, komplexen Redebeitrag. Er beginnt mit einem Fragment (Z. 03), das die Erzählung eines Ereignisses mit dem Freund in der Vergangenheit (*GEStern*) ankündigt. Danach unterbricht sie sich, um verzögert – als ob ihr gerade erst etwas eingefallen wäre – Diana zuzustimmen (*stimmt*) und deren Aussage zu bewerten (*LUStig*; Z. 05–06). Anschließend kehrt sie zu ihrer angekündigten Erzählung zurück, die nun weiter detailliert wird. Es geht um ein Gespräch am Vortag ‚über das Thema'. Clara beginnt zu erzählen, dass ihr neuer Partner ihr etwas gesagt habe (Z. 08), unterbricht sich an dieser Stelle jedoch erneut, um eine Bewertung des von ihm Gesagten einzuschieben, bevor dieses überhaupt formuliert worden ist (Z. 09: *ich GLAUB das alles ni:ch*). Erst dann berichtet sie das Argument des Manns, der offenbar vor ähnlichen Erfahrungen einer Frau ‚in Holland' gewarnt hat. Die Abbrüche sind in diesem Fall ein Verfahren, um zu berichteten Ereignissen Bewertungen voranzustellen; diese Bewertungen werden aber erst produziert, nachdem die Sprecherin durch ein Fragment schon angedeutet hat, welche Richtung ihr Redebeitrag nehmen wird. Sie werden also zwar formal, aber nicht inhaltlich ‚gelöscht'; ihr (fragmentarisch erkennbarer) Inhalt bleibt für die weitere Entwicklung des Turns relevant. In beiden Fällen werden inhaltliche Komponenten der Fragmente nach der eingeschobenen Bewertung wieder aufgegriffen (vgl. Auer 2005).[67]

Fragmente können auch entstehen, wenn Sprecher in kompetitiven Phasen ihr Rederecht nicht gegen andere durchsetzen können und auf die Weiterführung ihres Turns verzichten.

Beispiel (25) HAUSBESETZER
```
01 Jos:    was ham se_n dann mit dem (.) äh (-) besetzten haus
           geMACHT? (.)
02         ham_se_s dann DOCH abgerissen?
03 Mik:    (0.5) nee abjerissen NICH;
04         (.) erst (.) wurde ja denn (.) geRÄUMT,=
→ 05       =und: (.) °h ick gloob det [wurd(e auch)]
→ 06 Jos:                             [ham_se     ] euch da
           RAUSgeholt,
07         oder seid ihr [FREI]willisch gegangen. (0.6)
08 Mik                   [nee.]
```

---

[67] Das ist natürlich nicht die einzige diskursfunktionale Verwendung von Abbrüchen und Neustarts. Goodwin (1980) zeigt z. B., dass sie am Beginn eines Redebeitrags eingesetzt werden können, um die Aufmerksamkeit eines anderen Teilnehmers zu sichern (vgl. auch Schegloff 1987).

```
09      nee also ICK bin damals sowieso frEIwillig ausjezogen,=
10      =weil ick ne WOHnung gekricht hab dann mit meiner
        frEUndin zusamm.
```

Mike beantwortet Josefs Frage nach dem Schicksal der Hausbesetzer (zu denen er selbst gehört hat) nur zögerlich; offenbar weiß er nicht, was mit dem besetzten Haus passiert ist. Darauf präzisiert Josef seine Frage in Z. 06 und will wissen, ob er von der Polizei aus dem Haus ‚rausgeholt' wurde. Diese Nachfrage wird simultan zu Mikes Antwort gestellt. Mike bricht aufgrund dieser Intervention seinen laufenden Redebeitrag ab, der als Fragment stehen bleibt (Z. 05).

3.3.1.5 Evidenz für Projektionen

Oben wurde behauptet, dass sich das *turn taking* in der unmittelbaren Interaktion unter Menschen dadurch von technischen Kommunikationsmedien, aber auch von ‚dialogischen' Austauschsystemen im Tierreich unterscheidet, dass die Rezipienten schon während der Produktion eines Redebeitrags auf der Grundlage von Syntax, Semantik und Prosodie Vorhersagen darüber anstellen, wie und wann dieser zu einem Abschluss kommt. Diese Projizierbarkeit steigt in der Regel während der Zeit der Emergenz des Redebeitrags an, weil sich während dieser Zeit die Informationsbasis für die Vorhersage zunehmend verbessert. Psycholinguistisch gesehen entlastet die Vorhersagbarkeit des TKE-Endes die Hörer immer mehr, bis gegen Ende des Beitrags des anderen dieser nur noch daraufhin überprüft werden muss, ob die projizierte Entwicklung auch eingetreten ist. In dieser Zeit sind kognitive Ressourcen frei, um den eigenen nächsten Beitrag zu planen und mit dessen Produktion präzise am MÜP einzusetzen (vgl. Auer 2000). Neben neurologischer und psycholinguistischer gibt es dafür auch interaktionale Evidenz. In diesem Abschnitt gehen wir auf zwei solche Evidenzen ein: überlappende Übernahmen des Rederechts und ko-konstruierte Redebeiträge.

Überlappende Übernahme

Nächste Sprecher beginnen oft schon etwas vor dem Ende der TKE des augenblicklichen Sprechers mit ihrem Beitrag. Oft kommt es dann zu einer kurzen Phase simultanen Sprechens (ein *terminal overlap*). Solche verfrühten Einsätze zeigen, dass die Rezipienten die Äußerung, der sie zuhören, bereits während des Hörens nicht nur verarbeiten, sondern die weitere Entwicklung prognostizieren. Ob sie dann bereits etwas vor dem Sprechende des anderen einsetzen, hängt einerseits vom sprachlichen Handlungskontext ab, andererseits vom Verhalten des ersten Sprechers. Besonders häufig sind überlappende Einsätze, um ‚emphatische' Zustimmung auszudrücken. Dies entspricht der in Kapitel 4 ausführlich besprochenen Tendenz, präferierte nächste Handlungen schnell anzuschließen, nicht-präferierte nächste Handlungen hingegen eher zu verzögern. Aber auch andere nächste Handlungen, die zur Gesichtswahrung schnell ausgeführt werden müssen, legen verfrühte Turn-Übernahmen nahe, etwa Reparaturen oder Erwiderungen auf Kritik. Vermutlich spielt auch die Formalität der Gesprächssituation eine Rolle. Der augenblickliche Sprecher kann seinerseits dafür sorgen, dass es zu einer Phase des Simultansprechens kommt, indem er seinen eigenen Redebeitrag über den projizierbaren Abschluss hinaus noch weiterführt (vgl. 3.3.2.4).

Im folgenden Beispiel (26) stimmt Maxi nachdrücklich Claras Meinung zu, dass Frauen mit Männern Affären anfangen dürfen (vgl. zum Kontext Bsp. 24), indem sie der von Clara reportierten Meinung des neuen Freundes widerspricht. Der Widerspruch ist hier präferiert, weil Clara schon vorher zum Ausdruck gebracht hat, dass sie der Meinung ihres Freundes nicht zustimmt (vgl. Bsp. 24, Z. 09: <<p>°thh aber ich GLAUB das alles ni:ch;>). Indem sie die Meinung des Partners ablehnt, stimmt Maxi also indirekt Clara zu:

Beispiel (26) AFFÄRE
```
((Thema: dürfen Frauen mit Männern Affären anfangen?))
  01 Cla:  und anton meinte nee das wär für ne frau so AUCH schon
           total kr[ass.
→ 02 Max:         [ach QUATSCH.
```

Maxi beginnt bereits während der letzten Silbe von Claras Redebeitrag (*krass*) zu sprechen. Sie kann an dieser Stelle syntaktisch davon ausgehen, dass ein Prädikativ produziert wird, genauer (nach dem Adverb *total*) ein Adjektiv. Selbst die Wahl dieses Adjektivs selbst ist nach dem Silbenanlaut /kr/ schon recht gut vorhersagbar.

Ähnlich in Beispiel (27), wo allerdings die Zustimmung nicht auf der Ebene der Bewertung, sondern der Ebene der Fakten erfolgt: Susa hat erzählt, dass ihre Mascara völlig verklumpt war, und Alma vermutet (wie sich zeigt, zu Recht), dass sie es deshalb wieder entfernt hat. Dem stimmt Susa in Z. 05 in Überlappung zu:

Beispiel (27) Mascara-Bürstchen
```
  01 Susa:  und dann mach ich halt SO (und hab) hier RIEsige
            klUmpen hängen;=
  02        =das war voll E:kl[ick,
  03 Alma:                    [<<gluckselnd>eh h h>
→ 04        has(h)t du(h)_s da(h)nn wieder WEGge[macht oder-
```

```
→ 05  Susa:                                    [ja:::,
   06         ich hab dann nochmal ANgefang;
```

In diesem Fall beginnt die Überlappung deutlich früher als in (26) (drei Silben vor TKE-Ende). Auf die Dauer der Überlappung am Turn-Ende des ersten Sprechers scheint es aber nicht anzukommen; entscheidend ist, dass der zweite Sprecher das Ende des Redebeitrags formal und inhaltlich vorhersagen kann und dies für den ersten Sprecher auch nachvollziehbar ist. Das erfordert in der Regel, dass die Fokuskonstituente (die den Nukleusakzent enthält) produziert worden ist oder gerade produziert wird. (Im Beispiel (26) liegt der Nukleusakzent auf der Silbe *AUCH*, in (27) auf WEG.) Im Zeitraum zwischen diesem Nukleusakzent und dem Ende des Redebeitrags (im *transition space*) beobachtet man die meisten überlappenden Einsätze. Noch frühere Einsätze laufen Gefahr, als Unterbrechungen interpretiert zu werden.

Im dritten Beispiel für eine Überlappung am Ende des ersten Turns muss sich Vlado gegen den (impliziten) Vorwurf wehren, eine ‚dumme Frage' gestellt zu haben, nämlich die Frage an den in der Hausbesetzerszene erfahrenen Mike, ob die besetzten Häuser leerstehend seien (Z. 01). (Die Handlung der Frage wird im syntaktischen Format einer Aussage formuliert, die dem Rezipienten zur Bestätigung vorgelegt wird.) Diese Frage reformuliert Vlado in Z. 03 noch einmal, was eine gewisse Ungläubigkeit indiziert:

Beispiel (28) Hausbesetzer
```
   01  Vla:    des haus war LEERstehend.
   02  Mik:    <<p>hm,> (0.5)
   03  Vla:    also: (.) KEIN mensch drin. (0.7)
   04          oder WIE.
   05  Mik:    °h_ja KLAR. (0.6)
   06          du kannst ja k_keen (.) HAUS besetzen wo LEUte
                  drin [wohnen].
→ 07  Vla:             [ja es ]kann ja sein dass
                  [(unten noch welche) [WOHnung unten is,
   08  Jos:    [NEIN              [deswegen WERden ja häuser
                  besetzt.
   09          da is WO:HNraum,
   10          aber keiner darf da REIN. (.)
```

Mike reagiert leicht ungehalten (vgl. sein *ja KLAR.* in Z. 05 und die folgende Begründung, die auf Selbstverständliches verweist, sowie die Modalpartikel *ja* in Z. 06). Vlado versucht sich zu rechtfertigen (Z. 07) und beginnt damit bereits zwei Silben vor dem projizierbaren Ende von Mikes Beitrag und zwei Silben nach der Nukleusakzentsilbe *LEU-*, wodurch es zu einer Überlappung von *woh-*

nen und *ja es* kommt. Mit dem frühen Einsatz hat Vlado die Möglichkeit, sein Gesicht zu wahren und einem ‚Missverständnis' zu seinen Lasten den Wind aus den Segeln zu nehmen. Außerdem vermeidet er, dass andere Teilnehmer ihm zuvorkommen und das Wort vor ihm ergreifen, was ihm die Möglichkeit zu einer Verteidigung nehmen würde. Allerdings ist er nicht sehr erfolgreich; er wird von Josef sofort und in Unterbrechung belehrt, dass das, was er sagen will (aber noch gar nicht gesagt hat), falsch ist (vgl. Josefs apodiktisches *NEIN* in Z. 08).

In Gesprächen mit mehr als zwei Teilnehmern (wie in Beispiel 28) erhöht sich naturgemäß die Wahrscheinlichkeit, dass der Beitrag eines Sprechers von mindestens einem anderen überlappt wird. Bei freier Verfügbarkeit des Rederechts bekommt derjenige den Turn, der als erster zu sprechen beginnt (vgl. 3.4.4 unten, *first starter principle*). Aus diesem Grund ist es für jemand, der unbedingt zu Wort kommen möchte, sinnvoll, möglichst früh einzusetzen.

Überlappende Turn-Übernahmen gehen mit kurzen Simultansprechphasen einher. Verfrüht kann eine Übernahme allerdings auch ohne Simultansprechen sein. So überlappen sich im folgenden Beispiel die Vokalisierungen von Sybille und Josef nicht; dennoch kommt Sybilles sehr lautes und emphatisch intoniertes *ja* in Z. 04 sichtbar zu früh, denn Josef hat seinen Redebeitrag noch gar nicht abgeschlossen:

Beispiel (29) SONNENPLATZ
((Sybille und Josef streiten sich um einen Liegeplatz in der Sonne; Sybille hat Josefs Badehandtuch entfernt, um sich selbst an diesen Platz zu legen. Josef hat sie zur Rede gestellt, sie verteidigt sich:))
```
   01 Syb:  (.) ICH habe eben meinen schönen PLATZ da gehabt.=ja?
   02 Jos:  (.) ja hab ich dich da WEGge?=
→  03 Syb:  =<<f>ja;>
```

Josef hat vermutlich geplant, seinen Redebeitrag (eine rhetorische Frage) mit einem Verb wie *wegscheuchen, wegjagen* o.ä. im Partizip zu beenden. Er zögert aber nach den ersten beiden Silben, möglicherweise, weil ihm der Verbstamm nicht einfällt. (Der Nukleusakzent liegt in diesem Fall auf der Verbalpartikel *WEG-*.) An dieser Stelle fällt ihm Sybille, in Vorwegnahme eines syntaktisch, semantisch und prosodisch projizierbaren Äußerungsendes, ins Wort und liefert den nächsten sequenziellen Schritt, mit dem sie die rhetorische Frage bejaht und so argumentativ neutralisiert.

Manchmal setzt der zweite Sprecher punktgenau am Ende der Vokalisierung des ersten ein (**unmittelbarer Anschluss (*latching*)**), in GAT2 durch Gleichheitszeichen markiert). Im Vergleich zur kanonischen Turn-Übernahme, bei der zwischen Ende des ersten und Beginn des zweiten Redebeitrags eine oder zwei Zehntelsekunden liegen, sind auch solche Einsätze verfrüht. Betrachten wir den folgenden Ausschnitt:

Beispiel (30) KRANKE MUTTER (aus „Domian" vom 09.06.2000)
```
((Viktoria hat von der Krankheit ihrer Mutter berichtet, die die
übrige Familie in Mitleidenschaft zieht.))
01 Vi:   das belastet UNS ja halt [auch.=
02 Do:                            [ʔ
03       =naʔ absoLUT;
04       würde mich AUCH belasten viktoria.
05       MICH auch;
```

Domian stimmt Viktoria emphatisch zu. Er signalisiert schon in Überlappung mit ihrem Beitrag in Z. 01 durch einen hörbaren Glottisverschluss, dass er einen Beitrag plant und diesen nur noch zurückhält, bis Viktoria ihren Turn abgeschlossen hat (Z. 02) (*pre-starter*, vgl. 3.4.4.3 unten). Sobald sie ihr (im Zusammenhang projizierbares) turn-finales *auch* geäußert hat, setzt er ein (Z. 03). Zwischen der Silbe *auch* und der Silbe *na* tritt keinerlei Unterbrechung der Vokalisation auf:

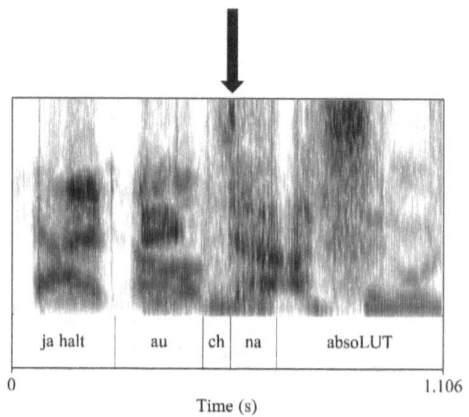

Abb. 32: Sonagramm zu Z. 01/03 aus Beispiel (30). An der durch Pfeil gekennzeichneten Stelle folgt dem Frikativ [x] (erkennbar an der diffusen hellgrauen Energieverteilung) der Nasal [n] (Energie im hohen Frequenzspektrum).

Eine solche Präzision ist nur möglich, wenn der Beitrag schon früher geplant worden ist. Tatsächlich sind direkte Anschlüsse und turn-finale Überlappungen nur graduelle Ausprägungen desselben Phänomens. Beide belegen, dass die Rezipienten das Ende des Sprecherbeitrags schon vorher projizieren.

Ko-konstruierte TKEs
Ein zweites, ebenfalls recht häufiges Phänomen, das die *online*-Prozessierung von Redebeiträgen durch den Rezipienten belegt, sind **Ko-Konstruktionen**. Darunter versteht man TKEs, die von zwei Teilnehmern zusammen produziert werden (vgl. Brenning 2015; Lerner 1996b). Es gibt verschiedene Varianten, die sich unter anderem darin unterscheiden, ob der Sprecher, der den ersten TKE-Teil produziert hat, selbst ebenfalls eine Fortsetzung produziert oder dies allein dem zweiten Sprecher überlässt. Im ersten Fall kommt es oft zu einer Phase des Simultansprechens.

Bei einfachen Sätzen setzt die Ko-Konstruktion oft dort ein, wo die Fokuskonstituente zu erwarten ist. Das hängt auch damit zusammen, dass die ersten Sprecher an dieser Stelle häufig zögern:

Beispiel (31) SCHLAG
```
((Der Patient hat im Therapiegespräch davon erzählt, dass sich
seine Freundin überraschend von ihm getrennt hat.))
    01 T: ich hatte so den EINdruck dass sie da äh in dem moment
             SCHON (.) etwas (.) AUFgeregter waren als (.) VORher;
    02 P: (.) ja ich war also schOn irgendwie entTÄUSCHT von ihr
             aber das (1.3) (von-)
    03       WIE würden sie sich fühlen; (h?)hm?
 → 04 T: (-) JA es ist SCHON, h? [hehe]
 → 05 P:                         [hh? ] schon_n SCHLAG.
    06 T: ja, ja, nach anderthalb JAHren,
    07    hm_hm,
    08    (1.3)
    09    das is_n SCHLAG-
```

T.s Beitrag in Z. 04 ist bereits als zustimmender Kommentar zu P.s davor geäußerter Meinung konfiguriert. Er beginnt mit der Zustimmungspartikel *JA* und wird mit einer Prädikativkonstruktion weitergeführt, die durch die Abtönungspartikel schon eine gleichlaufende Bewertung erwarten lässt. T. kommt jedoch vor der zu erwartenden Fokuskonstituente (dem Prädikativ) ins Zögern und scheint nach dem passenden Ausdruck zu suchen. Es entsteht eine nur durch Atmen gefüllte Pause, gefolgt von einer Lachpartikel. Diese Lücke nutzt P., um anstelle von T. die Bewertung zu liefern (*n_SCHLAG*). Sie wiederholt davor das letzte von T. geäußerte Wort *SCHON*, das *n_SCHLAG* in der emergenten Äußerung verankert und auf diese Weise hörbar zu einer Fortsetzung des Beitrags von T. macht:

```
04 T:  JA es ist SCHON,
05 P:            schon n SCHLAG.
```

T. stimmt dieser Fortführung ihres Beitrags zu (Z. 06–09).

Bei komplexen Sätzen ist ein wichtiger Einsatzpunkt für Ko-Konstruktionen die Grenze zwischen einem vorangestellten Konditionalsatz und dem projizierten Hauptsatz:

Beispiel (32) SHAMPOO
```
((Sybille und Viola unterhalten sich darüber, ob sie neues Sham-
poo bestellen sollten.))
   01 Vio:  (.) aber ich glaub wenn wir da beSTE:LL:N, (.)
   02 Syb:  [is schon TEUer;
   03 Vio:  [äh?
   04       is zu TEUer;=ne,
```

Violas Konditionalsatz *wenn wir da beSTELLN-* wird mit leicht steigender Intonation produziert. Sowohl syntaktisch als auch prosodisch ist also eine Weiterführung zu erwarten (vgl. 3.3.1.1 und 3.3.1.2). Andererseits zögert die Sprecherin mit dieser Weiterführung ein wenig (vgl. dazu die deutlichen Dehnungen auf der Nukleusakzentsilbe sowie die sehr kurze Pause am Ende von Z. 01). Statt Viola übernimmt an dieser Stelle Sybille den Turn (Z. 02); Viola stimmt Sybilles Formulierung zu und führt ihren Turn mit denselben Worten selbst zu Ende.

Ko-Konstruktionen können vielerlei Funktionen erfüllen. Während in den letzten Beispielen die ko-konstruierenden Interventionen von P. bzw. Sybille im Sinn des ersten Sprechers sind und als kooperative Maßnahme zur Aufrechterhaltung der Progressivität des Gesprächs gewertet werden können, geht ihre interaktive Funktion im folgenden Fall darüber hinaus. Formal entspricht er Beispiel (31), d.h. die Ko-Konstruktion beginnt mit der Nukleusakzentsilbe, die zugleich den Fokus der Äußerung markiert:

Beispiel (33) CHRONISCH (aus „*Domian*" vom 27.11.2009)
```
((Die Anruferin Johanna leidet an einer schweren chronischen
Krankheit.))
   01 JH:                  [<<ppp>hm>]
   02 DO:  also dass du deinem [!FREUND!] zum beispiel nicht
           sagst was du hast,
→  03 DO:  fInde_ich (-) f_finde_ich fi? [nicht     ] fi?
→  04 JH:                                [beSCHEUert].
```

```
05 DO: JA.
06     W::IRKlich;
```

Die Anruferin hat gesagt, dass sie ihre schwere Krankheit selbst vor ihrem Freund geheim hält. DO findet das nicht richtig. Er setzt in Z. 02 dazu an, diese Kritik an JH zu formulieren. Nach dem Thema der Äußerung (*dass du deinem FREUND zum beispiel nicht sagst was du hast*) folgt ein Verbum sentiendi (*finde ich*). Nun ist ein evaluatives Prädikat zu erwarten. Da DO allerdings zögert und die richtige Formulierung nicht zu finden scheint, ergänzt JH selbst den Satz mit einer recht drastischen Bewertung (*beSCHEUert*). Sie legt DO damit eine negative Bewertung ihrer selbst in den Mund, die DO zwar möglicherweise im Kopf hatte, aber ganz offensichtlich ‚netter' zu formulieren versuchte. Interaktionslogisch gesehen stellt DO sein Zögern so zur Schau, dass JH erkennen kann, wie er um eine höfliche Bewertung ‚ringt'. Indem JH diese Bewertung selbst liefert, entlässt sie DO aus der Verpflichtung, die einmal begonnene Äußerung mit einem bewertenden Prädikativ formal und inhaltlich zu Ende zu bringen, die *face*-bedrohend ist. Stattdessen übernimmt sie die Formulierung selbst und wählt eine sehr drastische Bezeichnung.

Vertiefung

Ko-konstruierte TKEs kommen sehr häufig in Unterrichtsgesprächen vor und spielen dort eine spezifische, auf die Institution ‚Schule' hin orientierte Rolle. Ein typisches Beispiel ist das folgende:

Beispiel (34) FUCHSBANDWURM (von Inga Harren)
```
((FW ist die Lehrerin, Ma. eine Schülerin))
 01 FW: [und der ANdere ist ein-](.)
 02     [((FW nickt Ma zu. ))   ]
 18 Ma: ENdo.
 19 FW: ENdoparasit.
```

Es handelt sich in Z. 01 um eine typische Lehrerfrage (vgl. Kap. 4.7). Solche Fragen sind insofern keine echten Fragen, als die Lehrerin ja bereits die Antwort weiß. Sie dienen vielmehr dazu, das Wissen der Schülerinnen und Schüler zu kontrollieren (oder auch ein Thema gemeinsam im Unterricht zu erarbeiten). Die Schülerinnen und Schüler antworten, nachdem sie sich durch Aufzeigen zu Wort gemeldet haben. Frau W. stellt aber keine syntaktische Frage (sie sagt also nicht: *und was ist der andere?*), sondern lädt die Klasse zur kooperativen Ergänzung eines unvollständigen Satzes ein, in dem die wichtigste Konstituente (die NP im Fokus) noch fehlt: sie produziert lediglich den indefiniten Artikel und hört dann mit schwebender Intonation (*ein-* Z. 01) zu sprechen auf (Koshik 2002). Die Äußerung bis zu diesem Punkt ist semantisch, syntaktisch und prosodisch erkennbar unvollständig. Im Gegensatz zu den Beispielen (31 und 32) aus Alltagsgesprächen lädt die Lehrerin nicht durch Zögern oder Wortsuchen zur Vervollständigung ein; durch diesen Unterschied kann sie deutlich machen, dass der

offene Slot nicht etwa auf ihr eigenes Wissensdefizit (oder ihre eigene Wortfindungsschwierigkeit) zurückzuführen ist. Vielmehr werden die Schüler und Schülerinnen aufgefordert, das fehlende Nomen zu ergänzen und so ihr Wissen unter Beweis zu stellen.
Im Ausschnitt meldet sich offenbar während der Frage Ma., die dann auch durch den Blick und das Nicken der Lehrerin als nächste Sprecherin ausgewählt wird und die Antwort (*ENdo*.) liefert. Wie bei allen Lehrerinnenfragen (vgl. Kap. 4.7) ist die Sequenz allerdings mit der Antwort noch nicht beendet, sondern erfordert im dritten Schritt eine Evaluation der Antwort durch die Lehrerin, die diese in Z. 19 gibt. Ihr Turn enthält zugleich eine versteckte Reparatur, indem sie die Kurzform *Endo* durch die Vollform *Endoparasit* ersetzt. Ma.s Antwort war also in den Augen der Lehrerin richtig, aber nicht ganz richtig.
Offene Slots in emergenten TKEs (sog. *prompts*, vgl. auch Bsp. (15) in Kap. 2) sind für Lehrpersonen eine effiziente Methode, um die Schüler aktiv in den Unterricht einzubinden, dabei aber die direkte Frage zu vermeiden. Das Unterrichtsgespräch entwickelt sich dadurch glatter und schneller; es entsteht der Eindruck einer gemeinsamen Erarbeitung des Stoffs.

3.3.2 Komplexe Redebeiträge

In 3.3.1 haben wir uns mit TKEs beschäftigt, die allein einen Redebeitrag bilden. Sehr oft beobachtet man allerdings Redebeiträge, die aus mehr als einer TKE bestehen. Manchmal entstehen sie, obwohl auch schon die erste TKE allein einen abgeschlossenen Redebeitrag hätte bilden können; in anderen Fällen sind von Anfang an mehrere TKEs zu erwarten. In diesem Fall steht also das Rederecht an der Nahtstelle zwischen den einzelnen TKEs nicht zur Disposition. Beide Typen von komplexen Redebeiträge werden in diesem Kapitel behandelt. Als Arbeitsdefinition gehen wir davon aus, dass alle Redebeiträge komplex sind, innerhalb derer trotz formaler Abgeschlossenheit mindestens einer TKE kein Sprecherwechsel stattgefunden hat. Dies schließt sowohl von Beginn an projizierte komplexe Redebeträge als auch ‚spontan' erweiterte mit ein.

3.3.2.1 Vorläufe

Wir beginnen mit Fällen, in denen ein Redebeitrag mit einem Diskursmarker in der Funktion eines **Vorlaufs** beginnt.[68] Besonders bei Handlungen in zweiter sequenzieller Position zeigt das Vorlaufelement bereits die Richtung der Erwiderung und ihr Verhältnis zur vorausgegangenen ersten Handlung an, reicht

---

[68] Oft sind solche vorangestellten Diskursmarker prosodisch in den folgenden Satz integriert; in diesem Fall bilden sie keine eigene Intonationsphrase, und an der Grenze zwischen ihnen und dem Satz liegt dementsprechend auch keine TKE-Grenze. Es handelt sich dann um keine komplexe TKE.

aber allein noch nicht aus, um sie in angemessener Weise auszuführen. Anders gesagt: im sequenziellen Kontext, in dem der Redebeitrag produziert wird, bestehen pragmatische Anforderungen an den Sprecher, denen er nur durch mindestens eine weitere TKE nach dem Diskursmarker gerecht werden kann. Beispiele finden sich in den folgenden Ausschnitten:

Beispiel (35) LOS ANGELES
```
   01 B: und el EY so?
   02    is es WIRKlich so gefährlich?
   03 A: was?
   04 B: dass du na du hast geschrieben dass du dich da teilweise
             gar nich LANG getraut hast;
→  05 A: na JA::-=
   06    =es ist es ist nIcht ANgenehm.
   07    sagn wer_s mal SO.
```

Beispiel (36) ÖSI
```
((A und B unterhalten sich über eine Arbeitskollegin von B aus
Österreich.))
   01 A: redet sie dann so Ösi.
→  02 B: ´nöö `NÖÖ;=
   03    =die redet ganz norM[AL   eigentlich.
   04 A:                    [wir hatten nämlich so eine in der
                            KLASse:,
   05    die war sO SÜSS.
   06    das war so richtig NETT;
→  07 B: nee-
   08    DIE spricht eigentlich so richtig norMAL würde ich mal
             sagen.
```

Beispiel (37) FACHTHEORIE (von Marc Weber)
```
((Telefonat unter Kommilitonen.))
   01 M: wa warst DU beim ERschten mal DA?
   02    oder beZIEHungsweise also HAST du da was daVOR?
   03 J: ich war IMmer.
→  04 M: okay. (0.5)
   05    ähm (0.5) KÖNNtest du des irgendwie vielleicht a:m
             MO:ntag zu zu SKI FACHtheorie mitbringen?
   06 J: hm_hm,
   07 M: dass ich mir des koPIERN könnte?
```

Beispiel (38) NETZ
```
→  01 Bia: <<all>HÖR_mal;>
   02      wieso hast_n du das NETZ da angebracht;
```

```
03        das musst du jEtzt wieder RUNternehmen;=ne?
04 Sbr:   <<p>ich hab dich ja extra dafür geRUfen;>
```

In Beispiel (35) möchte B., der Anrufer aus Deutschland, von seinem Freund A., der in Kalifornien lebt, eine Bestätigung dafür bekommen, dass das Leben in Los Angeles so gefährlich ist, wie er es ihm in einem Brief geschildert hat. A. reagiert mit der Partikel *naJA::*, die nur sehr verhaltene Zustimmung, wenn nicht kritische Distanz zu B.s Formulierung ausdrückt. An sich ist die Partikel *naja* in der Lage, einen vollständigen Redebeitrag zu liefern und insbesondere eine Sequenz abzuschließen (vgl. Golato 2018); im sequenziellen Zusammenhang dieses Ausschnitts ist allerdings zu erwarten, dass A. eine detailliertere Stellungnahme dazu abgibt, wie genau er die Lage sieht.

In Beispiel (36) verneint Sprecherin B. gleich zweimal die Meinung ihrer Freundin, eine Österreicherin müsse auch ‚Ösi sprechen'. In Z. 02 tut sie dies mit der reduplizierten Verneinungspartikel *nöö*, in Z. 07 mit der Variante *nee*. In beiden Fällen ist eine weitere Erläuterung dazu, wie die Kollegin denn spricht, wenn sie nicht ‚ösi' spricht, zwar formal nicht notwendig (denn *nöö/nee* können allein Turns bilden), jedoch pragmatisch erwartbar und angemessen.

In Beispiel (37) ist M. gerade dabei, eine Bitte an J. zu formulieren; im ersten Schritt testet er im Format eines Sequenzvorlaufs, ob J. überhaupt in der Lage sein wird, sein Anliegen zu erfüllen.[69] Nachdem J. bestätigt hat, dass er über die Unterlagen verfügt, die M. gern von ihm möchte, beginnt M. einen neuen Redebeitrag mit dem die Vorlaufsequenz abschließenden Diskursmarker *okay*. (Z. 04). Obwohl dieses *okay* in anderen Kontexten problemlos in der Lage ist, einen Turn zu bilden, erfordert es die Logik der Interaktion an dieser Stelle, dass M. nun die eigentliche Bitte formuliert und seinen Redebeitrag erweitert.

Schließlich beginnt Bianca in Beispiel (38) einen Vorwurf damit, dass sie Sybille mit einer Fokussierungsaufforderung ins Gespräch zieht. Solche Fokussierungsaufforderungen können zwar nicht sequenzabschließend sein, sie können aber durchaus alleine Redebeiträge bilden (vgl. Kap. 2). Im gegebenen Kontext kündigt die Partikel *HÖR_mal* (vgl. Proske 2017) jedoch schon an, dass Bianca Sybille etwas vorzuwerfen hat. Dieser Vorwurf wird im weiteren Verlauf des Turns dann in zwei weiteren TKEs formuliert.

Auch in solchen Fällen ist also eine turn-interne Projektion im Spiel. Die zuerst geäußerte TKE projiziert eine weitere. Schon die ersten Beispiele für von Beginn an komplex gestaltete Redebeiträge machen allerdings klar, dass es sich um eine andere Art von Projektion handelt als innerhalb einer TKE; die Projek-

---

69 Vgl. Kap. 2 zu weiteren Details.

tion kann nicht auf den sedimentierten formalen Mustern der Syntax aufbauen, sondern erfordert eine umfassende Analyse des jeweiligen sequenziellen Kontexts.

3.3.2.2 Andere von Beginn an komplex gestaltete Redebeiträge

Diskursmarker als Vorläufe sind nur ein Fall von Turn-Anfängen, die weitere TKEs erwartbar machen können. Die erste TKE im Redebeitrag kann auch selbst schon satzwertig sein, im sequenziellen Kontext aber die erwartbare Handlung noch nicht realisieren. Besonders gut ist dies zu erkennen, wenn Fragen nicht sofort (also in der ersten TKE) beantwortet werden:

Beispiel (39) WORMS (von Elisabeth Zima)
```
   01 Jon: ja wie lang (-) BRAUCHSCH nach worms dann?
→  02 Tim: s_GEHT sogar;
   03      ähm: (0.5) eIgentlich nur zwei STUNden; (1.0)
   04      zwei und HALB;
   05      je [nachdem wie die verBINdung is;
   06 Jon:    [naja GUT,
   07 Ulf: ja isch NID so [weit ne,
   08 Jon:                [hm_hm,
```

Beispiel (40) DREI MÄDELS
```
   01 S1: WILLST du da in ne we GE zimmer einziehen oder wie?
→  02 S3: es gibt ZWEI:- (.)
   03     die frei werden. (.)
→  04     und entweder würd ich das von der KAsey nehmen oder das
           ANdere:.
```

Beispiel (41) TELEFONSEX
```
((Lina hat erzählt, dass sie ‚beim Telefonsex' gearbeitet hat.))
   01 Dia: WIE lang haste das jetzt gemacht?
   02 Lin: ach;
→  03      GAR nicht so lange;
   04      (1.3)
   05      WARte mal.
   06      (0.7)
→  07      drei MOnate oder so;=
   08      =oder [VIER;    ]
   09 Dia:       [ach SO:.]
```

In allen drei Ausschnitten wird eine Frage mit einem Redebeitrag beantwortet, dessen erste Komponente noch nicht die eigentliche oder vollständige Antwort enthält. So beginnt Tims Antwort auf Jonas' Frage in Beispiel (39), wie lang er nach Worms brauche, mit einer allgemeinen Bewertung der Fahrdistanz (s_GEHT sogar;). Die eigentlich von Tim erfragte Information folgt erst in der nächsten TKE. S1 in Beispiel (40) fragt ihre Freundin, ob sie in die WG, von der schon länger die Rede war, überhaupt einziehen will. Ihr Antwortturn beginnt mit einer allgemeinen Aussage über die frei werdenden WG-Zimmer; diese bereitet die eigentliche Antwort nur vor. Erst im nächsten Schritt kündigt sie an, in jedes der beiden Zimmer einziehen zu wollen (wenn sie denn von der WG akzeptiert würde). In Beispiel (41) schließlich hat Lina gerade erwähnt, dass sie sich ‚beim Telefonsex' verdingt hat. Diana fragt sie nun, wie lange diese Tätigkeit gedauert hat (Z. 01). Hier beginnt die Antwort sogar mit zwei TKEs (Diskursmarker *ach* und darauf der Satz *GAR nich so lange*), die zusammen lediglich die Richtung der Antwort angeben und die Information vorausgreifend bewerten, die erst in den nächsten TKE gegeben wird (‚drei oder vier Monate').

Auch in nicht-responsiven Redebeiträgen kommen natürlich erkennbar komplexe Strukturen aus mehr als einer TKE vor. Sie sind z. B. typisch für rhetorische Gestaltungen von Redebeiträgen, die auf Kontrasten aufbauen; etwa im folgenden Ausschnitt der Kontrast zwischen einem Verhalten, mit dem man umgehen kann, und einem, das das Zusammenleben schwierig macht:

Beispiel (42) LAGERFEUER
((Gespräch am Feuer unter Männern über die Stimmungsschwankungen einer Mitbewohnerin))
```
01 Jos: ja die legt auch jedes w wort auf die GOLD[waage;
02 Ant:                                          [jaJA,
03 Mik: ne? det SCHLIMme is, (---)
04      wenn et GEnerell so wär; (-)
05      is_et ja ne ANdre sache.
06      aber mal SO mal SO; weeßte, (--)
07      mal kannst_e mit ihr JUT? (-)
08      also die DREHT sich so SCHNELL;
09      dass de jar nicht druff (.) druff EINjehen kannst; (-)
10      in welcher äh äh verFASsung sie gerade IS; (---)
11      und det is immer SCHWIErig dann (.) im Umgang;
12 Jos: d_beste was ich von ihr erLEBT hab,
```

Alle drei Männer sind der Meinung, dass ihre Mitbewohnerin aufgrund ihrer Stimmungsschwankungen nur schwer zu ertragen ist. Mike beginnt seinen Redebeitrag in Zeile 03 mit einem Fragment, das allerdings bereits die Richtung seiner Argumentation ankündigt: er wird sagen, was er an dem Verhalten der Mitbewohnerin besonders schlimm findet. Die nun folgende TKE *wenn et GEnerell so wär; (-) is_et ja ne ANdre sache.* (Z. 04–05) kann in diesem Zusammenhang allerdings noch nicht der Kern des Redebeitrags sein, denn hier formuliert der Sprecher lediglich eine ‚bessere' Variante des problematischen Verhaltens, die er zu Zwecken der Kontrastierung der eigentlichen Verhaltensweise voranstellt. Zu erwarten ist, dass nun die ‚schlimme' Variante folgen wird, die sich gerade durch den Kontrast als besonders problematisch erweist. Tatsächlich widmet sich Mike in der folgenden TKE dieser Variante (Z. 06–10: die Frau ändert ihre Stimmungen so schnell, dass man nicht auf sie eingehen kann); erst in Z. 10 ist der Beitrag pragmatisch abgeschlossen. Es folgt noch eine weitere Expansion (Z. 11) (vgl. Kap. 3.3.2.5), bevor ein anderer Sprecher das Thema mit einem Bericht über seine eigenen Erlebnisse mit der Mitbewohnerin fortführt.

Der folgende Ausschnitt zeigt ein weiteres Beispiel für die rhetorische Gestaltung eines komplexen Redebeitrags. Hier geht es um die typische ‚ja-aber'-Struktur von Beiträgen zu Argumentationen. Der Sprecher bestätigt zunächst die Position des anderen (teilweise), um dann die eigene Gegenposition zu formulieren:

Beispiel (43) SCHÖNE KLEIDUNG
```
   01 Bia:  nee ich muss schon sagen ich trag GERne äh äh schöne
                kleidung, °h
   02       aber oftmals ist mir das was mir [gefÄllt einfach zu
   03 Jos:                                   [warum MACHST_es dann
                nicht;
   04 Bia:  eh is mir einfach zu TEUer. (.)
   05       also das kann ich mir dann nicht das kann ich mir
                nicht [LEISten;]
   06 Jos:        [hm_hm   ]
   07 Bia:  °h aber ich bin auch n_MENSCH-
   08       ich kann in JEANS rumlaufen-
   09       mit SWEATshirt oder- °h
   10       ich kann mich [auch AUFstylen ]
   11 Jos:                [aber schöne klei]dung hat doch nicht
                immer was mit_n PREIS zu tun;
   12       [FINde ich;        ]
→  13 Bia:  [HAT es auch nich.]
   14       aber ich hab ja gerade geSAGT,
→  15       weil (.) dann wenn ich was SEhe,=
   16       =ist es meistens zu TEUer;
   17       ich hab halt eben [dann vielleicht-]
   18 Jos:                    [was dir geFÄLLT-]
                aus[geflippten geSCHMACK;]
   17 Bia:     [was mir geFÄLLT-    ] °h
```

Bianca hat bereits gesagt, dass sie zwar gerne ‚schöne Kleidung' trägt, sie sie sich aber oft nicht leisten kann (Z. 05). Dagegen wendet Josef ein, dass ‚schöne

Kleidung doch nicht immer was mit dem Preis zu tun' haben muss (Z. 11). In Z. 13 stimmt Bianca ihm zunächst zu (*HAT es ja auch nich.*), um dann aber in einer weiteren TKE zu wiederholen, warum sie diese schönen Kleider faktisch nicht trägt. Die Zustimmung alleine könnte die erwartbare Handlung eines Gegenarguments noch nicht realisieren.

Eine andere rhetorische Struktur für komplexe Turns besteht darin, eine satzwertige metapragmatische Äußerung in erster Position zu produzieren, der dann in der zweiten TKE die eigentliche Aussage folgt. Im folgenden Beispiel dient dieser metapragmatischen Rahmung Josefs turn-initiale TKE *kannste mir erZÄHLN was du willst*. Mit einer solchen Äußerung kann sein Turn aber nicht abgeschlossen sein; sie muss sich auf eine andere Äußerung beziehen, die bisher noch nicht verfügbar ist.

Beispiel (44) ROTZFAHNE
```
((Vlado und Josef entdecken nach dem Aufstehen, dass im Wohnzim-
mer noch benutzte Taschentücher vom Vorabend herumliegen.))
   01 Jos: DA.
   02      (s_)schon WIEder ne rotzfahne;
   03      (1.0)
   04 Vla: (<<pp>LASS sie.>)
   05      (4.0)
   06      (ts)
   07      (10.0)
→  08 Jos: kannste mir erZÄHLN was du willst.
→  09      frAuen sind GRÖßere schweine wie MÄNner.
   10 Vla: naTÜRlich.
```

Die zentrale Komponente des Redebeitrags, die Kommentierung der herumliegenden ‚Rotzfahne', erfolgt erst in der nächsten TKE: *frAuen sind GRÖßere schweine wie MÄNner.* (Z. 09).

3.3.2.3 Einleitungen für ‚große Pakete'

Schließlich ist zu erwähnen, dass es spezielle Verfahren gibt, um am Anfang eines Redebeitrags eine mündliche Gattung anzukündigen, die eine Reihe von TKE erfordern wird (**big package**, vgl. Kap. 6). Damit wird von vornherein der Anspruch des Sprechers deutlich gemacht, über diese TKE-Grenzen hinweg seine Rolle zu behalten und die Rezipienten bestenfalls für kleinere Interventionen zu Wort kommen zu lassen. Betrachten wir einige Beispiele:

Beispiel (45) MUTTERPROBLEME
((Radio, phone-in show; M = Moderator, A = Anrufer, B = Therapeut im Studio))
```
01 M: und es WARtet (-) wIeder jemand;
02     guten Abend-
03     (0.5)
04 A: guten Abend;
05 B: guten Abend?
→ 06 A: °hh mein problem is DES; (1.0)
07     ich hab eine FREUNdin seit ein? einem jahr,
08     (0.7)
09 B: <<p>ja>,
10 A: °h und ich:: hab sie sehr GERN.
11     (0.7)
```
((Es folgt eine lange Darstellung der Probleme des Anrufers, die sich daraus ergeben, dass seine Mutter seine Freundin nicht mag.))

In diesem Beispiel erfordert schon der Aktivitätstyp der therapeutischen Beratung (hier am Telefon im Rahmen einer Radioshow), dass der Ratsuchende zunächst sein Problem darstellt. Dies geschieht in der Regel in einem längeren, komplexen Redebeitrag. Der Anrufer ergreift in der sequenziellen Position des ‚ersten Themas' (vgl. Kap. 2) das Wort (Z. 06) und beginnt mit einer formelhaften TKE, die als Projektorkonstruktion (Günthner 2008) eine Problemdarstellung ankündigt (*mein problem is DES;*). Obwohl er anschließend eine Pause von einer Sekunde entstehen lässt, wird ihm das Rederecht nicht streitig gemacht; er hat es sich durch die Einleitung (vgl. das katadeiktische Pronomen *des* (= *das*)[70]) bereits für eine längere Zeit gesichert. Es folgt dann eine sehr ausführliche Darstellung des Problems.

Ähnlich wirkt die turn-initiale TKE *weil bei UNS isch_es SO:;* im folgenden Ausschnitt:[71]

---

[70] Es handelt sich dabei übrigens nicht um denselben Typ von Katadeixis wie in Bsp. 20. Dort verweist das kataphorische Pronomen auf eine Proposition, die notwendig ist, um die bisherige Äußerung referenziell zu verstehen; hier geht es um eine metatextuelle Katadeixis.
[71] Genau genommen steht diese Projektorkonstruktion erst in der zweiten Position, nachdem die Sprecherin die letzten drei Wörter der Mitteilung ihrer Gesprächspartnerin, *der theo meint er glaubt es NICHT bei dem wetter* echoartig wiederholt hat. Dieses *bei dem WETter* ist eine TKE, nach der ein Wechsel des Rederechts durchaus möglich wäre. Die Äußerung hat also einen anderen Status als das projizierende *bei UNS isch_es SO:;* (Z. 09).

Beispiel (46) SCHIFFSNACHBARINNEN 2 (Telefonat)
((Im Raum steht, dass sich A. und B. sowie ihre Familien für den Abend zum Essen/Weintrinken verabreden könnten.))
```
  01 A:   <<nach hinten zu Theo> theo geht der thomas zum
               WEINfest?>
  02      (2.5)
  03 B:   weiß er_s NEDde?=
  04 A:   =der theo meint er glaubt es NICHT bei dem wetter.
  05 B:   bei dem WETter.
→ 06      weil bei UNS isch_es SO:;
  07      (-) wir ham doch n SCHIFFsnachbar.(-)
  08      und der hat uns jetzt beSTIMMT schon das ZEHNtemal zum
               ESsen eingeladen;
  09      [und IMmer hatten wir was ANdres vor;
  10 A:   [hm_HM,
  11 B:   jetz ham mir gsa(gd) mir gehn heut Abend mit DEM ä: (-)
               nach BEburg,
  ((etc.))
```

Nachdem geklärt ist, dass Thomas heute Abend nicht zum Weinfest gehen wird, steht aufgrund der Interaktionsgeschichte zwischen den beiden Freundinnen, die hier miteinander telefonieren, die Frage im Raum, ob sie sich treffen wollen. B. setzt nun zu einem längeren Redebeitrag an, in dem sie ihrer Freundin mitteilen muss, dass sie an diesem Abend ebenfalls nicht verfügbar ist. Sie leitet den Redebeitrag mit *weil bei UNS isch_es SO:;* (mit katadeiktischem *so*) ein. Diese Einleitung sichert ihr das Rederecht über mehrere TKE hinweg (Z. 06, 07, 08, 09, 11 und weitere TKEs, die hier nicht wiedergegeben sind).

Im letzten Beispiel für Einleitungen von *big packages* kündigt Ulf seinem Freund Jonathan an, etwas ‚erzählen' zu wollen (Z. 02–04). Solchen metapragmatischen Ankündigungen folgt im allgemeinen Sprachgebrauch keineswegs immer eine Erzählung (vgl. Kap. 6), sondern der Begriff wird allgemein für Darstellungen von komplexen Sachverhalten oder Ereignissen in der Vergangenheit oder Zukunft verwendet. Hier erklärt Ulf seinen Plan, demnächst eine Retro-Konsolenparty zu veranstalten. Wie durch die Einleitung und das Verb *erzählen* schon angekündigt, gestaltet sich Ulfs Redebeitrag sehr umfangreich:

Beispiel (47) KONSOLENABEND (ZK7) (von Elisabeth Zima)
```
  01 Ulf: aproPOS,=
  02      =ich_äh::::: (.) hätte des demnächst in die: in die
              grUppe geSCHRIEben,
  03 Jon: nhn,
  04 Ulf: äh (.) aber jetzt (.) wo ihr hIer seid kann ich_s auch
              SO erzähln;=
```

```
05           =ich wOllte: ähm (.) zwischen den FEIertagen,
06 Jon:      hm_hm,
07 Ulf:      äh hab ich mir mit isaBEL überlegt-
08           [hier son äh: son (.) äh::
09 Jon:      [(ja jetz)
10 Ulf:      ah (.).ts wie HEISST des-
11           REtro:: (.) REtro (.) konSOle: (-) [äh abend machen,
12 Jon:                                          [↑u:::;
13 Ulf:      lisabeth hat ne: SUper ninTENdo,
14 Jon:      und_[wer NOCH?
15 Ulf:          [oder: isses ne en vierundSECHzig?=
16           =ne en vierundSECHzig glaub ich;=
17 Jon:      =ah oKEE,=
18 Ulf:      =mit MArio kart,
19 Jon:      aha::::;
20           [oKEE,
21 Ulf:      [und äh: wir dacht_äh: wir ham lEider nur zwei
             conTROLler;=
22           =wir müssen mal kUCken ob_wer noch jemanden fInden der
             conTROLler hat;=
23           =[sonst KAUfen_wer uns welche?
24 Jon:       [°hh (--) hh° ich wEiß ned vielleicht der tobi WAGner
             oder so könnte_mer mal kucke ob die nid-
             irgendwas in DER richtung noch ham:-
25 Ulf:      dann stelln_wer uns hier noch_en zweiten FERNseher
             auf,
26           und dann [äh: wern_wer HIER so_n bisschen-
27 Jon:               [okee,
28           des wär WITzig.
```

Ulf führt seinen Turn trotz verschiedener Interventionen von Jonathan bis Z. 26 fort, wo er ihn mit einem Satzfragment beendet. Schon der Beginn ist sehr aufwändig strukturiert. Ulf zeigt zunächst durch *aproPOS* ein neues, mit dem bisherigen bestenfalls assoziativ verbundenes Thema an.[72] *Apropos* ist allerdings allein nicht in der Lage, einen Redebeitrag zu bilden; das Adverb lässt sich also aus semantischen Gründen am besten als Vorvorfeldbesetzung für den in Z. 05 beginnenden Satz verstehen:

---

[72] Solche **topic touch-offs** suggerieren zwar eine assoziative Anknüpfung an das bisherige Gesprächsthema, diese Anknüfung ist aber keineswegs immer für die anderen Gesprächsbeteiligten erkennbar, so wie im vorliegenden Beispiel (das vorherige Thema war die Verteilung des Kuchens und Kaffees). *Apropos* führt also das neue Thema disjunktiv ein. In gleicher Funktion wird turn-initiales *übrigens* verwendet. Schegloff & Sacks (1973) sprechen von einem **misplacement marker**.

```
aproPOS,=
=ich wOllte: ähm (.) zwischen den FEIertagen,
hier son äh: son (.) äh::
REtro:: (.) REtro (.) konSOle- (-) [äh abend machen
```

Zwischen Vorvorfeld und Vorfeld (*ich*) schiebt der Sprecher eine zweigliedrige, explizite Ankündigung ein:

```
=ich_äh::::  (.) hätte des demnächst in die: in die grUppe
   geSCHRIEben,
äh (.) aber jetzt (.) wo ihr hIer seid kann ich_s auch SO
   erzähln;=
```

Nach diesen beiden ankündigenden TKEs formuliert Ulf ab Z. 05 seine Pläne. Der Redebeitrag umfasst neben der Ankündigung einer Konsolenparty (Z. 01/05–11) nun noch TKEs zur Spezifizierung der Konsole und der Spiele (Z. 13–18), zum Problem der fehlenden Controller (Z. 21–23) sowie zum Einsatz von Fernsehern (Z. 25–26). Der Rezipient (der sich zu diesem Event offenbar eingeladen fühlt) beschränkt sich auf kommentierende oder unterstützende Äußerungen: nach der generellen Ankündigung produziert er eine prosodisch hochgelegte Interjektion *u:::* (Z. 12), die den Plan positiv („anerkennend') bewertet, nach der Erwähnung des Konsolenproblems einen möglichen Ausweg (Z. 24), am Ende der Darstellung des Plans eine Bewertung (Z. 28). Überdies scheint er in Z. 14 zu einer Nachfrage anzusetzen, wer „noch' (also außer Ulf und Anabell) zur Party eingeladen ist, die allerdings ein Fragment bleibt. In all diesen Fällen werden die Äußerungen des Rezipienten von denen des Sprechers überlagert, der unbeirrt seinen Redebeitrag fortsetzt. Die Darstellung des Projekts erfordert offensichtlich mehrere TKEs, und Ulf hat diese komplexe Darstellung auch bereits durch die Einleitung des Turns durch vorauslaufende metapragmatische TKEs angekündigt.

Der Unterschied zu Ankündigungen von Neuigkeiten (vgl. Kap. 4), die im Rahmen einer Erzählung berichtet werden sollen, besteht lediglich darin, dass kein ‚grünes Licht' des Rezipienten notwendig ist, um den Turn weiterzuführen. Ein solches ‚grünes Licht' benötigt der Erzähler, wenn er eine Geschichte ankündigt, wie sich am folgenden Beispiel erkennen lässt. Vlado besorgt sich erst durch seinen Turn in Z. 01, *heut mOrgen hat mich der SCHLAG getroffen*, das ‚Ticket' für eine längere, quasi-narrative Darstellung der ‚Sauerei', die die Mitbewohner/innen am Abend vorher hinterlassen haben. Er tut dies, indem er die subjektive Wirkung eines (zu diesem Zeitpunkt noch nicht spezifizierten) Erlebnisses auf ihn selbst an den Beginn stellt und damit Neugier erregt, was denn für diese subjektive Wirkung verantwortlich gewesen sein könnte; dadurch wird die nun folgende Geschichte als ‚erzählenswert' präsentiert:

Beispiel (48) SCHLAG GETROFFEN
```
→ 01 Vla:  heut mOrgen hat mich der SCHLAG getroffen.
  02       (1.0)
→ 03 Jos:  <<pp>waRUM,>
  04 Vla:  ich komm ins WOHNzimmer,
  05       (0.5)
  06       vier flecken auf nem TEPpich da drüben.=
  07       =solche großen PFÜTzen. (0.5)
  08       und ALle bEcher STEHen gelassen;=
  09       =hAlb VOLL.
  10       DREIviertelt VOLL;
  11       VOLL;
```

Im Gegensatz zu den vorherigen Beispielen spricht Vlado nach seiner Ankündigung in Z. 01 nicht einfach weiter, sondern wartet auf eine Nachfrage von Josef, die ihm den Raum für einen komplexen, narrativen Redebeitrag gibt. Den nutzt er in den Zeilen 04–11 aus. Die Ankündigung selbst ist aber ein separater Turn, so dass sich eine dreigliedrige Sequenz aus Erzählankündigung, ‚grünes Licht'-Erwiderung und Narrativ ergibt. Die Ankündigung gehört also nicht zum Turn, der das Narrativ enthält.

3.3.2.4 Kleinräumige Haltepraktiken zur Suspension von MÜPs (*turn-holding*)

Bisher wurde gezeigt, dass Redebeiträge oft nicht nur aus einer TKE bestehen. Wir haben komplexe TKEs besprochen, die von vornherein als solche erkennbar waren, weil die initial produzierten TKEs noch nicht als (vollständige) Realisierungen der angekündigten sprachlichen Handlung gelten konnten oder weil die Sprecher durch entsprechende Ankündigungen komplexe Redebeiträge erwartbar gemacht haben. Rezipienten sind bereit, an der TKE-Grenze auf die Neuverhandlung des Rederechts zu verzichten, wenn ein Redebeitrag nach der ersten TKE erkennbar pragmatisch nicht abgeschlossen ist.

Den Sprechern stehen aber auch kleinräumig Ressourcen zur Verfügung, um am Ende einer TKE ihre Absicht zu signalisieren, den Turn weiterzuführen, selbst wenn sie dies nicht von Anfang an angekündigt haben. Diese Ressourcen sind im Deutschen vor allem prosodischer Natur. Die wichtigste ist der Tonhöhenverlauf (Grundfrequenz) vom Beginn der Nukleusakzentsilbe bis zum Äußerungsende, also einschließlich möglicher nicht-betonter Silben nach der Nukleusakzentsilbe (vgl. 3.3.1.2). Im Deutschen gilt eine IP-finale Tonhöhenbewegung auf den letzten unbetonten Silben als „weiterweisend", wenn sie leicht ansteigt oder auf hohem Niveau bleibt (und nicht als Frage interpretiert werden kann) (Gilles 2005) (**progrediente Intonation**).[73] Weiterweisende Tonhöhenverläufe werden am Ende von Intonationsphrasen für verschiedene Zwecke eingesetzt. Sie können innerhalb einer noch nicht abgeschlossenen TKE (auch an der Grenze zwischen Teilsätzen) eine Fortsetzungserwartung begründen, sie können innerhalb eines von Anfang an als komplex konfigurierten Turns Unabgeschlossenheit markieren, sie können aber auch am Ende einer TKE eine Fortsetzungserwartung erzeugen, die nicht durch andere Faktoren (etwa syntaktische oder pragmatische Unabgeschlossenheit) vorbereitet oder gestützt wird. In den ersten beiden Fällen steht die Turnübergabe nicht zur Disposition; die progrediente Intonationsbewegung ist also redundant. Im dritten Fall übernimmt sie allein die Funktion, die Expansion des Beitrags anzukündigen. Alle drei Fälle kommen in dem oben diskutierten Beispiel KONSOLENABEND vor, das hier noch einmal in verkürzter Form abgedruckt ist.

Beispiel (49) KONSOLENABEND (gekürzt)
```
→ 05 Ulf:   =ich wOllte: ähm (.) zwischen den FEIertagen,
  ((...))
     08      [hier son äh: son (.) äh::
  ((...))
→ 11         REtro:: (.) Retro (.) konSOle- (-) [äh abend machen,
  12 Jon:                                       [↑u:::;
→ 13 Ulf: lisabeth hat ne: SUper ninTENdo,
  ((...))
→ 18 Ulf: =mit MArio kart,
  ((...))
  21 Ulf: [und äh: wir dacht_äh: wir ham lEider nur zwei
              conTROLler;=
  22       =wir müssen mal kUCken ob_wer noch jemanden fInden der
              conTROLler hat;=
→ 23       =[sonst KAUfen_wer uns welche?
  ((...))
→ 25 Ulf: dann stelln_wer uns hier noch_en zweiten FERNseher
              auf,
  26       und dann äh: wern_wer HIER so_n bisschen-
```

---

[73] Auch gleichbleibende Intonationsverläufe auf den postnuklearen Silben (durch "-„ gekennzeichnet) können weiterweisend interpretiert werden, wenn der Nukleus der IP durch Tieflegung realisiert wurde. Die Anstiegsbewegung findet dann schon auf der Akzentsilbe statt und die daraufolgenden Silben bleiben auf dieser Ebene, vgl. etwa Abb. 38 (*Fernseher*).

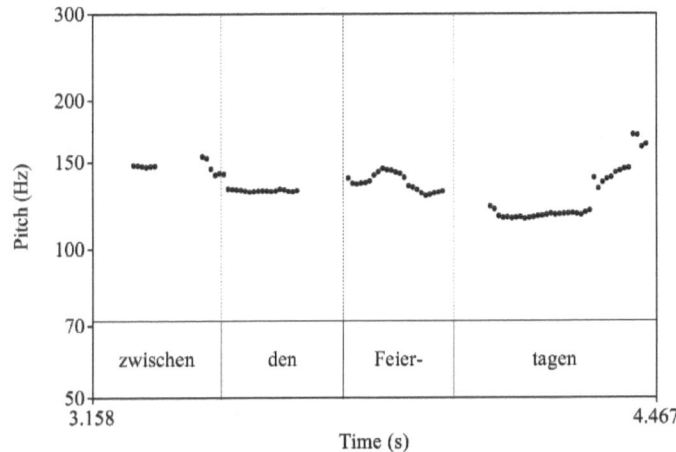

Abb. 33: Grundfrequenzextraktion für Z. 05 in Beispiel (49).

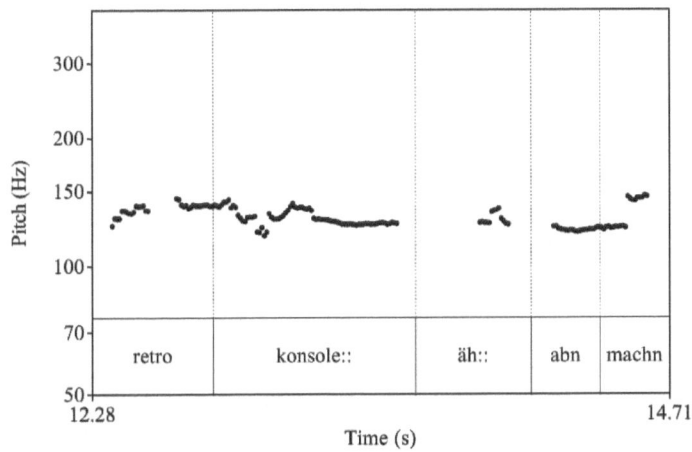

Abb. 34: Grundfrequenzextraktion für Z. 11 in Beispiel (49).

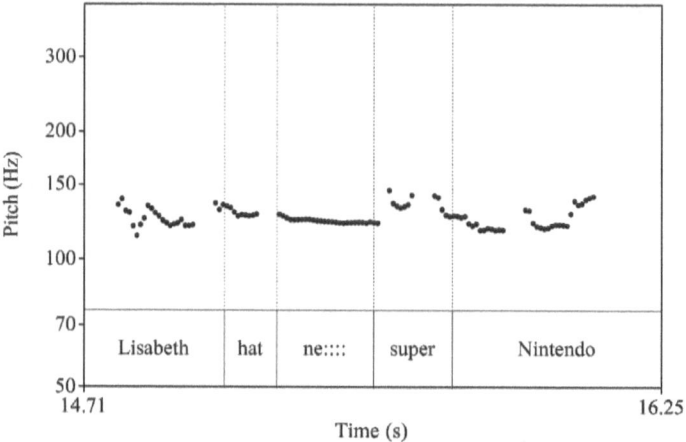

Abb. 35: Grundfrequenzextraktion für Z. 13 in Beispiel (49).

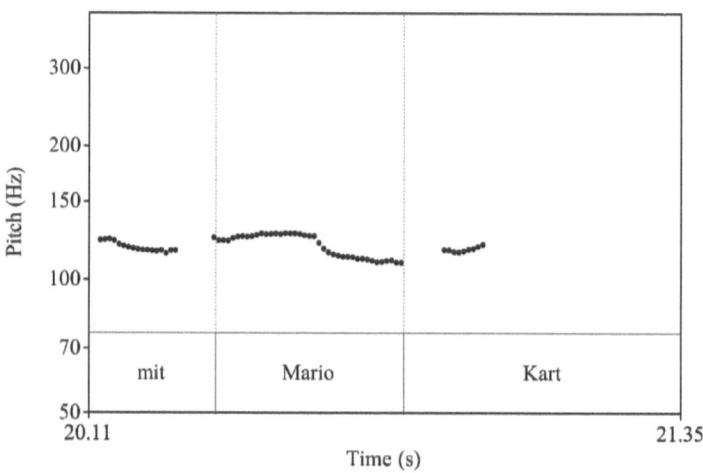

Abb. 36: Grundfrequenzextraktion für Z. 18 in Beispiel (49).

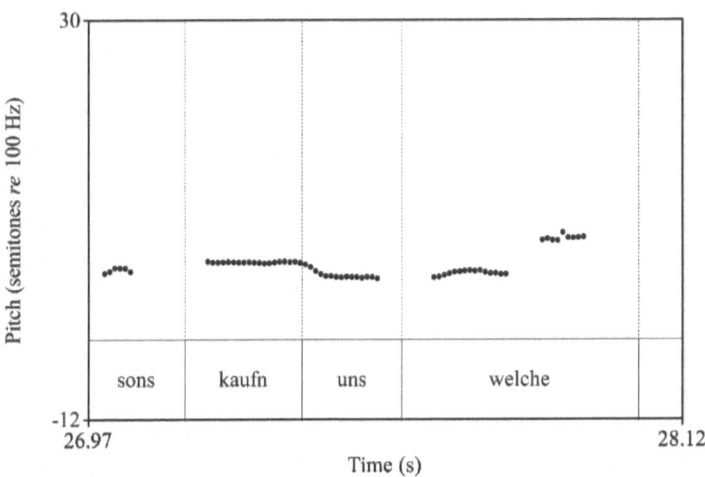

Abb. 37: Grundfrequenzextraktion für Z. 23 in Beispiel (49).

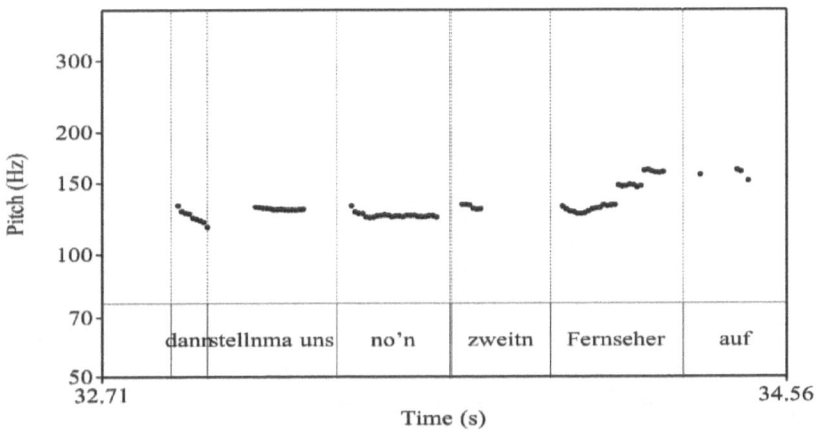

Abb. 38: Grundfrequenzextraktion für Z. 25 in Beispiel (49).

In Z. 05 (Abb. 33) verpackt der Sprecher seine emergente Äußerung in zwei Intonationsphrasen, auch wenn an der ersten IP-Grenze noch keine syntaktisch vollständige Äußerung erreicht ist. Die Absicht, die Äußerung noch weiterzuführen, wird durch die ansteigende Intonationskontur auf der letzten Silbe von Feiertagen deutlich gemacht. Am Ende von Z. 11 (Abb. 34) ist hingegen syntaktisch, semantisch und pragmatisch gesehen ein Abschlusspunkt erreicht, und es ist an dieser Stelle auch noch nicht klar, ob Ulf einen komplexen Redebeitrag plant. Erst die steigende Intonationsbewegung auf der letzten Silbe (*machen*) zeigt dies an. Die nun folgenden TKEs listen die einzelnen Beschreibungskomponenten des Projekts ‚Retrokonsolenabend' auf und sind als Teil eines komplexen Redebeitrags zu erkennen. Neben dem Inhalt trägt die weiterweisende Prosodie dazu bei, dem Redebeitrag den Charakter einer unabgeschlossenen Liste zu geben (Anstieg auf *Nintendo, Kart, welche, Fernseher*, im letzten Fall mit einem Plateau auf der letzten Silbe *auf* (vgl. die Abb. 33 bis 38).

Wenn ein Sprecher eine Reihe von aufeinander folgenden TKEs durch progrediente Intonation als turn-medial markiert, entsteht oft der Eindruck einer Auflistung (Listenintonation, vgl. Selting 2007) und entsprechend einer gewissen Monotonie, wie etwa in dem folgenden Ausschnitt. Die Sprecherin XE erzählt hier von ihrem ersten sexuellen Erlebnis:

Beispiel (50) ERSTES MAL
```
   01 XE: ja und der hat dann halt gesagt ja ich soll mir kein
             ´STRESS machen-
 → 02       und ich (.) wir ´MÜSsten nichts machen-
 → 03       wenn ich das nicht [`´WOLLte-],
   04 DO:                      [AH         ] ja;
   05 XE: aber
   06 DO: (na) haste [ja GLÜCK gehabt;=ne?]
   07 XE:            [(das ging ganz GUT.)]
   08       (-)
   09 DO: dass [du an SO jemanden äh        ] geKOMmen bist;
   10 XE:      [JA:ja; doch; ich denk SCHON];
```

Domians Kommentare (Z. 04,06,09) kommen an Stellen, an denen die Sprecherin offenbar mit ihrer Aufzählung noch nicht zuende ist (vgl. die progrediente Intonation am Ende von Z. 03).

Wegen ihres tendenziell monotonen Listencharakters sind solche Reihungen von TKEs aus IPs mit gleichförmiger Intonationsbewegung (vor allem solche mit einer hohen Plateaubewegung auf den letzten Silben) nicht allzu häufig. In der Regel wechseln sich final steigende mit final fallenden Tonhöhenbewegungen ab. Aber selbst bei sinkender finaler Tonhöhenbewegung haben die Sprecher noch die Möglichkeit, im letzten Augenblick den Sprecherwechsel zu blockieren. Das ist durch **unmittelbare Anschlüsse**[74] möglich. Der Sprecher lässt die Intonationsphrase nicht auslaufen, er beschleunigt vielleicht sogar das Sprechtempo noch auf den letzten Silben der IP (vgl. Abb. 39 zu Bsp. 51). Am möglichen Abschlusspunkt lässt er keine Pause entstehen, sondern schließt sofort die Expansion an. Dabei bleibt allerdings die IP-Grenze durch die Höherverlagerung der Intonationskontur erkennbar:

Beispiel (51) DIÄT (BB 26, 78)
```
((zum Kontext siehe Bsp. (4), (11)))
01 Max: ich hab nicht EIN nuTELlabrot gegessen.=
02      =GAR nichts.
```

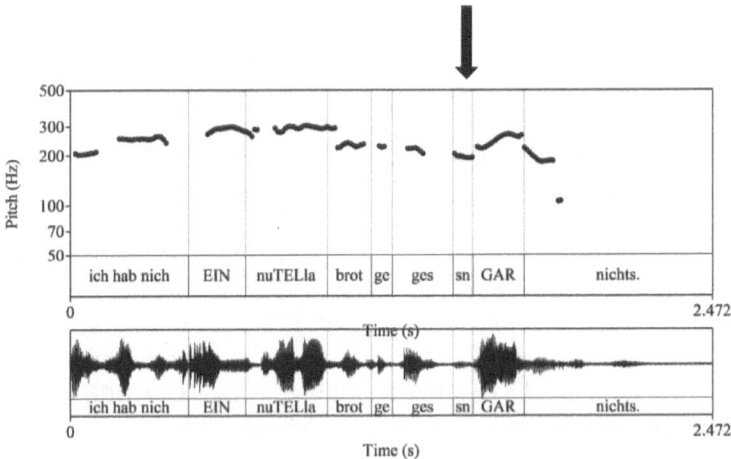

Abb. 39: Grundfrequenzextraktion und Oszillogramm für Z. 01–02 aus Beispiel (51). Der Pfeil markiert den schnellen Anschluss.

Die TKE in Z. 01 wäre in der Lage, allein einen Redebeitrag zu bilden. Die Sprecherin entscheidet sich aber, den Turn noch durch ein emphatisches *GAR nichts.* zu erweitern. Für die anderen Gesprächsteilnehmer gibt es keine Chance, das Rederecht schon vor dieser Expansion zu übernehmen.

---

74 Es gibt dabei verschiedene phonetische Varianten, auf die wir hier nicht im Detail eingehen können; vgl. Local & Walker (2004) sowie Walker (2010) zu *abrupt joins* und Schegloff (1982) zu *rush-throughs*. Der Unterschied bezieht sich darauf, wie deutlich der Übergang von der einen zur anderen IP noch markiert ist.

Im folgenden Beispiel gibt es zwei unmittelbare Anschlüsse. Im ersten Fall lässt sich argumentieren, dass aus pragmatischen Gründen sowieso ein komplexer Redebeitrag notwendig ist, im zweiten Fall wäre hingegen ein MÜP erreicht, wenn die Sprecherin ihn nicht auf diese Weise verhindern würde:

Beispiel (52) NACHHAUSE
```
((Die Hausbewohner sprechen über ihre Wünsche, den Container zu
verlassen. Viola argumentiert, dass jeder mal Momente hat, in
denen er das Haus verlassen will, während Sybille der Meinung
ist, dass ihr Mitbewohner dies niemals wollen würde.))
    01 Vio:  isch denk der josef hat AUCH momente wo er; °h
    02 Syb:  <<mit Nachdruck>nä;>
    03 Vio:  nach HAUse will;
    04       meinste NICH?
    05 Syb:  (--)
→   06       wo er SEHNsucht [hat.=
    07 Vio:                  [ja
→   08 Syb:  =(aber) der jOsef würde nich GEHN.=
    09       =außer seine sch seine tochter wär °h (0.5) am
             KRANkenbett.
```

Sybille übernimmt den Turn in Z. 02, um Viola zu widersprechen, ohne dass sie ein TKE-Ende abwarten würde. (Violas Äußerung *isch denk der jOsef hat AUCH momente wo er;* ist syntaktisch noch unvollständig.) Viola führt ihren Beitrag dennoch zuende (Z. 03) und fordert Sybille dann explizit auf, ihre Meinung dazu zu äußern (04), auch wenn die negative Formulierung (*meinste NICH?*) deren schon erfolgte Ablehnung berücksichtigt. Sybille muss ihre nichtübereinstimmende Meinung also rechtfertigen. Sie tut dies im Rahmen einer *ja-aber*-Struktur: Z. 06 (*wo er SEHNsucht hat.*) stimmt Viola abgeschwächt zu, die nun zu erwartende *aber*-Komponente (*aber* ist nicht ganz klar verständlich) wird als neue TKE schnell angeschlossen (vgl. Abb. 40, erster Pfeil). Danach hat der Redebeitrag einen möglichen Abschluss erreicht (*der JOsef würde nich GEHN.*). Dennoch verhindert Sybille, dass Viola zu Wort kommen kann, indem sie eine Ausnahme zu ihrer Meinung anschließt und dadurch ihren Redebeitrag expandiert (*außer seine sch seine tochter wär °h (0.5) am KRANkenbett.* Z. 09; vgl. Abb. 40, erster Pfeil).

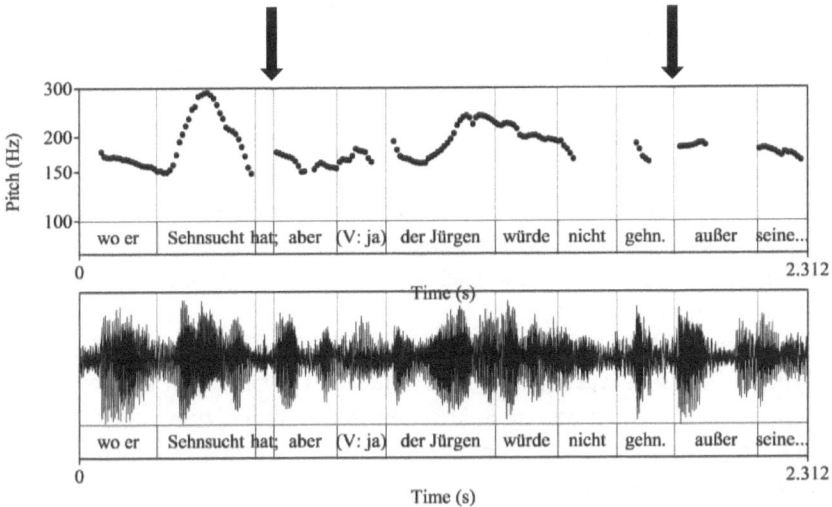

Abb. 40: Grundfrequenzextraktion und Oszillogramm für Z. 06–09 aus Beispiel (52). Die Pfeile markieren den schnellen Anschluss.

Das Problem mit solchen Expansionsentscheidungen ‚im letzten Augenblick' ist, dass der Rezipient während der Produktion der TKE bereits deren Endpunkt projiziert und sich nun vielleicht auf die Gelegenheit eingestellt hat, das Rederecht zu übernehmen; ein Sprecher, der diese Möglichkeit im letzten Augenblick zunichte macht und damit den Rederaum entgegen dem projizierten Abschlusspunkt für sich beansprucht (eine typische Strategie von Politikern in Interviews), nimmt dem Rezipienten die Chance, einen schon vorbereiteten nächsten Beitrag faktisch zu realisieren. Es entsteht also eine Dissonanz zwischen kognitiven und interaktiven Aktivitäten. Ein anderes Problem mit solchen Halte-Praktiken auf den letzten Silben der TKE sind überlappende Übernahmen bei projizierbarem TKE-Ende, die diese Strategie durchkreuzen können (vgl. 3.3.1.2). Ein Beispiel findet sich in Ausschnitt (53).[75]

3.3.2.5 Lokal organisierte Erweiterungen von Redebeiträgen (Expansionen)

Kleinräumige Haltepraktiken ermöglichen es dem augenblicklichen Sprecher also, Redebeiträge über TKE-Abschlüsse hinweg zu erweitern, auch wenn sie dies nicht von Anfang an angekündigt haben. Eine andere Möglichkeit ist, dass

---

[75] Vgl. dazu Local, Wells & Sebba (1985).

zwar ein MÜP entsteht, aber kein anderer Sprecher weiterreden möchte. In diesem Fall kann sich der erste Sprecher entscheiden, seinen Redebeitrag zu expandieren. In diesem Abschnitt besprechen wir nur den ersten Fall; Turn-Erweiterungen über einen MÜP hinaus bedürfen der Mitwirkung der anderen Gesprächspartner, die auf den Turn verzichten. Sie werden in Abschnitt 3.4.5 besprochen.

Es lassen sich drei Fälle von Erweiterungen unterscheiden. Im ersten Fall erweitert der Sprecher seinen Redebeitrag um eine weitere TKE, im zweiten Fall expandiert er die letzte TKE syntaktisch und im dritten Fall hängt er ein **Nachlaufpartikel (*tag*)** an.

Für den ersten Fall finden sich schon in den bisher diskutierten Transkriptausschnitten Beispiele (vgl. Bsp. 49 und 50). Die Erweiterungen können in verschiedenen semantischen und syntaktischen Beziehungen zum ersten TKE stehen, die in Abschnitt 3.4.5. genauer behandelt werden. Sie sind immer selbständige syntaktisch-prosodische Einheiten. Im zweiten Fall nutzt die Erweiterung die Möglichkeiten der Syntax der Sprache aus, an eine eigentlich schon abgeschlossene TKE ein zusätzliches Element in syntaktisch erlaubter Weise anzuhängen (***increments***). Die Erweiterung erfolgt also satzintern und daher auch TKE-intern. Sie hat selbst hat keinen TKE-Status. Schematisch kann man sich den

Unterschied zwischen TKE-Erweiterungen und Turn-Erweiterungen wie folgt vorstellen:

TKE-Erweiterung: [[------] TKE-Ende 1   ------] TKE-Ende 2
Turn-Erweiterung: [------] TKE-Ende 1   [------] TKE-Ende 2

Die Möglichkeiten der TKE-Erweiterung sind sprachspezifisch. Im Deutschen ist es zum Beispiel möglich, jeden schon abgeschlossenen Satz durch einen Nebensatz (z. B. einen Adverbialsatz) zu erweitern. Nicht-satzwertige Erweiterungen sind durch die Klammerstruktur des deutschen Satzes eingeschränkt: nach der rechten Verbklammer ist die Positionierung weiterer Satzelemente im sog. Nachfeld meist markiert (sog. **Ausklammerung**), sie kommt aber gerade in der gesprochenen Sprache recht oft vor (vgl. Auer 1992). Zu beachten ist, dass zwischen dem ersten TKE-Ende und der Expansion eine prosodische Zäsur liegen muss. (Andernfalls ist zwar ein syntaktischer, aber kein prosodischer Abschlusspunkt erreicht und die Bedingungen für ein TKE-Ende sind nicht erfüllt.)

Der folgende Fall einer TKE-Erweiterung ist besonders dramatisch, weil hier die Konstituente im Nachfeld (ein Adverb, *NACHmittags*) noch einmal einen eigenen Fokusakzent erhält. Ganz offenbar handelt es sich um eine außerordentlich wichtige Information, die die Sprecherin in den Vordergrund stellen will. Ohne diese Erweiterung würde ihrer Erzählung eine wesentliche, für ihr Gelingen zentrale Komponente fehlen:

Beispiel (53) KINA KINA
```
((H. erzählt vom Rassismus chinesischer Studierender gegenüber
schwarzafrikanischen Kommilitonen.))
   01 H:  der EIne: °hh war ma verDROSchen worden von_ner ganzen
              °h HORde: chinesischer kommilitonen- °h
   02      weil er (-) sich erdREIStet hatte: °h eine chiNEsin zum
              TEE einzulad[en.=
   03 S:                  [NEI:N.
   04 H:  =↑NACHmittags.
```

Die Erweiterung erfolgt mit schnellem Anschluss, allerdings in Überlappung mit der Rezipientenäußerung *NEI:N*, die schon vor Ende der ersten TKE (am Ende von Z. 02) einsetzt. Die syntaktische Erweiterung besteht darin, dass ein Adverb in der Funktion einer temporalen Bestimmung (↑*NACHmittags*. Z. 04) den schon abgeschlossenen Satz (nach der rechten Verbklammer, die durch *einzuladen* besetzt ist) durch ein Nachfeld erweitert.

Der einfachste Fall einer Expansion des Redebeitrags besteht im Anhängen einer Nachlaufpartikel. Die meisten Nachlaufpartikel folgen auf die syntaktisch und semantisch schon abgeschlossene TKE mittels schnellen Anschlusses, also ohne dass eine Pause entsteht:

Beispiel (54) LEHRGELD
```
((zum Kontext vergleiche Bsp. 75 unten.))
   23 And: WAHNsinn;_ne?
```

Beispiel (55) SHAMPOO
```
→ 01 Syb: =mit eiGELB un mit äh (.)mit ziTROne.=[ne]?
  02 Vio:                                        [EI]ge:lb,
  03       ziTROne.
```

Beispiel (56) SONNENPLATZ
```
   01 Syb: (.) ICH habe eben meinen schönen PLATZ da gehabt.=ja?
```

Erst wenn der augenblickliche Sprecher eine TKE erkennbar abgeschlossen hat, der Redebeitrag keine weiteren TKEs erfordert, um im gegebenen Handlungskontext sinnvoll zu sein, und der Sprecher überdies keine Halte-Praktiken angewendet hat, steht das Rederecht zur Disposition.

3.4 Wer erhält als nächster das Wort?

Die zweite große praktische Frage, die sich in Alltagsgesprächen stellt, ist die Regulierung des Partizipationsstatus der Beteiligten. In Zweiergesprächen ist die Aushandlung des Rederechts relativ trivial: die Sprecher wechseln einander ab. Sobald die notwendigen (TKE-Ende) und hinreichenden (keine Haltepraktiken, kein komplexer Redebeitrag projiziert) Bedingungen vorliegen, kann der andere Teilnehmer das Wort bekommen – oder natürlich auch darauf verzichten. Aus der Perspektive des Sprecherwechsels sind lediglich zwei Fälle interessant: Zum einen kann es sein, dass der nächste Sprecher bereits deutlich vor dem projizierbaren Ende der TKE einsetzt oder den Turn an einem TKE-Ende zu übernehmen versucht, obwohl die hinreichenden Bedingungen für einen Sprecherwechsel nicht vorliegen (dann kommt es normalerweise zu einer Phase des Simultansprechens). Zum anderen kann es sein, dass der designierte nächste Sprecher nicht (sofort) zu sprechen beginnt. Dann macht entweder der letzte Sprecher weiter oder es entsteht eine Gesprächspause (je nach sequenziellem Kontext eine **Redezugvakanz (gap)**, die der nächste Sprecher auszufüllen hat (vgl. 3.4.2), oder eine **freie Gesprächspause**; vgl. Bergmann 1982).

Wesentlich komplizierter gestalten sich die Dinge hingegen in Gesprächen mit mehr als zwei Teilnehmern. In Dreiergruppen sind die Teilnehmer darauf angewiesen, die Partizipationsstruktur ständig neu auszuhandeln und festzulegen, wer von den Rezipienten an einem MÜP das Rederecht bekommt. In Gesprächen mit vier oder mehr Teilnehmern besteht überdies die Möglichkeit bzw. Gefahr der Bildung von Untergruppen (Gesprächs-**Schisma**, vgl. Egbert 1997a), die noch schlecht untersucht ist und hier nicht weiter behandelt wird.

3.4.1 *One speaker at a time* – Eine kulturunabhängige Orientierungsregel?

Sacks, Schegloff & Jefferson (1974) nehmen an, dass in Gesprächen immer nur ein Teilnehmer das Rederecht hat. Sowohl Phasen des Simultansprechens als auch Pausen sollten also vermieden werden.[76] Um dies zu erreichen, gelten in einem Gespräch mit mehr als zwei Teilnehmern an einem MÜP die schon zitierten, hierarchisch geordneten Möglichkeiten (Sacks, Schegloff & Jefferson 1974: 704).

---

[76] Interessanterweise gibt es Gesprächsbeiträge, die von dieser Regel ausgenommen sind; insbesondere ist Lachen eine solche Gesprächsaktivität. Hier gilt sogar die umgekehrte Präferenz für gemeinsames Lachen (vgl. Sacks 1986: 347).

Regel a: Die erste Option liegt beim augenblicklichen Sprecher. Er kann einen nächsten Sprecher auswählen (*current speaker selects next*). Der so ausgewählte Teilnehmer hat das Recht, den nächsten Redebeitrag zu liefern.

Regel b: Die zweite, hierarchisch nachgeordnete Möglichkeit ist, dass die augenblicklichen Nicht-Sprecher selbst aushandeln, wer als nächster zu Wort kommt (*self-selection*). Dabei gilt, dass der erste, der zu sprechen anfängt, das Recht auf den Redebeitrag bekommt (*first starter principle*).

Regel c: Erst wenn keiner der Nicht-Sprecher ausgewählt wurde bzw. sich selbst zu Wort gemeldet hat, tritt die dritte Regel in Operation, nämlich, dass der augenblickliche Sprecher seinen Redebeitrag fortführen kann, wenn er will (*current speaker continues*).

Die universale Gültigkeit der Annahme, dass in Gesprächen sowohl Simultansprechen als auch Pausen zwischen den Redebeiträgen (möglichst) vermieden werden, ist immer wieder kritisiert worden. Verschiedene Autoren haben darauf hingewiesen, dass in manchen Kulturen solche Normen[77] weniger befolgt werden als in anderen, manche meinen sogar, dass sie überhaupt nicht gelten (z. B. Reisman 1974). Die Toleranz für Simultansprechen scheint beispielsweise unter New Yorker Juden (vgl. Tannen 1984[2005], 2012) deutlich größer, die Toleranz für Schweigen geringer zu sein als unter den Amerikanern, auf deren Gesprächsdaten Sacks und Kollegen ihre Analyse aufbauen. Unter australischen Ureinwohnern (etwa bei den Garrwa, vgl. Mushin & Gardner 2009) und in verschiedenen afrikanischen Kulturen (z. B. den Wolof, Meyer 2017: 153, oder den Baka, vgl. Kimura 2001) sind lange Gesprächspausen ebenso wie Überlappungen viel unproblematischer als in Kulturen des westlicheuropäischen Typs. In einer systematischen Untersuchung auf der Grundlage von Frage-Antwort-Sequenzen in zehn verschiedenen Sprachgemeinschaften rund um den Erdball fanden Enfield, Stivers & Levinson (2010) jedoch kaum Unterschiede (möglicherweise bedingt durch die Beschränkung ihrer Untersuchung auf diesen Paarsequenztyp).

Allerdings täuschen solche kulturvergleichenden Untersuchungen oft darüber hinweg, dass es auch schon innerhalb einer Kultur große Spielräume gibt. Wie groß die Toleranz für Gesprächspausen und für Simultansprechen ist, scheint von zwei Faktoren abzuhängen. Zum einen spielt der Faktor Grad der **Fokussiertheit** der Interaktion eine Rolle (vgl. Kap. 2). Gespräche, die einen

---

[77] Sacks, Schegloff & Jefferson sprechen allerdings nicht von Normen, sondern stellen die Minimierung von Simultansprechen und Pausen als empirische Generalisierung dar, für die ihr „System" eine Erklärung liefern soll. Die normative Komponente ist in ihrem Begriff der „Regeln" enthalten.

klaren Fokus haben, sind weniger tolerant für Gesprächspausen als unfokussierte. Wenn man sich zu einem bestimmten Zweck trifft (um über ein bestimmtes Thema zu reden), geht das mit der Erwartung einher, dass die Interaktion ohne große Pausen abläuft und sich, nachdem das Ziel erreicht ist, wieder auflöst. Anders verhält es sich bei vage oder nicht in erster Linie sprachlich fokussierten Interaktionen. Paare, die den gesamten Tag miteinander in ihrer Wohnung verbringen, müssen zum Beispiel nicht pausenlos miteinander reden; sie befinden sich immer wieder in einem „offenen Gesprächszustand" (vgl. Kap. 2), der es ihnen erlaubt, in fokussierte Interaktion einzutreten, ohne dass diese Phase lang anhalten müsste. Oft genügt auch nur eine Äußerung und vielleicht eine Erwiderung. Menschen, die miteinander (spazieren- oder irgendwohin) gehen, reden oft weniger miteinander und haben eine größere Toleranz für Gesprächspausen als Menschen, die einander gegenübersitzen und mit nichts anderem als der verbalen Interaktion beschäftigt sind. Es ließen sich viele weitere Beispiele für die situative Spezifik des Sprecherwechsels nennen. Der Prototyp des Gesprächs im europäischen Sinn ist allerdings die sprachlich fokussierte Interaktion. In Gesellschaften, in denen die Sozialstruktur eine andere Ökologie des Sprechens favorisiert, in der sich z. B. die Mitglieder einer Gemeinschaft überwiegend gut kennen und viel Zeit zusammen im öffentlichen Raum verbringen, sind fokussierte Interaktionen wesentlich weniger wichtig; die meiste Zeit des Tags kann dann aus relativ wenig fokussierten Interaktionen bestehen, die sich immer wieder aus dem Zusammensein entwickeln, aber nicht zweckgebunden sind.

Der zweite Faktor, der für die unterschiedliche Toleranz für Gesprächspausen und Simultansprechen verantwortlich gemacht werden kann, ist die **Involviertheit** der Teilnehmer (*involvement*). Auch fokussierte Interaktionen können unterschiedlich engagiert ablaufen. Hohes Interesse für das Gesprächsthema und/oder den Gesprächspartner und starke emotionale Beteiligung (z. B. im Rahmen antagonistischer Interaktionstypen wie Argumentation oder Streit) kontrastieren mit Interaktionen geringer Involviertheit (sachorientierter Austausch von Fakten o.ä.). Wir erwarten in einem ‚guten Gespräch' ein gewisses Maß an Involviertheit, was durchaus verfrühte Rederechtsübernahmen (TKE-finale Überlappungen) und sogar Phasen des Simultansprechens einschließen kann. Umgekehrt werden lange Gesprächspausen als Indikatoren eines schlechten, schleppenden Gesprächs gesehen. Die Grenzen können in anderen Kulturen anders gezogen werden, und was in einer Kultur als engagiertes Gespräch gilt, kann in anderen zu einer *face*-bedrohenden Angelegenheit werden.

Zwischen Fokussiertheit des Gesprächs und Involviertheit einerseits und Blickkontakt andererseits gibt es einen Zusammenhang: je stärker Fokussiertheit und Involviertheit, umso mehr brauchen wir nicht nur den auditiven, sondern auch den visuellen Kanal. Hohe Fokussiertheit und hohe Involviertheit korrelieren deshalb stark mit der (F)-Orientierung der Teilnehmer aufeinander (vgl. Kap. 2). Auch Menschen, die räumlich nicht aufeinander orientiert sind, weil sie z. B. an unterschiedlichen Orten individuell mit manuellen Tätigkeiten beschäftigt sind, wenden sich einander zu, während sie sprechen, wenn die Fokussierung oder die Involviertheit zunimmt. Die Teilnehmer hören oft mit Aktivitäten im Hintergrund auf oder unterbrechen sie, wenn die Hauptaktivität hohe Involviertheit erfordert. Dasselbe gilt für miteinander gehende Gesprächsteilnehmer, die dann oft stehen bleiben (vgl. Mondada 2014). Die Nebeneinander-Orientierung (*side-by-side*) mit geringerem Blickkontakt ist für weniger fokussierte/engagierte Interaktionen typisch.[78]

Es erscheint also plausibel davon auszugehen, dass in allen Gesellschaften die Toleranz für Gesprächspausen und Simultansprechen recht stark variiert. Ein wichtiger kultureller Unterschied besteht allerdings darin, was als prototypisches Gespräch gesehen wird. In Europa gibt es Jahrhunderte alte Traditionen des Gesprächs, die sich nicht zuletzt in einer ausgefeilten bürgerlichen Gesprächskultur niedergeschlagen haben (vgl. Linke 1996). Sie legte gewisse Normen fest, darunter die, dass man den anderen ausreden lässt. Trotz der unterschiedlichen Toleranzen für Simultansprechen und Pausen im Gespräch bleibt aber in allen bekannten Kulturen das Prinzip „Es spricht immer nur Einer" der Orientierungspunkt für den Sprecherwechsel. Es gibt offenbar keine Kultur, in der die Gesprächsnormen Simultansprechen oder Gesprächspausen zu maximieren verlangten. Selbst in stark unterbrechungstoleranten Gesprächskulturen orientieren sich die Sprecher an MÜPs, und sogar in sehr pausentoleranten Gesprächskulturen lässt sich die Antwort auf eine Frage nicht minutenlang verzögern, ohne dass dies Inferenzen auslöst (z. B.: ‚Bin ich überhaupt gehört worden?' oder: ‚Warum will der Andere zu diesem Thema nichts sagen?').

Neben der Frage der universalen Gültigkeit des Prinzips „Es spricht immer nur Einer" gilt es eine zweite, weniger oft diskutierte Frage zu klären. Das Modell von Sacks und Kollegen basiert auf der Annahme, dass die Verteilung des Rederechts einem **egalitären Prinzip** folgt. Nach Regel (b) kann jeder zum Zug kommen, sobald ein erster Sprecher das Rederecht freigibt und nicht selbst

---

[78] Natürlich kann es aus verschiedenen Gründen schwierig oder unmöglich sein, eine solche F-Formation einzunehmen, selbst wenn ein hohes Maß an Involviertheit vorliegt. Ein typisches Beispiel sind Gespräche im Auto, insbesondere zwischen Fahrer und Mitfahrer auf dem Rücksitz, wo Blickkontakt dann manchmal in schwieriger und störungsanfälliger Weise über den Rückspiegel erfolgt.

einen nächsten Sprecher ausgewählt hat. Selbstverständlich schließt das nicht aus, dass in bestimmten Fällen (vor allem in institutioneller Kommunikation) diese grundsätzlich egalitäre Zugangsmöglichkeit zum Rederecht eingeschränkt wird. Die *simplest systematic* gilt zwar als universell und kontextfrei, sie ist aber andererseits auch kontextsensitiv. Das bedeutet, dass sich z. B. eine institutionalisierte interaktive Gattung wie der schulische Unterricht gerade dadurch charakterisieren lässt, wie sie von den Regeln des Sprecherwechsels im Alltagsgespräch abweicht. So kommt in der Klassenzimmerinteraktion Regel (b) kaum zum Tragen, weil grundsätzlich eine Person (die Lehrkraft) über die Turnzuweisung entscheidet. (Und nachdem Regel (a) der Regel (b) vorgeordnet ist, haben dann die Sprecher kaum eine Chance, durch Selbstwahl das Rederecht zu bekommen.) Auch Regel (c) gilt nicht, denn nach jedem Redebeitrag fällt das Rederecht wieder an die Lehrkraft zurück. Allgemein sind Fragen des Zugangs zum Rederecht reflexiv mit Fragen der (institutionellen, sozialen...) Macht verbunden.

Obwohl Sacks und Kollegen solche Faktoren explizit vorsehen, wenn sie von einem kontextsensitiven System sprechen, ist für sie das egalitäre Gespräch der unmarkierte Fall, auf den sich ihr Regelapparat bezieht und den er erklären soll. Auf der Grundlage dieses egalitären Gesprächs (und relativ zu ihm) werden alle anderen beschrieben. Man kann den Primat des egalitären Gesprächs unterschiedlich interpretieren, phylogenetisch oder interaktionslogisch. Im ersten Fall würde das Modell Annahmen über den Ursprung der sprachlichen Interaktion unter Menschen machen, die recht weitgehend sind und mangels Evidenz nicht ohne Weiteres als gültig unterstellt werden können. Im zweiten Fall lautet das Argument lediglich, dass es beschreibungstechnisch einfacher ist, die egalitäre Konversation als unmarkierten Fall zu setzen. Aus ihr können alle spezifischeren Einschränkungen ohne große Probleme analytisch entwickelt werden können. Dies ist einfacher, als umgekehrt Fragen der Dominanz und Macht schon in das grundlegende Modell einzubauen.

3.4.2 Wahl des nächsten Sprechers durch den augenblicklichen Sprecher (Regel a)

Wie wählen augenblickliche Sprecher den nächsten Sprecher aus? Wir können das anhand des ersten Redebeitrags aus Beispiel (1) verdeutlichen:

```
04 Mi→An: WOLLTs_te noch irgendwat?=
          ((Blick zu Anton. Dieser und Josef schauen nach
          unten.))
```

Mike möchte, dass Anton ihm antwortet, nicht der ebenfalls anwesende Josef. Dies ist einerseits an der Wahl der Singular-Form des deiktischen Pronomens der 2. Person (*du*) zu erkennen, das zeigt, dass nur eine Person angesprochen wird, nicht etwa Josef und Anton zusammen. Damit die Wahl des nächsten Sprechers funktioniert, muss dazu aber ein weiterer, sehr wichtiger Parameter kommen, der erst klarmacht, wer mit *du* gemeint ist: der Blick. Mike schaut Anton an (auch wenn ihn dieser gar nicht sehen kann, weil er seinen eigenen Blick abwendet) und selegiert ihn damit als nächsten Sprecher.

Betrachten wir ein komplexeres Beispiel. Anni, die Hauptsprecherin in Ausschnitt (57), erzählt von der Musik des französischen Komponisten René Aubry, die sie gerade als Hintergrundmusik beim Lernen entdeckt hat. Ihr komplexer Redebeitrag wendet sich prinzipiell an die beiden anderen Frauen (Hanni und Nanni), die links und rechts von der Sprecherin am Tisch sitzen. Allerdings ist es in dieser kleinräumigen Konstellation nicht möglich, beide zugleich anzuschauen. Anni muss sich also entscheiden, wem sie gerade den Blick zuwenden will.

Um das Transkript übersichtlich zu halten, ist nur Annis Blick transkribiert, nicht der der beiden Freundinnen. Die Blickkodierung zwischen den Gesprächsteilnehmerinnen erfolgt aus der Vogelperspektive, d.h. die Hauptsprecherin Anni ist in der Mitte oben. Die dicken Pfeile markieren Annis Blick auf ihre Gesprächspartnerinnen, dünne Pfeile markieren ihren sonstigen Blick aus der Perspektive der Interaktionspartnerinnen (Pfeil nach unten bedeutet also Blick nach unten etc.). Durchbrochene dünne Pfeile markieren Blick auf die eigenen Hände (z. B. während einer Geste). Die geschweiften Klammern kennzeichnen die Ausdehnung des jeweiligen Blickmusters.[79]

---

[79] Zwei der drei Gesprächsteilnehmerinnen tragen *eye-tracking*-Brillen, die es ermöglichen, den fokalen Blick genau zu rekonstruieren (vgl. Auer 2018).

Beispiel (57) DREI MÄDELS

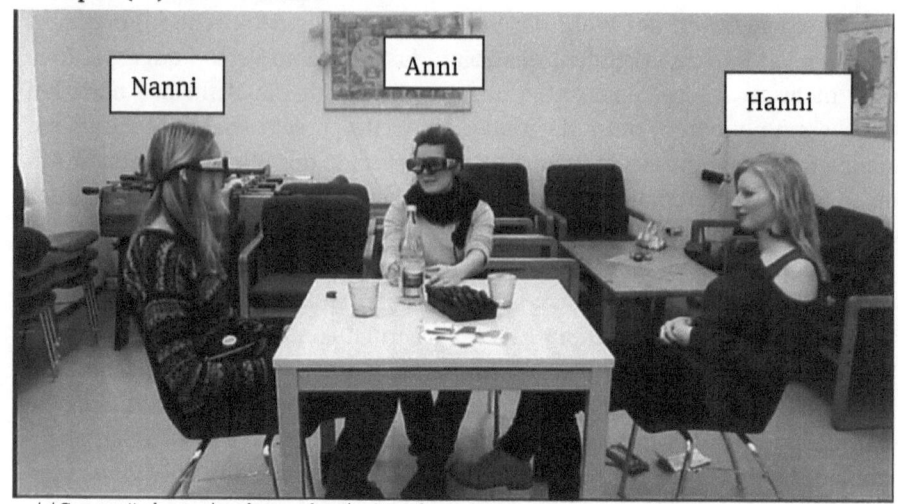

((Gespräch zwischen drei Studentinnen, die zusammen um einen Tisch sitzen. Anni beginnt ein neues Thema.))

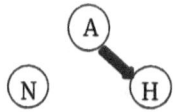

```
01 Anni:   heute hab ich auf meInem em pe: DREI player,

02         (.) in meinem GeSCHENkeordner?
```

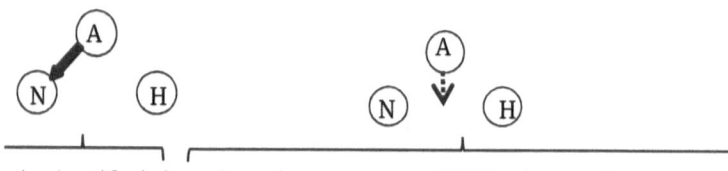

```
03         (--)weil ich geb meinen em pe: DREI player immer an
```

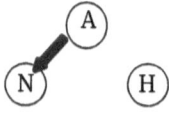

```
           [so:: ähm (.) an LEUte weiter un_dann machen die
```

Wer erhält als nächster das Wort? — 171

```
                  [((Geste:‚klein‘⁸⁰))

                  muSI:K drauf?=

04 Nanni:         ah oKE_ja.

                     (A)                        (A)
                      ↓                          ↓
                 (N) (H)                   (N)  (H)

05 Anni:          ääh::_      voll die SCHÖne: (.) muSIK entdeckt; (.)

06                vielleicht KENNST du den; (.)

07                reNE: oBRI:? (-)

08 Hanni:         [ʔmʔm;]
                  [((Kopfschütteln))
09 Anni:          [des war] so:_n (.) so KLASsikmusi:k von so nen
                                                      franZÖsischen-


                          (A)
                           ↓
                      (N)  (H)

10                [is Echt SCHÖN;

11 Nanni:         ((nickt leicht mit dem Kopf))

12 Hanni:         oBRI:?
```

---

80 Die Geste erfolgt mit dem Daumen und angewinkelten Zeigefinger, die eine geringe Distanz andeuten.

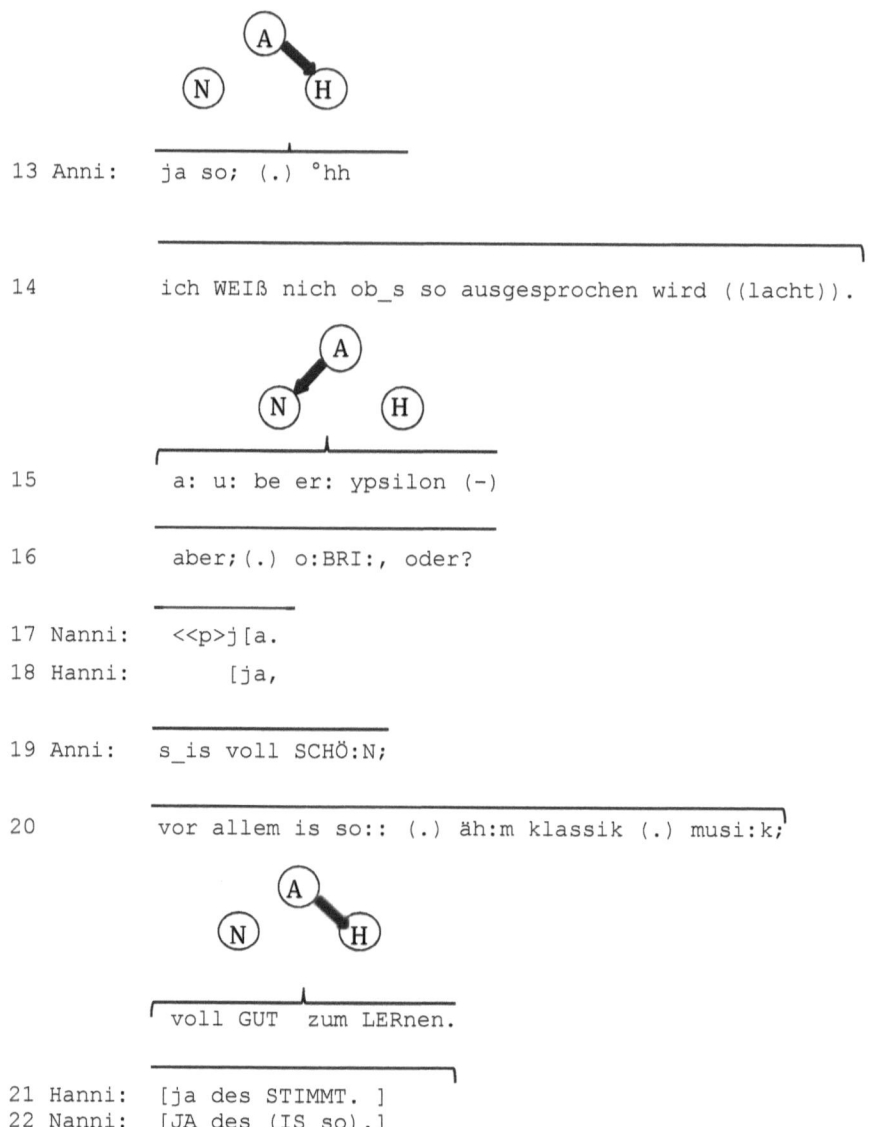

```
13 Anni:     ja so; (.) °hh

14           ich WEIß nich ob_s so ausgesprochen wird ((lacht)).

15           a: u: be er: ypsilon (-)

16           aber;(.) o:BRI:, oder?

17 Nanni:    <<p>j[a.
18 Hanni:        [ja,

19 Anni:     s_is voll SCHÖ:N;

20           vor allem is so:: (.) äh:m klassik (.) musi:k;

             voll GUT   zum LERnen.

21 Hanni:    [ja des STIMMT.  ]
22 Nanni:    [JA des (IS so).]
```

Anni beginnt mit der TKE *heute hab ich auf meInem em pe: DREI player, in meinem GeSCHENkeordner? voll die SCHÖne: (.) muSIK entdeckt (.)* (Z. 01, 02, 05), die eine positive Bewertung ausdrückt, ohne den Referenten der Bewertung schon genau zu nennen. Nach dieser TKE ist zwar ein Sprecherwechsel möglich (eine andere Teilnehmerin könnte etwa sagen: *aha, was denn?* und damit Anni die Erlaubnis geben, eine ausführliche Darstellung zu geben), jedoch nicht unbedingt erforderlich, denn die Sprecherin steht ja noch in der Pflicht, den Referenten der Bewertung zu spezifizieren. Auch eine Gegenbewertung ist noch nicht möglich, denn der Bewertungsgegenstand ist noch nicht bekannt. Diese erste TKE wird von Annis Blick zu Hanni begleitet, und obwohl sich sein Inhalt an beide Freundinnen richtet, scheint auf diese Weise vor allem Hanni adressiert zu werden. In die TKE wird jedoch eine Seitenbemerkung eingeschoben, die Anni eindeutig an Nanni adressiert: *weil ich geb meinen em pe: DREI player immer an so:: (.) ähm (.) an LEUte weiter un_dann machen die muSI:K drauf?* (Z. 03). Während dieser Seitenbemerkung richtet Anni ihren Blick auf Nanni. Dies ist **epistemisch**[81] begründet: Nanni fehlt – anders als Hanni – die notwendige Hintergrundinformation (nämlich dass Anni ihren MP3-Player von Freunden füllen lässt). Die Adressatenselektion gibt Nanni, aber nicht Hanni, die Möglichkeit, die eingeschobene Information kurz zu bestätigen, was sie in Z. 04 auch tut. Das Rederecht darf sie jedoch an dieser Stelle nicht übernehmen, denn Annis übergeordneter Redebeitrag ist ja selbst syntaktisch noch nicht abgeschlossen.

Anni fährt in Zeile 06 fort und beginnt, wie vorhersagbar, den Referenten der positiven Bewertung einzuführen. Sie stellt zunächst eine Frage, nämlich vielleicht *KENNST du den;*, die ebenfalls noch nicht beantwortet werden kann, sondern lediglich die Nennung eines Referenten ankündigt. Diese Frage wählt Hanni als Adressatin und nächste Sprecherin aus: das Anredepronomen *du* lässt zusammen mit dem Blick nichts anderes zu. Erwartungsgemäß liefert Anni nun den Namen des Komponisten (Z. 07). Hanni nimmt die Fremdselektion als nächste Sprecherin an und antwortet in Z. 08 verneinend. Der Referent konnte also von ihr nicht identifiziert werden, eine Gegenbewertung ist nicht möglich.

An dieser Stelle könnten die Sequenz und das Thema abgeschlossen sein. Tatsächlich expandieren die Sprecherinnen sie aber auf verschiedene Weisen. Zunächst wiederholt Anni ihre positive Bewertung, wendet sich aber diesmal mit ihrem Blick an Nanni, die auch prompt reagiert und zur Bestätigung mit dem Kopf nickt (Z. 11). Dann initiiert Hanni eine Referenzierungssequenz (Auer 1984), in der sie versucht, den Referenten der Bewertung doch noch zu identifizieren. Dazu versichert sie sich zunächst durch Wiederholung mit steigender Intonation, dass sie den Namen richtig verstanden hat (Z. 12). Diese Rückfrage ist aus sequenziellen und epistemischen Gründen eindeutig an Anni gerichtet, die ja den Musiker zuerst als Gesprächsthema eingeführt hat; sie wählt daher auch Anni als nächste Sprecherin aus. Anni bestätigt Hannis Version (Z. 13-16), gesteht allerdings zu, dass sie den Namen möglicherweise nicht richtig aus-

---

[81] Vgl. dazu Heritage (2012).

spricht. Sie buchstabiert ihn und schaut dabei zunächst Hanni (deren Frage sie ja beantwortet), dann aber Nanni an. Das abschließende *oder?* legt ihre Aussprache des französischen Wortes den beiden Freundinnen zur Bestätigung vor; offenbar ist Nanni der Meinung, dass sowohl Nanni wie auch Hanni in der Lage sind, ihre Ausspracheversion zu beurteilen. Wer ist an dieser Stelle als nächster Sprecher selegiert? Die Tatsache, dass Anni ja auf Hannis Frage antwortet, würde zunächst Hanni als Adressatin und fremdselegierte nächste Sprecherin nahelegen; der Blick der Sprecherin vor dem MÜP am Ende von Z. 16 wählt allerdings Nanni aus. Blickauswahl und sequenzielle Struktur widersprechen sich also. In dieser Situation antworten beide in Überlappung (Z. 17/18); Nannis Bestätigung ist einen Sekundenbruchteil schneller als die Hannis.

An dieser Stelle könnte Annis Redebeitrag erneut zuende sein. Trotz dieser Rückfrage Annis zur korrekten Aussprache hat die Sequenz allerdings immer noch nicht zur Herstellung von Referenz geführt; weder Hanni noch Nanni scheinen den Komponisten Aubry zu kennen. Anni wiederholt erneut ihre Bewertung (*s_is voll SCHÖ:N*; Z. 19) und schiebt noch eine andere, generalisierte Bewertung nach, nämlich dass *äh:m klassik (.) musi:k voll GUT zum LERnen* (Z. 20–21), ist. Dieser Bewertung können nun beide Gesprächspartnerinnen – anders als der Bewertung der Musik Aubrys, die den anderen ja nicht bekannt ist – zustimmen. Anni lässt ihren Blick während der Äußerung dieser Bewertung von einer Freundin (Nanni) zur anderen (Hanni) wandern (Z. 20). Auf diese Weise werden zwar beide als Adressatinnen ausgewählt, Hanni wäre aber (als zuletzt Angeschaute) die privilegierte nächste Sprecherin. Sie antwortet zwar, aber auch Nanni liefert genau simultan eine gleichlaufende zustimmende Bewertung.

Wir können aus der Analyse der beiden Beispiele nun die wichtigsten Praktiken der Fremdwahl des nächsten Sprechers durch den augenblicklichen Sprecher ableiten. Diese sind:

– direkte Anrede durch das Pronomen der 2. Person (*du, ihr*) oder durch Namen. Namentliche Fremdwahl ist allerdings in nicht-institutionellen Kontexten selten (anders als z. B. in der Klassenzimmerinteraktion). Sie hat mehr die Funktion einer Fokussierungsaufforderung (vgl. Kap. 2) als der Wahl des nächsten Sprechers. Die Anrede durch das Pronomen der 2. Person Singular (wie in Z. 06 von Bsp. (57)) indiziert zwar in Mehrparteieninteraktionen eindeutig, dass nicht alle, sondern nur einer der anderen Teilnehmer als nächster Sprecher selegiert wird, sie legt aber nicht fest, wer von den anderen Teilnehmern ausgewählt wird.
– Blickzuwendung am Ende des Redebeitrags, wie etwa in Z. 07, 09, 16 in Beispiel (57) (vgl. Auer 2018).

– Inhaltliche Ausrichtung eines Redebeitrags auf einen bestimmten anderen Teilnehmer, der durch den Rezipientenzuschnitt erkennen kann, dass er gemeint ist. Manchmal hat nur ein bestimmter Gesprächsteilnehmer das Wissen, um den Beitrag zu verstehen und darauf zu reagieren (epistemisch basierte Wahl des nächsten Sprechers). So kann sich die eingebettete Erläuterung in Z. 03 in Beispiel (57) nur an Nanni richten, denn für Hanni, die über die ‚Geschenkbox' ihrer Freundin Bescheid weiß, wäre diese Information überflüssig.
– Sequenzielle Ausrichtung eines Redebeitrags, insbesondere bei eingebetteten Seitensequenzen. Etwa kann ein Teilnehmer, statt eine Frage zu beantworten, eine Rückfrage stellen; diese Rückfrage wendet sich auch ohne weitere Sprecherwahl-Praktiken immer an den Fragenden in der übergeordneten Frage-Antwort-Sequenz, der verpflichtet ist, auf sie zu antworten. Ein entsprechendes Beispiel findet sich in Ausschnitt (57) in Z. 12 (die Nachfrage von Hanni).[82]

Von diesen Praktiken wird der Blick am häufigsten verwendet. Er lässt sich aber auch am leichtesten übersehen oder missachten, etwa, weil der Angeschaute gerade mit etwas Anderem beschäftigt ist und sein Blick darauf gerichtet ist (wie in Bsp. 1). Wenn die Wahl des nächsten Sprechers stärkere Kraft haben soll, wird sie deshalb oft mit dem Personalpronomen der 2. Person kombiniert (vgl. Lerner 2003). In diesem Fall fungiert das Pronomen (wie alle deiktischen Sprachformen) als hörbarer Hinweis auf eine Zeigehandlung mittels Blick. Auditiver und visueller Modus werden auf diese Weise miteinander gekoppelt.

Eine spezifische Eigenschaft des Blicks als Sprecherselektionspraktik ergibt sich aus der Nutzung des visuellen Kanals. Sie macht es möglich, einen zur Turn-Übernahme aufgeforderten Teilnehmer auch dann noch weiter anzuschauen, wenn er nicht sofort auf diese Aufforderung reagiert, und so auf einer Erwiderung bestehen.[83] Im folgenden Transkript (aus Weiß 2018: 33) ist der Blick aller drei Teilnehmer transkribiert. Marcel erkundigt sich bei Tina und Dominik über einen Film, den die beiden vor wenigen Tagen zusammen gesehen haben. Die Frage in Z. 01–02, um welches Filmgenre es sich gehandelt habe, richtet er allerdings durch seinen Blick am Ende der TKE in Zeile 02 an Tina.

---

[82] Diese Nachfrage kann natürlich auch aus epistemischen Gründen nur an Anni gerichtet sein: schließlich hat nur sie die Musik gehört und weiß, wovon die Rede ist.
[83] Das trifft besonders nach einem ersten Paarglied in einer Paarsequenz zu; vgl. Pomerantz (1984b): *pursuing a response* und Stivers & Rossano (2010): *mobilizing response*.

Beispiel (58) LOBSTER (aus: Weiß 2018: 33)
```
01 M: ja: aber (.) weil (.) was IS das für ne;

02    was war das für eine GENre?

03 T: (-) °h ((schnauft))

04 D: SCHWIE:rig [zu sagen;]
05 M:            [war das ] (.) [THRILler,    ]
06 D:                           [das is SCHON:,]

07 M:    oder HORro:r ode:r;=

08 T:    =ein DRAma.=

09       =ich weiss es nicht;
10       es war SEHR seltsam.
```

Die Antwort gibt Tina erst in Z. 08 (*ein DRAma*), und sie tut das nur, weil Marcel darauf insistiert. Obwohl durch den Blick gewählte nächste Specherin, schweigt sie in Z. 03, atmet dann ein und hörbar wieder aus (was als ‚Seufzen' interpretiert werden kann). Offenbar tut sie sich mit der Antwort schwer. Marcel hält jedoch während dieser Zeit seinen Blick auf sie gerichtet und insistiert so auf einer Turn-übernahme (und einer Antwort). Zunächst springt Dominik ein (Z. 04, *SCHWIErig zu sagen*), wird aber von Marcels Erweiterung seines Redebeitrags in Z. 05, 07 überlappt. In dieser Erweiterung schlägt Marcel eine offene Liste von Antworten vor (*war das (.) THRILler, oder HORro:r ode:r;=*). Am Ende dieser Liste wählt er erneut Tina als nächste Sprecherin aus, die nun endlich versuchsweise eine Antwort liefert.

Marcel verwendet in diesem Beispiel eine ganze Reihe von Praktiken, um die erwünschte Antwort von Tina zu erhalten. Das Entscheidende im Zusammenhang der Diskussion der Wahl des nächsten Sprechers ist aber der anhaltende Blick auf die ausgewählte nächste Sprecherin.

Sowohl Blick als auch sequentielle Einbettung tendieren dazu, eine Mehrparteieninteraktion zu verengen und zu einer Zweierinteraktion werden zu lassen. Gerade Dreierkonstellationen sind deshalb in Gefahr, einzelne Gesprächsteilnehmer zu marginalisieren. Der Grund für die Instabilität größerer Konstellationen ist einerseits, dass der Blick des Sprechers in vielen Situationen aufgrund der räumlichen Konstellation zu einem Zeitpunkt immer nur auf einen einzelnen anderen Gesprächsteilnehmer gerichtet sein kann. Dieser ist daher als nächster Sprecher ausgewählt und ergreift als nächster das Wort.[84] Andererseits trägt auch die sequenzielle Gesprächsentwicklung zur Gefahr einer Verengung der Teilnehmerkonstellation bei: jede einzelne sprachliche Handlung, die ein Teilnehmer exklusiv an einen anderen richtet, wird ja in der Regel auch nur von diesem Teilnehmer im nächsten Redebeitrag bearbeitet. Es liegt außerdem nahe, dass auch die erwidernde Handlung sich wieder nur an den primären Teilnehmer richtet. Auf diese Weise verfestigt sich diese Dyade. Dies lässt sich gut in Beispiel (1) erkennen. Auf Mikes Frage

```
04 Mi→An:  [WOLLTs_te noch Irgendwat?=
           [((Blick zu Anton; dieser und Josef schauen nach
           unten.))]
05         =[n_KAFfee oder so?
           [((Mike lehnt sich noch weiter auf die Terrasse,
           Blick auf Anton. Josef wendet seinen Blick
           währenddessen auf Mike und schaut ihn im Folgenden
           ständig an.))
```

folgt statt einer Antwort zunächst die Rückfrage des Angesprochenen:

```
06 An→Mi:  `mAchs´te dir grade `SEL´ber einen oder wAs?
```

Sie wird wiederum von Mike beantwortet:

```
07 Mi→An:  na ick würd ma heiß `WASser `machen a[ber-
```

---

84 Will der augenblickliche Sprecher das vermeiden, könnte er den Blick abwenden; Blickabwendung am TKE ist aber ein Turn-Halte-Verfahren, also eine Technik, mit der der Sprecher seinen anhaltenden Anspruch auf den Redebeitrag geltend macht (vgl. Kendon 1967). Dieses Verfahren ist also nur bedingt tauglich. Es gibt weitere Verfahren der Vermeidung der Blickselektion des nächsten Sprechers, auf die wir hier nicht eingehen können.

Schließlich beantwortet Anton die ursprünglich gestellte Frage:

```
09 An→Mi: ja.
10        dann nEhm ich noch_n ´KAFfee.
```

Durch die Einschubsequenz aus Frage – [Frage – Antwort] – Antwort (vgl. a. Kap. 4), die auf mehrfacher Fremdselektion beruht, wird die Konstellation Anton/Mike (unter Ausschluss von Josef) über vier Gesprächsschritte hinweg aufrechterhalten. Für Josef besteht keine Möglichkeit, über das Selbstwahlprinzip zu Wort zu kommen, denn jeder Übergabepunkt ist bereits durch Fremdwahl des nächsten Sprechers blockiert. Da er dennoch etwas sagen will, führt das im Beispiel zu Turbulenzen, die wir in Abschnitt 3.5 genauer besprechen.

3.4.3 Aktivitäten des Rezipienten, die keinen Anspruch auf den Redebeitrag anmelden

Statt den Turn zu übernehmen, können selegierte nächste Teilnehmer sich damit begnügen, die Rezeption des Redebeitrags des bisherigen Sprechers zu bestätigen, indem sie ein **Rezeptionssignal** produzieren. Dieses Rezeptionssignal gilt dann als Verzicht auf die Übernahme des Rederechts (daher der englische Begriff *continuer*, Schegloff 1982), es ist ein **Fortsetzungssignal**. Solche Rezeptionssignale sind im Deutschen (und vielen anderen Sprachen) vor allem *hm, mhm, nhn, ãhã, m:* sowie prosodische Varianten davon, die sich u.a. durch Dehnung, Intonation und Akzentuierung unterscheiden. Interessanterweise handelt es sich dabei nicht um phonologisch wohlgeformte Wörter des Deutschen, denn Silben mit einem bilabialen Nasal als Silbenträger sind in dieser Sprache sonst nur in reduzierten Nebensilben möglich, und Nasalvokale kommen im Deutschen überhaupt nicht vor.[85] Die Rezeptionssignale sind daher bereits formal leicht von Redebeiträgen zu unterscheiden. Allerdings werden körperliche Signale (Kopfnicken/Kopfschütteln) und Wörter, die sonst als **Affirmationen** eigene Redebeiträge bilden und phonologisch wohlgeformt sind (z. B. *oder, okee, ja*), auch als Rezeptionssignale eingesetzt. Und umgekehrt kann *mhm* gelegentlich als Zustimmungspartikel auftreten und dann einen eigenständigen

---

85 Die Varianten mit Glottisverschluss vor dem Nasal /m/ oder /n/ sind hingegen der Negation vorbehalten (also [ʔnʔn] oder[ʔmʔm]). Rezeptionssignale können einfach und redupliziert auftreten, während die Negationspartikel immer zweisilbig ist.

Redebeitrag bilden. Eine eindeutige Zuordnung von Formen zu Funktionen ist also nicht möglich.

Trotz ihrer Nähe zu den Zustimmungspartikeln signalisieren Fortsetzungssignale nicht, dass der Rezipient mit dem ‚einverstanden' ist, was der bisherige Sprecher gesagt hat. Der Rezipient zeigt lediglich an, dass er den Inhalt des Turns zur Kenntnis genommen (verstanden) hat. Er verzichtet auf weitere Nachfragen oder Reparaturinitiierungen (Schegloff 1982). Seine Meinung zu diesem Inhalt (oder dessen Bewertung) bleibt unausgedrückt. Selbst als Evidenz dafür, dass der Rezipient den Sprecher tatsächlich verstanden hat, lässt sich ein Rezeptionssignal nicht werten; man kann damit nämlich auch Verstehen nur vorspiegeln.[86] Die Funktion von Rezeptionssignalen ist es also lediglich, dem Sprecher mitzuteilen, dass der Hörer bereit ist, eine neue Einheit zu rezipieren („prepared to movement to a new unit", Goodwin 1986: 208). Sie sind deshalb nicht gut geeignet, eine Sequenz abzuschließen; vielmehr wird anschließend eine weitere TKE (am besten des augenblicklichen Sprechers) erwartet.

Vertiefung

Es gibt auch multimodale Verfahren der Ablehnung des Turns (vgl. Weiß 2018). Ein Teilnehmer, der vom anderen als nächster Sprecher ausgewählt wurde, kann durch sein Blickverhalten den Turn ablehnen, indem er, statt den Turn zu übernehmen, seinen Blick vom vorherigen Sprecher abwendet und auf einen dritten Gesprächsteilnehmer richtet, an den er den Turn quasi weiterreicht. Idealtypisch ergibt sich dann die folgende Abfolge von Blickkonstellationen (S = bisheriger Sprecher, A = adressierter/blickselegierter nächster Teilnehmer, T = dritter Teilnehmer):

Phase: S blickselegiert A

Phase: A blickselegiert T

Phase: T antwortet S

---

[86] In Gesprächen mit Menschen, die wir nur sehr schwer verstehen, z. B. weil sie die Sprache nur ansatzweise beherrschen, tendieren wir dazu, auch bei mangelndem oder unzureichenden Verständnis durch *hm_hm* zumindest den Eindruck eines funktionierenden Informationsaustauschs zu vermitteln und auf diese Weise unser Gesicht und das des Gesprächspartners zu wahren (vgl. Liberman 1980).

Wir betrachten dafür noch einmal Beispiel (58) und sehen uns das Blickverhalten von Tina genauer an. Marcel hat ihr in Z. 01–02 eine Frage gestellt, auf die zu antworten ihr schwerfällt:

Beispiel (58a) LOBSTER (28.06.16 · 00:00:57–00:01:09) (aus: Weiß 2018: 33)

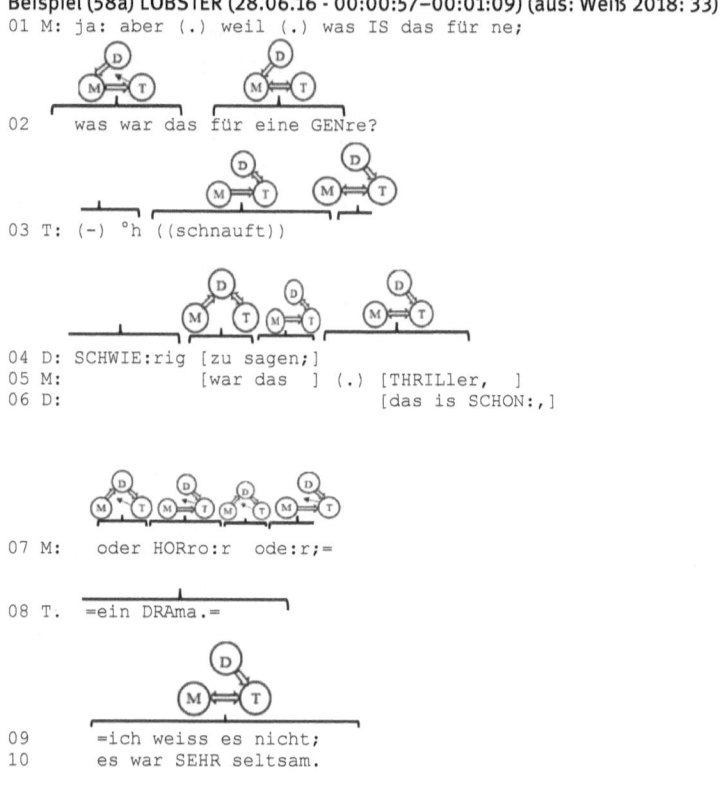

```
01 M:  ja: aber (.) weil (.) was IS das für ne;

02         was war das für eine GENre?


03 T:  (-) °h ((schnauft))



04 D:  SCHWIE:rig [zu sagen;]
05 M:             [war das  ] (.) [THRILler,   ]
06 D:                              [das is SCHON:,]



07 M:  oder HORro:r  ode:r;=

08 T.  =ein DRAma.=


09     =ich weiss es nicht;
10     es war SEHR seltsam.
```

Marcel schaut Tina am Ende seines Beitrags an (Phrase 1). Tina hat währenddessen mit ihm Blickkontakt. Am Übergabepunkt wendet sie ihren Blick jedoch von Marcel ab und auf den dritten Teilnehmer, Dominik. (Dominik war mir ihr zusammen im Kino und ist epistemisch berechtigt, die Frage zu beantworten.) Damit gibt sie den Turn an Dominik weiter und fordert ihn durch ihren Blick auf, die Frage an ihrer Stelle zu beantworten (Phase 2). Dominik ergreift tatsächlich das Wort, kann jedoch die Frage, wie sich herausstellt, ebenfalls nicht beantworten.

Beispiele für Rezeptionssignale an einem MÜP finden sich in den folgenden Beispielen (59) und (60). Das Rezeptionssignal wird in einem Augenblick im Gespräch produziert, in dem der Teilnehmer vom vorherigen Sprecher durch den Blick als nächster Sprecher ausgewählt wurde und in dem ein Sprecherwechsel möglich wäre. Durch das Fortsetzungssignal verzichtet der ausgewählte Teilnehmer auf sein Rederecht. Er schaut zugleich den augenblicklichen Sprecher weiter an. Er lädt ihn auf diese Weise ein, seinen Redebeitrag zu erweitern, was in beiden Fällen auch geschieht.

Beispiel (59) OSTBLOCK-DEUTSCH 1
```
01 Za: aber ich glaub ruMÄnien,
02     [(--)da könnt AUCH einiges besser laufen [so;
       [((Blick zu De.))
03 De:                                         [hm::,
                                               [((Blick zu
                                                         Za.))
04 Za: die ham da schon echt n_paar proBLEMchen so;
```

Beispiel (60) OSTBLOCK-DEUTSCH 2
((über rumänische Roma))
```
01 De: [also die ham da echt coole fe[ste geFEIert und so-
       [((Blick zu Ma.))
02 Ma:                                [HM_hm.
03 De: mit ihren KARren und;
04     [(--)so wie mer sich_s VORstellt so_n bisschen war des;
       [((Blick zu Ma.))
05 Ma: [HM_hm.
       [((Blick zu De.))
06 Za: nja:;
07 De: aber weiß AU nich;
08     ich glaub des hat sich auch verÄNdert in den letzten
          jahrn;
```

In Beispiel (61) wird hingegen ein *hm_hm* als vollwertige TKE eingesetzt, um eine bejahende Antwort zu geben, auch wenn Sprecherin H. diese positive Antwort noch durch eine Paraphrase erweitert. In (62) wird umgekehrt *ja* – ein Wort, das alleinstehend oft als Affirmationspartikel einen Turn bildet – als Rezeptionssignal verwendet:

Beispiel (61) KINA KINA
```
   01 S: kOmms_se heut in die diskusSION?=
→  02 H: =hm_HM.
   03    ich KOMme.
```

Beispiel (62) MUTTERPROBLEME (vgl. Beispiel 45)
```
05 A: °hh mein problem is DES;
06    (1.0)
07 A: ich hab eine FREUNdin seit ein? einem Jahr,
08    (0.7)
```

```
09 B:   <<p>ja,>
10 A:   °h und ich:: hab sie sehr GERN.
11      (0.7)
```

Die Funktion von Rezeptionssignalen, den augenblicklichen Sprecher an einer übergaberelevanten Stelle zum Weitersprechen aufzufordern, ist allerdings nur ein Seiteneffekt ihrer allgemeineren Verwendung. Rezeptionssignale kommen nämlich auch innerhalb eines vorhersagbar komplexen Redebeitrags an der Nahtstelle zwischen mehreren TKEs vor. Da das Rederecht hier nicht zur Disposition steht, signalisieren sie dem augenblicklichen Sprecher lediglich, dass der Rezipient die letzte TKE verstanden hat und bereit ist, die nächste TKE zu verarbeiten. Das ist z. B. in (62) der Fall, wo ja bereits eine längere Problemdarstellung projiziert werden kann. Weitere Beispiele finden sich in den folgenden Ausschnitten, wobei B. in Beispiel (63) einen nur moderat komplexen Redebeitrag liefert, der jedoch nach der zweiten TKE in 02 noch nicht abgeschlossen ist (vgl. die ansteigende Intonationsbewegung und die halbsekündige Pause), während S2 in Beispiel (64) eine sehr lange Filmnacherzählung liefert (von der hier nur der Anfang abgedruckt ist). Der Abschluss des Redebeitrags ist hier erst zu erwarten, wenn der Plot des Films erzählt ist (oder der Sprecher explizit auf eine Fortsetzung verzichtet):

Beispiel (63) HAMBURG
```
((Drei Studentinnen reden darüber, wo sie ihren Master machen
wollen. B. möchte ihn an ihrem jetzigen Studienort machen.))
    01 B:   °h ich bin schon so oft UMgezogen;=
    02      =ich komm eigentlich aus HAMburg, (0.5)
    03      [u:nd ] ähm-
→   04 C:   [hm_HM,]
    05 B:   °hh JA:, (.)
    06      es bietet sich einfach An HIER zu bleiben;
```

Beispiel (64) INVASION
```
    01 S1:  also d der fIlm äh beginnt DAmit dass so_n äh: (.) nen
            SPACE shuttle bei der; ((schluckt))
    02      äh °hhh bei dem EINtritt in die äh äh in die atmosphÄre
    03      oder sowas (.) exploDIERT halt irgend[wIE?]
    04 S2:                                      [ja, ]
    05 S1:  und die TRÜMmer: verteilen sich halt dann irgendwie
            über d_halbe u es A:?
    06 S2:  ja,
    07 S1:  °hhhhh und !DA! äh: finden dann irgendwie
            wissenschaftler an den trümmern irgendwie so äh °hh
            nen: totAl HITzebeständiges (.) äh AUSserirdisches:
```

```
                 (.) LEbensform [blabla,]
   8 S2:                        [oKAY,   ]
   9 S1: irgendwie nen (.) so nen (.) so ne SPOre oder so
         [irgendwAs?
→ 10 S2: [ja,
  11     °hhh (--) und ähm (-) des is dann quasi (.) äh (.) des
         ALien so mehr oder wEniger?
  12 S1: DAS äh äh:; (.) i (.) infizIErt dann äh:: (-) halt den
         MENschen?
  13 S2: [ja?]
  14 S1: [und] äh:°hh verändert dann irgendwas im HIRN?
  ((etc.))
```

Die Platzierung dieser Rezeptionssignale erfolgt im Bereich eines TKE-Endes; in Beispiel (63) etwas verzögert, in Beispiel (64) in Z. 13 unmittelbar nach dem Ende sowie in Z. 04, Z. 08 und Z. 10 nach dem Nukleusakzent, also an Punkten, an denen die TKE syntaktisch zuende sein könnte, faktisch aber durch nichtprojizierbare Elemente noch fortgesetzt wird, so dass sich eine terminale Überlappung ergibt. Diese Orientierung am TKE-Ende ist die Regel. Rezeptionssignale, die deutlich vor dem Nukleusakzent platziert werden, laufen Gefahr, als Vorankündigungen eines Anspruchs auf den nächsten Turn gehört zu werden (*prestarters*, vgl. 3.4.4.3) und haben deshalb einen anderen Status.

Schließlich gibt es Beispiele, in denen das Rezeptionssignal sogar innerhalb einer TKE produziert wird, sich dort aber nach der prosodischen Phrasierung richtet. Solche Fälle sind ein Beleg dafür, dass sich die Interaktion zwischen Sprechern und Adressaten/Rezipienten nicht nur an der TKE-Grenze abspielt, sondern auch kleinere Abschlusspunkte eine Rolle spielen können. In den folgenden beiden Fällen ist vor der Produktion des Rezeptionssignals zwar eine prosodische Phrasengrenze erreicht, die TKE ist aber wegen ihrer syntaktischen Unvollständigkeit noch nicht zuende:

Beispiel (65) KONSOLENABEND (ZK7) (von Elisabeth Zima)
```
    05 Ulf: =ich wOllte: ähm (.) zwischen den FEIertagen,
→   06 Jon: hm_hm,
    07 Ulf: äh hab ich mir mit LISbeth überlegt-
    08      [hier son äh: son (.) äh::
    09 Jon: [(ja jetz)
    10 Ulf: ah (.).ts wie HEISST des-
    11      REtro:: (.) Retro (.) konSOle- (-) [äh abend machen,
```

Beispiel (66) ALTE FILME
```
    01 J: audrey HEPburn,
    02    (.) zum [BEIspiel,]
```

```
→ 03 B:          [hm_HM,     ]
  04 J:   (---) die hat so_ne beTOnung immer irgendwie,
  05 B:   ich hab noch nie nen FILM mit ihr gesehen.
```

In Beispiel (65) beginnt Ulf seinen Beitrag mit einer Apokoinu-Konstruktion (vgl. Scheutz 1992) mit der Präpositionalphrase *zwischen den Feiertagen* als Bindeglied (koinon); der Beginn *ich wollte zwischen den Feiertagen* wird in Z. 07–11 retrospektiv so rephrasiert, dass die temporale Bestimmung nun nicht mehr im Mittelfeld des emergierenden Satzes steht, sondern im Vorfeld *zwischen den Feiertagen äh hab ich mir mit LISbeth überlegt...*[87] Der ursprüngliche Satzbeginn wird nach der temporalen Bestimmung durch eine IP-Grenze ‚abphrasiert'. Diese nutzt der Rezipient für die Platzierung seines *hm_hm*. In (66) äußert Sprecherin J. zunächst die Nominalphrase *Audrey Hepburn*, die sie durch ein nachfolgendes Adverb *zum Beispiel* und eine IP-Grenze abschließt. Wieder platziert die Rezipientin an dieser Stelle ein Rezeptionssignal. In beiden Fällen signalisiert der Rezipient durch sein *hm_hm*, dass er/sie die bisherige Äußerungskomponente verstanden hat. Vor allem in Beispiel (66) ist die Identifizierung des Schauspielerin Audrey Hepburn ja nicht trivial; der Sprecher kann sich durch die separate Phrasierung und die dadurch dem Rezipienten nahegelegte Rückmeldung dessen versichern, dass sein Gegenüber die Schauspielerin überhaupt kennt.[88]

Die Grundfunktion von *hm_hm* und ähnlichen Gesprächspartikeln ist also nicht die eines Fortsetzungssignals an MÜPs; diese Funktion ergibt sich erst aus der spezifischen Platzierung an einer Stelle, an der eine Übernahme des Rederechts durch den Rezipienten möglich wäre. Vielmehr sind sie tatsächlich **Rezeptions**signale: der Rezipient signalisiert mit ihnen, dass er die TKE verarbeitet hat (unabhängig davon, ob das Verstehen faktisch oder nur behauptet ist).

Vertiefung

Die Häufigkeit, mit der ein Rezipient einen komplexen Redebeitrag mit Rezeptionssignalen interpunktiert, kann sehr stark schwanken und ist auch von individuellen Sprechstilen geprägt. Auffällig ist aber, dass in bestimmten Institutionen und mündlichen Gattungen mehr Rezeptionssignale produziert und erwartet werden als in anderen. Besonders gilt das für Gattungen der Beschwerde (Günthner 2000a, Kap. 4) und Klage (Jefferson 2015, *trouble talk*)

---

87 Natürlich ergibt sich durch diese Umphrasierung eine semantische Anomalie, denn der Sprecher und ‚Lisbeth' haben sich ja nicht zwischen den Feiertagen überlegt, dass sie eine Retrokonsolenparty machen wollen; vielmehr ist diese Party für die Zeit zwischen den Feiertagen (gemeint ist zwischen Weihnachten und Neujahr) geplant.
88 Vgl. dazu Sacks & Schegloff (1979), die von einer ***try-marking*-Intonation** sprechen.

sowie für Institutionen der Psychotherapie, in denen solche Gattungen eine gewichtige Rolle spielen. Ein Beispiel ist der folgende Ausschnitt aus der Sendung „Domian", in der Anruferinnen und Anrufer über ihre Probleme erzählen. Der Moderator Domian ist zwar kein ausgebildeter Therapeut, versucht aber therapeutische Eigenschaften wie die des guten Zuhörens einzusetzen und dadurch Empathie für die Probleme der Anrufer zu vermitteln. Im Ausschnitt berichtet eine Anruferin über ihre gesundheitlichen Probleme mit Morbus Crohn:

Beispiel (67) MORBUS CROHN (aus „*Domian*" vom 27.11.2009)
```
01 JH: wenn ich nach AUßen bin (.) gehe,
02     BIN ich vielleicht mittlerweile wieder jemand,
03     der_(so) AUSsieht als wenn er ein rundes LEben hat.
04 DO: [hm_HM,]
05 JH: [°hh   ] wenn ich in meiner WOHnung bin,=
06     =dann [WEISS ich] ja wer und was ich selber BIN;
07 DO:       [JA_ja;   ]
08     [JA_ja;]
09 JH: [°hhhh ] ich WEISS dass mich zum beispiel diese klAge
           total nach Unten [zieht.]=
10 DO:                      [hm_HM,]
11 JH: =weil die schießen SO auf mich EIN [von der] GEgenseite,
12 DO:                                    [hm_HM,  ]
13 JH: °hh und was DU jetzt sagst das ist doch beKANNT,
14     die haben das erst ABgeleugnet;
15     (-)
16 JH: [dann ] (.) verUNglimpfen die mich total,
17 DO: [hm_HM,]
18 JH: [ich finde] auch NIEmanden der irgendwie sagt,
19 DO: [hm_HM,   ]
20 JH: ich hab was ÄHNliches erlebt,
21     °h ich HELfe dir.
```

Der Rezipient produziert fast nach jeder TKE der Erzählerin ein Rezeptionssignal, wobei er zwischen steigendem *hm_HM*, und fallendem *JA_ja;* wechselt. Durch den überdurchschnittlich häufigen Gebrauch von Rückmeldungen demonstriert der Rezipient, dass er ‚aktiv zuhört', also hohe Involviertheit zeigt. Es liegt nahe, diese Involviertheit als Ausdruck von Zuwendung/Empathie zu interpretieren; diese Interpretation geht aber bereits über eine rein gesprächsanalytische Analyse hinaus.

Ein Sprecher kann den Rezipienten zu einer Rezeptionskundgabe auffordern, wenn er an seine TKE eine Partikel anhängt (**Nachlaufpartikel**). Oft werden solche Partikeln im Deutschen mit steigender Intonation produziert und lassen sich sprachhistorisch auf Fragen zurückführen. Man spricht deshalb auch von **Frageanhängseln** (*question tags*, vgl. König 2017):

Beispiel (68) APFELSAFT
```
01 B: KLAR,
02    da zahlst du dann nur noch_n BISSchen was,[=ne,
03 A:                                             [hm_hm,
04 B: und äh ((räuspert sich)) hast halt guten äh
→     APfelsaft;=ne,
05 A: hm_hm,
```

Beispiel (69) OSTBLOCK-DEUTSCH 3
```
01 Zac: wenn man da irgendwo FEIern geht,
02      in nen CLUB geht,
03      da (-) kost dann des BIER auch einfach nur so ein EUro
        so;
→ 04    WEIßT du?
→ 05 Den: hm_HM?
06 Zac: es is schon echt geFÄHRlich.
```

In Beispiel (68) steht das Rezeptionssignal in Z. 02 direkt am Abschluss der TKE (nach *was*) und überlappt mit der Nachlaufpartikel *ne,*. Das zweite Rezeptionssignal in Z. 04 wird jedoch erst nach dem Frageanhängsel (und wohl in Reaktion darauf) produziert. In Beispiel (69) verwendet Zacharias eine Nachlaufpartikel, die noch deutlicher als *ne?* auf ein Frageformat zurückgeführt werden kann und deshalb noch mehr als ein einfaches *ne?* eine Erwiderung erfordert, nämlich *weißt du?*. Diese liefert Dennis in Z. 05 in Form des Rezeptionssignals *hm_hm?*.

Auch hier ist es aber zu beachten, dass nicht jedes Frageanhängsel mit einem einfachen Rezeptionssignal ausreichend bearbeitet ist. Frageanhängsel können aus Aussagen auch tatsächliche Fragen machen, denen präferenziell eine Zustimmung folgt. Eine solche Wirkung hat im Deutschen die Nachlaufpartikel *oder?*.[89]

Beispiel (70) HAARE TÖNEN (von Elisabeth Zima)
```
01 A: aber tönen hält NICHT so lange;=oder?
02 B: nee-=
03    =das wäscht sich RAUS.
```

---

[89] Obwohl beide *oder* auf Satzkonjunktionen zurückgehen, muss dieses Frageanhängsel *oder?* von *oder* als *turn exit device* unterschieden werden (vgl. Drake 2016).

Das Frageanhängsel *oder?* ist also nicht geeignet, ein Rezeptionssignal zu elizitieren.[90] Auch *ne?* kann manchmal als Erwiderung mehr als ein Fortsetzungssignal erfordern. So hat Viola im folgenden Beispiel bereits in TKE-finaler Überlappung Sybilles Behauptung zugestimmt, dass man auch mit Eigelb eine Haarspülung machen könne. Dennoch fordert Sybille in Z. 04 durch ein verzögert nachlaufendes *nö:?* eine weitere Stellungnahme Violas ein:

Beispiel (71) EIGELBSPÜLUNG
```
   01 Syb: °h hier was_ich schon überLEGT hab,=
   02      =mit EIgelb kann man auch_ne SPÜlung [machen.        ]
   03 Vio:                                     [<<gehaucht>ja;]
→  04 Syb: nö:?
   05 Vio: <<gehaucht>ja_KLAR;=
   06      =was gibt_s_n da NOCH einfach;>
```

In der Position nach einer schon erfolgten Zustimmung ist dieses Frageanhängsel mehr als eine Bitte, die Rezipienz zu bestätigen; es verlangt ein *upgrade* auf die schon erfolgte Zustimmung, das Viola auch mit *ja_KLAR;* (Z. 05) liefert. In diesem Fall wäre ein einfaches *hm_hm* nicht ausreichend. Gefordert ist hier eine Würdigung der Idee, die Sybille vorgebracht hat. Das Rederecht geht danach auch nicht an Sybille zurück; das *upgrade* wurde als eigener Redebeitrag verstanden, den Viola nun noch weiterführt (Z. 06) und dabei eine weitere Idee für die alternative Spülung entwickelt.

Wir sind damit bei den zahlreichen anderen Rezipientenaktivitäten, die über die einfache Funktion einer Verstehensbekundung (und eines Fortsetzungssignals) hinausgehen. Mit ihnen zeigt der Rezipient z. B., ob er die Einschätzung/Bewertung des Sprechers teilt (sich also mit ihm affiliiert), oder lässt erkennen, welchen epistemischen Status die neue Information für ihn hat (etwa, ob es sich um eine überraschende Information handelt). Der wichtigste Unterschied zu den einfachen Rezeptionssignalen ist aus der Perspektive der Organisation des Sprecherwechsels, dass solche Äußerungen in der Lage sind, eigenständige Handlungen auszuführen, d.h. allein Redebeiträge zu bilden. An einem MÜP werden sie als Anspruch auf den Turn interpretiert (wie in Bsp. (71) bereits gezeigt, ebenso Bsp. (72) unten). Während der Emergenz erkennbar komplexer Redebeiträge sind sie in der Regel kooperativ, d.h. sie machen dem Sprecher seine Rolle nicht streitig (vgl. Bsp. 73), können sich aber zu konkurrierenden Turn-Übernahmen entwickeln (vgl. Bsp. 74) (vgl. Goodwin 1986).

---

90 Eine solche Verwendung von *oder?* ist allerdings in verschiedenen deutschschweizerischen Dialekten zu beobachten.

Selbstverständlich müssen die TKEs des Sprechers und die Rezipientenaktivitäten zueinander passen. Rezipienten liefern einfache Fortsetzungssignale, wenn ihnen etwas mitgeteilt wird, sie steigen hingegen mit bewertenden und Stellung beziehenden Rückmeldungen ein, wenn der Sprecher selbst ebenfalls bewertet hat. Da solche bewertenden Äußerungskomponenten eher am Ende eines komplexen Redebeitrags stehen, sind naturgemäß die Fälle zahlreich, in denen die Rezipientenaktivität auch als nächster Turn verstanden werden kann.

Betrachten wir dazu Bespiele. Eindeutig mehr als ein neutrales Rezeptionssignal ist das *ach SO:*. in Beispiel (72), mit dem Jona auf die Mitteilung Linas reagiert, dass sie ‚nur' drei Monate ‚oder so' ‚beim Telefonsex gearbeitet habe. *Ach so* markiert eine plötzliche Erkenntnis, der sich aus einer Mitteilung ergeben hat, oft gegen die Erwartung.

Beispiel (72) TELEFONSEX (siehe a. Bsp. 41)
((Lina hat erzählt, dass sie ‚beim Telefonsex' gearbeitet hat.))
```
  01 Dia:    WIE lang haste das jetzt gemacht?
  02 Lin:    ach;
  03         GAR nicht so lange;
  04         (1.3)
  05         WARte mal.
  06         (0.7)
  07         drei MOnate oder so;=
  08         =oder [VIER;    ]
→ 09 Dia:          [ach SO:.]
```

Das *ach SO:* ist an einer Stelle platziert, an der Linas Turn (die Antwort auf Dianas Frage in Z. 01) bereits als abgeschlossen gelten kann. Es handelt sich bei diesem *ach SO:* also um einen eigenständigen Redebeitrag, der die Antwort auf eine Frage in ihrer Bedeutung für die Fragerin bewertet.

In dem ebenfalls schon bekannten Beispiel (73) sind Jonas' Rezipientenaktivitäten hingegen sichtbar nicht am Ende von Ulfs komplexem Redebeitrag platziert und daher auch nicht als eigene Turns zu verstehen. Durch die Interjektion in Z. 12 (prosodisch hochgelegtes *u:::;*) drückt Jonas seine Anerkennung und vielleicht Begeisterung über Ulfs Idee des ‚Retrokonsolenabends' aus; auch in Z. 17 und Z. 19 ist sein *ah okee* bzw. *aha::; okee*, mehr als ein einfaches Verstehenssignal und drückt wohl zusätzlich (wie *ach so* in Bsp. (72)) ‚überraschtes Erkennen' aus (vgl. Golato 2010). Je nach Platzierung hat die Rezipientenaktivität also einen anderen Status, jedoch dieselbe Bewertungsfunktion in Bezug auf die vom Sprecher gerade geäußerte TKE.

Beispiel (73) KONSOLENABEND (von Elisabeth Zima)
```
   07 Ulf: äh hab ich mir mit LISbeth überlegt-
   08      [hier so_n äh: so_n (.) äh::
   09 Jon: [(ja jetz)
   10 Ulf: ah (.).ts wie HEISST des-
   11      REtro:: (.) Retro (.) konSOle- (-) [äh abend machen,
→  12 Jon:                                    [↑u:::;
   13 Ulf: lisbeth hat ne: SUper ninTENdo,
   14 Jon: und [wer NOCH?
   15 Ulf:     [oder: isses ne en vierundSECHzig?=
   16      =ne en_vierundSECHzig glaub ich;=
→  17 Jon: =ah oKEE,=
   18 Ulf: =mit MArio kart,
→  19 Jon: aha::::;
   20      [oKEE,
   21 Ulf: [und äh: wir dacht_äh: wir ham lEider nur zwei
           conTROLler;=
```

Im folgenden Beispiel (74) ist der Status der Äußerungen in Z. 17 und Z. 19 gegen Ende der Erzählung der Sprecherin JH deshalb ambig, weil in dieser sequenziellen Position auch deren Bewertung als nächste sprachliche Handlung ansteht, die dann aber als eigener Turn einzustufen wäre. Die Sprecherin produziert an dieser Stelle den Höhepunkt ihrer Erzählung, der aus einer dramatischen Entwicklung (ihr Selbstmordversuch und ihre Einweisung in die Psychiatrie) besteht:

Beispiel (74) MOBUS CROHN
```
   01 JH: was gAnz typische bei diesen ähm: SCHÜben ist,
   02     du kriegst cortiSON.
   03 DO: hm_hm,
   04 JH: so.
   05     und da hab ich damals AUCH denn das gefühl gehabt,
   06     NIMM das cortison nicht,
   07     du reaGIERST da drauf.
   08 DO: [hm_hm,]
   09 JH: [°hhh  ] (-) und dann hab ich davon große MENgen
          gekriegt,
   10     immer wieder gesagt mit mir STIMMT was nicht?
   11     äh:m (--) ich musste nicht mehr SCHLAfen,
   12     war total überDREHT,
   13 DO: hm_hm,
   14 JH: äh (-) im ENDeffekt war es dann SO ähm, (-)
   15     ja dass ich äh: (.) nach nem SELBSTmordversuch in der
          psychiaTRIE gelandet bin?
   16     [°hhhhh  ]
```

```
→  17 DO:  [ACH du je.]
   18 JH:  WEIL ich durch das cortison ne psyCHOse gekriegt
           [habe;]
→  19 DO:      [!ACH!] du lieber himmel.
   20         [ja das]
   21 JH:  [so.    ]
   22      ist mir dann (.) ewig (.) Ewig lang ist mir gesagt
           worden,
   23      das STIMMT nicht,
   ((etc.))
```

Bei genauerer Analyse zeigt sich, dass Z. 17 *(ACH du je)* noch starke Merkmale eines bewertenden Rezeptionssignals aufweist, denn die Sprecherin hat durch die steigende Intonation am Ende der TKE in Z. 15 und das darauffolgende laute Einatmen (Z. 16) signalisiert, dass ihr Redebeitrag noch nicht zuende ist. Umgekehrt gibt es in Z. 19 *(!ACH! du lieber himmel)* deutliche Indizien für eine Bewertung der Erzählung in der nächsten sequenziellen Position. Die Sprecherin hat die TKE in Z. 18 so produziert, dass auf allen Ebenen ein Gestaltschluss erreicht ist. Aus der Perspektive von Domian ist dieser Gestaltschluss handlungssteuernd, denn seine Bewertung steht nicht allein (wie das zu erwarten wäre, wenn er mit einer Fortsetzung der Erzählung rechnen würde), sondern wird vom Beginn einer weiteren TKE gefolgt (Z. 20), die allerdings Fragment bleibt, weil JH eine weitere, ursprünglich aber nicht projizierte Episode der Erzählung anschließt.

3.4.4 Praktiken der Selbstwahl des nächsten Sprechers (Regel b)

In vielen Fällen ist an einem MÜP der Turn nicht für alle anderen Teilnehmer gleichermaßen disponibel. Mindestens durch den Blick des letzten Sprechers ergibt sich eine Präferenz für einen bestimmten Teilnehmer, als nächster die Sprecherrolle zu übernehmen; oft legt der augenblickliche Sprecher auch noch durch andere Praktiken fest, von wem er den nächsten Redebeitrag erwartet. Dennoch spielt auch Regel b (Selbstwahl des nächsten Sprechers) für den Sprecherwechsel eine Rolle:
- Es ist möglich, dass der augenblickliche Sprecher wegschaut und deshalb am MÜP keinen anderen Teilnehmer blickselegiert. Wenn keine anderen Praktiken der Wahl des nächsten Sprechers eingesetzt werden, ist das Rederecht dann für alle anderen Gesprächsteilnehmer frei. Jeder, der das Wort ergreift, ist ein lizenzierter nächster Sprecher.

- Es kommt vor, dass ein anderer als der ausgewählte Teilnehmer das Rederecht für sich beansprucht. Wenn der selegierte nächste Sprecher ebenfalls das Wort ergreift, kommt es zu einem Simultanstart. Aber auch wenn der selegierte nächste Sprecher auf sein Rederecht verzichtet, ist der durch Selbstwahl zum Zug gekommene Teilnehmer ein nicht-lizenzierter nächster Sprecher.
- Ein Teilnehmer, der zu Wort kommen will, gibt bereits vor dem Ende des Turns des augenblicklichen Sprechers durch sprachliche oder nicht-sprachliche Signale (*pre-starters*) diesen Willen zu erkennen. Hier handelt es sich um frühe Verfahren der Selbstwahl (vor Erreichen des MÜP).

Wir betrachten diese Fälle der Reihe nach.

3.4.4.1 Freie Selbstwahl nach dem *First-Starter*-Prinzip (Regel b)

Nur wenn der augenblickliche Sprecher in keiner Weise (auch nicht durch den Blick) den nächsten Sprecher auswählt, ist das Rederecht völlig frei. Da der Blick auf einen anderen Teilnehmer – im Gegensatz zu anderen, verbalen Praktiken der Wahl des nächsten Sprechers – aber zumindest in prototypischen Gesprächen in F-Formation ubiquitär ist, sind MPÜs, an denen in diesem Sinn Selbstwahl möglich ist, eher selten. Der Sprecher kann natürlich seinen Blick von allen anderen Teilnehmern abwenden; ein solches Blickverhalten wäre aber als Turn-Haltesignal interpretierbar. Überdies kann Wegschauen auch verwendet werden, um einen Sequenz- (und ggfs. Themen-) Abschluss vorzuschlagen (Rossano 2013). Trotz dieser Einschränkungen finden sich Beispiele, wie etwa das folgende:

Beispiel (75) LEHRGELD
```
((Gespräch beim Frühstück zwischen Sybille, Mike, Josef und An-
ton. Mike ist Zimmermann von Beruf, hat aber eine Schwäche fürs
Kochen. Sybille ist ausgebildete Dachdeckerin.))
  01 Syb→Mik:  aber KOCH wolltst_e NICH `werden oder was.
  02           wolltest-
  03 Mik:      <<mit vollem mund>doch,=
  04           =WOLLT ick mal.=
  05           [=aber mit (.) dreihundertfUffzig mark LEHRjeld,>]
              [((Wegschauen in verschiedene Richtungen, am Ende
              zu Syb.))]
  06           ((schüttelt Kopf, Blick nach unten))
→ 07 Jos→Mik:  wie;
  08           gab_s MEHR,
  09           (.) im (.) [als ZIMmermann;]
  10 Syb:                 [ja naTÜ::Rlich;]
  11 Mi:                  [<<p>DOPpelte.> ]
```

Mike produziert in Z. 03–05 einen multimodalen Redebeitrag, mit dem er auf Sybilles Frage antwortet, ob er daran gedacht hätte, anstelle von Zimmermann lieber Koch zu lernen. Er beginnt in Z. 03 mit einer TKE, die der negierten Frage Sybilles (KOCH wolltst_e NICH ˋwerden oder was.) widerspricht (doch,). Diese einfache Antwort ist im gegebenen sequenziellen Kontext pragmatisch allerdings nicht ausreichend und erfordert eine Begründung (account). Mike schließt eine weitere TKE an, die das doch zunächst nur paraphrasiert (WOLLT ick mal. Z. 04). Immer noch ist eine TKE erwartbar, die begründet, warum er die ursprüngliche Absicht Koch zu lernen nicht weiterverfolgt hat. Mike liefert sie in Form eines syntaktischen Fragments – der von aber eingeleiteten Präpositionalphrase =aber mit (.) dreihundertfUffzig mark LEHRjeld, (Z. 05) sowie einer nonverbal ausgeführten Negation (Kopfschütteln), die das Fragment zu einer vollständigen TKE macht. An dieser Stelle ist ein MÜP erreicht. Mike lenkt seinen Blick am Ende des Turns auf keinen bestimmten Gesprächsteilnehmer, sondern blickt nach unten (Z. 06). Auch andere Praktiken der Wahl des nächsten Sprechers fehlen. Das Rederecht ist also am Ende dieses Turns frei. Josef reagiert als erster und wird unangefochten nächster Sprecher (wie; gabs MEHR, (.) im (.) als zImmermann; Z. 07–09): Wer als erster zu sprechen anfängt, bekommt den Turn.

Sybilles nächster Redebeitrag in Z. 10 ist bereits eine – verfrüht einsetzende – Antwort auf Josefs Frage. Dieses **Prinzip des ‚schnellsten Starters'** hat zur Konsequenz, dass die Pausen zwischen den Redebeiträgen selbst dann (oder vielleicht gerade dann!) normalerweise eher kurz sind oder ganz fehlen, wenn der augenblickliche Sprecher keinen nächsten Sprecher ausgewählt hat. Denn nächste Sprecher können ihre Chancen auf den Turn vergrößern, wenn sie möglichst unmittelbar nach einem MÜP zu sprechen beginnen. Es kann sogar eine gute Strategie sein, durch ein Vorlaufelement (wie einen Diskursmarker oder den Namen des Adressaten) erst einmal den Redebeitrag zu beginnen, selbst wenn man noch nicht genau weiß, was man sagen will und wie es formuliert werden soll. Da bestimmte nächste sprachliche Handlungen möglichst adjazent zu dem Gesprächsbeitrag, auf den sie sich beziehen, geäußert werden sollten (vgl. Kap 4), besteht die Chance, durch sie am Gespräch teilzunehmen, oft nur einmal. Ein Sprecher, der diese Chance nicht verstreichen lassen will, tut also gut daran, den Turn möglichst früh zu beginnen.

3.4.4.2 Nicht-lizensierte Selbstwahl

Obwohl die Wahl des nächsten Sprechers durch den augenblicklichen in der überwiegenden Anzahl der Fälle von den Teilnehmern respektiert wird, kommt es vor, dass Teilnehmer für sich das Rederecht beanspruchen, auch wenn sie nicht ausgewählt worden sind.

Selbstwahl eines nicht-selegierten Teilnehmers tritt zum Beispiel ein, wenn der (blick-)selegierte nächste Sprecher lediglich ein Rezeptionssignal produziert, das Rederecht also sichtbar nicht nutzt:

Beispiel (76) ARBEITSMIGRANTEN
```
((Über osteuropäische Arbeitsmigration nach Deutschland.))
  01 Den: berufsprognose: (-) gastarbeiter in DEUTSCHland,
  02 Max: h° hehe
  03 Zac: (zja_a na,)
  04 Den: <<lachend>ohne des jetzt BÖse zu meinen>
  05 Zac: ja ja;
  06 Den: bestimmt ÖFter so;
  07      als dass de irgendwo [in englischsprachigen raum GEHST,
                               [((Blick zu M.))
  08 Max: hm_hm;
  09 Zac: aber SO;
  10      (.) keine AHnung;
  11      ich würd_s da glaub ich AUCH so machen;
```

Hier verzichtet Max in Z. 08 auf den Turn, obwohl ihn Den in Z. 07 durch Blick selegiert hat. Zac kann deshalb in Z. 09 durch Selbstwahl zu Wort kommen, auch wenn er von Den nicht als nächster Sprecher vorgesehen ist. Auch dies zeigt, dass Rezeptionssignale nicht unbedingt als Aufforderung an den letzten Sprecher zu verstehen sind, seinen Turn zu expandieren (sonst wäre in diesem Fall zu erwarten, dass Den weiterspricht).

Derselbe Ablauf ergibt sich im folgenden Beispiel, in dem statt eines verbalen Rezeptionssignals ein Nicken dieselbe Funktion übernimmt. Es kommt zu keiner Phase des Simultansprechens:

Beispiel (77) OSTBLOCK-DEUTSCH 4
```
((Den hat berichtet, dass er bei einem Prag-Aufenthalt über die
guten Deutschkenntnisse der Tschechen erstaunt war.))
  01 Max: glaub des hat mit_m OSTblock zu tun-=
  02      =dass sie einfach kein ENGlisch gelernt haben-=
  03      =und irgend ne FREMDsprache; (-)
  04      [MÜSsen se ja lernen,
  05 Den: [((langsames Nicken))
```

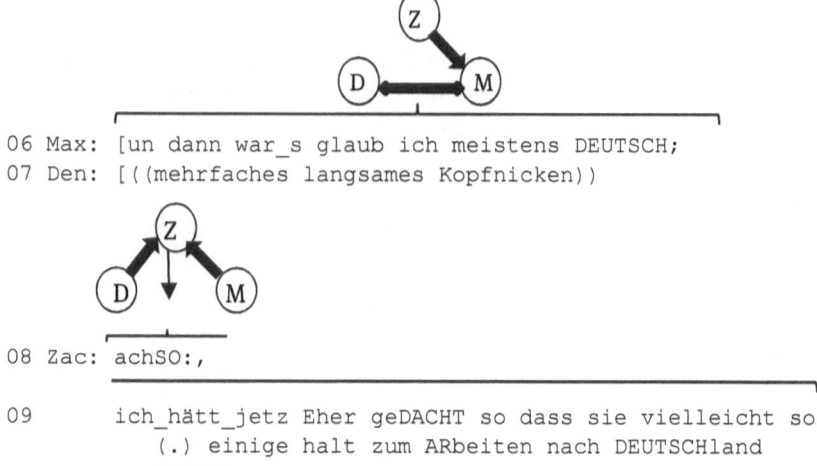

```
06 Max:  [un dann war_s glaub ich meistens DEUTSCH;
07 Den:  [((mehrfaches langsames Kopfnicken))
```

```
08 Zac:  achSO:,
```

```
09       ich_hätt_jetz Eher geDACHT so dass sie vielleicht so
         (.) einige halt zum ARbeiten nach DEUTSCHland
         kommen-
```

Max schaut während seines Redebeitrags in Z. 01–05 Den an, der durch mehrfaches Kopfnicken seine Rezipienz bestätigt, aber keine Anstalten macht, als nächster zu sprechen. An seiner Stelle ergreift Zac in Z. 08 durch Selbstwahl das Wort, obwohl er von Max nicht blickselegiert wurde. Sowohl Max als auch Den ratifizieren diese Selbstwahl, indem sie sich ab Z. 08 dem neuen Sprecher zuwenden und durch ihren Blick zu erkennen geben, dass sie als Rezipienten für Zacs Beitrag zur Verfügung stehen.

Häufiger sind Fälle, in denen ein nicht-selegierter Teilnehmer anstelle des selegierten das Rederecht beansprucht, obwohl auch der selegierte Teilnehmer zu sprechen beginnt. Es kommt dann zu einem **Simultanstart**. Beispiele dafür kennen wir schon aus verschiedenen in diesem Kapitel vorgestellten Transkriptausschnitten, von denen zwei hier wiederholt werden:

Beispiel (78) DREI MÄDELS
```
19 Anni:   s_is voll SCHÖ:N;
20         vor allem is so:: (.) äh:m klassik (.) musi:k
```

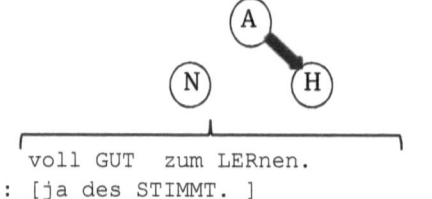

```
           voll GUT   zum LERnen.
→ 21 Hanni: [ja des STIMMT. ]
→ 22 Nanni: [JA des (IS so).]
```

Beispiel (79) LEHRGELD
((Gespräch beim Frühstück zwischen Sybille, Mike, Josef und Anton. Mike ist Zimmermann von Beruf, hat aber eine Schwäche fürs Kochen. Sybille ist ausgebildete Dachdeckerin.))
```
07 Jos→Mik:  wie;
08           gabs MEHR,
09           (.) im (.) [als ZIMmermann;]
→ 10 Syb:               [ja naTÜ::Rlich;]
→ 11 Mi:                [<<p>DOPpelte.> ]
```

Simultanstarts sind besonders nach Blickselektion des nächsten Sprechers zu beobachten, die sich (wenn andere Praktiken fehlen) damit als relativ schwache Selektionspraktik erweist. So in Beispiel (78): Die augenblickliche Sprecherin Anni schaut am Ende ihres Turns in Z. 20 zu Hanni, es reagieren aber (zeitgleich) sowohl Hanni als auch Nanni (Z. 21 und 22).

Aber auch andere Fremdwahl-Praktiken können von Teilnehmern missachet werden, wenn sie unbedingt zu Wort kommen wollen. Dies lässt sich in Ausschnitt (79) (dem letzten Teil von Bsp. 75) beobachten: hier wendet sich Josef mit seiner Frage in Z. 07 ausschließlich an Mike, der die Zimmermannslehre absolviert hat. Dennoch antwortet nicht nur dieser (Z. 11), sondern auch Sybille (Z. 10), die damit ebenfalls die epistemische Autorität für sich beansprucht, beim Thema ‚Lehrgeld' mitreden zu können.

3.4.4.3 Turn-Übernahmeankündigungen (*pre-starters*)

Rezipienten können während des laufenden Turns eines anderen Teilnehmers oder nach dessen Beendigung ankündigen, die Sprecherrolle übernehmen zu wollen. Diese Aktivitäten sind selbst noch keine Turn-Anfänge (wie das z. B. Vorlaufelemente in Form von Diskursmarkern wären); Schegloff (1996b) spricht deshalb von **pre-starters** (hier mit **Turn-Übernahmeankündigungen** übersetzt).

Es gibt zahlreiche Praktiken, die zu diesem Zweck eingesetzt werden (vgl. Deppermann 2013); in der Regel sind sie nicht sprachlich. Dazu gehören z. B. körperliche Adjustierungen (zurückgelehnte Teilnehmer setzten sich auf und beugen sich nach vorn oder wenden sich dem Sprecher zu, vgl. Schmitt 2005), Zeigegesten (Teilnehmer zeigen oder blicken auf ein Objekt, über das sie sprechen wollen[91]), aber auch andere Gesten (wie in einem klassischen Aufsatz von Streeck & Hartge 1984 besprochen). Zu den vokalen Mitteln gehören Einatmen

---

[91] Vgl. Mondada (2007); Ford, Fox & Thompson (2013: 30–33).

oder andere Vokalisierungen, die die sprachliche Vokalisierung vorbereiten (oder vorzubereiten scheinen) (vgl. Oloff 2013, Bsp. 5).

Turn-Übernahmeankündigungen können bei Sprecherwechsel nach Regel (a) und (b) vorkommen. Wir zeigen dies anhand von zwei Ausschnitten, in denen eine Geste als Turn-Übernahmeankündigung verwendet wird. Der Status des jeweiligen nächsten Sprechers, der seinen Willen, den Turn zu übernehmen, auf diese Weise ankündigt, ist unterschiedlich. Im ersten Ausschnitt ist Philipp bereits designierter nächster Sprecher:

Beispiel (80) REWE (von Elisabeth Zima)
```
((Pia versucht zu beschreiben, wo sich ein bestimmter Club be-
findet. Ein dritter anwesender Teilnehmer ist in dieser Sequenz
nicht beteiligt.))
  01 Phil:  wo IS_n des;
  02 Pia:   ähm bei dem REwe: bei vaPIAno. (-)
  03        da ist doch Unten der rEwe an der ECke;=
  04        [=wo der alnaTUra und so weiter ist-
```

```
→ 05 Phil: [((zwei Gesten mit rechter Hand abwär[ts.))
→ 06        [wo_s so RUNter geht;=
  07 Pia:   =hm_hm
  08 Phil:  da der [REwe;=
  09 Pia:          [GEnau:-
  10 Phil:  =[und DANN
  11 Pia:    [und DORT diese ROLLtreppe runterfahren;
  ((etc.))
```

Während Pia den Ort zu beschreiben beginnt, an dem sich der Club befindet, den sie besucht hat, benutzt sie das Adverb *unten* (das sich hier auf das Tiefgeschoss bezieht) (Z. 03). Ihre Äußerung ist durch den Blick an Philipp gerichtet; er liegt außerdem aus sequenziellen Gründen als nächster Sprecher fest, denn sie beantwortet ja gerade seine Frage aus Z. 01. Während sie ihre Ortsbeschreibung fortsetzt (*wo der alnaTUra und so weiter ist-* Z. 04), führt Philipp zweimal eine Geste aus, die auf die Semantik von ,unten' in Pias Beitrag bezogen sein könnte: er hebt die rechte Hand mit abwärts gewinkelten Fingern und senkt sie dann ab. Dabei blickt er Pia an. Allerdings lässt seine Geste eher an eine Abwärtsbewegung als eine Lokalisierung denken. Zudem kommen ikonische Rezipientengesten, die sich auf die Sprecheräußerung beziehen, nur sehr selten vor, besonders, wenn sie keine Sprechergesten spiegeln; üblicherweise begleiten die Sprecher ihre Äußerung gestisch, nicht die Rezipienten. Es ist also eher anzunehmen, dass Philipp seine eigene Sprecherrolle vorwegnimmt und eine Geste produziert, die ihr sprachliches Korrelat erst finden wird, wenn er zu Wort gekommen ist.[92] Tatsächlich schließt er unmittelbar nach Pias TKE *wo der alnaTUra und so weiter ist-* (und noch leicht überlappend mit seiner Geste) eine Äußerung an, die Pias ‚unten' aufnimmt, aber nun in eine Bewegung transformiert: *wo_s so RUNter geht.* Dieses ‚runter' ist die sprachliche Entsprechung der Geste, die den Turn bereits angekündigt hat.

Im zweiten Beispiel (aus derselben interaktiven Episode) ist der Sprecher, der seinen Turn schon früh durch eine Geste ankündigt, nicht als nächster Sprecher selegiert. Pia und Philipp sind miteinander im Gespräch, aber Lucas möchte sich ebenfalls beteiligen und ergreift an einer Stelle das Wort, an der eine Sequenz zwischen den beiden abgeschlossen ist. Es handelt sich um eine nicht-lizenzierte Selbstwahl an einer relativ ‚zugänglichen' Stelle für seine Intervention. Diese Selbstwahl wird durch Einatmen und eine Geste (Kopfschütteln) schon viel früher angekündigt:

Beispiel (81) MUSIK DER NEUNZIGER (von Elisabeth Zima)
```
((Pia und Philipp sind der Meinung, dass die Musik der 2000er
Jahre nichts getaugt hat, während Lucas eher die 1990er Jahre
nicht mag.))
    01 Pia:      aber neunziger war AUCH schlecht.
    02 Phl→Pia:  aber ganz EHRlich,=
    03           =ich glaub ja EHRlich gesagt dass in zehn jahren
                    die NEUNziger äh die zweiTAUsender AUCH wieder
                    [geil sind; (-)
→   04 Lcs:      [((atmet ein und schüttelt leicht den Kopf,
                    Blick
                    nach unten auf seine Hände/Essen.))
    05 Phl→Pia:  das ist EINfach (.)
                 [das ist wieder jetzt ZU nah [ist,
    06 Pia→Phl:  [ja:; vielleicht is_es also   [ja-
    07 Phl:      dass man sAgt [das ist GEIL.
                               [((Blick zu Lcs.))
    08 Lcs:                    [okee des liegt glaubt vielleicht
```

---

[92] Nach Schegloff (1984) werden ikonische Gesten oft vor dem sprachlichen Korrelat produziert.

```
                    auch DAran,=
09                  =die zweiTAUsender sind halt auch n_bisschen (.)
                    n_bisschen RUhigere lieder-
10                  und n_bisschen mehr balladenmäßig;
((etc.))
```

Philipp hat (an Pia gewandt) seine Meinung geäußert, dass die Musik der 2000er durchaus wieder ‚geil' werden könnte, aber uns noch ‚zu nah' ist. Pia stimmt ihm (simultan mit seinem Turn) zu (Z. 06). Während dieser Zeit hat Lucas seinen Blick nach unten auf seine Hände gerichtet, in denen er einen Obstspieß hält, den er essen möchte. Allerdings ist er ein aktiver Teilnehmer: während Philipp seine Meinung äußert, produziert er eine Konstellation von körperlichen Verhaltensweisen, die zusammen einerseits Ablehnung dieser Meinung, andererseits aber auch das Bedürfnis, dazu etwas zu sagen, signalisieren: er öffnet den Mund, atmet hörbar ein und zieht die Lippen so auseinander, als ob er zu artikulieren beginnen wollte; zugleich schüttelt er leicht den Kopf.

Da Pia und Philipp einander anschauen (Lucas sitzt zwischen ihnen), können wir nicht ganz sicher sein, dass sie sein Kopfschütteln gesehen haben; sicher aber haben sie sein Einatmen gehört, eine typische Turnübernahmeankündigung. Der augenblickliche Sprecher (Philipp) hätte dieses Signal ratifizieren und den Blick von Pia auf ihn lenken können. Lucas wäre dann vom augenblicklichen Sprecher als nächster Sprecher blickselegiert. Sobald der angeschaute Teilnehmer den Turn übernommen hätte, würde es sich zwar im weiten Sinn um eine Selbstwahl, technisch gesehen aber um eine Aufforderung zur Fremdwahl durch den augenblicklichen Sprecher (Regel a) handeln. (Solche Verfahren sind in der Schule in Form des Aufzeigens konventionalisiert.) Im Beispiel (81) geht Philipp allerdings nicht auf die Turn-Übernahmeankündigung ein. Erst als Lucas in Z. 07 als nicht-lizenzierter Sprecher, Philipps letzte TKE überlappend, das Wort ergreift, schaut er ihn an.

Turn-Übernahmeankündigungen sind eine spezifische Form von Rezipientenaktivität während eines Redebeitrags. Sie müssen von jenen Rezipientenaktivitäten unterschieden werden, die die Sprecherrolle nicht tangieren, wie etwa einfache Rezeptionssignale, eingeschobene Bewertungen oder Kommentare. Das ist allerdings nicht immer leicht. Prävokalisierungen (Einatmen) können mit Seufzern (als Rezeptionssignal) verwechselt werden, kommentierende Mimik oder Gestik mit einer, die einen Redebeitrag ankündigt. In größeren Konstellationen kann der Blickwechsel eines dritten Teilnehmers vom augenblicklichen Sprecher zu einem (vom Sprecher adressierten) Teilnehmer einen Turn des Dritten an diesen Rezipienten ankündigen oder einfach nur Teil eines aktiven

Zuhörprozesses sein, bei dem der Dritte einer Sequenz zwischen zwei Anderen zuhört und Turn-Übernahmen innerhalb dieser Sequenz vorwegnimmt. Selbst ein einfaches *hm_hm* kann mehr als die Rezipienz der TKE des augenblicklichen Sprechers signalisieren, nämlich von einem Rezipienten verwendet werden, der sichtlich ungeduldig die nächste Möglichkeit für eine Turn-Übernahme erwartet. Vor allem eine Häufung von Rezeptionssignalen kann so interpretiert werden. Da einfache Rezeptionssignale ja deutlich machen, dass der Rezipient den Sprecher verstanden hat, ist es nicht schwer, aus der (mehrfachen) Verwendung solcher Rezeptionssignale zu inferieren, dass der Rezipient nun wirklich alles bestens verstanden hat und endlich zu Wort kommen möchte.

3.4.5 Der augenblickliche Sprecher macht weiter: Erweiterungen nach einem MÜP (Regel c)

3.4.5.1 Zweiergespräche

Wenn in Zweiergesprächen ein MÜP erreicht ist, kann der andere Teilnehmer das Wort ergreifen. Verzichtet er auf diese Möglichkeit, indem er (zunächst) gar nichts sagt oder lediglich ein Rezeptionssignal produziert, kann der erste Sprecher seinen Redebeitrag erweitern. Allerdings ist die Gefahr groß, dass der selegierte nächste Sprecher doch noch einen Redebeitrag liefert und es zu einem Simultanstart kommt (vgl. z. B. Beispiel 85).

Selbstverständlich macht es einen wesentlichen Unterschied, ob der MÜP innerhalb oder am Ende einer Sequenz liegt. Denn wenn eine bestimmte nächste Handlung konditionell relevant ist, bedeutet das Schweigen des Anderen, dass er diese zu erwartende (bzw. bei mehreren Alternativen die davon präferierte) Aktivität verzögert oder ganz verweigert. Er mag dafür Gründe haben, die mit der ersten Handlung zu tun haben (vgl. die ausführliche Diskussion in Kap. 4). Das entstehende Schweigen wird als **Redezugvakanz** bedeutungsvoll und lädt zu Inferenzen ein. Es deutet auf eine bevorstehende nicht-präferierte Erwiderung (etwa eine Ablehnung, eine andere Meinung, eine gegenlaufende Bewertung o.ä.) hin. Der augenblickliche Sprecher hat in seiner Erweiterung die Chance, durch eine Veränderung oder Erläuterung seiner Äußerung diese imminente, *face*-bedrohende Erwiderung zu vermeiden. Rezeptionssignale sind an dieser Stelle nicht möglich. Gibt es hingegen keine sequenziellen Verpflichtungen, entsteht eine freie Gesprächspause. Sie widerspricht allerdings dem Progressivitätsprinzip; eine Erweiterung des Redebeitrags orientiert sich indirekt an diesem Prinzip, indem sie die Pause minimiert.

Die Erweiterung kann der Sprecher in unterschiedlicher Weise an den schon abgeschlossenen Teil seines Redebeitrags anbinden. Die grundsätzliche Unterscheidung zwischen Turn-Erweiterungen und TKE-Erweiterungen wurde schon in Abschnitt 3.3.2.5 bei der Diskussion von Erweiterungen vor einem MÜP besprochen und gilt natürlich auch hier.[93] Zusätzlich kann man Erweiterungen anhand ihrer Semantik differenzieren. Besonders ist relevant, ob sich die Erweiterung auf den bisherigen Turn rückbezieht und ihn insgesamt oder eines seiner Elemente korrigiert, elaboriert, begründet oder anderweitig kommentiert oder ob die Erweiterung einen neuen Schritt enthält.

Daraus ergibt sich zunächst eine Klassifizierung nach den Kriterien (a) sequenzielle Position (konditionelle Relevanz), (b) elaborierende vs. weiterführende Semantik und (c) syntaktische Integration.[94] Diese Kriterien sind nicht unabhängig voneinander. Syntaktisch integrierte Erweiterungen sind meistens semantische Bearbeitungen des schon Gesagten. Syntaktisch nicht integrierte Erweiterungen können hingegen semantisch elaborierend oder weiterführend sein. In einer sequenziellen Position, in der eine nächste Handlung des anderen Teilnehmers konditionell relevant ist, wird der augenblickliche Sprecher in seiner Erweiterung die möglichen Probleme, die zur Verzögerung dieser nächsten Handlung geführt haben mögen, bearbeiten. Semantisch weiterführende Expansionen sind hingegen zu erwarten, wenn keine nächste sprachliche Handlung des anderen Teilnehmers notwendig ist. Zunächst ein Beispiel für diesen letzten Fall:

Beispiel (82) HELFEN
((Sybille und Bianca stehen in der Küche an der Arbeitsfläche und schauen auf die Lebensmittel. Bianca will das Abendessen vorbereiten.))
```
      01 Bia:  weil ich dacht vielleicht haste lUst mir was zu
                    HELfen;
      02       du kannst wenn de mag[st n_bisschen den saLAT putzen;
      03 Syb:                      [ja.
 →    04 Bia:  °h und MÖHRchen brauch ich;=
      05       =KLEIN geschnitten; °h
 →    06       <<all>ich brauch Alles was hier steht eigentlich
                    KLEIN.>
```

---

[93] Vgl. für eine Gesamtübersicht Auer (1996b) sowie (2006), mit etwas anderen Einteilungen Vorreiter (2003); Couper-Kuhlen & Ono (2007); Ford, Fox & Thompson (2002).
[94] Die prosodische Integration in die Vorgängeräußerung ist hier natürlich kein Kriterium, weil ja ein MÜP eine prosodische Zäsur voraussetzt. Das Kriterium der konditionellen Relevanz ist bei genauerer Betrachtung nicht binär, so dass die Analyse in diesem Punkt vereinfacht ist.

Biancas Bitte an Sybille, ihr bei der Essensvorbereitung zu helfen, wird (wenn auch verspätet) von dieser angenommen (Z. 03). Es folgt nun eine Beschreibung der anstehenden Tätigkeiten. An die Bitte, den Salat zu putzen (Z. 02), schließt Bianca die weitere Bitte an, klein geschnittene Möhrchen vorzubereiten (Z. 04–05); die Sprecherin beendet ihren Redebeitrag mit einer zusammenfassenden Bitte, überhaupt alles, was auf der Arbeitsfläche liegt, klein zu schneiden. Eine spezifische sprachliche Reaktion auf diese Einzelaufgaben ist nicht mehr notwendig, denn Sybille hat ihre Bereitschaft ja bereits erklärt, diese zu übernehmen. Bianca erweitert ihren Redebeitrag semantisch an einer Stelle, an der keine sequenziellen Obligationen ihrer Gesprächspartnerin mehr im Spiel sind.

Im Folgenden betrachten wir Beispiele für Erweiterungen, die das bisher Gesagte bearbeiten, und differenzieren dabei nach syntaktischer Integration und sequenzieller Position. In den ersten drei Ausschnitten ist die Erweiterung **syntaktisch** in die letzte TKE **integriert**, d.h. die Erweiterung setzt die schon existierende Struktur fort. Allein könnte sie keine TKE bilden, weil sie von der syntaktischen Struktur dieser Vorgänger-TKE abhängig ist. Zusammen ergeben Vorgängerstruktur und Erweiterung eine neue syntaktische Einheit. (83) und (84) sind Beispiele für die Erweiterung innerhalb einer Paarsequenz, d.h. es wird eine nächste Handlung des anderen Gesprächsteilnehmers projiziert; in Beispiel (85) ist das nicht der Fall.

Beispiel (83) ERSTES MAL (aus „*Domian*" vom 26.11.2009)
```
   01 XE:  ja und der hat dann halt gesagt ja ich soll mir kein
           ´STRESS machen-
   02      und ich (.) wir ´MÜSsten nichts machen-
   03      wenn ich das nicht [`´WOLlte-],
   04 DO:                     [AH        ] ja;
   05 XE:  aber
   06 DO:  (na) haste [ja GLÜCK gehabt;=ne?]
   07 XE:             [(das ging ganz GUT.)]
   08      (-)
→  09 DO:  dass [du an SO jemanden äh      ] geKOMmen bist;
   10 XE:       [JA:ja; doch; ich denk SCHON];
```

Die Erweiterung in Z. 09 erfolgt in Form eines Komplementsatzes, der vom Verb *Glück haben* regiert wird. Der Komplementsatz spezifiziert die Bewertung der Erzählung XEs über ihre erste sexuelle Begegnung. Da die vorangegangene TKE in Z. 06 mit einem Frageanhängsel endet, ist eine Bestätigung konditionell relevant. Die bisherige Sprecherin XE führt während der Frage allerdings ihre Erzählung noch weiter, so dass es zu einer Phase des Simultansprechens kommt. Am Ende der Simultansprechphase haben beide Teilnehmer (XE und DO) einen

MÜP erreicht. Es ist aber nicht klar, ob XE DOs Frage während dieser Phase überhaupt verstanden und erkannt hat, dass noch eine Antwort offen ist. Die Erweiterung der TKE bearbeitet diese Turbulenz bei der Zuteilung des Rederechts und ist – neben der inhaltlichen Spezifizierung der Frage – ein Versuch, die Partizipationsstatus zu klären: DO kann durch sie deutlich machen, dass das Rederecht noch bei ihm liegt und nach wie vor ein zweites Paarglied geliefert werden muss. Dieses produziert XE in Z. 10, allerdings (quasi-)simultan zur Erweiterung der Frage. Sie hat also die ursprüngliche TKE (Z. 06) durchaus gehört und geht jetzt auf sie ein, kurz nachdem DO mit seiner Expansion begonnen hat.

Auch in (84) steht die Erweiterung in einer stark sequenziell determinierten Position, und zwar erneut nach einer Bitte um Bestätigung (vgl. die Nachlaufpartikel *ne?*) in Z. 02:

Beispiel (84) VOLLGASDEPPEN
```
   01 Jos: wir haben ja ALles so in der gruppe,
   02      aber_n richtig musiKAlischen haben wir NICH in der
           GRUPpe;=[ne?      ]
   03 Vla:        [ehm_äh-]
   04      (1.0)
→  05 Jos: der n_instruMENT spielt;=oder?
   06      (0.9)
   07 Vla: aber s_stimmt [SCHON],
   08 Jos:               [(    ][       beispielsWEIse-)]
   09 Vla:                      [wir ham hier ALles     ] in der
           gruppe.
   10      (0.6)
   11      ja,
   12      von TOPleute bis (.) mei- richtige (.) VOLLgasdeppen.
```

Josef behauptet, dass es in der Gruppe keinen ‚richtig Musikalischen' gebe und fordert von Vlado eine Bestätigung. Vlado beginnt seine Antwort mit einer unspezifischen Häsitation (Z. 03), stockt jedoch dann mit seiner Antwort. Die einsekündige Pause wird von Josef möglicherweise als Verständnisproblem interpretiert (Vlado hat nicht verstanden, was er meint, oder überlegt, wie die musikalischen Fertigkeiten der Anderen aussehen); so lässt sich jedenfalls seine Turn-Erweiterung verstehen, die seine vorherige Aussage präzisiert (*n richtig musiKAlischen/der_n instruMENT spielt* (Z. 02, 05). Obwohl die konditionelle Relevanz einer Bestätigung erhalten bleibt, verkürzt Josef auf diese Weise die Lücke bis zur Antwort und vermeidet eine allzu lange Pause. Die Erweiterung ist semantisch klar elaborierend. Grammatisch wird sie als Relativsatz in Abhängigkeit von *n richtig musiKALischen* realisiert. Vlado antwortet ab Z. 07 nach einer weiteren Verzögerung.

Im Beispiel (85) ist die Sequenz hingegen schon geschlossen, d.h. nach Z. 05 hätte bereits ein Sprecherwechsel stattfinden können:

Beispiel (85) PARTNER (aus „*Domian*" vom 27.11.2009)
```
    01 RI:   ich mein ich HÄTte gern ne partnerin,
    02       aber ähm (--) ich: (-) äh:m:
    03       (1.9)
    04       ja;
    05       es_is halt nich so LEICHT(h);
    06 DO:   nee,
    07       das [is   ]
→   08 RI:       [jemand] zu FINden.
    09 DO:   ja
```

Obwohl DO dem Anrufer RI zustimmt (*nee,* Z. 06) und schon einen Folgebeitrag gestartet hat (Z. 07), der die Sequenz vermutlich expandieren sollte, erweitert der erste Sprecher seine TKE – ihn überlappend – in Form einer infinitivischen Ergänzung (*jemand zu finden*), die sich an das Verb *leicht sein* anschließt. Auch hier präzisiert die Erweiterung die schon gemachte Aussage.

Es folgen zwei Beispiele für **syntaktisch nicht-integrierte Erweiterungen**, beide in einer sequenziellen Position, in der eine Erwiderung des anderen Gesprächsteilnehmers konditionell relevant ist. Im ersten Ausschnitt aus einer Interaktion zwischen Therapeutin und Schmerzpatientin bleibt die Antwort auf eine Nachfrage nach der Art des Schmerzes, an dem die Patientin leidet, zunächst aus:

Beispiel (86) SCHMERZEN (aus Stresing 2009: 146)
```
    76 T:    =wo ham sie die geSPÜRT?
    77       (-)
    78 P:    ja auch (.) hier im BAUCHbereich-
    79 T:    AUCH im bauch;
    80       (-)
    81       ja?
    82       (-)
→   83       h° wie hat sich das geÄUßert;
    84       (---)
→   85       weil sie sachten schmerzen NEIN?
    86       (---)
→   87       ja [(so is)-
    88 P:       [daNACH hat_s auch- (----)
    89       so KRIBbeln und (.) (MACHen) und da,
```

Nachdem die Patientin bestätigt hat, dass die Schmerzen im Bauch waren, und die Therapeutin die Rezipienz dieser Information durch Wiederholung bestätigt hat, fragt die Therapeutin nach, wie sich die Schmerzen ‚geäußert' hätten (Z. 83). Diese Erweiterung ist nicht syntaktisch integriert; die Frage ist von der Vorgängeräußerung in Z. 79 völlig unabhängig. Vermutlich aufgrund der sehr vagen Formulierung weiß die Patientin mit dieser Frage allerdings nichts anzufangen. Es folgt eine zweite Erweiterung (Z. 85), (wieder) im Format eines neuen, unabhängigen Satzes, mit dem die Therapeutin ihre Frage zu rechtfertigen scheint.[95] Sie eröffnet damit eine neue Paarsequenz. Die Patientin antwortet zunächst nicht. Erst nachdem die Therapeutin erneut eine Erweiterung einleitet (Z. 87), startet die Patientin mehr oder weniger simultan eine Antwort.

Im zweiten Beispiel dieses Typs befinden wir uns in einem Beziehungsgespräch zwischen Anton und Clara. Clara hat vorher ihre Unzufriedenheit mit der Beziehung geäußert und Anton versucht nun, den Grund dafür herauszufinden.

Beispiel (87) BEZIEHUNGSGESPRÄCH
```
   01 Ant:   im moment steh ich auf der LEItung.=
   02        =kannst mir da mal irgendwie (.) bisschen besser- °h
   03        kuck mich AN und-
   04        (komm auf die SEIte) und kuck mich AN,
   05        und erKLÄR mir jetzt das mal bitte auf der STELle.=ja?
   06        °h also.=
   07        =wat is LOS;
   08 Cla:   ((1.5; schluchzende Geräusche))
→  09 Ant:   was ist dir zu BLÖD.
   10        (2.7)
   12 Cla:   ja die gAnze situatiOn wie sie IS;
```

Ein Beispiel für eine nicht-integrierte Erweiterung in sequenziell abgeschlossener Position wird im nächsten Abschnitt anhand von Daten aus Mehrparteiengesprächen besprochen.

Bisher haben wir angenommen, dass die syntaktische Beziehung zwischen Vorgängeräußerung und Erweiterung durch die Unterscheidung zwischen integrierten Fortführungen einer schon existierenden syntaktischen Struktur und nicht-integrierten Erweiterungen in Form einer neuen, von der alten völlig unabhängigen syntaktischen Struktur erfasst werden kann. Bei genauerer Betrachtung zeigt sich allerdings, dass dieses Schema zu einfach ist. Es gibt nämlich

---

95 Die Äußerung *schmerzen NEIN* ist als zitierte direkte Rede der Patientin zu verstehen: ich habe keine Schmerzen.

auch Erweiterungen, die nicht linear in die Vorgängerstruktur eingepasst werden, aber dennoch von ihr abhängig sind. Sie stehen zwischen voller Integration und komplettem syntaktischen Neuanfang. Am augenfälligsten ist dies im Fall von **reparierenden Erweiterungen:**

Beispiel (88) WÜRSTCHEN (von Elisabeth Zima)
```
((Dizzy hat gerade seine Brotzeit ausgepackt und fängt zu essen
an.))
   01 Andi:   und wie SCHMECKTS?
   02         sieht irgendwie seltsam AUS;
   03 Dizzy: schmeckt wie WÜRSTchen im tEIg;
→  04         n_geFLÜgelwürstchen im teig;
   05 Andi:   <<imitiert Essgeräusche>om nom NOM nom nom;>
```

Nach Andis Frage (die selbst komplex ist und aus zwei TKEs besteht) antwortet Dizzy zunächst, dass das *convenience-food*-Produkt, das er gerade zu sich nimmt, nach ‚Würstchen im Teig' schmeckt, korrigiert sich dann aber und präzisiert *WÜRSTchen im teig* durch *n_geFLÜgelwürstchen im teig*. Die neue NP ersetzt syntaktisch gesehen die alte und bettet sich auf diese Weise paradigmatisch in den Satz *schmeckt wie ___ ein*. Ihre syntaktische Funktion ist dadurch bestimmt, dass sie erkennbar denselben Slot verwendet wie die zu reparierende Struktur. Solche Analepsen (Auer 2015) sind von der Vorgängerstruktur abhängig (auf die sie sich quasi symbiotisch beziehen, um interpretierbar zu sein), ohne diese Vorgängerstruktur linear weiterzuführen (paradigmatische Bearbeitung).

Ein syntaktisch etwas anders gestalteter Fall von nicht-linearer Integration der Erweiterung in die Vorgängerstruktur lässt sich im folgenden Ausschnitt aus demselben Gespräch beobachten:

Beispiel (89) CYBER-OLYMPIADE (von Elisabeth Zima)
```
   01 Dizzy:  (e) müsst ne CYberolympiade geben aber;
   02 Andi:   ja es WURD ja jetzt son-=
   03         =hast du das damals MITgekriegt?=
   04         =da is ja ein (-) LÄUfer gewesen:,
   05         de:r-
   06         wie WAR das-
   07         der hat AUCH glaub ich s=
   08         der kam aus_m KRIEG;=
   09         =oder IRgendwas;
   10         auf jeden fall hat er keine BEIne mehr gehabt;=
   11         =und hat dann halt (.) künstliche BEIne bekommen?
              (0.5)
   12         und da ham se (.) dem erKÄMPFT?
```

```
13          dass (.) der bei der norMAlen (.) olympiade
            MIT(.)machen kann;
→ 14        aus irgendwelchen GRÜNden,
15          und der war auch mega SCHNELL halt;
```

Andis komplexer Redebeitrag wird schon als solcher angekündigt (Z. 03). Er kommt mit der TKE in Z. 13 zu einem Abschluss. Eine spezifische Reaktion von Dizzy ist nicht erforderlich und erfolgt auch nicht. Vielmehr erweitert Andi den Beitrag in Z. 14 mit der Präpositionalphrase *aus irgendwelchen GRÜNden* (und dann erneut durch die TKE in Z. 15). Die Phrase gehört semantisch und syntaktisch zur Vorgänger-TKE (Z. 12/13). Syntaktisch ist diese Struktur bereits durch die rechte Verbklammer (*mitmachen kann*) abgeschlossen. Die Erweiterung würde in einem kanonischen Satz im Mittelfeld des Matrixsatzes (*und da ham se (.) dem aus irgendwelchen Gründen erKÄMPFT*) oder des eingebetteten Satzes (*dass (.) der aus irgendwelchen Gründen bei der norMAlen (.) olympiade MIT (.) machen kann*) stehen. Solche in der Grammatik oft ‚**Ausklammerungen**' genannten Nachfeldbesetzungen sind ein weiterer Typ von TKE-Erweiterungen, die syntaktisch von der Struktur der vorherigen Äußerung abhängig sind, sie jedoch nicht linear erweitern, sondern nachträglich in sie eingefügt werden (syntagmatische Bearbeitung).

Die ursprünglich binäre Unterscheidung zwischen syntaktisch integrierten und syntaktisch nicht-integrierten Erweiterungen erweist sich also als eine Skala, die folgende Stufen umfasst:

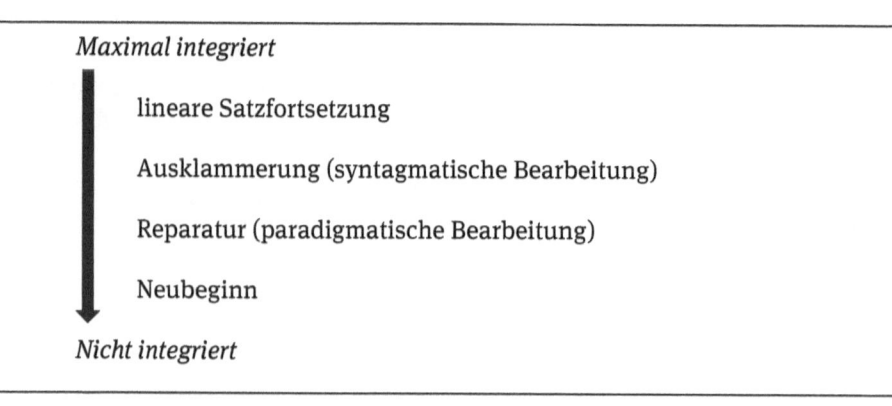

Abb. 41: Skala der syntaktischen Integration von Erweiterungen.

3.4.5.2 In Mehrparteiengesprächen

In Gesprächen mit mehr als zwei Teilnehmern sind die Bedingungen für die Erweiterung des Redebeitrags durch den bisherigen Sprecher komplexer, weil sie nach dem Regelsystem von Sacks, Schegloff & Jefferson (1974) voraussetzen, dass nicht nur der ggfs. selegierte nächste Sprecher (Regelkomponente a), sondern auch alle anderen Teilnehmer (Regelkomponente b) auf ihr Rederecht verzichten. Dies ergibt sich daraus, dass die Regelkomponente b der Regelkomponente c hierarchisch übergeordnet ist. Da alle Teilnehmer die Selbstwahl nutzen können, multipliziert sich die Gefahr von Simultanstarts: jeder kann simultan zur Erweiterung durch den bisherigen Sprecher das Wort ergreifen.[96]

Wir betrachten zunächst einen Ausschnitt aus einer Mehrparteieninteraktion, in dem die nächste sequenzielle Position vorstrukturiert ist. In Beispiel (90) beginnt Viola mit einem Vorschlag bzw. einer Bitte an Bianca, die im syntaktischen Format einer Frage formuliert wird: Bianca soll zu einem Abendessen ihren *leckren QUARK* beisteuern.

Beispiel (90) QUARK
```
((Viola, Biana und Sybille bei der Abendtoilette im Bad))
  01 Vio: °h ich dachte ja (.) du kannst so leckren QUArk machn.
  02 Bia: ICH kann leckren QUARK machen.=
  03      =WAS für_n [QUARK? ]
  04 Syb:            [hm, den] der so ähnlich is wie tzaZIki;
→ 05      weiß_te mit den KRÄUtern.
  06 Bia: <<hohe Kinderstimme>denkst IMmer nur <<kichernd> an_s
          ESsen.>>
```

Bianca wiederholt den Vorschlag (vgl. den zusätzlichen Akzent auf *ICH*, der Erstaunen über die Idee signalisiert), um unmittelbar eine Rückfrage anzuschließen.[97] Ihre Erwiderung wird dadurch verschoben. Adressatin dieser Rückfrage ist aus sequenziellen Gründen Viola. (Da alle drei Frauen mit ihrer Toilette beschäftigt sind und sich nicht anschauen, fällt der Blick als Sprecherselektionsverfahren aus.) Es antwortet allerdings Sybille, die sich nun bemüht, den ‚Quark' zu beschreiben; dazu bietet sie den Vergleich mit *tzaZIki* (Z. 04) an. Bianca lässt nicht erkennen, ob sie den Referenten *von leckren QUARK* aufgrund dieser Beschreibung identifizieren konnte. Sybille erweitert daher ihren Turn und nennt eine weitere Eigenschaft des Referenten (*mit den KRÄUtern*).[98] Die

---

96 Solche (mehr oder weniger exakten) Simultanstarts sind so häufig, dass Zweifel angebracht sind, ob die von Sacks, Schegloff & Jefferson (1974) angenommene Hierarchisierung zwischen den Regeln (b) und (c) tatsächlich empirisch angemessen ist.
97 Die Erweiterung in Z. 03 ist wegen des unmittelbaren Anschlusses nicht als MÜP zu bewerten.
98 Interessant ist hier der Beginn der Erweiterung mit einem Frageanhängsel (*weiß_te*). Die Verschiebung dieses Ausdrucks von der Turn-Position des Nachlaufs in die Turn-Position des

Erweiterung erfolgt in einer doppelt vorstrukturierten sequenziellen Position, in der Bianca einerseits die erfolgreiche Referenz, andererseits die Annahme oder Ablehnung des Vorschlags liefern sollte. Tatsächlich schließt sie die Sequenz ab, allerdings nicht durch die Erfüllung dieser sequenziellen Verpflichtungen, sondern indem sie auf der Metaebene Sybilles Vorschlag als irrelevant zurückweist (Z. 06). Syntaktisch gesehen ist die Erweiterung von der Vorgängerstruktur abhängig, indem sie den ursprünglich von *der so ähnlich is wie tzaZIki* besetzten syntaktischen Slot paradigmatisch durch *mit den KRÄUtern* ersetzt. (Beide sind ihrerseits von dem Pronomen *den* in Z. 04 abhängig.)

Syntakisch integrierte Erweiterungen seines Beitrags durch den letzten Sprecher können mehr oder weniger zeitgleich mit dem Turn-Beginn eines anderen Sprechers erfolgen (Simultanstart); in diesem Fall ist keine der beiden Beteiligten für das Simultansprechen ‚verantwortlich'. Sprecher expandieren jedoch manchmal auch noch geraume Zeit nach Sprechbeginn des nächsten Sprechers, d.h. sie reklamieren das Rederecht noch für sich, obwohl schon jemand anderer ganz legitimerweise zu sprechen begonnen hat. Wir betrachten dafür zwei Ausschnitte. In Beispiel (91) erfolgt die Erweiterung erneut in einer sequenziellen Position, in der der nächste sequenzielle Schritt projizierbar ist:

Beispiel (91) KONDOM
```
((Gruppendiskussion über Kondome))
   01 Jos→Vla: <<verärgert>n=oh heut in (.) in der HEUtigen zeit
               is_n kondom unverZICHTbar. (.)
   02 Vla:     un du meinsch (.) [OHne GEHT_S nich.]
→  03 Jos:                       [wegen AIDS.      ]
   04 Vla:     ja naTÜRlich.
```

Josef wählt in Z. 01 Vlado durch seinen Blick auf den letzen vier Wörtern als nächsten Sprecher aus. Seine Meinung, dass man in der heutigen Zeit auf Kondome ‚nicht verzichten' könne, ist also an Vlado gerichtet, der nun zu Josefs Meinung Stellung nehmen muss. Er tut dies zunächst in Form einer Rückfrage, die zumindest keine uneingeschränkte Zustimmung, vielleicht sogar Widerspruch erwarten lässt: *und du meinsch...*[99] Sobald dieser Anfang der Erwiderung

---

Vorlaufs verwischt die Grenzen zwischen den beiden TKEs und verbindet die Erweiterung mit der ersten TKE, auf die sie sich bezieht (vgl. dazu Clayman & Raymond 2015).

99 Eine Erwiderung, die mit *und du meinst...* beginnt, impliziert zumindest, dass es auch andere Meinungen geben könnte. Oft wird damit auch eine rhetorische Frage eingeleitet, etwa: *und du meinst, dass sich damit wirklich Aids bekämpfen lässt?* Tatsächlich sagt Vlado: *und du meinsch ohne geht's nich*, eine Formulierung, die nahelegt, dass er selbst zumindest eine andere Variante (Sex ohne Kondom) für erwägenswert hält.

hörbar ist, expandiert Josef seinen Turn und nutzt damit scheinbar die Möglichkeit der Turn-Erweiterung nach Regelkomponente c. Allerdings hat Vlado schon nach Regelkomponente a den Turn übernommen, und Josef hat eigentlich keine Berechtigung mehr, seinen Beitrag fortzuführen. Dennoch präsentiert Josef sein *wegen AIDS* als Fortsetzung, indem er die Äußerung syntaktisch auf seine Äußerung in Z. 01 bezieht. Sie gliedert sich in diese syntagmatisch ein: *in der HEUtigen zeit is_n kondom wegen aids unverZICHTbar*. Semantisch dient die Erweiterung Josef dazu, genauer zu spezifizieren, warum er Kondome für ‚unverzichtbar' hält. Er kontert damit Vlados mögliche Nicht-Übereinstimmung, noch bevor sie tatsächlich artikuliert worden ist, paradoxerweise in einer Art ‚proaktiver Reaktion'. Vlados Redebeitrag wird dadurch interaktiv gelöscht; nach Josefs Erweiterung *wegen AIDS*. ist er erneut ‚dran':

Auch im folgenden Beispiel aus derselben Episode expandiert der Sprecher Anton seinen Beitrag zu spät:

Beispiel (92) PILLE FÜR DEN MANN
```
   01 Ant: wenn_s die pille für den MANN gäbe würd ich die
              SCHLUC[ken;
   02 Vla:         [ich AUCH.
→  03 Ant: (0.5) zu meinem eigen?
   04 Jos: [isch AU::CH;]
→  05 Ant: [       eige]nen inteRESse; °hhh
→  06       meiner Eigenen SICherheit. (-)
   07 Vla: je?
   08 Ant: was [ mei]nste wie schnell de [was    ] ANgedreht
   09 Jos:     [ja:,]                   [stimmt.]
      Ant:     krichst.
```

Anton hat am Ende von Z. 01 bereits einen MÜP erreicht. Vlado stimmt ihm überlappend zu. Nun erweitert Anton seinen Turn allerdings noch um die Präpositionalphrase *zu meinem eigen? eigenen inteRESse;* (Z. 03, 05) und erneut *um meiner Eigenen SICherheit.* (Z. 06). Während dieser Zeit stimmt ihm auch Josef zu (*isch AU::CH;* Z. 04), so dass es mit ihm zu einer Phase des Simultansprechens kommt. Die Erweiterung ist im ersten Fall syntagmatisch, im zweiten Fall paradigmatisch. In beiden Fällen wird die davorliegende Äußerung als syntaktischer Rahmen verwendet, in den sich die Erweiterung rückwirkend einbaut. Die Zustimmungen von Vlado und Josef werden auf diese Weise zu Rezipientenaktivitäten degradiert, die Antons Anspruch auf das Rederecht nicht tangieren.

Abschließend diskutieren wir ein Beispiel, in dem zum Zeitpunkt der Erweiterung keine sequenzielle Verpflichtung mehr offen ist, d.h. die Turn-Erweiterung bedeutet zugleich auch eine Expansion einer schon abgeschlossenen Sequenz. Der Ausschnitt stammt aus der schon bekannten Gruppendiskussion über Hausbesetzer (vgl. auch Bsp. 12, 25, 28):

Beispiel (93) HAUSBESETZER
```
((Mike erklärt Vlado, warum es Häuserleerstand gibt.))
   01 Mik: die werden irgendwo ABgeschrieben die HÜTten, (.)
   02 Vla: aha. (.)
   03 Mik: weisste? (-)
→  04      von der STADT her,
→  05      sind ja meist (.) also ist ja eim? immer
           STADTeigentum.
```

Auf Mikes Erklärung in Z. 01 reagiert Vlado mit dem Rezeptionssignal *aha*, das über ein einfaches *hm_hm* hinausgeht und klarmacht, dass diese Information für ihn neu war (vgl. Golato 2010). Die Sequenz könnte nun abgeschlossen sein, aber Mike scheint mit diesem Rezeptionssignal nicht zufrieden zu sein und schiebt weitere Erklärungen über die Hausbesetzer nach. Die Erweiterung wird – wie auch in Beispiel (90) – mit einem vom Nachlauf zum Vorlauf umfunktionierten Frageanhängsel *weisste?* begonnen, dem die Präpositionalphrase *von der STADT her* und eine weitere satzwertige TKE folgen. Die Erweiterung in Z. 04 ist syntaktisch auf die TKE in Z. 01 bezogen (syntagmatische Bearbeitung), die Erweiterung in Z. 05 ist syntaktisch selbstständig. Die erste Erweiterung (Z. 04) präzisiert die ursprüngliche Äußerung, die zweite (Z. 05) begründet/erläutert wiederum die erste.

3.4.6 Was passiert, wenn niemand weitermacht?

In seiner Idealform hört das *turn taking* nie auf. Auf jeden Redebeitrag folgt ein anderer, bis das Gespräch beendet wird (vgl. Kap. 2). Die Hierarchie der drei Turnzuweisungsregeln macht lückenlose Anschlüsse sehr wahrscheinlich. Dennoch kommt es manchmal dazu, dass das System für einen Augenblick angehalten wird: niemand gibt zu erkennen, dass er das Wort noch ergreifen will, keiner wählt einen anderen durch Blick als nächsten Sprecher aus, es entstehen Pausen. Typischerweise schauen alle Teilnehmer weg:

Beispiel (94) PALÄSTINENSER (27-4-17)
```
((Max hat darauf hingewiesen, dass die Palästinenser im 2. Welt-
krieg mit Nazi-Deutschland zusammengearbeitet haben.))
01 Zac: <<f> oh JA:;>
02      stimmt,
03      die ham halt die jUden [geHASST so; ((trockenes Lachen))
```

```
04 Max:                    [JAja;
05 Zac: (h)SCHEIS(h)se mann.
06      [°hhh
07 Den: [deswegen müss mer jetzt ja freund mit ISrael sein.
08 Max: [hm_hm,
09 Zac: [hä?
```

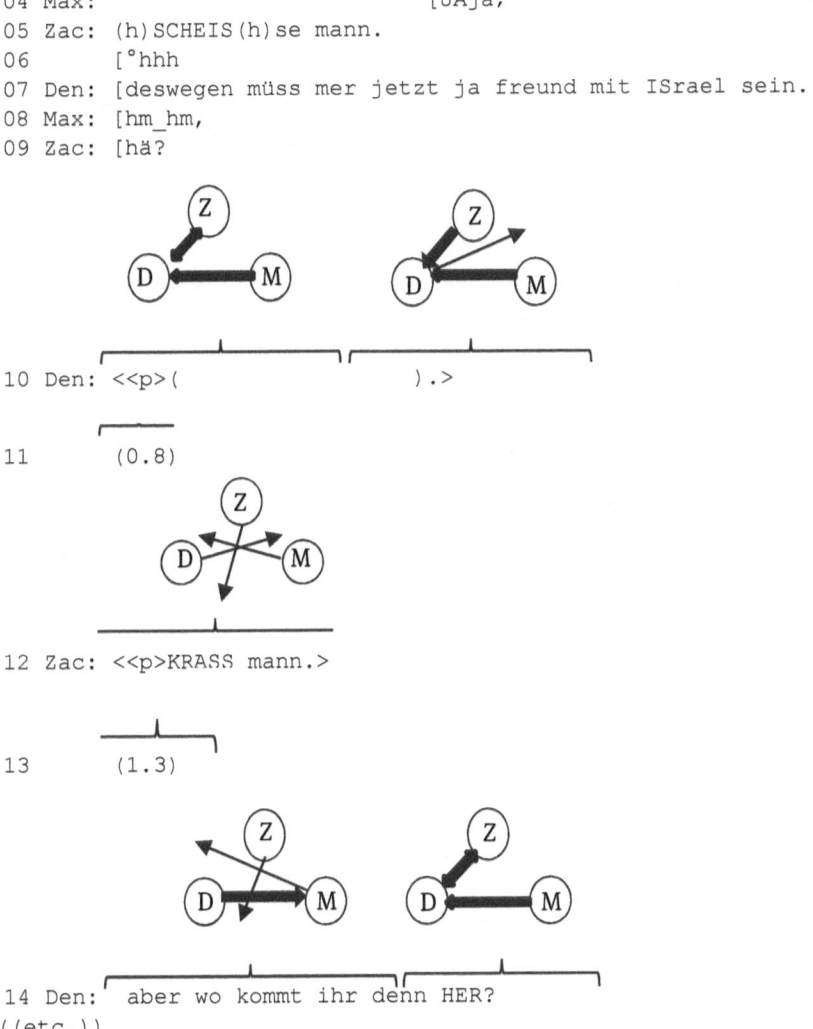

```
10 Den: <<p>(         ).>

11      (0.8)

12 Zac: <<p>KRASS mann.>

13      (1.3)

14 Den: aber wo kommt ihr denn HER?
((etc.))
```

Das letzte Gesprächsthema waren die Verbündeten und Unterstützer Nazi-Deutschlands in Europa und im Nahen Osten. Max hat, an Zac adressiert, darauf hingewiesen, dass auch die Palästinenser mit Deutschland kollaboriert haben. Zac zeigt sich überrascht, signalisiert jedoch, dass ihm dies wegen des bekannten palästinensischen Antisemitismus einleuchtet (Z. 01–03). Er schließt die Sequenz mit einer negativen, von starkem Einatmen und Lachpartikeln begleiteten Bewertung ab ((h)SCHEIS(h)se mann, Z. 05). Den kommentiert nun die historischen Zusammenhänge, indem er ihre Bedeutung für die heutige deutsche Politik herausstreicht (Z. 07). Zac hat diese Äußerung offenbar akustisch nicht verstanden und initiiert eine globale Reparatur (Z. 09), die vermutlich dazu führt, dass Den seine Äußerung wiederholt. Er tut dies allerdings so leise, dass die Wiederholung nicht verständlich ist. Während bisher alle Teilnehmer miteinander durch Blickkontakt verbunden waren, wendet Den während dieser (vermutlichen) Wiederholung seinen Blick von Zac, seinem bisherigen Adressaten, ab. Zusammen mit der reduzierten Lautstärke und in der sequenziellen Position am Ende eines Themas macht dies deutlich, dass er nichts weiter zum Thema beitragen möchte.[100] Sobald die nachfolgende 0.8-sekündige Pause beginnt, schauen auch Zac und Max ‚ins Leere'. Diese Blickkonstellation hält über Zacs Kommentar *KRASS mann* (Z. 12) an, der erneut die Sequenzposition in Z. 05 aufgreift und Dens Bemerkung über Israel überspringt und so irrelevant macht. Es folgt eine weitere 1.3-sekündige Pause, während der die Blickkonstellation anhält. Thema und Sequenz sind nun beendet; keiner von den Dreien möchte mehr einen Beitrag liefern und tut das den anderen nicht nur durch Schweigen, sondern auch durch Blickabwendung kund. In Z. 14 beginnt Den dann ein völlig neues Thema mit einer sequenzeröffnenden Frage nach der regionalen Herkunft von Max und Zac; die fokussierte Interaktion beginnt erneut, das System des Sprecherwechsels ist wieder in Gang gesetzt.

Das folgende Beispiel aus derselben Episode verläuft recht ähnlich, nur, dass der Themenwechsel weniger radikal ist:

Beispiel (95) ARBEITSMIGRANTEN (kurz nach Ausschnitt (76))
```
01 Zac: kann man schon MAChen so;
02      kann ich schon verSTEHN,
03      (-) is natürlich ÄRgerlich wenn so (--) die leute aus
        ihren LÄndern raus (.) getrieben werden aus
        wirtschaftlichen gründen,
04      <<p>dann is des ja> schon eher UNnötig [so;
05 Den:                                        [°ts
06      ja gut die schicken ja meistens GELD zurück.=
```

---

[100] Zu diesem Rückzug mag auch das politisch kontroverse Thema beitragen. Der Sprecher hat vielleicht bemerkt, dass er sich aufs Glatteis begibt, und möchte nicht, dass der von ihm postulierte Zusammenhang vertieft wird.

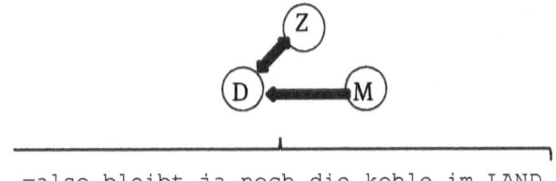

07   =also bleibt ja noch die kohle im LAND,

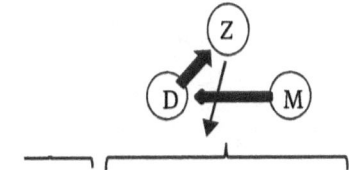

08 Zac: naja i mein DAS (-)

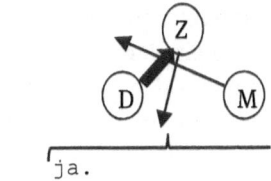

09   ja.

10   (1.0)

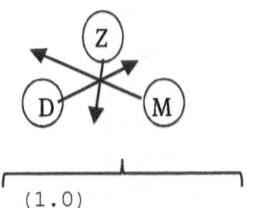

11   (1.0)

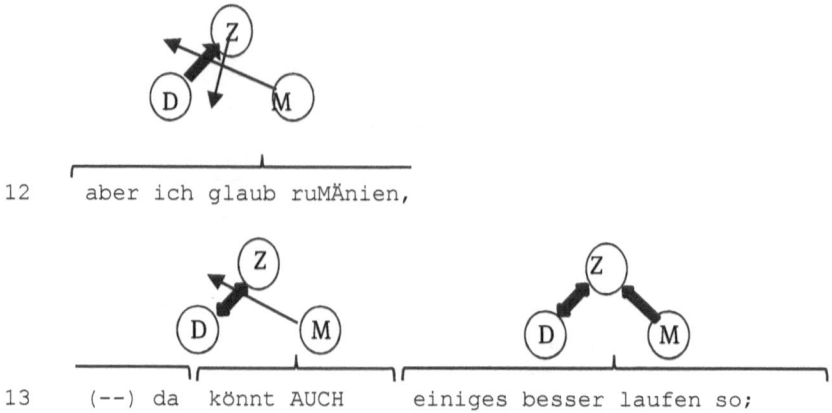

Das Gespräch geht um rumänische Arbeitsmigranten in Deutschland. Zac hat sein Verständnis dafür geäußert, dass die Menschen aufgrund der besseren Bezahlung das Land verlassen, findet aber, dass eine solche Migration *ÄRgerlich* sei (Z. 03). Die leise nachgeschobene Bemerkung, dies sei ja *UNnötig* (Z. 04), scheint für ihn das Thema abzuschließen. Den hakt allerdings ein und argumentiert dagegen, dass für Rumänien ja kein wirtschaftlicher Schaden entstünde, weil die in Deutschland arbeitenden Rumänen ihr Geld nachhause überwiesen (Z. 06–07). Zac, an den diese Äußerung adressiert ist, nimmt zwar den Ball auf, unterbricht aber seine Antwort schon nach dem doppelten Vorlauf und einem diskursdeiktischen Pronomen (Z. 08, *naja ich mein DAS*). Dabei wendet er den Blick von Den ab und schaut in den leeren Raum zwischen Den und Max. (Max schaut indessen Den an, der wiederum seinen Blick auf Zac richtet, dessen primärer Adressat er ja ist.) Zac produziert ein abschließendes *ja* (Z. 09) und ergibt so zu erkennen, dass er den Beitrag nicht mehr weiterführen möchte. An diesem Punkt (Z. 09) blickt auch Max von Den weg ins Leere. Diese Blickkonstellation hält für eine Sekunde auch noch in die nachfolgende Pause hinein an, bis schließlich auch Den seinen Blick von Zac wegbewegt. Eine weitere Sekunde lang blicken alle drei Teilnehmer ins Leere. Zac löst diese kurze Phase, während der das Gespräch stockt, auf, indem er einen neuen Redebeitrag und ein neues (Unter-)Thema beginnt, nämlich die politische Situation in Rumänien. Zu Beginn seines Turns (Z. 12) hat er nur Den als Rezipienten (Max schaut noch weg), aber nach der prosodisch abphrasierten proleptischen NP (*aber ich glaub ruMÄnien,*) blickt auch Max auf ihn. Alle drei sind wieder am Gespräch beteiligt und signalisieren dies durch ihr Blickverhalten.

Solche Gesprächspausen an thematischen und sequenziellen Einschnitten kommen vor, auch wenn sie das System des Sprecherwechsels nicht vorsieht;

zugunsten der Annahme, dass das Gesprächsverhalten trotzdem am progressiven Idealtypus orientiert ist, spricht aber, dass sie im Gespräch in unserer Kultur eher negativ bewertet werden. Sie gelten als ‚Flauten'.

3.5 Turbulenzen

Die Befolgung der Regelkomponenten an einem MÜP erklärt, warum in Gesprächen sowohl Pausen zwischen den Beiträgen als auch Phasen des Simultansprechens minimiert werden. Da die Identifizierung von MÜPs eine hochkomplexe Angelegenheit ist, die die Berücksichtigung einer Vielzahl von sprachlichen und nicht-sprachlichen Parametern erfordert, ergeben sich aber schon daraus Abweichungen vom Idealtyp des Sprecherwechsels. Wenn nicht eindeutig markiert ist, ob ein MÜP vorliegt, kann es zu Übernahmen des Rederechts kommen, wo der Sprecher sie noch nicht vorgesehen hatte, und umgekehrt können MÜPs verstreichen, ohne dass ein anderer Teilnehmer das Wort ergreift, weil diesem nicht klar war, dass der vorherige Redebeitrag schon zu Ende ist. Solche Ambiguitäten sind kein Problem der Analyse und sie stellen das System des Sprecherwechsels, so wie wir es in diesem Kapitel beschrieben haben, auch nicht in Frage; vielmehr sind sie ein Problem der Teilnehmer. Zugleich erklärt die Systematik des Sprecherwechsels aber auch, warum es eine Reihe von *systematischen* Abweichungen vom Ideal gibt, dass ‚immer nur ein Teilnehmer spricht'. Sie sind sozusagen schon in das System eingebaut. Wir haben davon bereits zwei besprochen: TKE-finale Überlappungen (überlappende Turn-Übernahmen) und Simultanstarts.

Überlappende Turn-Übernahmen ergeben sich aus der Regelkomponente b, weil diese frühe Selbstwahl begünstigt und daher einen Anreiz bildet, mit dem Beginn des nächsten Redebeitrags nicht bis zum faktischen Ende des letzten zu warten, wenn dieses schon vorhersagbar ist. Längere Phasen des Simultansprechens ergeben sich daraus nur dann, wenn der nächste Sprecher sich bei der Vorhersage des MÜP ‚vertan' hat und/oder der augenblickliche Sprecher seinen Beitrag über das projizierte Ende hinaus noch weiterführt. Dies ist im folgenden Beispiel der Fall, wo Viola offenbar nach dem projizierten Ende ihres Redebeitrags nach *ANgelabert* noch eine Erweiterung um eine weitere TKE im Sinn hatte. Da Josef unmittelbar im Anschluss an die Artikulation des Partizips mit *wo* eine Reparatur initiiert, führt diese Erweiterung zu einer minimalen Phase des Simultansprechens:

Beispiel (96) MALLORCA
```
01 Vio:   du wirst zu viel ANgelabert [und-
02 Jos:                                [wo.
03 Vio:   in malLORca;
```

In der Regel bricht einer der überlappenden Teilnehmer sofort ab, wie im vorliegenden Beispiel Viola.

Simultanstarts ergeben sich aus den Regelkomponenten b und c, wenn entweder mehrere andere Gesprächsteilnehmer einen MÜP ausnützen oder der letzte Sprecher weitermacht, weil kein anderer den Turn übernommen hat, jedoch im Augenblick der Turn-Erweiterung doch noch ein anderer Teilnehmer einsetzt. Auch hier dauert die Überlappung meist nicht lang; einer der konkurrierenden Sprecher bricht schnell ab und zieht sich zurück. Im Beispiel REWE ist das Sprecher Phil (in Z. 10):

Beispiel (97) REWE (von Elisabeth Zima)
```
((Pia versucht Phil zu beschreiben, wo sich ein bestimmter Club
befindet. Ein dritter anwesender Teilnehmer ist in dieser Se-
quenz nicht beteiligt.))
   06 Phil: wo_s so RUNter geht;=
   07 Pia:  =hm_HM,
   08 Phil: da der [REwe;=
   09 Pia:         [GEnau:-
→  10 Phil: =[und DANN
   11 Pia:   [und DORT diese ROLLtreppe runterfahren;
```

In diesem Kapitel wenden wir uns Fällen von Simultansprechen zu, in denen anders als in diesen beiden Fällen Konkurrenz um das Rederecht zu beobachten ist. In der frühen Gesprächsanalyse wurden sie manchmal als **Unterbrechungen** bezeichnet. Dieser Begriff ist aber aus verschiedenen Gründen schwierig und wird deshalb inzwischen meist zugunsten neutralerer Bezeichnungen vermieden. Der wichtigste Grund ist, dass der Begriff ‚Unterbrechung' eine negative Bewertung enthält. Nicht alle Phasen (auch ausgedehnten) Simultansprechens sind allerdings störend; manche sind neutral, andere sogar (im Sinn einer erhöhten Involviertheit im Gespräch) positiv. Wie das Simultansprechen durch die Gesprächsteilnehmer bewertet wird, ist in der Regel sowieso nur sehr schwer rekonstruierbar. Ein zweiter Grund gegen die Verwendung des Begriffs der Unterbrechung ist, dass er dieses Phänomen an Phasen des Simultansprechens bindet; Teilnehmer können sich aber am Sprechen hindern, auch ohne dass sie zur gleichen Zeit reden. Triviale Beispiele sind Beantwortungen einer Frage durch einen Teilnehmer, an den sie gar nicht gestellt wurde – auch wenn der eigentlich Angesprochene nichts (oder nicht sofort) etwas sagt und sich daher kein Simultansprechen ergibt.

Hier wird als neutraler Begriff für alle Fälle, in denen das Rederecht zwischen zwei oder mehr Teilnehmern umstritten ist, der der **Turbulenz** verwendet (ein Wort, dessen lateinische Etymologie als Ableitung von *turba* ‚Unordnung, Getümmel' gut zum Bild eines ‚überfüllten' Rederaums passt). Der Begriff impliziert nicht, dass die Konkurrenz um das Rederecht antagonistisch ist; auch unterstützende Fälle simultanen Sprechens gehören dazu. Sofort bereinigte Phasen des Simultansprechens sind keine Turbulenzen, d.h. weder terminale Überlappungen (soweit der letzte Sprecher nicht über dem MÜP hinaus weiterredet) noch Simultanstarts gehören dazu (wenn beide Beteiligte tatsächlich simultan starten und einer davon sofort abbricht, d.h. die Konkurrenz aufgelöst wird, sobald sie bemerkt wird). Außerdem sind natürlich auch weder Rezeptionssignale noch kollaborative Redebeiträge (vgl. Schegloff 2000a) Fälle von Turbulenz. In diesem Unterkapitel werden einige typische Kontexte, in denen Turbulenzen auftreten, genauer besprochen; da es sich hier um ein wenig bearbeitetes Gebiet der Gesprächsanalyse handelt, ist die Darstellung keinesfalls vollständig.

3.5.1 Zu Wort kommen

Das Modell von Sacks, Schegloff und Jefferson bindet die Neuaushandlung des Rederechts an einen MÜP. Augenblickliche Sprecher haben die Möglichkeit, solche MÜPs systematisch zu vermeiden. Sie können z. B. große Turns (*big packages*) ankündigen und das Rederecht für lange Zeit beanspruchen, oder sie können kleinräumig an potenziellen Abschlusspunkten deren Nutzbarkeit durch Praktiken wie die des unmittelbaren Anschlusses immer wieder ausheben. Dann kommt der andere Gesprächspartner systematisch nicht zu Wort. Es bleibt ihm, wenn er überhaupt etwas sagen will, keine andere Möglichkeit, als mehr oder weniger vorsichtig zu versuchen, sich wieder ins Gespräch einzubringen, auch wenn dafür kein legitimer Raum vorhanden ist. Dies ist in der Regel mit Turbulenzen verbunden. In den folgenden beiden Beispielen ist der Moderator Domian mit Anruferinnen konfrontiert, deren ausgedehnte Turns nicht erwarten lassen, dass sie bald zu einem Abschluss kommen werden.[101] Der erste Ausschnitt wurde bereits mehrfach diskutiert (vgl. Bsp. 50 & 83):

---

101 Das Sendeformat erfordert, dass zwischen Domian und seinen Anrufern ein Dialog entsteht. Sehr lange Redebeiträge der Anrufenden sind deshalb nicht erwünscht.

Beispiel (98) ERSTES MAL (aus „*Domian*" vom 26.11.2009)
```
   01 XE: ja und der hat dann halt gesagt ja ich soll mir kein
             ´STRESS machen-
   02       und ich (.) wir ´MÜSsten nichts machen-
   03       wenn ich das nicht [`´WOLlte-],
→  04 DO:                      [AH          ] ja;
   05 XE: aber
→  06 DO: (na) haste [ja GLÜCK gehabt;=ne?]
   07 XE:            [(das ging ganz GUT.)]
   08       (-)
→  09 DO: dass [du an SO jemanden äh      ] geKOMmen bist;
   10 XE:      [JA:ja; doch; ich denk SCHON];
```

Die Anruferin XE ist zu Beginn des Ausschnitts mitten in ihrer Erzählung; die Aufzählung in Z. 01–03 ist ganz offensichtlich noch nicht abgeschlossen (vgl. die gleichbleibenden finalen Intonationsverläufe am Ende von Z. 02 und 03). Domian platziert zunächst ein Rezeptionssignal kurz vor dem projizierbaren Ende der TKE in Z. 03 (*AH ja;*). Während XE versucht, ihre Erzählung weiterzuführen (Z. 05), ergreift Domian das Wort und bewertet die (noch nicht abgeschlossene) Erzählung (Z. 06). Da XE zugleich ihre mit *aber* in Z. 05 begonnene TKE zuende führt, kommt es zu einer Phase des Simultansprechens. Die kurze, sich anschließende Pause zeigt, dass nach deren Ende die Sequenzstruktur und daher auch die Teilnehmerkonstellation unklar ist. Dies führt zu einer weiteren Turbulenz: Domian expandiert seine Frage, XE beantwortet sie simultan (Z. 09/10). Domian gelingt es aber auf diese Weise, XEs Erzählung zu stoppen und sich selbst wieder ins Gespräch einzuschalten.

Ein ähnliches, nur wesentlich komplexeres Beispiel findet sich im folgenden Ausschnitt (vgl. zum Kontext auch Bsp. 67). Wiederum versucht der Moderator, gegen eine Anruferin zu Wort zu kommen, die sich hier ‚in Rage geredet' hat:

Beispiel (99) MORBUS KROHN (aus „*Domian*" vom 27.11.2009)
```
((Die Anruferin berichtet, dass sie sowohl bei ihrer Versiche-
rung als auch bei Autoren eines Buchs über Morbus Krohn keine
Hilfe gefunden hat.))
   01 JH: die haben das erst ABgeleugnet;
   02     (-)
   03 DO: [hm_HM,]
   04 JH: [dann  ] (.) verUNglimpfen die mich total,
   05 DO: [hm_HM,]
   06 JH: [ich finde] auch NIEmanden der irgendwie sagt,
   07     ich hab was ÄHNliches erlebt,
   08     °h ich HELfe dir.
```

```
→ 09         [°hh ] selbst (-) [ne selbst_selbst] (-) [jemand]
→ 10 DO: [ähm:]                [hast du         ]    [hast du denn]
  11 JH: die mal so ein BUCH da drüber geschrieben hat,
  12     dann hab ich mit ganz viel mühe die konTAKtet,
  13     hab gesagt kannst du mir °h wenn du schon so viel
            zuSAMmen[gesucht hast mir HELfen;
  14 DO:           [ja
→ 15     [°h vielleicht]
  16 JH: [°h und dann ] bist du SO geschockt,
  17     dass so jemand sagt NE:,
  18     ICH hab nichts [erreicht,]
  19 DO:                [ja       ]
  20 JH: warum soll ich DIR helfen.
→ 21 DO: vielleicht können wir dir [DA gleich] auch noch ein
  22 JH:                           [und      ]
→ 23 DO: bisschen [ein bisschen zur sEite stehen vielleicht];
  24 JH:          [ah das wär natürlich SUper];
  25 DO: hm_HM,
  26     äh hast du einen FREUND?
```

Domian versucht nach einem potenziellen Abschlusspunkt am Ende von Z. 08 (sinkende finale Intonationsbewegung, syntaktische und semantische Abgeschlossenheit) das Wort zu ergreifen, beginnend mit einem *ähm:*. Die Anruferin ist aber schon dabei, ihre vorherige Aussage, sie bekäme auch von Menschen mit ähnlichen Erfahrungen keine Hilfe, weiter zu detaillieren, so dass Domian seinen Beitrag abbricht. Die Anruferin beginnt – zunächst in Überlappung (vgl. Z. 09/10) – eine Beispielerzählung (Z. 09–20) über die Autorin eines Buchs zum Thema Morbus Krohn, die sie kontaktiert hat und die ihr ebenfalls die Hilfe verweigert hat. Offensichtlich noch vor Ende dieser Erzählung, aber erneut an einem prosodischen und syntaktischen Abschlusspunkt (Ende von Z. 13) startet Domian einen neuen Versuch, zu Wort zu kommen. Er wird durch ein überlappend platziertes Rezeptionssignal *ja* vorbereitet und durch *vielleicht* (Z. 15) eingeleitet. Wieder übergeht JH diesen Versuch, um ihre Erzählung zuende zu bringen, so dass eine weitere Phase des Simultansprechens entsteht (Z. 15/16). Eine dritte Chance zur Turn-Übernahme ergibt sich am Ende von Z. 20 (semantischer, prosodischer und syntaktischer Abschluss). JH scheint willens, ihre Klage weiterzuführen (vgl. das überlappend platzierte *und* in Z. 22, das eine solche Weiterführung ankündigt). Diesmal übernimmt Domian jedoch den Turn erfolgreich (Z. 21/23). Er beendet die Klage der Anruferin, dass sie von keiner Seite Hilfe bekomme (die ihre Wirkung ja gerade daraus nimmt, dass in einer Art Endlosschleife immer wieder neue Beispiele aufgeführt werden), geschickt dadurch, dass er ihr Hilfe anbietet.

Die Turbulenzen in Z. 09-10 dieses Ausschnitts zeigen ein wichtiges Merkmal des Simultansprechens: innerhalb solcher Überlappungsphasen sprechen die Beteiligten oft nicht einfach weiter, sondern es kommt zu Abbrüchen, Wiederholungen, Verzögerungen und turn-internen Pausen. Die Progredienz des Gesprächs ist gestört; die Turbulenzen auf der Ebene des Rederechts spiegeln sich sozusagen in den Turbulenzen der Sprachproduktion:

```
JH:   [°hh ] selbst (-) [ne selbst_selbst] (-) [jemand       ] die
DO:   [ähm:]            [hast du          ]    [hast du denn]
```

Ein Grund dafür ist, dass in Simultansprechphrasen nicht sicher ist, dass der andere den Sprecher überhaupt versteht. Es kann also ratsam sein, die wesentlichen inhaltlichen Teile aufzusparen, bis die Überlappung beendet ist. Ein anderer Grund ist, dass die Teilnehmer sich selbst in der Abweichung von der Maxime ‚immer nur ein Sprecher' noch an ihr orientieren: sie zögern mit der Weiterführung ihrer Äußerung, um dem Anderen den Vortritt zu geben. Solche Stockungen treten allerdings nicht bei allen Turbulenzen auf – wann genau sie von den Teilnehmern eingesetzt werden, muss noch genauer untersucht werden. Die Frage, wer sich am Ende durchsetzt, wird uns später noch beschäftigen.

Die beiden bisher diskutierten Beispiele für Versuche, zu Wort zu kommen, stammen aus Zweiergesprächen. Sie ergeben sich daraus, dass ein Sprecher einen MÜP gar nicht erst aufkommen lässt und der andere sich ins Gespräch drängen muss. Noch mehr kann sich dieses Problem in größeren Teilnehmerkonstellationen stellen, allerdings aus anderen Gründen. Vor allem in Dreiergesprächen gibt es, wie schon erwähnt, eine Tendenz zur Verengung auf Zweiergespräche: der nächste Sprecher ist auch der dem augenblicklichen Sprecher vorausgehende. Der dritte Gesprächspartner wird dann marginalisiert. Will er zu Wort kommen, muss er sich kompetitiv um das Rederecht bemühen. Auch solche Formen des Simultansprechens sind bereits im System angelegt. Wir wenden uns zur Verdeutlichung erneut dem Eingangsbeispiel dieses Kapitels zu und beziehen nun den dritten Teilnehmer mit in die Analyse ein:

Beispiel (100) HEISSGETRÄNKE
```
((Anton und Josef hacken im Hof Holz und verbrennen es, Mike
steht in der Terrassentür.))
   01 ((Mike reicht Anton einen Gegenstand.))
   02 Anton:    GRAcias,
   03          (2)
   04 Mike:    WOLLTs_te noch irgendwat?=
   05          [=n_KAFfee oder so?
```

```
    06            [((Mike lehnt sich noch weiter auf die Terrasse,
                  Blick auf Anton. Anton geht weg. Josef wendet
                  seinen Blick auf Anton.))
    07 An→Mi:     ´mAchs´te dir grade [`SEL´ber einen oder wAs?
→                                     [((Josef schaut von hier bis
                  zum Ende des Ausschnitts Mike an.¹⁰²))
    08 Mi→An:     na ick würd ma heiß ´WASser `machen a[ber-
→   09 Jo→Mi:                                          [j[a.
    10 An→Mi:                                             [ja.
    11            [dann nEhm ich noch_n ´KAFfee.]
→   12 Josef:     [mir kannst_e wieder_n         ] ä:::h SCHWARZtee;
    13            [((Mike wendet Blick zu Josef. Beide schauen sich
                     von jetzt ab an.))
    14 Mike:      mit ziTROne;
    15 Josef:     aber diesmal mehr ziTROne rein; ja?
    16 Mike:      mehr ziTRO[ne.]
    17 Josef:              [ hm]HM,
```

In den Zeilen 01–11 entwickelt sich, wie beschrieben, eine Sequenz zwischen Mike und Anton, in der Mike Anton Kaffee anbietet und Anton das Angebot nach einer Rückfrage akzeptiert. Josef, der dritte Anwesende, ist an dieser Sequenz weder als Sprecher noch als Adressat beteiligt. Allerdings schaut er zuerst Anton und vom Ende von Z. 07 an Mike an; auf diese Weise präsentiert er sich den anderen Teilnehmern als Rezipient ihrer Äußerungen. Er hat aber trotzdem keine Chance, legitimerweise zu Wort zu kommen; an den MÜPs am Ende von Z. 04, 05, 07, 08 wird aus sequenziellen Gründen und/oder durch den Blick der Sprecher jeweils der vorherige Sprecher auch als nächster Sprecher ausgewählt.

Josef, der ebenfalls gern ein Heissgetränk von Mike bekommen möchte, kann aber nicht warten, bis sich nach Abschluss der Sequenz zwischen Mike und Anton eine Gelegenheit ergibt, durch Selbstwahl zu Wort zu kommen, denn die Gefahr ist groß, dass Mike dann wieder im Haus verschwinden wird und die fokussierte Interaktion auflöst. Nach dem Blick auf Mike (Z. 07) (bei dem freilich nicht sicher ist, dass er von diesem überhaupt wahrgenommen wird, denn Mike wendet sich gerade Anton zu) folgt als ein zweiter, schon sehr viel deutlicher Hinweis auf eine bevorstehende Selbstwahl die Partikel *ja* in Z. 09. Anders als Antons zeitgleich produziertes *ja* (das als Vorlauf die Annahme des Angebots einleitet) kann sie nicht als Zustimmung interpretiert werden; dieser sequenziel-

---

102 Da Anton nicht mehr durch die Kamera erfasst wird, ist nicht klar, wen er anschaut. Man kann vermuten, dass er sein Weggehen gestoppt und den Blick auf Mike gewendet hat.

le Schritt steht Josef in diesem Augenblick nicht zu, denn er ist ja nicht gefragt worden. Vielmehr handelt es sich um ein Rezeptionssignal, mit dem sich Josef in das Gespräch einzubringen versucht. Rezeptionssignale dritter, nicht adressierter Teilnehmer ziehen oft den Blick des augenblicklichen Sprechers auf diesen Teilnehmer; das gelingt auch im vorliegenden Beispiel (Z. 12). An dieser Stelle kommt es zur Turbulenz: während Anton die Sequenz mit Mike abschließen muss und dementsprechend in Z. 11 Mikes Frage nach seinem Heissgetränkewunsch beantwortet, äußert Josef simultan seinen eigenen Wunsch an Mike, so als ob er ebenfalls danach gefragt worden wäre. Sequenziell ist diese ‚Bestellung' fehlplatziert; Josef ist nicht am Zug. Lediglich Mikes Blickzuwendung (als Reaktion auf das Rezipienzsignal) lässt sich als (schwaches) Angebot an ihn verstehen, in die Interaktion einzusteigen.

Der simultan mit Anton begonnene Beitrag ist so aufgebaut, dass die entscheidende, rhematische Äußerungskomponente erst im überlappungsfreien Raum nach dem Ende von Antons Turn produziert wird (*mir kannst_e wieder_n] ä::::h SCHWARZtee;*). So stellt Josef sicher, dass Mike trotz der beiden Sprecherbeiträge, die gleichzeitig an ihn gerichtet sind, auch versteht, was Josef möchte. Dieser nimmt die ‚Bestellung' bereitwillig an.

3.5.2 Simultane Erwiderungen

Während im letzten Abschnitt Fälle behandelt wurden, in denen die kompetitiven Simultansprechphasen auf fehlende Möglichkeiten für einen Teilnehmer zurückgingen, überhaupt das Rederecht zu bekommen, geht es hier darum, dass zwei Adressaten einer sequenziell initiativen Handlung zugleich eine Erwiderung darauf formulieren. Im schon mehrfach zitierten Ausschnitt (101) gibt Anni ihre Meinung kund, dass klassische Musik gut zum Lernen ist. Darauf antworten die beiden Adressatinnen gleichzeitig und zustimmend:

Beispiel (101) DREI MÄDELS

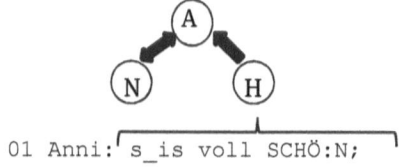

```
01 Anni:⌜s_is voll SCHÖ:N;⌝
```

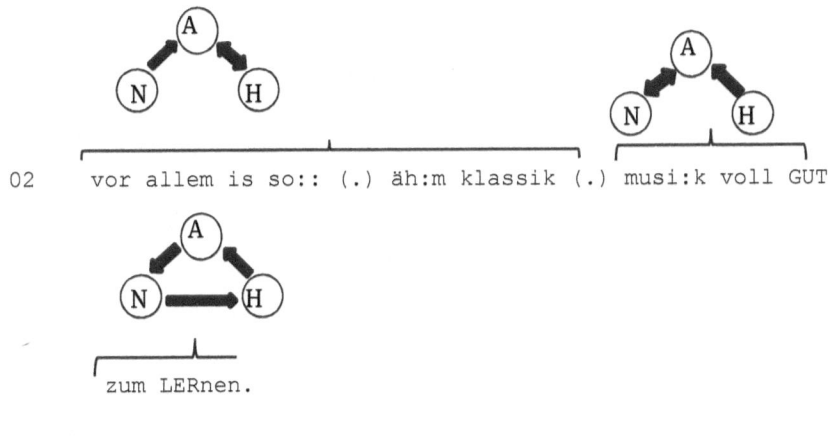

```
02     vor allem is so:: (.) äh:m klassik (.) musi:k voll GUT

       zum LERnen.

03 Hanni:  j[a: STIMMT;   ]
→ 04 Nanni:  [(ne:) STIMMT;]
→ 05         [((nickt))
```

In Beispiel (102) geht es um den Wasserverbrauch beim Duschen bzw. Baden. Miriam wirft Lara (die sie mit ihrem Blick adressiert) im Format einer rhetorischen Frage vor, beim Duschen zuviel Wasser zu verbrauchen. Darauf beginnen die anderen Teilnehmerinnen beide simultan eine Erwiderung und halten dagegen, Baden würde noch mehr Wasser verbrauchen als Duschen. Nur eine (Lara) führt den Beitrag zuende, während Rita auf halbem Weg abbricht und Lara zustimmt:

Beispiel (102) DUSCHEN (aus: Zima, Weiss & Brône 2019, Blicktranskription angepasst)

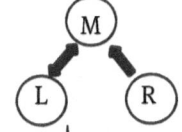

```
01 Mir: weißt du wie viel wasser du verbrauchst wenn du DUSCHST-
```

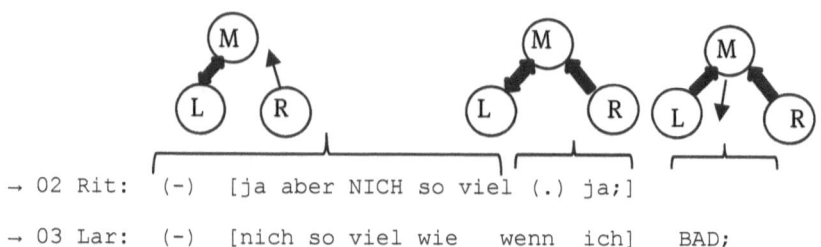

→ 02 Rit: (-)   [ja aber NICH so viel (.) ja;]
→ 03 Lar: (-)   [nich so viel wie   wenn ich]   BAD;

In beiden Fällen sind die Rechte und Pflichten der beiden erwidernden Teilnehmerinnen nicht genau identisch. In (102) richtet sich Miriam in Z. 01 nur an eine der beiden Freundinnen (vgl. das *du*); aus sequenziellen Gründen und durch Blickselektion kann dies nur Lara sein. In (101) gibt es zwar keine sequenziellen Gründe, warum eine der beiden Freundinnen eher als nächste Sprecherin ausgewählt sein sollte als die andere, jedoch schaut Anni am Ende ihres Redebeitrags Nanni an. Sie wird deshalb durch den Blick als diejenige Teilnehmerin selegiert, von der zuerst eine Antwort zu erwarten ist. Trotz dieser Ungleichgewichte antworten beide Teilnehmerinnen jeweils simultan. In (101) möchten beide Freundinnen emphatisch zustimmen, in (102) möchten sie beide emphatisch widersprechen.

Wer sich in solchen Fällen (wenn die Simultansprechphase länger andauert) durchsetzt und letztendlich den Turn bekommt, scheint von verschiedenen Faktoren abzuhängen, darunter auch vom Blickverhalten (vgl. Zima, Weiß & Brône 2019). In (102) ist es Lara, die den Turn zuende führt, während Rita abbricht. Und Lara ist es auch, die von Miriam als nächste Sprecherin ausgewählt worden war.

3.5.3 Hilfeleistungen

Josef schaltet sich in das Gespräch zwischen Anton und Mike unter Missachtung der *turn taking*-Regeln ein, weil er weiß, dass die Chance für einen Redebeitrag bald vorbei (und Mike wieder im Haus verschwunden) sein wird. Hanni und Nanni bzw. Rita und Lara wollen beide einer Äußerung der dritten Gesprächsteilnehmerin entweder vehement zustimmen oder sie vehement ablehnen. In all diesen Fällen spielt die **Dringlichkeit** der jeweiligen sprachlichen Handlung für die Entstehung der Turbulenz eine wichtige Rolle: die Dinge erlauben keinen Aufschub (oder werden zumindest so dargestellt). Es scheint, dass dringliche Anliegen auch in anderen Kontexten die Abweichung von der Maxime ‚Es spricht immer nur einer' rechtfertigen können. Dies zeigt sich an Hilfeleistungen an einen der beiden Teilnehmer, die gerade miteinander sprechen, durch einen Dritten.

In den folgenden beiden Ausschnitten haben die Sprecher Schwierigkeiten, den Namen einer bestimmten Person zu finden oder umgekehrt einem Namen eine Person zuzuordnen. Sie wenden sich mit diesem Problem an einen der beiden anderen Gesprächsteilnehmer, der allerdings nicht in der Lage ist zu helfen. Dies ist die Lizenz für den dritten Teilnehmer, trotz der dadurch entstehenden Überlappung den Turn zu übernehmen:

Beispiel (103) CARINA
```
    01 Ro→Gr:  und die:: äh:: wie hieß sie die die:: äh (-) die
              caRIna?
    02        (1.0)
    03 Gr→Ro: <<p>die [äh:->
    04 Ro→Gr:        [die EINgeladen hat zum zu dem [hier;
    05 Gr→Ro:                                       [<<dim>ja;
              [((Kopfnicken)) [ich_glaub;>]
 →  06 Mä→Ro: [caROla         [glaub ich;
 →  07 Gr→Mä:                 [ca[ROla;
 →  08 Ro→Mä:                    [<<f>caro caROla::;
    09        [GEnau; >
              [((Zeigegeste auf Mä.))
    10        <<pp>caROla;>
```

Beispiel (104) PARTYPLANUNG (von Inga Harren; Transkription angepasst)
```
    ((Während der gesamten Sequenz schaut An. zu Ba. Diese erwidert
    bis Z. 11 den Blickkontakt. Mo. schaut die gesamte Sequenz über
    weg, nur in Z. 07 schaut sie zu Ba.))
    01 An→Ba: =wie heiß_denn: jetz noch dEr mit roten HAAren.=
    02        =aus uns? aus euerm PRAKtikum.=
    03        =is DAS thomas.
    04        das: NICH thomas.=ne?
 →  05 Mo→An: das is [MARkus.
 →  06 Ba:           [<<p>der mit der rot[en HAAren->
                     [((Ba. schaut in die Ferne bis Z. 11))
    07 An:                                [das: MARkus.
    08        (0.4)
    09 Ba→An: [ACH der BLONde.
    10 An→Ba: [un der? der wollte doch [die (.) reVIvalparty
    11 Ba→An:                          [ne:in. das-
       An→Ba:  machen.
    12 Ba→An: [DAS_is die revei=das_is MARkus.
              [((Blick zu An., Nicken))
```

Im Beispiel (103) unterbricht Roman seinen emergenten Turn für eine Namenssuche; die Verwendung des Eigennamens *Carina* wird schon vorausgreifend durch zahlreiche Häsitationen und die nachfolgende Abphrasierung mit steigender Intonation (**try marker**) als unsicher und bestätigungsbedürftig präsentiert. Der Redebeitrag und damit auch die Bitte um Mithilfe bei der Namenssuche ist durch den Blick eindeutig und allein an Greg adressiert. Dieser kann den Namen nicht liefern (Pause in Z. 02), offenbar, weil er sich gar sicher ist, von wem Roman spricht. Beide beginnen nun fast zeitgleich eine Beschreibung der Person, die zur Referenzherstellung führen soll. (Greg, der eine solche Beschreibung natürlich nur versuchsweise vorbringen kann, bricht allerdings sehr schnell wieder ab und lässt Roman den Vortritt; vgl. Z. 03/04.) Romans Beschreibung *die EINgeladen hat zum zu dem hier* scheint nun referenziell erfolgreich zu sein: Greg kann offenbar die fragliche Person identifizieren (Z. 05: *ja* und Kopfnicken). Es fehlt aber immer noch die Bestätigung des versuchsweise geäußerten Namens *Carina*.

Die gesamte Sequenz ist bisher allein zwischen Roman und Greg abgelaufen, die während dieser Phase in Blickkontakt sind. Männi ist nicht beteiligt und hat keine legitime Möglichkeit, durch Selbstwahl in die Sequenz einzusteigen. Dennoch ergreift sie in Z. 06 den Turn und nennt den korrekten Namen, der von Roman und Greg sofort emphatisch bestätigt wird. Sie nimmt dabei Turbulenzen in Kauf: Greg hat schon zu einer Erwiderung auf Roman angesetzt (Z. 05, *ja*), die durch sein Kopfnicken nonverbal weitergeführt wird. Parallel zu diesem Kopfnicken meldet sich Männi zu Wort. Der Beginn der nächsten TKE innerhalb von Gregs Beitrag (*ich_glaub*) überlappt dann mit ihrem Beitrag (Z. 06).

Die korrekte Benennung einer Person mit ihrem Eigennamen ist also eine so dringliche interaktive Aufgabe, dass die Teilnehmer selbst dann noch nach dem richtigen Namen suchen, wenn sie die Person, von der die Rede ist, schon identifiziert haben. Dies zeigt die soziale Bedeutung der Eigennamen (vgl. Auer 1983). Wen wir namentlich benennen können, den kennen wir – den Namen eines Bekannten zu vergessen, ist problematisch. Durch das gemeinsame Kennen eines Namens stellen die Gesellschaftsmitglieder ihre Verbundenheit (soziale Netzwerk- und Gruppenzugehörigkeiten, Mitgliedschaften etc.) zur Schau.

In Beispiel (104) ist ebenfalls der Name einer Person problematisch. Beteiligt sind vor allem Anna und Babsi. Anna möchte von Babsi wissen, wie denn *dEr mit roten HAAren.==aus uns? aus euerm PRAKtikum* heißt; sie vermutet, dass sein Name Thomas ist. Auch hier stellt sich das Problem, dass die Angesprochene erst einmal herausfinden muss, von wem Anna redet (Referenzherstellung). Das fällt ihr zunächst schwer (vgl. das deliberative Wegschauen in Z. 06, verbunden mit einer ‚überlegenden' Wiederholung von Annas Beschreibung).

Anstelle von Babsis (deren Antwort nach Z. 03 konditionell relevant ist) beantwortet die dritte Teilnehmerin (Mona) die Frage, die bisher weder als Sprecherin noch als Adressatin beteiligt war (Z. 05). Ihr *das is MARkus* wird in einer sequenziellen Position produziert, in der sie keinerlei Recht auf die Turn-Übernahme hat. Es kommt dadurch zu einer Überlappung mit Babsis Äußerung *der mit der roten HAAren-*. Anna nimmt Monas Hilfe sofort an (Wiederholung in Z. 07), schaut allerdings weiterhin Babsi an. Diese ignoriert hingegen Monas Intervention und klärt Annas Irrtum erst in Z. 12 auf.

In beiden Fällen ist die eigentlich nach den Regeln des *turn taking* nicht zulässige Selbstwahl einer dritten Teilnehmerin durch eine andere, offenbar übergeordnete Präferenz lizenziert: sie kann ein offensichtliches kommunikatives Problem zwischen den anderen beiden lösen. Die entstehenden Turbulenzen werden offenbar weniger stark gewichtet als die Probleme referenzieller und sozialer Art, die sich sonst ergäben.

3.5.4 Gesichtswahrung

Als letzten Fall für ‚dringliche' Aufgaben, die dem glatten Funktionieren des *turn taking* übergeordnet werden, betrachten wir Beispiele, in denen die Gesichtswahrung eines Teilnehmers auf dem Spiel steht. Im ersten Fall kommt es zu einem Missverständnis (das allerdings möglicherweise nur gespielt wird):

Beispiel (105) ASSIMANN
```
((Die Gruppe ist dabei, alte Fotos von Josef anzuschauen; sie
finden, dass er darauf „scheiße" aussieht.))
  01 Max: ja aber_s KRASS was jetzt aus ihm geWORden ist
          da[raus=ne? (.)
  02 Jos:    [((lächelt))
  03 Max: ja ich mein du hättst ja auch ANders enden können.
  04 Jos: [<<kichernd> SO:>.
          [((Geste: Gefängnis, gehalten bis 09))
  05 Max: ↑n[ee.
  06 Jos:   [((schaut Max. an und kichert.))
  07 Vla: [nee.
  08 Max: [so:.
  09 Jos: [((schaut Max. an und kichert.))

  10 Max: [nein_nein das MEIN ich GAR nicht.=]
  11 Jos: [((schaut Max. an und kichert.))

  12 Max: [=ich mein je(tz) so vom ÄUSserlichen,=.
  13 Jos: [((schaut Max. an und kichert.))
```

```
→ 14   Vla:    [=er isch (.) richtig HÜBsch geworden. (.) SUper].
→ 15   Max:    [=vom STIL her hättst_e dich ja so entwickeln   ]
                können
  16           weißt du wie dieser Eine aus der reporTAge;=
  17           =dieser ASsimann da.
```

Die Sequenz zwischen Maxi und Josef ist durch die Mehrdeutigkeit des Ausdrucks *du hättst ja auch ANders enden können.* gekennzeichnet, mit dem Maxi Josefs ‚krasse' Entwicklung charakterisiert. Josef schlägt eine Interpretation vor, die er durch die Geste der gekreuzten Arme nonverbal ausdrückt und auf die das *SO:.* in Z. 04 verweist: so wie er auf dem Foto aussieht, hätte man ihm eine Verbrecherkarriere voraussagen können. Natürlich hat Maxi das nicht gesagt; Josef nimmt sich die Freiheit, eine maximal schlechte Interpretation zu wählen. Er hält diese Geste (Z. 04–09) und fordert durch seinen auf sie gerichteten Blick (Z. 06–13) Maxis Reaktion heraus. Die von Josef gewählte Interpretation ist für ihn selbst (und damit auch indirekt für Maxi, die ihn damit ja beleidigen würde) *face*-bedrohend. Maxi kann sie nicht akzeptieren und weist daher die Inferenz zurückzuweisen, dass Josef auf dem Foto kriminell aussieht (Z. 05: *nee*). Ein einfaches *nee* ist dazu als Turn-Vorlauf aber noch nicht ausreichend, zumal Josef (der Betroffene) Maxi weiterhin anschaut und die Geste beibehält. Maxi widerspricht daher explizit (Z. 10: *nein_nein das MEIN ich GAR nicht.*) und erläutert in Z. 12/15 die von ihr intendierte Bedeutung. Bei einer solchen **Inferenzzurückweisung** handelt es sich um eine spezielle Form der Reparatur, die nicht Form oder Inhalt betrifft, sondern eben eine vom Gegenüber gezogene Inferenz. Da Josefs und Maxis Gesicht bedroht ist, ist es notwendig, die Inferenz schnell zurückzuweisen.[103] Zugleich greift allerdings auch Vlado in das Gespräch ein (Z. 07/14), der seinen Freund Josef meint verteidigen zu müssen. Die daraus entstehende Phrase des Simultansprechens verletzt zwar die Regeln des *turn taking*; das ist aber weniger wichtig als die Präferenz für eine schnelle Beseitigung des Missverständnisses.

Beispiel (106) belegt ebenfalls, dass die interaktive Bewältigung *face*-bedrohender Vorkommnisse im Gespräch Priorität vor dem glatten und überlappungsfreien Sprecherwechsel hat. Hier manövriert sich Ada in eine *face*-bedrohende Lage, weil sie den Anschein erweckt, schon triviale Ereignisse in

---

103 Grundsätzlich sind Reparaturen eine dringliche Angelegenheit, die die Gesprächsteilnehmer nur selten später als nach Ende des Redebeitrags beginnen, in dem die reparaturbedürftige Äußerungskomponente enthalten ist (vgl. zu den Details Kap. 5). Das hat zweifelsohne damit zu tun, dass ‚Falsches' zu sagen oder zu meinen oder etwas ,falsch' zu sagen grundsätzlich *face*-bedrohend ist.

Game of Thrones würden auf sie verstörend und ‚zu brutal' wirken, sie sei also letztendlich ein ‚Weichei'.

Beispiel (106) GAME OF THRONES
```
((Ada hat gerade Julian und Dan mitgeteilt, dass sie Serien wie
‚Game of Thrones' nicht schaut, weil sie ihr zu brutal sind. Sie
berichtet von einem Versuch, sich für die Serie zu begeistern.))
     01 Ad:  ja NEE da sin irgendwie so (.) kOmische mEnschen
             aus_m wAsser HOCHgestiegen?=
     02      =un HAM die irgendwie:-
     03      wenn sie die angefasst haben dann wurden sie zu STEIN:?
     04 Ju:  <<p>oKAY,>
     05 Ad:  [ich WEIß nich-
     06 Ju:  [un DAS fandest du SCHLIMM?
     07 Ad:  <<☺>nee;=es war noch MEHR.> also- ((lacht))
     08 Ju:  oke das is ne wirklich HARMlose (.)
             [<<laut lachend, ff>episode gewesen ((lacht 3s))>]
  → 09 Ad:   [<<f>ja NEIN aber- ((lacht))                      ]
     10 Ju:  nee::.
  → 11       <<mf>also [<<f>SCHLIMM is wenn man> <<cresc.> SIEHT]
  → 12 Ad:             [<<f>ja bei beim er (.) ZÄHlen klingt es ]
  → 13 JU:  [wie irgendwelche LEUte:: (-)> verSTÜMmelt werden]
  → 14 AD:  [irgendwie (.) nich so SCHLIMM                   ]
  → 15 JU:  [<<decr> oder] so:.>
  → 16 AD:  [<<decr>aber-]
     17 Ju:  <<p>DAS is (.) schlimm.>
```

Auf Adas Beleg für die Brutalität von *Game of Thrones* (Versteinerung von Menschen) reagiert Julian, der die Serie gut kennt, nur mit der ungläubigen Nachfrage (Z. 06), ob Ada denn so etwas wirklich schlimm fände. (Sie erfolgt simultan zu Adas Turn-Erweiterung in Z. 05 durch *ich weiß nicht–*, ein Fall von Turbulenz, der schon unter 3.4.5.1 besprochen wurde.) Ada verteidigt sich (*es war noch mehr*, Z. 07), aber Julian bezeichnet die Szene als *ne wirklich HARMlose* und greift damit die Glaubwürdigkeit von Adas Beleg an. Indirekt kritisiert er sie als allzu zart besaitet. Sein Turn explodiert quasi in eine Lachsalve (Z. 08), die durchaus auch als **Aus**lachen gehört werden kann. Ada lacht mit und versucht in Überlappung zu einem Gegenargument anzusetzen (Z. 09). Die Turbulenzen kommen zu einem Höhepunkt, als nun Julian Szenen schildert, die seiner Meinung nach wirklich ‚schlimm' sind, während gleichzeitig Ada den Beitrag, zu dem sie schon vorher (Z. 09) angesetzt hat, zuende führt: beim Erzählen wirke die Szene nicht so schlimm, wie sie wirklich gewesen sei. Die simultan gesprochenen Beiträge in Z. 11 (Julian) und Z. 12 (Ada) werden beide abgeschlossen. Dabei kommt es neben (kleineren) Produktionsstockungen vor allem zu einem erheblichen Anschwellen der Lautstärke, ein typisches Merkmal **kompetitiven Simultansprechens** (vgl. French & Local 1983). Am Ende setzt sich Julian durch, der seinen Beitrag in Z. 17 (nun wieder in zurückgenommener Lautstärke) durch eine abschließende Bewertung erweitert und abschließt, ohne auf Adas Argument einzugehen (das sie allerdings im weiteren Verlauf des Gesprächs erneut ins Feld führen wird).

Formal beginnt Ada die Phase der Rederechtturbulenzen in Z. 08–12; sie ergreift das Wort mitten in Julians Redebeitrag *oke das is ne wirklich HARMlose (.) <<laut lachend, ff> episode gewesen.* (Z. 08). Auch ihr zweiter Versuch, sich gegen Julians Verharmlosung der von ihr als Beleg angeführten Szene und die damit implizierte Gesichtsbedrohung zu wehren, erfolgt an einer Stelle, an der Julian bereits seinen nächsten Redebeitrag begonnen hat (nach seinem *nee::. <<mf>also* in Z. 10–11). Dass sie diesmal den Beitrag trotzdem über eine lange Phase des Simultansprechens hinweg zuende führt und sich nicht (wie in Z. 09) wieder zurückzieht, zeigt die Dringlichkeit des Anliegens: es ist ihr wichtig, sich sofort gegen den Angriff auf ihr *face* zu wehren.

3.5.5 Maximierung von Übereinstimmung und Nicht-Übereinstimmung

In Zweierkonstellationen, besonders aber in Mehrparteieninteraktionen kann man Phasen beobachten, in denen oft über längere Zeit hinweg Turbulenzen auftreten. Die Teilnehmer scheinen sich nur noch wenig an den Regeln der Turnzuweisung zu orientieren. Simultanstarts, aber auch Turn-Übernahmen mitten im Redebeitrag eines anderen häufen sich. Solche Phasen können sowohl dazu dienen, die Übereinstimmung der Beteiligten zur Schau zu stellen, als auch umgekehrt ihre divergierenden Meinungen. Dass beide Fälle typischerweise zu turbulenten Gesprächsphasen führen, belegt, dass diese nicht pauschal als antagonistisch (,Unterbrechungen') gelten können. Sie kennzeichnen eher Phasen erhöhter Involviertheit.

Wir betrachten zunächst ein Beispiel, in dem die Turbulenzen hohe Übereinstimmung indizieren. Wir sind in einer Diskussion über die Vermeidung von Geschlechtskrankheiten bei Jugendlichen:

Beispiel (107) KONDOME
```
01 Cla: <<pp> und ich finde auch kondome> müssten viel MEHR
            (.) äh: GRAtis [      aus]liegen [überall] ja?
02 Dia:                    [<<pp>ja.]>
03 Bia:                                       [mja.    ]
04 Cla: °h [also geRAde] für die ki[ds.      ]
```

```
05   Bia:     [das STIMmt.]
06   Lin:                              [<<p>ge]SUNDdheitsämter;
              =ne?>
07   Cla:     [ja aber zum geSUNDheitsamt gehste [doch nich HIN.= ]
08   Dia:     [<<pp> ja aber da geh ich SICher nich hin.>         ]
09   Ant:                                     [die kids ja NEE.]
10   Cla:     =die MUSste °h WEISS ich nich;
11   Bia:     [ja KLAR. ]
12   Cla:     [AUSliegen] haben.=
13            =in KNEIpen-
14   Jos:     [hm:;
15   Cla:     [in: ca[FES (.) in irgendwelchen-]
16   Bia:            [an jeder KASse kannst du ] die doch [hinlegen.
17   Cla:     [BILlards      ä:h zentren:;=
18            =oder: SPIE:L_äh (.) zentren o[der so,         ]
19   Dia:                                   [<<pp>hm_HM.>]
20   Cla:     °h kannst_e AUCH ne werbung drauf drucken,
21            so grAtiskarten gibt_s AUCH überall.
```

Claras zu Beginn des Ausschnitts geäußertem Vorschlag, man sollte viel mehr Kondome in der Öffentlichkeit auslegen, stimmen Bianca und Jona zu (02, 03, 05). Ihre Zustimmungspartikeln werden teils schon während Claras Beitrag produziert (Z. 02, 03). Lina schlägt darauf vor, die Kondome in den Gesundheitsämtern bereitzustellen (Z. 06). Dies führt zunächst zum Widerspruch von Clara, Diana und Anton (Z. 07, 08, 09) und dann zu einer Serie von Alternativvorschlägen. Dominante Sprecherin ist Clara, die ihre Vorschläge in Form einer Dreier-Liste entwickelt (Kneipen, Cafés, Billiard/Spielzentren werden als geeignete Orte genannt). Sie ist aber keineswegs allein, sondern wird von den anderen Teilnehmern unterstützt, die ihre Meinung ganz offensichtlich teilen. Schon die Ablehnung von Linas Vorschlag ist mit einer Turbulenz verbunden: Clara und Diana widersprechen parallel mit dem Hinweis, dass Jugendliche doch nicht ins Gesundheitsamt gehen würden. Auch Alex stimmt etwas verspätet in die Ablehnung ein (Z. 09), so dass zeitweise drei Teilnehmer übereinander sprechen. Keine/r davon bricht seinen Beitrag ab, um den anderen den Vortritt zu geben. Simultansprechen wird nicht nur in Kauf genommen, sondern sogar maximiert. Während Clara ihre Vorschläge für alternative Verteilungsorte äußert, ist vor allem Bianca mit inhaltlich ähnlich ausgerichteteten Beiträgen beteiligt, die wieder ohne Rücksicht auf Turbulenzen produziert werden: schon in Z. 11 ist ihr *ja KLAR.* mitten in Claras Turn platziert. Auch ihren Vorschlag *an jeder KASse kannst du die doch hinlegen* produziert Bianca ohne Rücksicht auf die noch nicht beendete Dreierliste Claras, so dass es erneut zum simultanen Sprechen kommt. In all diesen Fällen gibt es keinerlei Hinweise darauf, dass diese Turbulenzen als Unterbrechungen wahrgenommen werden. Die Teilnehmer scheinen vielmehr gerade durch die Missachtung der Regeln der Rederechtzuweisung ihre übereinstimmende Meinung zum Ausdruck zu bringen.

Aber natürlich gibt es auch den umgekehrten Fall turbulenter Gesprächsphasen, die mit einem Streit verbunden sind. Im folgenden Beispiel können sich Josef und Vlado nicht darüber einigen, ob sie ihr Krafttraining im oder vor dem Haus weitermachen sollen:

Beispiel (108) TRAINING
```
((Josef schlägt Vlado vor, das Bauchtraining im Freien zu absolvieren.))
  01 Vla: nee: draußen WILL ich nich [josef.
  02 Jos:                            [<<ff>DOCH.>
  03 Vla: <<f>ich bin toTA:L verschwitzt.>
  04 Jos: <<f>j[a   ] U:N:D?>
  05 Vla:      [du?]
  06 Jos: du (.) <<f>TRAInierst doch jetzt.
  07 Vla: <<ff>ja:> [aber ich will mir is JETZT schon>]
  08 Jos:           [dann wird_s doch nicht KALT.>    ]
  09 Vla: <<dim>kalt wenn ich mich nicht beWEG.>
  10 Jos: <<f>[du    ] (.)    [du] (.) [du]>
  11 Vla:     [und we]nn_e (.)[we]nn   [da]nn DRIN.
  12 Jos: <<ff>du beWE:Gst dich do:::ch->=
  13      =<<f>da passiert NIX.>
  14      <<f>solange du dich beWEGST.>
  15      (2.8)
  16 Vla: dass du kein verSTÄNDnis hasch für sowas-
```

Die Sequenz beginnt damit, dass Vlado den Vorschlag Josefs ablehnt, mit dem Training vor dem Haus weiterzumachen, diese Ablehnung aber von Josef nicht akzeptiert wird (vgl. sein sehr lautes *DOCH.* in Z. 02). Diese Ablehnung der Ablehnung (also das Insistieren auf dem eigenen Vorschlag) erfolgt recht früh – jedenfalls noch bevor Vlado eine Begründung geben kann (was er erst in Z. 03 tut). Sie überlappt aber lediglich mit einer turn-finalen Anrede durch Eigennamen und ist durch das davor liegende, vorhersagbare Ende des Beitrags von Vlado lizenziert. Josef begründet nun sein Insistieren (in Z. 04/06/08). Vlado bricht seinen Simultanstart in Z. 05 (*du?*) zunächst ab, ergreift jedoch die Chance, am Ende von Z. 06 (nach Josefs *du (.) <<f>TRAInierst doch jetzt.*) an einem MÜP ein Gegenargument zu produzieren. Josef erweitert seinen Turn trotzdem ohne Rücksicht auf die entstehende Turbulenz. Sein

```
du (.) <t<f>TRAInierst doch jetzt. dann wird_s doch nicht KALT.>
```

und Vlados

```
<<ff>ja:> aber ich will mir is JETZT schon><<dim>kalt wenn ich
         mich nicht beWEG.>
```

laufen also quasi-simultan ab. Beide Sprecher reklamieren das Rederecht für sich. Typischerweise ziehen solche Probleme weitere Turbulenzen nach sich. Da nicht klar ist, wer der augenblickliche (legitime) Sprecher ist, ist auch nicht klar, wer als nächster am Zug ist. Entsprechend starten sowohl Josef als auch Vlado ihren nächsten Beitrag wieder simultan (Z. 10 und 11), diesmal in mehreren Anläufen: Josef wiederholt seinen Turnbeginn *du* dreimal und bricht ab, Vlado wiederholt seinen Turnbeginn zweimal (*und wenn_e wenn*) und führt ihn dann zuende (*dann DRIN*). Damit ist die Phase der Turbulenzen beendet; beide Teilnehmer treten wieder in ein geordnetes Nacheinander der Redebeiträge ein.

Der Unterschied zwischen den Beispielen (107) und (108) liegt nicht in der Art und Weise, wie die Verteilung des Rederechts (nicht) organisiert wird, sondern einerseits in der Gestaltung der Redebeiträge, die im zweiten Ausschnitt typische Merkmale antagonistischer Gesprächssequenzen zeigen (wie Josefs rhetorische Frage in Z. 04 *<<f>j[a] U:N:D?>* oder Vlados Turn-Einleitung durch *ja aber* in Z. 07), andererseits in der zunehmenden Lautstärke, die die Sequenz auszeichnet und die Modalität des Streits indiziert. Schon Josefs Ablehnungsablehnung durch *DOCH* ist sehr viel lauter als die ursprüngliche Ablehnung des Vorschlags durch Vlado. Besonders während der Simultansprechphase in Z. 07/08 fährt auch Vlado die Lautstärke seiner Äußerung hoch.

3.6 Wissenschaftsgeschichtliches Nachwort

Die Untersuchung des *turn taking* war prägend für die frühe Phase der Konversationsanalyse. Der zentrale Aufsatz von Sacks, Schegloff und Jefferson basiert auf Forschungen der Autoren in den 1960er und frühen 1970er Jahre, und auch andere größere Publikationen (etwa Schegloffs Aufsatz von 2000a) sind damals erarbeitet, wenn auch erst viel später publiziert worden. Sie sind also inzwischen mehr als ein halbes Jahrhundert alt. Dass sie immer noch als grundlegend gelten und sehr viel zitiert werden, belegt ihren Status als Klassiker der Konversationsanalyse. Sie haben viel dazu beigetragen, die Konversationsanalyse als ‚technische' Forschungsdisziplin zu etablieren, die über die inhaltliche Analyse von Gesprächsbeiträgen hinausgeht und formal argumentiert. Eine gewisse

Sympathie für die sich zu dieser Zeit ebenfalls etablierende Generative Grammatik und ihrer Idee der Grammatik als rekursivem Regelsystem, das Oberflächenstrukturen generiert und dadurch erklärt, schimmert zwischen den Zeilen durch: die von Sacks, Schegloff & Jefferson formulierten Regeln ‚generieren' Gespräche, so wie die Regeln der Phrasenstrukturgrammatik Chomskys Sätze ‚generieren'.

Allerdings gibt es auch schwerwiegende Unterschiede. Auch wenn das Regelsystem zur Verteilung des Rederechts manchmal mit der Metapher einer ‚Maschinerie' bezeichnet worden ist,[104] ist klar, dass wir es nicht mit einem Computeralgorithmus zu tun haben, der unser sprachliches Handeln determiniert. Zuallererst handelt es sich beim Sprecherwechsel um ein interaktives System, das zwischen mehreren Menschen koordiniertes soziales Handeln über die Regeln seiner Hervorbringung analysierbar macht. Abweichungen werden von den Interaktionsteilnehmern nicht nur in Kauf genommen, sondern sogar systematisch eingesetzt (etwa wenn Gesprächspausen Nicht-Übereinstimmung indizieren). Vor allem aber läuft die Verteilung des Rederechts nicht automatisch, von den Gesprächsteilnehmern unabhängig ab, sondern ist ihre eigene interaktive Leistung. Sie verlangt von den Beteiligten permanente Analysen (Interpretationen) des Gesprächsgeschehens, die z. B. erst die Identifizierung von potenziellen Übergabepunkten möglich machen. Dem Funktionieren des Systems der Rederechtverteilung dient eine Vielzahl interaktiver Praktiken, die seine hohe Flexibilität garantieren. Gespräche organisieren sich einerseits endogen; sie sind keinen äußeren Regeln unterworfen. Weder gibt es einen Gesprächsleiter, der das Rederecht verteilt, noch fest vorgegebene Reihenfolgen der Turn-Zuweisung. Wie lang ein Redebeitrag ist, wer als nächster spricht, wie lang das Gespräch insgesamt dauert, wieviele Sprecher beteiligt sind etc. etc., all diese Dinge sind nicht vorab festgelegt, sondern werden durch die Teilnehmer in ihrem gemeinsamen Handeln lokal hervorgebracht. Das stellt zugleich ein hohes Maß an Beteiligung sicher: jeder muss an jedem Punkt aufpassen, ob er ‚dran' ist oder eine Chance bekommt, das Wort zu ergreifen; er muss dafür sorgen, dass er für seinen Beitrag mindestens einen notwendigen Rezipienten findet, er muss gegebenenfalls simultane Turn-Übernahmen abwehren etc.

Sacks und Kollegen verzichten sowohl auf die Untersuchung der sprachlichen Ressourcen, die die Gesprächsteilnehmer einsetzen, als auch auf die Analyse der multimodalen Komponente des *turn taking*. Seither ist eine Vielzahl von

---

[104] Sacks, Schegloff & Jefferson (1974) verwenden den Begriff nicht; möglicherweise geht seine Verwendung auf die einflussreiche Darstellung der Konversationsanalyse in Levinson (1983) (z. B. S. 323) zurück.

weiteren Arbeiten dazu erschienen (vgl. die Überblicksartikel von Drew, Clayman und Hayashi in Stivers & Sidnell 2011). Vor allem in der Interaktionalen Linguistik (Couper-Kuhlen & Selting 2018; Imo/Lanwer 2019; Clift 2016) sind die sprachlichen Verfahren genauer beschrieben worden, die Turnkonstruktionseinheiten ausmachen und den Sprecherwechsel regulieren. Aber längst nicht alle Fragen sind abschließend geklärt. Insbesondere die multimodale Analyse stellt so manches Ergebnis der frühen, ausschließlich auf auditivem Material beruhenden Forschung in Frage und erfordet neue Überlegungen; denn zur sequenziellen Organisation der Redebeiträge kommt nun noch die simultane Organisation visueller (Blick, Gestik etc.) und verbaler Ressourcen hinzu (vgl. Mondada 2016; Stukenbrock 2018). Vor allem die Untersuchung fokussierter Interaktionen, in denen nicht der sprachliche Austausch, sondern körperliche Handlungen im Vordergrund stehen, steht erst am Anfang.

4 Sequenzstruktur

Karin Birkner*

4.1 Sequenzialität und die Grundbausteine von Gesprächen

Bisher haben wir uns damit beschäftigt, dass Gespräche aus Redebeiträgen zusammengesetzt sind, bei denen sich Sprecherinnen und Sprecher systematisch abwechseln. Außerdem haben wir gesehen, wie die Turnkonstruktionseinheiten (TKE) gestaltet sind, aus denen sich Redebeiträge zusammensetzen, um den Sprecherwechsel zu organisieren. Die sog. „Sprecherwechsel-Maschinerie" versucht, das, was im Gespräch passiert, schematisch zu erfassen; die Inhalte und die Form der einzelnen Redebeiträge werden dabei maßgeblich unter dem Aspekt gesehen, ob sie den Rezipientinnen und Rezipienten helfen, einen **möglichen Redeübergabepunkt** (MÜP) zu erkennen. Was aber hält Gespräche darüber hinaus zusammen? Wodurch kommt ein kohärenter, gemeinsam hergestellter Gesprächsverlauf zustande?

Gespräche und sprachliche Interaktion allgemein werden ganz wesentlich durch ihre Entfaltung in der Zeit und die schrittweise Entwicklung von aufeinander bezogenen Beiträgen gesteuert. Eine sehr augenfällige Form dieses Aufeinander-Bezogen-Seins haben wir beim Sprecherwechsel in Ansätzen schon kennen gelernt: Beinhaltet ein laufender Redebeitrag Fremdwahl, d.h. wird zum Beispiel einer der Anwesenden direkt angesprochen, steht ein Sprecherwechsel an. Der/Die Sprechende gibt das Rederecht ab und die/der Ausgewählte – und kein anderer der Anwesenden – ist an der Reihe. Eine Praktik, mit der eine Fremdwahl vollzogen werden kann, ist zum Beispiel, eine Informationsfrage an eine ganz bestimmte Person zu richten, wie im folgenden Beispiel.

Beispiel (1) ZAHLEN
```
14 S: sin_die zahlen überPRÜFT?
15 A: ja.
```

Die Äußerung von Sprecher S weist ein typisches grammatisches Merkmal von Fragen im Deutschen auf, die Erstposition des Verbs. Zur gelungenen Handlung (*action*) „Fragen" wird sie aber erst, wenn der Gesprächspartner sie auch als Frage behandelt, z. B. indem er eine Antwort gibt. Beide vollziehen je eine

---

* Ich danke Peter Auer und Angelika Bauer für wertvolle Hinweise zu diesem Kapitel!

sprachliche Handlung: Sprecher S die des Fragens und Sprecher A die des Antwortens. Und natürlich könnte die Antworthandlung in diesem Fall auch ohne sprachliche Mittel vollzogen werden, z. B. indem A mit dem Kopf nickt o.ä.

Solche und weitere Abfolgebeziehungen, mit denen wir uns in diesem Kapitel ausführlich beschäftigen, sind grundlegend für die Organisation von sprachlicher Interaktion. Diese Eigenschaft von sprachlicher Interaktion, durch vielfältige Bezüge Sinn herzustellen, wird unter den Begriff der **Sequenzialität** gefasst. Wenn es um die Umsetzung von Sequenzialität geht (die **sequenzielle Organisation**), d.h. den Aufbau von Abschnitten, die als Handlungseinheit zu sehen sind, wie z. B. Paarsequenzen oder Erzählungen, verwenden wir den Begriff der **Sequenzorganisation** bzw. **Sequenzstruktur**.[105]

In folgendem Abschnitt 4.2 beschäftigen wir uns zunächst mit der sequenziellen Organisation im Allgemeinen und betrachten dann in Abschnitt 4.3 typische Sequenzstrukturen anhand einer Auswahl von zweigliedrigen Handlungen, den sog. Paarsequenzen, wie Frage & Antwort, Gruß & Grußerwiderung, Einladen & Ablehnen etc. In Abschnitt 4.4 geht es mit der Präferenzorganisation um ein grundlegendes Ordnungsprinzip innerhalb von Paarsequenzen (und darüber hinaus). Im Anschluss werden in Abschnitt 4.5 unterschiedlichste Praktiken der Realisierung minimaler Paarsequenztypen vorgestellt. Im Anschluss daran beschäftigt sich Abschnitt 4.6 mit der Erweiterung der minimalen, zweigliedrigen Sequenzen durch Vorläufe, Einschübe und Nachläufe. In 4.7. wird abschließend eine institutionenspezifische Variante der Frage & Antwort-Sequenz präsentiert, und zwar im Schulunterricht.

4.2 Sequenzielle Organisation

Unsere Erfahrung sagt uns, dass eine Frage eine Antwort verlangt. Sie sagt uns auch, dass die Frage vor der Antwort kommt. In diesen so selbstverständlich erscheinenden Beobachtungen zeigt sich ein Grundprinzip von Gesprächen, das die KA als „Sequenzialität" bezeichnet. Gesprächsbeiträge (verbale wie nonverbale) folgen nicht isoliert und beliebig aufeinander wie die gleichförmigen Per-

---

[105] Schegloff (2007: 5) differenziert bei Sequenzialität zwischen „sequential organisation" (sequenzielle Organisation) im allgemeinen Sinne, d.h. die Mechanismen und Regeln, die die Umsetzung des Prinzips der Sequenzialität leisten, und „sequence organization" (Sequenzorganisation), womit die Praktiken für eine Herstellung von sinngenerierender Sequenzialität gemeint sind, d.h. beispielsweise die paarige Gliederung von Handlungen wie Fragen/Antworten (sog. Paarsequenzen, s.u.). Neben dem Begriff Sequenzorganisation verwenden wir hier alternativ auch Sequenzstruktur.

len auf der viel zitierten Perlenkette (Schegloff 2007: 1), sondern sind in vielgestaltiger Weise aufeinander bezogen: Hier liegt (neben dem Sprecherwechsel) die zweite grundlegende gesprächsorganisatorische „Maschinerie" vor, die sprachliche Interaktion ausmacht, die sogenannte „**Sequenzorganisation**" (*sequence organisation*, Schegloff 2007: 2). Wir richten den Blick dabei darauf, wie in **kohärenten, geordneten, bedeutungsvollen Abfolgen sprachlicher Äußerungen** („Redebeiträgen", vgl. Kap. 3) **soziale Handlungen vollzogen werden**. Mit Handlungen meint die Konversationsanalyse z. B. Fragen, Antworten, Einladen, Ablehnen, Necken, Widersprechen, Zustimmen usw. (vgl. a. Kap. 1). In der laufenden Interaktion haben wir die aufeinander bezogene (relative) Positionierung von Äußerungen beim Vollzug von Handlungen stets im Blick. Wir verstehen eine Äußerung immer (auch) bezogen auf das, was ihr vorausgeht, und gestalten unsere Erwiderungen entsprechend. Damit – das ist eine logische Konsequenz – **spiegeln unsere Reaktion den Beteiligten wider, wie wir ihre Äußerung verstanden haben.** In diesem Sinne zeigt eine Antwort, dass wir das Vorangegangene als Frage verstanden haben, womit zugleich eine gewisse Verpflichtung verbunden ist, eine Antwort zu geben. Und umgekehrt wird eine Äußerung, die auf eine Frage folgt, fast unweigerlich als Antwort verstanden. **Wie oder was wir antworten, nutzt der vorherige Sprecher, um zu kontrollieren, ob wir ihn richtig verstanden haben,** um dann ggf. einzugreifen (vgl. a. Kap. 5 zu Reparaturen). Diese Strukturen dienen letztlich alle der gelingenden Herstellung von Intersubjektivität.

Jede Äußerung innerhalb eines Gesprächs wird also zu einem ganz spezifischen Moment mit einem ganz spezifischen *Davor*, das oft auf ein spezifisches *Danach* verweist, produziert. Das lässt sich am besten verdeutlichen, wenn man eine Äußerung aus ihrem **sequenziellen Kontext** herausnimmt. Stellen wir uns vor, jemand sagt *fünf*. Es fällt nicht sonderlich schwer, sich verschiedene Kontexte vorzustellen, in denen so eine Äußerung Sinn ergeben würde. Es könnte z. B. sein, dass jemand im Mensch-ärgere-dich-nicht-Spiel das Setzen der Figur laut mitzählt: *eins, zwei, drei, vier, fünf*. Oder es ist Samstagabend, die Ziehung der Lottozahlen, es fällt eine Kugel ins Glas und die Glücksfee verkündet: *fünf*. Vielleicht hat auch jemand auf die Frage nach der Uhrzeit *fünf* geantwortet. Welche Handlung mit der Äußerung von *fünf* vollzogen wird, ob es sich um Kommentieren, Verkünden oder Informieren handelt, ist erst im sequenziellen Zusammenhang zu erkennen.

Betrachten wir ein authentisches Beispiel, in dem *fünf* sogar mehrmals hintereinander geäußert wird, gesprochen von zwei verschiedenen Personen:

Beispiel (2) FÜNF 1
```
09  A:  FÜNF.
10  S:  FÜNF,
11  A:  FÜNF.
12  S:  FÜNF?
13  A:  FÜNF;
```

Welche **Handlungen** mit der jeweiligen Äußerung von *fünf* vollzogen werden, ist so nicht nachvollziehbar. Das ändert sich jedoch sofort, wenn man den Kontext hinzuzieht. Der Ausschnitt stammt aus einer Fernsehshow; der Talk-Master S spricht von einer Frau, die nach der Trennung von ihrem Ehemann eine erkleckliche Anzahl von Kindern versorgen muss.

Beispiel (3) FÜNF 2
```
01  S:  hehehehe
02      die frAu is n bisschen SAUer;=
03      =wegen der sechs KINder,
04  A:  ja geNAU.
05  S:  [aber:
06  A:  [<<pp>FÜNF.>
07      ((Lachen des Publikums)
08  S:  sin_es SECHS oder SIEben,
09  A:  FÜNF.
10  S:  FÜNF,
11  A:  FÜNF.
12  S:  FÜNF?
13  A:  FÜNF;
14  S:  sin_die zahlen überPRÜFT?
15  A:  ja.
16  S:  ja; (-)
17      und die war_n bisschen SAUer,
```

Der **Kontext** macht den jeweiligen Handlungswert sichtbar, der den Äußerungen zugewiesen wird. Auf die Frage von S, ob es sich um sechs oder sieben Kinder handele (Z. 08), antwortet A in Z. 09 *fünf*.[106] In seinem Kontext ist dieses *fünf* eindeutig als Antwort zu erkennen. Die nächste Äußerung von *fünf* in Z. 10 ist

---

[106] Die Frage von S wird vermutlich durch die fremdinitiierte Fremdreparatur As in Z. 06 ausgelöst (vgl. Kap. 5), auch wenn er sie aufgrund der Überlappung und des Zuschauerlachens nur am Rande mitbekommen haben mag. Aus der fremdinitiierten Fremdreparatur macht S dann eine selbstinitiierte Fremdreparatur, die er zu einer längeren Nebensequenz ausdehnt, in der er die Expertise As ironisch in Frage stellt und damit möglicherweise seinen „Fehler" auf der Ebene der Gesichtswahrung bearbeitet.

dagegen eine (erstaunte) Nachfrage, eine sog. Echofrage, die das Vorangegangene wiederholt, um das Gegenüber zu einer Bestätigung (oder zu weiteren Ausführungen) zu veranlassen. A beantwortet die Nachfrage, indem er zur Bestätigung ein weiteres Mal *fünf* äußert (Z. 11). Daran schließt sich eine weitere Runde aus Nachfrage & Bestätigung (Z. 12–13) an, die das Erstaunen von S noch einmal unterstreicht, wie auch seine Frage nach der Verlässlichkeit der Daten (Z. 14). Jede Äußerung von *fünf* vollzieht hier also eine etwas andere Handlung (Fragen, Antworten, Nachfragen etc.). Die buchstäbliche Wiederholung der Vorgängeräußerung ist eine mögliche Praktik, um Fragen (genauer: Verständnisnachfragen) und sogar Antworten zu *behandeln*.[107]

Dieses Beispiel ist auch deshalb aufschlussreich, weil es sehr deutlich macht, dass unterschiedliche Handlungen vollzogen wurden, obwohl die Wörter (*fünf*) in ihrer Form identisch sind. **Die Handlungsebene und die Ebene der sprachlichen Form sind prinzipiell voneinander unabhängig,** und die Handlung, die eine Äußerung macht, wird nicht (allein) von der Bedeutung der Wörter getragen, sondern ganz wesentlich – in manchen Fällen, wie diesem, fast ausschließlich – durch deren sequenzielle Platzierung. Das ist gemeint, wenn wir sagen, dass wir uns mit der sequenziellen Organisation von Gesprächen beschäftigen. Gesprächsbeteiligte spulen nicht nur vorgefertigte Handlungsschablonen ab, sondern analysieren fortlaufend Redebeitrag für Redebeitrag bezogen auf ihre Bedeutung im konkreten Kontext (*Why that now?* Sacks 1995: 352, vgl. a. Schegloff & Sacks 1973: 299*)*, um zu entscheiden, was als nächstes folgen soll oder wie das, was als nächstes kommt, verstanden werden soll (*What to do next?* vgl. Garfinkel 1967: 12).

Die sequenzielle Position ist nur eine Quelle für Hinweise, aus denen Verstehen erwächst; darüber hinaus gibt es noch weitere, wie z. B. der situative Kontext, gemeinsames Wissen, die Semantik der Wörter etc. Sprecherinnen und Sprecher achten bei der Gestaltung eines Redebeitrags darauf, dass das Gegenüber genügend Hinweise bekommt, um zu verstehen, welche Handlung gerade intendiert ist.[108] Was Sprecher/innen jeweils als „genügend" betrachten, ist na-

---

107 Hier hilft natürlich auch die Prosodie ganz entscheidend beim Verstehen. Wie man an der Transkription sieht, werden die Fragen mit steigender Intonation und die Antworten am Ende mit fallender Intonation artikuliert, wie es für diese Typen von Fragen und Antworten üblich ist (vgl. a. Kap. 3).
108 Es gibt eine rege Forschungsdiskussion um die Frage, wie Sprecher/innen Handlungen erkennbar machen bzw. Rezipient/innen Handlungen zuschreiben (vgl. Levinson 2013 für einen Überblick; Drew & Couper-Kuhlen 2015). Bei der Frage nach den Praktiken kommen u.a. Fragen der sprachlichen Form in den Blick: Welche Ausdrucksformen werden gewählt, um

türlich auch wieder kontextsensitiv – und kann im Zweifel auch mal nicht genügend sein, so dass es zu Verständigungsproblemen kommt (vgl. Kap. 5 zu Reparaturen).

Die jeweiligen Rezipient/innen bestimmen mit, wie eine sprachliche Äußerung gestaltet wird, z. B. durch Rückmeldungen, aber auch durch den **adressatenspezifischen Zuschnitt** (*recipient design*), der die Gestaltung von Redebeiträgen maßgeblich beeinflusst. So zeigt sich z. B. bei einer Begrüßung in der Wahl der Anredeformen, bereits in den ersten Momenten der Begegnung, in welchem Verhältnis die Beteiligten zueinanderstehen, ob sie sich gut kennen oder eine formellere Beziehung haben.

Beispiel (4) HALLO
```
03 M: halLO::-
04 F: grüss dich.
```

M. begrüßt F. mit *halLO::-*, einer informellen Grußformel. M. signalisiert damit Erkennen und knüpft an eine etablierte, vertraute Beziehung an. F. erwidert dies mit einem ebenfalls informellen Gegengruß in Duz-Form und bestätigt damit wahrnehmbar die gemeinsame Interaktionsgeschichte.[109]

Interagierende orientieren sich also am sequenziellen Verlauf, um Sinn zu erschließen und zu verstehen, was der andere tut, bzw. um dem Gegenüber anzuzeigen, was man selber gerade tut. Als Analysierende bedienen wir uns derselben Quellen: Dass sich die Interagierenden Interpretationshinweise geben, eröffnet uns einen analytischen Zugang zum sprachlichen Geschehen. Es geht nicht darum, möglichst originelle eigene Sichtweisen zu produzieren, sondern darum, zu rekonstruieren, was die Interagierenen tun: So zeigt eine Antwort, dass das Vorangegangene als Frage behandelt wird, und der weitere Verlauf, ob der erste Sprecher diese Sinnzuschreibung für den konkreten, vorliegenden Fall als die richtige akzeptiert. Daraus ergibt sich das bereits in Kap. 1 vorgestellte Analyseverfahren der „Sinnüberprüfung an nächsten Redebeitag" die (*next-turn-proof-procedure*).

---

bestimmte Handlungen zu vollziehen, und welche Reaktionen folgen auf welche Ausdrucksformen etc.?
[109] Geteiltes Wissen (vgl. Clark 1992 zu *common ground*) schlägt sich also u.a. im Adressatenzuschnitt nieder (Deppermann & Blühdorn 2013, vgl. a. Kap. 1).

4.3 Basale Paarsequenzen

Nehmen wir die Sequenzialität von Äußerungen, d.h. ihr Aufeinanderfolgen, noch einmal genauer in den Blick, so fällt auf, dass manche Redebeiträge sich relativ locker aufeinander beziehen, während andere eine engere Beziehung aufweisen. Solche speziellen Sequenzstrukturen zeigen sich im Beispiel (3) da, wo S die Frage *sin_die zahlen überPRÜFT?* stellt, und es ziemlich erwartbar ist, dass darauf nun eine (wie auch immer geartete) Antwort von A folgt. Anders sieht es dagegen beispielsweise nach S Redebeitrag in Z. 02 *die frAu is n bisschen SAUer;* aus. Hier ist weit weniger festgelegt und vorhersagbar, wie es weitergehen wird, und zwar sowohl für die Beteiligten selbst als auch für Analysierende. Es gibt offensichtlich sprachliche Handlungen, auf die regelmäßig ganz bestimmte andere Handlungen folgen. Solche typischen Handlungsabfolgen bezeichnet man als **Paarsequenzen** (*adjacency pairs*, dt. auch: Nachbarschaftspaare). Paarsequenzen bestehen – darauf verweist die Bezeichnung *Paar* – aus zwei Teilen: auf einen **Ersten Paarsequenzteil** (*first pair part*, im Folgenden *EPT*) folgt in relativer Nähe (möglichst an der nächsten sequenziellen Position) ein **Zweiter Paarsequenzteil** (*second pair part*, im Folgenden *ZPT*), der von dem nächsten Sprecher realisiert wird (vgl. Sacks 1992: 521ff.).

Typische Paarsequenzen sind Frage & Antwort, Gruß & Gegengruß, Bewertung & zweite Bewertung, aber auch ein Angebot & seine Annahme bzw. Ablehnung, eine Entschuldigung & ihre Annahme oder die Herabstufung des Missgeschicks etc. EPT sind sequenzinitiierend, ZPT sequenzterminierend. (Dabei kann die Ausdehnung eines Paarteils – wie ein Turn – natürlich unterschiedlich lang sein.)

Die Herstellung von Intersubjektivität im Miteinander-Sprechen schöpft die Ressource der Abfolgebeziehungen z. B. da aus, wo die Interagierenden aus nächsten Zügen Hinweise bekommen, wie der derzeitige Sprechende den vorangegangenen Zug interpretiert hat. Hier liegt eine machtvolle Rückwärtsgerichtetheit vor. Bei Paarsequenzen kommt aber noch etwas hinzu: indem ein EPT einen spezifischen nächsten Zug erwartbar macht, liegt zudem eine starke Vorwärtsgerichtetheit vor (Schegloff 2007: 15). Diese stellt einen ganz besonderen „Kitt" dar, mit dem Paarsequenzen zusammengehalten werden; er wird als **konditionelle Relevanz** bezeichnet: Ein EPT setzt einen ZPT konditionell relevant. Man sagt auch, dass ein EPT einen ZPT **sequenziell impliziert** (besser wäre das allerdings mit „sequenziell projiziert" bezeichnet). Das **Prinzip der unmittelbaren Nachbarschaft** wirkt also in zwei Richtungen, nämlich bezogen auf die vorangegangenen und auf die folgenden Äußerungseinheiten bzw. Redebeiträge.

Die Paarsequenz ist die Basiseinheit der interaktiven Konstruktion von Gesprächen. Mithilfe des Kitts der konditionellen Relevanz werden Äußerungen systematisch miteinander verwoben und die gemeinsame Orientiertheit der Beteiligten am sozialen Ereignis des Gesprächs sichergestellt.

Die minimale, von zwei Beteiligten realisierte Sequenzstruktur einer Paarsequenz stellt Schegloff (2007: 14) schematisch folgendermaßen dar:

A   Erster Paarteil
B   Zweiter Paarteil

Abb. 42: Sequenzstruktur einer minimalen Paarsequenzen (nach Schegloff 2007: 14).

Paarsequenzen stellen ein normatives Muster dar, das Erwartungen hinsichtlich dessen, was folgt, aufbaut: der EPT eröffnet einen Slot, den ein typadäquater ZPT füllen sollte. Wenn keine der adressierten Personen diesen liefert, ist das Fehlen für die Gesprächsbeteiligten bedeutungsvoll und löst Inferenzen aus.

Allerdings machen EPT nicht beliebige, sondern ganz spezifische Folgehandlungen als zweite Paarteile erwartbar: Eine Frage verlangt als zweiten Teil keinen Gegengruß, sondern eine Antwort, und eine Entschuldigung keine Bewertung usw. EPT verlangen also nach sog. **typadäquaten** ZPT (Schegloff 2007: 13). EPT und typadäquater ZPT konstituieren eine paarige Sequenz und sind mit dieser Sequenzstruktur ein grundlegender, gut sichtbarer Niederschlag der **sequenziellen Organisation von Sprechen-und-anderem-Verhalten in der Interaktion** (*talk-and-other-conduct-in-interaction*, Schegloff 2007: 14).

Schegloff (2007: 13) beschreibt **minimale Paarsequenzen** wie folgt:
– sie bestehen aus zwei Teilen,
– diese werden von verschiedenen Sprecher/innen produziert,
– liegen unmittelbar beieinander, d.h. einer folgt auf den anderen,
– sind als ein Erster Paarsequenzteil (EPT) und als zweiter Paarsequenzteil (ZPT) geordnet,
– passen typadäquat zueinander (z. B. Frage & Antwort; Gruß & Gegengruß etc.).

Diese Merkmale sind typisch für Paarsequenzen, aber Schegloff (2007: 14) betont ausdrücklich, dass ihr Verlauf keineswegs unabänderlich sei. So wird bspw. eine Handlung nicht immer nur mit einer einzelnen Äußerung vollzogen, und EPT und ZPT folgen nicht immer direkt aufeinander, sondern es kann etwas dazwischengeschoben werden (vgl. 4.6.2 Einschübe). Manchmal nutzen die

Interagierenden auch Ambivalenzen in den EPT, um die Handlungssequenz in ihrem eigenen Sinne zu komplettieren, z. B. wenn eine Informationsfrage als Vorwurf behandelt wird, eine Bewertung als Kompliment oder umgekehrt.

Im Folgenden betrachten wir die Sequenzstruktur verschiedener Paarsequenztypen anhand von Beispielen. **Grußsequenzen** in Zusammenhang mit der Gesprächseröffnung und -beendigung haben wir bereits in Kapitel 2 kennen gelernt; wir wollen sie nun noch einmal in Bezug auf die darin enthaltenen Sequenzstrukturen betrachten.[110]

Beispiel (5) PUTZEN

```
01 M:   ((tüüt))                        EPT Fok.aufforderung
02 F:   HAllo?                          ZPT Fok.bestätigung
03 M:   halLO::-                        EPT Gruß
04 F:   grüss dich!                     ZPT Gegengruß
05 M:   bisch(d) fest(e) am PUTzen,     EPT Frage
06 F:   nein,                           ZPT Antwort
07      BÜgeln tu_i                     ←
```

Auf die **Fokussierungsaufforderung** und die typadäquate **Fokussierungsbestätigung** (Z. 01 und 02) folgt ein Gruß von M (Z. 03),[111] worauf F einen Gegengruß (Z. 04) liefert, den typadäquaten ZPT. Nun folgt in Z. 05 die Position für den Grund des Anrufs (die hier mit einer Frage gefüllt ist, die wiederum als EPT fungiert, auf den als ZPT eine Antwort (Z. 06) folgt). Hier liegen regelrechte Ketten von Paarsequenzen vor, deren Reihenfolge keinesfalls beliebig ist, sondern die in ihrer Abfolge sequenziell klar geordnet sind. So auch im folgenden Beispiel für mehrfache Abschiedsgrußsequenzen:

Beispiel (6) BIS MORGEN (von Inga Harren)

```
30 Kat:  gut.                           Preclosing
31       °h dann bisch MO:Rgn.>=        EPT 1. Abschiedsgruß
32 Mil:  =dann bis MO:Rgn.              ZPT 2. Abschiedsgruß
33       ein schön ABMD noch.=          EPT Guter Wunsch
34 Kat:  =danke SCHÖN.                  ZPT Dank
35       (.)
36 Mil:  ↑bis DENN;                     EPT 3. Abschiedsgruß
```

---

110 Im Folgenden werden rechts von der Transkriptzeile die Handlungen eingetragen. Ein ← bedeutet, dass die darüberliegende Handlung in dieser Zeile fortgesetzt wird.

111 Achtung: die beiden *Hallo* sind zwar – wie *fünf* in Beispiel (2) – die gleichen Wörter (wenn auch mit unterschiedlichem Wortakzent und einmal mit wortfinaler Dehnung), stellen aber zwei unterschiedliche Handlungen dar: in Z. 02 eine Fokussierungsbestätigung und in Z. 03 einen Gruß (vgl. dazu ausführlich Kap. 2).

```
37 Kat:   ↑tschüss,=                    ZPT 4. Abschiedsgruß
38 Mil:   =↑tschü_üss,                  ?PT 5. Abschiedsgruß
39        ((aufgelegt))
```

Die Beendigung des Telefonats zwischen dem Pärchen Kathie und Milos erfolgt hier nicht nur mit einer einzelnen Paarsequenz, sondern ist komplexer, was für Verabschiedungen durchaus typisch ist. In Zeile 31 verwendet Kathie im Ausblick auf die im Verlauf des vorangegangenen Gesprächs getroffene Verabredung im EPT die Abschiedsroutine *dann bisch mo:rgn.*,[112] die Milos im ZPT wiederholt. Dann produziert Milos in Zeile 33 einen weiteren EPT, indem er einen Wohlergehenswunsch ausspricht: *ein schön ABMD noch*. Darauf reagiert Kathie in Z. 34 mit dem ZPT Dank. In Z. 36 liefert Milos dann mit dem Abschiedsgruß *↑bis denn* einen Ersten Teil einer Grußsequenz, den Kathie mit dem Zweiten Teil *↑tschüss* (Z. 37) erwidert (und damit noch mal bestätigt). Diesen Gruß greift Milos auf und äußert ein letztes *↑tschü_üss* (Z. 38), bevor die Verbindung getrennt wird.

Bei **Grüßen** zu Beginn von Interaktionen wird die enge Struktur von Paarsequenzen sehr gut deutlich. Sie werden mit Routineformeln aus einem überschaubaren Set an sprachlichen Formen realisiert: *Hallo, Guten Tag, Hi* usw.[113] Außerdem können die Formen, die im EPT und ZPT verwendet werden, sogar identisch sein (z. B. *↑tschüss* (Z. 37) und *↑tschü_üss* (Z. 38)). Das hängt damit zusammen, dass die beiden Teile dieses Paarsequenztyps dieselbe Handlung vollziehen (Schegloff 2007: 16). Ferner können insbesondere Abschiedsgrüße mehrmals auftreten, ohne dass es redundant, insistierend o.ä. wirken würde. Das sehen wir auch in den obigen Beispielen; so erfolgt die Verabschiedung in Beispiel (6) in insgesamt 7 Redezügen und enthält 5 Abschiedsgrüße, wobei das letzte *tschüss* mit dem vorangegangenen sogar formidentisch ist. Grußsequenzen kommen also – besonders die Verabschiedungsgrüße – häufig mehrfach vor, ohne dass immer alle EPT mit genau einem eigenen ZPT abgeschlossen sind (vgl. a. Schegloff & Sacks 1973).

Das typische Merkmal von Grüßen (übrigens auch von Fokussierungen, vgl. 4.6.1.1), nur einen typadäquaten ZPT zu haben (Schegloff 2007: 78), unterscheidet sie von den meisten anderen Paarsequenztypen, denn diese haben in der

---

[112] Die Palatalisierung des auslautenden /s/ als *bisch* [ʃ] ist hier auf eine unter Paaren nicht selten anzutreffende kindlich stilisierte Sprechweise zurückzuführen.
[113] Auch Beendigungen werden oft mit Routineformeln vollzogen, die den gleichen Wortlaut haben können, häufig mehrmals wiederholt und sogar simultan produziert werden (zu Beendigungen vgl. a. Harren & Raitaniemi (2008); Raitaniemi (2014). Damit gelten typische Merkmale von Paarsequenzen, wie etwa Adjazenz oder Paarigkeit, hier nicht, so dass man diskutieren kann, ob es sich überhaupt um Paarsequenzen handelt (vgl. dazu a. Kap. 2).

Regel alternative Optionen im ZPT. Die alternativen Handlungen erfüllen die mit dem EPT etablierte konditionelle Relevanz teilweise mit geradezu konträren Handlungen und sind trotzdem typadäquat. So kann man z. B. eine Einladung annehmen (7) oder ablehnen (8), eine Frage beantworten (9) oder keine Antwort wissen (10) usw.

Beispiel (7) KAFFEEKLATSCH

```
03 Fre: wer mag noch KAFfee? (-)                EPT Angebot
04 Tiz: ICke.                                   ZPT Annahme
((...))
07 Fre: <<all>Agnes magst du noch KAFfee?>      EPT Angebot
08 Agn: ö::h n_kleinen SCHLUCK.                 ZPT Annahme
```

Beispiel (8) ROTKOHL

```
01 Mik: ROTkohl?                                EPT Angebot
02 Jos: nee DANke.                              ZPT Ablehnung
03      hab ich geNUG.                          + Begründung
```

Beispiel (9) WIE SPÄT

((Franziska ist gerade aufgestanden und kommt in die Küche.))
```
01 Fra: wie spät IS_n das.                      EPT Inf.frage
02 Son: halb ZWEI.                              ZPT Antwort
```

Beispiel (10) KUHMILCH

((Vater, Mutter, Tochter sind zum Abendessen eingeladen, die Gastgeberin hantiert in der Küche. Es gibt angebratenen Manourikäse mit Salat.))
```
01 T: is des au (.) KUHmilch.                   EPT Inf.frage
02    (2.70)
03 M: mh ich wEiss es WIRklich net.             ZPT Antwort
04    (2.51)
```

In den Beispielen (7) und (8) werden bei Tisch weitere Speisen angeboten. Fredda fragt in die Runde, wer noch Kaffee mag, und Tizian meldet sich unumwunden mit *ICke* (Z. 04). Agnes, an die das Angebot direkt adressiert wird, antwortet ebenfalls positiv mit *ö::h n_kleinen SCHLUCK* (Z. 08). Josef hingegen, dem Mike noch einen Nachschlag vom Rotkohl anbietet, lehnt ab, bedankt sich und begründet die Ablehnung damit, dass er noch genug habe (Z. 03). Die Handlungen im ZPT führen damit Annahmen und Ablehnungen von Angeboten aus. In den beiden Beispielen (9) und (10) wird im EPT jeweils eine Informationsfrage (*information request*) gestellt, und in beiden Fällen folgt mit der Antwort ein typadäquates ZPT, auch wenn die Frage einmal beantwortet wird (Bsp. 9) und einmal nicht (Bsp. 10). Es ist unerheblich, dass die Mutter nicht weiß, ob der Käse aus Kuhmilch besteht, ihre Äußerung ist eine Erwiderung auf eine Informationsfrage und bedient die damit etablierte konditionelle Relevanz (vgl. dazu a. 4.5.1 für weitere Beispiele).

Der Unterschied zwischen der Erwiderung auf eine Frage, in der man darauf verweist, nicht über das Wissen zu verfügen, das für eine Antwort notwendig wäre, und der Verweigerung einer konditionell relevant gesetzen Antwort wird in dem folgenden Beziehungsgespräch deutlich.

Beispiel (11) BEZIEHUNGSGESPRÄCH
```
((Ein Beziehungsgespräch. Clara und Anton liegen auf dem Bett,
Clara hat sich zur Wand gedreht. Anton möchte wissen, warum sie
sauer ist.))
   01 An: meinst_e jetzt hier drinne zu SEIN,      EPT Frage
   02     (-)                                       fehlender ZPT
   03     oder äh (2) Uns hier DRInne.              EPT (Expansion)
   04     ich WEISS nicht-=                         ←
   05     =komm (.) komm da da?                     ←
   06     im moment steh ich auf der LEItung.=      ←
   07     =kannst mir da mal irgendwie (.) bisschen besser?
   08     °h                                        fehlender ZPT
   09     kuck mich AN und-
   10     (komm auf die SEIte) und kuck mich AN,
   11     und erKLÄR mir jetzt das mal bitte auf der STELle.=ja?
   12     °h also.=
   13     =wat is LOS;                              EPT Wiederholung
   14 Cl: ((1,5; schluchzende Geräusche))           fehlender ZPT
   15 An: was ist dir zu BLÖD.                      EPT Wiederholung
   16     (2,7)                                     fehlender ZPT
   17 Cl: ja die gAnze situatiOn wie sie IS;        ZPT Antwort
```

Clara und Anton liegen miteinander auf dem Bett. Clara ist verärgert, hat aber noch nicht deutlich gesagt, worüber. Es entspinnt sich eine längere Sequenz, in der Anton Fragen stellt (Z. 07, 13, 15), auf die Clara nicht antwortet (Z. 08, 14, 16). Clara ist eindeutig an der Reihe, liefert aber keinen konditionell relevanten ZPT. Anton versucht mit verschiedenen Variationen seines EPT die konditionelle Relevanz einer Antwort erneut zu establieren, aber erst nach mehreren Versuchen ist er damit erfolgreich. Der Grund für die fehlende Antwort liegt weder in akustischen noch in anderen Verstehensproblemen; vielmehr bringt Clara damit ihre Verstimmung zum Ausdruck. Indem Anton mit den EPT immer wieder eine Handlung vollzieht, die eine zweite Handlung von Clara verlangt, versucht er sie in ein gemeinsames sequenzielles Projekt zu verwickeln. Dass sie darauf nicht einsteigt, kommt der Verweigerung von Kooperation gleich – was für Anton sehr aufschlussreich ist: offensichtlich ist „etwas im Busch", denn keine Antwort ist eben auch eine Antwort.

Die konditionelle Relevanz, die mit einem EPT etabliert wird, ist also so stark, dass das Fehlen des ZPT als bedeutungsvoll interpretiert wird (als relevante Abwesenheit, Schegloff 2007: 19). Man stelle sich vor, man begegne in der Stadt einer Bekannten, grüße sie freundlich und bekomme keine Erwiderung des Grußes. Sie beginnen sofort, über das Fehlen des ZPT nachzudenken: Was hat sie denn, habe ich sie verärgert? Selbstbewusste Charaktere denken vielleicht: Ach, sie hat mich bestimmt nicht gesehen, vermutlich ist sie kurzsichtig etc. Wie kommt es zu diesen Überlegungen, die sich fast automatisch einstellen? Wenn jemand nicht spricht, liegt ja eigentlich nur Stille vor. Dass aber aus Stille ein Schweigen wird, lässt sich als Folge der konditionellen Relevanz erklären.

Die **relevante Abwesenheit** eines nächsten Paarglieds ist ein interaktives Ereignis, das nicht nur durch Schweigen, sondern auch durch eine nichtadäquate nächste Handlung des Angesprochenen ausgelöst werden kann, z. B. wenn man auf eine Frage mit einer Gegenfrage reagiert oder statt einer Antwort eine Bemerkung über das Wetter macht.[114]

Zusammenfassend kann man festhalten, dass sequenzinitiierende EPT typadäquate sequenzterminierende ZPT haben. Die meisten Paarsequenztypen haben mehrere alternative ZPT; wenn z. B. der Erste Teil eine Angebotshandlung vornimmt, kann im Zweiten eine Annahme oder Ablehnung erfolgen. Auch Informationsfragen kann man im ZPT positiv oder negativ beantworten; der Verweis auf Nichtwissen ist dabei eine geläufige und akzeptierte negative Antwort.

Darüber hinaus kann eine mit einem EPT vollzogene Handlung misslingen, z. B. weil die Interaktionspartner/innen die Äußerung nicht hören oder nicht verstehen oder weil sie – und das hat dann u.U. interaktionale Konsequenzen – den ZPT verweigern. Das Fehlen eines ZPT ist aufgrund der durch den EPT etablierten konditionellen Relevanz eben mehr als nur Stille, es wird als **Schweigen** interpretiert, für das ein Grund gesucht wird: wurde der EPT wegen eines

---

114 Solche Beispiele analysiert Grice (1975) als Verstoß gegen das Kooperationsprinzip mit den vier Maximen Qualität, Quantität, Relevanz und Modalität. Im vorliegenden Fall würde gegen die Maxime der Relevanz verstoßen; da man aber davon ausgeht, dass die Beteiligten grundsätzlich kooperieren, werden Inferenzen in Gang gesetzt, die es eher wahrscheinlich sein lassen, dass diese Antwort bedeutet, dass der Gefragte die Frage zurückweist, indem sie ignoriert wird.

akustischen Problems nicht gehört oder will das Gegenüber evtl. nicht antworten, weil es verärgert ist?[115]

4.4 Präferenzorganisation

Eine grundlegende Beobachtung ist, dass die Handlungen, die ein EPT im ZPT projiziert, z. B. die Annahme und die Ablehnung einer Einladung, zwar beide typadäquate ZPT sind, empirisch aber deutlich wird, dass die verschiedenen Optionen für typadäquate alternative ZPT nicht symmetrisch, sondern in einer Präferenzhierarchie geordnet sind (vgl. a. Pomerantz 1978; 1984a; Bilmes 1988 sowie Schegloff 2007). Bei der **Nicht-Übereinstimmung** (z. B. einer Angebotsablehnung) wird ein besonderer Formulierungsaufwand betrieben: Verzögerungen, Begründungen, Kommentare etc. Ein ZPT, der eine Zustimmung ausführt (z. B. eine Angebotsannahme), wird dagegen schnell und unkompliziert produziert.[116] Daraus leitet Sacks (1987) eine allgemein bestehende **Präferenz für Übereinstimmung** ab.[117] Ein übereinstimmender ZPT geht in die Richtung mit, die der EPT vorgibt: Eine Einladung wird ausgesprochen, damit sie angenommen und nicht abgelehnt wird, eine Information wird erfragt, weil man sie haben will, eine Bitte geäußert, weil man sie erfüllt bekommen möchte etc. Bei einer Selbstkritik hingegen folgt in der Regel ein Widerspruch, und auch bei einem Kompliment ist die Zurückweisung oft die präferierte Option (vgl. 4.5.10). In solchen Fällen kann auch eine klare Gegenrede „präferiert" sein, auch wenn dies eine etwas unpassende Bezeichnung zu sein scheint, und zwar schlicht aufgrund der Tatsache, dass die oben beschriebenen Dispräferenzmarkierungen fehlen.

---

115 Die Konversationsanalyse konzentrierte sich lange Zeit auf verbale Paarsequenzen, die mit auditiven Aufzeichnungen mikroanalytisch untersucht werden können; mit der technischen Verfügbarkeit von visuellen Aufzeichnungen erweiterten sich die Untersuchungsgegenstände um die multimodale Konstituierung und den Einbezug von körperlich ausgeführten Paarsequenzen (*embodied interaction*). Besonders mit Instruktionen (vgl. Stukenbrock 2014) und Direktiva (Mondada 2011) werden Handlungssequenzen in den Blick genommen, die aus einem nicht-verbalen Paarteil bestehen, z. B. die Bitte um einen Nachschlag beim Abendessen und die Gewährung der Bitte durch das Herüberreichen des Essens (Kendrick & Drew 2016).
116 Bei ZPT, die Nicht-Übereinstimmung ausdrücken, spricht Schegloff von „*– responsive*" (gegenüber „*+ responsive*") (2007: 59).
117 Der in der englischsprachigen KA verwendete Begriff *preference for agreement* (wörtlich: Präferenz für **Zu**stimmung) kann leicht in die Irre führen; damit ist nicht gemeint, dass dem, was ein Gegenüber sagt, inhaltlich zugestimmt wird. Wir sprechen deshalb von einer „Präferenz für **Überein**stimmung" (mit der Handlung im EPT).

Wie sich **Dispräferenzmerkmale** ausprägen, wollen wir im Folgenden betrachten; dazu schauen wir uns noch einmal die ZPT auf die EPT mit Speiseangeboten an:

Beispiel (12) KAFFEEKLATSCH
```
03 Fre: wer mag noch KAFfee? (-)           EPT Angebot
04 Tiz: ICke.                              ZPT Annahme
```

Beispiel (13) ROTKOHL
```
01 Mik: ROTkohl?                           EPT Angebot
02 Jos: nee DANke.                         ZPT Ablehnung + Dank
03      hab ich geNUG.                     + Begründung
```

Die Annahme des Angebots und damit eine Übereinstimmung im Sinne der Sprecherhandlung im EPT erfolgt mit *Icke* (Bsp. 12, Z. 04), die Ablehnung des Angebots, d.h. ein nicht-übereinstimmender ZPT, mit *nee DANke. hab ich geNUG.* (Bsp. 13, Z. 02–03). Diese beiden Antworten stehen hier exemplarisch für die Unterschiede, die man systematisch zwischen präferierten und nicht-präferierten ZPT feststellen kann. Während präferierte ZPT direkt folgen und eher zur Kürze tendieren, weisen nicht-präferierte ZPT oft weitere Bestandteile auf. So ist es auch in Josefs Antwort, der mit *nee* ablehnt, aber sich zusätzlich auch noch bedankt und die Ablehnung sogar begründet.[118]

Sacks' Ausgangspunkt für die Prinzipien der Präferenzorganisation war die simple Beobachtung, dass *ja* in Gesprächen sehr viel häufiger vorkommt als *nein* (Sacks 1987: 57). Ja-Sagen ist natürlich nicht zwingend; man kann eine Bitte gewähren, sie aber auch ablehnen, eine Entschuldigung annehmen oder nicht annehmen, eine Bewertung teilen oder auch nicht etc. Allerdings werden die verschiedenen Optionen unterschiedlich gestaltet: **Übereinstimmende ZPT folgen meist direkt, nicht-übereinstimmende werden hinausgeschoben:** Ein erstes Anzeichen für Nicht-Übereinstimmung kann bereits eine Pause vor dem ZPT sein; häufig treten auch noch Begründungen, Erklärungen und Entschuldigungen oder Vorlaufelemente auf, wie wir es in den obigen Beispielen von Annahme und Ablehnung eines Angebotes schon gesehen haben: *ICke* vs. *nee DANke. hab ich geNUG.*

Die Konversationsanalyse spricht hier von **Präferenz- bzw. Dispäferenzmerkmalen.** Der besondere Aufwand, der bei ZPT betrieben wird, wenn sie der

---

[118] In der Begründung (*account*), die Josef verwendet, wird das Argument des (noch) Nicht-Benötigens verwendet; so wird z. B. indirekt klar, dass die Ablehnung nicht etwa auf ein Nicht-Mögen zurückgeht, wodurch Kritik impliziert wäre (vgl. a. 4.5.10 zu Komplimenten).

Richtung, die die Handlung im EPT nahelegt, nicht folgen (d.h. Nicht-Übereinstimmung ausdrücken), zeigt sich an folgenden Merkmalen des Redebeitragszuschnitts:
- **Verzögerungen**, z. B. Pausen, spätes Äußern der dispräferierten Handlung, Verzögerungssignale (*mh, äh* etc.), Reparatureinleitungen, Einschübe;
- **Vorlaufelemente**, z. B. scheinbare Zustimmung *ja aber, na gut, na ja...*, Würdigungen (vor allem bei Angeboten, Einladungen, Vorschlägen, Ratschlägen), Einschränkungen, z. B. *ich bin zwar nicht sicher, aber...*;
- **Begründungen** (*accounts*) für die dispräferierte Handlung;
- **Metakommentare**, z. B. das tut mir leid, ich würde ja gern, aber...;
- **Indirektheit**, z. B. wird die dispräferierte Handlung nicht direkt verbalisiert, sondern muss inferiert werden; ein klares „nein" wird oft vermieden.

Präfenzmarkierungen hingegen zeichnen sich durch das Fehlen solcher Merkmale aus. Dabei spielt das **Prinzip der unmittelbaren Nachbarschaft** (*contiguity*, vgl. Sacks 1987) eine zentrale Rolle. Präferierte (übereinstimmende) ZPT folgen sehr direkt und ohne Verzögerungen auf den EPT (z. B. eine Angebotsannahme mit der Partikel *ja*). Nicht-präferierte (nicht-übereinstimmende) ZPT werden aufwändiger gestaltet, wie in den obigen Beispielen gut sichtbar wird. In der unterschiedlichen Gestaltung präferierter und dispräferierter zweiter Paarsequenzteile spiegelt sich die grundlegende Orientierung der Gesprächsbeteiligten an der Asymmetrie dieser beiden Optionen wider (Schegloff 2007: 59).

Ein Beispiel für **präferierten Widerspruch** haben wir schon in Kapitel 3 kennengelernt.

Beispiel (14) AFFÄRE (vgl. Bsp. 24 und 26 in Kap. 3)
```
((Thema: dürfen Frauen mit Männern Affären anfangen?))
    07 Cla:  weil gestern haben wir nämlich über das ganze thEma
             geREdet;=
    08       =und dann hat er mir AUCH gesagt °h ehm: (---)
    09       <<p>°thh aber ich GLAUB das alles ni:ch;> °h
    10       d- äh? (.) °h ?ER meinte in HOLland, (---)
    11       hat die frau nachher so_ne voll den beschissenen RUF
             weggehabt. °h
((...))
    15 Cla:  und Anton meinte nee das wär für ne frau so AUCH schon
             total kr[ass.
→   16 Max:          [ach [QUATSCH.
→   17 Dia:               [nich in DEUTSCHland.
```

Clara berichtet, dass ihr Freund Anton der Meinung sei, dass es den Ruf von Frauen schädigen würde, wenn sie öffentlich Affären beginnen. Dies ist eine etwas indirekte Bewertung des eigenen Verhaltens, denn auch sie hat eine Affäre angefangen. Indem Maxi und Diana vehement widersprechen, stimmen sie Clara zu, die schon vorher zum Ausdruck gebracht hatte (Z. 09), dass sie das nicht so negativ einschätzt. Der Widerspruch ist hier präferiert, weil er mit Claras Meinung „übereinstimmt".

Insgesamt zeigt sich bei der genaueren Betrachtung, dass jede Handlungssequenz ihre ganz eigenen Präferenzstrukturen der Nicht-/Übereinstimmung hat, die es jeweils herauszuarbeiten gilt. So weisen einige Sequenztypen wie Komplimente und Selbstabwertungen (vgl. 4.5.9 und 4.5.10) im ZPT Widerspruch ohne Dispräferenzmarkierungen auf, der damit für diese als präferiert gilt.

Ebenfalls interessant sind antagonistische Interaktionen; sie erkennt man ziemlich schnell daran, dass hier Widerspruch im Format präferierter Paarteile zum Ausdruck gebracht wird. Der Kern des Streits im folgenden Beispiel ist die Frage, ob Sybille ein Netz genommen und zur Wanddekoration benutzt hat, obwohl Bianca geäußert hatte, dass sie es für etwas anderes gebrauchen wollte.

Beispiel (15) Netz
```
((Sybille hat ein großes Netz zur Dekoration ihres Schlafzimmers
benutzt, das Bianca für eine Verkleidung verwenden will.))
  01 Bia: also das BRAUCH ich;
  02      das hab ich dir(h) auch(h) gesa(h)cht.>
  03 Syb: <<all>ja;
  04      ich hab dir aber diREKT gesacht,>
  05      ich äh HAB das,
  06      [weil ich (damit was MAchen will;) ]
  07 Bia: [<<len>das lIegt jetzt hIer seit sO] lAnger ZEIT,>
  09 Syb: <<all>ge[NAU.
  08 Bia:        [<<len>und ich brAuch das für dIesen
                 ANlass jetzt,>
  10 Syb: (und hab das)
  11 Bia: <<len>und dann NEHM ich das auch.>
  12 Syb: <<all>eh hör_mir doch mal> ZU,
  13      das war die GANze zEit da drIn;
  14      dann [hab ] ICH_s [MIR genom]men;
  15 Bia:      [jaha,]      [richtig  ]
  16      ja;
  17      [und du hast es aber nicht beNUTZT;
  18 Syb: [ja.
  19 Bia: und [jetzt (hängt das?]
  20 Syb:     [DO::CH,      ich] hab_s?=
  21 Bia: =<<all>als ich vor DREI tAgen gesacht hab;
  22      ich BRAUCH das;
  23      da hast_es im KOFfer liegen gehabt;
```

```
24         und dAnach hast_es dir an die WAND gehängt.>
25 Syb:    <<energisch>nee ich [hatt das  ] die GANze
26 Bia:                        [naTÜRlich.]
27 Syb:    GANze zEit im koffer;
28 Bia: ja;
29         im KOFfer;
30 Syb: jaHA:,
31 Bia: ja.
32 Syb: weil ich mir das UMgestalten wollte;
```

In diesem Ausschnitt aus einem längeren, heftigen Streit springen das parallele Sprechen (Z. 06, 07 und 09, 08 etc.), die Unterbrechungen (Z. 19, 20), besonders aber der direkte, nicht verzögerte Widerspruch ins Auge: In Z. 17 sagt Bianca *und du hast es aber nicht beNUTZT;* (Z. 01), und Sybille erwidert *DO::CH* (Z. 20), in Z. 23 äußert Bianca *da hast_es im KOFfer liegen gehabt;* und Sybille widerspricht *nee ich hatt das die GANze zEit im koffer;* (Z. 25). Auch die Maxime ‚immer nur ein Sprecher', die eine geordnete Übergabe sicherstellen würde, wird hier sichtlich verletzt, und es kommt zu Turbulenzen (vgl. Kap. 3). Die Präferenzorganisation, so scheint es, wirkt sich beim Streiten unter umgekehrten Vorzeichen aus (Kotthoff 1989; Gruber 1996; Spiegel 1991), insofern offen ausgetragener Dissens und Nicht-Übereinstimmung sich gemeinhin eher durch Abwesenheit von Dispräferenzmarkierungen auszeichnen. Kotthoff (1989) argumentiert deshalb, dass sich im Streit die Präferenz für Übereinstimmung in eine Präferenz für Nicht-Übereinstimmung umkehrt, da Widerspruch in präferenzmarkierter, direkter Redebeitragsgestaltung vollzogen wird, wohingegen Übereinstimmung aufwändig mit Dispräferenzmarkierungen angebahnt wird. (Es sei denn, die Zustimmung ist strategisch, wie z. B. in Z. 26, wo Bianca mit *naTÜRlich* zustimmt, weil es ihre Position unterstützt, dass Sybille das Netz, als sie es für sich reklamierte, noch nicht benutzt hatte.) Wenn man aber von den empirisch beobachtbaren Dispräferenzmarkierungen ausgeht, ist festzustellen, dass Übereinstimmung bzw. Nicht-Übereinstimmung je nach Paarsequenztyp unterschiedlich präferiert sind: Komplimente, Selbstabwertung oder Streit präferieren Widerspruch, d. h. ZPT mit Präferenzmarkierungen, während Einladungen oder Angebot Zustimmung präferieren, so dass Akzeptieren im präferierten und Ablehnen im dispräferierten Format erscheint.

Die Präferenz für Übereinstimmung ist ein sehr mächtiges Wirkprinzip, das in vielerlei Hinsicht auf die sequenzielle Organisation von Gesprächen Einfluss nimmt (vgl. a. 4.4). Das geht sogar so weit, dass die Präferenzorganisation schon erste Paarsequenzteile beeinflusst (Schegloff 2007: 81ff.; vgl. a. Lerner 1996a). Bislang haben sich nur einzelne Arbeiten mit **Präferenzstrukturen erster Handlungen** beschäftigt; diese haben beispielsweise für Anliegensformulierungen (Bitten) festgestellt, dass sie mit typischen Merkmalen dispräferierter Handlungen versehen sind (Heritage 1984a).[119] Diese Beobachtung wird dadurch ergänzt, dass ihnen häufig Vorläufe (vgl. 4.6.1.) vorausgehen, die dazu führen, dass der nächste Sprecher ein Angebot macht. Daraus kann man schließen, dass Bitten als dispräferierte Handlungen ein präferiertes Gegenstück haben, nämlich Angebote (Levinson 1983; Lerner 1996a; Schegloff 2007; Kendrick & Drew 2014).

Dass Anliegensformulierungen häufig mit vielen Präferenzmarkierungen versehen werden (Lerner 1996a: 305; Schegloff 2007: 83ff.; vgl. a. 4.5.2.1), kann man am folgenden Beispiel sehen, in dem Bianca Sybille bittet, ihr beim Kochen zu helfen.

Beispiel (16) HELFEN
```
01 Bia:  weil ich dacht vielleicht haste lUst mir was zu
             HELfen;                                    EPT Vor Bitte
02       du kannst wenn de mag[st n_bisschen den saLAT putzen;
                                                        EPT Bitte 1
03 Syb:                     [ja.                        ZPT Gewährung
04 Bia:  °h und MÖHRchen brauch ich;=
05       =KLEIN geschnitten; °h

06       <<all>ich brauch Alles was hier steht eigentlich
             KLEIN.>                                    EPT Bitte 2
```

Bianca bittet Sybille, ihr bei der Essenszubereitung zuzuarbeiten. Sie formuliert ihr Anliegen sehr indirekt: sie habe gedacht, Sybille könne Lust haben zu helfen (Z. 01), d.h. die Hilfe wird als Bedürfnis Sybilles präsentiert und nicht als ihr eigenes. Sie schlägt Aufgaben vor: Salat putzen, Möhrchen klein schneiden usw. und erlaubt Sybille damit eine Wahl. Mit *wenn de magst* (Z. 02) stellt sie die Vorschläge unter den Vorbehalt, dass Sybille es tun möchte. Sie verwendet Modalisierungen *vielleicht* (Z. 01), *n_bisschen* (Z. 02), und mit *MÖHRchen brauch ich;==KLEINgeschnitten;* (Z. 04–05) wiederum begründet sie ihre Bitten mit der Notwendigkeit. Dass Sybille die Ausführende dieses Endproduktes sein soll, ist aus dem vorangegangenen Kontext klar, so dass eine direkte Bitte vermieden werden kann. Diese Bitte um Mithilfe bei der Essenszubereitung wird durch

---

[119] In den ersten Jahrzehnten konversationsanalytischer Arbeiten standen die ZPT, d.h. die sequenzterminierenden Handlungen, und ihre präferenzielle Gestaltung im Vordergrund, wohl, weil sie – anders als EPT – mit der Methode der Sinnüberprüfung am nächsten Redebeitrag (*next-turn-proof-procedure*) untersucht werden können (Ogiermann 2015).

typische Dispräferenzmerkmale in seiner Dringlichkeit herabgestuft und damit Sybille die Ablehnung vorauseilend leichter gemacht.

Sprecher ergreifen also vorausschauend Maßnahmen, die es dem Gegenüber erleichtern oder gar ersparen sollen, einen dispräferierten ZPT realisieren zu müssen (vgl. a. 4.6.1 zu Vorläufen). Ein prägnantes Beispiel ist die folgende Einladung, zum Karaoke-Abend mitzugehen (vgl. a. 4.5.5).

Beispiel (17) KARAOKE (Telefonat)
((Ein Paar lädt einen Freund zu einem Karaoke-Abend ein.))
```
01 HZ:  und falls du nIchts bEsseres zu TUN hast;   EPT Einladung
02      und dir LANGweilig is;                      ←
03      lad ich dich gerne ein MITzukommen mal.     ←
04      (.)                                         fehlender ZPT
05      aber du mUsst nicht.                        Expansion EPT
06      (.)                                         fehlender ZPT
07      naTÜRlich. °hhh                             Expansion EPT
08      (.)                                         fehlender ZPT
09 BI:  na gut.                                     ZPT (Vorlauf)
```

HZ nimmt mögliche Ablehnungsgründe vorweg und signalisiert vorauseilend sein Verständnis dafür, dass BI keine Zeit haben könnte: *und falls du nIchts bEsseres zu TUN hast; und dir LANGweilig is; lad ich dich gerne ein MITzukommen mal*. Als darauf keine Reaktion erfolgt, formuliert er explizit, dass BI natürlich nicht verpflichtet sei, die Einladung anzunehmen: *(.) aber du mUsst nicht.* (Z. 05). Und als BI auch darauf nicht antwortet, schiebt HZ noch ein *naTÜRlich* und ein Lachen hinterher *°hhh* (Z. 07). Hier wird gut sichtbar, wie eine fehlende Reaktion zu Expansionen führt. BI lehnt die Einladung im weiteren Verlauf dann tatsächlich ab, was sich in dem Vorlauf *na gut,* (Z. 09) bereits ankündigt (vgl. a. Bsp. 43).

Schegloff (2007: 82ff.) nennt einige Beispiele für Handlungen im Zusammenhang mit der Übergabe von etwas „Wertvollem" von einer Person auf die andere, das kann ein Objekt, eine Information oder eine Hilfeleistung sein. Dabei ist jeweils das Initiativ-Werden des Anderen präferiert, so z. B. das Angebot, jemandem behilflich zu sein, gegenüber der Bitte darum (*noticing by others* ist gegenüber *announcement by self* präferiert, Schegloff 2007: 82; vgl. a. Kendrick & Drew 2014, 2016). Das gilt auch in anderen Kontexten. Wenn es z. B. um – positive – Veränderungen am Erscheinungsbild einer Person geht, ist es präferiert, dass dies vom Gegenüber bemerkt wird und sie nicht selbst darauf aufmerksam macht. Und bei einer Begegnung ist das Wiedererkennen vor dem Sich-Vorstellen präferiert (vgl. a. Kap. 2).

Schegloff argumentiert u.a., dass dispräferierte EPT (genauso wie dispräferierte ZPT) dadurch gekennzeichnet sind, dass sie typischerweise **verzögert** werden (Schegloff 2007: 82–83). Betrachten wir hierzu ein weiteres Beispiel für eine mit vielen typischen Dispräferenzmerkmalen gestaltete Bitte. Ein Team plant eine Veranstaltung und überlegt, wer verfügbar ist, um zu verhindern, dass nach Kassenschluss noch Gäste auf das Festgelände kommen.

Beispiel (18) KASSE (von Christiane Opfermann)
```
((In einer Teambesprechung bei einem Sozialträger wird die Auf-
gabenteilung während eines Eröffnungsfestes geplant.))
   01 Ina: beziehungsweise die FRAge wäre ob ob-      EPT Bitte
   02      weil ich DICH grad so a ANguck-            ←
   03      ob DU am zwEiten mai nicht dann;           ←
   04      °hhh äh damit keiner REINgeht; eh?         ←
   05      also is KASsenschluss;                     ←
   06      ob DU vorne [sein kannst;                  ←
   07 Nad:             [wenn ihr mir das ZEIGT,       ZPT Zustimmung
   08      DANN-                                      ←
   09      kAnn ich das schon MAchen;
```

Ina bittet Nadja, die Neue im Team, nach Kassenschluss die Aufsicht zu übernehmen. Dazu verwendet sie einen EPT, der eine Fülle von Dispräferenzmarkierungen aufweist. Bevor sie die Katze aus dem Sack lässt (*ob du vorne sein könntest*, Z. 06), wird eine Frage im Konjunktiv angekündigt (Z. 01), gibt Ina eine Art Begründung dafür, warum ihr Nadja eingefallen ist (Z. 02), nennt sie das Datum (Z. 03) und betont die Notwendigkeit der Handlung, um die erst noch gebeten werden wird (Z. 04: *damit keiner reingeht* und Z. 05: *wegen Kassenschluss*). Hier wird sehr deutlich, wie sich das Prinzip der Nähe darin ausprägt, dass es verletzt wird, indem die dispräferierte Handlung in einem EPT verzögert und tief in den Redebeitrag hineingeschoben wird. (Man beachte auch die Tatsache, dass Nadjas zustimmende Antwort sehr früh einsetzt, noch bevor Ina ihr Anliegen zu Ende formuliert hat.)

Häufig versuchen Sprecher/innen deshalb, Angebote zu elizitieren, um eine Bitte zu vermeiden (vgl. a. Bsp. 67 bzw. 87). Dazu dienen die sog. **Vorlauf-Sequenzen**, eine verbreitete Praktik im Rahmen von dispräferierten Handlungen. Sie helfen – neben verschiedenen weiteren Funktionen – dabei, dispräferierte Handlungen zu vermeiden (z. B. indem wir die Freundin erst fragen, ob sie am Wochenende überhaupt Zeit hat, bevor wir sie bitten, beim Umzug zu helfen). Solche Vorläufe und ihre verschiedenen Funktionen werden in Kapitel 4.6.1 genauer betrachtet.

Im Folgenden werden wir eine Auswahl an Paarsequenztypen vorstellen, um beispielhaft die Handlungen zu beleuchten, die sie ausführen, und dabei die jeweiligen Präferenzstrukturen ins Auge fassen.

4.5 Typen von Paarsequenzen

4.5.1 Informationen erfragen & antworten

Frage & Antwort ist vielleicht die augenfälligste Handlungssequenz, in der ein initiierender EPT einen reagierenden ZPT fordert. Jedoch sind Handlungen, die wir alltagssprachlich gern einfach als Fragen bezeichnen, aus Sicht der Sequenzanalyse vielgestaltig und in Bezug auf das Handlungspotenzial ausgesprochen divers (vgl. Freed & Ehrlich 2010). Es gibt wohl wenige Paarsequenzen, die so unterschiedliche Handlungen ausführen wie das, was auf den ersten Blick wie eine Frage & Antwort-Sequenz aussieht.[120]

Fragen sind typische Elizitierungspraktiken, die vielerorts eingesetzt werden. Sie dienen der Wissensüberprüfung in der Lehre und zeichnen sich hier dadurch aus, dass die Lehrerin, die die Frage stellt, die Antwort bereits kennt (vgl. a. 4.7). In Beratungsgesprächen werden sie zur Bearbeitung von Anliegen eingesetzt, sie kommen in Medieninterviews vor, im medizinischen Anamnesegespräch, in Vernehmungen etc. (vgl. Freed & Ehrlich 2010).

Es gibt einige grammatische Merkmale zur Markierung von Fragen (für eine W-Frage vgl. Bsp. 20, für eine Verb-Erst-Frage vgl. Bsp. 21 und 24) – aber nicht jede Frage wird syntaktisch auch so markiert (siehe die Deklarativsatzfragen). Und umgekehrt führt nicht jede syntaktische Frage auch die Handlung „fragen" aus. Man denke z. B. an Vorwürfe, die häufig mit *Was* oder *Wieso* (wie in Bsp. 19) beginnen, obwohl sie nicht wirklich ein Informationsdefizit ausgleichen wollen (Günthner 2000a; vgl. a. Schegloff 2007: 78).

Im folgenden Beispiel wird deutlich, dass es sich bei der Äußerung, die in Frageform auftritt, nicht um eine echte Informationsfrage handelt. Auch zeigt sich hier, dass die grammatische Form nicht eins-zu-eins der Handlung entspricht, die ein EPT vollzieht. Das stellt für die Beteiligten in der Regel kein Verständnisproblem dar; denn es gibt andere Hinweise darauf, die wir rekonstruie-

---

[120] Es gibt eine große Zahl an Arbeiten zu Fragen & Antworten in einem weiten Sinne, vor allem zum Englischen; zur Vertiefung vgl. u.a. Mondada (2018), Sorjonen (2001) Stivers & Rossano (2010).

ren und für die Analyse verwenden können, um herauszufinden, welche Handlung jeweils ausgeführt werden.

Beispiel (19) Netz
((Sybille hat ein großes Netz zur Dekoration ihres Schlafzimmers benutzt, das Bianca nun für eine Verkleidung braucht.))
```
    01 Bia:  <<all>HÖR_mal;>
    02       wieso hast_n du das NETZ da angebracht;    EPT Vorwurf
    03       das musst du jEtzt wieder RUNternehmen;=ne?
    04 Syb:  ich hab dich ja extra dafür geRUF[en;      ZPT Rechtfertigung
    05 Bia:                                       [ja;
```

Die Äußerung *wieso hast_n du das NETZ da angebracht;* (Z. 02) könnte theoretisch eine Informationsfrage sein. Allerdings lässt Bianca der Adressatin gar keine Zeit für einen entsprechenden ZPT, sondern verbalisiert im direkten Anschluss die Handlungsanweisung, das besagte Netz wieder abzunehmen (Z.03). Und schaut man auf Sybilles ZPT, findet man hier keine Antwort auf eine Informationsfrage (z. B. die Erläuterung ihrer Motive beim Anbringen des Netzes), sondern eine Äußerung, die als Rechtfertigung zu verstehen ist.

Im Folgenden werden wir ‚echte' Fragen als **Informationsfragen (request for information)** bezeichnen. Sie sind Teile eines basalen Paarsequenztyps, der dazu dient, ein Wissensdefizit zu benennen und den Gesprächspartner zu bitten, es zu beseitigen. Es wird also im ZPT eine Antwort relevant gesetzt, die auf das im EPT angezeigte Wissensdefizit bezogen ist und – im günstigen Fall – die erfragte Information liefert. So ist es auch in folgendem, bereits bekannten Beispiel (20) mit einer Langschläferin und ihrer Gastgeberin.

Beispiel (20) WIE SPÄT
((Valery ist gerade aufgestanden und kommt in die Küche.))
```
    01 Val:  wie spät IS_n das.         EPT Inf.frage
    02 Son:  halb ZWEI.                 ZPT Antwort
```

Hier liegt die typische zweigliedrige Sequenzstruktur gut sichtbar vor. Valery erfragt im EPT die Uhrzeit: *wie spät IS_n das.*; sie bekommt die fehlende Information von Sonja im anschließenden ZPT geliefert.

Auch das – ebenfalls bereits bekannte – Beispiel (21) zeigt die typische Sequenzstruktur von Informationsfrage & Antwort:

Beispiel (21) FÜNF
```
    08 S:  sin_es SECHS oder SIEben,    EPT Inf.frage
    09 A:  FÜNF.                        ZPT Antwort
```

S fragt A nach der Zahl der Kinder eines Politikers und A antwortet. Anders als im vorangegangenen Beispiel (20) stellt S aber keine offene Frage (z. B. *wie viele Kinder sind es?*), sondern hat offensichtlich bereits die Annahme, dass es entweder sechs oder sieben sein könnten. Indem A im ZPT *FÜNF* äußert, wird die Frage beantwortet und zugleich die im EPT enthaltene Präsupposition korrigiert.

Beispiel (22) GEIL
```
((Ole führt die Fotofunktion seines neuen iPad vor.))
  01 Iri: und dAnn kann man_s doch noch so verGRÖ:ßern;=gell,=
                                                              EPT Inf.frage
  02 Ole: =[<<all>JAja;>                                      ZPT Antwort
  03 Mar:  [das ist einfach nUr (-) GEIL,
```

Am Kaffeetisch wird die Fotofunktion von Oles neuem iPad bewundert. Iris kennt offensichtlich die Zoomfunktion bereits und stellt Ole eine sog. Deklarativsatzfrage: *und dAnn kann man_s doch noch so verGRÖ:ßern;=gell,* (Z. 44), mit angehängter **Nachlaufpartikel** (*tag*). Das Merkmal von Deklarativsatzfragen ist, dass sie keine grammatischen Frageindikatoren enthalten (also weder W-Fragepronomen, wie in Beispiel (20), noch Verbersterststellung, wie in Beispiel (21)). Durch diese Frageform bringt Iris zum Ausdruck, dass sie schon eine starke Annahme über den erfragten Sachverhalt hat. Deklarativsatzfragen überprüfen bereits gewonnenes Wissen auf seine Richtigkeit; sie spiegeln einen spezifischen epistemischen Anspruch des Sprechers wider (vgl. Spranz-Fogasy 2010; Deppermann 2013). Gut untersucht sind in dieser Hinsicht die Deklarativsatzfragen in Arzt/Patient-Gesprächen (Spranz-Fogasy 2010: 28f).

Beispiel (23) WEH
```
  01 Ä: HIER tut_s weh?                                       EPT Inf.frage
  02 P: ja geNAU.                                             ZPT Antwort
```

Im Zuge der körperlichen Untersuchung hat die Ärztin den Ort, an dem der Schmerz sitzt, schon eingegrenzt. Um die Schmerzlokalisation abzusichern, setzt sie die Untersuchung mit der Deklarativsatzfrage *HIER tut_s weh?* fort. Im Unterschied zu z.B. W-Fragen wie *Wo tut's weh?* ist in der Deklarativsatzfrage bereits eine spezifische Präsupposition erkennbar. Anamnestische Gespräche weisen folglich auch oft eine typische Entwicklung von offeneren Fragen hin zu Deklarativsatzfragen auf.

Natürlich kann man nicht jede Frage beantworten und selbstverständlich kann man auf Informationsfragen auch erwidern, dass man das Gefragte nicht weiß. Das haben wir auch im Beispiel (10) gesehen, in dessen weiterem Verlauf es noch mehrere solcher Antworten gibt.

Beispiel (24) KUHMILCH
((Vater und Tochter sowie die Mutter Marie sind zum Abendessen eingeladen, die Gastgeberin hantiert in der Küche. Es gibt angebratenen Manourikäse mit Salat.))
```
01 T:   is des au (.) KUHmilch.                        EPT Inf.frage
02      (2.7)
03 M:   hm ich wEiss es WIRklich net.                  ZPT Antwort
04      (2.51)
05 T:   schmeckt total GUT?
06 M:   (ich dachte)
07 V:   [(ma hadde des do scho ma du hesch du hesch)
08 T:   [wenn es nich so TEUer wär würd ich des in stadtname
            Auch KAUfen.
09 V:   du hesch des jetzt AU scho ma gmacht; marie,   EPT Inf.frage
10      (mit) no_mal.
11 M:   nee ich hab mit ZIEgenkäse.                    ZPT Antwort
12 V:   was is jetzt DES,                              EPT Inf.frage
13      (1.02)
14 T:   das isch maNOUrikäse[(hehe);                   ZPT Antwort
15                          [((Schulterzucken))
16 M:   manOU[ri.
17 V:        [des heisst?                              EPT Inf.frage
18 T:   mh.
19 M:   wiss_mer net.                                  ZPT Antwort
```

Die drei Beteiligten sitzen beim Abendessen. Die Tochter blickt zur links von ihr sitzenden Mutter und fragt nach der Art des Käses, den die Beteiligten serviert bekommen haben (Z. 01). Die Köchin hat ihn mit einem Eigennamen angekündigt, der allerdings nichts darüber aussagt, um welche Käsesorte es sich handelt. Die Mutter antwortet mit einem Verweis auf ihr Nichtwissen (Z. 03); dabei sind leichte Dispräferenzmarkierungen erkennbar: die Verzögerung durch *hm*, die Verwendung und Akzentuierung der Modalpartikel *WIRklich*, wodurch die Sprecherin betont, dass sie sich um eine Antwort bemüht. In Z. 07 bzw. 09 fragt der Vater, ob dieses Gericht nicht doch schon vorher einmal von der Mutter zubereitet worden sei (und damit bekannt sein müsste). Sie verneint das und bezeichnet das damals zubereitete Gericht als *ZIEgenkäse* (Z.11); damit ist impliziert, dass es sich bei dem Käse auf den Tellern um etwas anderes handelt. Nun fragt der Vater mit einer W-Frage *was is jetz DES,* (Z. 12) nach und blickt dabei auf den Teller der ihm direkt gegenübersitzenden Tochter. (Vielleicht war er nicht ganz aufmerksam, sonst hätte er mitbekommen, dass die Tochter das bereits gefragt hat und die Mutter es da schon nicht beantworten konnte.) Die Tochter antwortet mit der Nennung des Eigennamens des Käses (Z. 14), lacht und zuckt mit den Schultern. Der etwas exotisch klingende Namen ist hinsichtlich der Art und Zusammensetzung des Produkts wenig aussagekräftig, und sie scheint den Vater mit dieser Antwort wegen seiner Unaufmerksamkeit zu necken. Auch die Mutter beantwortet die Frage des Vaters mit der Wiederholung der Nennung des Käsenamens (Z. 16). Daran schließt der Vater eine weitere Informations(nach)frage an: *des heisst?* (Z. 17), die von der Mutter ebenfalls mit Verweis auf Nichtwissen beantwortet wird: *wiss_mer nich.* (Z. 19). Damit antwortet sie nicht nur für sich, sondern auch für die Tochter (*_mer* heißt dialektalumgangssprachlich *wir*).

Informationsfragen kommen manchmal ganz harmlos und uninteressiert daher und erweisen sich dann als Vorlauffragen zu größeren Anliegen; wir kommen darauf in Abschnitt 4.6.1 zurück.

4.5.2 Mitteilen & quittieren

Die Handlung *Etwas Mitteilen* im EPT ist dadurch gekennzeichnet, dass der Sprecher initiativ eine Information übermittelt, von der er annimmt, dass das Gegenüber sie noch nicht kennt. Dieses Mitteilen von Informationen wird vom Rezipienten in der Regel durch eine „Reaktion quittiert" (*acknowledgement*), mit der die Paarsequenz geschlossen wird. Mit der Bezeichnung „Mitteilen und Quittieren" sollen die Handlungen dieser Paarsequenz zunächst möglichst allgemein bezeichnet werden. Die Bandbreite dessen, was hier ausgetauscht wird, ist groß und umfasst nüchterne Fakten ebenso wie „gute" oder „schlechte" Nachrichten". Der Übergang zu „Neuigkeiten" (siehe 4.5.3) oder dem „neuesten Tratsch" ist fließend, und wie immer gilt, dass das, was im EPT wie eine nüchterne Mitteilung ausschaut, dann im ZPT zum Skandalon gemacht werden kann.

Betrachten wir den weiteren Verlauf des Beispiels DUSCHE. Mike teilt Josef mit, dass Bianca unter der Dusche steht (Z. 03). Auf die Mitteilung reagiert Josef mit einer typischen Praktik, einem *ah_SO,* (Z. 04).

Beispiel (25) DUSCHE
```
  01 Jos:   <<ruft>BiANca?>              EPT Fok.aufforderung
  02        (1)                          fehlender ZPT
  03 Mik:   die steht unter der DUsche;  EPT Mitteilung
→ 04 Jos:   ah_SO,                       ZPT Quittierung
```

Wenn wir uns das Beispiel näher anschauen, fällt noch mehr ins Auge. Josef hatte Bianca zum Eintritt in eine fokussierte Interaktion aufgefordert (Z. 01), und die Fokussierungsaufforderung war unerwidert geblieben (Z. 02). Hier kommt Mike ins Spiel. Da Josef ja Bianca angesprochen hat, kann es sich bei Mikes Äußerung nicht um einen konditionell relevanten ZPT handeln – ganz abgesehen davon, dass eine Handlung, wie sie Mike in Z. 03 vollzieht, kein typadäquater ZPT auf eine Fokussierungsaufforderung wäre. Mikes Äußerung ist vielmehr eine Mitteilung und damit selber ein EPT der Paarsequenz „Mitteilung & Quittierung". Zwar reagiert Mike auf Josefs Äußerung (tatsächlich gibt er eine Erklärung für das Ausbleiben des typadäquaten ZPT der Adressatin), initiiert aber selbst eine neue Paarsequenz aus einem EPT Mitteilung und einem ZPT Quittierung, die mit *ah_SO* (Z. 04) von Josef geliefert wird.

Mitteilungen sind typisch für viele institutionelle Interaktionen. So werden Gespräche beim Elternsprechtag von den Beteiligten mit der Erwartung verknüpft, über den Leistungsstand des Kindes zu informieren bzw. informiert zu werden (vgl. Wegner 2016). Dies geschieht in Form von Mitteilungen der Lehrkraft:

Beispiel (26) NOTE (von Lars Wegner)
```
01 L:   ((blättert in Unterlagen)) also in mathemaTIK?=
02      =is karen (.) m:: sehr STILL?              EPT Mitteilung
03      (---)
04 M:   hm::,                                       ZPT Quittierung
05      (-)
06 L:   müsst ich ihr JETZT ne note geben-=        EPT Mitteilung
07      =würd ich m::: grad noch so ne VIER geben?
08      (.)
09 M:   hm_hm,                                      ZPT Quittierung
```

Das *hm::,* (Z. 04) und das *hm_hm,* (Z. 09) stellen eine Quittierung in Form eines minimalen Rezeptionssignals dar, das hier lediglich die Kenntnisnahme ausdrückt. Elterngespräche enthalten oft ausgedehnte Sequenzen, in denen die Lehrenden den Eltern den Leistungsstand der Kinder aus verschiedenen fachlichen und personenbezogenen Perspektiven zur Kenntnis bringen. In diesen längeren informierenden Phasen werden Ketten von Mitteilungen gemacht, die häufig lediglich mit einem Rezeptionssignal quittiert werden; erst nach Ende einer längeren Mitteilungssequenz durch die Lehrkraft, die auch Nachfragen der Eltern beinhalten kann, werden anschließend ggfs. die Konsequenzen diskutiert (vgl. Wegner 2016; Kotthoff 2012).

Studien haben gezeigt, dass bestimmte Formen der Quittierung Unterschiede in der Bedeutung, die eine Mitteilung für den Rezipienten hat, anzeigen können (Golato & Betz 2008). Im Gegensatz zu einer Minimalquittierung, die lediglich die Aufnahme der neuen Information in den Wissensbestand des Rezipienten anzeigt, markieren Formen wie *aha, oh, ach, ach so* (sog. *change of state tokens*, Heritage 1984a; dt. „Erkenntnisprozessmarker", vgl. Imo 2009) häufig an, dass der Rezipient eigentlich einen anderen Wissensstand hatte und durch die Mitteilung des ersten Sprechers gezwungen worden ist, sein Wissen neu zu strukturieren etc. (vgl. a. Heritage 2012). Das belegt auch Beispiel (25); Josef signalisiert durch sein *ah_SO*, dass er eigentlich dachte, Bianca sei in Hörweite.

In medizinischen Kontexten spielt die Übermittlung diagnostischer Informationen, z. B. von Laborwerten, eine große Rolle.[121] Der Patient im folgenden Ausschnitt ist HIV-positiv und kommt regelmäßig zu Kontrolluntersuchungen der Blutwerte in die Kliniksprechstunde. Die Ärztin entnimmt der Patientenakte die Werte, die die Anzahl von HI-Viren und der Helferzellen im Blut angeben.

Beispiel (27) WERTE (von Alexandra Groß)
```
01 A: gut; (--)
02    <<cresc>also ihre WERte>?              EPT Mitteilung
03    sind GUT.                              (+ Bewertung)
04    [ja?]
05 P: [hm-]                                  ZPT Quittierung
06    (--)
07 A: die vIruslast ist Unter der nachweisGRENze?  EPT Mitteilung 2
08 P: <<p>hm->                               ZPT Quittierung
09 A: perfekt,                               EPT Bewertung
10    ja, (-)
11    und (.) HELferzellen- (--)             EPT Mitteilung 3
12    vIErhundertfünfundFÜNFzig. (-)         ←
13    <<stacc>auch dAs ist PRIma.> (--)      (+ Bewertung)
14 P: <<pp>hm>.                              ZPT Quittierung
```

Die Ärztin beginnt die Mitteilung der Blutwerte, die sie im Laborbericht ablesen kann, mit einer globalen positiven Bewertung. Dann bezieht sie sich auf Einzelwerte, zunächst den Anteil der Viren im Blut: *die vIruslast ist Unter der nachweisGRENze?* (Z. 07), dann die Zahl der *HELferzellen- (--) vIErhundertfünfundFÜNFzig.* (Z. 11, 12). Letztere ist ein wichtiger Indikator für die Eindämmung der HIV-Infektion und sollte möglichst hoch sein. Beide Werte beurteilt sie im Rahmen ihrer professionellen Zuständigkeit als *perfekt* (Z. 09) und *prima* (Z. 13). Offensichtlich liegt es im Arzt/Patient-Gespräch nahe, Blutwerte mit ihrer dia-

---

[121] Eine kurze Einführung von John Heritage in die Medizinische Konversationsanalyse findet sich unter: http://www.esourceresearch.org (Zugriff 29.06.2019)

gnostischen Bewertung zu verbinden (vgl. Groß 2018). Der Patient quittiert diesen EPT jeweils mit einem Rezeptionssignal (in Z. 08 vor, in Z. 14 nach der Bewertung der Ärztin).

Im folgenden Beispiel nennt die Ärztin im EPT die Blutwerte, und hier ist es der Patient, der im ZPT eine (quittierende) Bewertung äußert.

Beispiel (28) VIERHUNDERTDREISSIG (von Alexandra Groß)
```
((Routineuntersuchung in der HIV-Klinik.))
  01 Ä: sie hab_m das letzte mal zwohundertACHTzehn gehabt,
  02     und jetzt vierhundertDREI[ßig.]  EPT Mitteilung (gute Nachricht)
  03 P:                           [is  ]  ja SUper.
                                           ZPT Quittierung (Bewertung)
```

Im EPT vergleicht die Ärztin die Zahl der Helferzellen der letzten Blutuntersuchung mit der vorangegangenen Kontrolle. Tatsächlich sind die Werte stark angestiegen, so dass die Ärztin hier eine „gute Nachricht" verkünden kann. So reagiert zumindest der Patient, der diese Mitteilung im ZPT mit einer sehr positiven Bewertung *is ja SUper,* (Z. 03) quittiert. Mit dieser überschwänglichen Bewertung macht er aus einer potentiell neutralen Mitteilung eine gute Nachricht.

Es wird deutlich, dass die sequenzielle Position im ZPT sehr unterschiedlich genutzt werden kann; der/die Adressierte kann einen Laborwert z. B. quittierend zur Kenntnis nehmen oder ihn positiv bzw. negativ bewerten. Mit Letzterem kann unter anderem ein Anspruch auf Expertise von Seiten der Patient/innen zum Ausdruck gebracht werden, denn die Bewertung eines Laborwertes setzt ein gewisses Wissen voraus; das wurde besonders bei chronischen Erkrankungen beobachtet, deren Betroffene über viele Jahre medizinisches Wissen und Erfahrungen angesammelt haben (Groß 2018). Die Grenze zwischen „neutralem" Mitteilen und dem Verkünden von Neuigkeiten ist offensichtlich fließend und analytisch nicht immer leicht zu fassen. Mehr noch: letztlich entscheiden die Rezipient/innen, ob sie einen EPT im ZPT als Neuigkeit oder als Mitteilung behandeln und umgekehrt.

4.5.3 Neuigkeit verkünden & bewerten

Neuigkeiten unterscheiden sich von Mitteilungen dadurch, dass die Informationen als besonders erfreulich, erstaunlich, spannend oder unerfreulich gelten können bzw. sollen. Der EPT setzt deshalb nicht nur eine neutrale Quittierung relevant, sondern eine Bewertung.

In Beispiel (29) hat Anja zwei Freundinnen zum Kaffeetrinken eingeladen. Sie sitzen am Küchentisch und sprechen, während sie Kuchen essen, über Backen und Kochen.

Beispiel (29) TAGINE (von Franziska Alt)
```
01 Rut:      ich kann-
02           ja.
03           ich kann ANdere sachen kochen.
04 Anj→Rut:  oh wEißte was es GAB.
05           und zwar bei (Name) gab_s jetzt ne: (.) so_ne
             taGINE; (.)                           EPT_B Neuigkeit
             ((frz. ausgesprochen))
06           taGINE,
07           HEISST das [so,
08 Rut:                 [AH:.                      ZPT_B Quittierung
09 Ina:      spricht man_s [so,
10 Rut:                    [JAha:
11           taGINE. (.)
12           GLAUB ich.
13 Anj:      taGINE.
14 Rut:      hm_hm,
15 Ina:      hm_hm,
16 Rut:      [diese TONtöpfe.
17 Anj:      [da mUsst ich an dich DENken.
18           weil [DU ja so eine hast, ne?
19 Rut:          [ich HAB eine.
20           hm_hm.
21 Anj:      geNAU.
22           da wOllten wir auch [mal ESsen machen.
23 Ina→Rut:                      [diese KOCHtöpfe. EPT_EIN
24 Rut→Rut:  die marokKAnischen;                   ZPT_EIN
25 Ina→Anj:  und dIe gab_s bei (Name)?             EPT_EIN
26 Anj:      ((nickt))                             ZPT_EIN
27           is ja [WITzig.                        ZPT_B Bewertung
28                 [hm_hm,
```

Anja fällt ein, dass in einem Lebensmitteldiscounter kürzlich eine besondere Art von Kochgeschirr, eine sog. marokkanische Tagine verkauft wurde (Z. 05). Sie beginnt mit einem typischen Vorlauf (vgl. 4.6.1), der eine Neuigkeit ankündigt: *oh wEisste was es GAB.* (Z. 04). Dabei blickselektiert sie vor allem Ruth, von der sie weiß, dass sie so etwas schon besitzt. Diese ist mit ihrem Kuchen beschäftigt und reagiert etwas verzögert mit *AH:.* (Z. 08), erst nachdem Anja schon ihre Unsicherheit zum Ausdruck gebracht hat, ob sie den französischen Namen richtig ausspricht (Z. 06–16). Etwas später reagiert auch Ina, die in einer Einschubsequenz zunächst mit Ruth klärt, ob sie den Gegenstand richtig verstanden hat (Z. 23), was diese bestätigt (Z. 24). Danach wendet sie sich Anja zu: *und dIe gabs bei NAme?* (Z. 25). Mit dieser erstaunten Nachfrage weist sie den größten Neuigkeitswert dem Ort zu, an dem das Gerät verkauft wird. Nach der Bejahung durch Kopfnicken evaluiert sie dies mit *is ja WITzig.* (Z. 27).

Beispiel (30) DUSCHE
```
((Kontext: Spielshow, in der alle Beteiligten täglich Aufgaben
zu bewältigen haben, deren erfolgreiches Absolvieren belohnt
wird.))
  01 Jos: <<ruft>BiANca?>
  02      (1)
  03 Mik: die steht unter der DUsche;
  04 Jos: ah_SO,
  05      ja isch wollt ihr nur MITteilen;
  06      wir ham ne TAgesaufgabe;=                    EPT Neuigkeit
  07      =wo_s rischtisch(.) ARbeit gibt.             ←
  08 Mik: ach KOMM.                                    ZPT Quittierung
```

Dieses Beispiel kennen wir bereits bis Z. 04. Im weiteren Verlauf schwenkt Josef um und überbringt die Neuigkeit, dass die tägliche Aufgabe eingetroffen ist und sie umfangreich ist, nun Mike. Im ZPT bewertet dieser die Neuigkeit mit einem ungläubigen *ach KOMM* (Z. 08).

Eine potenziell neutrale Mitteilung kann durch die Erwiderung auch zur „schlechten Nachricht" (Maynard 2003) gemacht werden. Ein Sozialträgerteam plant ein größeres Fest und überlegt, wer Fotos machen könnte, die dann auf die Homepage gestellt werden sollen.

Beispiel (31) BILDRECHTE (von Christiane Opfermann)
```
((Teambesprechung bei einem Sozialträger. Es wird ein
Eröffnungsfest geplant, bei dem für die Homepage fotografiert
und gefilmt werden soll.))
  01 Man: da müssen wir dAnn aber auch VORher (0.4) theoREtisch,
  02      eh (h) eh A? ALlen so_n WISCH in die hand drücken,
  03      dass man das verÖffentlichen darf_und [so;=ne,
  04 Ing:                                      [hm.
  05 Man: da ham wir ja JETZT- äh
  06      VOM <<h>PRESseamt und von> öh a ham wir so_n
             ((schluckt)) äh HANDzettelchen da geschIckt
             gekriegt;
  07      dass man DAS jetzt: °hhh äh bItte TUN soll; hh°
                                                       EPT Mitteilung
  08 Fra: ((entgeisterter Gesichtsausdruck))
```

```
09 Lis:  du MEIne [güte.                          ZPT Bewertung
10 Man:          [BILDrech-
```

Manuela als Öffentlichkeitsbeauftragte im Team berichtet in Z. 05–07 den anderen von der neuen Vorgabe des Presseamtes, wonach vor Verwendung von Fotos im Internet die Bildrechte der abgelichteten Personen eingeholt werden müssen. Das formuliert Manuela nicht neutral, sondern bringt schon in den Z. 01–03 zum Ausdruck, dass sie es für schwer durchführbar hält (u.a. durch das *theoREtisch*) und kolportiert die Anweisung mit den etwas sarkastischen Worten *dass man DAS jetzt- °hhh äh bItte TUN soll;* (Z. 08). Daraufhin schaut Frank entgeistert (Z. 08), Lisa sagt *du MEIne güte.* (Z. 10), worin die negative Bewertung im ZPT sehr deutlich wird.

Vielleicht sind es ja diese Ambiguitäten, die dazu führen, dass Sprecher/innen EPT häufig so gestalten, dass schnell erkennbar wird, was für eine Handlung sie ausführen wollen: Gute oder schlechte Neuigkeiten mitteilen, informieren, tratschen etc. Im folgenden Beispiel wird der Charakter der skandalösen Neuigkeit im EPT besonders deutlich. Bianca und Josef bereiten sich auf eine Kostümierung vor und durchsuchen eine Kleiderkiste.

Beispiel (32) BH
```
((Bianca und Josef wühlen gemeinsam in einer Kiste mit
Kleidungsstücken, um sich auf eine Verkleidungsaktion
vorzubereiten.)
   01 Jos: KUMma;                                  EPT Fok.aufforderung
           ((Josef blickt auf ein Wäschestück, nimmt es in die
           Hand und präsentiert es Bianca))
   02      [((Bianca blickt auf Wäschestück in Josefs Hand))
                                                   ZPT Fok.bestätigung
   03      [wusstest DU dass_s sowas gibt.         Vorlauf-Neuigkeit
   04      beHAS schon mit siliKON drinne?         EPT Neuigkeit
   05      (0.5)
   06 Bia: <<p>nee;> (-)                           ZPT Quittierung
```

In Beispiel (32) zieht Josef die Aufmerksamkeit Biancas auf einen BH aus der Kostümkiste, der mit Schaumstoff verstärkt ist. Die Fokussierungsaufforderung *KUMma* (=guck mal, Z. 01), mit der Josef die Interaktion eröffnet, wird von Bianca nicht verbal, sondern nonverbal durch die Zuwendung des Blicks auf den Gegenstand erwidert (Z. 02), parallel mit der Fortsetzung des EPT durch Josef. Offenbar kannte er BHs mit Silikoneinlagen bisher noch nicht. Dieser Neuigkeit (Z. 04) stellt er einen sog. Neuigkeits-Vorlauf voran: *wusstest DU dass_s sowas gibt.* (Z. 03), worauf schließlich die Nennung der Neuigkeit erfolgt: *beHAS schon mit siliKON drinne?* (Z. 04).

Josefs Handlungssequenz umfasst also drei Komponenten: eine Fokussierungsaufforderung, einen Vorlauf in Form einer Frage und das Objekt, dessen Existenz die potenzielle Neuigkeit darstellt. In dieser Gestaltung des EPT bringt er zum Ausdruck, dass es sich für ihn um eine überraschende Neuigkeit handelt, die er mitteilen will.

In Vorläufen (vgl. a. 4.6.1) wie dem in Beispiel (32) *wusstest DU dass_s sowas gibt* (Z. 03) wird häufig nicht nur deutlich, dass der Sprecher oder die Sprecherin dem Folgenden Neuigkeitswert zuweisen, sondern auch, um welche Art von Neuigkeit es sich handelt (empörende, beunruhigende, witzige etc.). Ob eine als solche geplante Neuigkeit auch tatsächlich Neuigkeitswert hat, entscheidet der/die Adressierte. Das zeigt noch einmal, **dass der Status eines ersten Redebeitrags vom nächsten Beitrag mit konstituiert wird** und nicht der Sprecher/die Sprecherin allein, sondern die Gesprächsbeteiligten gemeinsam über die Bedeutung einer Äußerung entscheiden. Das zeigt sich auch im weiteren Verlauf: Nachdem Josef eine Neuigkeit angekündigt und dann überbracht hat, ist es nun an Bianca, darauf zu reagieren. Sie tut das mit einem leise gesprochenen *nee;* (Z. 06). Betrachtet man nur das Wort und seine Semantik, scheint sie den EPT als eine Informationsfrage zu behandeln, die sie verneint. In der prosodischen Form des leise, fast tonlos geäußerten *nee*, gepaart mit einem ungläubigen Blick, der vom Wäschestück zu Josef wandert, wird jedoch eine Bewertung erkennbar, die über einen rein quittierenden ZPT hinausgeht und im weiteren, hier nicht gezeigten Verlauf als amüsierte Empörung vereindeutigt werden wird.

Eine Neuigkeit setzt im ZPT in der Regel eine Reaktion relevant, in der Überraschung, Bewertungen o.ä. ausdrückt wird, die den Neuigkeitswert bestätigt. Vermutlich sind Informationen mit Neuigkeitswert auch für die Person, die sie im EPT verkündet, irgendwie besonders, überraschend oder neu, während Mitteilungen für die Äußernden schon bekannt sind (z. B. kann man sein Geburtsdatum mitteilen, diese Information ist dann nur für die Person neu, die die Information in ein Antragsformular eintragen will).

Im nächsten Beispiel gibt die Äußerung *der hat tatsÄchlich mein BETT angesägt.* (Z. 01) nur wenig Aufschluss darüber, ob die Sprecherin sie als Neuigkeit verstanden wissen will; allenfalls das *tatsÄchlich* lässt annehmen, dass Sybille darüber überrascht ist.

Beispiel (33) BETT
```
01 Syb: der hat tatsÄchlich mein BETT angesägt.
02      (1,2)
03      rache is SÜSS,
04      ha.
```

```
05 Bia: <<h>hat der das BETT angesägt,>
06      find ich ja COOL.
07      das is ja echt schon wieder COOL.
08 Syb: du wusstest das ECHT nich.
09 Bia: nein.
```

In der Äußerung, dass Josef die Beine ihres Bettes angesägt hat, drückt das Adverb *tatsÄchlich* eine gewisse Ungläubigkeit aus (Z. 01). Die nachgeschobene Äußerung *rache ist SÜSS* (Z. 03), mit der Sybille ankündigt, dass sie ihm diesen Streich heimzahlen wird, lässt sich als indirekte Bewertung lesen (und als Ankündigung, dass die Eskalation des Schabernacks seinen Lauf nehmen wird). Bianca wiederholt die Information in hoher Stimmlage *<<h> hat der das BETT angesägt,>* (Z. 05). Dies ist eine Praktik, mit der im ZPT Überraschung ausgedrückt wird, wie es nach einer Neuigkeit der Fall ist. Darauf folgt eine explizite Bewertung *find ich ja COOL. das is ja echt schon wieder COOL.* (Z. 05–07). Wenn also aus der Analyseperspektive nicht eindeutig bestimmbar ist, ob der EPT eine Neuigkeit verkündet, wird am ZPT der Rezipientin deutlich, dass sie es als Neuigkeit behandelt.

Die folgende Reaktion von Sybille gibt einen Hinweis darauf, warum sie ihr EPT nicht eindeutiger als Neuigkeit gestaltet hat:[122] sie hatte es für möglich gehalten, dass Bianca eingeweiht war. Hier zeigt sich, dass Sprecherinnen und Sprecher Sorge dafür tragen müssen, keine *yesterday's news* zu verkünden oder bereits bekannte Witze zu erzählen etc., indem sie den Informationsgehalt ihrer Äußerung adressatenspezifisch zuschneiden (vgl. Kap. 1 zu *recipient design*).

4.5.4 Bitten & gewähren/ablehnen

Bitten, Angebote, Einladungen etc. sind sozial riskante Unterfangen, die für beide Seiten sehr unterschiedliche, z. T. *face*-bedrohende Potenziale haben. Wie in Kap. 4.4 dargestellt, werden schon erste Handlungen in einer Präferenzhierarchie miteinander in Beziehung gesetzt (Schegloff 2007: 78), wonach Angebote gegenüber Bitten präferiert sind.

Mit dem initiativen Zug gibt der erste Sprecher etwas von sich preis; es wird Hilfe erbeten, eine Begegnung vorgeschlagen etc. Das ist auch für das Gegenüber nicht unproblematisch, denn sowohl eine Ablehnung als auch eine An-

---

[122] Die Äußerung ist ambig und lässt zwei Lesarten zu: zum einen, dass sie insgesamt neue Informationen enthält, und zum zweiten, dass Bianca bereits wußte, dass Josef plante, das Bett anzusägen, so dass die Information darin besteht, dass er es nun *tatsÄchlich* getan hat.

nahme generieren eine asymmetrische Situation. Das lässt sich u.a. daran zeigen, dass Ablehnungen mithilfe der bekannten Merkmale als dispräferiert gestaltet sind. Häufig wird zudem versucht, mit Dank, Gegenleistungen o.ä. das rituelle Gleichgewicht wiederherzustellen (vgl. Goffman 1955).[123]

Die Handlung „Bitten" kann sehr Unterschiedliches betreffen (vgl. a. Drew & Couper-Kuhlen 2014), man kann um den Käse beim Abendbrot, um Unterstützung bei der Seminararbeit, um einen Rückruf oder einen Privatkredit bitten. Die Formen, mit denen eine Bitte artikuliert werden kann, sind ebenso divers: von „Würdest du mir bitte mal den Käse reichen" über „Gib mal grad den Käse rüber" bis hin zu einer Zeigegeste auf den Käseteller bei vollem Mund. Betrachten wir das Beispiel, in dem ein Student einen Kommilitonen bittet, ihm Unterlagen einer verpassten Seminarveranstaltung zur Verfügung zu stellen und zur nächsten Sitzung mitzubringen.

Beispiel (34) FACHTHEORIE (von Marc Weber)
((M, der bei der Klausurvorbereitung bemerkt hat, dass ihm die Unterlagen der ersten Sitzung fehlen, bittet J, ihm seine Aufzeichnungen zu leihen.))
```
    22 M: ähm (0.5)
    23    KÖNNtest du des irgendwie vielleicht a:m MO:Ntag zu zu
             SKI FACHtheorie mitbringen?                       EPT Bitte
    24 J: hm_hm,                                               ZPT Gewährung
    25 M: dass ich mir des koPIERN könnte?                     EPT (Expansion)
    26    des wär überRAgend.                                  ←
    27    (1.5)                                                ←
    28    GUT.                                                 ←
    29 J: jo,                                                  ZPT Wiederholung
```

Im Laufe des Kapitels werden wir den Kontext dieser Bitte noch genauer betrachten; hier geht es zunächst um die Redebeiträge, in denen die Handlungen Bitten und Gewähren der Bitte ausgeführt werden. In sehr kompetitiven Studiengängen kann es vorkommen, dass Kommiliton/innen die Unterlagen von verpassten Sitzungen für die Klausurvorbereitung nicht miteinander austauschen. Vielleicht ist das einer der Gründe, warum M seine Bitte stark dispräferiert gestaltet (vgl. a. 4.4). Er teilt sie in zwei Teile auf. Nach einer Verzögerung durch eine gefüllte und eine stille Pause (*ähm (0.5)* Z. 22), einer Modalverbkonstruktion im Konjunktiv und einigen Heckenausdrücken *irgendwie vielleicht*

---

[123] Die CA-Forschungsliteratur behandelt diese „Aufforderungsanteile" unter dem Begriff der „Rekrutierung" (*recruitment*), vgl. Drew & Couper-Kuhlen (2015); Kendrick & Drew (2016); Drew & Kobin (2018).

nutzt er die Fragesyntax für die Bitte, die Unterlagen am Montag mitzubringen (Z. 23). J bejaht mit einem wenig enthusiastischem *hm_hm,* (Z. 24). M erweitert nun seine Bitte durch einen Finalsatz und nennt dabei den Grund seiner Bitte, wieder in einer konjunktivischen Modalverbkonstruktion: *dass ich mir des koPIERN könnte?* (Z. 25). Daran schließt er eine sehr positive Bewertung an: *des wär überRAgend.* (Z. 26), ebenfalls im Konjunktiv. Darauf antwortet J ein weiteres Mal mit einem eher minimalen *jo* (Z. 29). Die knappen ZPT von J kontrastieren also mit den recht aufwändig gestalteten EPT Ms. Dafür gibt es verschiedene Interpretationen, die aber hier zunächst nicht im Mittelpunkt unseres Interesses stehen.

Als weiteres Beispiel für Bitten betrachten wir den folgenden Ausschnitt erneut, den wir schon aus 4.4 zur Präferenzorganisation kennen (vgl. Bsp. 16). An der dispräferenzmarkierten Gestaltung des EPT, mit dem Bianca Sybille rekrutiert, um ihr bei der Essenszubereitung zu helfen, wurde gezeigt, dass Um-Etwas-Bitten als dispräferiert gilt. Im weiteren Verlauf äußert Bianca noch weitere Bitten:

Beispiel (35) HELFEN
```
((Sybille und Bianca stehen in der Küche an der Arbeitsfläche
und schauen auf die Lebensmittel. Bianca will das Abendessen
vorbereiten.))
   01 Bia: weil ich dacht vielleicht haste lUst mir was zu
           HELfen;                                        EPT Vor Bitte
   02      du kannst wenn de mag[st n_bisschen den saLAT putzen;
                                                          EPT Bitte 1
   03 Syb:                      [ja.                      ZPT Gewährung
   04 Bia: °h und MÖHRchen brauch ich;=                   EPT Bitte 2
   05      =KLEIN geschnitten; °h                         ←
   06      <<all>ich brauch Alles was hier steht eigentlich
           KLEIN.>                                        EPT Bitte 3
((...))
   15 Bia: (-)°h EIne: eine BITte hab ich.                EPT Vor-Bitte
   16      lies dir doch mal eben no_mal die gebrAuchsanweisung
           von dem WOK durch?                             EPT Bitte 4
   17 Syb: ja?                                            ZPT Gewährung
   18 Bia: °h und dann kannst_e ja auch die DEko machen.
                                                          EPT Bitte 5
```

Die Bitten 1 bis 3 sind sehr stark dispräferenzmarkiert (vgl. die zitierten Gedanken, die als Vorschlag geäußerten Tätigkeiten, die Modalisierungen *wenn de magst* (Z. 02), *vielleicht* (Z. 01), *n_bisschen* (Z. 02), die Herabstufung der Dringlichkeit usw.). In Zeile 3 stimmt Sybille zu. Die kurze Zeit später geäußerten Bitten sind schon weniger stark dispräferenzmarkiert. Zwar gibt es einen Bitten-

Vorlauf (*EIne: eine BITte hab ich.* Z. 15; siehe dazu Kap. 4.6.1), der die folgende Handlung als Bitte ankündigt. Der EPT selbst ist – abgesehen von den Modalpartikeln *doch mal eben no_mal* – relativ direkt als Aufforderung formuliert: *lies dir doch mal eben no_mal die gebrAuchsanweisung von dem WOK durch?* (Z. 16) sowie *und dann kannst_e ja auch die DEko machen.* (Z. 18). Handelt es sich nun um eine Bitte, wie es die Sprecherin im Vorlauf selbst formuliert, oder ist es vielleicht doch eher eine gemeinsame Arbeitsplanung? Für die Beteiligten spielt das offensichtlich keine Rolle, denn Sybille reagiert, indem Sie die Dekorationsartikel holt und die Gebrauchsanleitung sucht.

Verschiedene konversationsanalytische Arbeiten haben gezeigt, dass Bitten in Abhängigkeit davon formuliert werden, wie die Sprecher/innen die Hindernisse und den Aufwand bei der Gewährung der Bitte einschätzen (Zinken 2016; vgl. a. Curl & Drew 2008; Heinemann 2006). Vor allem aber ist relevant, ob die auszuführende Handlung Teil eines laufenden, gemeinsamen interaktionalen Projektes ist (Rossi 2012; Zinken & Ogiermann 2011). Im Beispiel (35) hat Sybille ihre Unterstützung bereits zugesagt; das gemeinsame Kochen ist in Z. 06 schon im Gange. Bianca hat die Initiative übernommen, und es geht eher darum, die Aufgaben zu verteilen, als die Hilfsbereitschaft der anderen überhaupt erst herzustellen.

Beispiel (36) ARZTTERMIN (von Jasmina John)
```
((Terminvereinbarung per Telefon))
  06 S: am dreißigsten ERsten dann wieder,
  07    um sechzehn uhr ZEHN.
  08 P: (-) ehm eher geht_s NICH; oder,        EPT_EIN Frage (Bitte)
  09 S: mh leider NIMmer;                      ZPT_EIN Antwort/Ablehnung
  10    nachmittags sind wir dann komplett scho VOLL. +Begründung
```

Die Sprechstundenhilfe (S) bietet einen Termin an, aber die Patientin (P) bevorzugt eine frühere Uhrzeit, wie ihre Bitte in Deklarativsatzfrageform zeigt: *ehm eher geht_s NICH; oder,* (Z. 08). Dieses Anliegen weist die Sprechstundenhilfe ab, indem sie eine Höflichkeitspartikel des Bedauerns verwendet (*leider*) und statt einer einfachen Negation *nimmer* (*nicht mehr*) antwortet, womit klar ist, dass aufgrund der Kurzfristigkeit alle Termine schon ausgebucht sind (Z. 09). Daran schließt sie noch eine Begründung (*account*) an, indem sie betont, dass am Nachmittag *wir* (die Praxis) *komplett scho VOLL* (Z. 10) ist, womit sie zum Ausdruck bringt, dass sie den Kalender überprüft hat, um zu versuchen, die Bitte der Patientin zu erfüllen. Diese Dispräferenzmarkierungen kontextualisieren die Ablehnung als höflich.

Vor allem unter Vertrauten und wenn der Aufwand, der mit der Erfüllung der Bitte verbunden ist, gering ist, werden Bitten häufig sehr direkt geäußert – sie werden aber unter Umständen auch sehr direkt abgelehnt, wie im folgenden Ausschnitt.

Beispiel (37) GEBER
```
((Nach dem chinesischen Essen sitzen Josef, Sybille, Bianca,
Mike und Viola beschwipst im Garten.))
   01  Bia→Mik: wolltes_du DREHN?
   02  Vio:                      [drei?]
   03  Jos→Syb: GIB mir mal bitte so_n [STÜCK]_da.    EPT Bitte
   04  Syb→Jos: bin isch denn dein GEber,             ZPT Ablehnung
   05  Mik→Bia: ja,
   06  Jos→Syb: <<p>nein;>
   07           du bist meine GEIsha heute.
   08           (-)
   09           ALso.
```

Josef bittet Sybille im EPT, ihm Essen zu reichen, das auf einem Teller hinter ihr steht (Z. 03). Er verwendet eine Höflichkeitspartikel *bitte* und die Abtönungspartikel *mal*, die signalisiert, dass die Erfüllung der Bitte nicht aufwändig sein sollte. Ansonsten verwendet er die grammatische Form des Imperativs (Verbererststellung *GIB*...). Doch Sybille weist die Bitte zurück, indem sie eine rhetorische Frage stellt: *bin isch denn dein GEber,* (Z. 04). Dies ist eine etwas renitente Ablehnung, die sein Ansinnen als Degradierung hinstellt; damit ist es zugleich eine Ablehnung und ein Vorwurf (Günthner 2002a).

Solche Frotzeleien setzen Vertrautheit, Nähe und geteilte Diskursgeschichte nicht nur voraus, sondern stellen sie im Zuge der Realisierungen im selben Atemzug erneut her. Und so kann eine Ablehnung von Bitten im Modus der Frotzelei ohne Abschwächungen sehr direkt vollzogen werden.

4.5.5 Anbieten, vorschlagen, einladen & annehmen/ablehnen

Während Bitten etwas fordern, stellen Angebote eine Leistung des Sprechers in Aussicht. Sie können sehr Unterschiedliches zum Inhalt haben: Man kann ein Stück Kuchen anbieten (vgl. Bsp. 38) oder einen Nachschlag beim Essen (vgl. Bsp. 39), aber auch vieles andere mehr. Auch die Praktiken, mit denen ein EPT Angebot ausgeführt wird, sind sehr divers. In Beispiel Kaffeeklatsch reichen ein Blick und ein einfaches *und?* (Z. 01).

Beispiel (38) KAFFEEKLATSCH
((Während eines Kaffeeklatsches steht Lisa am Tisch, den Kuchen vor sich und ein Messer in der Hand.))
```
01 Li: UND?                                              EPT Angebot
02     ((blickt kurz zu Rudolf, dann zu Agnes))
03 Ag: ja GERN.                                          ZPT1 Annahme
04 Ru: ((ablehnende Geste)) [(nein danke;)               ZPT2 Ablehnung
05 Ag:                      [nochmal so_n KLEInes. ←
06 Ru: schmeckt LECker.
       ((schaut Lisa an und streichelt mit rechter Hand über
       ihren Rücken))
```

Lisa hat für die zweite Runde der Kuchenverteilung aus der Küche ein anderes Messer geholt, stellt sich nun für alle sichtbar vor den Kuchen und schaut auffordernd von einer Person zur anderen. Sie äußert mit steigender Intonation *UND?* (Z. 01), blickt dabei zu ihrem Mann Rudolf links neben ihr, dann zu Agnes. Letztere nimmt das Angebot mit *ja GERN* (Z. 03) an und spezifiziert in Z. 05, dass sie nur ein kleines Stück wolle. Rudolf macht eine ablehnende Geste und äußert *nein danke* (Z. 04). In Z. 06 lobt er dann den Kuchen und macht damit Lisa, die den Kuchen gebacken hat, ein Kompliment. Ein Angebot abzulehnen gilt gegenüber der Annahme als dispräferiert, was sich strukturell an den üblichen Dispräferenzmerkmalen zeigt. Schließlich wird damit etwas verschmäht, von dem das Gegenüber meint, dass der oder die andere es brauchen könnte. Natürlich spielt es eine Rolle, um was es dabei geht (ein zweites Stück Kuchen wird wohl weniger aufwändig abgelehnt als das Angebot, gemeinsam in Urlaub zu fahren); aber dennoch könnte die Dispräferenz einer Ablehnung der Grund dafür sein, dass Rudolf im nächsten Zug (Z. 06) die Qualität des Kuchens ausdrücklich lobt und so deutlich macht, dass er das Angebot nicht etwa deshalb ablehnt, weil ihm der Kuchen nicht schmeckt.

Auch im schon bekannten Essensangebot, bei dem es um den Nachschlag Rotkohl geht, wird die Ablehnung mit einem *danke* und einer Begründung (*account*) für die Ablehnung kombiniert.

Beispiel (39) ROTKOHL
```
01 Mik: ROTkohl?                                         EPT Angebot
02 Jos: nee DANke.                                       ZPT Ablehnung
03      hab ich geNUG.                                   + Begründung
```

Dank kann auch die Annahme eines Angebotes begleiten. Allgemein sind Würdigungen an verschiedenen Stellen einbaubar, so wie z. B. auch in Beispiel (38), wo Agnes das Angebot mit *ja GERN*. beantwortet.

Angebote und Vorschläge sind bisweilen schwer auseinander zu halten. Im folgenden Beispiel schlägt Josef vor, eine Zigarre zu rauchen.

Beispiel (40) ZIGARRE
```
((Anton, Mike und Josef sitzen am Lagerfeuer.))
  01 Ant: ah_s_äh- (---)
  02      wolln_we_(d_)zigArre mal RAUchen;=         EPT Vorschlag
  03      =zum_e:: (-) n_DRITtel oder sowat.
  04      un_ABschneiden,
  05      (1.1)
  06 Mik: [kömm_ma MAChen.]                          ZPT1 Annahme
  07 Jos: [ne HÄLfte;     ]                          ZPT2 Annahme
  08 Mik: also Ick würdn_bisschen MITpaffen.         ←ZPT1
```

Die drei Männer haben eine einzelne Zigarre geschenkt bekommen. Anton, dem das wieder einfällt, schlägt vor, sie jetzt zu rauchen und sie in Teile zu schneiden, vermutlich um sie sich gut einzuteilen. Mike stimmt dem zunächst generell zu *kömm_ma MAChen.* (Z. 05), spezifiziert seine Zustimmung dann aber auf das Rauchen: *also Ick würd n_bisschen MITpaffen.*(Z.07). Josefs reagiert auf den Vorschlag des Teilens und schlägt statt des Drittels eine Hälfte vor (Z. 07); darin ist seine Zustimmung zum Vorschlag zu rauchen aber impliziert.

Ein entscheidender Unterschied zwischen Angebot und Vorschlag liegt in der Verteilung der Interessenslagen und der Verfügungsgewalt. Eine Zigarre, die allen gehört, kann man schlecht anbieten, aber man kann vorschlagen, sie jetzt gemeinsam zu rauchen. Während Angebote etwas verfügbar machen, das (mutmaßlich) im Interesse des Rezipienten liegt und über das der Anbieter verfügt, geht es bei Vorschlägen um ein beidseitiges Anliegen, ohne dass der/die Vorschlagende unbedingt besonderen Zugriff oder exklusive Recht darauf hätte, sei es nun die Planung der Abendgestaltung oder einen Namen für eine Kuh zu vergeben.

Beispiel (41) ELSE
```
((Mike und Bianca tragen die lebensgroße Figur einer Kuh in den
Garten, die bemalt werden soll.))
  01 Mik: nenn wa die ELse?                          EPT Vorschlag
  02 Bia: wenn_de MAGST,                             ZPT Annahme
  03 Mik: ick find ELse n_geilen nAmen für ne_KUH.   EPT Bewertung
  04 Bia: ja?
  05 Mik: hm_hm.
```

Mike schlägt den Namen Else vor (Z. 01), und Bianca antwortet: *wenn_de MAGST.* Damit stimmt sie dem Vorschlag zu. Die Namensgebung ist weder notwendig noch hat einer der Beteiligten besondere Rechte, die Wahl des Namens zu bestimmen. Es ist ein Vorschlag Mikes, den er Bianca gegenüber macht und den sie ablehnen und einen Gegenvorschlag machen oder – wie hier geschehen – annehmen kann.

Die Sequenz ist damit im Prinzip abgeschlossen, aber der weitere Verlauf ist dennoch aufschlussreich: Mike nimmt im nächsten Zug eine Evaluation des Namens vor: *ick find ELSE n geilen NAmen für ne_KUH*. (Z. 03) und liefert damit nachträglich eine Begründung (*account*) für seinen Vorschlag. Möglicherweise ist das auf die sehr zurückhaltende Reaktion von Bianca zurückzuführen, die die Entscheidung Mike überlässt (*wenn_de magst*, Z. 02). Durch seine erste Bewertung setzt er eine zweite Bewertung Biancas relevant, die jedoch mit einem rückfragenden *ja?* (Z. 04) reagiert und erneut einer Stellungnahme ausweicht.

Beispiel (42) stammt aus einem Interview, das beim Befragten zuhause stattfindet. Es kommt allmählich zu einem Ende, was sich durch die Frage nach der Uhrzeit – einem typischen Beendigungsvorlauf, vgl. Kap. 2 – schon andeutet (Z. 01) und vom Interviewer (in Z. 05) bestätigt wird.

Beispiel (42) GERNE
```
((Das Interview geht dem Ende entgegen.))
  01 B7: wie spät IS_es_n;
  02      [is,
  03 I:   [wir ham (vier),
  04      jou;
  05      wir ham_s (.) schon fast RUM jetz; [ja,
  06 B7:                                     [na is ja wunderBAR;
  07      jetzt machn wer uns n_KAFfee; ne,        EPT Vorschlag
  08 I:   (      [   )
  09 B7:         [trinken_se noch n KAF[fee, oder;  EPT Angebot
  10 I:                                [ja GERne.   ZPT Annahme
```

Nachdem das Interview nun als (weitgehend) beendet erklärt wird, macht der Befragte mit *jetzt machn wer uns n_KAFfee; ne,* (Z. 07) einen Vorschlag, der aus einer inklusiven Wir-Perspektive formuliert ist. Der Interviewer reagiert darauf kurz (leider in der Aufnahme nicht verständlich); darauf wiederholt der Befragte seine Initiative, allerdings in veränderter Form: *trinken_se noch n KAFfee, oder;* (Z. 09). Aus einem Vorschlag wird hier ein Angebot (eine Einladung), die der Interviewer denn auch annimmt *ja gerne.* (Z. 10). Die Umorientierung im EPT ist möglicherweise der Tatsache geschuldet, dass die erste Initiative das Gegenüber stark vereinnahmt und die Voraussetzung, ob überhaupt genug Zeit ist, gar nicht geklärt ist. Das wird im zweiten Ansatz nachgeholt. Der Vorschlag wird zu einem Angebot, das als Frage formuliert ist, und damit die Ablehnung erleichtert.

Auch Einladungen sind Vorschlägen bzw. Angeboten sehr ähnlich. Der Unterschied besteht zum einen darin, dass Angebote einen Bedarf des Gegenübers fokussieren und Vorschläge ein Anliegen beider Seiten adressieren. Einladungen hingegen stellen eher ein Anliegen des Einladenden dar und bekunden Interesse am Gegenüber, verpflichten ihn im Falle einer Zusage aber zu etwas. Auch sie weisen eine typische Präferenzstruktur auf, bei der die Annahme sehr direkt und ohne größeren Formulierungsaufwand erfolgen kann, während die Ablehnung meist mit typischen Dispräferenzmerkmalen versehen wird. Im folgenden Beispiel wird eine – bereits selbst mit viel Formulierungsaufwand formulierte Einladung – abgelehnt.

Beispiel (43) KARAOKE (Telefonat)
((Ein Paar lädt einen Freund zu einem Karaoke-Abend ein.))
```
01 HZ:  und falls du nIchts bEsseres zu TUN hast;      EPT Einladung
02      und dir LANGweilig is;                         ←
03      lad ich dich gerne ein MITzukommen mal.        ←
04      (.)                                            fehlender ZPT
05      aber du MUSST nicht.                           ←
06      (.)                                            fehlender ZPT
07      naTÜRlich hehe                                 ←
08      (.)                                            fehlender ZPT
09 BI:  na GUT.                                        ZPT (Vorlauf)
10      wenn mir lAngweilig WÄre,                      ZPT Ablehnung
11      und ich nichts zu tun HÄtte,                   ←
12      wÜrd ich vielleicht_auch MITkommen;            ←
13      aber (.) ich bin mIttendrin (.) °hh in den (.)
        (NAme)emails aus dem letzten JAHR, (.)         Begründung
14 HZ:  [hm:]
15 BI:  [und] eh (.) n_bisschen was is jetz auch ZEITkritisch;
16      und das muss einfach mal WEG.                  ←
17 HZ:  ja. (-)
```

Wie in 4.4 bei der Besprechung von Beispiel (16) bereits gezeigt wurde, ist schon die Gestaltung der Bitte mit vielen Dispräferenzmarkierungen versehen, womit eine Ablehnung der Einladung erleichtert wird. Und genau das folgt: BI reagiert verzögert (vgl. Z. 04–08) und dann mit einem Vorlauf *na gut* (Z. 09), der die Antwort hinausschiebt. Diese Dispräferenzmarkierungen projizieren bereits die Ablehnung. Schließlich führt er aus, dass er, wenn die von A genannten Voraussetzungen gegeben wären, die Einladung wohl auch annehmen würde (Z. 10–12), schließt dann mit einem *aber* (Z. 13) eine ausführliche Begründung dafür an, warum er keine Zeit hat (abzuarbeitende, zeitkritisch werdende E-Mails aus dem letzten Jahr, Z. 13, 15, 16). Indem er Zeitzwänge anführt, bleibt die Einladung selbst gewürdigt, da nicht persönliches Desinteresse, sondern äußere Notwendigkeiten den Ausschlag für die Ablehnung geben. Interessanterweise wird die Ablehnung des Vorschlags nie direkt ausgesprochen, sondern bleibt eine indirekte Schlussfolgerung aus der Tatsache, dass man nicht um 20.00 auf eine Veranstaltung gehen kann, wenn man bis Mitternacht mit dringenden Aufgaben beschäftigt sein wird.

Bleibt die Frage, warum die Einladung selbst so stark dispräferiert gestaltet ist? Der wichtigste Grund ist wohl, dass der Einladende dem Gegenüber dadurch bereits so viele Argumente für die Ablehnung liefert, dass ihm diese leichtgemacht wird. **Alle Beteiligten orientieren sich also am Präferenzsystem,** nicht nur diejenigen, die ZPT realisieren; auch EPT orientieren bisweilen darauf, dem Gegenüber die Produktion eines dispräferierten ZPT zu erleichtern.

4.5.6 Einen Gefallen tun, ein Geschenk machen etc. & sich bedanken

Der sprachlichen Handlung, sich zu bedanken, geht in der Regel etwas voraus, wofür man sich bedankt. Das kann eine nichtsprachliche Handlung sein, z. B. im Bus den Platz anbieten, ein Stück Kuchen reichen, etwas herüberreichen, aber auch eine Wegauskunft geben, einen Glückwunsch aussprechen etc. Den ZPT bildet dann häufig ein Dank, wie im folgenden Beispiel.

Beispiel (44) HEIßGETRÄNK
```
((Am Lagerfeuer im Garten))
  01 Mi: einmal für (.) dich de KAFfee?              EPT
         ((stellt den Kaffee vor Anton hin))
  02 An: GRAcias.                                    ZPT
  03     (0.6) ((Mike reicht Josef den Tee))         EPT
  04 Jo: [OH DANke.                                  ZPT
  05 Mi: [und ick hab JANZ viel [ziTROne rinjemacht. EPT
  06 Jo:                        [WELTklasse. ja.     ZPT
  07     DANke.                                      ←
```

Mike verteilt von ihm zubereitete Getränke, Anton bedankt sich für seinen Kaffee auf Spanisch (*GRAcias*, Z. 02), Josef für seinen Tee mit *OH DANke* (Z. 04). Mike betont, dass er ihm extra viel Zitrone hineingetan hat (d.h. er expliziert, dass er Josef etwas Gutes tun wollte, Z. 05), was dieser mit *WELTklasse. ja.* (Z. 05) kommentiert und sich so erneut bedankt (Z. 07).

Dank ist eine komplexe soziale Handlung, die bisher nur ansatzweise in all ihren Facetten in der sozialen Interaktion untersucht wurde (vgl. für einen konversationsanalytischen und kulturvergleichenden Ansatz Floyd et al. 2018).

4.5.7 Sich entschuldigen & annehmen/ablehnen

Bisweilen kommt es zu verdrießlichen Situationen, z. B. tritt man jemandem auf die Füße, hat etwas vergessen, was man versprochen hat, etc. Wie beim Dank kann einer Entschuldigung eine nicht-verbale Handlung vorausgehen. Analysiert man die verbale Entschuldigung als EPT, folgt im ZPT ihre Annahme; sie kann natürlich auch ausgeschlagen oder verzögert werden, was oft schlicht durch Ignorieren passiert.

Betrachten wir ein Beispiel für den ersteren Fall. In einer Radiosendung mit Hörerbeteiligung begrüßt der Moderator eine Anruferin versehentlich mit der Anredeform *Herr*.

Beispiel (45) FRAU KUTAY
```
((Medizinische Phone-in-Sendung im Radio))
  01 UO: herr kUtay grüß GOTT;           EPT Gruß
  02     (---)
  03 A1: [halLO:;                         ZPT Gegengruß
  04 UO: [oder FRAU kutay?                EPT Frage (Reparaturinitiierung)
  05     entSCHULdigung.                  EPT Entschuldigung
  06 A1: FRAU kutay-                      ZPT Antwort (Reparatur)
  07     halLO:;                          ZPT Wiederholung Gegengruß
  08 UO: ja entschUldigen sie BITte,      EPT Wiederholung Entschuldigung
         ((lacht))                        ←
  09 A1: NICHT so schlimm.                ZPT Annahme
  10     (---)
  11 UO: BITte sehr.
  12     sIe sind DRAN.
```

Auf die Adressierung und Begrüßung des nächsten Anrufenden durch den Moderator mit *herr kUtay grüß GOTT* (Z. 01) erfolgt zunächst kein Gegengruß (Z. 02), was UO vielleicht dazu veranlasst, nach einer Störungsursache zu suchen (vermutlich in den Informationen der im Hintergrund arbeitenden Redaktion). Er beginnt zu zweifeln, ob vielleicht eine Frau in der Leitung ist, und initiiert mit fragender Intonation eine Fremdreparatur (vgl. Kap. 5): *oder FRAU kutay?* (Z. 04) (mit Kontrastakzent auf der geschlechtsbezeichnenden Anredeform). Parallel dazu äußert die Anruferin einen Gegengruß *halLO:;* (Z. 03). Im nächsten Zug entschuldigt sich UO; parallel dazu antwortet die Anruferin *FRAU kutay* und liefert hier das Reparandum, dass UO in Z. 04 erfragt hat. Sie wiederholt den Gegengruß *halLO:;* (Z. 07). Daraufhin expandiert UO noch einmal mit *ja entschUldigen sie BITte,* (Z. 08) seinen EPT. Diesen nimmt Frau Kutay mit dem ZPT *NICHT so schlimm* (Z. 09) an. Damit ist die Begrüßungssequenz abgeschlossen und UO erteilt der Anruferin den Turn zur Schilderung ihres Anliegens (Z. 11, 12).

Beispiel (46) KAFFEEKLATSCH
```
01 Fre:   komisch (ja,)
02        der kaffee is_n bisschen DÜNN geworden;_leute-
03        [das tut mir LEID-                         EPT Entschuldigung
04 Agn:   [M:ACHT doch nix;                          ZPT Annahme
05        (---)
06        ((Lisa legt Tizian Kuchen auf den Teller.))
07 Tiz:   DANke,=
08 Agn:   =also mir macht das NIX;                   ← (Wiederholung)
09        könn_n (.) (wir MEHR trinken.)             + Begründung
```

Fredda kommt mit der Selbstbezichtigung ins Wohnzimmer, dass der Kaffee ein bisschen dünn geraten sei, und entschuldigt sich dafür: *das tut mir LEID* (Z. 03). Agnes wiegelt ab, indem sie *MA:CHT doch nix-* (Z. 04) sagt und in Z. 08 noch einmal betont *also mir macht das NIX; könn_n (.) (wir MEHR trinken.).* Hier wird die Entschuldigung von den Kaffeegästen nicht nur angenommen, sondern der Makel, für den sich die Köchin vorauseilend entschuldigt hat, sogar ins Positive gekehrt.

Erwiderungen auf Entschuldigungen stufen typischerweise den Anlass der Entschuldigung herunter (*das macht nichts, das ist schon in Ordnung, ach egal* etc.). Häufig werden auch noch Erklärungen oder Begründungen geliefert, die manchmal durchaus erfinderisch sind, wie z. B. dass man von dünnem Kaffee eben mehr trinken könne.

4.5.8 Vorwurf machen & sich rechtfertigen/entschuldigen

In den vorangegangenen Beispielen haben die Verursacher ihre potenziellen Fehler selbst bemerkt und sich initiativ, sogar vorauseilend entschuldigt. Es können aber auch die Anderen einen Fauxpas reklamieren, z. B. in Form eines Vorwurfs. Es gibt eine verbreitete Praktik, mit der Vorwürfe realisiert werden, die wir schon in Beispiel (15) besprochen haben.

Beispiel (47) Netz

((Sybille hat ein großes Netz zur Dekoration ihres Schlafzimmers benutzt, das Bianca für eine Verkleidung benutzen will.))

```
01 Bia:  <<all>HÖR_mal;>
02       wieso hast_n du das NETZ da angebracht;      EPT Vorwurf
03       das musst du jEtzt wieder RUNternehmen;=ne?  ←
04 Syb:  ich hab dich ja extra dafür geRUF[en;        ZPT Rechtfertigung
05 Bia:                                  [ja;

06       aber ich hatte dir ja geSACHT;
07       dass ich das BRAUCH;
```

Die W-Frage in der Äußerung *wieso hast_n du das NETZ da angebracht;* (Z.02) hat die typische Form eines Vorwurfs (Günthner 2002a); das zeigt sich u.a. daran, dass Bianca gar keine Antwort abwartet, sondern gleich eine Handlungsanweisung realisiert. Sybille reagiert mit einer Rechtfertigung (sie hat Bianca gerufen, d.h. gefragt, ob sie das Netz nehmen darf, Z. 04). Damit reagiert sie auf einen Vorwurf, der impliziert, dass Sybille kein Recht hatte, das Netz einfach zu nehmen.

Eine andere Praktik, einen Vorwurf zu realisieren, ist im folgenden Beispiel aus einer Radiosendung mit Hörerbeteiligung zu sehen. Die Ärztin MK, die die Moderation innehat, hat der Anruferin gerade das Rederecht übergeben.

Beispiel (48) VORGESTELLT

((Medizinische Phone-in-Sendung im Radio. Anwesend sind die Ärztin/Moderatorin Marianne Koch (MK) und der Arzt Walter Bodgan (WB).))

```
01 MK:  JETZT [erzählen sie.
02 A5:        [sie haben sich noch nicht VORgestellt.  EPT Vorwurf
03 WB:  ja-
04 MK:  gAnz am Anfang der sendung hat er_s geTAN;
                                                      ZPT Rechtfertigung
05      und ich habs AUCH getan.                      ←
06      aber das müssen Sie nicht unbedingt erINnern. ←
07 A5:  ich entSCHULdige [mich.]                      EPT Entschuldigung
08 MK:                   [MACHT] nix; ((lacht))       ZPT Annahme 1
09 WB:  ALles in ORDnung.                             ZPT Annahme 2
```

Die Anruferin hat nun die Gelegenheit, ihre Krankengeschichte zu erzählen und eine Frage dazu zu stellen. Nach der Rederechtsübergabe formuliert sie jedoch nicht ihr Anliegen, sondern einen Vorwurf: *sie haben sich noch nicht VORgestellt.* (Z. 02). Die Referenz „sie" ist hier nicht eindeutig, es kann sowohl MK als auch WB gemeint sein. Da MK die Sendung jedoch seit vielen Jahren macht und bekannt sein dürfte, ist es eher wahrscheinlich, dass der als Gast anwesende Arzt WB gemeint ist. Dieser reagiert mit einem *ja-* (Z. 03), dann greift MK ein, indem sie den Vorwurf zurückweist: *gAnz am Anfang der sendung hat er_s geTAN; und ich habs AUCH getan.* (Z. 04–05). Diesem Argument, das ja der Anruferin entgegenhält, etwas Falsches zu behaupten, nimmt sie im 3. Redezug die Schärfe, indem sie verständnisvoll zugesteht: *aber das müssen Sie nicht unbedingt erINnern.* (Z. 06).[124]

An diese Vorwurf & Rechtfertigungs-Paarsequenz schließt sich nun eine Entschuldigung & Annahme-Sequenz an. Die Anruferin formuliert explizit: *ich entSCHULdige mich.* (Z. 07), worauf MK die Entschuldigung mit *MACHT nix;* (Z. 08) annimmt. Auch WB äußert ein *ALles in ORDnung.* (Z. 09) und akzeptiert damit die Entschuldigung.

Im folgenden Beispiel wird eine Äußerung im EPT als Vorwurf verstanden, auf die aber im ZPT keine Rechtfertigung folgt, sondern eine Entschuldigung.

Beispiel (49) SPANISCH
```
((Telefonat während eines Auslandsaufenthalts. A hatte B Spa-
nischlehrmaterial ins Ausland bringen lassen.))
    14 B:  und eh eh °h hast du dich jetzt entSCHLOSsen,
    15     äh das ANzunehmen da in MAdison?              EPT Inf.Frage
    16     oder gehst du nach mittelaMErika mit;         ←
    17 A:  nee:.                                         ZPT Antwort
    18     ich hab mich entSCHLOSsen,                    ←
    19     den den job in in in in der nähe von madison
           ANzunehmen;                                   ←
    20 B:  AH: ja;
    21 A:  äh h°
    22 B:  da wird ja? da waren ja die ganzen spAnischaktionen
           umSONST; [ne?                                 EPT Vorwurf?
    23 A:           [ja tut mir LEID;                    ZPT Entschuldigung
```

B erkundigt sich nach dem Stand der Berufspläne ihrer Tochter A (Z. 14–16). Unter den zwei Alternativen, entweder eine Stelle in Madison oder eine in Mittelamerika anzutreten, hat A sich für Madison entschieden (Z. 17–19). Dies quittiert B mit dem Erkenntnisprozessmarker (*change of state token*) *AH: ja;* (Z. 20). In Vorbereitung auf Mittelamerika hatte B ihr zuvor mit einigem Aufwand Spanischlehrmaterial zukommen lassen; mit Bezug darauf stellt sie im nächsten Zug nun fest: *da waren ja die ganzen spAnischaktionen umSONST; ne?* (Z. 22).

---

[124] An diesem Beispiel wird u.a. deutlich, dass zweite Handlungen auch von mehreren Personen ausgeführt werden können, z. B. wenn eine erste Handlung sich an zwei Personen richtet.

Diese Äußerung behandelt A als Vorwurf, wie ihre Erwiderung *ja tut mir LEID;* (Z. 23) zeigt; sie rechtfertigt sich hier nicht, sondern entschuldigt sich bei B im ZPT.

Auch bei den Entschuldigungen ist natürlich das Ausmaß des „Vergehens" entscheidend für die verwendeten Praktiken. Es gibt Handlungen, die eindeutig eine Beleidigung oder ein Angriff sind, während bei anderen eher interaktiv verhandelt werden muss, ob etwas überhaupt als *face*-bedrohendes Agieren angesehen werden kann.

Nicht nur ZPT nehmen bisweilen Bewertungen vor, auch viele andere Erste Handlungen evaluieren auf die eine oder andere Weise. Im Folgenden betrachten wir Bewertungen und als spezifische Formen zum einen Komplimente, die dem Gegenüber positive Dinge sagen, und zum anderen Selbstabwertungen, die Negatives über die eigene Person äußern.

4.5.9 Bewerten & (positiv/negativ) gegenbewerten

Dass man Grüße erwidert und Fragen beantwortet, vermitteln Erwachsene Kindern als Teil des guten Benehmens schon sehr früh. Weniger bewusst ist uns dagegen die Tatsache, dass auch Bewertungen Paarsequenzen bilden und eine Erste Bewertung eine zweite Bewertung konditionell relevant setzt – vorausgesetzt natürlich, dass den Beteiligten der Bewertungsgegenstand bekannt ist (Schegloff & Sacks 1973: 296; vgl. Pomerantz 1984a, 1984b; Auer & Uhmann 1982).

Beispiel (50) ECHT SCHÖN
```
((Sybille & Bianca kommentieren den Besuch eines Starfriseurs.))
    01 Syb: das war auch ECHT SCHÖN; ey,        EPT 1. Bewertung
    02 Bia: war WAHNsinn.                        ZPT 2. Bewertung
```

Sybille bewertet im Gespräch mit Bianca den vergangenen Tag in der Rückschau als *ECHT SCHÖN;* und produziert damit den EPT einer Bewertungssequenz. Bianca liefert im nächsten Redebeitrag einen ZPT mit einer gleichlaufenden Bewertung, die sogar eine noch stärkere Positivbewertung enthält: *war WAHNsinn.* (Z. 03). Aber nicht immer liefern Sprecher/innen, wenn sie die Einschätzung der ersten teilen, zweite Bewertungen, die die ersten noch übertreffen, wie im folgenden Beispiel.

Beispiel (51) GEIL
```
((Ole führt die Fotofunktion seines neuen iPad vor.))
    01 Iri: und dAnn kann man_s doch noch so verGRÖ:ßern;=gell,=
```

```
02 Ole: =[<<all> JAja;>
03 Mar:  [das ist einfach nUr (-) GEIL,          EPT 1. Bewertung
04       das ist einfach wIrklich nur (-) mega[GEIL. ←
05 Iri:                                          [ha das ist
              schon nicht SCHLECHT.              ZPT 2. Bewertung
```

Im Zuge der Bewunderung von Oles neuem iPad äußert sich Martin sehr begeistert. Eine erste Prädikation *einfach nUr (-) GEIL,* (Z. 03) übertrifft er selber mit *einfach wIrklich nur (-) megaGEIL.* (Z. 04). Auf diese erste Bewertung liefert Iris eine zweite Bewertung, die zwar ebenfalls positiv, aber doch weniger stark ist – schließlich kannte sie diese Funktion ja auch bereits, wie ihre Äußerung in Z. 01 zeigt.

Natürlich sind Menschen nicht immer derselben Meinung, so dass es auch zu gegenläufigen zweiten Bewertungen kommt (Auer & Uhmann 1982). Betrachten wir in dieser Hinsicht Beispiel (52).

Beispiel (52) GANZ NETT
```
((Kontext: berufliche Entscheidung))
01 A: °h du kennst meine ELtern nich; bernt.
02 B: nee ich kenn deinen PA;
03    aber dEr ist doch eigentlich ganz NETT;
04    [oder?                                    EPT 1. Bewertung
05 A: [ja der ist oKAY;                          ZPT 2. Bewertung
06    aber wenn es um sO sachen geht NICH.      + Einschränkung
```

Die gleichlaufende Bewertung von Bianca in Beispiel (50) folgt unmittelbar und ohne Verzögerung auf die Erste Bewertung (siehe auch Bsp. 51). In Beispiel (52) verhält es sich anders. Zunächst stimmt A der Bewertung zwar zu (*ja der ist oKAY*, Z. 05), deeskaliert sie aber auch, um dann eine divergierende Bewertung anzuschließen (*aber...*, Z. 06). Diese *ja, aber*-Strategie hat den Effekt, dass die Verbalisierung der Nicht-Übereinstimmung hinausgezögert wird. Die Sprecherin mildert den direkten Widerspruch ab, indem sie der Bewertung des Gesprächspartners eine gewisse Gültigkeit einräumt, um sie aber dann für den in Frage stehenden Fall wieder zu negieren (schließlich kennt sie ihren Vater ja auch besser).

Im folgenden Beispiel ist eine längere Aushandlung von Bewertungen zu sehen:

Beispiel (53) TOUGH
```
((Die Gruppe spekuliert über die Gründe, warum Janna und Lenna
in einer Spielshow vom Publikum abgewählt wurden.))
01 Vio: war die [TOUGH?                          EPT Inf.Frage
```

```
02 Jos:         [die j?
03         die LENna?=
04 Vio: =hm_hm,
05 Bia: ja.                                         ZPT Antwort 1
06      (1)
07 Jos: ja:a.                                       ZPT Antwort 2
08      vor allen dingn war_das auch n_sUper EHRlicher mensch.
             (-)
09      die is irgendwie (.) merk(.)würdig RÜbergekommen.
10 Bia: die is glaub_ich zu RUhig und zu:- (-),
11      die konnte man nich ein? EINordnen.
12      die BRAUCHte einfach auch ihre zeit.
13 Vio: eher UNscheinbar; ne,
14      Oder;
15 Bia: jaHA.
16      [sOwas. geNAU.
17 Jos: [hm_hm, dAs hab ich mir AUCH gedacht.
18 Vio: janna (is voll) HÜ:BSCH-                    EPT 1. Bewertung
19      und
20 Bia: ja die die lEnna [(war zu) UNscheinbar.     fehlender ZPT
21 Jos:                  [ja aber:
22 Vio: nee ich fand die ich fand die toTAL sÜß; die jAnna.
            (.)                                     EPT (Wiederholung)
23      WIRKlich.
24 Bia: ja IS sie ja auch.                          ZPT 2. Bewertung
```

Viola äußert sich sehr positiv über Janna (*(voll) HÜ:BSCH-* Z. 18). Darauf folgt jedoch keine Reaktion, so dass sie erneut eine Bewertung vornimmt, nämlich dass sie sie *toTA:L süß* (Z. 22) fand. Das Fehlen der Zweiten Bewertung führt dann zu einer weiteren Expansion der Sequenz, in der Viola ein bekräftigendes *WIRKlich,* (Z. 23) nachschiebt. Darauf erfolgt schließlich die zweite Bewertung Biancas, in der sie bestätigt, dass Viola Recht habe (Z. 24). Indem sie den Sachverhalt als zutreffend bezeichnet, geht sie die Bewertung Violas mit. Sie hebt dabei die subjektive Bewertung Violas (*ich fand...*) auf eine objektive Basis (*ja IS sie ja auch.*).

Schauen wir uns den weiteren Verlauf der in Beispiel (50) vorgestellten Bewertungssequenz an:

Beispiel (54) ECHT SCHÖN
```
((Sybille & Bianca kommentieren den Besuch eines Starfriseurs))
01 Syb: das war auch ECHT SCHÖN; ey,               EPT 1. Bewertung
02 Bia: war WAHNsinn.                              ZPT 2. Bewertung
03      (2)
04 Syb: <<flüstert>sO SCHÖ:N.>                     EPT 1. Bewertung
```

```
05          (---)
06          <<p>war DAS ein schönes (kon) (.) dings;> (-)  ←
07   Bia:   ja ich fand das Auch echt IRre,         ZPT 2. Bewertung
08   Syb:   war_s schÖnste schÖnste vom SCHÖNsten;  EPT 1. Bewertung
09          oder?
10   Bia:   hm_hm, (---)                            ZPT Ratifizierung
11   Syb:   <<flüstert>war sO SCHÖ:N.>              EPT 1. Bewertung
12   Bia:   <<t>ja.>                                ZPT Ratifizierung
13          es war auf jeden fall das SCHÖNste erlEbnis in dem
            haus;                                   + 2. Bewertung
```

Sybille hat den vergangenen Tag als *ECHT SCHÖN; ey,* bewertet, worauf Bianca mit einer zweiten gleichlaufenden Bewertung *WAHNsinn.* erwidert hatte. Sybille schließt nun nach einer kleinen Pause eine weitere Bewertung an und wiederholt noch einmal die Qualifizierung der Ereignisse, wobei sie *ECHT SCHÖN* durch das *sO SCHÖ:N.* noch einmal steigert (Z. 04). In dieser Wiederholung und Steigerung und insbesondere in der flüsternden und leisen Sprechweise bringt sie schwärmerische Begeisterung zum Ausdruck. Zugleich hat sie wieder den EPT einer Bewertungssequenz realisiert, und es wäre nun an Bianca, eine zweite Bewertung zu liefern. Es kommt jedoch zu einer kurzen Pause (Z. 05), Bianca scheint aus der Evaluations-Iteration ausgestiegen zu sein. Sybille wiederholt noch einmal ihre positive Bewertung des Erlebnisses: *<<p>war DAS ein schönes (kon) (.) dings;>* (Z. 06).

Nun bestätigt Bianca mit *ja* und schließt eine zweite Bewertung an: *ich fand das auch echt IRre* (Z. 07). Zwar handelt es sich noch immer um eine gleichlaufende positive Bewertung, sie weicht aber von Sybilles Bewertung ab: Etwas *irre* finden (vgl. auch *WAHNsinn* in Z. 02, das aus demselben semantischen Feld stammt) bedeutet, es eher aufregend und ungewöhnlich etc. als schön zu finden. Vielleicht ist es diese Diskrepanz, die Sybille veranlasst, eine weitere Bewertung zu äußern, in der sie ihre vorangegangenen Qualifizierungen des Tages noch einmal ins Hyperbolische steigert *war_s schÖnste schÖnste vom SCHÖNsten;* (Z. 08) (vgl. auch Pomerantz 1986 zu *extreme case formulations*). Auch darauf reagiert Bianca nicht sofort, so dass Sybille mit einem Rückversicherungssignal *oder?* (Z. 09) die fehlende zweite Bewertung explizit einfordert. Bianca ratifiziert jedoch lediglich mit einem *hm_hm,* (Z. 10), was gemessen an der von Sybille ausgedrückten Begeisterung als sehr verhaltene Bewertung im ZPT zu werten ist. Sybille wiederholt nun noch ein weiteres Mal leise flüsternd die Bewertung *war sO SCHÖ:N.* (Z. 11), was von Bianca wiederum mit *ja* (Z. 12) ratifiziert wird. Offensichtlich ist es Sybille nicht gelungen, die Freundin zur Äußerung einer ähnlich enthusiastischen Bewertung zu bewegen und eine vollständige evaluative und affiliative Übereinstimmung herzustellen. Doch schließlich räumt Bianca ein: *es war auf jeden fall das SCHÖNste erlebnis in dem haus;* (Z. 13). Damit relativiert sie einerseits Sybilles Allaussage, ratifiziert aber andererseits die Bewertung als besonders *schön*.

An diesem Beispiel lassen sich zwei grundlegende Prinzipien illustrieren. Zum einen wird sichtbar, wie die projektive Kraft, die der Paarsequenz innewohnt, genutzt werden kann, um Gesprächsbeteiligte ins Gespräch zu involvieren. Das erreicht Sybille dadurch, dass sie mit ihren ersten Bewertungen immer wieder zweite Bewertungen ihrer Gesprächspartnerin konditionell relevant setzt. Zweitens zeigt sich die Präferenz für Übereinstimmung darin, dass Sybille sehr intensiv daran arbeitet, evaluativen Konsens mit Bianca zu erreichen. Bei Bewertungen reicht dafür die einfache Bestätigung nicht aus (vgl. Z. 10, 12); nur eine gleich starke, am besten noch stärkere Bewertung gilt als Übereinstimmung.

4.5.10 Kompliment machen & annehmen/ablehnen

Schon in den Anfängen der Konversationsanalyse, im Jahre 1978, publizierte Pomerantz eine Arbeit zu Komplimenten im Amerikanischen Englisch.[125] In Folge entstand zu diesem Handlungstyp eine Vielzahl von weiteren Arbeiten, die sehr häufig eine kulturkontrastive oder interkulturelle Perspektive einnehmen (vgl. Golato 2002: 548.)[126] Pomerantz geht von der Alltagsbeobachtung aus, dass auf ein Kompliment häufig eher zurückhaltend reagiert wird. A sagt „Du hast aber ein schönes Kleid an" und B antwortet „Ach, das ist doch nur ein altes abgelegtes Teil von meiner Schwester". Dass diese Reaktion nicht als mangelndes Selbstbewusstsein interpretiert werden sollte, zeigt die Systematik bei der Beantwortung von Komplimenten. Es bestehen Präferenzen, die teilweise im Widerstreit stehen: Auf der einen Seite gilt die grundsätzliche Präferenz für Übereinstimmung, denn Komplimente gehören mit dem Anbieten, Einladen, Loben, Beschenken etc. zu der Klasse sog. „unterstützender" Handlungen (Pomerantz 1978: 82). Auf der anderen Seite gibt es eine Dispräferenz für Eigenlob. Es tut sich also ein Dilemma auf: Einerseits sollte man auf den EPT, das Kompliment,

---

[125] An den Erkenntnissen zu Komplimenten und den Reaktionen lässt sich sehr viel über Präferenzorganisation allgemein zeigen, so dass die Arbeiten von Pomerantz und Golato im Folgenden etwas ausführlicher dargestellt werden soll.
[126] Bei Pomerantz (1978) und anderen konversationsanalytischen Arbeiten stehen – wie wir bereits bei den Bitten festgestellt haben – weniger die EPT, sondern vor allem die Erwiderungen im ZPT im Zentrum.

mit Übereinstimmung reagieren, anderseits gilt es, Eigenlob zu vermeiden (Golato 2002: 550). Die Präferenz für Übereinstimmung und für Eigenlobvermeidung sind beide gültig, können aber nicht gleichzeitig bedient werden (Pomerantz 1978: 81). In diesem Spannungsfeld muss man sich zwischen drei grundsätzliche Optionen entscheiden: Annahme (Übereinstimmung), Zurückweisung (Nicht-Übereinstimmung) und Mischformen, die versuchen, zwischen diesen Polen zu vermitteln, z. B. ein Kompliment zurückgeben oder ihm ausweichen (Chen 1993).

Betrachten wir zunächst Beispiele für die Annahme von Komplimenten.

Beispiel (55) KAFFEEKLATSCH
```
((Die Gastgeberin verteilt selbstgebackenen Kuchen.))
    15 Rud:   schmeckt LECker;                    EPT Kompliment 1
    16 Fre:   schmeckt echt GUT-=                  EPT Kompliment 2
    17 Tiz:   =<<zustimmend,all> hm_hm?>           EPT Kompliment 3
    18        (2.5)
    19 Lis:   <<ryth>DAS freut mich:;>             ZPT Annahme
```

Beim Kaffeeklatsch bietet die Gastgeberin einen Nachschlag von ihrem selbstgebackenen Kuchen an. Das nutzt Rudolf, um ihr ein Kompliment zu machen und den Kuchen als *LECker* zu bezeichnen (Z. 15). Ein zweites Kompliment macht Fredda mit der Bewertung *echt GUT* (Z. 16). Dem schließt sich Tizian an, indem er die bisherigen Aussagen mit *hm_hm?* bestätigt. Lisa reagiert (nach einer kleinen Pause, in der sie mit dem Verteilen des Kuchens beschäftigt ist) mit einem akzeptiereden ZPT, in dem sie ihre Freude darüber äußert, dass der Kuchen so gut ankommt.

Die Nähe zu (positiven) Bewertungen liegt auf der Hand. Komplimente enthalten bspw. sehr oft Adjektive mit positiv-evaluierender Semantik wie hier *gut* und *lecker*. Der wesentliche Unterschied liegt allerdings im Objekt der Bewertungen. Während Komplimente etwas betreffen, das im weitesten Sinne mit der angesprochenen Person zu tun haben, und es positiv bewerten, sind Bewertungen auf etwas Drittes bezogen, das sich nicht direkt auf die Person eines Gesprächsbeteiligten bezieht. Mittels der positiven Bewertung des Kuchens wird z. B. in Beispiel (55) die Leistung der angesprochenen Bäckerin gewürdigt, dagegen geht es in Beispiel (54), wo Sybille und Bianca den Besuch des Friseurs als *ECHT SCHÖN* und *WAHNsinn* bezeichnen, um ein gemeinsames Erlebnis. Daraus ergibt sich eine andere Bezugnahme des ZPT auf den EPT; in der Reaktion auf das Kompliment in Beispiel (55) bezieht sich Lisa z. B. nicht auf den Kuchen, sondern auf die Tatsache, dass dieser den Gästen schmeckt, und bewertet damit nicht ebenfalls den Kuchen, sondern würdigt das Kompliment selbst. Bianca und Sybille hingegen bewerten in Beispiel (54) beide den Besuch des Friseurs.

Nach Golato (2002) sind solche Würdigungen des Kompliments ein im Deutschen häufiger Typ von ZPT. Er findet sich auch im folgenden Beispiel, in dem Gäste den Gastgebern Komplimente machen:

Beispiel (56) (Nach Golato 2002: 556)
```
A: aber heute abend hier war's schön bei euch      EPT Kompliment
B: schön.                                          ZPT Annahme
```

Der ZPT stellt eine Würdigung des Kompliments dar, insofern die Gastgeberin zum Ausdruck bringt, dass sie es *schön* findet, dass die Gäste sich wohlgefühlt haben.[127] An dieser Position kann auch Dank vorkommen, wie im nächsten Beispiel (57), bisweilen in Kombination mit anderen Formeln der Wertschätzung.

Beispiel (57) ALT
```
05        isch bin neuneFUFF[zisch,
06 I:                [oh des is jo no gar net ALT?
                                                   EPT Kompliment
07 MA:    (--) ach.
08        isch DANke für das kompli[ment.          ZPT Dank
```

Auch hier fällt auf, dass sich MA nicht für den Inhalt des Kompliments bedankt, sondern für das Komplimentieren.

Eine weitere Möglichkeit, auf ein Kompliment zu reagieren, ist seine Zurückweisung im ZPT. In Beispiel (58) äußert sich Viola positiv über Sybilles Figur, was diese nicht gelten lässt.

Beispiel (58) BAUCH
```
29 Vio: nee bauch HAste ja gar nich.               EPT Kompliment
30 Syb: doch jEtzt HIER,                           ZPT Zurückweisung
```

Viola vollzieht hier keine Bewertung durch ein positives Adjektiv, sondern weist auf das Fehlen eines unschönen körperlichen Merkmals hin. Bei dem Kompliment für die „bauchlose" Figur ist impliziert, dass keinen (dicken) Bauch zu

---

[127] Dieser Typ kommt in Golatos Korpus mit amerikanischem Englisch gar nicht vor, dort wird häufiger mit einer einfachen Akzeptanz durch *Danke* o.Ä. reagiert. Das wiederum fand Golato im Deutschen nicht. Offensichtlich ist Dank als ZPT nach einem Kompliment im Deutschen weniger gebräuchlich als im Amerikanischen Englisch.

haben positiv bewertet wird. (Das kann wohl in unserer Kommunikationsgemeinschaft als allgemein geteiltes Wissen vorausgesetzt werden und lässt sich auch im Kontext des Ausschnitts eindeutig rekonstruieren). Auf das Kompliment reagiert Sybille mit einem direkten Widerspruch, der allerdings keine Merkmale von Dispräferenz aufweist. Sie negiert die Zuschreibung „keinen Bauch haben" dadurch, dass sie auf ihren Bauch zeigt, um das Gegenteil zu beweisen.

Auch im folgenden Beispiel weist Viola ein Kompliment zurück.

Beispiel (59) VORLESEN
```
((Viola hat Mike ein Shakespeare-Stück vorgelesen, das sie später aufführen wollen.))
01 Mik:  trink e_mal ein SCHLÜCKchen.
02 Vio:  °h für meine ts ts ((schmatzt)) ↑hü ↑hü KEHle.
03 Mik:  <<p>du liest aber SCHÖN vor.>          EPT_B Kompliment
04 Vio:  (-) FINds_e? (.)                       EPT_EIN Rückfrage
05 Mik:  <<gepresst>joh.>                       ZPT_EIN Bestätigung
06 Vio:  <<lachend>ach_(QUARK.)                 ZPT_B Zurückweisung
```

Viola, die Mike ein Theaterstück vorliest, macht eine Pause und Mike bietet ihr ein Getränk an, das sie annimmt. Dann macht er ihr ein Kompliment (Z. 03): *du liest aber SCHÖN vor*. Nach einer Minimalverzögerung stellt Viola eine Rückfrage, die keinen typadäquaten ZPT darstellt. Mike bejaht und reetabliert sein Kompliment damit. Im nächsten Zug nun weist Viola das Kompliment lachend zurück: *ach_(QUARK.)* Z. 06).

Die dritte Option für ZPT nach Komplimenten sind Kompromissformen im Konflikt zwischen Übereinstimmung und Eigenlobvermeidung. Das Spektrum reicht von Herunterspielen, Uminterpretieren, Zurückgeben bis hin zum Ignorieren (Golato 2002: 551f.). Gemeinsam ist ihnen allen, dass sie das Kompliment im EPT nicht unumwunden annehmen, ohne es aber direkt zurückzuweisen.

Beispiel (60) (nach Golato 2002: 556)
```
A: lecker
B: das fleisch hat sie gekauft ich hab's nur gegrillt
```

Beispiel (61) (nach Golato 2002: 556)
```
A: schmeckt lecker
B: der is aus dem kochbuch was du mir mal zu Weihnachtn
   geschenkt hast
```

Beispiel (62) (nach Golato 2002: 556)
```
A: M:::m lecker
B: ja:a?
A: uh uhm
```

In Beispiel (60) lenkt B das Kompliment von sich weg auf seine Frau, indem er impliziert, dass sein Beitrag, nämlich das Grillen selbst, weniger entscheidend für den Wohlgeschmack des gegrillten Fleisches ist als der qualitätsentscheidende Einkauf seiner Frau.

In Beispiel (61) wird das Kompliment auf die Person, die es gemacht hat, zurückgelenkt, denn der „leckere" Kuchen wurde mit einem Rezept aus einem Kochbuch gebacken, das diese dem Sprecher selbst geschenkt hat. Damit wird der eigene Anteil am Erfolg gemindert und auf die Komplimente-Macherin selbst übertragen.

Im dritten Beispiel (62) stellt B im Anschluss an das Kompliment eine Bestätigungsrückfrage (siehe auch Bsp. 59). Die „überraschte" Rückfrage impliziert, dass die Sprecherin es kaum glauben kann, dass das Essen gut schmeckt, d. h. sie kokettiert mit der eigenen Inkompetenz, und zugleich hat sie damit einen ZPT geliefert, ohne direkt auf das Kompliment zu reagieren.[128]

An Beispiel (63) wird noch einmal gut sichtbar, dass Interaktion ein gemeinsamer Herstellungsprozess ist und nicht allein die Sprecher/innen, sondern auch die Rezipient/innen darüber bestimmen, welche Handlungssequenz sich schließlich entwickelt.

Beispiel (63) (nach Golato 2002: 555)
```
A: übrigens (.) das fleisch exzel[lent
B:                                [super ne?
```

B erwidert auf As Bewertung des Fleisches als *exzellent* mit einer zweiten gleichlaufenden Bewertung *super, ne?*. Damit wird eine Äußerung, die potenziell ein Kompliment dafür sein könnte, dass A das Fleisch exzellent zubereitet hat, als Bewertung der Fleischqualität behandelt. Dafür ist B nicht direkt verantwortlich, so dass der EPT nicht zu einem Kompliment, sondern zu einer Bewertung wird.

---

128 Dass die meisten Beispiele aus dem Bereich des Essens stammen, ist sicher dem Umstand geschuldet, dass viele Aufnahmen in der Konversationsanalyse bei Tisch gemacht werden und es dort üblich ist, das Essen zu loben.

Im Beispiel (64) geschieht das Umgekehrte. Schauen wir uns hier noch einmal genauer an, wie der Rezipient aus einer bewertenden Äußerung ein Kompliment macht, wogegen sich dann aber die Sprecherin verwehrt.

Beispiel (64) ALT
((In einem narrativen Interview fragt die Interviewerin nach der
Zeit vor dem zweiten Weltkrieg. MA antwortet, dass es nur noch
wenige Repräsentanten dieser Zeit gäbe.))
```
01 MA:   aber (.) do sin die jüngschde halt so alt wie ISCH.
02 I:    darf isch mal frage wie alt sie_SIN so ungefähr-
                                                 EPT Vorlauf + Frage
03 MA:   nee isch sag ihne des <<lach>uffs JOHR,
04       wenn sie> so WOLle,
05       isch bin neuneFUFF[zisch,              ZPT Antwort
06 I:                      [oh des is jo no gar net ALT?
                                             EPT pos. Bewertung/Kompliment?
07 MA:   (--) ach.
08       isch DANke für das kompli[ment.         ZPT Dank
09 I:                             [<<f>NEE.>     Widerspruch
10       eh aber ich mein ich [hab?             ←
11 MA:                        [ja isch bin net alt im sinne vun
             verGREIST; [nich                   ←
12 I:                   [ja:
13       [jaja]
14 MA:   [aber] zu den jünglingen oder konn isch misch doch kaum
         noch ZÄHle.
```

Im Zuge eines narrativen Interviews betont der Interviewte, dass seine Zeitgenossen (vor dem Zweiten Weltkrieg Geborene) ja mittlerweile genauso alt seien, wie er es ist. Daraufhin erkundigt sich die Interviewerin nach seinem Alter (mit einem Frage-Vorlauf *darf isch mal frage* (Z. 02), den wir in Kapitel 4.6.1 noch genauer betrachten werden). MA nennt sein Alter (*neuneFUFFzich*; Z. 05), worauf die Interviewerin sehr schnell eine bewertende Äußerung folgen lässt: *oh des is jo noch net ALT?* (Z. 06). Hier liegt eine implizierte negative Bewertung von „Alt sein" zugrunde, so dass „Nicht-Altsein" eine positive Bewertung darstellt. Das allein ist aber noch keine eindeutig erkennbare Komplimenthandlung. Erst durch den Dank im nächsten Zug, in dem MA die Äußerung explizit als Kompliment bezeichnet (Z. 08), wird diese Bedeutung hergestellt. Allerdings führt das zu einer heftigen Reaktion der Interviewerin, die offensichtlich so nicht verstanden werden will und die Deutung als Kompliment zurückweist: *<<f>NEE.>* (Z. 09). Wie lässt sich dieser heftige Widerspruch erklären? Immerhin ist es ja dispräferiert, einen Dank zurückzuweisen. Vielleicht hörte die Interviewerin in MAs Äußerung Ironie mitschwingen; Komplimente im Kontext Lebensalter sind nicht unproblematisch und schnell als höfliche Lügen entlarvt. Möglicherweise hat sie aber auch tatsächlich kein Kompliment machen wollen und wehrt sich hier gegen ein Missverständnis.

Offensichtlich sind positive Bewertungen des Gegenübers ein schwieriges Terrain. Das nächste Beispiel zeigt den Konflikt zwischen multiplen Präferenzen bei der Erwiderung auf ein Kompliment in einem Bewerbungsgespräch, das einen besonderen Kontext für Selbstlob und Bewertungen aufweist, denn schließlich geht es in diesem Gesprächstyp ja um positive Selbstdarstellung (Birkner 2001).

Beispiel (65) HERAUSRAGEND
```
((Bewerbungsgespräch))
  01 I: warum wolln_se_nn da WEG?
((...))
  02     wo sie letztendlich (.) neben zwei ANderen eh (.) aber
         wohl dOch so_n bisschen der der mh-
  03     <<all>wenn ich sie_richtig_verSTANden habe,>
  04     der heRAUSragende MANN (.) bei dieser betreuung sind,
                                              EPT Kompliment
  05 B: na ich würd nich heRAUSragend sagen,  ZPT Widerspruch
  06     aber ich (.) FIND mich (schon) ziemlich ehm (-) sag ich
         mal ziemlich GUT geBILdet;           + pos. Selbstbewertung
((B. fährt fort mit der Beschreibung seines Aufgabenbereichs))
```

Der Personalchef fragt den Bewerber, wieso er die derzeitige Stelle verlassen und an sein Unternehmen wechseln will. Dazu äußert er eine sehr positive Bewertung des Bewerbers und bezeichnet ihn als *der heRAUSragende Mann* (Z. 04). Mit dieser positiven Fremdbewertung – einer Art Kompliment – ergeben sich für den Bewerber konkurrierende Präferenzsysteme: Behandelt er die positive Bewertung als Kompliment, sollte er sie zurückweisen, um nicht das Prinzip der Selbstlobvermeidung zu verletzen. Andererseits geht es im Bewerbungsgespräch ja gerade darum, dass der Interviewer zu einer positiven Bewertung gelangt – also soll er lieber doch nicht widersprechen? Die Situation ist aber noch verzwickter, denn mit der Frage *warum wolln se_nn da WEG?* (Z. 01) stellt der Interviewer die Motivation für die Bewerbung in Frage: warum sollte der Bewerber den derzeitigen Arbeitsplatz aufgeben, wenn er dort doch so eine gute Position hat, nämlich *der heRAUSragende MANN* ist?

Der Bewerber löst dieses Dilemma, indem er der positiven Fremdbewertung des Interviewers mit einer schwachen Nicht-Übereinstimmung widerspricht *na ich würd nich heRAUSragend sagen,* (Z. 05) und dann eine positive Selbstbewertung *ziemlich GUT geBILdet;* (Z. 06) vornimmt, die etwas schwächer ausfällt als die Fremdbewertung (also eine typische Deskalierung, vgl. Auer & Uhmann 1982). Die Verzögerung durch die vorangestellte Nicht-Übereinstimmung wirkt einer zu offensiven Selbstdarstellung entgegen; dennoch nutzt er die Gelegenheit für eine positive Selbstdarstellung, wenn er sich als *GUT geBILdet* bezeichnet und so seinen Aufgabenbereich und damit die Erfahrungen, die er mitbringt, in ein gutes Licht rückt.

4.5.11 Sich selbst abwerten und widersprechen/ratifizieren

Wie im letzten Abschnitt gezeigt, verstoßen positive Selbstbewertungen gegen das Selbstlobverbot und sind deshalb problematisch; aber auch negative Selbstbewertungen (*self-deprecation*, Schegloff 2007) sind nicht unproblematisch. Das folgende Beispiel zeigt, wie die Beteiligten darum „wetteifern", wer wohl schlechter Fremdsprachen spricht.

Beispiel (66) DEUTSCH (Bies 2015: 144)
```
((A, eine Spanierin, die Deutsch studiert, unterhält sich in der
Universität Granada mit einem Deutschen, der Spanisch lernt.))
   01 A: ich spreche nicht gut Deutsch
   02 B: besser als mein Spanisch
```

Da die Selbstbewertung von A im EPT negativ ist, fällt sie natürlich nicht unter die Selbstlobvermeidung. Selbstkritik bringt aber das Gegenüber in eine schwierige Situation, da eine zustimmende Erwiderung ja Kritik am Gegenüber bedeuten würde. Eine Möglichkeit, mit Sprecherbeiträgen umzugehen, in denen der Sprecher sich selbst kritisiert oder ‚schlecht macht', ist deshalb der Widerspruch. B widerspricht hier jedoch nicht direkt, sondern indirekt, indem er seine eigenen Spanischkenntnisse negativ bewertet. Aus dem *nicht gut* wird so ein *besser als* und – ohne weitere Dispräferenzmerkmale – eine Nicht-Übereinstimmung.[129]

Negative Selbstbewertungen, auch **Selbstabwertungen** genannt, präferieren also Nicht-Übereinstimmung im ZPT. Das gilt natürlich auch für Selbstabwertungen des eigenen Aussehens:

Beispiel (67) BIKINI
```
((Viola und Sybille liegen im Garten und unterhalten sich über
Unterwäsche und Bikinis.))
```

---

[129] Das ist komplementär zum Gegenkompliment.

```
01 Vio:  <<p>ich würd mich ja nie TRAUen,          EPT Selbstabwertung
02       oder ich TRAU mich ja nich, °h(.)
03       nur mi_m biKIni rumzulaufen. (ne,)>       ←
04 Syb:  WAS denn.                                 ZPT Widerspruch
05       wieso DAS denn nicht?                     ←
06       du hast doch ne sch[öne fiGUR;            + Gegenbewertung
07 Vio:                  [nä:::.
08       nä: TRAU ich mich nich [(weesst_e)].      EPT Selbstabwertung
09 Syb:                         [WAS?              ZPT Widerspruch
10       ich find der ist totAl SCHÖN;             + Gegenbewertung
((...))
24 Vio:  nee:: hör UP.                             EPT Selbstabwertung
25 Syb:  ja:.
26       w? also ich weiß nich?                    ZPT Zurückweisung
27       also Ich mit meinen SPECKbeinchen.        EPT Selbstabwertung
28       ((lacht)) <<:)>(jetzt        )>
29 Vio:  nee bauch HAste ja gar nich               ZPT Zurückweisung/
                                                   EPT Kompliment
30 Syb:  doch jEtzt HIER,                          ZPT Zurückweisung
31       so viel bauch hat ich noch NIE.           + Begründung
```

Violas Aussage, dass sie sich nie im Bikini zeigen würde, behandelt Sybille als Selbstabwertung und reagiert mit einer starken Nicht-Übereinstimmung: Sie stellt zwei Fragen, die Widerspruch markieren: *WAS denn. wieso DAS denn nicht?* (Z. 04–05) und liefert dann ein Kompliment: *du hast doch ne schöne fiGUR;* (Z. 06). Darauf reagiert Viola wieder ablehnend (*nä:::*, Z. 07) und reetabliert damit ihre Selbstabwertung (Z. 08), was Sybille erneut in Frage stellt (Z. 09). So geht es hin und her: die Selbstabwertung Violas führt zu Sybilles Widerspruch und Gegenargumenten (Z. 06, 10), bis nun Sybille ihrerseits mit dem Verweis auf ihre *SPECKbeinchen* (Z. 27) eine Selbstabwertung vornimmt, der wiederum Viola mit *nee* (Z. 29) widerspricht, um dann eine positive Bewertung (ein Kompliment) anzuschließen, Sybille habe ja keinen Bauch (Z. 31) (vgl. a. die Besprechung von Beispiel 58).

Der Widerspruch wird in einem präferierten Redebeitragszuschnitt gestaltet. Offensichtlich folgen auf Selbstabwertungen, anderes als bei sonstigen Bewertungen, nicht gleichlaufende Übereinstimmung, sondern Nicht-Übereinstimmung als präferierter ZPT. Das führt in diesem Fall sogar dazu, dass die Gesprächspartnerin, als sie die positive Gegenbewertung nicht durchsetzen kann, ihrerseits eine Selbstabwertung produziert, wie um ein rituelles Gleichgewicht wieder herzustellen. Bei Komplimenten ist also auch bei Selbstabwertungen die Nicht-Übereinstimmung eine Option für die Erwiderung, die sehr direkt vorgenommen werden kann. Selbst- und Fremdbewertungen unterscheiden sich demnach von anderen Bewertungen, die, wie wir gesehen haben, ebenfalls eine zweite Bewertung durch die Gesprächsbeteiligten relevant setzen, aber Übereinstimmung, d.h. gleiche Polarität, präferieren.

4.5.12 Zusammenfassung

Verzögerungen kennzeichen dispräferierte Handlungen; hier zeigt sich, dass das Prinzip der Präferenz für Übereinstimmung eng mit dem **Prinzip der unmittelbaren Nachbarschaft** zusammenhängt (*contiguity*, vgl. Sacks 1987). Präferierte zweite Handlungen folgen sehr nah auf den Ersten Teil; bei Dispräferenz einer Handlung kommt es hingegen neben zeitlichen Verzögerungen der zweiten Paarsequenzteile (*positional practices*) (z. B. durch Pausen als erstem Anzeichen für Nicht-Übereinstimmung) zusätzlich häufig zu verschiedenen Vorlaufelementen (*na ja, ja aber, na gut* etc.), die den dispräferierten Handlungsvollzug hinauszögern. Ferner werden oftmals Erklärungen und Begründungen, Entschuldigungen oder auch Würdigungen (z. B. bei Angeboten, Einladungen, Vorschlägen, Ratschlägen) gegeben. Insgesamt sind dispräferierte Handlungen gegenüber präferierten in der Regel mit einem deutlich höheren interaktionalen Aufwand und verstärkten Formulierungsbemühungen verbunden (vgl. a. Kap. 5 zu Reparaturen).[130] Aus konversationsanalytischer Perspektive werden Präferenzen also nicht mental oder inhaltlich bestimmt, sondern gehen von der Redebeitragsgestaltung aus. Man spricht deshalb auch von dispräferenzmarkierten bzw. präferenzmarkierten Redebeiträgen, um inhaltliche Zustimmung bzw. Nicht-Zustimmung davon abzugrenzen. Das hat gute Gründe. Zwar steht die Dis-/Präfe-renzmarkierung von Redebeiträgen mit der inhaltlichen Nicht-/Übereinstimmung in Zusammenhang, denn Redebeiträge, die formale Merk-

---

130 Das Prinzip der Nähe prägt sich in unterschiedlicher Weise aus, beispielsweise zeigt es sich darin, dass Antworten bei Mehrfachfragen häufig auf die letzte Frage Bezug nehmen, wie im bekannten Beispiel (93):
```
14 B:   und eh eh °h hast du dich jetzt entSCHLOSsen,
15      äh das ANzunehmen da in MAdison?
16      oder gehst du nach mittelaMErika mit;
17 A:   nee:
        ich hab mich entSCHLOSsen,
18      den den job in in in in der nähe von madison ANzunehmen;
```
Die ZPT *nee:* bezieht sich auf die direkt vorher genannte Option *mittelaMErika*, die positive Entscheidung für *MAdison* wird erst im Anschluss genannt.

male von Dispräferenz zeigen, sind auch häufig inhaltlich nicht übereinstimmend. Dennoch ist diese Korrelation nicht zwangsläufig. Ob eine Paarsequenz als Zweiten Teil eine Übereinstimmung präferiert oder nicht, hängt auch vom jeweiligen Handlungstyp selbst ab. Einladungen, Bitten oder Angeboten präferieren die inhaltliche Annahme, das zeigt sich daran, dass Ablehnungen dispräferenzmarkiert realisiert werden; Komplimente oder Selbstabwertungen präferieren die inhaltliche Ablehnung. An ihrer aufwändigeren Gestaltung sehen wir Zweiten Teilen schon frühzeitig an, dass eine nicht-präferierte (je nach Handlungstyp z. B. nicht-übereinstimmende) Reaktion erfolgt, schon bevor beispielsweise die Ablehnung einer Einladung explizit ausgesprochen wird.

Bislang haben wir uns fast ausschließlich mit basalen, zweizügigen Paarsequenzen beschäftigt. Ein wesentliches Merkmal der Paarsequenzorganisation besteht jedoch darin, dass diese Struktur erweitert werden kann. Und dabei spielt, vor allem bei den Vorlauf-Erweiterungen, auch die Präferenzorganisation eine gewisse Rolle.

4.6 Paarsequenzerweiterungen

Basale Paarsequenzen bestehen aus zwei Bestandteilen. Bisweilen wird diskutiert, dass eigentlich die Dreier-Sequenz der „Standard" sei (vgl. Tsui 1989 sowie Sinclair & Coulthard 1975), aber Schegloff (2007: 22ff.) argumentiert dagegen, dass dann ja zweiteilige Paarsequenzen als unvollständig oder elliptisch gelten müssten. Er plädiert deshalb dafür, von einer minimalen Basis-Paarsequenz auszugehen, die erweitert werden kann. Diese Erweiterungen können an drei Positionen erfolgen: vor dem EPT (Vorlauf, *pre-expansions*), zwischen den zwei Paarsequenzteilen (Einschub, *insert-expansion*) und nach dem ZPT (Nachlauf, *post-expansion*) (vgl. Sacks 1992: 685ff.).

Die Paarsequenzen, auf die sich die Erweiterungen beziehen, werden Basis-Paarsequenz genannt und im Transkriptkommentar mit tiefgestelltem B abgekürzt, die Erweiterungen selbst mit tiefgestelltem ‚VOR' für Sequenzvorläufe, ‚EIN' für Sequenzeinschübe und ‚NACH' für Sequenznachläufe. Die Expansionen sind häufig selber als Paarsequenzen organisiert und können ebenfalls als EPT und ZPT erfasst werden.

Das folgende Schema stellt die drei Positionen graphisch dar.

      ← Vorlauf (EPT$_{VOR}$/ZPT$_{VOR}$)
A   Erster Paarteil (EPT$_B$)
      ← Einschub (EPT$_{EIN}$/ZPT$_{EIN}$)
B   Zweiter Paarteil (ZPT$_B$)
      ← Nachlauf (EPT$_{NACH}$/ZPT$_{NACH}$)

Abb. 43: Erweiterungen von Basis-Paarsequenzen (nach Schegloff 2007: 26).

Im Folgenden diskutieren wir zunächst typspezifische Vorläufe (4.6.1) und wenden uns im Anschluss den Einschüben zu (4.6.2). In (4.6.3) werden die Nachläufe dargestellt. Zum Abschluss unter (4.6.4) betrachten wir ein längeres Beispiel, in dem alle drei Phänomene vorkommen.

4.6.1 Vorläufe

Vorläufe (*pre-expansions*) erweitern Paarsequenzen, bevor diese überhaupt realisiert werden. Man kann sich zu Recht fragen, wie denn etwas erweitert werden kann, das noch gar nicht da ist. Schließlich hat ja nach der Eröffnung und vor der Beendigung eines Gesprächs jede Äußerung ein irgendwie geartetes „Davor", und wir würden hier auch nicht von Vorläufen sprechen. Das Kennzeichen von Vorläufen ist, dass sie sichtbar auf eine folgende Handlungssequenz bezogen sind und diese projizieren; vor allem aber von den Beteiligten auch so behandelt werden (Schegloff 2007: 28). Dadurch entstehen größere Einheiten mit Handlungsverkettungen (*chains of action*, Sacks 1992: 685). Für den Sprecherwechsel bedeutet das Vorkommen und das Erkennen eines Sequenzvorlaufs, dass danach das Rederecht wieder an den ersten Sprecher zurückfällt, damit er/sie die projizierte Handlung, z. B. eine indiskrete Frage, eine Bitte, das Verkünden einer Neuigkeit etc., realisieren kann.

Allerdings können Vorläufe den sequenziellen Verlauf auch sehr maßgeblich beeinflussen; Sacks (1992) formuliert diesen Mechanismus folgendermaßen:

> Nun ist es eines der Merkmale vieler dieser Sequenzvorläufe, dass es gar nicht zu einer Sequenz kommen wird, wenn der Vorlauf nicht die richtige Reaktion bekommt. Also z. B. wenn man einen Einladungsvorlauf macht, wird man, sofern man nicht die richtige Reaktion bekommt, keine Einladung aussprechen. (Sacks 1992: 685, Übersetzung K.B.)

Die typspezifischen Sequenzvorläufe bilden die frequenteste Gruppe; sie projizieren eine ganz bestimmte Handlung (*action projection*, Schegloff 2007: 44), die als Erzähl-Vorlauf, Einladungs-Vorlauf, Beschwerden-Vorlauf, Anliegens-Vorlauf etc. bezeichnet werden. Der ZPT der Vorlaufsequenz kann Grünes-Licht geben oder negativ sein, d.h. ein Erzähl-Vorlauf kann dazu führen, dass die Erzählung nicht begonnen wird, ein Einladungsvorlauf, dass eine Einladung nicht ausgesprochen wird etc. Das obige Zitat von Sacks geht folgendermaßen weiter:

> Das ist im Fall von Einladungen angenehm, weil man keine Einladung verschwendet hat. Im Fall von Anliegens-Vorläufen ist eine Sache, die ein Anliegensvorlauf regelmäßig hervorbringt, ein Angebot. Wenn man ein Angebot bekommt, muss man kein Anliegen äußern. (Sacks 1992: 685; Übersetzung K.B.)

Vorläufe nehmen also maßgeblichen Einfluss auf den weiteren Handlungsverlauf in der Paarsequenz, die sie projizieren.

Im Folgenden beschäftigen wir uns zunächst mit den generischen (nicht-typspezifischen) Vorläufen (vgl. 4.6.1.1) und dann mit den typspezifischen Vorläufen zu Frage-, Anliegens-, Neuigkeits- und Erzähl-Sequenzen (4.6.1.2–4.6.1.5). Einen besonders interessanten Fall bilden die sogenannten Vor-Vorläufe (*preliminaries to preliminaries*, kurz *pre-pre*, vgl. Schegloff 2007: 44ff.); sie werden in 4.6.1.6 vorgestellt.

Wir beginnen mit der vielleicht augenfälligsten Vorlaufsequenz, der Fokussierungsaufforderung & Fokussierungsbestätigung.

4.6.1.1 Generische Vorlaufsequenzen: Fokussierungsaufforderung & -bestätigung

Die Fokussierungssequenz gilt als generisch (Schlegloff 2007: 48ff., *generic pre sequence*), da sie nicht auf eine spezifische Folgehandlung festgelegt ist, sondern ganz allgemein der Eröffnung einer Interaktion oder der Aufmerksamkeits(re)fokussierung dient. Sie projiziert eine Folgehandlung, ohne diese Folgehandlung zu spezifizieren; entsprechend gibt es auch keine alternativen ZPT. Dies unterscheidet sie von anderen Sequenzvorläufen.

Wie in Kapitel 2 ausführlich dargestellt, ist die Voraussetzung für jegliche sprachliche Interaktion die Ausrichtung der Aufmerksamkeit der Interagierenden aufeinander (Schegloff 2007: 58). In der direkten Kommunikation dienen Praktiken wie die Adressierung mit dem Eigennamen (Bsp. 68) oder mit einer Mitgliedschaftskategorie (Bsp. 69) der Herstellung des Aufmerksamkeitsfokus (vgl. a. Kap. 2). In der Regel erwidert darauf die adressierte Person im ZPT eine einfache Bestätigung:

Beispiel (68) ZWIEBELCHEN

```
02 Bia: <<f>JOsef?>                    EPT Fok.aufforderung
03 Jos: ja?                            ZPT Fok.bestätigung
```

Beispiel (69) MAMA

```
01 T: MAma?                            EPT Fok.aufforderung
02 M: WAS denn;                        ZPT Fok.bestätigung
```

Auf die Fokussierungsaufforderung von Bianca antwortet Josef mit einem *ja*. Die Tochter spricht ihre Mutter, die anderen Dingen zugewandt ist, mit der für ein Kind üblichen Mitgliedschaftskategorie *Mama* an und erhält mit dem *WAS denn;* eine Reaktion, die zeigt, dass die Mutter sie gehört hat und für den weiteren Austausch bereit ist.

Beim Telefonieren (Bsp. 70) wird der EPT durch das Klingeln vollzogen, sozusagen durch die technische Verlängerung der Stimme des Anrufenden (vgl. a. Kap. 2).

Beispiel (70) FASCHING

```
01 M: ((Telefon klingelt))             EPT Fok.aufforderung
02 F: halLO?                           ZPT Fok.bestätigung
```

Das Melden (z. B. mit dem Namen oder wie in Beispiel 70 mit einem „Hallo") signalisiert, dass eine fokussierte Interaktion hergestellt ist und der weitere Austausch beginnen kann (und muss!).

Die Reaktionen auf eine Fokussierungsaufforderung können entweder Grünes-Licht für die weitere Interaktion geben („+ Responsiv") oder diese blockieren („- Responsiv", Schegloff 2007: 59), z. B. „Tut mir leid, ich habe es eilig" oder „Du, ich bin grad in einer Besprechung, ich ruf dich gleich zurück" etc. Diese beiden Optionen sind natürlich hinsichtlich ihrer Präferenzstruktur sehr verschieden, wie man anhand der Praktiken, mit denen sie vollzogen werden, sehen kann: Blockierungen werden häufig mit Entschuldigungen, Begründungen, Alternativangeboten etc. vollzogen. Allerdings kann eine Fokussierungsaufforderung auch gänzlich erfolglos bleiben, also z. B. das Klingeln des Telefons ungehört verhallen, die gewünschte Adressatin gerade unter der Dusche stehen usw., wie im folgenden, oben bereits ausführlich diskutierten Beispiel.

Beispiel (71) DUSCHE

```
01 Jos: <<ruft>BiANca?>                EPT Fok.aufforderung
02      (1)                            ZPT von Adressatin bleibt aus
03 Mik: die steht unter der DUsche;    EPT Mitteilung
```

Offensichtlich versteht Mike, dass Josefs Äußerung eine Fokussierungsaufforderung sein soll (und nicht etwa eine genervte Zurechtweisung, begeisterte Anfeuerung o.ä.). Zweitens weiß er offenbar, dass Bianca Josef nicht hören und somit den relevanten ZPT nicht liefern kann. Und drittens geht er davon aus, dass Josef das nicht weiß, aber vermutlich wissen will. So reagiert er statt Bianca auf Josefs EPT und kompensiert das Fehlen des ZPT, indem er eine Erklärung dafür liefert.[131]

4.6.1.2 Vorläufe zu Fragen

Die Struktur von typspezifischen Sequenzvorläufen wird im folgenden Beispiel im Zusammenhang mit einem Vorlauf deutlich, der einer Basis-Paarsequenz Frage-Antwort vorausgeht. In der Bezeichnung *Basis*-Paarsequenz (mit tiefgestelltem B markiert) soll zum Ausdruck kommen, dass das, was vorausgeht, dieser Paarsequenz gewissermaßen untergeordnet ist.

Beispiel (72) KREDITABTEILUNG
```
((Bewerber berichtet von seiner Tätigkeit in der Bank.))
   05 B:   und (.) dOrt war auch noch die (.) kreDITabteilung
           angesiedelt,
   06      also (-) die kreditaus? AUSbildung auch in (-) ORTSname
           selbst.
   07      (3.5)
   08      ja.
   09      besOnders gefallen hatte_s mi:r (-) NICHT? (.)
   10 I2:  <<p>darf ich sie (schnell) fragen,=        EPT_Vor Bitte
   11 B:   =ja,                                       ZPT_Vor Gr. Licht
   12 I2:  kreDITausbildung, (.)                      EPT_B Frage
   13      WIE lange war das denn etwa.              ←
   14 B:   das wAr[en:::]                             ZPT_B Antwort
   15 I2:         [bloß ] n_viertel JAHR?
   16      oder waren das [(MEHR)?]
   17 B:                  [(ja,) ] vier Monate- (.)  ←
```

---

[131] Die Charakteristika der Fokussierungspaarsequenz, im EPT und im ZPT dieselben Handlungen auszuführen und keine alternativen Handlungen im ZPT aufzuweisen, teilt sie mit den Grußsequenzen, die häufig auf Fokussierungssequenzen folgen und Teil der rituellen Interaktionseröffnung sind, die in Kap. 2 ausführlich behandelt wurde. Allerdings führt eine Grußsequenz eigenständige Handlungen aus, denn sie kann auch allein stehen, z. B. wenn man sich im Vorbeigehen begrüßt. Eine Begrüßung kann natürlich auch so verwendet werden, dass sie zwei Handlungen gleichzeitig ausführt und zum einen die Fokussierung herstellt und zugleich einen EPT einer Grußsequenz vollzieht, z. B. wenn jemand, noch unbemerkt, an jemanden herantritt und „Guten Tag, Miriam" sagt.

```
18      UNgefähr, (.)                           ←
19      war ich dort in der (.) kreDITabteilung. ←
```

In Zusammenhang mit Überlegungen des Personalleiters, für welchen Bereich der potentielle Bank-Trainee geeignet sein könnte, berichtet der Bewerber, dass ihm die Kreditabteilung während seiner Ausbildung nicht sehr gefallen habe (Z. 09). Der Personalchef stellt ihm im nächsten Redebeitrag, dem EPT, die (Vorlauf-)Frage *darf ich sie (schnell) fragen* (Z. 10). Darauf gibt der Bewerber mit dem Vorlauf-ZPT *ja* (Z. 11) Grünes-Licht für die vom Personalchef projizierte Fragehandlung. Diese folgt in Zeile 12–13 mit der EPT-Frage, die nun die basale Paarsequenz etabliert, die einen ZPT, eine Antwort, relevant setzt, die der Bewerber in den Zeilen 14 und 17–19 gibt.

Schegloff argumentiert in diesem Zusammenhang, dass Frage-Vorläufe eigentlich ein „pragmatisches Paradox" (Schegloff 1980: 105) darstellen, insofern sie die Erlaubnis für genau das einholen, was sie gerade selber tun.[132] Warum stellt der Fragende nicht gleich seine Frage? Dass er das tun könnte (da er das Rederecht dazu bereits inne hat), zeigt sich ja an der Tatsache, dass er gerade eine Frage stellt. Was also leisten solche Frage-Vorläufe? Zunächst haben sie eine ankündigende Funktion: sie stimmen adressierte Teilnehmer/innen auf das ein, was kommen wird. Zugleich holen sie die Erlaubnis für die projizierte Handlung ein. Strukturell geben Sequenzvorläufe dem nächsten Sprecher die Möglichkeit, die projizierte Handlung zu blockieren oder zu gestatten. Im Kontext von Beispiel 72 signalisiert der Interviewer, dass er eine kurze Zwischenfrage stellen will, ansonsten aber dem Bewerber das Rederecht für weitere Ausführungen nicht streitig macht.

Denn dass man für etwas so Gewöhnliches wie eine Frage eine Erlaubnis einholt, deutet schon an, dass mehr auf dem Spiel steht und eine ganz besondere Frage folgen wird. Insofern projizieren Frage-Vorläufe häufig keine einfachen Informationsfragen, sondern kündigen etwas Heikles an (Schegloff 2007: 47, FN 13). Indem wir Grünes-Licht geben und das Gegenüber geradezu auffordern, die heikle Handlung auszuführen, haben wir ihm oder ihr ein bisschen die Verantwortung für die Zumutung abgenommen, die mit der Frage verbunden sein mag, selbst dann, wenn wir deren Inhalt noch gar nicht kennen. Mit dem *ja* ha-

---

132 Damit arbeitet auch der folgende Witz: Ein Mann erkundigt sich beim Rechtsanwalt nach den Gebühren für eine Rechtsauskunft. „1500 Euro für drei Fragen." antwortet der Rechtsanwalt. „Ist das nicht verdammt teuer?" fragt der Mann. „Ja" erwidert der Rechtsanwalt. „Und was ist Ihre dritte Frage?"

ben wir dem Gegenüber vielleicht schon den kleinen Finger gereicht – und wir verbringen das Wochenende damit, Einzugskartons zu schleppen!

4.6.1.3 Vorläufe zu Anliegen

Im Beispiel (72) entspricht das im Vorlauf verwendete Verb *fragen* der in der Basis-Paarsequenz vollzogenen Handlung. Aber in den meisten Fällen enthalten Vorläufe keine expliziten lexikalischen Hinweise auf die projizierte Handlung. Und umgekehrt kann sich eine als ‚fragen' bezeichnete Handlung als etwas ganz anders entpuppen, z. B. als Bitte oder als ein Vorwurf. Grundsätzlich erschließt sich der Handlungstyp, den Äußerungen entfalten, aus dem sequenziellen Verlauf und damit verlässlich erst aus der Retrospektive. Und noch weniger ist eine Äußerung wie *„warst DU beim ERschten mal DA?"* direkt als Vorlauf erkennbar. Betrachten wir im schon bekannten Beispiel *Fachtheorie* den weiteren Verlauf nach dieser Frage, um die Sequenzstruktur sichtbar zu machen.

Beispiel (73) FACHTHEORIE (von Marc Weber)
```
((M, der bei der Klausurvorbereitung bemerkt hat, dass ihm die
Unterlagen der ersten Sitzung fehlen, bittet J, ihm seine Auf-
zeichnungen zu leihen.))
    19 M:  wa_warst DU beim ERschten mal DA?        EPT VOR-BITTE
    20     oder beZIEHungsweise also HAST du da was daVOR?
    21 J:  ich war IMmer.                           ZPT VOR GRÜNES-LICHT
    22 M:  okay. (0.5) ähm (0.5)                    SSD
    23     KÖNNtest du des irgendwie vielleicht a:m MO:ntag zu zu
           SKI FACHtheorie mitbringen?              EPT B Bitte
    25 J:  hm_hm,                                   ZPT B Gewährung
    26 M:  dass ich mir des koPIERN könnte?         EPT B
```

Aus dem hier nicht aufgeführten Kontext ist klar, dass es um die erste Vorlesung und die entsprechenden Unterlagen und Mitschriften geht. M fragt, ob J in der ersten Sitzung anwesend war (*wa_warst DU beim ERschten mal DA?* Z. 19) und reformuliert die Frage: *HAST du da was daVOR?* (Z. 20), nämlich Unterlagen. J bejaht mit dem Hinweis, dass er immer da war (Z. 21). Das wird von M durch einen Sequenzschließenden Dritten (vgl. 4.6.3) quittiert, bevor er seine Bitte äußert, auf die sich dieser Vorlauf hin orientiert hat, nämlich dass J ihm die Unterlagen mitbringt, damit er sie kopieren kann (Z. 23–26).

In Beispiel (73) führt der „Grünes-Licht"-ZPT dazu, dass M seinen Basis-EPT mit der Bitte vollzieht. Hätte J geantwortet, dass er nicht an der ersten Sitzung teilgenommen hat, hätte sich Ms Bitte womöglich erübrigt – der Bitten-Vorlauf hat hier also die Funktion, die Erfolgsaussichten einer Bitte vorab zu klären.

Eine Blockierung erfolgt im nächsten Beispiel. Sybille ruft nach Josef, und nachdem er mit einer Fokussierungsbestätigung geantwortet hat, fragt sie ihn *was MACHST du?* (Z. 03).

Beispiel (74) ZWIEBELCHEN
```
((Sybille ruft nach Josef, der sich in einem anderen Raum
aufhält))
   01 Syb: <<f>JOsef?>                         EPT Fok.aufforderung
   02 Jos: ja?                                 ZPT Fok.bestätigung
   03 Syb: <<f>was MACHST du?>                 EPT_Vor Bitte
   04 Jos: (-) <<f>(FENster)putzen; (.)        ZPT_VOR Block
   05      im SCHLAFzimmer.>                   ←
   06      (--)
   07 Syb: ach SO.                             SSD
   08      (-)
   09 Jos: <<f>waRUM?>                         EPT Frage
   10 Syb: <<p; kindl:>du musst ZWIEbelchen schneiden.>
                                               ZPT Antwort/
                                               EPT_B Anliegen
```

Bei der Frage *was MACHST du?* (Z. 04) handelt es sich selten um eine reine Informationsfrage, sondern häufig um einen Vorlauf zu einem Anliegen (Bitte, Einladung etc.). Nach Josefs ZPT (Z. 04–05) könnte nun Sybille die eigentliche Basis-Paarsequenz beginnen und ihr Anliegen formulieren. Doch Sybille hat Josefs Antwort als Block interpretiert, der die Ausführung ihrer Basis-Paarsequenz obsolet macht. Nach einer kurzen Pause äußert sie *ach so* (Z. 07).

Dieses *ach so.* (Z. 04) signalisiert, dass Josefs Antwort, er putze Fenster im Schlafzimmer, eine Planungsanpassung verursacht hat;[133] es verrät aber nicht, welche Handlungsabsicht hinter ihrem Vorlauf lag, die sich durch die erhaltene Antwort nun verändert hat. Die Interaktion könnte hier zu Ende sein. Doch Josef, der die Frage *was MACHST du?* ebenfalls als Vorlauf verstanden hat, fragt nach der projizierten, jedoch nicht ausgeführten Handlung, die von seiner Antwort blockiert wurde, mit *waRUM?* (Z. 09).

In Z. 10 vollzieht Sybille zwei Handlungen in einem Zug: Sie antwortet auf die Frage und vollzieht zugleich die Bitte, dass Josef ihr bei der Essenszubereitung helfen und die Zwiebeln schneiden soll. Damit hat sich auch die Sequenz-

---

[133] Zu *change of state token* vgl. Heritage (1984a) sowie Kap. 4.6.3 zu Sequenzschließenden Dritten Paarteilen. Ebenfalls interessant ist Selting (1987) zu *ach* und Imo (2009) allgemein zu Erkenntnisprozessmarkern.

position für die Bitte verändert: anders, als wenn sie sie ohne Vorlauf geäußert hätte, wurde sie nun gewissermaßen dazu aufgefordert.

Im sequenziellen Verlauf wird erkennbar, dass die Frage für beide Beteiligten keine selbstständige Informationsfrage war, sondern ein Anliegens-Vorlauf mit der Funktion vorzufühlen, ob die Voraussetzungen für eine erfolgreiche Bitte überhaupt gegeben sind (nämlich, dass Josef in der Lage ist, Zwiebeln zu schneiden). Als das nicht der Fall zu sein schien, wurde die geplante Handlung aufgegeben, bevor sie ausgeführt wurde.

Die Frage „was machst du" kann auch Vorlauf für eine Einladung sein. Sacks (1992: 686) weist darauf hin, dass auf diese Frage häufig „nichts" erwidert wird. Diese Antwort wird erst dann sinnvoll, wenn man sie als „Ich höre eine VOR-Einladung, gib mir eine Einladung" paraphrasiert, denn tatsächlich tut man ja nicht nichts, sondern telefoniert gerade oder hat gelesen etc. Auch die häufig realisierte Gegenfrage „warum" zeigt, dass das Gegenüber sie nicht als genuine Informationsfrage interpretiert. Ein weiteres Indiz liegt nach Sacks (1992: 686) vor, wenn die Einladung im dritten Zug folgendermaßen vollzogen wird: „Ich wollte eigentlich fragen, ob du mit ins Kino gehst."[134]

4.6.1.4 Vorläufe zu Neuigkeiten

Neuigkeiten sind, wie wir bereits gesehen haben, ganz besondere Informationen oder besser gesagt: sie werden als solche dargeboten. Dazu dienen u.a. die Neuigkeits-Vorläufe. Das folgende Beispiel hatten wir schon in Bezug auf die Neuigkeit untersucht, aber den Vorlauf noch ausgeblendet.

Beispiel (75) BH
```
((Bianca und Josef wühlen gemeinsam in einer Kiste mit Klei-
dungsstücken, um sich für eine Verkleidungsaktion vorzuberei-
ten.)
    01 Jos: kumma;                              EPT Fok.aufforderung
    ((Jos. blickt auf Wäschestück und nimmt es in die Hand))
    ((Syb. blickt auf Wäschestück in Jos. Hand))  ZPT Fok.bestätigung
    02     wusstest DU dass_s sowas gibt.      Neuigkeits-Vorlauf
    03     beHAS schon mit siliKON drinne?     EPT Neuigkeit
    04     (0.5)
    05 Bia: <<p>nee;> (-)                      ZPT Quittierung
```

---

[134] Ein stark routinisierter Vorlauf kommt bei Einkäufen zum Einsatz (vgl. a. Rossi 2015 zum Italienischen). Wird die Frage „Haben Sie Schweineohren" verneint, wird die Bestellung nicht ausgeführt, ist das Gewünschte dagegen verfügbar, fragt die Verkäuferin vielleicht sofort „Vier Stück?". Hier wird auch deutlich, dass einige Vorläufe (insbesondere Fragen) schon so stark konventionalisiert sind, dass sie zu eigenständigen Handlungen werden.

In dem Vorlauf *wusstest DU dass_s sowas gibt* (Z. 02) benennt Josef den Gegenstand, auf den er Bezug nimmt, noch nicht, beginnt ihn aber hochzuhalten. Allein die Tatsache, dass er Bianca fragt, ob sie *sowas* kenne, lässt aber erwarten, dass es sich um etwas Besonderes handelt, das zumindest er bisher nicht kannte. Der Vorlauf hat also die Funktion, die nun folgende Nachricht als interessant, außergewöhnlich, sensationell o. ä. anzukündigen.[135]

Betrachten wir ein Beispiel, in dem ein Freund dem anderen mitteilt, dass und wie er das Computerprogramm zum Laufen gebracht hat.

Beispiel (76) CAPTURE
```
01 B:  ÜBrigens,
02     weißt du was ANders is gegenüber heute?        EPT_Vor-Neuigkeit
03     (.) äh (.) gegenüber GEstern?                  ←
04     was ich heute ANders gemacht habe,             ←
05     dass das capture LÄUFT?                        ←
06 A:  nee.                                           ZPT_Vor Grünes-Licht
07 B:  ich habe es vom ih ka ES term aus gestartet.EPT_B Neuigkeit
08 A:  hehehe[he                                      ZPT_B Quittierung
09 B:        [das kann eigentlich nicht SEIN, ne?
```

Das *ÜBrigens* in Z. 01 ist ein sog. **misplacement marker** (dt. **Fehlplatzierungsmarker,** vgl. Schegloff & Sacks 1973, 319–20), der anzeigt, dass das Folgende einen Themenwechsel mit sich bringen wird. Dann stellt B eine Frage, die leicht als Vorlauf zu erkennen ist: *weißt du was ANders is gegenüber heute? (.) äh (.) gegenüber GEstern? was ich heute anders gemacht habe, dass das capture läuft?* (Z. 01–05). Auf diesen EPT antwortet A mit einem *nee* (Z. 06), einem Grünes-Licht-ZPT. Daraufhin liefert B den EPT der Basis-Paarsequenz mit der Information, dass er das Capture auf besondere Weise gestartet hat. Die Quittierung der Neuigkeit, die als ZPT konditionell relevant ist, nimmt A mit einem Lachen vor; damit zeigt er, dass er die Nachricht als belustigende Neuigkeit bewertet.

Manche Vorläufe sind ambig. Anders als „Wusstest du...", was Neuigkeiten zu projizieren scheint, könnte das präsentische *weißt du...* in Bsp. (76) auch eine echte Frage nach dem Wissen des Rezipienten sein. In diesem Fall aber wird

---

[135] Bianca weiß also schon nach *wusstest DU dass_s sowas gibt*, dass a) für Josef die nun folgende Information Neuigkeitswert hat, b) dass er annimmt, dass das für sie auch so sein dürfte und c) darüber hinaus, dass er sie nicht nur neutral übermittelt (das tun wir im Alltag sowieso nur sehr selten), sondern von ihm in besonderer Weise – positiv oder negativ – bewertet wird.

ziemlich bald klar, dass der Sprecher etwas erfragt, das in seiner eigenen Wissensdomäne liegt und für das nur er epistemische Autorität beanspruchen kann (vgl. Heritage 2012 zur *epistemic engine*). Die Frage kann also keine Informationsfrage sein. Vielmehr entpuppt sie sich als Vorlauf für die Übermittlung einer Information, für die der Sprecher dem Rezipienten ein ganz besonderes Interesse unterstellt, also für eine Neuigkeit. Wie der Rezipient diese Neuigkeit bewertet, also etwa als eine freudige, erstaunliche, schlechte etc., zeigt sich u.a. daran, wie er auf sie reagiert. In Z. 08 erfolgen Ratifizierung und Bewertung in einem Zug, nämlich mit einem Lachen, was die Nachricht als berichtenswerte Neuigkeit, die erheiternd wirkt, kontextualisiert.

Nicht-generische Vorlauf-Sequenzen kündigen oft nicht nur an, *dass* **etwas folgt, sondern ermöglichen Projektionen,** *was* **folgen soll.** Damit ist für den Rezipienten die Gelegenheit verbunden, an dieser Sequenzposition den weiteren Verlauf des Gesprächs zu verändern. Wir haben die Möglichkeit, die Basissequenz zu blockieren, schon im Abschnitt über Bitten kennen gelernt (vgl. 4.5.4). Ein Beispiel für die Blockierung einer Neuigkeit liegt in der folgenden Sequenz vor. Josef fragt Bianca, ob sie schon vom neuesten Missgeschick Bellas gehört habe. Er stellt also eine Neuigkeit in Aussicht.

Beispiel (77) BLATT
```
((Sybille ist ein Blatt mit Taxirouten, die sie auswendig lernen
muss, hinter eine Wand gerutscht.))
  01 Jos: Bianca;
  02      haste geHÖRT was bella schon wieder geBRACHT hat.
                                      EPT_VOR Neuigkeit
  03 Bia: BLATT dahinter gerutscht.   Block
```

Bianca hätte hier nach dem Vorlauf in Z. 02 mit *nein* Grünes-Licht geben und Josef damit gestatten können, die angekündigte Neuigkeit zu erzählen. Doch genau das tut sie nicht; vielmehr spricht sie das von Josef (vermutlich) Gemeinte selber aus (Z. 03). Sie signalisiert damit, dass sie bereits weiß, was passiert ist, womit die Voraussetzung für das Erzählen einer Neuigkeit, nämlich die Unwissenheit des Gegenübers, nicht mehr gegeben ist. Hier wird eine wesentliche Funktion von Vorläufen vor Neuigkeiten sichtbar: sie sollen klären, ob das Zu-Verkündende überhaupt Neuigkeitswert hat oder es sich um „Schnee von gestern" handelt.

Eine metaphorische Variante eines Vorlaufs für eine Neuigkeit verwendet Vlado in Z. 01 des folgenden Beispiels. Es ist klar, dass *heut morgen hat mich der SCHLAG getroffen* keine einfache, wörtlich zu nehmende Information ist, denn dann wäre der Sprecher wohl kaum zu einer solchen Äußerung fähig. Sein Gesprächspartner reagiert entsprechend nicht mit einer Empathiebekundung, sondern mit einer Nachfrage, die zu weiteren Ausführungen einlädt.

Beispiel (78) SCHLAG GETROFFEN
```
01 Vla:  heut morgen hat mich der SCHLAG getroffen. EPT_Vor Neuigkeit
02       (1.0)
03 Jos:  <<pp>waRUM,>                              ZPT_Vor Gr. Licht
04 Vla:  ich komm ins Wohnzimmer,                  EPT_B Neuigkeit
05       (0.5)
06 Vla:  vier flecken auf nem TEPpich da drüben.=  ←
07       =solche großen pfützen. (0.5)             ←
08       und ALle bEcher STEHengelassen;=          ←
09       =hAlb VOLL.                               ←
10       DREIviertelt VOLL;                        ←
11       VOLL;                                     ←
12 Jos:  <<empört>GIB_S doch gar nich.>            ZPT_B Quittierung
```

Nachdem Josef auf den Neuigkeits-Vorlauf hin Grünes-Licht gegeben hat (Z. 03), erzählt Vlado empört, dass er im Wohnzimmer auf Unordnung stieß (Z.04–11), die – das ist für beide unausgesprochen klar – die anderen Mitbewohner/innen nachts hinterlassen haben. Die Redewendung *vom Schlag getroffen werden* kündigt ein unerwartetes und vom Sprecher negativ bewertetes Ereignis an. Das Gegenüber ist damit schon darauf eingestellt, welcher Art seine Reaktion auf die Neuigkeit sein sollte, um der Präferenz für Übereinstimmung Genüge zu tun. Und tatsächlich reagiert Josef mit der entsprechenden Ko-Entrüstung *GIB_S doch gar nich.* (Z. 12).

Die Affinität zwischen Neuigkeiten und Erzählungen liegt auf der Hand (vgl. Kap. 6). Neuigkeiten werden oft in narrativen Formen verpackt, mit denen Ereignisse rekonstruiert werden. Aber typische Neuigkeits-Vorläufe sind „Hast du schon gehört...?", während Erzählungen eher mit „Hab ich dir schon erzählt..." beginnen, wie im folgenden Abschnitt illustriert wird.

4.6.1.5 Vorläufe zu Erzählungen

Bei Neuigkeiten steht im Vordergrund, dem Gegenüber eine umrissene Information mit einem besonderen Mitteilungswert zukommen zu lassen, während es bei Erzählungen oft um die Geschichte selbst geht, die erzählenswert sein soll (und dabei nicht immer für alle neu sein muss, siehe dazu Beispiel 80). Erzählungen sind ausgedehnte Sequenzen und nicht als Paarsequenzen zu fassen. Mit den Merkmalen von Erzählungen beschäftigen wir uns im Detail in Kapitel 6; hier soll es um Vorläufe gehen, die Erzählungen häufig einleiten.

Eine wesentliche Funktion von Erzähl-Vorläufen besteht darin, dass sie dem Erzähler für einen mehr oder weniger langen Zeitraum den Vorrang beim Sprechen sicherstellen und für die Dauer der Erzählung das System des Sprecherwechsels außer Kraft setzen. Mittels Erzähl-Vorläufen holen die prospektiven Geschichtenerzähler also die Erlaubnis für einen langen Turn ein (vgl. dazu ausführlich Kap. 3).

Was macht eine Erzählung erzählenswert? Wenn man typische Erzähl-Vorläufe anschaut, scheint es vor allem die Tatsache zu sein, dass die Geschichte noch nicht bekannt ist. Genauso wie im Falle von einfachen Neuigkeiten wird dies oft zu Beginn einer Erzählung abgeklärt, wie im folgenden Beispiel, das während eines gemeinsamen Frühstücks aufgezeichnet wurde.

Beispiel (79) KORSIKA
```
((Tischgespräch beim Frühstück im Garten.))
  01 Jos:   das HÄRteste?
  02        hab isch dir das erZÄHLT?           EPT_Vor-Erzählung
  03        [wo wir da mit der aIda,            ←
  04 Syb:   [<<p>?hm?hm>                        ZPT_VorGrünes-Licht
                                                Beginn der Erzählung
  05 Jos:   MAlta;
  06        <<all>da hab isch au so ne RADtour gemacht. nä,
  07        sin_wa durch vaLEtta gefahrn.
  08        so. nä,>
  09        °hh u:n(d);
((etc.))
```

Josef beginnt mit einem Superlativ, der etwas Spektakuläres ankündigt *das HÄRteste?* (Z. 01). Das war möglicherweise der Beginn eines *abstracts*, das Erzählungen häufig vorangestellt wird. Doch Josef bricht ab und es folgt ein Erzähl-Vorlauf *hab isch dir das erZÄHLT?* (Z. 02). Interessanterweise ist mit dem pronominalen Verweis „das" keinerlei Referenz verbunden, dennoch antwortet Sybille <<p>?hm?hm > (Z. 04) und gibt Grünes-Licht. Damit wird die Erzählung lizensiert, noch bevor auch nur rudimentäre Hinweise gegeben werden, die das Wiedererkennen erlauben würden, denn Z. 03 *wo wir da mit der aIDa,* (Z. 03) wird gleichzeitig realisiert. Im Anschluss beginnt Josef eine Urlaubsgeschichte von Malta zu erzählen.

Wie Sybille dazu kommt, an einem so frühen Zeitpunkt zu sagen, dass sie die Geschichte nicht kennt, können wir nicht wissen. Möglicherweise wäre es ihr aber auch egal, wenn sie sie noch mal hören würde – denn auch wenn mithilfe eines Vorlaufs geklärt wird, dass die Geschichte bereits bekannt ist, bedeutet das nicht, dass sie nicht trotzdem erzählt werden könnte. Betrachten wir dazu das folgende Beispiel, wo D in der Formulierung des Erzähl-Vorlaufs bereits zeigt, dass sie sich eigentlich nicht vorstellen kann, dass sie die Geschichte von ihrer Mutter und der Maus noch nie erzählt hat.

Beispiel (80) MÄUSE
```
01 D: hab ich dir eigentlich die story nEt erzählt wo mei
         mUtter mal_e MAUS hatte-                    EPT_Vor Erzählung
02       <<p>hab ich des nit erZÄHLT;>               ←
03 G:    <<p>dEs hasch_scho_mal er[ZÄHLT>;]          ZPT_Vor Block
04 D:                              [GELL,  ]
05 H: dOch.                                          ZPT_Vor Block
06    aber was: wIe des ge[nau war weiß i NIMme-]    ZPT_Vor Grün.Licht
07 D:                    [wo die mAUs doch ihre] (.) in de
08       kÜch[e WAR;]
09 G:        [in der] [KÜche;
10 D:                 [und [alles   ] [mÖgliche ANgefresse hat,
11 H:                      [ach SO-] [die immer Irgendwas
         geFREssen] [hat; [gEll,
13 G:                [hm:_HM,
14 D:                     [JA,
15 H: hm_[HM-]
16 D:    [und] sie hen ja die mAUs nie verWISCHT;
17    wo se doch EInes mOrgens kommt sie in die KÜche,
((etc.))
```

Mit dem Erzählvorlauf *hab ich dir eigentlich die story nEt erzählt wo mei mUtter mal_e MAUS hatte- <<p>hab ich des nit erZÄHLT;>* (Z. 01–02) zeigt D, dass sie annimmt, die Geschichte bereits erzählt zu haben (vgl. die negierte Frage). Tatsächlich bestätigen das sowohl G (*<<p>dEs hasch schon_mal erZÄ[HLT>*; Z. 03) als auch H (*dOch*. Z. 05). Im nächsten Zug gibt H dann aber doch Grünes-Licht: *aber was: wIe des genau war weiß i NIMme-* (Z. 06), und D beginnt mit der Geschichte. Zunächst liefert sie noch Informationen zur Orientierung (Maus in der Küche, frisst alles an, wird nicht gefangen), um dann in Zeile 17 in die Komplikation einzutreten, mit der die Erzählung nun in die entscheidende Phase eintritt.

(Manche) Geschichten werden – wie Witze – gern mehrmals erzählt und gehört. Es geht also weniger um die Neuigkeit, sondern um den Genuss einer guten Erzählung, d.h. um die Performanz. Vielleicht ist das der wichtigste Unterschied zu Neuigkeiten!

Beispiel (81) VIDEOKAMERA
```
64 M: die geschichte von mein_n von mein_n SEMmeln habt ihr
         schon gehört; ja,                          EPT_Vor Erzählung
```

```
67      wa,                                             ←
68      von phillip MÄRker,                             ←
68  A:  erZÄHL.                                  ZPT_Vor Grünes-Licht
69  M:  du kennst no_nich meine geschichte von phillip MÄRker?
70      ich glaube die (.) SCHLÄGT dich noch_n bisschen
71  O:  [((lacht))  ]
                                                  Beginn Erzählung
72  M:  [und zwar s] es ging doch um die VIdeokamera;
73      dass ich so (.) (bei der) instiTUTSversammlung (.) die
            videokamera (0.5) also zu treuen händen überGEben
            bekommen hab.
76      und ich soll_se halt ABholn.
77      am montag bin ich HI,
78      ha_ich gesagt-
((etc.))
```

Auf den EPT des Erzählvorlaufs hin lizensiert A die Erzählung mit einem simplen *erZÄHL.* (Z. 68). M kommentiert A's „Grünes-Licht" mit einer ungläubigen Rückfrage (Z. 69) und der Aussage: *ich glaube die (.) SCHLÄGT dich noch_n bisschen* (Z. 70). Das verweist auf ein typisches Merkmal von Erzählungen in geselligen Kontexten, nämlich zum einen, dass sie selten alleine auftreten, sondern gern in Folge, und zum anderen, dass es dabei häufig darum geht, bessere, witzigere, abenteuerlichere, erstaunliche etc. Geschichten zu erzählen (vgl. Kap. 6).

Vorläufe kündigen auch die Art der Erzählung an, die folgt. Das wiederum verschafft den Rezipient/innen eine Orientierung über die von ihnen nach der Geschichte erwartete Reaktion:

> So fordert etwa eine Erzählung, die „etwas Schreckliches zu erzählen" ankündigt, die Zuhörer auf, etwas „Schreckliches" zu entdecken; sie zeigt weiter an, dass die Geschichte beendet ist, wenn die Zuhörer das „Schreckliche" gefunden haben, und impliziert ferner, dass sie dann auch *zeigen* können, dass sie die Geschichte für erkennbar beendet halten, indem sie Äußerungen tun, wie man sie üblicherweise antrifft, etwa wie: ‚Oh, wie schrecklich' oder ‚Wie furchtbar' etc. (Sacks 1971: 311; Übersetzung nach Günthner 1995: 189)

4.6.1.6 Komplexe Vorläufe: Vorläufe mit Präliminarien

Einen besonderen Fall eines komplexen Vorlaufs beschreibt Schegloff unter dem Begriff des *pre-pre*, dem Vor-Vorlauf (2007: 44ff.). Auch hier handelt es sich häufig um kurze, zweizügige Paarsequenzen; sie beginnen ebenfalls mit einer spezifischen Handlungsprojektion. Aber anstatt im darauffolgenden Redebeitrag die im EPT projizierte Handlung auszuführen, werden zunächst Präliminarien vorangestellt, sodass wir es nun mit zwei vorlaufenden Strukturen zu tun haben: dem Vorlauf und den mehr oder weniger ausgedehnten Präliminarien.

Betrachten wir ein schon bekanntes Beispiel in seinem Kontext: M und J sind Kommilitonen und besuchen dasselbe Seminar. Bei der Prüfungsvorbereitung ist M aufgefallen, dass ihm Unterlagen fehlen, die J haben könnte, und ruft ihn deshalb an.

Beispiel (82) FACHTHEORIE (von Marc Weber)

```
((M, der bei der Klausurvorbereitung bemerkt hat, dass ihm die
Unterlagen der ersten Sitzung fehlen, bittet J, ihm seine Auf-
zeichnungen zu leihen.))
   01 M:   ((klingeln))
   02 J:   Max?
   03      SERvus.
   04 M:   SE:Rvus. ähm
   05      (2)
   06      pass AUF-=
→  07      =ich hab amal a FRAge;=           EPT_VOR-Frage
                                             Beginn Präliminarien
   08      =und zwar hab ich (0.5) grad ANgfangen mit (0.5) ä:h
             SCHWIMmen (--) LERNen,
   09      (2)
   10 J:   ja?
   11 M:   und ähm IRGendwie ähm fängt bei MIR da die ERSTE seite
             AN (1,5) mit (--) BIOmechanische GRUNDlagen.
   12      (2)
   13      und
   14 J:   ((lachen))
   15 M:   ((lachen))
   16      da FEHLT irgendwas;=ne?
   17      ((lachen))
   18 J:   ähm (0.2) ja ich wa:ß_ned;
   19 M:   wa warst DU beim ERschten mal DA?   EPT_VOR-Frage2
   20      oder beZIEHungsweise also HAST du da was daVOR?
   21 J:   ich war IMmer.                    ZPT_VOR GRÜNES-LICHT
   22 M:   okay. (0.5) ähm (0.5)             SSD
                                             Ende Präliminarien
   23      KÖNNtest du des irgendwie vielleicht a:m MO:ntag zu zu
             SKI FACHtheorie mitbringen?     EPT_B Bitte
   25 J:   hm_hm,                            ZPT_B Gewährung
```

Auf die Begrüßungssequenz folgt der sog. *first-topic slot*, d.h. die früheste Position, um den Grund des Anrufes zu nennen.[136] M geht, nach einer kurzen Pause,

---

[136] ...oder um zu sagen, dass es keinen besonderen Grund gibt und man sich nur mal melden wollte, vgl. Kap. 2.

sein Thema sofort an; das *pass AUF-* (Z. 06) projiziert, dass nun ein Anliegen kommt, für das er ausholen wird, denn eine einfache Fokussierungsaufforderung ist an dieser Stelle nicht mehr funktional. Er stellt dann einen typischen Vorlauf voran: *ich hab amal a FRAge;* (Z. 07), der wörtlich eine Frage ankündigt, die aber – wie wir sehen werden – eine Bitte sein wird. Allerdings lässt M keinen Raum für einen ZPT, so dass sich keine Paarsequenz ergibt: er übergeht den MÜP durch schnellen Anschluss (Z.07 auf 08), was die starke Routinierung von solchen thematischen Einstiegen mit Vor-Vorläufen widerspiegelt.

Vor der Äußerung seines Anliegen in Z. 23 (*KÖNNtest du des irgendwie vielleicht a:m MO:ntag zu zu SKI FACHtheorie mitbringen?*) erläutert er erst den Hintergrund: er hat gerade angefangen für ein Thema zu lernen, seine Unterlagen beginnen aber nicht am Anfang, er nimmt an, dass etwas fehlt etc. Dann fragt er J, ob der am ersten Termin teilgenommen habe. Diese Frage ist ein EPT, der einen ZPT relevant setzt; allerdings ist es noch nicht die in Z. 07 angekündigte Handlung, die den Grund des Anrufs darstellt. Vielmehr klärt sie als Sequenzvorlauf zunächst, ob die Voraussetzungen für die Basis-Paarsequenz überhaupt gegeben sind. J bejaht *ich war IMmer* (Z. 21) und gibt damit Grünes-Licht. Der Diskursmarker *okay* (Z. 22), ein Sequenzschließender Dritter Teil (vgl. 4.6.3) mit Verzögerungssignal und kleinen Pausen markieren den Abschluss der Präliminarien: alle Voraussetzungen sind geklärt. Es folgt endlich die Bitte an J, ihm die Unterlagen am Montag mitzubringen (Z. 23): Hier beginnt er schließlich die basale Paarsequenz *Bitte – Gewährung der Bitte*, auf die der Vorlauf hinarbeitet.

4.6.1.7 Zusammenfassung
Sequenzvorläufe projizieren eine folgende Handlungssequenz, und zwar eine Basis-Paarsequenz, der sie vorausgehen, z. B. Frage-Vorlauf(sequenz) – Frage & Antwortsequenz, Einladungs-Vorlauf(sequenz) – Einladung & Annahme/Ablehnungssequenz etc. Sie sind in der Regel selber als Paarsequenz geordnet, mit einem relevant gemachten ZPT (z. B. ein Grünes-Licht oder einen Block). Vorläufe kann es im Prinzip vor jeder Art von Basis-Paarsequenz geben; sie sind oft selbst als EPT und ZPT gestaltet. Aber sie sind nicht immer nur kurz, und ggfs. kommen auch mehrere Vorläufe vor, bevor die projizierte Handlung schließlich ausgeführt wird (Schegloff 2007: 55 analysiert ein Beispiel, in dem der basale EPT erst in Zeile 79 auftritt!).

Vorläufe haben wichtige interaktionale Funktionen, die sich je nach Handlung, der sie vorausgehen, unterscheiden: sie erwirken die Suspendierung des Sprecherwechsels, um eine Geschichte zu erzählen, klären, ob eine Neuigkeit tatsächlich neu und eine Geschichte „erzählenswürdig" ist (*tellability;* Ochs & Capps 2002), ob Bitten oder Einladungen Aussicht auf Erfolg haben oder ob sie das Gegenüber möglicherweise in die Bredouille bringen, eine dispräferierte, z. B. nicht-übereinstimmende zweite Handlung auszuführen. Sie klären also, ob die Voraussetzungen für eine übereinstimmende, d.h. präferierte Basis-Paarsequenz gegeben sind (Schegloff 2007: 31).

Der Einfluss von Sequenzvorläufen auf die projizierte Handlung kann so weit gehen, dass sie gar nicht erst ausgeführt wird, wenn der ZPT entsprechend ausfällt (siehe obiges Zitat von Sacks 1992: 685). Damit helfen Vorläufe z. B. eine Ablehnung zu vermeiden; so betreiben sie *face-work*, sowohl bezogen auf die Produzierenden als auch die Rezipierenden (Lerner 1996a). Das gilt allerdings nicht für generische Paarsequenzen, die dazu dienen, eine Interaktion überhaupt erst zu beginnen. Sie werden als generisch bezeichnet, da sie keine typspezifischen Paarsequenzen projizieren.

Vorläufe sind sehr *face*ttenreich und wurde von der Konversationsanalyse bereits in Hinsicht auf die Sequenzorganisation gut beschrieben. Einschübe hingegen spielen vor allem bei Reparaturen (vgl. Kap. 5) eine Rolle; im nächsten Abschnitt werden wir uns mit ihrer Sequenzstruktur näher beschäftigen.

4.6.2 Einschübe

Die zweite Position, an der eine Erweiterung der Paarsequenz erfolgen kann, liegt nach dem EPT und vor dem ZPT. Die konditionelle Relevanz, die innerhalb einer Paarsequenz besteht und die bewirkt, dass ein erster Sequenzteil einen zweiten sequenziell relevant setzt, kann zwar nicht aufgehoben, aber doch zeitweilig aufgeschoben werden. Ein möglicher Grund für diesen Aufschub kann zum Beispiel darin liegen, dass der Gesprächspartner noch etwas klären muss, bevor er den ZPT liefert kann, wie in den folgenden Beispielen (ein tiefgestelltes EIN markiert die Einschubsequenz).

Beispiel (83) GEHALT 2
```
01 P: wat ZAHLT_n der (Firmenname) ihnen. (0.5)    EPT_B Inf.Frage
02 B: jetz im MOnat?                               EPT_EIN Frage
03 P: hm,                                          ZPT_EIN Antwort
04 B: sieben DREI.                                 ZPT_B Antwort
```

Beispiel (84) TOUGH
```
01 Vio: war die [THOUGH?                           EPT_B Inf.Frage
02 Jos:         [die j?                            EPT_EIN
03         die LENna?=                             ←
04 Vio: =hm_hm,                                    ZPT_EIN
05 Bia: ja.                                        ZPT_B Antwort
```

Beispiel (85) LEHRBERUF
```
12 G: ich bin im lehrberuf seit DREI jahren,
13    und merke es da dann beSONders,
14    [wenn ich]
15 Z: [wa_WAS  ] für_n beruf?                         EPT_EIN Frage
16 G: ich bin LEHrerin.                                ZPT_EIN Anwort
17 Z: ah LEHrer.                                       Ratifizierung
18    hm_hm (    ) =                                   ←
19 G: =wenn ich jetzt Angespannt bin vom (.) vom (-) vielen
         SPREchen, (-)
20    dann tut_s mir einfach hier die ganze partie [schon]
21 Z:                                                [hm_hm]
22 G:    WEH,=
```

Auf die Frage des Personalchefs nach dem Verdienst in Z. 01 liefert der Bewerber nicht sofort die Antwort. Er stellt eine (Rück-)Frage, um zu erfragen, ob der Personalchef das Monats- oder Jahresgehalt wissen will. Damit etabliert der Bewerber nun seinerseits eine konditionelle Relevanz, so dass in diesem Moment zwei offene Sequenzen im Raum stehen. Diese werden nun sukzessive abgearbeitet: der Personalchef bejaht und schließt mit dem ZPT die Einschubsequenz ab. Nun wendet sich der Bewerber der noch nicht abgeschlossenen ersten Paarsequenz zu und schließt mit der Nennung einer Gehaltssumme auch diese ab.

Im Gespräch über die nicht-anwesende Bekannte von Bianca und Josef fragt Viola nach, ob *die TOUGH* gewesen sei. Josef ist sich aber der Referenz nicht sicher und fragt zurück, ob Lenna gemeint sei. Dieser Einschub-EPT wird von Viola im Einschub-ZPT bejaht. Die Einschubsequenz ist damit beendet, worauf Bianca die Antwort (ZPT) auf den basalen EPT gibt.

Im dritten Beispiel setzt eine Patientin an, zu berichten, dass sich ihre Beschwerden in den drei Jahren, die sie im Lehrberuf tätig ist, durch das viele Sprechen verschlimmert haben. Der Zahnarzt versteht dabei etwas nicht und schiebt eine Klärungssequenz ein: *wa_WAS für_n beruf?* (Z. 15), die die Patientin beantwortet: *ich bin LEHrerin.* (Z. 17). Es folgt noch eine Ratifizierung durch den Zahnarzt als Nachlauf (vgl. 4.6.3) und dann setzt die Patientin die Beschwerdenschilderung fort, wo sie sie unterbrochen hat (*wenn ich*, Z. 14 und Z. 19). (Mit diesem Einschub wird eine Repartur vollzogen, die in Kapitel 5 genauer analysiert wird.)

In allen Beispielen wird vor Beantwortung der im EPT gestellten Frage eine weitere Information erfragt, sei es, dass der EPT einer Reparatur bedurfte (Bsp. 83, 84) oder dass vor dem ZPT eine Information benötigt wird (Bsp. 85). Das wird mit einer komplexen Sequenz aus [Frage – [Frage – Antwort] – Antwort] vollzogen. Einschubsequenzen sind dadurch gekennzeichnet, dass sie vom nächsten Sprecher initiiert werden, d.h. von demjenigen, der qua konditioneller Relevanz das Rederecht hat, um die erste Paarsequenz zu schließen. Das unterscheidet Einschübe von Vorläufen und Nachläufen, die vom ersten Sprecher gemacht werden (Schegloff 2007: 97, vgl. a. Jefferson 1972).

Auch im folgenden Beispiel wird erst noch etwas geklärt, bevor die Sequenz Angebot & Annahme abgeschlossen werden kann.

Beispiel (86) ARZTTERMIN (von Jasmina John)
```
((Patientin sagt telefonisch einen Termin bei der Sprechstunden-
hilfe ab und vereinbart einen neuen))
   01 S:  wollen wir gleich nen NEUen ausmachen,
   02 P:  ja_a können wir MAchen;
   03 S:  hm_hm,
   04      (9) ((blättert im Terminebuch))
   05      <<flüsternd>okay.>
   06      am dreißigsten ERsten dann wieder,    $EPT_B$ Vorschlag
   07      um sechzehn uhr ZEHN.                 ←
   08 P:  (-) ehm eher geht_s NICH; oder,        $EPT_{EIN}$ Frage/Bitte
   09 S:  mh leider NIMmer;                      $ZPT_{EIN}$ Antwort/Ablehnung
   10      nachmittags sind wir dann komplett scho VOLL. +Begründung
   11      (-)
   12 P:  <<p>ja dann NEHM ich den termin>       $ZPT_B$ Annahme
```

Die Sprechstundenhilfe schlägt der Patientin, die gerade einen Termin abgesagt hat, ein neues Datum und eine Uhrzeit vor. Damit realisiert sie den EPT der Paarsequenz „Vorschlag", der einen ZPT, die Annahme oder Ablehnung, konditionell relevant setzt. Bevor die Patientin annimmt oder ablehnt, fragt sie, ob es nicht doch einen früheren Termin gäbe, was die Sprechstundenhilfe verneint (man beachte das *mh*, das *leider* und die nachgelieferte Begründung (*account*), die die Dispräferenz der Ablehnung markieren). Nachdem dies geklärt ist, akzeptiert die Patientin den Vorschlag aus dem EPT der Basis-Paarsequenz und nimmt den Termin.

Eine Einschubsequenz suspendiert den zu erwartenden ZPT vorübergehend; der nächste Sprecher übernimmt zwar im nächsten Zug das Rederecht, allerdings um zunächst etwas anderes zu tun, als das, was konditionell relevant gesetzt ist. Er eröffnet seinerseits eine Paarsequenz, die wiederum eine konditionelle Relevanz etabliert. Sobald diese abgearbeitet ist, wird sofort der sequenziell implizierte ZPT der Basis-Paarsequenz wieder konditionell relevant.[137]

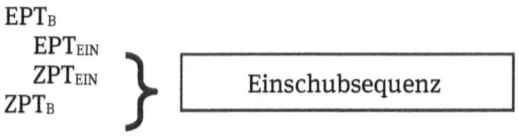

Abb. 44: Einschubsequenzen in Basis-Paarsequenzen.

Einschubsequenzen belegen somit auch, dass die konditionelle Relevanz ein für die Beteiligten wirksames und gültiges Prinzip ist, an dem sie sich orientieren.

Einschubsequenzen zeichnen sich durch drei Merkmale aus:
– sie sind zwischen einem EPT und einem ZPT einer Basis-Paarsequenz platziert,
– sie werden vom Rezipienten eines vorangehenden EPT (der Basis-Paarsequenz) produziert,
– sie schieben einen Basis-ZPT lediglich auf.

Die typische Leistung von Einschubsequenzen ist es, noch etwas zu klären, bevor die bereits begonnene Handlungssequenz abgeschlossen werden kann. Dies kann unzureichenden oder fehlerhaften sprachlichen Input betreffen. In diesem Fall sind sie Teil der Reparatur-Maschinerie, die wir im nächsten Kapitel genauer kennen lernen werden. Reparaturen dienen dazu, Probleme des Hörens oder Verstehens im vorangegangenen Sprechen zu lösen. Das wird im folgenden Beispiel deutlich:

Beispiel (87) KNIE (von Anh Nhi Dao)
```
((Reden über Kunst in der Ausstellung))
  01 V: <<all> ich mein> HIER find ich immer total TOLL,
  02    siehst du hier_n KNIE?           EPT_B Frage
  03    (--)
  04 P: in DEM? ((zeigt auf Bild))       EPT_EIN Frage (Rep.initierung)
  05 V: ja;                              ZPT_EIN Antwort (Reparatur)
  06 P: ja.                              ZPT_B Antwort
  07 V: ja ich AUCH;
```

---

[137] Tatsächlich sind auch Einschubsequenzen wieder expandierbar, so dass die sequenzielle Entwicklung noch komplexer werden kann (vgl. für ein Beispiel Schegloff 2007: 109ff.).

V kann offensichtlich den deiktischen Verweis *hier* in Z. 02 nicht sicher zuordnen und somit die Frage, ob sie „hier" ein Knie sehe, nicht beantworten. Sie initiiert eine Reparatur, in der sie auf einen möglichen Referenzbereich zeigt und fragt, ob dies gemeint sei. Mit der Bestätigung von P ist die Einschubsequenz abgeschlossen und V kann nun zur Beantwortung der Frage in der Basis-Paarsequenz fortschreiten. Hier wird auch deutlich, dass eine negative Antwort in Z. 05 zur weiteren Expansion der Einschub-Sequenz geführt hätte, nämlich so lange, bis V in der Lage ist, den zweiten Teil der Basis-Paarsequenz zu liefern.

Beispiel (88) HEISSGETRÄNKE
```
((Anton und Josef hacken im Hof Holz und verbrennen es, Mike
steht in der Terrassentür.))
    04 Mi:    WOLLTs_te noch irgendwat?=              EPT_B Angebot
    05        [=n_KAFfee oder so?                     ←
    06        [((Mike lehnt sich noch weiter auf die Terrasse,
    07 An→Mi: ´mAchs´te dir grade `SEL´ber einen oder wAs?
                                                      EPT_EIN Frage
    08 Mi→An: na ick würd ma heiß ´WASser `machen a[ber-
                                                      ZPT_EIN Antwort
 →  09 Jo→Mi:                                   [j[a.
    10 An→Mi:                                      [ja.
    11        [dann nEhm ich noch_n ´KAFfee.]         ZPT_B Annahme
 →  12 Jo:    [mir kannst_e  wieder_n        ] ä:::h SCHWARZtee;
```

In Zeile 04 fragt Mike Anton, ob er noch etwas haben möchte; ohne auf eine Antwort zu warten, expandiert er mit schnellem Anschluss seinen Redebeitrag um eine zweite TKE, nämlich *=n_KAFfee oder so?* (Z. 04), in der er das Angebot als Getränk spezifiziert. Bevor Anton diese Frage beantwortet, eröffnet er eine Einschubsequenz und fragt zurück, ob Mike sich selbst einen Kaffee macht (Z 07). Dieser EPT wird im ZPT der Einschubsequenz in Zeile 08 beantwortet. Im nächsten Zug ist nun automatisch der offene ZPT aus der Basis-Paarsequenz konditionell relevant und das Rederecht fällt an Anton zurück. Er nimmt das Angebot an: *ja. dann nEhm ich noch_n ´KAFfee.* (Z. 10–11) (vgl. a. Kap. 3.2).

Bevor der EPT, das Angebot, bearbeitet wird, klärt Anton die Bedingungen für die Annahme: Anton will wissen, ob sich Mike auch etwas zu trinken zubereitet (vielleicht um höflich zu signalisieren, dass er sich nicht extra für ihn Umstände machen muss). Dies wird in einer Einschubsequenz vollzogen; nachdem das geklärt ist, kann der noch fehlende ZPT geliefert werden.[138]

---

[138] Das Beispiel (87) wird als „Nach-EPT-Einschubsequenz" bezeichnet (*post-first insert expansions*, Schegloff 2007: 100), weil sie den Ersten Teil einer Basis-Paarsequenz rückwirkend

Eine weitere Form der internen Sequenzexpansion sind die sogenannten „Konter". Hier wird der Ball, der mit einem EPT abgeschossen wurde, zurückgespielt. Wir kennen solche Fälle z. B. vom Bilderbuch-Schauen mit Kindern: Kind: *Was ist das?* Erwachsene: *Aber das weißt du doch, was das ist!* Kind: *Ein Trecker!* Die mit dem EPT etablierte konditionell relevante Reaktion wird hier nicht vom nächsten Sprecher erfüllt, sondern von diesem an den ersten Sprecher zurückgespielt. Im folgenden Beispiel aus einem Bewerbungsgespräch scheint etwas Ähnliches vorzuliegen. Der Bewerber fragt nach den Konditionen (dem Gehalt) der Stelle, für die er sich gerade vorstellt.

Beispiel (89) KONDITIONEN
```
01  B:   mich persönlich würden auch die kondiTIOnen eh (-)
         [dieser stelle intressSIERN,  ]         EPT_B Frage
02  I1:  [<<f>ja klar dis dis is KLAR] °h hm_hm,
03       <<f>ja da würd ich ganz gerne> von IHnen wissen
04       was sie sich so VORgestellt haben.      Konter/EPT-Frage
05  B:   eh na ja ich (.) kann ja mal sagen ich hatte DREIzehn
         monatsgehälter.                         ZPT-Antwort
06  I1:  hm_hm,=
07  B:   =von dreitausend eh fünfHUNdert (.) brutto. ←
08  I1:  hm_hm,
09       (--)
09  B:   und in diesem RAHmen eh würden sich schon meine (-)
         vorstellungen (--) bewegen.        ←
```

Die Frage nach den Konditionen, die der Bewerber in Zeile 01 stellt, wird vom Personalchef nicht beantwortet; vielmehr dreht er den Spieß um und kontert mit einer Frage, die erneut einen EPT etabliert (Z. 03): Er erfragt die Erwartungen des Bewerbers. Darauf antwortet der mit der Nennung seines bisherigen Gehalts (Z. 07) und der Aussage, dass dies der Rahmen seiner Erwartungen sei (Z. 09).

Personalverantwortliche klären in der Regel die Erwartungen der Bewerbenden, bevor sie die Bezahlung erläutern, um strategische Antworten zu vermeiden. Fragen nach der Gehaltsstufe werden lieber erst beantwortet, nachdem die Bewerbenden sich geäußert haben. Tatsächlich nennt der Interviewer in diesem Bewerbungsgespräch die vorgesehene Gehaltssumme nicht. Der EPT der

---

bearbeitet. Dieser Typ wird zu den generischen Einschubsequenzen gezählt (Schegloff 2007: 106), da er in beliebigen Paarsequenzen vorkommen kann (wie es für die Fremdinitiierungen von Reparaturen typisch ist). Daneben gibt es die „Vor-ZPT-Einschubsequenzen" (*pre second-insert expansions*), z. B. bei Angeboten, wie im Beispiel (88).

Basis-Paarsequenz bleibt damit unabgeschlossen, auch wenn der Bewerber gute Gründe für eine Antwort hätte, denn die Konditionen des Unternehmens sind ja leider nicht immer mit den Wünschen der Bewerbenden identisch. Sequenziell gesehen hätte es dann statt des Konters eine Einschubsequenz gegeben.

Während Konter die sequenzielle Kraft des EPT aufheben oder umlenken, wirken Einschubsequenzen nur aufschiebend. Konter klären nicht, was es braucht, um den Basis-ZPT zu liefern, wie es andere Einschubsequenzen tun, sondern weisen die Handlung im ZPT zurück. Damit haben Konter ein weitaus größeres *face*-bedrohendes Potential als Einschübe.

4.6.3 Nachläufe

Eine dritte Möglichkeit für Erweiterungen sind Nachläufe, die nach dem ZPT positioniert sind. Der vielleicht häufigste Typ ist eine nur minimale, eingliedrige Erweiterung einer Paarsequenz durch ein drittes Element, einen sogenannten **Sequenzschließenden Dritten** (SSD, *sequence closing third*, Schegloff 2007: 118ff.). SSD zeichnen sich dadurch aus, dass sie keine neue Sequenz eröffnen (z. B. selber kein EPT sind) und sich deutlich auf die vorangegangene Paarsequenz rückbeziehen. Typische Formen von sequenzschließenden Dritten sind *aha, okay, oh, echt, ach so* usw., Bewertungen und Kombinationen aus beidem. Die folgenden Beispiele illustrieren solche Verwendungen.

Beispiel (90) HAUSBESETZUNG
```
((Mike erklärt Vlado den Hintergrund von Hausbesetzungen.))
   01 Vla: und WArum darf keiner da rein?            EPT Inf.frage
   02 Mik: JA- (-)                                   ZPT Antwort
   03      wei_t MEIstens irgendwelche finanZIELlen gründe hat; ←
   04      [die ] werden irgendwo ABgeschrieben; die HÜTten;   ←
   05 Jos: [hm_hm:]
   06 Vla: aHA.                                      SSD
```

Beispiel (91) SHAKESPEARE
```
((Wer ist William Shakespeare?))
   01 Cla: zum beispiel romeo und JUlia is halt so (.) das (.)
           beKANnteste;
   02 Vla: <<erstaunt>is_das AUCH von ihm?>          EPT Frage
   03 Cla: AUch von ihm. (-)                         ZPT Antwort
   04      hm_hm, (-)                                ←
   05 Vla: ach SO.                                   SSD
```

Beispiel (92) ROCK
```
01 Bia: und wat WIRD det,                              EPT Inf.frage
02 Mik: det WIRD? (---)                                ZPT Antwort
03      muss ick SEHN;                                 ←
04      wenn_et KLAPPT;                                ←
05      n_ROCK.                                        ←
06      (-)
07 Bia: ach ECHT,                                      SSD
```

Beispiel (93) SPANISCH
((Telefonat während eines Auslandsaufenthalts. A hatte B Spanischlehrmaterial ins Ausland bringen lassen.))
```
14 B: und eh eh °h hast du dich jetzt entSCHLOSsen,    EPT Inf.frage
15    äh das ANzunehmen da in MAdison?                 ←
16    oder gehst du nach mittelaMErika mit;            ←
17 A: nee:                                             ZPT Antwort
18    ich hab mich entSCHLOSsen,                       ←
19    den den job in in in in der nähe von madison
         ANzunehmen;                                   ←
20 B: AH: ja;                                          SSD
```

Beispiel (94) ZWEI JAHRE
((Suche nach einem geeigneten Dissertationsthema))
```
01 B: bi_bist du schon zwei jahre DA?                  EPT Inf.frage
02 A: hm_hm,                                           ZPT Antwort
03 B: oh wie HART.                                     SSD
```

Ein Typ von Paarsequenzen, die häufig durch Nachläufe erweitert werden, sind Informationsfragen & Antworten. Im dritten Zug wird die mit der Antwort gelieferte Information vom ersten Sprecher, dem Fragensteller, ratifiziert und angezeigt, dass sein Zustand vom *Nicht-Wissen* zum *Wissen* überführt wurde. Dabei lassen sich an dieser Position subtile Differenzierungen anzeigen: In Beispiel (90) fragt Vlado, wieso es überhaupt leerstehende Wohnungen gibt, die besetzt werden können, und quittiert die Antwort mit einen *aHA*. (Z. 06). In Beispiel (91) nennt Clara beispielhaft das bekannte Theaterstück Romeo und Julia, um Vlado die Einordnung William Shakespeares zu ermöglichen. Seine erstaunte Nachfrage in Z. 02 bejaht sie, worauf er *ach SO* äußert. Die Antwort auf die Frage in Beispiel (92), was Mike da nähe, wird von Bianca als überraschend behandelt: *ach ECHT*. Die Antwort auf die Frage, für welchen der beiden Jobs sich A entschieden hat, wird in Beispiel (93) mit *AH: ja;* (Z. 20) quittiert.

Sowohl mit *aha* als auch mit *ach so* und *oh* registrieren Sprecher/innen die vorangegangene Äußerung als Information oder Erkenntnis, die ihr Wissen in besonderer Weise reorganisiert. Es handelt sich um eine unerwartete, überraschende, erstaunliche etc. Information (*change of state token*; Heritage 1984a; vgl. a. Imo 2009). Deshalb wird auch oft angezeigt, in welchem Verhältnis das neue zum alten Wissen steht: *okey* drückt häufig eine Zustimmung zum neuen Wissen aus, *ach so* zeigt z. B., dass das neue Wissen altes modifiziert (vgl. zum Deutschen Golato 2010).[139]

In Beispiel (94) wird eine Bewertung in Kombination mit einer Interjektion verwendet: *oh wie HART* (Z. 03). Diese Reihenfolge kann übriges nicht umgedreht werden; zwar können sowohl Exklamative als auch Bewertungen allein vorkommen, aber wenn beide kombiniert auftreten, steht die Interjektion zuerst. Man kann also von einer typischen Abfolge ausgehen: zuerst wird die Information ratifiziert und dann bewertet und nicht umgekehrt.

Auch Expansionen können ihrerseits als Paarsequenzen gestaltet sein. Im Beispiel (95) kommt nach einer Bewertungssequenz mit dispräferiertem, nichtübereinstimmendem ZPT ein solcher paariger Nachlauf vor.

Beispiel (95) GANZ NETT
```
((Kontext: berufliche Entscheidungen))
  01 A:  °h du kennst meine ELtern nich_bernt.
  02 B:  nee ich kenn deinen PA;
  03     aber dEr ist doch eigentlich ganz NETT;    EPT 1.Bewertung
         [=oder?                                    ←
  04 A:  [ja der ist oKAY;                          ZPT 2.Bewertung
  05     aber wenn es um sO sachen geht NICH.       (Gegenbewertung)
  06 B:  ECHT nIch?                                 EPT_Nach Rückfrage
  07 A:  NEE.                                       ZPT_Nach Antwort
```

A und B sprechen über eine berufliche Entscheidung. A ist der Meinung, dass ihre Eltern damit nicht einverstanden wären, was B nicht recht glauben will. Daraufhin spricht sie ihm ab, das beurteilen zu können: *du kennst meine ELtern nich_bernt.* (Z. 01). Er widerspricht (*nee*), zumindest teilweise: *ich kenn deinen PA;* (Z. 02) und schließt eine Bewertung an: *aber dEr ist doch eigentlich ganz NETT;* (Z. 04). Darauf folgt eine 2. Bewertung, die mit einer Pseudozustimmung beginnt, der dann eine gegenläufige Bewertung folgt: *ja der ist oKAY; aber wenn es um sO sachen geht NICH.* (Z. 05). Hier nun beginnt die Nachlaufsequenz: B stellt eine Vergewisserungsfrage mit dem EPT *ECHT nIch?*, auf den A mit *NEE.* antwortet. Dass es sich um einen Nachlauf handelt, ist u.a. damit zu begründen,

---

[139] Die Formen *ach so, aha, okay* etc. haben natürlich an anderen sequenziellen Positionen andere Funktionen, z.B. können sie als ZPT verwendet werden und dann eine entsprechende Handlung vollziehen (z. B. die Akzeptanz eines Vorschlags, Annahme einer Entschuldigung etc.).

dass hier eine eigentlich abgeschlossene Sequenz expandiert wird, ohne dass neue thematische Beiträge erfolgen.

4.6.4 Mehrere Erweiterungen in einer Sequenz

Abschließend sollen anhand einer längeren Sequenz verschiedene Vorläufe, Einschübe und Nachläufe analysiert werden. Der Kern des Ausschnitts ist das Anliegen Sybilles, dass Josef ihr die Zwiebeln für das Essen, das sie gerade zubereitet, schneidet (vgl. a. Bsp. 74).

Beispiel (96) ZWIEBELCHEN
```
((Sybille ruft nach Josef, der in einem anderen Raum ist.))
  01 Syb: <<f>JOsef?>                         EPT Fok.aufforderung
  02 Jos: ja?                                 ZPT Fok.bestätigung
  03 Syb: <<f>was MACHST du?>                 EPT_VOR Anliegen
  04 Jos: (-) <<f>(FENster)putzen; (.)        ZPT_VOR Block
  05      im SCHLAFzimmer.>                   ←
  06      (--)
  07 Syb: ach SO. (-)                         SSD
  08      (-)
  09 Jos: <<f>waRUM;>                         EPT Frage
  10 Syb: <<p; kindl:>du musst ZWIEbelchen schneiden.>
                                              ZPT Antwort/EPT_B Anliegen1
  11 Jos: WER.                                EPT_EIN Frage (Reparatur)
  12 Syb: <<h; kindl:>DU;>                    ZPT_EIN Antwort
  13 Jos: <<verwundert>waRUM?>                EPT_EIN Rückfrage
  14 Syb: (--)<<empört>waRUM?>                ZPT_EIN Konter
  15 Jos: DU willst doch kochen.              EPT_EIN Rückfrage
  16 Syb: jaHA;=                              ZPT_EIN Antwort
  17      =ich KOChe auch. °h                 ←
  18      und DU schneidst mir die ZWIEbelchen. nä,> EPT_B Anliegen2
  19      [........]
  20 Jos: [was hast] du denn noch großartisch zu KOChen.
                                              EPT_EIN
  21 Syb: ((kichert))                         fehlender ZPT_EIN
  22 Jos: is doch alles geMACHT schon.        EPT_EIN
  23      (---)                               fehlender ZPT_EIN
  24 Syb: °h <<all>du musst mir aber bitte die ZWIEbeln->
                                              EPT_B Anliegen3
  25      weil_isch WEIne bei ZWIEbeln;       + Begründung
  26      willst_e dass isch WEIne?           EPT_EIN
  27 Jos: (-) höä;                            ZPT_EIN
```

```
28         isch weine AUCH,                    ←
((etc.))
```

Bevor Sybille ihr Anliegen äußert, stellt sie – wie bereits herausgearbeitet, vgl. Bsp. 74 – eine Vorlauf-Sequenz aus Frage & Antwort voran, die sie dann mit einem SSD expandiert: *ach so* (Z. 07). Die Frage Josefs, warum sie gefragt habe (Z. 09), führt dazu, dass Sybille nun ihr Anliegen in der Position eines konditionell relevanten zweiten Paarteils äußern kann, und zwar in dispräferiertem Format. Dazu trägt auch die Sprechweise bei, in der Sybille ihre Bitte äußert: <<p; kindl:>*du musst ZWIEbelchen schneiden.*> (Z. 10). Durch das Kindliche positioniert sie sich als hilfsbedürftig, um so die Berechtigung ihrer Bitte zu unterstreichen und deren *face*-bedrohenden Charakter (man beachte das Modalverb *du musst*, das sie wie einen Befehl klingen lässt) abzuschwächen.

Statt einer Antwort stellt Josef eine Verständnisfrage *WER?* (Z. 11); er initiiert hier eine Reparatur (das werden wir in Kapitel 5 genauer betrachten), d.h. er fordert Sybille auf, ihre Äußerung zu ergänzen; sie liefert im nächsten Redebeitrag das Reparandum *DU;* (Z. 12). Sequenziell gesehen wäre nun wieder Josefs Antwort auf die Bitte konditionell relevant; stattdessen stellt er eine Frage nach dem Grund für die erbetene Hilfeleistung (*waRUM?*, Z. 13). Anders als das erste *waRUM* in Z. 09, das man mit „Warum hast du gefragt?" paraphrasieren kann, fragt er hier nach einer Begründung für die Bitte selbst „Warum soll ich dir helfen?". Die Bitte bleibt damit noch immer unbeantwortet.

Sybille weist die Frage zurück, indem sie sie empört wiederholt und eine Konterfrage stellt (Z. 14), im Sinne von *Was meinst du mit warum?*. Josef erläutert dann, dass ja sie kochen wolle, und markiert das *DU* mit einem Kontrastakzent, womit er impliziert, dass sie sich dann auch um das Zwiebelschneiden kümmern könne (Z. 15). Sybille stimmt zu, wiederholt aber trotzdem im nächsten Zug ihr Anliegen, aber diesmal nicht als Bitte, sondern als Imperativ: *und DU schneidst mir die ZWIEbelchen.* (Z. 18). Diese zweite Wiederholung als EPT setzt nun erneut Josefs Erfüllung der Bitte (bzw. Ausführung des „Befehls") bzw. die Verweigerung konditionell relevant. Doch statt einer Antwort hinterfragt er erneut die Notwendigkeit der Bitte: *was hast du denn noch großartisch zu KOCHen. is doch alles geMACHT schon* (Z. 20, 22).

Diesen mutmaßlichen EPT (Frage) und den damit einhergehenden konditionell relevanten ZPT (Antwort) übergeht Sybille und wiederholt ihre Bitte stattdessen ein drittes Mal (syntaktisch unvollständig). Bevor Josef überhaupt die Chance hat zu antworten, expandiert sie mit einer Begründung für die Bitte, um den Zustimmungsdruck zu erhöhen: *weil isch WEIne BEI ZWIEbeln;* (Z. 25). Ihre daran anschließende, rhetorische Frage: *willst_e dass isch WEIne?* (Z. 26) wird von Josef mit *isch weine auch,* (Z. 28) gekontert, womit er das Argument, das ihn zur Erfüllung der Bitte motivieren soll, blockiert. Allerdings – und das ist es, was diesen Schlagabtausch am Laufen hält – hat er noch immer nicht auf die Handlung in der Basispaarsequenz geantwortet; seine Reaktionen dienen vielmehr dazu, genau dies zu verweigern. Schlussendlich wird Josef doch die Zwiebeln schneiden; mit der mehrfachen Reinstanziierung und Modifizierung ihrer Handlung von Bitte zu Befehl und zurück erreicht Sybille am Ende ihr Ziel.

Es wird sichtbar, dass und wie man einen ZPT einer Basispaarsequenz durch Sequenzerweiterungen expandieren kann, um die Erfüllung einer Bitte zu verzögern oder vielleicht sogar ganz zu verweigern. Und schließlich zeigt sich in dieser Verzögerung eine Praktik der Dispräferenzmarkierung bzw. der Vermeidung einer Ablehnung, indem der Sprecher versucht, die Voraussetzungen für die Bitte zu hinterfragen und so die erste Handlung, das Anliegen, aus der Welt zu schaffen, ohne es ablehnen zu müssen.

4.7 Institutionenspezifische Sequenzverläufe: Schule

In institutionellen Kontexten kommen spezifische sequenzielle Muster vor, die von den bislang behandelten Typen in systematischer Weise abweichen (vgl. a. Schegloff 1987a: 222). Das lässt sich am Sequenztyp Frage & Antwort in der Schule besonders gut verdeutlichen. Hier ist es die Paarsequenz Informationsfrage & Antwort, die bislang als basale, zweigliedrige Sequenz (mit fakultativen Erweiterungen) beschrieben wurde, die institutionellen Anforderungen angepasst wird.

Betrachten wir dazu ein Beispiel aus einem Unterrichtsgespräch. Die Lehrerin richtet im Rahmen des Biologieunterrichtes die Frage nach dem Unterschied zwischen den Parasiten Zecke und Bandwurm an die Klasse (vgl. a. Harren 2015).

Beispiel (97) FUCHSBANDWURM (Transkription adaptiert, nach Harren 2015)
```
((Unterrichtsgespräch))
  01 FW: WOrin besteht denn jetzt der UNterschied,    EPT Frage
  02     äh zwischen der ZECke?                       ←
  03     als paraSIT,=                                ←
  04     =und dem BANDwurm.* (.)                      ←
                       * ((Manuel meldet sich))
  05     <<p>als *paraSIT.>                           ←
              *((Inge meldet sich))
  06     *(2.5)
         *((Annette, Tanja, Elke und Maria melden sich))
  07 FW: <<p>MAnuel.>                                 Turnzuweisung
  08 Ma: (ja/na) der BANDwurm,                        ZPT Antwort
```

```
09         *der geht ja dirEkt an die **Inneren orGAne?    ←
           *((Tanja und Annette senken Arm))
                                      **((Elke senkt Arm))
10  Ma:    [und die ZECke] (.) is: praktisch (.) von AUßen. ←
11  FW:    [<<pp>hm_hm?> ]
12  Ma:    <<dim>[an_die haut [(ange[gePASST              ←
                  [FW hebt Kopf zum Nicken.
13  FW:                        [(ja,)[<<p>RICHtich.>   DPT Evaluation
                                     [FW nickt              ←
14         geNAU.*                                          ←
           *((Maria senkt den Arm))
```

Nachdem die Lehrerin eine Frage nach Unterschieden zwischen Zecke und Bandwurm an die Klasse gerichtet hat (Z. 01-05), melden sich einige Schülerinnen und Schüler,[140] unter ihnen Manuel, der aufgerufen wird und eine Antwort als ZPT liefert (Z. 08-12). Bereits gegen Ende seines Redebeitrags in Z. 11 bestätigt die Lehrerin durch ein leises Minimalfeedback *hm_hm?* und verstärkt dies in Z. 12-13 nonverbal durch Kopfnicken. In Überlappung mit der laufenden Antwort äußert sie außerdem verbal *ja* (Z. 13) und ein leises *RICHtig* (Z. 13). Nach Abschluss der Antwort bestätigt sie noch einmal durch *genau* (Z. 14) die Korrektheit der Antwort. Im Laufe der Antwort senken einige Schülerinnen, die sich ebenfalls gemeldet hatten, nach und nach die Arme und nehmen so den Antrag auf das Rederecht wieder zurück.

Diese dreigliedrige sequenzielle Struktur von Frage, Antwort und Bewertung ist für Unterrichtskommunikation typisch. Sie wurde von Sinclair & Coulthard (1975: 26) als „Initiation – Response – Feedback" (IRF) gefasst, Mehan (1979) bezeichnet die Abfolge als „Initiation – Reply – Evaluation" (IRE) und typisiert damit das, was im dritten Paarteil[141] passiert, funktional als Bewertung.

Diese Sequenzstruktur gehört zur Grundstruktur didaktischen Handelns in Gruppenkonstellationen. Fragt man sich, wie es zu diesem Dritten Paarteil (wie z.B. in Z. 13), der für institutionelle Lehr-/Lernkontexte so typisch ist, überhaupt kommen kann, fällt auf, dass Unterrichtsinteraktionen eine spezifische Wis-

---

140 Mazeland (1983) spricht hier von „programmierter Selbstwahl", insofern die Schülerinnen und Schüler die Option bekommen, sich um den Turn zu bewerben. Anders als im Alltagsgespräch weist im Unterricht die Lehrkraft den Turn zu, und zwar (in der Regel) an diejenigen, die sich per Handzeichen melden; nicht-lizensierte Turnübernahme wird dagegen oft sanktioniert.
141 Hier handelt es sich tatsächlich um einen Dritten Paarteil, d.h. einen integralen Bestandteil der institutionellen Paarsequenz „Wissensabfrage", und nicht um eine fakultative Expansion (SSD).

sensdistribution zugrundeliegt. Denn dass die Sequenz durch eine Evaluation der Antwort durch die Fragende abgeschlossen werden kann, setzt voraus, dass sie die Antwort bereits kennt; das ist ja die Voraussetzung dafür, dass sie bewertet werden kann. Solche typischen Lehrer/innen-Fragen nennt Mehan (1979: 194) „*known-information-questions*". Tatsächlich wird hier nicht die Information selbst erfragt, sondern, ob der Gefragte sie kennt. Das führt zu einer besonderen Partizipationsstruktur, in der die Person, die fragt, die Antwort des Gegenübers bewerten und ratifizieren oder auch zurückweisen kann. Hinzu kommt, dass dieser Wissenstransfer in Frage & Antwort-Format mehrfach adressiert ist, hört doch der Rest der Klasse zu und verfolgt das Unterrichtsgespräch, um auf diese Weise den Stoff zu erfassen, zu bearbeiten, zu verstehen etc. Die Antwort und das darin vermittelte Wissen gelten so lange nicht als gültiges Lehrwissen, bis es die Lehrerin ratifiziert hat. So sehen wir auch, dass die Hände, die während der Antwort durch Manuel noch weiter aufzeigen, nach dem DPT der Lehrerin gesenkt werden.

Der DPT kann auch durch andere Praktiken als eine Bewertung ausgeführt werden, z. B. impliziert das Aufrufen einer weiteren Person, d.h. das Zurückhalten des DPT, dass die Sequenz noch nicht abgeschlossen ist. Ein nicht erfolgter DPT gilt als **relevante Abwesenheit** (*relevant absence*) und als Negativbewertung, was dann oft das Signal für die anderen Schüler/innen ist, sich wieder um das Rederecht zu bewerben und es noch einmal neu zu versuchen (Harren 2015).

Beispiel (98) CHROMATID
((Unterrichtsgespräch))
```
01 FW:  wie NENNT sich das dann?     EPT Frage
02      SANdra                        Turnzuweisung
03 Sa:  emh. chromaTIN                ZPT Antwort
                                      (kein DPT)
04 FW:  raMOna                        Turnzuweisung/Reetablierung des EPT
05 Ra:  chromaTID                     ZPT Antwort
06 FW:  genau.                        DPT Ratifizierung/Evaluation
```

Auf die Frage nach der Bezeichnung eines Teils eines Chromosoms ruft die Lehrerin Sandra auf, die mit der Antwort *chromaTIN* (Z. 03) aber die Bezeichnung des Materials, aus dem Chromosomen bestehen, nennt. Die fehlende Ratifizierung durch die Lehrerin und das Aufrufen der nächsten Schülerin (Z. 04) signalisieren, dass die Antwort in ihrem Sinne nicht richtig war; der ZPT ist damit weiterhin vakant. Die Antwort Ramonas *chromaTID* (Z. 05) erhält hingegen eine positive Evaluation (der DPT, Z. 06); erst damit ist die Sequenz abgeschlossen. In lehrenden Kontexten sind solche Äußerungsbewertungen allgegenwärtig, und im Unterschied zu nicht-institutionellen Gesprächen gelten Fremdkorrekturen durch die Lehrerin nicht von vornherein als dispräferiert (vgl. Kap. 5).

Wissenstransfers stellen eine Asymmetrie her bzw. machen sie offensichtlich; so können sie schnell *face*-bedrohend werden, besonders dann, wenn man sich nicht wie der/die Lehrende auf eine institutionelle Rolle berufen kann. Wie Keppler (1994) und Keppler & Luckmann (1991) für das Alltagsgespräch gezeigt haben, müssen die Gesprächsbeteiligten bei Handlungen des Wissenstransfers zunächst einmal Konsens über diese besondere Partizipationsstruktur herstellen, um so eine „Belehrung" zu vermeiden. (Dabei ist nicht nur das *face* des Be-Lehrten bedroht, auch die Zurückweisung eines Belehrungsversuches kann für den Belehrenden peinlich sein.) Das ist am einfachsten, wenn der Nicht-Wissende eine Frage stellt und damit den Wissenstransfer selbst initiiert und lizensiert. Im Alltag ist auch ein Wissenstransfer, der von einer Person initiiert wird, die schon weiß, problematisch. Man kann sich dann beschweren „Warum fragst du mich denn, wenn du es schon weißt!" oder davon ausgehen, dass es sich nicht um eine Frage, sondern um einen Vorwurf handelt. Und das Verkünden von Neuigkeiten, die nicht neu sind, wird durch entsprechende Vorläufe, die den Neuigkeitswert vorher abklären, verhindert (vgl. 4.6.1.4).

Das dreiteilige Sequenzmuster, das für schulische Kontexte so typisch ist, dient nicht nur der Evaluation von Schülerantworten. Die dritte Position wird von Lehrenden für eine Fülle weiterer Erfordernisse der Unterrichtsinteraktion genutzt. Lee (2007) zeigt beispielsweise, dass damit Fragen reformuliert, Fehler korrigiert, Regeln durchgesetzt werden u.v.m. In der Orientierung der Beteiligten auf die spezifische Sequenzstruktur zeigt sich und vollzieht sich Unterrichtsinteraktion.

4.8 Schlussbemerkungen

Sequenzialität ist ein zentrales strukturelles Merkmal von Sprechen-in-Interaktion. Am deutlichsten lässt sich das an Paarsequenzen aufzeigen, deren Struktur und innerer Zusammenhalt dadurch deutlich wird, dass sie erkennbar zu Ende gebracht werden müssen (Schegloff 2007: 115). Indem der zweite Paarteil geliefert wird – mit oder ohne Einschubsequenzen, Dispräferenzmarkierungen etc. –, machen sich die Interagierenden deutlich, dass nun eine Einheit abgeschlossen ist und eine neue Handlungssequenz begonnen werden kann. (Dabei spielen natürlich weitere multimodale Ressourcen eine Rolle, vgl. z. B. zu Blick die ausführliche Darstellung in Kap. 3.)

In die Sequenzstruktur von Sprache-in-Interaktion ist das Präferenzsystem grundlegend eingebaut. Die einfache Gleichsetzung „präferiert = ja"/„dis–präferiert = nein" greift allerdings zu kurz, auch wenn Pomerantz (1975: 66) feststellt: „Weitaus durchgehend wird in Gesprächsmaterial Übereinstimmung als präferierte Aktivität und Nicht-Übereinstimmung als dispräferierte Aktivität organisiert" (Übersetzung K.B.). In Alltagsgesprächen ist z. B. bei Selbstabwertungen oder Komplimenten Nicht-Übereinstimmung präferiert, und auch im Streit wird deutlich, dass Nicht-Übereinstimmung in präferierter Gestaltung ausgedrückt werden kann. Auch in institutionellen Settings gilt es genauer hinzuschauen; so präferieren negative Selbstaussagen im Therapiegespräch keineswegs immer den Widerspruch des Therapeuten. Und in Bewerbungsgesprächen gelten positive Selbstaussagen nicht automatisch als negativ behaftetes Selbstlob (Birkner 2001).

Sofern eine Paarsequenz eine Präferenzstruktur aufweist – das ist eben bei den als generisch geltenden Begrüßungs- und Abschiedssequenzen nicht der Fall –, wird ein Sequenzabschluss am einfachsten mit einem präferierten zweiten Teil erreicht, während dispräferierte ZPT häufig zu Sequenzerweiterungen führen. Um dispräferierte ZPT vorauseilend zu verhindern, werden ggfs. Vorläufe verwendet, die u.U. die projizierte Basis-Paarsequenz blockieren. Somit wird die Präferenzstruktur nicht nur durch Produzent/innen von ZPT, sondern auch von Paarsequenz initiierenden Teilnehmer/innen getragen.

> [...] die Erzeugung einer Sequenz, deren erster und zweiter Paarteil in einer präferierten Beziehung stehen, ist etwas, an dem sich beide Parteien – ein EPT-Sprecher und ein ZPT-Sprecher – orientieren können und wofür sie Maßnahmen ergreifen können, um es zu erreichen (auch wenn sie es nicht immer schaffen). (Schegloff 2007: 97, Übersetzung K.B.)

Vorläufe haben noch weitere Funktionen, z. B. bei der Umorganisation des Sprecherwechselsystems bei *big packages* wie Erzählungen. Paarsequenzen können durch Sequenzeinschübe oder -nachläufe erweitert werden, die ebenfalls spezifische Handlungen mit einem diversen Set von Praktiken vollziehen. Doch bei allen drei Arten der Erweiterung ist für die Beteiligten erkennbar, dass sie sich auf eine basale Paarsequenz beziehen, selbst wenn diese noch nicht vollendet oder noch gar nicht in Angriff genommen wurde (und vielleicht nie zustande kommt). Gerade die Erweiterungen des Grundschemas belegen also die Basalität der Paarsequenz, egal, wie ausgedehnt sie auch ausfallen mögen.

Es ist deutlich geworden, welches Orientierungspotenzial für Interagierende in der sequenziellen Organisation liegt. Sie liefert einen Rahmen für die Aufgabe von Interagierenden – ebenso wie von Konversationsanalytiker/innen –, die gerade vollzogene Äußerung mit der Frage *Why that now* auf ihren situierten Handlungscharakter hin zu analysieren und zu klären, welche Handlung hier vollzogen wird, um dann die Frage beantworten zu können: *What's next?* Interaktion ist damit ein fortlaufender Analyseprozess, der sich auf ein Erfahrungswissen über sprachliche Handlungen und Formen und Praktiken ihrer Ausführung stützen kann, aber gegenüber einer kontextsensitiven Anpassung, spielerisch-kreativen, individuellen Verwendungsweisen und nicht zuletzt auch Störungen flexibel bleibt.

5 Reparaturen

Angelika Bauer[*]

5.1 Nicht immer läuft alles rund

Gespräche sind fragile Gebilde. Obwohl die Sprachproduktion und -rezeption zum großen Teil automatisiert abläuft, sind Äußerungen nicht immer sprachlich fehlerfrei und drücken auch nicht immer genau das aus, was wir eigentlich zum Ausdruck bringen wollten. Und selbst wenn die Gesprächspartner einander zuhören und grundsätzlich zur Kooperation bereit sind, ist es keineswegs selbstverständlich, dass der Eine den Anderen genau so versteht, wie dieser verstanden sein will. In der Regel sind wir schon zufrieden, wenn wir das Gegenüber zumindest so gut verstehen, dass wir das Gespräch weiterführen können; das praktische Verstehen begnügt sich meist mit Annäherungen und hält eine Menge Vagheit aus.

Immer wieder geschieht es jedoch, dass Äußerungen von ihrem Produzenten, aber auch von ihrem Rezipienten als ‚problematisch' markiert werden. Dann wird der Fortgang des Gesprächs gebremst und es kann dazu kommen, dass eine Reparatur initiiert wird. In diesem Fall ist aus einem potenziellen Problem eine relevante Störung geworden.

Die Gründe dafür können ganz unterschiedlicher Natur sein: Umgebungslärm verhindert plötzlich, dass die Gesprächspartner sich hören, der Sprecherin unterläuft ein artikulatorischer Fehler oder sie wählt das falsche Wort, der Name einer Person fällt ihr nicht ein, sie hat vergessen, was sie sagen wollte, oder sie stellt fest, dass die begonnene Formulierung ihre Intentionen nicht wiedergibt oder zum gegebenen Zeitpunkt in der gegebenen Situation sozial unpassend wäre oder dass die Formulierung zu Missverständnissen führen könnte etc. Vielleicht war der Adressat auch einen Moment unaufmerksam, hat nicht oder nur partiell verstanden, was der Sprecher sagt, meint oder von ihm will, und muss nun um eine Wiederholung oder Klärung bitten.

---

[*] Ich danke Karin Birkner und Peter Auer für die kritischen und sehr hilfreichen Diskussionen während der langen Entstehungsgeschichte dieses Kapitels.

Hier sind zwei Beispiele:

Beispiel (1) JAPANISCHER ABEND
```
01 Jos: wir ham heute <<lachend>hier_n> jaPAnischen abEnd? n°f
02      das HEIßT wir mUssten uns (.) eh;
03      nee isch muss nochma von VORN anfangen;
04      <<:)> wir hatten heut_n chiNEsischen>
           <<lachend>abend>
05      <<f>°hhh> ABer ä:h-
06      die ham ja bEIde SCHLITZaugen.
07      ä:hm (-) JA- ((zieht Luft zischend ein, ca. 0.5 Sek))
08      u:n_das HEIßT <<t>wI::r;>=
09      =<<all>ham uns_n bisschen verklEIdet> wie chiNEsen?
10      UND ham uns-
11      <<all>n_chinEsisches> (.) ESsen zubereitet,
12      und die FRAUen ham Alles chinesisch dekod ähd äh;
13      <<:)> tekoRIERT,> °h
14      josef LAN:Gsam lAngsam langsam.
```

Beispiel (2) LEHRBERUF
```
12 G: ich bin im lehrberuf seit DREI jahren,
13    und merke es da dann beSONders,
14    [wenn ich]
15 Z: [wa_WAS  ] für_n beruf?
16 G: ich bin LEHrerin.
17 Z: ah LEHrer.
18    hm_hm (  )=
19 G: =wenn ich jetzt Angespannt bin vom (.) vom (-) vielen
         SPREChen, (-)
20    dann tut_s mir einfach hier die ganze partie [schon]
21 Z:                                              [hm_hm]
22 G: WEH,
```

In beiden Gesprächssequenzen läuft nicht alles rund. Im ersten Ausschnitt hat Josef Probleme, seinen Bericht über den letzten Abend zufriedenstellend zu formulieren; zuerst verwechselt er Chinesen und Japaner, dann stolpert er auch noch über das Wort *dekoriert*. Im zweiten Ausschnitt hat der Zahnarzt nicht verstanden, welchen Beruf die Patientin nun ausübt.

Diese Schwierigkeiten – ein Problem der Wortwahl, ein artikulatorisches Problem sowie eine Verstehensunsicherheit – führen zu Überarbeitungen der bisherigen Äußerung: Josef ersetzt den *jaPAnischen* (das Reparandum) durch einen *chiNEsischen* (das Reparans) Abend, und er schafft es dann auch, *dekoriert* richtig auszusprechen. Frau G. ersetzt die etwas vage Berufsbezeichnung

(Lehrberuf) durch eine präzisere (Lehrerin). Damit haben Josef bzw. Frau G. die Probleme erfolgreich behoben und können fortfahren.

Die Gesprächsbeteiligten verfügen also über **metakommunikative Praktiken**, mit denen verschiedenartigste Störungen behoben werden können. Diese Problemlösungsroutinen bezeichnen wir als **Reparaturen**. Da solche Störungen recht häufig vorkommen, sind Reparaturen in allen Gesprächen anzutreffen, auch wenn wir sie vielfach nicht bewusst wahrnehmen. Allerdings ist das Reparieren immer nur eine der Handlungsoptionen.[142] In Gesprächen sind eine Vielzahl von grammatischen oder auch artikulatorischen ‚Fehlern' (Versprecher, syntaktisch unvollständige Konstruktionen etc.) und auch inhaltliche Vagheiten zu finden, die einfach übergangen werden. Im Beispiel (3) unterläuft TA ein grammatischer Fehler (Z. 05 *hab* statt *hat*). Er scheint die Beteiligten aber nicht so sehr zu stören, dass er ihnen eine Reparatur wert wäre:

Beispiel (3) LEBENSSTIL
```
01 TA: °hh finds alles n bisschen KOmisch;
02     war ja am anfang war ich AUCH ein bisschen skeptisch,
03     über unsere beZIEhung,
04     hab gemeint das kann nich funktioNIEren,
05     weil er ja auch_n komplett anderen LEbensstil als ich
       hab, ←grammatischer Fehler
06 DO: hm_hm
07 TA: und er hat IMmer zu mir gesagt,
```

Im nächsten Beispiel wird einmal repariert und gleich darauf nicht, obwohl es sich in beiden Fällen um denselben Fehlertyp handelt.

Beispiel (4) GESAMTVOLUMEN (aus: Fox, Maschler & Uhmann 2009: 282)
```
01 A: wenn ich die geSAMTvolUmen den geSAMT(.)AUFtragsvoLUmen
          ↑Reparandum       ↑Reparans
      kennen würde
```

Man könnte annehmen, dass A. sich bei der ersten Reparatur an der grammatikalischen Korrektheit seiner Formulierung orientiert. Dieses Kriterium scheint beim Auftreten des zweiten Fehlers aber nicht mehr auszureichen, um ihn zu einer Korrektur zu bewegen. Möglicherweise ist diese Entscheidung dem Um-

---

142 Levelt (1983: 54) berichtet, dass in seinem Korpus nur ca. 50% der hörbaren Versprecher (*speech errors*) korrigiert werden. Dieses Korpus wurde allerdings aus Daten zusammengestellt, die aus einem experimentellen Setting stammen. Daten zur Häufigkeit von übergangenen Fehlern in authentischen Gesprächen liegen nicht vor.

stand geschuldet, dass die Fehler weder die Integrität der syntaktischen Konstruktion noch die Verständlichkeit der Äußerung gefährden und damit auch nicht die Progression des Gesprächs.

Selbst hörbare Fehler führen also nicht zwangsläufig zu Reparaturen, und ob repariert wird, hängt nicht vom Problemtyp ab. Entscheidend ist vielmehr, ob irgendein sprachlich-formaler, inhaltlicher oder interaktionaler Aspekt der Äußerung oder auch eine externe Störung im Hinblick auf die spezifischen Anforderungen der laufenden Ereignisse von einem der Beteiligten als problematisch erachtet wird. Ob die Beteiligten also eine Reparatur initiieren, liegt allein in ihrem Ermessen. Dabei genügt es, dass einer der Teilnehmer ein Problem relevant setzt und Reparaturbedarf signalisiert. Dies macht die Reparatur konditionell relevant, selbst wenn der Andere diesen Reparaturbedarf nicht unmittelbar nachvollziehen kann oder ein Problem als ‚akut nicht bedrohlich' einschätzt.

1977 veröffentlichten Schegloff, Jefferson & Sacks (im Folgenden SJS 1977) einen Aufsatz, der zu den Klassikern der Konversationsanalyse zählt und bis heute als wegweisend für die Erforschung der direkten (*face-to-face*) sprachlichen Interaktion gilt. In ihrer Arbeit zeigen sie, dass die Gesprächspartner eine Reihe verschiedener Reparaturverfahren einsetzen und dass diese unterschiedlichend Vorgehensweisen ein System bilden, das in die Gesprächsorganisation eingebettet ist: **das Reparatursystem**. Das Reparatursystem ist ein notwendiger Bestandteil unserer sprachlich-interaktionalen und somit sozialen Kompetenzen; es wird daher früh erworben (Clark 2009; Forrester 2008, 2012; Laakso 2010; Sidnell 2010) und wird als **Komponente der universellen Grundausstattung zur Sicherung des gegenseitigen Verstehens und der Progression des Gesprächs** betrachtet (Dingemanse et al. 2015; Enfield et al. 2013; Fox, Maschler & Uhmann 2010; Sidnell 2009).

SJS (1977) haben mit ihrer Arbeit die Basis für eine intensive Forschung zum Thema Reparaturen gelegt. Dabei können in der frühen CA-Herangehensweise zwei etwas unterschiedliche Perspektiven ausgemacht werden: Während SJS 77 sozusagen die Grammatik des Reparierens analysiert, konzentrieren sich die Arbeiten von Jefferson (1974, 1983) am Beispiel von Korrekturen auf deren interaktionale, soziale Funktionen (vgl. Drew & Bergmann 2018; Enfield & Stivers 2007; Fox, Benjamin & Mazeland 2012; Hayashi, Raymond & Sidnell 2013; Kitzinger 2013), wobei es in beiden Fällen darum geht,

> „[...] die formalen Prinzipien und Mechanismen zu bestimmen, mittels derer die Teilnehmer an einem sozialen Geschehen ihr eigenes Handeln, das Handeln anderer und die aktuelle Handlungssituation in ihrem Tun sinnhaft strukturieren, koordinieren und ordnen." (Bergmann 1994: 3).

Der eher ‚formale' Ansatz, der in SJS 77 verfolgt wurde, eröffnete auch eine neue Herangehensweise an die Erforschung der gesprochenen Sprache (Schegloff 1979b) und ermöglicht neue Einblicke in die Verfertigung linguistischer Strukturen beim Sprechen (Auer 2000, 2004, 2007; Schegloff 2013). Die interaktionale Linguistik (Couper-Kuhlen & Selting 2017; vgl. auch die Einführung Imo/Lanwer 2019) hat diese Konzeption aufgegriffen und weiterentwickelt. Sie interessiert sich für den Zusammenhang von sozialer Interaktion und (einzel-)sprachlichen Strukturen und befasst sich mit der linguistischen Untersuchung konversationeller Phänomene. Dabei steht – auch sprachvergleichend – die morphosyntaktische Analyse von Reparaturen im Vordergrund (Couper-Kuhlen & Selting 2017; Fox, Hayashi & Jasperson 1996; Fox, Thompson, Ford & Couper-Kuhlen 2013, Fox, Maschler & Uhmann 2010; Pfeiffer 2015; Uhmann 1997, 2001, 2006).

In der kognitiven Linguistik nutzte z. B. Levelt schon früh (1983, 1989) Selbstreparaturen als Beleg dafür, dass unser ‚Sprachproduktionsapparat' über eine integrierte Überwachungsinstanz, den Monitor, verfügt. In Levelts Modell (1989) stellt dieser Monitor Fehler in der Sprachproduktion fest und steuert die Reparatur (te Molder & Potter 2007).

Für den Spracherwerb und die sprachliche Interaktion zwischen Erwachsenen und kleinen Kindern sind Reparaturen geradezu kennzeichnend und erlauben Rückschlüsse auf Spracherwerbs- und Sozialisationsprozesse (Clark 2009; Gardner & Forrester 2010; Morgenstern, Leroy-Collombel & Caët 2013). Ihre Analyse trägt auch zur Klärung der Lehr-/Lernprozesse im (Fremd-)Spracherwerb bei (z. B. Kasper & Wagner 2011). Ebenso hilft die Reparaturanalyse alltagspraktische Strategien aufzudecken, mit denen z. B. die Folgen pathologischer Sprech- und Sprachstörungen (z. B. Aphasien) bearbeitet werden (z. B. Bauer & Auer 2008). Sie sind daher auch für Spracherwerbsdidaktiker und Sprachtherapeuten von Interesse. In der Soziolinguistik legt die Analyse von Reparaturen offen, wie unter interkulturellen und interlingualen Gesprächsbedingungen Probleme definiert und gelöst, aber auch umgangen oder verschleiert werden (z. B. Bolden 2012; Egbert 2004).

In diesem Kapitel werden wir Reparaturen aus verschiedenen Perspektiven beleuchten und dabei mit einem eher eng gefassten und – wenn man so will – technischen Reparaturbegriff arbeiten: „Mit Reparaturen beziehen wir uns auf Praktiken für den Umgang mit Problemen oder Störungen beim Sprechen, Hören und Verstehen in Gesprächen und in anderen Formen des Sprechens-in-Interaktion" (Schegloff 1997a: 503, Übersetzung G.B.). Wir betrachten Reparaturen als metakommunikative Handlungen, die

- Probleme des Sprechens und Formulierens, des Hörens und Verstehens und der Gesprächsorganisation (Redekonstruktion, Sequenzorganisation, Organisation der Partizipation) beheben,
- sich auf einen laufenden oder einem bereits geäußerten Beitrag beziehen und
- diesen Beitrag rückwirkend verändern.

Reparaturen werden von Sprechern wie von Rezipienten in Handlungsformaten vollzogen, die höchst strukturiert und stark verfestigt sind, was sowohl ihre Erkennbarkeit (Transparenz) als auch den reibungslosen Ablauf unterstützt.

Im Folgenden betrachten wir in Abschnitt 5.2 zunächst das Reparieren als **metakommunikative sprachliche Handlung**, deren primäres Ziel darin besteht, eine Äußerung bzw. eine Sequenz in Ordnung zu bringen (Goodwin 1981; Schegloff 1987b, c), für Intersubjektivität zu sorgen und (damit) die Progression zu sichern (Heritage 2007; Schegloff 1979b, 2007; Stivers & Robinson 2006). Dann werden die Ursachen (*warum* repariert wird) und die aufgabenspezifisch notwendigen Teilhandlungen des Reparierens sowie die Objekte, die bearbeitet werden (*was* repariert wird: *repairables*, Reparanda), genauer beleuchtet. Danach konzentrieren wir uns auf die Reparaturformate (*wie* repariert wird, Abschn. 5.3) und deren interne Systematik, das **Reparatursystem**, wie es von SJS (1977) in seinen Grundzügen beschrieben wurde (Abschn. 5.4), und befassen uns dann mit dem **Präferenzsystem**, das den Einsatz der Reparaturformate ‚regiert' (Abschn. 5.5). Anschließend beleuchten wir exemplarisch einige Praktiken, mit denen Reparaturen initiiert und beendet sowie in die gegebenen Kontextbedingungen eingebunden und deren jeweiligen Problemdefinitionen und/oder Zielen angepasst werden (Abschn. 5.6).

Reparaturformate werden allerdings auch eingesetzt, wenn Probleme des Sprechens, Hörens, Verstehens und der Gesprächsorganisation nicht gegeben sind und weder Intersubjektivität noch Progression gefährdet scheinen. Dann verwenden die Gesprächsbeteiligten Reparaturformate, um anderes (oder mehr) zu tun, als (nur) zu reparieren. Mit dieser Multifunktionalität der Reparaturformate befassen wir uns abschließend (Abschn. 5.7).

5.2 Reparieren

Fehler korrigieren, Verstehensprobleme beheben, Formulierungen präzisieren und Vergessenes nachschieben sind lokale, in sich geschlossene und funktional eigenständige, metakommunikative Handlungen (Linell 2010: 36–41). Das Reparieren einer Äußerung hat Ursachen und verfolgt ein definiertes Ziel, es konzentriert sich auf einen umrissenen, lokal spezifizierten Gegenstand (das Reparandum, *repairable*) und ist durch eine Reihe von spezifischen Aufgaben gekennzeichnet. Diese funktionsbedingten Strukturen liegen den an der Gesprächsoberfläche zu beobachtenden Reparaturformaten zugrunde, die im nächsten Abschnitt dieses Kapitels diskutiert werden.

Die primäre, gesprächsorganisatorische Funktion des Reparierens besteht darin, den geordneten Fortgang der Interaktion zu sichern, wenn Probleme z. B. mit der Formulierung eines Redebeitrags, dem Ablauf einer Sequenz oder dem Hören und Verstehen des Adressaten auftreten und nächste Beiträge behindern könnten. Progression und inhaltliche Kontinuität sind nur möglich, wenn die Teilnehmer verstehen, welche Handlungen gerade gemeinsam realisiert werden, welcher Beitrag hierzu von welchem Beteiligten geleistet wird und welche sequenziellen Implikationen dies hat. Es geht also beim Reparieren um die Herstellung einer **lokal und praktisch tragfähigen Intersubjektivität**. „Lokal" weist hier darauf hin, dass das Reparieren kleinräumig operiert und sich primär mit den vorausgehenden im Hinblick auf die nachfolgenden Beiträge befasst. „Praktisch tragfähig" bedeutet, dass die Reparatur eines fraglich gewordenen Beitrags dem designierten Nächsten nicht mehr und nicht weniger als einen sinnvollen, nächsten Handlungsschritt ermöglichen soll.

Wenn es beim Reparieren also darum geht, eine Gefährdung des Gesprächs abzuwenden, ist damit eine gewisse Dringlichkeit verbunden. Sie zeigt sich daran, dass in der Regel möglichst unmittelbar, d.h. sobald ein Problem entsteht, und auch möglichst effizient repariert wird. Daher haben diese Reparaturen Vorrang vor allen anderen anstehenden Aufgaben und Vorhaben. Schegloff (1997a: 504) bezeichnet das Reparieren als „den einzigen Handlungstyp, der andere Handlungen verdrängen kann, in dem Sinne, dass alles, was als nächstes dran gewesen wäre, ersetzt oder aufgeschoben werden kann" (Übersetzung K.B.). Das Reparieren ist nicht an bestimmte situative, thematische oder sequenzielle Kontexte gebunden. Repariert werden kann jederzeit, in jedem Redezug und jedem Gesprächsabschnitt und in allen informellen und institutionellen Gesprächen. Dabei kann die Anmeldung von Reparaturbedarf – auch ohne Angabe von Gründen – sogar die Wirksamkeit der anderen organisatorischen Ordnungssysteme (Redebeitrags- und Sequenzorganisation, Sprecherwechsel) suspendieren. In einem Beispiel aus einem Anamnesegespräch wartet die Patientin (P) nicht, sondern interveniert sofort (Z. 08), als absehbar wird, dass die Therapeutin (T) eine Information falsch aufgenommen hat (Z. 07).

Beispiel (5) DARMSPIEGELUNG
```
01 T: und was ist da RAUS? unterSUCHT worden,
02    oder RAUSgekommen?
```

```
03 P:  zwei MAgenspiegelungen hatte ich,
04     ne DARMspiegelung,
05     und mehrere BLUTuntersuchungen,
05     und (-) KEIne erGEBnisse. (-)
06     also (.) nichts AUßergewöhnliches.
07 T:  also zwEI MAgenspiegelungen,
08     zwEI-=
       ↑Reparandum
09 P:  =EIne DARMspiegelung.
          ↑Reparans
10 T:  EIne DARMspiegelung,
```

Hier informiert die Patientin die Therapeutin über die bisherigen Untersuchungen (Z. 03–06). Diese resümiert und macht dabei einen Fehler (Z. 08), was sofort zu einer Unterbrechung und zu einer Reparatur dieses inhaltlichen Fehlers durch die Patientin führt (Z. 09). Die besondere Dringlichkeit dieser Reparatur ist im Kontext eines Anamnesegesprächs gut nachvollziehbar, da hier korrekt übermittelte und dokumentierte Informationen für die eventuell nachfolgende Behandlung eine entscheidende Rolle spielen können. Das wird hier durch die Unterbrechung signalisiert, d.h. durch einen Verstoß gegen die Regeln des Sprecherwechsels.

Um erfolgreich zu reparieren, müssen eine Reihe von Aufgaben abgearbeitet werden. Diese Aufgaben bilden das handlungsorganisatorische Gerüst des Reparierens und liegen der sequenziellen Organisation der Reparaturformate zugrunde.

Werfen wir noch einmal einen Blick auf das Beispiel (6):

Beispiel (6) LEHRBERUF
```
12 G:  ich bin im lehrberuf seit DREI jahren,
                     ↑Reparandum
13     und merke es da dann beSONders,
14     [wenn ich]
15 Z:  [wa_WAS  ] für_n beruf?            Reparatur wird initiiert
16 G:  ich bin LEHrerin.                  durchgeführt
17 Z:  ah LEHrer.                         das Reparans wird aufgegriffen
18     hm_hm (  )=                        + ratifiziert
19 G:  =wenn ich jetzt Angespannt bin vom (.) vom (-) vielen
          SPREchen, (-)                   Fortsetzung
20     dann tut_s mir einfach hier die ganze partie
          [schon] WEH.
21 Z:     [hm_hm]
```

Z unterbricht G und fordert eine Reparatur ein (Z. 15), deren Reparandum die von G verwendete Berufsbezeichnung *lehrberuf* ist (Z. 12). G liefert diese Reparatur (Z. 16) und Z ratifiziert deren Erfolg (Z. 17 und 18). G setzt ihren Redebeitrag dort fort, wo er unterbrochen wurde, und vervollständig in Z. 19 die suspendierte Äußerung aus Zeile 14. Hier wird also die Reparatur in eine TKE eingebettet.

Folgende Aufgaben des Reparierens lassen sich an diesem Beispiel aufzeigen:
(1) Reparaturen müssen initiiert werden. In unserem Beispiel initiiert Z die Reparatur, indem er das Rederecht überlappend, also regelwidrig an einem Ort ohne MÜP ergreift (vgl. Kap. 3).
(2) Die laufende Aktivität muss unterbrochen werden. Im Beispiel führt die Reparaturinitiierung dazu, dass G ihre Äußerung abbricht (Z. 14) und Z den Rederaum (*floor*) überlässt (Z. 15). Die Gesprächspartner (ob Sprecher oder Rezipient) orientieren sich nun auf das Reparieren als *jetzt* anstehende Aktivität.
(3) Das Reparandum muss lokalisiert werden. Z nutzt hierfür eine W-Frage (Z. 15).
(4) Ein Reparans muss geliefert werden. Dies leistet G, indem sie die Berufsangabe aus ihrem Redebeitrag durch ein anderes Wort ersetzt: *lehrberuf* (Z. 12) wird durch *lehrerin* substituiert (Z. 16).
(5) Der Erfolg der Reparatur muss ratifiziert werden. Dies geschieht hier, indem Z das Reparans mit einem Erkenntnisprozessmarker (*ah* Z. 17) leicht verändert wiederholt (aus *Lehrerin* wird *Lehrer*; Z. 17) und sein Verstehen zusätzlich bestätigt (*hm_hm*; Z. 18).
(6) Endgültig abgeschlossen ist die Reparatur jedoch erst, wenn die zuvor abgebrochene sprachliche Aktivität wiederaufgenommen wird. Im kooperativen Abschluss unseres Beispiels (Ratifizierung durch den Initiator Z & Wiederaufnahme durch die Sprecherin G) fällt das Rederecht an G zurück (Z. 19).

Im Beispiel (6) werden die Arbeitsaufgaben des Reparierens so transparent, weil sie kooperativ und schrittweise erledigt werden. Es kann aber auch sehr komprimiert repariert werden. Dies ist der Fall, wenn Sprecher ihre eigenen Äußerungen (erfolgreich) reparieren:

Beispiel (7) VIER ZIMMER
```
                    ↓Initiierung
  01 A: wie GROSS is-=
             ↑Reparandum
  02    =wie viele ZIMmer hat die wohnung denn.
          ↑Reparatur      ↑Fortsetzung + Abschluss
  03 V: vier.
```

Im Beispiel (7) initiiert A den Reparaturprozess durch einen Abbruch, indem er mitten im Wort aufhört zu sprechen (Z. 01) und unmittelbar eine neue Intonationsphrase anschließt (Z. 02) (Aufgabe 1 und 2). Dabei behält er die emergente syntaktische Struktur der W-Frage inklusive des Fragewortes bei, substituiert *GROSS is-* durch *viele ZIMmer hat* (Aufgabe 4) und beendet dann den Redezug[143] (Aufgabe 5 und 6). Die Lokalisation des Reparandums (Aufgabe 3) ergibt sich hier aus dem paradigmatischen Kontrast zwischen der abgebrochenen Äußerung und ihrer Überarbeitung. Durch den Vergleich zwischen beiden wird *GROSS is-* als Reparandum und *viele ZIMmer hat* für den Rezipienten als Reparans identifizierbar. Die sichere Identifizierung des Reparaturobjekts ist für den Rezipienten also erst möglich, wenn die Reparatur schon durchgeführt worden ist. Die Lokalisation des Reparandums wird im Zuge der Durchführung der Reparatur selbst abgearbeitet; Ratifizierung und Rückführung geschehen ebenfalls implizit durch die Fortsetzung der Frage.

Fassen wir zusammen: Die Handlungsstruktur des Reparierens ist zweischrittig und umfasst die Initiierung und die Durchführung, die sich wiederum in Teilhandlungen zerlegen lässt. Das Reparieren ist daher sequenzialisierbar; d.h. die Aufgaben können auch schrittweise und von verschiedenen Sprechern abgearbeitet werden, sodass Reparatursequenzen entstehen. Damit hat das Reparieren auch eine grundsätzlich **distribuierbare Partizipationsstruktur**. Hierin kommt einmal mehr zum Ausdruck, wie sehr Kooperativität und Intersubjektivität – als organisatorischer Unterbau eines jeden Gesprächs – in der Verantwortung aller Beteiligten liegen. Weil Reparaturen die laufenden Ereignisse zunächst abbrechen, um nach erfolgreich abgewickelter Reparatur zu diesen zurückzukehren, können Reparaturen – insbesondere distribuierte Reparatursequenzen – sequenziell gesehen auch als Einschübe (vgl. Kap. 4.6.2) betrachtet werden.

Wir haben Reparaturen als metakommunikative Praktiken definiert, die sich mit verschiedenen **Problemtypen**, d.h. mit Problemen des Sprechens oder Formulierens, des Hörens und Verstehens und der Gesprächsorganisation befassen, und zwar so, dass das Reparieren dem Fortgang des Gesprächs bzw. der aktuell laufenden sprachlichen Handlung dient. Damit stellt sich die Frage,

---

143 Bislang haben wir in dieser Einführung vor allem den Begriff des **Redebeitrags** und nur selten **Redezug** verwendet. Die Begriffe sind weitgehend synonym, der Unterschied liegt in einer spezifischen Perspektive auf den Sprecherwechsel: Während „Redebeitrag" die Summe dessen umfasst, was eine Person sagt, während sie das Rederecht hatte (engl. *turn*), fokussiert „Redezug" den sequenziellen Schritt (engl. *move*).

welcher Art die Probleme sind/sein können, die auf diese Art und Weise behoben werden können.

SJS 1977 bezeichnen Reparaturen als universell einsetzbare Instrumente, die nicht an bestimmte situative, thematische oder sequenzielle Kontexte gebunden sind und unabhängig von den Problem(typ)en operieren (Schegloff 1987c: 216ff.).

An dieser Stelle ist es praktisch und analytisch hilfreich, zwischen den **Ursachen für die Reparatur**, wie z. B. Ablenkung der Aufmerksamkeit, kognitive Lexikalisierungsprobleme, Wissenslücken, Planänderungen etc., die als Auslöser, Anlass oder auch Motiv der Reparatur betrachtet werden können, und dem **Gegenstand der Bearbeitung**, dem Reparandum (*repairable*), zu differenzieren.[144] Damit bezeichnen wir dasjenige Element einer Äußerung, das bearbeitet und durch diese Bearbeitung eliminiert, substituiert oder modifiziert wird und dessen erfolgreiche Reparatur eine Fortsetzung der Äußerung bzw. den nächsten Redezug ermöglichen sollte.

Während Reparandum und Reparans lokalisierbar sein müssen, bleiben die Ursachen, die die Sprecher selbst oder die Rezipienten dazu bringen, etwas an einer Äußerung als ‚problematisch' zu klassifizieren und Reparaturen zu initiieren, oft verdeckt. Im Beispiel (8) reparieren HH und I ihre Formulierungen gleich mehrmals (Z. 03, 04 und 05, 06), ohne dass sie die Gründe dafür offenlegen; Reparandum und Reparans sind aber klar erkennbar.

Beispiel (8) DURSTSTRECKE (aus Pfeiffer 2008: 35)
```
01  I:      <<all> und DANN wiedE:r->
02          sich [nochMAL-
03  HH:          [<<f>!(NO:)!> wenn (.) wenn sie.
                                        ↑Reparandum
04          wenn die DURSTstrecke vierzich fuffzich JAHre is,
                   ↑Reparans
05          dann is: (.) geht also EIniges kaputt; nEch? (---)
    Reparandum↑           ↑Reparans
06  I:      ja um und_um DAS:-
                 ↑ Reparandum
07          muss sich dann ÄNdern das systEm oder;
            ↑Reparans
```

---

[144] Der engl. Begriff *trouble source* ist unseres Erachtens diesbezüglich nicht (ausreichend) eindeutig. Er wird häufig sowohl mit ‚Problemquelle' übersetzt, als auch mit *repairable* (Reparandum) synonym verwendet.

```
08 HH: DAS wird [sich än- (.) dAs wird sich ändern mÜssen.
       Reparandum↑                    ↑Reparans
09 I:          [<<all> WAS->
```

Auch im schon mehrfach betrachteten Beispiel (9) wird nicht direkt ersichtlich, warum Z eine Reparatur initiiert:

Beispiel (9) LEHRBERUF
```
12 G: ich bin im lehrberuf seit DREI jahren,
             ↑Reparandum
13    und merke es da dann beSONders,
14    [wenn ich]in
15 Z: [wa_WAS  ] für_n beruf?           Initiierung und Lokalisation
16 G: ich bin LEHrerin.                 Reparans wird geliefert
17 Z: ah LEHrer.                        Reparans wird übernommen
18    hm_hm (   )=                      + ratifiziert
      ↓der Redebeitrag wird fortgesetzt
19 G: =wenn ich jetzt Angespannt bin vom (.) vom (-) vielen
       SPREchen, (-)
20    dann tut_s mir einfach hier die ganze partie [schon]
21 Z:                                              [hm_hm]
22 G: WEH,
```

Hat Z hier nicht richtig zugehört, war er für einen Moment abgelenkt? Oder ist ihm die Bezeichnung *lehrberuf* fremd oder für seine Zwecke nicht ausreichend präzise? Ob es sich um situative, kognitive oder soziale Probleme handelt, die die Wortwahl erschweren, ob Lärm eine Äußerung übertönt, die Unaufmerksamkeit des Rezipienten dazu führt, dass er den Sprecherwechsel oder eine Adressierung verpasst, ob der Kaugummi im Mund die Artikulation behindert oder ob die Verfertigung der Gedanken beim Sprechen oder die mimischen Reaktionen des Gegenübers zu Änderungen der Äußerungsplanung führen – für das Reparieren ist ausschlaggebend, dass an der sprachlichen Oberfläche ein Element lokalisiert und zum Reparandum erklärt wird. Dabei kann prinzipiell jedes Element in jeder Schicht einer Äußerung zum Ansatzpunkt der Problembearbeitung – zum Reparandum – gemacht werden. Man kann nicht nur die Aussprache (z. B. Dialekt vs. Standard; vgl. Pfeiffer 2015: 75–77), die Wortwahl oder die syntaktische Struktur reparieren, auch die Sprechweise (langsamer, schneller, deutlicher, lauter, leiser) und Intonationskonturen, die Adressierung einer Äußerung oder ihre sequenzielle Positionierung können nachträglich verändert werden: „Nichts ist prinzipiell aus der Klasse der ‚Reparanda' auszuschließen" (SJS 1977: 362; Übersetzung K.B.). Die Reparanda müssen dabei keineswegs immer ein unmittelbarer Ausdruck des Problems, ein ‚Symptom' sein (wie z. B. ein artikulatorischer Versprecher); entscheidend ist vielmehr, dass ihre Eliminierung zur Problemlösung beiträgt.

Mit dem Beispiel (10), das bereits aus Kapitel 2 bekannt ist, soll nun diese Dissoziation von Ursache, Problemtyp und Gegenstand (Reparandum) illustriert werden. Der Friseur Georg Rath und seine Assistentin Monika haben das Haus von Veronika, Tabea, Sonja, Josef und Mike betreten und werden von ihnen begrüßt:

Beispiel (10) GRÜß GOTT
```
19 Ass:    ₈[hallo veROnika,]  ((zu Veronika))
           ₈[((Händeschütteln Ass/V))
20 V:      ₈[hallo, veRonika,] ((zu Ass.))
21 V/Ass:  ((kichern))
22         ((Herr Rath streckt die Hand aus, um sie mit Mike zu
           schütteln, der auch bereits zum Händedruck ansetzt,
           vgl. Abb. (14); zur selben Zeit streckt die Assisten-
           tin ihre Hand aus, um Josefs Hand zu schütteln. Die
           beiden Bewegungen führen fast zu einer Überkreuzung
           der Arme. Kurz bevor das passiert, brechen beide ihre
           Bewegung ab und ziehen ihre Hände zurück, die Assis-
           tentin vollständig. Rath transformiert die Rückzugsbe-
           wegung in eine angedeutete Zeigegeste auf sich
           selbst.))
23 GR:     ₉[der berLIner ne?            EPT Frage
           ₉[((zeigt auf Mike mit der offenen Handinnenfläche))
24 J:      ₉[nich über KREUZ;=
25 M:      =(sorry,)
26         wat?                          Reparatur wird initiiert
27 GR:     ₁₀[du bist aus berLIN;=ne?    Wiederholung EPT
           ₁₀[((Mike und GR schütteln sich die Hand))
28 M:      ja,
```

Hier werden die Begrüßungs- und Vorstellungsaktivitäten zwischen Mike und dem Friseur GR durch die parallel ablaufenden Begrüßungen zwischen der Assistentin und Josef gestört (Z. 22). GR richtet eine Frage (EPT) an Mike (Z. 23), die jedoch von Josefs Kommentar (*nich über KREUZ*; Z. 24) überlagert wird. Diese Überlagerungen simultan ablaufender Aktivitäten – recht häufig in Mehrparteiensituationen – sind vermutlich die Ursache dafür, dass Mike GRs Frage nicht verstehen konnte. Mike entschuldigt sich, wobei unklar bleibt, wofür (für sein Nichtverstehen? für seine Unaufmerksamkeit? für die Nichtbeachtung der Nicht-über-Kreuz-Regel?), und initiiert dann eine Reparatur. Sein *wat?* (Z. 26) lokalisiert die Frage GRs als Reparandum und klassifiziert es als Problemtyp „akustisches Übertragungsproblem". Es wird also GRs Frage bearbeitet, obwohl an diesem Redebeitrag weder sprachlich noch in anderer Hinsicht etwas auszusetzen wäre. GR wiederholt die Frage daraufhin (leicht abgewandelt, Z. 27); anschließend kann Mike antworten (Z. 28) und die unterbrochenen Aktivitäten fortsetzen.

Die Reparatur sucht nach einer praktischen Lösung, um die Integrität der Begrüßung und Vorstellung (= Bezugsaktivität) und der (Paar-)Sequenz zu sichern. Diese praktische Lösung besteht darin, den – aus welchen Gründen auch immer – nicht verstandenen Redebeitrag GRs zu wiederholen. Die Wiederholung dieses Redezuges ist hier lediglich die praktische Lösung des Hör-/Verstehensproblems, das nicht durch den Redebeitrag selbst, sondern durch interaktionsorganisatorische Turbulenzen verursacht wurde.

Das Reparieren hängt also nicht davon ab, dass die Problemursachen bekannt oder mehr oder weniger zweifelsfrei erschließbar sind. Dennoch werden diese Ursachen zuweilen als relevant erachtet und offengelegt. Sprecher und Rezipienten verfügen als Initiatoren, aber auch als Rezipienten/nächste Sprecher („das hab ich jetzt auch akustisch nicht ganz mitbekommen") über eine Vielzahl von Praktiken, mit denen sie auf die Ursachen der Reparatur hinweisen und diese für alle Beteiligten transparent und auf der Gesprächsoberfläche verfügbar machen *können*. Oft ist dies für den Ablauf und Erfolg der Reparatur sehr hilfreich (Egbert 2009; Golato 2013; Lerner et al. 2012; Papantoniou 2012; Selting 1987, 1996). Im Beispiel (11) lässt sich das beobachten:

Beispiel (11) GESÄGT UND GESCHLIFFEN (aus Papantoniou 2012: 176)
```
01 M:    also Angelo hat schon mal zu hause etwas VORbereitet,
02       nämlich AUS `holz (.) so paar TEIle, hh
03       vOr: (-) geSCHNITten?=
         ↑Reparandum
04       =<<all>SAGT man das sO?>              M benennt sein Problem
05       (---)
06 G:    geSÄGT,
07 M:    <<gepresst, t> geSÄ[GT,> ((lacht leise)) hh]
08 G:                       [und geSCHLIFfen              ]
09 M:    ge´SÄGT Und geSCHLIFfen,
10       un:d ähm <<p> er hAt sich jetzt> überlegt:,
```

Hier schließt M eine TKE ab (Z. 03), wobei deren letztes Element (*vOr:(-) geSCHNITten?=*) prosodisch markiert ist (Vokaldehnung, Unterbrechung der Artikulation und steigende Intonation). Unmittelbar darauf wendet er sich mit einer Frage an G, in der er sein Problem als Formulierungsproblem, genauer als Problem der Wortwahl klassifiziert. Er stellt damit dieses Element seiner Äußerung zur Disposition und fordert G auf, sich an dessen Reparatur zu beteiligen. <<all>SAGT *man das sO?>* (Z. 04) leistet aber noch einiges mehr: M macht mit dieser Formulierung deutlich, dass er sich nicht als Fachmann in Holzbearbeitung betrachtet und bietet G den Expertenstatus an. G übernimmt die Aufgabe, ein Reparans zu liefern, und akzeptiert damit den Status des Experten (Z. 06, 08). M, der seinen Redebeitrag zum Zeitpunkt der Reparaturinitiierung noch nicht abgeschlossen hatte, integriert dieses Wortmaterial in seine Redebeitragskonstruktion (Z. 07, 09) und fährt dann fort (Z. 10). Ms Redebeitrag wird hier mit Hilfe eines Experten ko-konstruiert.

Die explizite Klassifizierung des Problemtyps ist für die Durchführung dieser Reparatur interaktional notwendig: Damit G sich an der Reparatur beteiligen kann, muss er (a) aufgefordert werden, dies zu tun (adressierte Initiierung), (b) wissen, welches Element der Äußerung Ms das Reparandum sein soll (Lokalisation) und (c) wissen, worin Ms Problem mit diesem Wort besteht: Die Kennzeichnung des Problemtyps im Rahmen der Reparaturinitiierung steuert den Reparaturbeitrag Gs und schafft die Grundlage und den lokalen Kontext für dessen Vorgehen.

Der folgende Auszug stammt aus einem Telefonat.

Beispiel (12) JAMES BAKER (aus: Golato 2013: 36; Transkription angepasst)
```
01 R: ja:. der EHemalige aussenminister.
02    wie heisst <<f>BAker.>
03 W: <<f>BAker.>
04    JAmes baker.
05 R: hm?                     Reparaturinitiierung
06 W: <<len>james BAker>.     Reparatur mit verlangsamter Sprechweise
07 R: james BAker.=
08    =doch ich find'
```

R sucht und findet den Namen eines ehemaligen US-amerikanischen Außenministers. Ihre Gesprächspartnerin wiederholt den Nachnamen bestätigend und ergänzt dann den Vornamen. Diesen Beitrag scheint R nicht verstanden zu haben, denn sie initiiert eine Reparatur. W wiederholt daraufhin den Vor- und den Familiennamen. Dabei spricht sie deutlich langsamer, was darauf hindeutet, dass sie annimmt, dass das Verstehensproblem ihrer Gesprächspartnerin R akustischer Natur war (Typ: Übertragungsproblem). Auf diese Weise zeigt das Vorgehen der Reparierenden W, wo sie die Ursachen für die Reparaturinitiierung Rs verortet.

Zusammenfassend können wir festhalten: Reparaturen sind lokal auf eine TKE oder die aktuelle Sequenz bezogene, aber funktional eigenständige sprachliche Aktivitäten mit einer Handlungsstruktur, die eine Reihe notwendiger Teilhandlungen umfasst, die vom Sprecher (selbst) oder vom Rezipienten (fremd) durchgeführt werden können:

(1) Initiierung der Reparatur,
(2) Abbruch der laufenden Aktivität,
(3) Lokalisation eines Reparandums,
(4) ein Reparans wird geliefert,
(5) Ratifizierung,
(6) Wiederaufnahme der suspendierten Aktivität/des Redezugs/der Sequenz.

Reparaturen können vom Sprecher oder vom Rezipienten oder von beiden gemeinsam und arbeitsteilig durchgeführt werden und haben daher auch eine grundsätzlich distributierbare Partizipationsstruktur. Reparaturen sind als problemtypunabhängiges Universalinstrumentarium einsetzbar, weil das Reparieren seinen Gegenstand, das Reparandum, immer auf der Gesprächsoberfläche in einem Redebeitrag verortet, wobei prinzipiell jedes Element auf jeder der multimodalen Schichten dieser Äußerung zum Reparandum gemacht werden kann. Repariert wird primär lösungs- und nicht notwendiger Weise ursachenorientiert. Dementsprechend kann auch repariert werden, ohne dass zuvor oder währenddessen geklärt werden muss, was die Reparatur verursacht hat.

Die Offenlegung der (angenommenen) Ursachen ist dabei nicht grundsätzlich notwendig, kann aber insbesondere dann, wenn die Gesprächspartner beteiligt werden sollen, zur Effektivität des Reparierens beitragen. Es ist aber in der Regel für das Reparieren irrelevant, ob **alle** Beteiligten wissen, **warum** eine Reparatur initiiert wird.

Für die notwendige Erkennbarkeit und Transparenz der Reparatur sorgen die Formen, in denen das Reparieren im Gespräch vollzogen wird: Die Standardformate des Reparierens. Mit diesen befasst sich der nun folgende Abschnitt.

5.3 Die Standardformate des Reparierens

Die primäre, gesprächsorganisatorische Funktion des Reparierens, Progression und Intersubjektivität zu gewährleisten, ist genuin interaktional. Die Reparatur bewirkt hörbare/sichtbare Veränderungen an der Gesprächsoberfläche, die im Weiteren für alle Beteiligten relevant sind. Reparaturen können – wie wir gesehen haben – von allen Beteiligten jederzeit initiiert und durchgeführt, aber auch verlängert, selbst wieder bearbeitet oder auch abgebrochen werden. Immer unterbrechen sie jedoch den Lauf der Dinge und sind, sobald sie in Gang gesetzt werden, dringlich. Da alle Beteiligten auf die eine oder andere Weise involviert sind, kann nur dann effizient repariert werden, wenn für alle Beteiligten erkennbar wird, was gerade geschieht (es wird etwas repariert, d.h. eine

Äußerung wird bearbeitet), was repariert wird (**Reparandum**) bzw. was nun gelten soll (**Reparans**). Um diese Transparenz herzustellen, gehen wir beim Reparieren nach höchst strukturierten, stark verfestigten Mustern vor, die im Folgenden als **Reparaturformate** bezeichnet werden. Sie liefern eine Art ‚Standardsyntax' des Reparierens, so wie der Fragesatz eine Standardform für das Fragen darstellt. Die Reparaturformate stehen untereinander in Beziehung und bilden gemeinsam das grundlegende **Reparatursystem** (*repair organization*), das von SJS 1977 beschrieben wurde: Ein Set von Vorgehensmustern, das es ermöglicht, alle Probleme des Sprechens, Hörens und Verstehens sowie der Gesprächsorganisation im Gespräch zu bearbeiten.

Es sei hier noch einmal ausdrücklich darauf verwiesen, dass bisherige und laufende Äußerungen auch bearbeitet und, wenn man so will, repariert werden können, ohne dass eines der Standardformate des Reparierens verwendet wird. Ein Reparaturmotiv bzw. eine Reparaturfunktion könnte man z. B. auch annehmen, wenn Äußerungen nach einem möglichen Abschlusspunkt erweitert werden, wobei dem Bisherigen etwas hinzugefügt, es aber nicht ersetzt oder verändert wird. Mit diesen Praktiken werden wir uns im Folgenden jedoch nicht befassen.

Initiierung und **Durchführung** sind die beiden unverzichtbaren Handlungskomponenten des Reparierens. An der Initiierung wie an der Durchführung können sowohl der Sprecher der problematischen Äußerung als auch ein Rezipient (in der Regel der Adressat dieser Äußerung) beteiligt sein.

Betrachten wir zunächst die Initiierung der Reparatur. Ist es der Sprecher des problematischen Elements, der die Reparatur initiiert, so bezeichnet man das als Selbstinitiierung. Ist es hingegen der Rezipient, spricht man von *Fremd*initiierung (in der anglophonen konversationsanalytischen Literatur wird der Sprecher mit *self* und der Rezipient mit *other* bezeichnet). Auch die Durchführung kann entweder vom Sprecher (selbst) oder vom Rezipenten (fremd) erfolgen. So ergibt sich die systematische Unterscheidung von vier Reparaturformaten: die **selbstinitiierte Selbstreparatur**, die **selbstinitiierte fremddurchgeführte Reparatur**, die **fremdinitiierte selbstdurchgeführte Reparatur** und die **fremdinitiierte fremddurchgeführte Reparatur**. Dies lässt sich in einer Kreuzklassifikation zusammenfassen:

Initiierung		Durchführung		Reparaturformat
Sprecher	Rezipient	Sprecher	Rezipient	
✓ (Selbst)		✓ (Selbst)		selbstinitiierte Selbstreparatur (siSR)
✓ (Selbst)			✓ (Fremd)	selbstinitiierte Fremdreparatur (siFR)
	✓ (Fremd)	✓ (Selbst)		fremdinitiierte Selbstreparatur (fiSR)
	✓ (Fremd)		✓ (Fremd)	fremdinitiierte Fremdreparatur (fiFR)

Abb. 45 Reparaturformate nach Initiierung und Durchführung.

Die Typologie mag auf den ersten Blick etwas schematisch erscheinen, sie erleichtert die Analyse konkreter Beispiele jedoch ungemein. Wichtig ist, immer von dem Redezug auszugehen, in dem das problematische Element lokalisiert wird.

Die folgenden Beispiele stellen die vier Formate exemplarisch dar. Das Beispiel (13) ist eine selbstiniierte Selbstreparatur, weil die Sprecherin selbst den Reparaturbedarf sowohl erzeugt als auch die Reparatur initiiert und durchführt.

Beispiel (13) VIER ZIMMER – Selbstiniierte Selbstreparatur
                       ↓Selbstinitiierung
  01 R1 A: wie GROSS is-=
                ↑*Reparandum*
  02   =wie viele ZIMmer hat die wohnung denn.
           ↑Selbstdurchführung ↑Fortsetzung + Abschluss
  03 R2 V: vier.

Im Beispiel (14) lokalisiert M das von ihm geäußerte Verb *geschnitten* als Reparandum und initiiert eine Reparatur, indem er den Rezipienten fragt, ob die Bezeichnung richtig ist. Dieser nennt darauf hin ein anderes Verb und vollzieht damit eine Fremdreparatur.

Beispiel (14) GESÄGT UND GESCHLIFFEN (aus Papantoniou 2012: 176) –
Selbstinitiierte Fremdreparatur
  01 R1 M: also Angelo hat schon mal zu hause etwas VORbereitet,
  02   nämlich AUS `holz (.) so paar TEIle, hh
  03   vOr:(-)geSCHNITten?=   *Reparandum*

```
04         =<<all> SAGT man das sO?>        Selbstinitiierung
05         (---)
06 R2 G:   geSÄGT,                          Fremddurchführung
```

Im Beispiel (15) wird die Reparatur fremdinitiiert, da sie nicht von der Sprecherin des Reparandums, sondern vom Rezipienten eingefordert wird. Die Durchführung, d.h. die Lieferung des Reparans erledigt hingegen die Sprecherin selbst, so dass hier eine fremdinitiierte Selbstreparatur vorliegt.

Beispiel (15) LEHRBERUF – Fremdiniierte Selbstreparatur
```
12 R1 G:   ich bin im lehrberuf seit DREI jahren,
                     ↑Reparandum
13         und merke es da dann beSONders,
14         [wenn ich]
15 R2 Z:   [wa_WAS   ] für_n beruf?           Fremdinitiierung
16 R3 S:   ich bin LEHrerin.                  Selbstdurchführung
```

Im vierten Beispiel (16) verwendet Josef das Wort Füllegefühl. Sybille korrigiert die Wortwahl, indem sie eine Reparatur fremdinitiert und auch fremddurchführt und das Reparans *VÖLlegefühl* vorgibt, das das Reparandum *füllegefühl* ersetzt.

Beispiel (16) FÜLLEGEFÜHL – Fremdinitiierte Fremdreparatur
```
01 R1 Jos: dann lassen wa_s-
02 R2 Syb: ((lacht los))
03 R3 Jos: heut is bei mir noch so_n füllegefühl (.) von
               GEStern.
                            ↑Reparandum
04 R4 Syb: WENN hast_n VÖLlegefühl;
           ↑Fremdinitiierung & ↑Fremddurchführung
```

Da Sprecher wie Rezipienten einer problematisierten Äußerung Reparaturen initiieren und durchführen können und eingeschobene, metakommunikative Handlungen vollziehen, die paarig organisiert sind (Initiierung und Durchführung), sind die Standardformate sowohl im partizipationsorganisatorischen System des Sprecherwechsels (vgl. Kap. 3) als auch in der Sequenzorganisation (vgl. Kap. 4) verankert.

5.4 Die Standardformate im Reparaturinitiierungsraum

Für die Systematik des Reparatursystems ist es nicht nur wichtig, wer die Reparatur initiiert und durchführt. Es spielt auch eine Rolle, **wann** Reparaturen initiiert werden. Mit ihren Untersuchungen konnte die Konversationsanalyse zeigen, dass der Raum, in dem die Mehrzahl aller Reparaturen initiiert wird, sich von dem Redezug, in dem das Reparandum lokalisiert wird (R1), bis über die vier folgenden Redezüge erstrecken kann. In diesem **Reparaturinitiierungsraum** (*repair initiation opportunity space*, vgl. SJS 1977; Schegloff 2000b) eröffnen sich den Beteiligten auf der Grundlage der Regelungen des Sprecherwechsels abwechselnd Eingriffsmöglichkeiten, die sogenannten **Initiierungspositionen**.

Stellen wir uns eine Äußerung vor, in der ein Problem auftritt: Die allererste Gelegenheit, eine Reparatur zu initiieren, ergibt sich für den Sprecher selbst direkt im laufenden Redezug im Anschluss an das Reparandum (Position R1a), z. B. durch Abbruch, oder am Ende der laufenden Äußerungseinheit/TKE (Position R1b). Nach der Reparaturinitiierung kann er die Reparatur selbst durchführen (selbstinitiierte Selbstreparatur) oder aber den Adressaten mit der Durchführung beauftragen (selbstinitiierte Fremdreparatur). Auch wenn der Gesprächspartner sich an der Reparatur beteiligt, bleibt dem Sprecher das Rederecht gesichert, bis diese TKE (inklusive der Reparatur) beendet ist. Schematisch stellt es sich so dar:

```
Redezug 1    01 A: wörter problem wörter.
                        ↑Position R1a
                                              ↑Position R1b (im Übergaberaum)
Redezug 2    02 B: wörter wörter wörter
```

Abb. 46: Reparaturinitiierungsraum Position R1a und R1b.

Die zweite Gelegenheit für die Initiierung einer Reparatur ergibt sich nach dem Sprecherwechsel. Für den Rezipienten ist Position R2 somit die erste Möglichkeit eine Reparatur zu initiieren. Initiierungen aus R2 leiten fremdinitiierte Selbstreparaturen oder Fremdreparaturen ein.

```
Redezug 1    01 A: wörter problem wörter
Redezug 2    02 B: Reparaturinitiierung
                     ↑Position R2
```

Abb. 47: Reparaturinitiierungsraum Position R2.

Im darauf folgenden Redezug R3 hat wiederum der Sprecher der problembehafteten Äußerung die Möglichkeit, eine Reparatur zu initiieren und gleich durchzuführen.

Redezug 1   01 A: wörter problem wörter
Redezug 2   02 B: wörter wörter
Redezug 3   03 A: Reparaturinitiierung
            ↑Position R3

Abb. 48: Reparaturinitiierungsraum Position R3.

Im vierten Redezug (R4) ist schließlich der Rezipient wieder dran, z. B. wenn er erst dann feststellt, dass er etwas falsch verstanden hat. (Fremd-)Initiierungen aus R4 stellen jedoch empirisch gesehen eine Seltenheit dar. Der Abstand zwischen Reparaturobjekt und Initiierung ist groß, was den technischen Reparaturaufwand beträchtlich erhöht. Dies zeigt sich in besonderen Initiierungs-, Lokalisations- und Durchführungspraktiken. Solche Eingriffe können als ‚verspätet' betrachtet werden und sind im Einzelfall mit jeweils besonderen Rahmenbedingungen zu erklären (vgl. Schegloff 2000b).

Redezug 1   01 A: wörter problem wörter
Redezug 2   02 B: wörter wörter
Redezug 3   03 A: wörter wörter
Redezug 4   04 B: Reparaturinitiierung
            ↑Position R4

Abb. 49: Reparaturinitiierungsraum Position R4.

Dem Sprecher (selbst) einer problematischen Äußerung (R1) eröffnen sich also sukzessive drei Positionen für eine Reparaturinitiierung (R1a, R1b und R3), wogegen der Rezipient (fremd), will er den Sprecher nicht unterbrechen und damit gegen die Regelungen des Sprecherwechsels verstoßen, lediglich zwei sequenziell vorgesehene Eingriffsmöglichkeiten hat (Position R2, R4), wie in der folgenden Übersicht dargestellt:

Position R1a ➔ Position R1b ➔ Position R2 ➔ Position R3 ➔ Position R4
Sprecher A   Sprecher A   Sprecher B   Sprecher A   Sprecher B
(selbst)   (selbst)   (fremd)   (selbst)   (fremd)

Abb. 50: Reparaturinitiierungspositionen.

Da die Initiierung der Reparatur ihre Durchführung im nächsten Schritt konditionell relevant setzt, wird durch die Positionierung der Initiierung auch die Durchführung verortet.

Initiierung		Durchführung		Reparaturformat
Sprecher	Rezipient	Sprecher	Rezipient	
✓ (Selbst) - in R1a/b - in R3		✓ (Selbst) - in R1a/b - in R3		selbstinitiierte Selbstreparatur (siSR)
✓ (Selbst) - in R1 - in R3			✓ (Fremd) - in R2 - in R4	selbstinitiierte Fremdreparatur (siFR)
	✓ (Fremd) - in R2 - in R4*	✓ (Selbst) - in R3 - in R5, 6...		fremdinitiierte Selbstreparatur (fiFR)
	✓ (Fremd) - in R2		✓ (Fremd) - in R2	fremdinitiierte Fremdreparatur (fiFR)

Abb. 51: Initiierungspositionen in Reparaturformaten.

Betrachten wir nun einige Beispiele für die Standardreparaturformate an den jeweiligen Positionen etwas genauer. Wir werden wir uns dabei, der sequenziellen Organisation folgend, von Redezug zu Redezug vorarbeiten.

5.4.1 Selbstinitiierte Reparaturen in Position R1a und R1b

5.4.1.1 Selbstinitiierte Selbstreparaturen (siSR) in einer TKE (Position R1a)

Die redezuginternen Reparaturen ermöglichen dem Sprecher das schnellste und interaktionsorganisatorisch am wenigsten aufwändige Vorgehen, da sie ohne Zutun des Gesprächspartners durchführbar sind. Das Beispiel (17) ist eine solche Selbstreparatur an Position 1a, die alle Reparaturkomponenten in eine TKE eingebettet realisiert:

Beispiel (17) VIER ZIMMER
↓Selbstinitiierung
```
01 R1 A: wie GROSS is-=
           ↑Reparandum
02 R1    =wie viele ZIMmer hat die wohnung denn.
           ↑Selbstdurchführung ↑Fortsetzung + Abschluss
03    V: vier.
```

Sprecher A bricht seine Äußerung ab, geht zurück zum Anfang (Retraktion), ersetzt *GROSS is-* durch *viele ZIMmer hat* und vollendet dann seine Äußerung. Das Reparandum wird hier rückwirkend durch das Reparans erkennbar.

Beispiel (18) DURSTSTRECKE (Daten von Pfeiffer 2008: 137)
```
01 R1 HH: wenn (.) wenn sie.
                 ↑Initiierung durch Abbruch
02 R1    wenn die DURSTstrecke vierzig fuffzig JAHre is,
                 ↑Reparans
03 R1    dann is: (.) geht also EIniges kaputt; nEch, (---)
                 ↑    ↑Initiierung durch kurzes Absetzen & Reparans
```

Im Beispiel (18) finden wir gleich zwei Selbstreparaturen (Z. 02 und 04). In Z. 01 bricht der Sprecher ab, geht zurück zur Phrasengrenze (Retraktion) und recycelt das *wenn*. Dann platziert er das Reparans *die DURSTstrecke*, das das Pronomen *sie* aus dem ersten Anlauf substituiert und dadurch zum Reparandum erklärt. Die Kontrastierung von Reparandum und Reparans, verbunden mit der Übernahme der syntaktischen Struktur (markiert durch die Wiederholung des *wenn*) ermöglicht es, den Initiierungsschritt auf den Abbruch zu beschränken und die Kennzeichnung der Aktivität als Reparatur, die Lokalisation des Reparandums und die eigentliche Reparatur in der Reparaturdurchführung zu vereinen. In der zweiten Reparatur (Z. 03) wird der Abbruch durch ein kurzes Absetzen markiert und das letzte Element unmittelbar (ohne Retraktion) substituiert. Die syntaktische Integrität der suspendierten TKE bestimmt hier das konkrete Vorgehen beim Reparieren.

---

i Vertiefung

Selbstreparaturen haben – im Gefolge der Versprecherforschung – auch das Interesse der Psycholinguistik geweckt. Dort wird ihre Analyse primär als ‚Fenster' zu den kognitiven Sprachverarbeitungsprozessen genutzt. Redezuginterne Selbstreparaturen belegen, dass Sprecher ihre Äußerungen kontrollieren, während sie sprechen. Levelt (1983 und 1989) weist diese Kontrollfunktion dem Monitor zu, der in seiner Modellierung der Sprachverarbeitung eine Instanz des Sprachproduktionsprozesses ist. Der Monitor hat Zugang zur intendierten Botschaft (*message*), die der so genannte *conceptualizer* hervorbringt (*message generation*) und ‚weiß' daher, was der Sprecher sagen möchte. Zudem muss der Monitor Zugriff auf sprachlich-formales Wissen und die Ergebnisse der Sprachrezeption haben. Die Aufgaben des Monitors bestehen darin, die produzierte Äußerung, das Endprodukt, mit den Planungsvorgaben (*message*, intendierte Botschaft) zu vergleichen (*matching*) und Abweichungen inhaltlicher und sprachlich-formaler Art (lexikalische und grammatische Korrektheit) zu melden sowie deren Reparatur zu steuern (durch *instructions of adjustment*). So genannte *covert repairs*, in denen kein Reparandum an der Oberfläche hörbar wird („here is a – er a vertical line", Levelt 1989: 478) und Selbstreparaturen, die mit einem Abbruch innerhalb des Reparandums beginnen, lassen Levelt annehmen, dass Sprecher in der Lage sind, Probleme und Fehler wahrzunehmen, noch bevor diese ausgesprochen sind. Hieraus schließt er, dass der Monitor nicht nur (über die normalen Sprachverstehensprozesse) auf die bereits artikulierte Äußerung (*overt speech*), sondern schon auf die Ebene der *internal speech* Zugriff hat, wo der *phonetic* oder *articulatory plan* bis zu seiner Realisierung in einer Pufferkomponente kurzfristig gespeichert wird. Levelt nimmt an, dass die Überwachung durch den Monitor fortlaufend, automatisiert und unbewusst geschieht. Die Ergebnisse der Überwachung werden jedoch auf der Ebene der Äußerungsplanung (*conceptualizer, message generation*) in den Produktionsprozess eingeführt und sind daher dem Bewusstsein grundsätzlich zugänglich.

5.4.1.2 Selbstinitiierte Selbstreparaturen im Übergaberaum (Position R1b)

Wenn der Sprecher an einem möglichen Endpunkt einer TKE angekommen ist, eröffnet sich die Möglichkeit eines Sprecherwechsels (MÜP, vgl. Kap. 3). In diesem Übergaberaum kann der Sprecher eine Reparatur nachschieben, die den Sprecherwechsel aufschiebt und ebenfalls noch als ‚redezugintern' zu betrachten ist.

Beispiel (19) WIE VIELE TAGE

```
01 R1 Z:  SO. (---)
02 R1     wie häufig kommt_s VOR,              Reparandum
03 R1     diese diese diese SCHMERzen;         Ende TKE 1
04 R1     f: (.) also wenn sie jetzt?         Initiierung
05 R1     SAG mer mal so;
06 R1     wie viel <<rhytm>tAge im schnItt in der wOche> sind
             sie schmerzfrei.                  Reparans
07        (1.18)
08     P: ganz EHRlich ich denk (...)
```

Hier hat Z seine Frage schon formuliert (Z. 01, 02), als er beschließt, sie zu reformulieren und zu präzisieren (Z. 04–07). Die zweite, jetzt auch syntaktisch fehlerfrei formulierte Frage überschreibt das Reparandum in derselben Weise, wie *die durststrecke* das *sie* ersetzt.

Auch im Beispiel (20) schiebt Bianca eine Reparatur (Z. 11) nach, nachdem sie ihre TKE (R1, Z. 09) abgeschlossen hat. Dabei muss sie den Sprecherwechsel, den Josef in Überlappung mit R1 schon eingeleitet hat (Z. 10), übertönen. Die Reparatur bleibt kurz, denn die Initiierung fällt mit der Präsentation des Reparans (Z. 11) zusammen, woraufhin der Sprecherwechsel von Josef vollzogen wird (Z. 12).

Beispiel (20) HÜHNILIS
```
01 Jos:  WAS nee;=
02       =[<<all> isch KANN die nich auf_n arm nE:hmen;>
03 Bia:  [<<all> nee nee nee ich nEhm den AU nich,>
04 Jos:  [nee,
05 Bia:  [ich nehm AUCH kein huhn auf_n arm-
06 Jos:  NEE-
07       ich AU nisch-
08 Bia:  <<all> ich hol mir do hier nich> noch die
09       [hühnSYPHilis oder wat.           Reparandum
10 Jos:  [JA (-) ja;
11 Bia:  die !HÜHN!ili[s;                  Reparans
12 Jos:               [wollt_isch grAd SA:gen;=
13 Bia:  =NEE nee lass-
```

5.4.1.3 Selbstinitiierte Fremdreparaturen (siFR) in Position R1a und R1b

In R1, eingebettet in eine TKE (R1a), oder aber im Übergaberaum (R1b) kann der Sprecher auch eine Fremdreparatur initiieren und dadurch den Gesprächspartner in die Konstruktion seines Redebeitrags einbinden. Der Sprecher von R1 greift mit diesem Format auf die Kompetenzen und Wissensbestände des Rezipienten zu und vergemeinschaftet die Reparaturarbeiten: Er initiiert die Reparatur und lokalisiert das Reparandum, der Rezipient liefert das Reparans, das – da es sich hier um eine Auftragsarbeit des Rezipienten handelt – vom Sprecher ratifiziert werden muss.

Dieses Reparaturformat ist interaktionsorganisatorisch deutlich aufwändiger. Es muss als Sequenz über drei Redezüge organisiert werden. So wird aus dem Redezug eines Sprechers (R1) eine ko-konstruierte Äußerung. Im Beispiel (21) wird eine solche Reparatursequenz (Z. 04 bis 09) in den Beitrag des Radiomoderators M (bis Z. 03 und ab Z. 10) eingefügt.

Beispiel (21) GESÄGT UND GESCHLIFFEN (aus Papantoniou 2012: 176)
```
01 M:   also Angelo hat schon mal zu hause etwas VORbereitet,
02      nämlich AUS `holz (.) so paar TEIle, hh
03      vOr: (-) geSCHNITten?=           Reparandum
04      =<<all> SAGT man das sO?>        M stellt Wortwahl zur Disposition
05      (---)
06 G:   geSÄGT,                          Reparans 1
```

```
07  M:     <<gepresst, t>geSÄ[GT,> ((lacht leise)) hh]
           ↑Ratifizierung
08  G:                [und geSCHLIFfen              ]
                      ↑Reparans 2
09  M:     ge´SÄGT Und geSCHLIFfen,       Ratifizierung 2

10         un:d ähm <<p>er hAt sich jetz> überlegt:,
           ↑Wiederaufnahme
```

Hier ist sich M – an einem TRP angelangt (R1b) – seiner Wortwahl nicht sicher und macht seine Zweifel explizit (Z. 04, Formulierungsproblem). G sieht Reparaturbedarf und bietet eine Alternative an (Z. 06 und 08), die von M aufgegriffen wird (Z. 07 und 09), bevor er mit seinem Redebeitrag fortfährt. Das Format der siFR führt dazu, dass Ms Redebeitrag von G koproduziert wird. Es eignet sich daher besonders gut für die Lösung von lexikalischen oder auch syntaktischen Formulierungsproblemen (Papantoniou 2012).

Das Format der selbstinitiierten Fremdreparatur kann auch eingesetzt werden, wenn eine Selbstreparatur nicht zu einem befriedigenden Ende gebracht werden kann. Dann wird die zunächst als redezuginterne (selbstinitiierte) Selbstreparatur begonnene Aktivität in eine (selbstinitiierte) Fremdreparatur überführt. Solche Reparatursequenzen setzen sich in der Regel aus den Arbeitsschritten Initiierung, (unbefriedigender) Selbstreparaturversuch (Reparans 1), Fremdreparaturvorschlag (Reparans 2), Ratifizierung (durch den Sprecher) zusammen und erstrecken sich von R1 bis R3.

5.4.2 Fremdinitiierte Reparaturen in Position R2

Mit dem Sprecherwechsel, also im zweiten Redezug (R2), hat der Rezipient die Möglichkeit, Reparaturen zu initiieren. Anstatt einen nächsten Schritt beizusteuern, signalisieren die Gesprächspartner ein Problem mit dem vorausgehenden Redezug und lenken damit die Aufmerksamkeit zurück auf das Bisherige (*next turn repair initiation*). Dabei können sie die Durchführung der Reparatur dem Sprecher überantworten (fiSR) oder auch selbst übernehmen (fiFR). Fremdinitiierungen sind wie Selbstinitiierungen sehr häufig (Dingemanse et al. 2014, 2015; Dingemanse & Enfield 2015).[145]

---

[145] Dingemanse et al. (2015: 4) analysierten Gespräche in zwölf verschiedenen Sprachen und fanden in 48,5 Stunden 2053 Fremdinitiierungen. Damit kommt im Durchschnitt alle 1,4 Minuten die Fremdinitiierung einer Reparatur vor.

5.4.2.1 Fremdinitiierte Selbstreparaturen (fiSR) in Position R2

Fremdinitiierte Selbstreparaturen bilden das rezipientenseitige Gegenstück der selbstinitiierten Selbstreparatur und sind ein Ausdruck der Mitverantwortung des Rezipienten für den Gesprächsverlauf. Da auf die Fremdinitiierung in R2 eine Selbstreparatur des Sprechers erfolgt (in R3), die dann (meist) vom Rezipienten ratifiziert wird (in R4), entsteht eine Reparatursequenz, die alle Beteiligten involviert und daher einen größeren interaktionsorganisatorischen Aufwand erfordern als redezuginterne siSR.

FiSR dienen so häufig der Bearbeitung von Problemen des Hörens und Verstehens, deren Signalisierung letztlich in der Verantwortung des Rezipienten liegt, dass wir dieses Format zunächst immer mit solchen Rezeptionsproblemen in Verbindung bringen (Egbert 2009; siehe die Beispiele 9 und 10). Das fiSR-Format ist aber durchaus multifunktional einsetzbar: Rezipienten können es z. B. auch nutzen, um Spezifizierungen zu erbitten, um – bei unliebsamen Themen – Zeit zu gewinnen, um den Sprecherwechsel und einen eigenen Beitrag zu vermeiden oder um den Sprecher dazu zu bringen, seine Äußerung inhaltlich und formal noch einmal zu überdenken (siehe auch 5.7).

Im Beispiel (22) finden wir gleich mehrere Reparaturen, die mit der Suche nach dem Namen einer Person verknüpft sind (Z. 10–22), und haben es mit drei Personen zu tun, die sich an den verständigungssichernden Reparaturaktivitäten beteiligen. Dieses Beispiel stammt aus einem Telefonat (W und R), bei dem M über Lautsprecher mithört.

Beispiel (22) JAMES BAKER (Golato 2013: 36)
```
03   R: ich mein der is ja äh schon Anfang URalt.=
04      =de:r-
05   W: jaa:.
06      der is schon jenseits von gUt und Böse.
07   R: hm_hm.
08   W: das is ja das totale diSASter.=Echt.
09   R: ja:. ja:. ja
10      wie HEISST er doch.           Initiierung der Namenssuche
11      (---)         ↑Reparandum 1
12   W: wer.                          Fremdinitiierung 1
13   M: der AUssenminister.
14      der EHEmalige?                Reparans 1 (als Konjektur von M)
15   R: ja der EHEmalige aussenminister.
        ↑Reparans 1 wird von R bestätigt
16      wie heisst                    Wiederaufnahme 1 (Namenssuche)
17      <<f>Baker>
18   W: <<f>Baker.>
19      James baker.                  Reparandum 2
```

```
20   R:  hm?                                    Fremdinitiierung 2
21   W:  <<len>james baker>                     Reparans 2
22   R:  james baker.=                          Ratifizierung 2

23       =doch ich find der sieht auch  Wiederaufnahme 2
24       der is ganz schön KLAPPrich [geworden.=ne
25   W:                               [chjah
```

Zu Beginn dieser Sequenz unterhalten sich R und W über eine Person, über deren Identität und Einschätzung sie sich einig zu sein scheinen, sodass diese Sequenz als abgeschlossen gelten könnte (Z. 03–09). R ist allerdings daran gelegen, den Namen dieser Person zu nennen, auf die bislang nur mit Pronomina referiert wurde, und sie initiiert eine Suche danach (Z. 10; siehe a. 5.7 zu Wortsuchen). Eine Pause verzögert den Sprecherwechsel (Z. 11) und deutet darauf hin, dass W diesen Schritt nicht einordnen kann. Er initiiert eine Reparatur, die darauf ausgerichtet ist zu klären, um wen es jetzt geht (Z. 12). Anstelle von R, der Sprecherin von R1 (Z. 10), liefert der Zuhörer M ein Reparans (Z. 13–14) und präzisiert, wer gemeint sein könnte. Dieser mittels steigender Intonation als Vorschlag markierte Beitrag (Z. 14) wird von R, der primär zuständigen Produzentin der problematisierten Referenz (Reparandum *er* in Z. 10) bestätigt. Damit kann die Suche nach dem Namen des ehemaligen Außenministers wieder aufgenommen werden. Bei der nun folgenden zweiten fremdinitiierten Reparatur in dieser Sequenz (Z. 19–22) handelt es sich eher um ein akustisches Übertragungsproblem. R hat Ws Nennung des vollen Namens (Z. 19) nicht verstanden und initiiert mit ihrem „hm?" (Z. 20) eine Wiederholung (Z. 21). Auch diese fiSR wird mit einer Ratifizierung (Z. 22) abgeschlossen.

Bei fiSR haben wir es mit einem Reparaturformat zu tun, in dem Bedeutung sowie Verstehen und damit Intersubjektivität auf Initiative des Rezipienten ausgehandelt werden. Er lenkt die Aufmerksamkeit zurück und kann auch (via Problemlokalisation) auf die nachfolgende Reparatur des Sprechers steuernden Einfluss nehmen. Daher gehören Fremdinitiierungen zu den wirksamsten Gestaltungsinstrumenten, über die ein Rezipient im Gespräch verfügt. Hierin dürfte ein wichtiger Grund dafür liegen, dass dieses Format in diversen institutionellen Kontexten zu den üblichen Arbeitsinstrumenten gehört. Insbesondere dort, wo es immer wieder auch um Befragungen geht (im Unterricht, bei Prüfungen, in Bewerbungsgesprächen, im Verhör, in Anamnesegesprächen, auf dem Sozialamt etc.) positionieren sich Lehrer, Prüfer, Personalchefs, Polizeibeamte oder Ärzte als ‚Befragungsberechtigte' und holen die Informationen, die sie benötigen, indem sie z. B. nachdrücklich Präzisierungen einfordern (vgl.

hierzu Enfield 2013; Golato 2013; Lerner et al. 2012; Liebscher & Dayley-o'Caine 2003; Schegloff 1996a).

5.4.2.2 Fremdinitiierte Fremdreparaturen (fiFR) an Position R2

In R2 kann der Rezipient nicht nur Reparaturen initiieren, sondern diese Reparatur auch gleich durchführen. Fremdinitiierte Fremdreparaturen (fiFR) sind das vierte Standardformat, das sich einerseits aus der handlungsorganisatorischen Trennung von Initiierung und Durchführung und anderseits der Möglichkeit, diese Aufgaben unter den Beteiligten zu verteilen, ergibt. FiFR sind – wie siSR – auf einen Redezug begrenzt. Es handelt sich somit wiederum um ein recht ökonomisches Vorgehen, bei dem die Initiierung der Reparatur mit der Durchführung zusammenfallen kann. Oft beteiligt sich jedoch auch der Sprecher des problematisierten Redezuges (R1) und demonstriert seine Rechte auf diese Äußerung, indem er die vom Rezipienten vorgenommene Reparatur seiner Äußerung in R3 ratifiziert oder ablehnt. Dann entsteht wiederum eine Reparatursequenz, in der das Reparandum in R1 angesiedelt ist, Initiierung und Reparatur in R2 erfolgen und in R3 ratifiziert wird.

In Beispiel (23) diktiert W. via Telefon einen Text. Diese Rahmenbedingungen sorgen für eine Kette von Reparaturen, wobei wir uns hier nur auf die fremdinitiierte Fremdreparatur in Z. 15–22 konzentrieren werden.

Beispiel (23) GEB UNBESORGT (Telefonat)
```
((W diktiert U ein selbstverfasstes Gedicht per Telefon))
  01 U: ja?
  02 W: (1.1) drum gEb unbeSOrgt, (.)
  03    für TECHnik und noten was her.
  04    (---)
  05 U: ähm DRUM,
  06 W: ähm (.) ja GEB, (1.4)
  07 U: also wie f (.)
  08    der imperativ von GEben quasi. (---)
  09    oder [GEH.]
  10 W:      [ja. ]
  11 U: GEhen.=
  12 W: =GEB.
  13    GEben. (-)
  14    GEB.
  15 U: dann is GIB?                    fremdinitiierte Fremdreparatur
  16    (1.8)
  17 W: wa[s?                           Fremdinitiierung
  18 U:   [drum GIB? (0.94)             Selbstreparatur
  19    net GEB,
```

```
20       sond[ern GIB?]
21 W:        [ah ja.  ]  (-)              Ratifizierung
22       (d_äh) drum gib unbeSORGT (2.0)   Übernahme und Fortsetzung
```

U. stellt einen grammatikalischen Fehler in dem von W. diktierten Satz fest und korrigiert diesen (Z. 15), nachdem sie sich zunächst rückversichert hat, das Verb richtig verstanden zu haben (Z. 07–14). Diese fremdinitiierte Fremdreparatur wird prosodisch (steigende Intonation) als Korrekturvorschlag gerahmt und von W. zunächst nicht verstanden (Z. 17). Nachdem dieses Problem ausgeräumt werden konnte (Z. 18–20), wird die Korrektur von W. ratifiziert (Z. 21) und übernommen (Z. 22).

Vergleichbares geschieht im Beispiel (24) (ebenfalls aus einem Telefonat):

Beispiel (24) ZAHLENDREHER (Telefonat)
```
30       F: fangen wir da an mit der POSTleitzahl?
31       M: neun fünf vier vier FÜNF? (-)
32 R1 F: neun vier fünf [vier      [<<p>FÜNF>
            ↑Reparandum
33 R2 M:                 [na?      [neun FÜNF (.) vier
                                        ↑Reparans
            vier fünf; (1)
34 R3 F: ACH VIER vier [fünf;
            ↑Übernahme
35       M:             [GEnau;
                         ↑Ratifizierung
```

M diktiert die Postleitzahl (Z. 31), die F fehlerhaft wiederholt (Z. 32/R1). Daraufhin greift M in Fs Redezug ein, indem sie diesen zurückweist (Z. 33, *na?*) und sofort die Korrektur nachschiebt. F übernimmt die Korrektur (Z. 34), was M ratifiziert (Z. 35).

Fremdinitiierte Fremdreparaturen sind also oft ein Format des Korrigierens und befassen sich mit Fehlern, die ein Rezipient in einer Äußerung seines Gesprächspartners lokalisiert (SJS 1977). In unseren bisherigen Beispielen geht es dabei um sprachlich-formale Korrektheit (Beispiel 23) oder sachliche Richtigkeit (Beispiel 24). Solche Berichtigungen sind an bestimmte Voraussetzungen geknüpft und können daher – im Vergleich zu den anderen Formaten des Reparatursystems – als markiert gelten (siehe dazu 5.7): Wenn er die Reparatur des Redebeitrags seines Vorredners übernimmt, muss der Rezipient davon ausgehen, dass er weiß, was der Sprecher gesagt und gemeint hat. Er muss darüber hinaus annehmen, dass er selbst etwas besser weiß als der Sprecher und daher in der Lage ist, die Äußerung als ‚inhaltlich falsch' oder ‚formal fehlerhaft' zu kategorisieren.

Mit dem Einsatz der fremdinitiierten Fremdreparatur positionieren sich die jeweiligen Reparaturdurchführenden – für den Moment – als Wissende/Experten. Daher finden wir fiFR häufig in institutionellen Kontexten und Arbeitsprozessen, die durch Wissens- und Kompetenzunterschiede zwischen den Beteiligten gekennzeichnet sind, wie in Ämtern mit Informations- und Beratungsfunktionen, in Arzt-Patient-Gesprächen oder in Besprechungen hierarchisch strukturierter Arbeitsgruppen. Der Einsatz des Korrekturformates ist hier dadurch begründet, dass die jeweiligen Fehler relevantes, gemeinsames Wissen betreffen und dadurch die Rahmenaktivitäten gefährden: Wenn S1 einen grammatikalisch falschen Satz oder T eine falsche Postleitzahl für Bayreuth aufschreibt, kann das im Weiteren zu praktischen Problemen führen. Die Korrektur soll verhindern, dass die laufende Aktivität unter falschen Voraussetzungen weitergeführt wird, und wird von ihren Initiatoren deshalb als notwendig und dringlich eingestuft.

In informellen Gesprächen gibt es fiFR deutlich seltener. Wenn dieses Reparaturformat dort eingesetzt wird, dann sind in der Regel lokal besondere interaktionale Rahmenbedingungen gegeben: Oft gehen gesprächsorganisatorisch relevante Turbulenzen voraus, wie z. B. die erfolglose Selbstreparatur des Sprechers im Beispiel (25):

Beispiel (25) ZWIEBELDACH (Interview)
```
01 X: GIBT_S noch,
02    die sin noch do unde in freiburg WESten,
03    un zwar DORT,
04    °h ähm wo_s diese (.) KIRche gibt,
05    mit_dem mit_dem mit_dem ZWIE:bel.
06 Y: ?HM?hm.
07 X: ähm: (.) ähm (.) DACH,
08    mit_dem=
09 Y: =TURM.=                                    Fremdkorrektur
10 X: =TURM.
11 Y: [hm_hm hm_hm [hm_hm.
12 X: [JA          [ja geNAU.
13 Y: AH ja,
14 X: JA.(.)
```

Der Fremdreparatur (Z. 09) geht hier eine Wortsuche voraus, die man als partiell gescheitert betrachten kann, da ihr Ergebnis „Zwiebeldach" (Z. 04–07) zwar verständlich ist, aber nicht dem lexikalischen Standard entspricht. Y unterbricht X und ersetzt das unpassende *DACH* (Z. 07) durch die korrekte Ergänzung *TURM* (Z. 09), die von X sofort aufgegriffen und damit ratifiziert wird (Z. 10).

Diese Fremdreparatur kann als eine Art eigeninitiative Hilfestellung des Rezipienten betrachtet werden. Sequenzielle Kontexte, die durch Schwierigkeiten des Sprechers gekennzeichnet sind, bereiten gewissermaßen den Boden für ein Eingreifen der Rezipienten.

In Mehrparteiengesprächen sind fremdinitiierte Fremdreparaturen dann häufiger zu beobachten, wenn mehrere Beteiligte als Team für ein kommunikatives Projekt zuständig sind und sich gegenseitig korrigieren (Lerner 1992, 1996a, 2002). Betrachten wir das folgende Beispiel aus einem Interview mit einem jungen Paar (PW und PM):

Beispiel (26) ALLEINERZIEHEND (von Lena Hartmann)
```
01 PW: also zum Einen halt dass man-
02     des is natürlich SCHON wieder auch n bissn: en_en
       geMAUschel,
04     oder irgendwie muss man KUCKN,
05     ähm. (-)
06     ja ich gelt halt als aLEINerzIehend,
07     und bin in AUSbildung;
08     und dadurch krieg ich <<dim>des halt beZUschusst,
       (.) ne;>
09     <<cresc> WENN wir jetzt zuSAMM WÄRN,>
10     dann:,
11 I:  hm_hm.
12 PM: zusammen WOHnen würden;           fiFK
13 I:  hm
14 PW: zusammen WOHnen würden,      Ratifizierung durch Übernahme
15     dann hätten wir den zuschuss NICH gekriegt.
```

PW und PM werden zu ihren Lebensverhältnissen interviewt. Als PW beginnt, die Rahmenbedingungen ihrer finanziellen Unterstützung zu erklären (Z. 08–09), wird sie von PM korrigiert (Z. 12), dem es wichtig ist, klar zu stellen, dass sie zusammen sind (Z. 09), aber nicht zusammenwohnen (Z. 10). PW ratifiziert diese Korrektur, indem sie sie wiederholt und in ihre Erklärung integriert (Z. 14–15).

Fremdinitiierte Fremdreparaturen, die nicht durch solch besondere Rahmenbedingungen legitimiert sind, werden meist etwas ‚verblümt' oder gar ‚verschleiert':

Beispiel (27) FÜLLEGEFÜHL
```
01     Jos: dann lassen wa_s-
02     Syb: ((lacht los))
                                          ↓Reparandum
```

```
03 R1 Jos: heut is bei mir noch so_n füllegefühl (.) von
           GEStern.
04 R2 Syb: WENN hast_n VÖLlegefühl;
           ↑Fremdinitiierung & Fremddurchführung (Reparans)
05         aber <<lachend>n_FÜLlegefühl;>
06    Jos: haja; (---)
07         das hab_isch au noch ZUsätzlisch.  ←rechtfertigende
                                               Erklärung
```

In Beispiel (27) korrigiert Sybille Josefs Wortschöpfung „füllegefühl" (Z. 03), wobei sie deutlich macht, dass sie verstanden hat, was er meint, aber das Wort „füllegefühl" für inkorrekt hält (Z. 04). Was folgt, kontextualisiert seine Wortschöpfung als lustig und schwächt damit die Zweifel an Josefs lexikalischer Kompetenz etwas ab (Z. 05). Das verwendete Wort ist nun zwar immer noch falsch, aber das Lachen weist dem Fehler den interaktionalen Mehrwert zu, lustig zu sein (Glenn 2003). Lachend schafft Sybille ein Gegengewicht zum belehrenden Aspekt der Fremdkorrektur. Darauf geht Josef ein, wenn er einerseits die Korrektur akzeptiert, andererseits aber auf der Aussagekraft seiner Wortneuschöpfung und lexikalischen Kreativität beharrt (vgl. auch Schegloff 2000b: 220ff.).

Beispiel (28) stammt aus einem familiären Tischgespräch. Die Tochter (T) erzählt, wie sie sich mit der S-Bahn verfahren hat.

Beispiel (28) S-BAHN
```
07 R1 T: und dann den bus der glEIch kommt NEHmen.
         ↑Reparandum
08 R2 M: die [ESbahn, oder?
         ↑Reparans & ↑Frageanhängsel
09 R3 T:      [und die ESbahn, die gleich kommt [NEHmen]
         ↑Ratifizierung überlappend & syn. Integration
10    M:                                        [hm_hm ]
```

T verwechselt Bus und Bahn (Z. 07) und wird von der Mutter (M) korrigiert (Z. 08). T nimmt die Korrektur an und baut das korrigierte Element in ihre TKE ein (Z. 09). M präsentiert ihre Korrektur durch das Anhängen eines *oder?* (*Frageanhängsel*, Z. 08) als Vorschlag, obwohl beide Beteiligten wissen, dass T die S-Bahn und nicht den Bus genommen hat und kein weiteres Transportmittel in Frage kommt. In „S-Bahn" verkleidet M also mittels Frageintonation und *oder?* die Korrektur als eigene Verstehensunsicherheit, obwohl für alle Beteiligten eindeutig ein Wortwahlproblem seitens der Sprecherin vorliegt. Ts Reaktion zeigt, dass sie dieses Manöver durchschaut: Sie schließt eine Selbstreparatur an, indem sie die fehlerhafte TKE in korrigierter Form und voller Länge wiederholt (Z. 09), anstatt – wie bei Bestätigungsbitten üblich – einfach das Verstehen Ms mit einem kurzen ‚ja' oder ‚hm_hm' zu ratifizieren. Durch diese Wiederholung wird Ms Beitrag faktisch eliminiert, die Fremdkorrektur quasi ‚rückwirkend' mit einer Selbstreparatur aufgehoben.

Unter Abschnitt 5.5 zum Präferenzsystem und 5.7 zur weiteren Funktionen von Reparaturformate werden wir die fremdinitiierten Fremdreparaturen noch einmal aufgreifen und nach den Gründen dafür suchen, dass Y in Beispiel (25) so lange mit seinem Eingreifen wartet, Sybille in Beispiel (27) lacht, und M (in Bsp. 28) und U (in Bsp. 23) ihre Korrekturen als Vorschlag verpacken, und warum diese Korrekturen in informellen Gesprächen – sogar mit kleinen Kindern – nicht so selbstverständlich und unauffällig durchgeführt werden, wie die anderen Reparaturformate.

5.4.3 Selbstinitiierte Reparaturen in Position R3

Während redezuginterne Reparaturen ausgesprochen häufig sind, kommt es wesentlich seltener vor, dass Sprecher erst im dritten Redezug eine Reparatur initiieren (Schegloff 1997b). R3 gibt dem Sprecher die erste Möglichkeit, auf das zu reagieren, was der Adressat als Ergebnis seines Verstehens von R1 präsentiert. Mit der selbstinitiierten Selbstreparatur im dritten Redezug (kurz: siSR3) kann das Rad noch einmal zu R1 zurückgedreht werden, indem dieser zum Reparandum erklärt wird.

Wenn die Reaktion des Adressaten (R2) zeigt, dass eine Äußerung (R1) nicht so verstanden wurde, wie sie verstanden werden sollte, liegt – aus der Perspektive der Sprecherin von R1 – ein Missverständnis auf Seiten des Adressaten vor. Das Beispiel (29) stammt aus einem Telefonat, in dem sich FE für eine Wohnung interessiert. FE holt zu einer längeren Darstellung ihrer Lebenssituation aus (Z. 01–03). Durch den als Unterbrechung platzierten Einwand der Vermieterin V (Z. 06) stellt FE fest, dass diese aus der Beschreibung ihrer Lebensumstände die falschen Schlüsse gezogen hat. FE behandelt Vs Einwand als Missverständnis und initiiert eine Reparatur (Z. 07), die sich auf ihren Redebeitrag in Z. 01–03 bezieht, um das Missverständnis mit einer neuen Formulierung aus der Welt zu schaffen (Z. 07–10).

Beispiel (29) MÜNSTER (Telefongespräch, aus Egbert 2009: 152)
```
01 R1 FE: nä also bei mir is es so: ehm:: tz mh
02        ich wohne mit meinem freund außerhalb
          ↑Reparandum
03        un`das is [einfach unheimlich viel fahre-
```

```
04  R2 V:              [((unverständlich))
05     FE: bitte?
06  R2 V:   ich sag der kann hier NICHT mit einziehen
                            ↑Missverständnis
07  R3 FE:  nee nee
            ↑Initierung
08          so is das auch nich gemeint
            ↑Kennzeichnung des Problems als Missverständnis
09          aber ich würd ganz gern ne wohnung in münster habn
            ↑Reparatur
10          so dass ich nicht immer fahrn muss.
11          [so.  12    V:  [ja.  ←Ratifizierung
13     FE:  also so is- so is die idee
```

Durch die Bearbeitung des Missverständnisses im Format siSR3 lokalisiert V das Reparandum in ihrer eigenen Äußerung, qualifiziert dies als missverständlich und übernimmt damit die volle Verantwortung für die Störung der Verständigung.

Im Beispiel (30) wird kein Missverständnis bearbeitet, sondern viel eher einem Missverständnis vorgebeugt. Frau I versucht zwei jungen Frauen den Weg zum Naturkundemuseum zu erklären. Solche Wegbeschreibungen sind auch für Ortskundige immer wieder eine Herausforderung. Frau I ist mit ihrer Beschreibung nicht zufrieden (Z. 11) und repariert diese (ab Z. 12). Sie ignoriert dabei das *ok also dann* As (Z. 08) und eliminiert damit den R2, was diese siSR3 dem Format einer Selbstreparatur im Übergaberaum (siSR1b) sehr nahebringt.

Beispiel (30) MARTINSTOR
```
01     I:   des martinstor iss son tOr mit so_m-
02          ja,
03          n_großes TOR halt.
04          wo ihr?
05     A:   ja n TOR-
06  R1 I:   eigentlich DURCHlaufen müsst,
07          aber da müsst ihr links REIN beim tor,
                                        ↑Reparandum
08  R2 A:   ok also dann-
09  R3 I:   ja doch eigent- gibt_s- ( )
10          ich glaub ich hab des ganz-
11          ah nein ich hab noch ne ANdere idee.
            ↑Initierung + Begründung
12          ihr LAUFT,
13          ihr lauft [DURCH_durch dieses martinstor durch,
                     ↑Reparans
14     A:             [hehehe
```

```
15      B:                  [hehehe
16      I:  und dann die nÄchste geht ihr LINKS,
17          und
18      A:  ja ok also NACH_m martinstor    ← Ratifizierung
```

Im folgenden Beispiel aus einem Gespräch zwischen einer Schmerzpatientin (BF) und einem Zahnarzt (Z) bekommt Z auf eine Frage nach den Reaktionen des Umfeldes der Patientin (Z. 01-04) nicht die Informationen, die er haben möchte (Z. 13-15). Z weist BFs Antwort zurück (Z. 25) und initiiert damit eine Reparatur. Er reformuliert seine initiale Frage (Z. 25, 26 und 28), wobei er den Fokus vom Verhalten des Ehemannes auf das Verhalten der Personen *so (.) in ihrem Umfeld* (Z. 26) verschiebt.

Beispiel (31) ICH WOLLT NUR WISSEN
```
   01      Z:  wie verhalten sich denn so ihre ANgehörigen da;
   02          oder beKANNten, (-)
   03          die kriegn das doch AUCH mit.
   04          oder NICH,
   05      BF: ja:;
   06          also (--)
   07          mein mann is_ (.) eben jetzt auch mit ((lachend))
               °hh schon (--) äh (-) geREIZT sozusagen; (.)
   09          weil (.) das_ dOch beLAStend für die ganze
                   [familie is
   10      Z:      [hm_hm
   11          hm_hm,
   12          hm_hm;
   13  R1      ja HILFT der ihnen dann wenigstens;          Reparandum
   14          oder SCHIMPFT der dann;                      ←
   15          oder was macht_er;                           ←
   16  R2  BF: na ja;
   17          ich hatte eben schon VIEL so zahn(.)sachen;
   18          schon nach dem ERsten kind;
   19          da hatte ich hier so die ganze (.) SEIte also mit
   20              wurzelspitzenresektion und alles machen lassen,=
   21          =das is aber dann (.) °h alles GUT verlaufen.
   22          also da hatte_se sich das alles beRUHigt,
   23          und ich hab dann nicht_s (.)
   24          KEIne beschwerden wieder gehabt.
   25  R3  Z:  nee ich wollt jetzt nur Wissen-
               ↑Initiierung
   26          wie: (.) [perSOnen so (.)in] ihrem UMfeld;
               ↑Reparans (Beginn)↓
   27      BF:          [und und deswegen  ]
   28      Z:  wie die reaGIERN;
```

```
                ↑Reparans (Ende)
29              das könnt ja SEIN,   ←Erläuterungen der Frage ↓
30              wenn die jetzt da immer (.) das (.) kein
                   VerSTäNdnis haben,=
31              =dann (-) hilft das NICH grade die sache äh zu
                   MEIstern; nee,
32      BF:     [ja]
33      Z:      [is] das EHER so dass die das nich so (.) ganz für
                   VOLL nehmen [mehr, oder was;
34      BF:                    [ja so ungefähr;
35              [weil ich eb_md [schon? schon öfter was HAtte,
36      Z:      [jaha           [jaha,
```

Auffällig ist hier, dass Z die Antwort auf seine Frage selbst liefert (Z. 29–31, 33–34) und sich seine Vermutungen von BF bestätigen lässt (Z. 34). BFs nachgeschobene Begründung für das Verhalten ihres Mannes (Z. 35) macht deutlich, dass in dieser Sequenz der inhaltliche Fokus verhandelt wird. Während Z sich auf das Verhalten des Umfeldes konzentriert (Z. 01, 13–15, 25ff.) steht für BF der Grund für dieses Verhalten (Z. 09 und 35) im Fokus. Auch dieses Beispiel stammt aus einem institutionellen Kontext.

R3 bietet der Sprecherin die Möglichkeit, die eigene Äußerung noch einmal zu bearbeiten. Die relativ große Entfernung zwischen Reparandum und Initiierung macht in diesem Format nicht selten eine explizite Qualifizierung dessen, was nun kommt – eine Reparatur, die im Gespräch zurückgreift – erforderlich. R2 muss zurückgewiesen (siehe Bsp. 29) oder verschoben (Bsp. 30) und das Reparandum muss lokalisiert werden (in R1). Die Suspendierung von R2 rückt die Initiierung in R3 im Nachhinein wieder näher an R1 heran, quasi in den Übergaberaum zwischen R1 und R2.

Reparaturen dieser Art bewegen sich im Spannungsfeld zwischen Gesagtem, Gemeintem und Verstandenem, und es werden Verstehen und Bedeutung, Inhalte und auch thematische Schwerpunkte zwischen den Beteiligten ausgehandelt. In vielen Fällen überschreibt die neue Formulierung die alte nicht vollständig, sondern ergänzt sie. Dann werden aus substituierenden Reparaturen Redezug*erweiterungen*.

5.4.4 ‚Nachträge' in Position R4

Die Position R4 ist – nach den Regeln des Sprecherwechsels – eine Position, in der der Rezipient wieder zum Zuge kommt. Das Beispiel (32) stammt aus einem Gespräch zwischen einer Therapeutin (T) und einem Patienten (P) und illustriert, wie kompliziert die Verhältnisse am äußeren Rand des Reparaturraumes werden können. Wir finden hier aus Position R4 heraus fremdinitiierte Reparaturen. Sie sind jedoch Teil einer Kette von Reparaturen, die sich unter Beteiligung beider Gesprächspartner über sieben (!) Redezüge erstreckt. Auslöser dieser Kette ist eine recht vage formulierte Doppelfrage Ts (Z. 23, 24), auf die P im Laufe des Prozesses drei verschiedene Antworten liefert (Z. 25, 31, 35ff.).

Beispiel (32) EINBRÜCHE
```
    17      T:  dass ich das nochmal besser verSTEhe- (---)
    18          die ganzen JAHre über (--) war das: konSCHTANT bei
                ihnen;
    19          von der ARbeit her;
    20          (.)
    21      P:  hm_hm,
    22          (--)
    23 R1   T:  da gabs NICH solche;=
    24          =oder GABS das früher AUCH schon mal;      Reparandum
    25 R2   P:  NEE-
    26          (.)
    27          nee;
    28 R3   T:  so EINbrüche;                              siSR Reparans 1
    29 R4   P:  <<f>sie sie mein_n die EINbrüche in der
                konjunk[TUR,>                              fiFR Reparans 2
    30 R5   T:         [ja-
    31 R6   P:  ha_ja SICher;
    32 R7   T:  <<f>NEE->                                  siSR Reparans 3
    33          ich mein jetz in ihrem LEIStungsvermögen; (---)
    34      P:  WEniger; (-)
    35          also dass ich SAge könnte DASS es an MIR liegt; (-)
    35          nee.
```

Nachdem P Ts Frage (Z. 23, 24) verneint hat, schiebt T in R3 eine Präzisierung dieser Frage nach. Diese Präzisierung reaktualisiert die Frage und setzt eine erneute Antwort Ps konditionell relevant. P nutzt R4 aber zunächst für eine Fremdinitiierung einer Reparatur in Form einer Konjektur (*sie mein_n* Z. 29), d.h. sie macht ihre Interpretation der Frage explizit, markiert diese Interpretation prosodisch jedoch als Hypothese und macht so einen Reparaturvorschlag (*candidate repair*). Dadurch wird eine Reaktion Ts auf diesen Vorschlag relevant. Ps Lesart wird daraufhin von T bestätigt (Z. 30), und es folgt in R6 Ps Antwort (Z. 31). In R7 – von der initialen Problemquelle aus gerechnet – korrigiert T dann sowohl Ps Lesart (Z. 29) als auch seine eigene Zustimmung zu dieser (Z. 30), indem er seine Frage nochmal präzisiert. Über drei Redezüge verteilt lautet sie nun: *„da gabs NICH solche;==oder GABS das früher AUCH schon mal; / so EINbrüche / in ihrem LEIStungsvermögen".*

Gehen wir von der initialen Frage als Reparandum (R1) aus, finden wir in R3 eine selbstinitiierte Selbstreparatur, gefolgt von einem fremdinitiierten Fremdreparaturvorschlag in Position 4 und einer wiederum selbstinitiierten Selbstreparatur in Position 7. Andererseits kann Ts Reparatur in Z. 33 auch als Reparatur der Interpretation Ps in Z. 29 betrachtet werden. Wenn wir diese als R1 ansehen, repariert T wiederum aus R4 in Form einer fremdinitiierten Fremdreparatur.

Das Beispiel (32) demonstriert eindrücklich, dass Reparaturen auch misslingen können, was dann zu einer deutlichen Ausdehnung der Reparaturaktivitäten führt. Solche späten, kettenartigen Reparaturen sind recht selten und ein Ausdruck des ‚Aneinander-vorbei-Redens' der Gesprächspartner.

5.5 Das Präferenzsystem für Reparaturen

Präferenzen bestimmen in einem System mit alternativen Handlungsmöglichkeiten, welche dieser Möglichkeiten als der unmarkierte Fall gelten (vgl. Kap. 4). Indem sich die Gesprächspartner in ihrem Handeln an Präferenzen orientieren, können sie Normalität herstellen, diese aber auch gezielt durchbrechen. Dann entstehen Strukturen, die wir als markiert einordnen. Damit stellt sich die Frage, welche Formate des Reparierens als ‚präferiert' spezifiziert sind und welche Auswirkungen es auf das Gespräch hat, wenn die Sprecher oder die Rezipienten dispräferierte Formate wählen.

Von den vier gesprächsorganisatorisch begründeten Standardformaten (siSR, siFR, fiSR und fiFR) sind selbstinitiierte Selbstreparaturen am häufigsten zu beobachten. SJS (1977) führen dies auf die Wirksamkeit eines Präferenzsystems zurück, in dem (1) die Selbstinitiierung und (2) auch die Durchführung durch den Sprecher der problematischen Äußerung – also die Selbstreparatur – den unmarkierten Normalfall darstellen. Sie nehmen sowohl eine Präferenz der Selbstinitiierung als auch eine Präferenz der Selbstreparatur an. Die von SJS (1977) beschriebenen Präferenzen für Initiierung und Durchführung lässt sich schematisch folgendermaßen darstellen:

Für die Initiierung (1)
präferiert ←--→ dispräferiert
Selbstinitiierung   Fremdinitiierung

Abb. 52: Präferenz und Reparaturinitierung.

Für die Durchführung (2)
präferiert ←--→ dispräferiert
Selbstdurchführung   Fremddurchführung
(Selbstreparatur)   (Fremdreparatur)

Abb. 53: Präferenz und Reparaturdurchführung.

Projiziert man diese vier Faktoren auf die vier Standardformate des Reparierens, so sind die drei Varianten der selbstinitiierten Selbstreparatur präferiert (siSR1a, siSR1b sowie siSR3), denn hier wirken beide Präferenzen zusammen. Demgegenüber gilt die fremdinitiierte Fremdreparatur (fiFR) als dispräferiert. Für die beiden kooperativ realisierten Formate, die selbstinitiierte Fremdreparatur (siFR) und die fremdinitiierte Selbstreparatur (fiSR), gleichen sich Präferenz und Dispräferenz aus und man könnte sie hinsichtlich der Präferenz als ‚neutral' bezeichnen.

präferiert ←--→ dispräferiert
siSR an P R1a/R1b
        siSR P R3
                siFR an P R1/R2
                        fiSR an P R2/R3 oder an P

Abb. 54: Präferenzhierarchie und Initiierungsposition.

Die Annahme einer Präferenz für Selbstreparatur wird auch dadurch unterstützt, dass fremdinitiierte Selbstreparaturen oft mit einer gewissen Verzögerung in R2 initiiert und in R3 durchgeführt werden (bzw. die verspätete Variante in R4/R5). Diese Verzögerung gibt dem Sprecher Zeit, im Übergaberaum noch eine Selbstreparatur zu initiieren (siSR1b) (Kendrick 2015).

Warum werden insbesondere redezuginterne selbstinitiierte Selbstreparaturen als ‚normal' betrachtet? Sogar als so normal, dass wir sie, sofern sie erfolgreich verlaufen und sich nicht häufen, kaum als Störung wahrnehmen? Reparaturen implizieren immer eine Unterbrechung, gefährden die Progression und verschieben das Handeln auf die metakommunikative Ebene. Sie können daher als generell dispräferiert und als ‚zu vermeiden' gelten. Um aber notwendige Unterbrechung möglichst kurz zu halten, sollten Reparaturen problemnah und mit geringem gesprächsorganisatorischem Aufwand durchgeführt werden. Sie sollten somit möglichst in R1, möglichst noch in der laufenden TKE (siSR1a) oder sofort nach deren Abschluss (siSR1b) und ohne Beteiligung des Gesprächspartners stattfinden. Der entsprechende Reparatur(initiierungs)raum wird also durch die Regulierungen des Sprecherwechsels und der sequenziellen Organisation gestaltet, die dem Sprecher die erste (in R1a) und im Nacheinander der Ereignisse auch mehr Initiierungs- und Durchführungsmöglichkeiten eröffnen (R1b, R3) als dem Rezipienten (R2, R4). In diesem Sinne sind die von SJS (1977) beschriebenen Präferenzverhältnisse ‚systembedingt' und zugleich Bestandteil sowie Folge der Ordnungsmechanismen der Gesprächsorganisation.

Die Präferenz der selbstinitiierten Selbstreparatur unterstützt zudem die für die Organisation kooperativen Handelns notwendige Integrität des Turns des Sprechers und das Funktionieren des Sprecherwechsels (vgl. Kap. 3). Da Reparaturen an der Gesprächsoberfläche operieren und immer eine konkrete Äußerung bearbeiten, ist das Präferenzsystem in einem technischen Sinn sprecherzentriert. Es weist dem Sprecher die Pflicht zu, seinen Beitrag hörbar und verständlich zu gestalten, aber auch das Recht, diesen Beitrag einschließlich einer Reparatur ungestört einzubringen. Damit stützt das Präferenzsystem für Reparaturen die gesprächsorganisatorisch funktionale Autonomie des Sprechers (Auer 2014).

Einige Fragen lässt diese sequenzorganisatorische, gesprächstechnische Argumentation jedoch unbeantwortet. Das ist zunächst die Frage nach dem Status der fremdinitiierten Selbstreparatur fiSR. Dieses Format ist keineswegs selten (Dingemanse et al. 2015) und wirkt in der Regel auch nicht auffällig. In Position 2 eröffnet sich dem Rezipienten die erste Möglichkeit einzugreifen (fiSR und fiFR), wenn rezipientenspezifische Probleme z. B. des Hörens (Übertragungsprobleme), Verstehens (Interpretationsprobleme) oder Wissens auftreten. Angesichts der gemeinsamen Verantwortung für die Herstellung von Intersubjektivität kann das fiSR-Format daher als Gegenstück zur siSR betrachtet werden, indem zwar die Präferenz der Selbstinitiierung, nicht jedoch die Präferenz der Selbstreparatur aufgehoben wird. Möglicherweise werden also die Präferenzen des Reparatursystems nicht allein von sequenzorganisatorischen Faktoren bestimmt, sondern auch davon, welche Art von Problem die laufenden Aktivitäten gefährdet, wer dieses Problem erkennen und wer es möglichst schnell und mit möglichst geringen Aufwand beheben kann (Couper-Kuhlen & Selting 2017; Svennevig 2008).

Eine weitere Frage stellt sich im Hinblick auf das fiFR-Format. Fremdinitiierte Fremdreparaturen gelten als dispräferiert und daher markiert. Streng genommen sind sie sogar ‚überflüssig'. Denn wer den anderen korrigieren kann, hat gehört und verstanden, was dieser gesagt hat.

FiFR sind also nur unter besonderen Voraussetzungen überhaupt möglich: Die Rezipienten müssen (glauben) etwas besser (zu) wissen. Es wird also – zumindest aus der Perspektive dessen, der dieses Format einsetzt – eine Partizipationsstruktur angenommen, die durch die Beteiligung von ‚Wissenden' und ‚Unwissenden' gekennzeichnet ist. Sind solche besonderen Bedingungen nicht gegeben, werden fiFR vermieden oder aber auf vielfältige Weise verpackt und verschleiert (siehe 5.4.2). Der dispräferierte Status, den fiFR in informellen Gesprächen innehaben, ist jedoch mit sequenzorganisatorischen, technischen Argumenten allein nicht schlüssig begründbar. Auch im fiFR-Format wird – z. B. im Vergleich zum fiSR-Format – problemnah (in R2) und sequenzorganisatorisch unaufwändig initiiert und repariert (nämlich in einer TKE).

Ein Erklärungsansatz ist darin zu suchen, dass auch Reparaturen – wie alle anderen Methoden der Gesprächsorganisation – „sozial sensibel" (*socially sensitive*, Jefferson 1974, 1983) sind. Was bedeutet das? Die KA ist ein soziologischer Ansatz. Sie begreift Gespräche als soziale Ereignisse bzw. Aktivitäten und deren Organisationsformen als Methoden, die die soziale Ordnung dieser Ereignisse hervorbringen, indem sie z. B. Situationen durch fremdinitiierte Fremd**korrekturen** (FiFK) als Lehr-Lernkontexte kenntlich machen. Dies ist nur möglich, wenn die Beteiligten mit den Instrumenten der ‚technischen' Organisation, mit systembedingten Notwendigkeiten (z. B. den Reparaturen) auch sozial relevante Kategorien (z. B. einen Partizipationsstatus als (Be-)Lehrender oder Experte vs. Belehrter/Lernender/Laie) verknüpfen: Wann und wie wir welche Reparaturformate nutzen und wie wir diese Formate konkret realisieren, hat immer auch soziale Implikationen.

Lerner (1996a) sieht im Präferenzsystem für Reparaturen einen praktischen Ausdruck dessen, was Erving Goffman (1955) *face-work* nennt. Er verbindet mit der gesprächsorganisatorischen, technischen Autonomie des Sprechers die inhaltliche und soziale Sprecherautonomie im Sinne des Postulats *speak for yourself* (Lerner 1996a: 317). Der Redezug des Sprechers gilt als dessen autonomer Ausdruck und ‚Eigentum' und demonstriert seine Verantwortlichkeit für diesen Beitrag. Der Anspruch auf Autonomie ist daher (immer wieder aufs Neue) mit der Notwendigkeit interaktionaler, inhaltlicher und sprachlicher Kompetenz(en) verbunden. Damit ist ‚der Sprecher' viel mehr als eine interaktionsorganisatorische Kategorie. Er ist, in Goffmans einflussreicher Revision des linearen Kommunikationsmodells (1979), sowohl der Verantwortliche für sein sprachliches Handeln (Eigner, *principal*), der z. B. ein gegebenes Versprechen auch einzuhalten hat oder der auch die Autorität haben muss, wenn er jemanden tadelt etc., als auch der Autor (*author*), der die Formen, die Wörter und Satzstrukturen auswählt, mit denen er etwas sagt. Außerdem ist er derjenige, der die Botschaft unter Zuhilfenahme seiner Artikulatoren oder von Schreibwerkzeugen so produziert, dass sie beim Adressaten ankommen kann (*sounding box* und Verantwortung für adäquate Übermittlungsmodalitäten).

Der Schlüsselbegriff, an dem die soziale Dimension des Präferenzsystems festzumachen ist, ist der der Kompetenz. Gemeint ist hier die interaktionale, inhaltliche und sprachliche Kompetenz, die nötig ist, um als autonomer Sprecher zu agieren, und die Bestandteil unserer sozialen Kompetenzen ist. Durch die Fähigkeit, Probleme selbstständig zu beheben, stellt der Sprecher diese Kompetenz auch angesichts von Fehlern, störenden Ereignissen, sich ändernden Plänen, unaufmerksamen Zuhörern etc. unter Beweis. Somit können auch Selbstreparaturen als eine Methode des *face-work* betrachtet werden. Wenn Rezipienten den Sprecherwechsel hinauszögern, um den Sprechern Raum für selbstinitiierte Selbstreparaturen zu lassen oder das Rederecht nach einer Fremdinitiierung an sie zurückgeben (fremdinitiierte Selbstreparatur), weisen sie ihnen Kompetenz zu und tragen zum gemeinsamen *face-work* bei. Wenn Rezipienten jedoch ungebeten fremdkorrigieren, kann dies vom Sprecher als Infragestellung seiner Kompetenz und Autonomie verstanden werden. Fremdinitiierte Fremdkorrekturen sind ein Eingriff in den Redebeitrag und damit in den Handlungsraum des Sprechers und stellen dessen Handlungshoheit in Frage. Sie sind sozial dispräferiert, weil sie ein *face*-bedrohendes Potenzial haben.

Das Präferenzsystem für Reparaturen sorgt dafür, dass der kommunikative Raum des Sprechers respektiert wird (Lerner 1996a), und trägt so dazu bei, dass Sprecher wie Rezipient die Möglichkeit bekommen, auch angesichts von Problemen ihr Ansehen als sozial kompetente Teilnehmer eines Ereignisses zu wahren.

---

i Vertiefung

Face und *face-work* als gemeinsames Projekt der Beteiligten: Die Funktionen von Sprache sind nicht auf die Darstellung von Sachverhalten und die effiziente Ausführung sprachlicher Handlungen beschränkt. Sprache dient immer auch der Gestaltung der Beziehungen der Beteiligten untereinander. Insbesondere versichern sich die Gesprächsbeteiligten wechselseitig ihrer Achtung und Anerkennung als vollwertiges Mitglieder der Gesellschaft. Dieses *face work* ist

eine permanente Aufgabe, die zwar in der Regel nicht im Zentrum der Aufmerksamkeit der Gesprächspartner steht, jedoch immer mitverhandelt wird.
Erving Goffman (1967) hat mit seinen Begriffen des *face* und des *face work* eine präzise Analyse dessen gegeben, was in jedem Gespräch permanent mit auf dem Spiel steht und was als ein Aspekt der Beziehungsarbeit betrachtet werden kann, die in jedem Gespräch (auch) verrichtet wird. Er meint mit *face* den Wert, den das Individuum in unserer Gesellschaft für sich beansprucht, eine Art soziale ‚Grundausstattung', die er/sie von der Gesellschaft zugesprochen bekommt und anderen zukommen lässt. Das geschieht allerdings nicht von alleine, sondern ist mit permanentem *face work* verbunden, das meist im Hintergrund der Interaktion (also während wir in erster Linie mit anderen Dingen beschäftigt sind; z. B. einen Koffer zu packen) abläuft, manchmal aber auch in den Fokus tritt. Wir entwerfen ständig ein Bild von uns selbst als vollwertige, ehrenwerte und kompetente Gesellschaftsmitglieder, das wir konsistent verfolgen und hochhalten und für das wir auch von unseren Mitmenschen Bestätigung erwarten. Dafür belohnen wir unsere sozialen Gegenüber mit derselben Ehrerbietung, wie wir sie von ihnen bekommen. Interaktion ist in diesem Sinn ein Austausch zwischen dem durch solche Rituale konstituierten Selbst des einen und dem des anderen Interaktionspartners. Das gilt nicht nur für öffentliche Situationen, in denen uns jeder beobachten kann und in denen wir deshalb Formen des ‚Anstands', des ‚guten Benehmens', der Umsicht und der Selbstdisziplinierung besonders sorgfältig beachten, sondern in abgeschwächter Form auch für private. Auch in privaten Situationen lassen wir uns nie vollständig ‚gehen', sobald wir in Gegenwart anderer sind und uns somit in einer sozialen Situation befinden.
Face-work hat defensive Aspekte (*negative face*-Rituale): Wir sorgen dafür, dem Anderen nicht zu nahe zu kommen, ihm nicht ‚auf die Nerven zu gehen' und ihn nicht über die Maße zu belasten. Wir respektieren den Raum des Anderen im wörtlichen Sinn, indem wir die räumlichen Territorien um das Individuum achten (Körperabstand wahren, die körperliche Bewegungsfreiheit des Anderen nicht behindern, Berührungen vermeiden), aber auch im übertragenen Sinn, indem wir nicht in fremde Handlungsräume eindringen. Umgekehrt wird das *positive face* durch Komplimente, Aufmerksamkeiten etc. bedient.

Betrachten wir nun ein Beispiel im Hinblick darauf, wie das Wirken der Präferenzen im Handeln der Beteiligten sichtbar wird. Hier werden sukzessive mehrere Reparaturformate eingesetzt, um ein einziges Reparandum zu bearbeiten.

Beispiel (33) ZEHNERPACKL (Pfeiffer 2008: 117)

```
01 A:  wenn ich so a zehnerpackl vom müller KAUF,    TKE 1
02     des sin ja die GLEIchen; (0.51)
03     des kost?                                     Abbruch TKE 1
04     ich WEISS net;
05     so: so:?
06     jetzt wird_s so (.) ein zwei CENT kosten      siSR1a TKE 1
              ↑Reparandum
07     da sind dann zehn STÜCK drinne;               TKE 2
08     na BILLiger.               Ergebnis der siSR1a wird in Frage gestellt
09     (0.46)          ←TKE Ende: MÜP + Slot für siSR1b des Preises
10     da sind dann so zehn STÜCK drin.    TKE 2 wieder aufgenommen
```

```
11      die?
12      oder [FÜNFzehn stück.
13 B:        [wie viel kost die?   Initiierung einer Selbstreparatur
14      (0.5)                      Abwarten; Selbstreparatur bleibt aus
15      hast nämlich grad FALSCH gsagt;   Problem wird benannt
16      (0.47)                     Selbstreparatur bleibt aus
17      dass ein zwei CENT sind;   Fehler wird lokalisiert
18      und du [meinst EUro.       Fremdreparatur
                ↑Reparans
19 A:          [äh äh äh EUro.     Ratifizierung der Fremdreparatur
20      EUro.
```

In Beispiel (33) findet eine Fremdkorrektur statt (Z. 13–18). Aber dieser fiFR geht Einiges voraus: Nach einem Abbruch (Z. 03) und diversen problemindizierenden Signalen (Z. 04 und Z. 05) unternimmt A eine Selbstreparatur (Z. 08). Die Pause in Z. 09 markiert einen möglichen Übergaberaum, aber der Sprecherwechsel bleibt aus. Stattdessen greift A die TKE 2 wieder auf (Z. 10). B lässt also die zweite mögliche Initiierungsposition im Übergaberaum in Z. 09 verstreichen. Erst in Z. 13, als klar ist, dass eine selbstinitiierte Selbstreparatur nicht erfolgen wird, initiiert B, nun als Unterbrechung, eine (fremdinitiierte) Selbstreparatur und bestimmt das von A zuvor als unsicher gekennzeichnete Element (den Preis) als Reparandum. Im Anschluss an diese Initiierung entsteht eine weitere Pause: A reagiert nicht (Z. 14). Darauf weist B auf einen Fehler hin (Z. 15), wartet wieder (Z. 16), benennt den Fehler (Z. 17) und schließt dann erst eine Fremdkorrektur an (Z. 18). Das Format der fremdinitiierten Fremdreparatur wird hier erst als letztmögliche Instanz realisiert, nachdem zunächst das Format der siSR, dann das der fiSR eingesetzt wurden.

5.6 Situierte Praxis: Praktiken des Reparierens

Reparaturen sind keine ‚mechanischen' Operationen. Alle an der Reparatur Beteiligten beachten beim Reparieren die situativen und sequenziellen Rahmenbedingungen, aber auch Aspekte der Beziehungen zwischen den Gesprächspartnern und des jeweiligen Kenntnisstandes und Erkenntnisinteresses der Beteiligten (Sidnell 2010). Die Praktiken des Reparierens sind daher immer zugleich kontextsensitiv und kontextschaffend. Sie passen die Reparaturaktivität in den konkreten Kontext ein, so dass die Beteiligten verstehen, dass repariert wird (was passiert gerade?), was repariert wird (Reparandum?) und wodurch es ersetzt wird (Reparans?). Sie zeigen, was jemand verstanden hat und was nicht, ob ein Reparaturvorschlag gilt oder nicht, und evtl. auch, welche Problemtypen es zu bearbeiten gibt (siehe hierzu Couper-Kuhlen & Selting 2017). So schaffen sie die Voraussetzungen für einen anschlussfähigen nächsten Schritt. Es geht dabei letztlich darum, soviel Transparenz herzustellen, wie nötig ist, damit der jeweils Andere erschließen kann, was er im Hinblick auf die Reparatur oder aber im nächsten weiterführenden Redezug zu tun hat bzw. tun kann (vgl. a. Hayashi, Raymond & Sidnell 2013; Kitzinger 2013).

Die Vielfalt der verbalen und nonverbalen Reparaturpraktiken schließt eine erschöpfende Darstellung aus. Daher werden wir hier nur einige Beispiele exemplarisch diskutieren, wobei wir uns auf problemindizierende Signale, Initiierungs- und Ratifizierungspraktiken – also den Anfang und das Ende von Reparaturen – beschränken. Hinsichtlich der vielfältigen und einzelsprachspezifischen, syntaktischen und prosodischen Aspekte der Durchführungspraktiken sei hier auf die Forschung der interaktionalen Linguistik verwiesen (Couper-Kuhlen & Selting 2017; Pfeiffer 2015; vgl. a. Imo/Lanwer 2019).

5.6.1 Problemanzeigende Signale im Vorfeld von Reparaturen

Wie in den vorangegangenen Beispielen bereits sichtbar wurde, kündigen sich Schwierigkeiten häufig, aber keineswegs immer, schon im Vorfeld an, z. B. durch abnehmende Lautstärke, Abwenden des Blicks, Innehalten in einer äußerungsbegleitenden Geste, Vokaldehnungen, kurze Pausen, Verzögerungssignale oder Wiederholungen von Silben, Wörtern und ganzen Phrasen. Diese Phänomene bezeichnen wir als **problemanzeigende Signale** (PAS, *trouble indicating behavior*).

Im folgenden Beispiel finden wir eine Reihe von Wiederholungen des unbestimmten Artikels (Z. 07).

Beispiel (34) HIV ((Interview))
```
01 I:   wie wÜrdest du mir überhaupt ha_i_fau beSCHREIbn.
02      hast [du so (.) dEine EIgene VORstellung von der
03 H:        [tz_°h
04 I:      infekTION,
05         und von (.) [ÄIDS, (-)
06 H:                  [°hh
07 I: KRANK[heit? (-)
08 H:      [tz
07         also ich KANN dir eine eine_eine_eine_eine eine eine-
                                    ↑PAS
08         (.) sehr BILDhafte beschrEIbung GEbn;
           ↑PAS
```

Diese Wiederholungen und ein nach links abgewendete Blick verweisen auf (Formulierungs-)Probleme bei der Redebeitragskonstruktion. Allerdings folgt keine Reparatur, sondern die TKE wird fortgesetzt (Birkner et al. 2012). PAS – ob sprecher- oder rezipientenseitig – müssen also keineswegs zu Reparaturen führen.

Problemanzeigende Signale des Sprechers können Zeit verschaffen und das Rederecht sichern. Sie ziehen die Aufmerksamkeit des Rezipienten auf das, was gerade vor sich geht (Goodwin 1981). Wie im Beispiel 34 bleiben die Schwierigkeiten, welcher Natur sie auch immer sein mögen, häufig ‚mental' und werden vom Sprecher gemeistert, ohne dass an der Oberfläche hörbar wird, wie dies geschieht. In der kognitiven Linguistik werden solche Phänomene, d.h. PAS ohne nachfolgendes Reparans oder Reparandum, auch ‚verdeckte' Reparaturen genannt (*covert repair*; Levelt 1983). Sie weisen darauf hin, dass Äußerungen das Ergebnis von mentalen Sprachverarbeitungsprozessen sind, die Zeit benötigen, auf mehreren Ebenen simultan ablaufen und im Hinblick auf die Linearität des Sprechens integriert werden müssen. Es wird angenommen, dass das Ergebnis dieser Prozesse dem Sprecher zugänglich ist, bevor er spricht und er daher Fehler vermeiden kann, bevor sie hörbar werden (*Monitoring*, vgl. Levelt 1983). Wir werden uns aber mit dieser kognitiven Komponente des Reparierens hier nicht weiter befassen.

Wenn die Schwierigkeiten, die durch PAS signalisiert werden, dann letztlich doch nicht rein ‚mental' gelöst werden können, folgt den PAS, wie im Beispiel (35) in Z. 03 (*nee* + Erklärung) und im Beispiel (36) Z. 02 (Abbruch im Wort), eine Reparaturinitiierung.

Beispiel (35) JAPANISCHER ABEND
```
01 Jos: wir ham heute <<lachend>hier_n> jaPAnischen abEnd?>
        n°f
02      das HEIßt wir mUssten uns (.) eh;
                                    ↑PAS  ↑Abbruch
03      nee isch muss nochma von VORN anfangen;
        ↑Initiierung & Erklärung
04      <<:-)> wir hatten heut_n chiNEsischen>
        <<lachend>abend>
```

Beispiel (36) DANN HALT WENIGER (Pfeiffer 2010: 17)
```
01 I:  na ja.
02     ja die die ha? (.)   kriegen dann halt nichts zu_den
           ↑PAS ↑Abbruch ↑Reparans1      ↑Reparandum2
       zu_den zu_den
       ↑PAS2       ↑Abbruch
03     kriegen dann halt WENiger am schluss.
       ↑Retraktion      ↑Reparans2
```

Rezipienten nehmen PAS nicht nur wahr, sondern können selbst problemindizierende Signale senden: Sie können dem Sprecher den Blick zuwenden, die Augenbrauen oder eine Hand anheben oder Rezipienzsignale dort weglassen, wo sie zu erwarten wären, und vieles mehr. Damit signalisieren sie Schwierigkeiten, vielleicht mit der inhaltlichen Zustimmung, aber auch das Verstehen betreffen. Rezipienzsignale beeinflussen die in Produktion begriffene Äußerung (Gardner 2001) und können zu selbstinitiierten Selbstreparaturen oder auch Fremdinitiierungen führen (Uhmann 1997). Die Grenzen zwischen PAS und Reparaturinitiierung liegen daher oft nicht in deren Form, sondern in der Funktion, die die Beteiligten den *äh*s, den Wiederholungen, Abbrüchen und Pausen etc. im jeweiligen Kontext zuschreiben.

5.6.2 Initiierungspraktiken

Bei den Initiierungspraktiken unterscheiden wir – den Reparaturformaten entsprechend – zwischen **Selbst- und Fremdinitiierungspraktiken**. Zudem kann zwischen **unspezifischen** und **spezifischen** Initiierungspraktiken unterschieden werden (Dingemanse & Enfield 2015; Dingemanse et al. 2015; Drew 1997; Enfield et al. 2013; Schegloff 2000b; Seo & Koshik 2010). Unspezifische Praktiken dienen in erster Linie dazu, den Fortgang der TKE oder der Sequenz zu stoppen (z. B. durch den phonetisch markierten Abbruch oder durch ein Ausbleiben der Übernahme beim Sprecherwechsel). Spezifische Initiierungspraktiken können darüber hinaus weitere Funktionen erfüllen: Sie lokalisieren das Reparandum, kennzeichnen die projektierte Aktivität als Reparatur (oder Reformulierung oder Wortsuche) und/oder verweisen auf den Problemtyp. Sie tragen so dazu bei, das aktuelle Geschehen für alle Beteiligten transparenter zu machen. Während selbstinitiierte Selbstreparaturen meist mit unspezifischen Praktiken auskommen und die Transparenz der Reparatur erst im Durchführungsschritt hergestellt wird, sind spezifische Initiierungspraktiken häufig in Reparaturen mit mehreren Beteiligten zu finden (fiSR und siFR).

5.6.2.1 Selbstinitiierungspraktiken (SIP)
Viele, vielleicht sogar die Mehrzahl aller redezugintern organisierten Selbstreparaturen werden ohne großen Aufwand initiiert (Seo & Koshik 2010). Phonetische, prosodische und gestische Mittel, die den Abbruch markieren, sowie der schnelle Anschluss sind in ihrer Simultanität sehr ökonomische und diskrete Techniken. Dass tatsächlich eine Reparatur stattfindet, ist oft erst sicher, wenn das Reparans ein Reparandum ersetzt.

Wenn Selbstreparaturen allein durch einen phonetisch markierten Abbruch initiiert werden, geschieht dies in der Regel sehr nah am oder sogar noch im Reparandum. Dennoch bleiben diese SIP unspezifisch, denn sie geben keinen Aufschluss darüber, was (und warum) repariert werden soll.

Beispiel (37) VIER ZIMMER
```
           Initiierung↓ durch Abbruch & schnellen Anschluss
01 A: wie GROSS is-=
         ↑Reparandum
02    =wie viele ZIMmer hat die wohnung denn.
         ↑Reparans          ↑Fortsetzung & Abschluss
03 V: vier.
```

Das unaufwändige Vorgehen erklärt sich folgendermaßen: Redezuginterne Selbstreparaturen stellen Anforderungen an den Sprecher, die sich aus den Anforderungen an die Redebeitragkonstruktion ergeben, was im Beispiel auch daran deutlich wird, dass die syntaktische Integrität der TKE beibehalten wird (Uhmann 2001; Fox, Maschler & Uhmann 2010). Redezuginterne SR haben – wenn sie gelingen – aber keine unmittelbaren sequenzorganisatorischen Folgen. Daher muss lediglich hörbar und nachvollziehbar gemacht werden, was für das Verstehen des Rezipienten notwendig ist, nämlich das Reparandum. Dies führt dazu, dass wir explizite Initiierungspraktiken in redezuginternen Selbstreparaturen meist nur dann finden, wenn die Reparatur nicht in unmittelbarer Nähe des Reparandums gestartet wird oder wenn mehrere Reparaturen aufeinander folgen (siehe Bsp. 35).

In den beiden folgenden Beispielen wird die Selbstreparatur im Übergaberaum (Position 1b) gestartet, also nach Abschluss der TKE, die das Reparandum enthält. Ihre Initiierung wird deshalb markiert.

Beispiel (38) EIN UHR
```
01 S: und SCHON wieder is_es ein UHR,(-)
                          ↑Reparandum
02    äh:: genauer gesagt-
      ↑PAS ↑Ankündigung der SR
      Ein uhr °hh äh: und DREIßig seKUNden,
      ↑Retraktion      ↑Reparans
```

Hier hat S ihre Feststellung abgeschlossen (Z. 01), signalisiert ein (potenzielles) Problem (PAS, Z. 02) und kündigt eine Präzierung ihrer Aussage an (*genauer gesagt-* Z. 02). Die metakommunikative Handlung bezieht sich auf einen Gegenstand (*ein UHR* Z. 01), der erst durch die nachfolgende Präzisierung lokalisiert wird.

Beispiel (39) WIE VIELE TAGE
```
01 TKE1    Z:  SO. (---)
02 TKE2        wie häufig kommt_s VOR,
                ↑Reparandum
03             diese diese diese SCHMERzen;
                ↑PAS
04 TKE3        f: (.) also          wenn sie jetzt?
                ↑PAS   ↑Initiierung1  ↑Reparans1 (abgebrochen)
                                             ↑Initiierung 2
05 TKE4        SAG mer mal so;
                ↑Ankündigung einer Reformulierung
06 TKE5        wie viel <<rhytm> tAge im schnItt in der wOche>
                       sind sie SCHMERZfrei. ←Reparans
07             (1.18)
08          P: ganz EHRlich ich denk (...)
```

Hier scheint sich Z in seiner Äußerungskonstruktion zu verheddern und muss mehrmals ansetzen, so dass eine Kette von Selbstreparaturen entsteht. *also* (Z. 04), ein Reformulierungsindikator, fungiert hier als Reparaturinitiierung, aber die dann folgende TKE wird abgebrochen (Z. 04), sodass offenbleibt, was repariert werden sollte. Es folgt die explizite Ankündigung einer Reformulierung (Z. 05). TKE 5 (Z. 06) ersetzt schließlich TKE 2 vollständig und ist somit als Selbstreparatur zu betrachten.

Reformulierungsindikatoren (Gülich & Kotschi 1987) wie ‚*also*' und ‚*sag mer mal so*' und ‚*genauer gesagt*' (Z. 02 im Beispiel 38) liefern Hinweise auf Formulierungsprobleme (Problemtyp). Sie signalisieren aber noch keinen eindeutigen Einstieg in eine Reparatur, denn sie können auch Erweiterungen oder Erläuterungen ankündigen, die die Ausgangsäußerung vollständig bestehen lassen und die wir hier nicht als Reparatur einstufen. Ob eine Reparatur vollzogen wird, die das Bisherige ersetzt, oder aber eine Erweiterung, die es bestehen lässt und darauf aufbaut, kann letztlich erst entschieden werden, wenn ein (substituierendes) Reparans produziert wurde.

Die Selbstinitiierungspraktiken in den vorgestellten Beispielen markieren den Abbruch, kennzeichnen die Aktivität explizit als Reparatur (optional) und lokalisieren das Reparandum (optional). Letzteres sowie Hinweise auf den Problemtyp finden wir in Selbstinitiierungen selten, wenn sie in Selbstreparaturen münden. Das Reparandum und eventuell auch, welche Probleme der Reparatur zugrunde liegen, erschließen wir – sofern kein für alle Beteiligten erkennbarer sprachlicher oder inhaltlicher Fehler vorliegt – nachträglich aus dem Vergleich zwischen Reparandum und Reparans. Explizite Kennzeichnungen der Problemtypen sind für Selbstreparaturen organisatorisch in der Regel nicht so relevant, denn der Verursacher repariert ja selbst.[146]

Die Lokalisation des Reparandums und häufig auch eine Kennzeichnung des Problemtyps finden wir dann, wenn der Gesprächspartner in die Reparatur einbezogen werden, d.h. eine selbstinitiierte Fremdreparatur erfolgen soll:

Beispiel (40) GESÄGT UND GESCHLIFFEN (aus Papantoniou 2012: 176)
```
01 M:  also Angelo hat schon mal zu hause etwas VORbereitet,
02     nämlich AUS `holz (.) so paar TEIle, hh
03     vOr:(-)geSCHNITten?=                  Reparandum
04     =<<all> SAGT man das sO?>             Selbstinitiierung
05     (---)
06 G:  geSÄGT,                               Reparans (Fremdreparatur)
```

Hier nutzt M den Übergaberaum (Position 1b), um eine Reparatur zu initiieren. Das Reparandum hat er allerdings schon zuvor durch seine zögerliche Sprechweise (Vokaldehnung, kurze Pause im Wort, Frageintonation, Z. 3) als problematisch gekennzeichnet. Er initiiert die Fremdreparatur mit einer Frage, die direkt auf seine Zweifel an seiner Wortwahl verweist (Z. 4). Die explizite Kennzeichnung des zugrundeliegenden Problems schafft Transparenz und eröffnet sequenzorganisatorisch betrachtet spezifische Optionen für die Problemlösung: Es werden die Voraussetzungen für eine Beteiligung des Gesprächspartners an der Reparatur geschaffen.

Sowohl die Kennzeichnung der Aktivität (eine Reparatur) und des Vorgehens (Reformulierung) als auch die Kennzeichnung des Problemtyps (Wortwahlproblem) werden mit rezipientenorientierten, spezifischen Initiierungspraktiken realisiert. Während die einen eher den rezipientenseitigen Verstehensprozess unterstützen (Beispiel 39), bereiten andere (Beispiel 40) den Boden für eine Beteiligung des Gesprächspartners an der Reparatur und eröffnen eine Reparatursequenz (siFR). Daher können SIP in Gesprächen mit mehreren Beteiligten auch partizipationsorganisatorische Funktionen erfüllen und z. B. einen bislang Unbeteiligten einbeziehen (Goodwin 1983; Lerner 2002).)

---

[146] Dennoch werden phonetische Reparaturen häufiger als andere durch wortinternen Abbruch signalisiert, das hat aber andere Gründe.

5.6.2.2 Fremdinitiierungspraktiken (FIP)

Fremdinitiierungspraktiken (FIP) leiten fremdinitiierte Selbstreparaturen (fiSR) und fremdinitiierte Fremdreparaturen (fiFR) ein. Sofern FIP Selbstreparaturen initiieren, versteht sich ihre Rezipientenorientierung eigentlich ‚von selbst', nämlich aufgrund ihrer sequenziellen Positionierung im Initiierungsraum und ihrer Funktion: Diese FIP erfolgen (regelkonform) in R2 und eröffnen eine **Reparatursequenz** (eine Paarsequenz), in deren ZPT die Reparaturdurchführung vom Sprecher der problematisierten Äußerungen (R1) geliefert werden soll. Die Initiierung muss dem designierten Reparaturdurchführer zumindest zeigen, dass repariert werden soll (unspezifische FIP). Sie kann darüber hinaus spezifizieren, *was* (Lokalisation des Reparandums) und oft auch *warum* (Kennzeichnung des Problemtyps) repariert werden soll.[147] Aus diesen Informationen ergeben sich die (Minimal-)Anforderungen an die inhaltlichen und formalen Qualitäten des reparierenden Redezuges (R3) aus Rezipientensicht. FIP verweisen daher zugleich zurück auf den problematisierten Redezug und voraus auf die eingeforderte Reparatur.

R1 A: Reparandum

R2 B: Fremdinitiierungspraktiken

R3 A: Reparans

Abb. 55: Projektionsrichtung nach Initiierungsposition.

Dem redezuginternen Abbruch in siSR entspricht bei Fremdinitiierungen das Ausbleiben einer (mehr oder weniger erwarteten) anschlussfähigen Folgeäußerung, die vorwärts gerichtet ist. Damit ist die Progression des Geschehens sequenzorganisatorisch gestoppt, die Ursachen hierfür bleiben jedoch unklar (d.h. der Sprecher von R1 kann nun warten, fortfahren oder reparieren).

Die **unspezifischen FIP** wie „hä?", „hm?", „bitte?" und „was?" werden im Deutschen typischerweise mit steigender Intonation und unmittelbar im Anschluss an die problematisierte TKE geäußert (Couper-Kuhlen 1992). Auch Blicke und Kopfbewegungen oder Gesten der Hand (Seo & Koshik 2010) können einen Reparaturbedarf signalisieren, der (irgendwo) in der letzten TKE seinen

---

[147] Für eine detaillierte und sprachvergleichende Analyse von Fremdinitiierungspraktiken siehe Couper-Kuhlen & Selting (2017); Dingemanse & Enfield (2015); Dingemanse et al. (2014).

Gegenstand findet. Daher führt ihr Einsatz in der Regel zu einer vollständigen oder z. B. phonetisch modifizierten (lauten, akzentuierten) Wiederholung oder einer inhaltlich weitgehend identischen Reformulierung dieser TKE (vgl. Dingemanse et al. 2015; Enfield et al. 2013).

Grundsätzlich bleibt es nach unspezifischen FIP dem Reparaturdurchführenden überlassen, als *was* (welcher Problemtyp) und *wie* (welche Reparaturdurchführung) er das Problem behandeln will. Allerdings sind die oben genannten unspezifischen Reparaturinitiatoren keineswegs in jeder Hinsicht gleichwertig. „Bitte?", „Wie bitte?" „Entschuldigung?" werden als höflichere Varianten des „hä?" betrachtet. „Entschuldigung?" signalisiert zudem, dass der Rezipient Verantwortung für die Störung übernimmt (Egbert 1996; Robinson 2006). Im Normalfall werden diese unspezifischen FIP Problemen des Nicht-Verstehens vom Typ ‚Übermittlungsprobleme' zugeordnet (SJS 1977; Drew 1997). Allerdings ist in vielen Fällen die Störungsursache bzw. das auslösende Problem nicht zweifelsfrei festzustellen (vgl. dazu auch Couper-Kuhlen & Selting 2017; Kap. 3).

Beispiel (41) AKKU 1
```
01 Syb:  [°hi hehahaha °h
02 Jos:  [<<f> dIe SCHLAPpen her,>
03 Syb:  [hahahaha
04 Jos:  [<<f> und das AKku;>
05       <<all,f,:-)> aber GANZ schnell.>
06 Syb:  °h ich HAB des nich hier drIn.        Reparandum
07       (1.3)
08 Jos:  <<all> HÄ?>                           unspezifische FIP
09 Syb:  [ich HAB das nich hIEr.              Reparans
```

Im Beispiel (41) findet sich in Z. 07 der Klassiker unter den unspezifischen FIP, das „HÄ?". Es löst eine fast identische Wiederholung der unmittelbar vorausgehenden TKE aus (Enfield et al. 2013). Im gegebenen Kontext (Josef will von Sybille Dinge zurückbekommen, die ihm gehören) klingt das stark akzentuierte, fragende *HÄ?* allerdings eher nach Empörung als nach ‚nicht gehört haben'. Auch im schon bekannten Beispiel (42) begnügt sich M mit einem unspezifischen „watt?" und erhält eine reformulierte, aber semantisch identische Wiederholung. Hier lässt der Kontext allerdings darauf schließen, dass M durch parallellaufende Handlungen abgelenkt war und deshalb nicht verstanden hatte (Z. 23 und Z. 27).

Beispiel (42) GRÜß GOTT
```
23 GR: [der berLIner ne?                    Reparandum
       [((zeigt auf Mike mit der offenen Handinnenfläche))
24 J:  [nich über KREUZ;=
25 M:  =(sorry,)
26     wat?                                 unspezifische FIP
27 GR: [du bist aus berLIN;=ne?             Wiederholung
       [((Mike und GR schütteln sich die Hand))
28 M:  ja,
29 GR: ja.
```

Unspezifische FIP funktionieren daher nur dann gut, wenn die Initiierung in R2, unmittelbar nach Abschluss der fraglichen TKE stattfindet.

Vertiefung
Enfield et al. (2013) haben die unspezifischen FIP in 21 Sprachen verglichen und festgestellt, dass in all diesen Sprachen eine *„primary interjection strategy"* existiert (Enfield et al. 2013: 352). Mit „hä?" oder „hm?", „huh?", „ha" oder „he" etc. werden weltweit Reparaturen initiiert, wobei diese häufig mit (mehreren) visuellen Zeichen der Zuwendung von Aufmerksamkeit, wie der Ausrichtung des Blicks, des Oberköpers und des Kopfes auf den Sprecher von R1, sowie Zeichen des Denkens und Wissen-Wollens, wie dem Anheben der Augenbrauen, kombiniert werden. Als zweite unspezifische FIP findet sich in 19 der 21 untersuchten Sprachen die *question word strategy* (Enfield et al. 2013: 365). In vielen Fällen handelt es sich bei diesem Fragewort um Entsprechungen von *was* (*what, qué, che cosa, quoi* etc.) oder (seltener) *wie?* („cómo?"). Beide Initiierungspraktiken („hä?" und „was?") führen im Normalfall zu einer (oft auch modifizierten) Wiederholung der problematisierten TKE. Ob sie darüber hinaus systematisch unterschiedliche Funktionen erfüllen, indem sie z. B. auf unterscheidbare Problemtypen verweisen, ist bislang noch nicht geklärt (siehe auch Dingemanse et al. 2015 und Couper-Kuhlen & Selting 2017).

Spezifische FIP lokalisieren das Reparandum und spezifizieren damit den Reparaturauftrag. Sie können zudem genutzt werden, um den Problemtyp (z. B. ein akustisches Übertragungsproblem) kenntlich zu machen (Drew 1997; Golato 2013; Papantoniou 2012; Selting 1988, 1996).

Beispiel (43) LEHRBERUF
```
11 TKE1 G: schon JAHrelang-
12 TKE2    ich bin im lehrberuf seit DREI jahren,
                ↑Reparandum
13 TKE3    und merke es da dann beSONders,
14         [wenn ich]
```

```
15      Z: [wa_WAS    ] für_n beruf?
               ↑Initiierung & präzise Lokalisation
16      G: ich bin LEHrerin.
                     ↑Reparans
```

Im Beispiel (43) könnte ein einfaches ‚was' nicht genügen: Es würde sich auf ‚es' in TKE3 beziehen. Tatsächlich aber betrifft die Reparturinitiierung die weiter zurückliegende TKE2, und dort auch nur einen Teil derselben. Dieser wird mit den vom Rezipienten gewählten FIP sehr genau lokalisiert:

(a) Die Unterbrechung (Z. 14 und Z. 15) als (markierte) Praktik aus der Organisation des Sprecherwechsels signalisiert: Was jetzt kommt, ist so wichtig, dass ich Regeln breche. Dieses Vorgehen projiziert Schwierigkeiten und möglicherweise auch eine Reparatur.
(b) Die Formulierung einer W-Frage (Z. 15) hat sequenzorganisatorische Implikationen: Mit dem Fragepronomen beginnt eine Paarsequenz, die aufgrund der Syntax im sequenziellen Kontext (die nicht beendete TKE „wenn, dann") als Einschub einzuordnen und abzuarbeiten ist.
(c) Die exakte Lokalisation des Reparandums liefert zugleich ein Verstehensdisplay und begrenzt damit den Reparaturaufwand für den Sprecher.

Der Auftrag an den Sprecher ist damit definiert: Übernimm das Rederecht, liefere den ZPT (d.h. gib eine Antwort auf meine Frage) und fasse die Antwort so, dass das Reparandum ein Reparans bekommt. P weiß nun nicht nur, was vor sich geht (eine Reparatur) und wo der Reparaturgegenstand sitzt (der Beruf), sondern auch, was sie zu tun hat. (Warum Z hier eine Reparatur initiiert – der Problemtyp – wird allerdings nicht ersichtlich.)

Das folgende Beispiel beginnt mit einer unspezifischen FIP (Z. 02), nimmt dann aber einen etwas anderen Verlauf, da Josefs Reparaturbedarf nach der ersten Selbstreparatur (Z. 03) nicht behoben ist.

Beispiel (44) VOLL OKAY
```
    01 Vla: warst VOLL oKAY alter.
    02 Jos: WATT sachst_e?                FIP 1 fordert Wiederholung
    03 Vla: <<lach>ich sag> (.) du warst VOLL oKAY alter.
                        ↑Reparans
→   04 Jos: voll AKÜ alter>?              FIP 2 lokalisiert Reparandum
    05 Vla: <<ernst>voll OKAY alter.>     Reparans
    06 Jos: ach so. ((lacht))             Ratifizierung
```

Josef initiiert zunächst eine Wiederholung (Z. 02); dabei lässt er Vlado wissen, dass er nicht verstanden hat, was **gesagt** wurde (und nicht etwa, was **gemeint** ist), indem er dem initiierenden *watt* ein *sachst_e* hinzufügt. Da Josef auch den erneuten Input nicht vollständig entschlüsseln kann, wird eine zweite Reparatur nötig (Z. 04). Deren Initiierung unterscheidet sich formal und insbesondere im Hinblick auf ihre Implikationen für die Konstruktion der Reparatur-TKE von der ersten FIP. Josef wiederholt jetzt, was er verstanden hat, und akzentuiert dabei das fragwürdige Element *AKÜ*, d.h. er nimmt eine exakte Lokalisation des Reparandums vor. Vlado kann nun gezielt reparieren: Er wiederholt und betont das schlecht verstandene *OKAY* (Z. 05), woraufhin Josef die Sequenz mit einem Verstehen anzeigenden *ach so* (Z. 06) abschließt.

Beispiel (45) ZELT
```
01 Mik:   <<melodisch>NACHT.>
02 Vla:   nacht MI[KE;
03 Mik:          [SAG_ma jibt? (1.0)
04        ANton jibts davon noch_en ZWEEtet?    Reparandum
05 Ant:   WAS?                                  FIP lokalisiert Reparandum
          (2.0)
06 Mik:   von dIesen ZELten?                    Reparans
07 Ant:   <<pp> da LIEGT eins.>
```

Im Beispiel (45) reagiert Mike auf Antons Initiierung *WAS?* (Z. 05) mit einer Spezifizierung (Z. 06); damit zeigt er, dass er dieses „WAS?" als spezifische FIP verstanden hat. Das Steuerungspotenzial der W-Frage entfaltet sich aber nur vor dem Hintergrund von R1 (Z. 04). Damit erhält der Reparateur eine Vorgabe im Sinne einer Minimalanforderung für die Konstruktion des zweiten Paarteils der Reparatur.

Um den Problemtyp zu spezifizieren, wird häufig auch die Prosodie eingesetzt. Unterschiedliche Intonationskonturen der lokalisierenden Fragewörter signalisieren z. B., ob ein akustisches Verstehensproblem (indem eine final steigende Intonation verwendet wird) oder eine unklare Referenz vorliegt (Couper-Kuhlen & Selting 2017; Golato 2013; Papantoniou 2012). So fordert ein fallend intoniertes „wer." (Z. 11 im Beispiel 46) eine weitere Spezifizierung der pronominalen Personenreferenz (Z. 09). Dem Gesprächspartner ist nicht klar, wer gemeint ist. Ein „wer?" mit steigender Intonation wird dagegen häufig als Aufforderung verstanden, das erfragte Element zu wiederholen (zu Reparaturen der Personenreferenz siehe Egbert, Golato & Robinson 2009; Enfield 2013; Golato 2013; Schegloff 1996a).

Beispiel (46) JAMES BAKER (aus Golato 2013: 36)
```
08 W: das is ja das totale diSASter.=ECHT.
09 R: ja:. ja:. ja wie HEISST er doch.
```

Reparandum↑ (pronominale Referenz)
```
10      (---)
11 W:   wer.    ←lokalisiert Reparandum & spezifiziertReferenzproblem
12 M:   der AUSsenminister.
```

In Beispiel (47) finden wir eine weitere lokalisierende FIP-Variante: Die Wiederholung eines Elementes aus der vorangegangenen Äußerung. Dies legt zunächst eine Selbstreparatur nahe, doch hier kommt es anders:

Beispiel (47) FERNBEZIEHUNG
```
((Radiosendung; M = Moderator; K = Anruferin))
 17 M:  also ihr habt ja auch eine entFERnungsbeziehung:
            überstanden;             ↑Reparandum
 18         das is ja [( )]
 19 K:      [<<t, p, behaucht> eine] entFERnungsbeziehung;> (--)
                                         ↑FIP
 20         [((lacht leise))        ]
 21 M:  [<<h, p> NENNT man] das nicht so?>  ←Selbstinitiierung
 22 K:  <<lächelnd, all> nein das heißt FERNbeziehung;> he
                                    ↑Fremdreparatur
 23 M:  fern? _aber das IS doch eine entfernung;
 24 K:  hehe <<lachend> JA:;>
```

Leise, mit behauchter Stimme und von einem Lächeln begleitet, stellt K Ms Wortschöpfung „entfernungsbeziehung" (Z. 17) in Frage. Sie lokalisiert ein Reparandum, doch M erkennt den Fehler nicht (an). Mit seiner Frage (Z. 21) fordert er Aufklärung und verwandelt die Sequenz in eine Art selbstinitiierte Fremdreparatur. Nun darf K ihn ‚belehren' (Keppler 1989). Das Beispiel (47) zeigt uns auch, dass FIP nicht automatisch zu Selbstreparaturen führen. Reparaturen werden Schritt für Schritt von den Beteiligten gestaltet und – wenn sie es für nötig erachten – auch umgestaltet.

Auch die inhaltliche Reformulierung des fraglichen Redebeitrags (R1), so wie er verstanden wurde und mit Frageintonation, also die Präsentation einer Konjektur, gehört zu den spezifizierenden Fremdinitiierungspraktiken. Hier wird nicht nur initiiert und lokalisiert (und ein Hinweis auf den Problemtyp „Versprecher" gegeben), sondern es wird zudem ein Reparaturvorschlag eingebracht:

Beispiel (48) S-BAHN
```
01      T:  ja dann bin ich AUSgestiegen,
02          und dann hab ich jemanden geFRAGT;
03          so. wie komm ich denn wieder nach BÖBlingen?
04          na hat die geSAGT,
```

```
05            gl- äh die SEIte wechseln.
06     M:     hm
07 R1  T:     und dann den bus der glEich kommt NEHmen.
                  ↑Reparandum
08 R2  M:     die [ESbahn, oder?
                  ↑Reparans, präsentiert als Vorschlag
09 R3  T:          [und die ESbahn die gleich kommt [NEHmen.]
                  ↑Ratifizierung durch Integration
10     M:                                           [hm_hm  ]
```

Im Beispiel (48) initiierte M eine Reparatur, indem sie die Korrektur als Konjektur (Z. 08) gestaltet. Sie markiert dieses Angebot prosodisch und durch das angehängte „oder?" als Frage. T reagiert mit einer korrigierten Wiederholung ihres R1 (Z. 09). Obwohl hier sicher kein Verstehensproblem vorliegt, wählt M eine Vorgehensweise, die für die Bearbeitung von Verstehensproblemen typisch ist. Auch mit ‚du meinst...?' oder ‚also...?' werden solche Reparaturen initiiert.

In ihrer sequenzorganisatorischen Struktur entspricht das Vorgehen einer fiSR. Dadurch, dass diese Praktiken auch einen Reparaturvorschlag einschließen, werden die Anforderungen an den nachfolgenden Zug des Sprechers minimiert, sofern der Initiator mit seiner Interpretation richtig liegt. Ist dies nicht der Fall, hat der Sprecher von R1 in R3 die Möglichkeit, die Konjektur des Gesprächspartners zu korrigieren. Diese Vorgehensweisen sind also eine Übergangsform zwischen fiSR und fiFR. Man kann diese Praktiken daher auch als verschleierte und *face*-wahrende Varianten des dispräferierten Formats der fiFR betrachten.

Die Fremdinitiierung von Fremdkorrekturen bedarf eigentlich keiner expliziten Initiierungspraktiken in einer eigenständigen TKE, da Initiierung und Durchführung in einen Zug (R2) fallen. Häufig werden jedoch Praktiken der Steuerung des Sprecherwechsels eingesetzt, um Schwierigkeiten zu signalisieren. Zumindest in informellen Gesprächen beginnen fiFR oft mit problemindizierenden Signalen (PAS), die den Übergaberaum ausgedehnen. Ganz im Gegensatz dazu werden unmittelbar handlungsrelevante Berichtigungen oft dadurch gekennzeichnet, dass ihre Initiierung schnell geschieht (schneller Anschluss im nächsten potenziellen Übergaberaum) oder dass sie als Unterbrechung sogar gegen die Regeln des Sprecherwechsels verstoßen.

Beispiel (49) DARMSPIEGELUNG
```
07  T:    also zwEI MAgenspiegelungen,
08        zwEI-=
            ↑Reparandum
09  P:    =EIne DARMspiegelung.
            ↑Reparans
```

Zusammenfassend kann festgehalten werden, dass für die Selbst- und Fremdinitiierung von Reparaturen visuelle (Blick, Gestik, Mimik), lexikalische, phonetische, prosodische und gesprächsorganisatorische Mittel eingesetzt werden. Die Minimalanforderung, die alle Initiierungspraktiken erfüllen müssen, ist die laufenden Ereignisse zu stoppen (Abbruchfunktion). Auf diese Funktion begrenzen sich z. B. die lediglich phonetisch markierten Abbrüche des Sprechers mitten im Wort oder die unspezifischen Fremdinitiierungspraktiken („hä?"). Darüber hinaus können spezifizierende Initiierungspraktiken das Reparandum lokalisieren und den Problemtyp benennen. Damit schaffen sie Vorgaben, denen der reparierende Zug (R1 oder R3) entsprechen muss. Dies trägt dazu bei, dass die Reparaturarbeit rezipientenspezifisch zugeschnitten und effizient durchgeführt werden kann.[148]

5.6.3 Ratifizierungspraktiken

Als metakommunikative Handlungen müssen Reparaturen abgeschlossen werden, damit das eigentliche Gespräch fortgesetzt oder beendet werden kann. Dieser Abschluss, die Ratifizierung der Reparatur, kann implizit oder explizit bewerkstelligt und sowohl vom Sprecher der problematischen R1 als auch vom Rezipienten durchgeführt werden. Im Folgenden werden wir verschiedene Praktiken der Ratifizierung betrachten.

Wenn die Reparatur als redezuginterne Selbstreparatur abgewickelt werden kann, geschieht die **Ratifizierung** in der Regel **implizit**, nämlich schlicht dadurch, dass fortgefahren wird. **Explizite Ratifizierungen** finden wir in der Regel in Reparatursequenzen (fiSR, siFR), aber auch bei fiFR. Im Beispiel (50), einer fiSR ratifiziert die Interviewerin mit einem Signal des Erstaunens (Betz & Golato 2008; Golato 2010) und einer Zusammenfassung:

Beispiel (50) FAMILIE
```
((Interview))
  01 I: wen meinen sie jetz mit WIR,           Fremdinitiierung
  02 B: na meine MUTter;                       Selbstdurchführung
  03    meine SCHWEster;                       ←
  04    und [MICH.                             ←
  05 I:     [ach die janze faMIlie.            Ratifizierung
```

---

[148] Für eine Typologie der Fremdinitiierungen und ihrer Implikationen für die nachfolgende Reparaturdurchführung siehe Couper-Kuhlen & Selting (2017: 197–200).

Nach fiFR sind explizite Ratifizierungen sogar eher die Regel als die Ausnahme. Hier ratifizieren nicht die Initiatoren, sondern die Korrigierten. Sie wiederholen das Reparans und nehmen es damit an.

Im Beispiel (51) begutachten Vater (V) und Sohn (K, ca. 4 Jahre alt) die Geburtstagsgeschenke des Kindes. K weist die vom Vater getroffene Identifikation eines Geschenks als „Feuerwehrkelle" (Z. 05) zurück (Z. 06) und bezeichnet das Objekt als „Polizeikelle" (Z. 07). V akzeptiert diese Zuordnung, indem er die Bezeichnung wiederholt (Z. 08) und dann erst fortfährt (Z. 09).

Beispiel (51) POLIZEIKELLE
```
02 K:  hey (1.0) hier auch ne KELle. (1.0)
03 V:  °hh [oh:]
04 K:      [ne ] richtche (--)
05 V:  eine richtige FEUerwehrkelle,        Reparandum
06 K:  nee. (.)                             Initiierung
07     ne richtche <<f>>poliSEIkelle.>      Fremdkorrektur
08 V:  eine poliZEIkelle,                   Ratifizierung

09     (--)                                 (durch Wiederholung des Reparans)
10     BRENNT die auch richtig?             Fortsetzung
```

In institutionellen Kontexten wie Lehr-Lernzusammenhängen (Schule, Unterricht) oder in Arzt/Patient-Gesprächen finden wir nach fiFR nicht nur eine Ratifizierung, sondern zudem eine Evaluation durch den Initiator der Reparatur: Nachdem die Fremdkorrektur durch den Sprecher ratifiziert (= angenommen) wurde, schließen die Initiatoren der Reparatur eine weitere Ratifizierung an, mit der sie die Übernahme ihrer Fremdkorrektur positiv evaluieren. Solche Evaluationen gehören zu den Praktiken, mit denen Lehrende sich als Lehrende, Experten als Experten, Prüfer als Prüfer etc. ausweisen und dadurch institutionelle Partizipationsstrukturen schaffen und immer wieder festigen.

Beispiel (52) AMALGAM
```
09 AK: °h inwieweit isch des jetzt (.) äh korREKT.
10     ER hat g_meint,
11     eh also eh dieses amalGAN,(.)  Reparandum
12 Z:  amalGAM.                       Reparans
13     mit EM am ende.                & Erklärung
14 AK: ah amalGAM.                    Ratifizierung
                                      Verstehenssignal & Wiederholung
15 Z:  HM_hm.                         Bestätigung der Korrektheit
                                      (Evaluation)
```

Hier weist sich der Zahnarzt Z durch die Fremdreparatur (Z. 12) als Experte aus. Auch seine gesprächsorganisatorisch nicht erforderliche Ratifizierung demonstriert seinen Expertenstatus: Zs „hm_hm" (Z. 15) evaluiert diese Übernahme als korrekt und betont damit nicht nur den korrigierenden Charakter dieser Sequenz, sondern auch seinen Status als Wissender. Aus der fremdinitiierten Fremdkorrektur wird eine Belehrung (Betz & Golato 2008).

5.7 Wortsuchen

Zum Abschluss beschäftigen wir uns mit Wortsuchen; sie sind ein sehr häufiges **Problemlösungsverfahren** und werden in der KA als **problemspezifische Sonderform** – trotz beträchtlicher Unterschiede – zu den Reparaturen gezählt (Schegloff et al. 1977; Schegloff 1987c, 2013). Ihre Realisierungsformen sind – nicht zuletzt aufgrund ihrer Häufigkeit – in starkem Maß verfestigt. Sie lassen sich in Anlehnung an die Standardformate des Reparierens (siSR und siFR) als selbstinitiierte, redezuginterne Wortsuchen oder selbstinitiierte kooperative Wortsuchen klassifizieren,

Der entscheidende Unterschied zum bislang hier verwendeten Reparaturbegriff liegt darin, dass Wortsuchen nichts Zurückliegendes bearbeiten, sondern nach dem suchen, was nun folgen sollte. Es wird also nichts verworfen oder modifiziert, sondern das Nächste, ein Zielwort, gesucht. Die Ursachen für dieses Ausbleiben des nächsten Elementes können momentane Lexikalisierungsprobleme (lexikalischer Abruf, Beispiele 55 und 56), Formulierungsschwierigkeiten (der passende Ausdruck, rezipientenspezifischer Zuschnitt usw.), aber auch mnestische Probleme und Wissenslücken sein (Beispiele 46, 57 und 59). Diese Abrufprobleme bedrohen die Progression des Redebeitrags. Das Reparandum der Wortsuchen ist daher eine ‚Lücke'. Wortsuchen können als vorwärts orientierte Variante der Reparatur betrachtet werden (Schegloff 1987b, 2013; siehe auch Couper-Kuhlen & Selting 2017; Pfeiffer 2015). Auf dieser problemspezifischen Vorwärtsorientierung wird unser Augenmerk liegen.

Wortsuchen sind ein Beispiel für die Anpassung der Praktiken des Reparierens, d.h. Ankündigung (PAS), Initiierung, Durchführung und Ratifizierung, an die Besonderheiten des Problems. In diesem Zusammenhang werden wir uns auch mit einem Aspekt des Reparierens befassen, den wir bislang weitgehend ausgeblendet haben: Was geschieht, wenn dem Sprecher die Suche nach dem nächsten Wort nicht gelingt, und was, wenn die gesuchte Fortsetzung der TKE auch mit Hilfe des Gesprächspartners nicht zu bewerkstelligen ist?

Doch betrachten wir zunächst die erfolgreichen Wortsuchen. Im siSR-Format, also wenn der Sprecher das Zielwort selbst findet, gestalten sie sich häufig wenig spektakulär. Sie werden TKE-intern mit einem Abbruch initiiert, erfolgen redezugintern und sehr häufig sogar ‚still'. Ihr Merkmal ist, dass eine ganze Zeit verstreicht, in der auf der sprachlichen Ebene nichts geschieht. Ihr Kennzeichnen ist die **Stagnation**, mit anderen Worten eine TKE-interne ‚stille' Pause. Häufig sind es nonverbale Aktivitäten der Sprecher (die Abwendung des Blicks, Gesten der Hand), die darauf schließen lassen, dass eine Wortsuche stattfindet und die Gesprächspartner dazu bringen abzuwarten. Im folgenden Beispiel wird dies besonders deutlich. HJ leidet unter einer Sprachstörung, die durch Wortfindungsstörungen gekennzeichnet ist:

Beispiel (53) GRILLEN (Campagna 2005: 99)
```
    17 HJ:   [dann kAm_ma wEng-
             [((HJ blickt zu Fj, legt das Messer ab, hebt die rechte
                Hand))

    18       [(1.0)
             [((HJ blickt auf den Teller, seine rechte Hand macht
                enge, kreisende Bewegungen))

    19       [((FJ schaut auf))
    20       [GRILLN;
             [((HJ blickt zu FJ, nimmt Messer wieder auf))
```

Für dieser stillen Wortsuche unterbricht HJ seine TKE (Z. 17), blickt zu seiner Frau und hebt die Hand. In der nächsten Sekunde blickt er wieder auf seinen Teller, seine Hand macht kreisende Bewegungen (Z. 18), seine Frau schaut auf (Z. 19). Dann äußert HJ das **Zielwort** und schließt damit die TKE ab (Z. 20), ohne dass deren syntaktische Integrität in irgendeiner Weise beeinträchtigt worden wäre. Dabei blickt er zu seiner Frau, nimmt das Messer und damit seine bisherige Tätigkeit wieder auf. Erst jetzt wissen wir, dass der Abbruch keine rückwärtsgerichtete Reparatur einleitet. Hier füllen nonverbalen Handlungen (Handgesten und Mimik, Körperhaltung; vgl. Goodwin & Goodwin 1986) die entstehende ‚Leere'. Aus ihnen schließen wir, dass HJ das Rederecht behalten will, aber Zeit für die Suche nach etwas benötigt, mit dem er seine TKE fortsetzen kann (Goodwin 1981). Vergleichbare Effekte haben Wiederholungen von schon geäußerten Elementen (Pfeiffer 2015) wie wir sie im folgenden Beispiel sehen (Z. 05).

Beispiel (54) COMPUTER (Pfeiffer 2015: 46)
```
    01 Hrm:  hEUtzutage kannste sowiesO alles schreiben wie du
             WILLST.
```

```
02 Etr: JA::
03      [du hast ja- ]
04 Hrm: [<<lachend> WEISS doch] keiner mehr
05 Etr: du hast ja en_en_en äh: comPUter?
06      (-)und ne RECHTschreibübung da drIn; ne?
```

Die Gesprächspartner reagieren auf den redezuginternen Abbruch und die darauffolgende Pause (oder Wiederholungen von Elementen), d.h. auf das Ausbleiben einer inhaltlichen Progression, in der Regel damit, dass sie dem Sprecher den Blick zuwenden (um zu sehen, was diese tun, während sie **nicht** sprechen). Sie verstehen die Pause als PAS und signalisieren mit der Zuwendung ihrer Aufmerksamkeit auch eine Bereitschaft, wenn nötig, behilflich zu sein (Goodwin & Goodwin 1986).

Wie viele redezuginterne SR, geben derart ‚stille' Wortsuchen weder den Rezipienten noch dem Analytiker explizit Auskunft darüber, was während der (angenommenen) Suche geschieht. Wir können lediglich feststellen, dass wohl ein Problem vorliegt, das die Progression der TKE aussetzt. Dass es sich bei diesem Problem um eine Wortsuche handelte, wird erst mit der Äußerung des Zielwortes erkennbar.

Das ist bei expliziten Wortsuchen deutlich anders. Sie können ebenfalls im Format der siSR, aber auch als siFR erfolgen:

Beispiel (55) HÄNGURU (aus Papantoniou 2012: 90)
```
01 M: ich hatte FRÜher so ein LIEBlingsflashspIelchen,=
02    =das hieß ↑HÄNGuru; (---)
03    <<p, all> KENNT das IrgendEiner,>
04 K: [NEE,                       ]
05 A: [<<Knarrstimme> NEE.>]
06 M: ^HÄNgu´ru is <<t> quasi s' äh'_das ähm: hier>   ←PAS
07    <<t, p, all, undeutlich> wie HEISS_n (des/dit);>=
                       ↑Kennzeichnung als Wortsuche
08    =^GALgenmännchen´spIel,              Zielwort (Reparans)
09    (-)
10 K: J:[A:::,         ]                   Ratifizierung
11 M:   [du musst halt]n_WORT erraten,
```

Im Beispiel (55) mit einer redezugintern realisierten Wortsuche zeigen sich eine ganze Reihe der für diese Wortsuchen typischen Praktiken: mehrfache PAS (Z. 06) enden mit dem Abbruch der TKE (Z. 06), es folgt eine explizite Kennzeichnung des Problemtyps (Z. 07), an die sich (hier recht unmittelbar) die Äußerung des gesuchten Wortes (Z. 08) anschließt, das dann vom Gesprächspartner ratifiziert wird (Z. 10).

In unserem nächsten Beispiel wird die Wortsuche kooperativ gestaltet und bewegt sich im Rahmen des siFR-Formats: Es ist die Gesprächspartnerin, die das Zielwort liefert. „Goldschmiedin" stammt aus einem Gespräch zwischen einer Therapeutin (T) und deren Klientin (P). P hat berichtet, dass sie eine Lehre in einem Schmuckgeschäft machen wollte (Z. 05). Es gelingt ihr jedoch nicht, die Berufsbezeichnung zu produzieren (Z. 11), und es folgt eine Wortsuche.

Beispiel (56) GOLDSCHMIEDIN
```
01 P: =(und WOLLT) dann-(---)was ganz anderes machen und
         zwar-
02       <<pp>(ja)> (1.80)
03       <<pp>(      ) (-) HAB ich-> bin ich mal zum (---) äh
04       SCHMUCKgeschäft-
05       <<pp>un wollt> ne LEHre machen.
06 T: als juweLIErin?=
07       =oder?
08       (1.05)
09       äh LEHre als juweLIER?
10       oder?=
11 P: =NEIN als äh (1.20) schmUck-
                  ↑PAS: Häsitationsmarker, Pause, Abbruch
12       <<schmunzelnd>wie SAGT man->     Kennzeichnung der Wortsuche
13       (---)
14 T: verKÄUferin?                        Reparaturvorschlag: Zielwort 1
15 P: nein-                               Evaluation 1 negativ
16       (----)
17 T: GOLDschmiedin-                      Repararturvorschlag: Zielwort 2 (Reparatur)
18 P: <<schmunzelnd> GOLDschmiedin->=     Ratifizierung
19       =ge[nau;                         ←
20 T:       [genau;                       Ratifizierung
21 P: als GOLDschmiedin-                  ←Wiederaufnahme von Z. 11
```

Die Wortsuche kündigt sich TKE-intern mit einem „äh" (Z. 11) und einer recht lange Pause an, der ein mit schwebender Intonation abgebrochenes Wort folgt („schmUck-" Z. 11). P benennt nun den Problemtyp explizit (Z. 12). Die weitere Pause (Z. 13) ruft schließlich T auf den Plan. Die Wortsuche wird jetzt vergemeinschaftet und das Format der siSR in eine siFR überführt. Die Gesprächspartnerin liefert einen Reparaturvorschlag, der von P abgelehnt wird (Z. 15). Nach einer weiteren Pause liefert T einen zweiten Vorschlag (Z. 17) und hat damit das Zielwort gefunden. P übernimmt (Ratifizierung) und beendet, nachdem auch T das Zielwort ratifiziert hat (Z. 20), mit dem bereitgestellten Wort ihren in Zeile 11 abgebrochenen Redebeitrag (Z. 21).

Im Unterschied zu redezugintern abgewickelten Wortsuchen (Beispiel 55) benötigen kooperative Wortsuchen mehr organisatorische und inhaltliche Transparenz. Kennzeichnungen von Wortsuchen erfolgen im Frageformat, sodass die Beteiligung der Gesprächspartner mit einem ZPT darin schon angelegt ist. Aber erst mit entsprechender Prosodie und in Verbindung mit nachfolgenden Pausen, die wiederum mit dem Blick zum Gesprächspartner kombiniert werden können, wird aus der Kennzeichnung des Problems und den Redebeitragshaltepraktiken (*turn holding device*) eine explizite Einladung an den Gesprächspartner (siehe 5.6.2.1 zu SIP). In Wortsuchen wird diese Einladung meist aufgrund der Erfolglosigkeit der eigenen Wortsuche ausgesprochen, die Partizipationsstruktur der Reparatur notgedrungen geändert und die siSR in eine siFR überführt (Egbert 1997b; Goodwin & Goodwin 1986).

Um sich beteiligen zu können, benötigen die Gesprächspartner allerdings auch Informationen über das Gesuchte. Sie müssen aktivitätsspezifische, inhaltliche und syntaktische Projektionen (auf der Grundlage des Bisherigen) generieren können, um das Zielwort beizusteuern. An die Stelle der sonst im Format der siFR notwendigen Lokalisation des Reparandums tritt daher die Bestimmung eines ‚Suchraumes'. In Beispiel (56) grenzen die Kennzeichnung des Problemtyps (*wie SAGT man-* Z. 12) verweist auf ein Lexikalisierungsproblem), das Thema (Ausbildungsberuf), die Frage der T (Z. 06/09 als erster Paarteil) und Ps abgebrochender Approximationsversuch „schmuck-" (Z. 11) den Suchraum ein. Ts erster Vorschlag vervollständigt daher Ps Vorgabe *schmuck-* zu (Schmuck-)*verKÄUferin?*" (Z. 14). Jeder Vorschlag funktioniert als EPT und setzt eine explizite Evaluation durch P (Z. 15) konditionell relevant (Frageintonation). Dies sichert den Initiatoren der Wortsuche als Eigner der TKE, die bearbeitet wird, die volle Kontrolle über die Ergebnisse der vergemeinschafteten Suche. Ts zweiter Vorschlag wird mit schwebender Intonation als dritter Teil einer Liste (Juwelierin, Schmuckverkäuferin und Goldschmiedin) präsentiert, die T zum Thema ‚Lehre im Schmuckgeschäft' entwickelt.

Approximationsaktivitäten (wie in Beispiel 56), durchsetzt mit Pausen, veröffentlichen und steuern den Suchprozess und erleichtern es allen Beteiligten, einen Beitrag zur Suche und Beendigung der Stagnation zu leisten. Ein weiterer Ausdruck der kooperativen Herangehensweise und der lokal vergemeinschafteten Verantwortung für die Vollendung der TKE ist die explizite Ratifizierung des Ergebnisses durch beide/alle Beteiligte (Beispiel 56, Z. 18–20).

Was passiert, wenn Wortsuchen nicht erfolgreich sind? Wie wir schon gesehen haben, werden stille Wortsuchen in explizite und redezuginterne in kooperative Wortsuchen umgewandelt. Aber was, wenn auch die Gesprächspartner nicht weiterhelfen können? In Beispiel (57) kann der Rezipient nicht helfen, da er nicht über das dafür nötige Wissen verfügt. A muss also eine andere Lösung finden.

Beispiel (57) SCHULABBRUCH (aus Papantoniou 2012: 136)
```
01 M: wie lange bist_n von[ner schule RUNter;>
02 A:                [<<f> ja EBEN;> seit_m SOMmmer;=ne
03    <<all> also' °hh äh' bEsser geSACHT,> °h
04    ich bin ja ↑VOR_m sommer runter;
05    ich bin ja seit_m: (creak)              Abbruch der TKE
06    <<p, Knarrstimme, undeutlich> ich WEISS nich,>
                                   ↑Kennzeichnung als Wissenslücke
07    seit äh:> (1.7)                  Wiederholung und Pause
08    ich BIN mir nich ganz Sicher:;          Kennzeichnung
09    ich sach mal seit JUni;                 Zielwort
         ↑Unsicherheitmarker (=Approximation)
10    (-)
11 M: ach SO;=
12    =jEtzt erst DIEses jahr;                Ratifizierung
```

A bearbeitet hier eine Erinnerungslücke (mnestisches Problem) zunächst im Format einer Reparatur (redezuginterne siSR1b; Z. 02–04) und dann als redezuginterne Wortsuche (Z. 05–09). Er bricht die laufende TKE ab (Z. 05), benennt sein Problem (Z. 06), wiederholt und pausiert (Z. 07). Es folgt eine weitere Spezifizierung seines Problems (Z. 08), an die sich eine Approximation anschließt (Z. 09), mit der die TKE beendet wird. A gibt sich also mit einer ungefähren Angabe zufrieden. M signalisiert in seiner Ratifizierung, dass diese (ungenaue) Information für ihn wichtig (Erkenntnisprozessmarker *ach SO;*) und ausreichend ist (Z. 11).

Im Beispiel (58) sucht A einen ‚gesetzlichen Begriff' und wird nicht fündig. Er löst dieses Problem, indem er die begonnene TKE aufgibt und eine neue Formulierung wählt.

Beispiel (58) HAUSFRIEDEN (aus Papantoniou 2012: 108)
```
01 A: ähm bei der war der ↑HUND det problem; (--)
02    die frau hatte keine MIETschulden oder sOnstige: <<all>
      (andre fälle)>,
03    dit is denn <<t, all, Knarrstimme> ick wEeß
           ↑Abbruch                  Kennzeichnung 1↑
      (abgebrochen)
04    mir fällt grade der der der geSETZliche begriff nich
           ein;=            ↑Kennzeichnung 2
05    =ir_n_gwie> °hhh äh: ((creak))
         ↑Ankündigung der Approximation
```

```
06      un un Unsachgemäßer jen' je´BRAUCH,
07      <<Knarrstimme> oder_oder_oder> ((creak)) beNUTzung,
08      <<Knarrstimme> oder_oder> ((creak)) (na)      ←Abbruch
09      sie stören den_den_den den HAUSfrieden;       ←Neuformulierung
10      [SO;=(auf DEUTSCH gesAgt;)]
11 M:   [mh_mh,=
12         =also im mIetver          ]trag steht wahrscheinlich
              keine HAUStiere;=oder,
```

A und M sprechen über Wohnungskündigungen und A schildert den Fall einer Mieterin (Papantoniou 2012: 109). Er will den Kündigungsgrund benennen (Z. 03), stößt auf ein Lexikalisierungsproblem und benennt dieses Problem (Z. 03–04). Im nächsten Schritt kündigt er an, dass, was folgt, als Approximation zu betrachten ist (Z. 05), und macht dann einen Vorschlag (*unsachgemäßer Gebrauch*, Z. 06), den er modifiziert (*Benutzung*, Z. 07). Er kündigt eine weitere Variante an (Z. 08), die aber nicht realisiert wird. Stattdessen gibt A die bisherige TKE (Beginn: Z. 03 *dit is denn*) auf und entscheidet sich für eine neue Formulierung, die den gesuchten Begriff obsolet macht (Z. 08). M demonstriert, dass er ausreichend verstanden hat, indem er eine Art Folgerung (Z. 11) formuliert, die sich aus As Informationen in Z. 01 (*HUND*) und Z. 09 (*HAUSfrieden*) ergibt.

Im nun folgenden Beispiel schaltet sich der Gesprächspartner ein:

Beispiel (59) DER IRRLITZ (aus Rönfeldt & Auer 2002: 82)
```
01 T:   irgendjemand hat gequatscht,
02      ich war unheimlich sauer,
03      der irrlitz machte auf einmal so ne blöde anspielung (-)
04      als ob die:' die: (-)
                  ↑PAS (Stagnation)
05      <<all>wie heißt die nommal die da> sport studiert;
                  ↑Kennzeichnung als Namenssuche
                              ↑Eingrenzung des Suchraumes
                               (Approximation 1)
06      (--)  ←Suchpause
07      die mit den kräusligen haaren (heidi)=
        ↑ Approximation 2              ↑Zielwort
08 B:   =nee nee_nee   ←Zielwort abgelehnt
09      ich weiß wen du meinst (-)  ←Ende der Personenreferenz
10 T:   die sachte (-) ähm (-) sie fänd es
        ↑ Fortsetzung R1
((etc.))
```

Im Beispiel (59) haben wir es mit einer misslungenen Namenssuche und einer dennoch erfolgreichen Personenreferenz zu tun. Hier indizieren die Wiederholung des Artikels (zusammen mit der Dehnung des Vokals) und die kurze Pause in Z. 04 Probleme des Sprechers (PAS). T entscheidet sich für eine explizite Wortsuche. Er kennzeichnet sein Tun als Suche nach dem Namen einer Frau (Z. 05). Im Unterschied zum Vorgehen Ps im Beispiel (56) spricht T unmittelbar weiter, lässt keinen Raum für eine kooperative Wortsuche, sondern versucht die Namenssuche redezugintern abzuschließen. Die nun folgenden Beschreibungen der Person sind als Approximationspraktiken zu verstehen (Z. 05,06), die den Suchraum für den Sprecher und für seinen Gesprächspartner weiter eingrenzen. Sie verschaffen dem Sprecher nicht nur Zeit, sondern sorgen zugleich für eine inhaltliche und auch für den Gesprächspartner mitvollziehbare Annäherung an das Ziel, die Identifikation der Person zu ermöglichen. T produziert schließlich einen Namen (Z. 06), doch nun greift B ein und lehnt diesen Namen ab (Z. 07). Damit ist die Namenssuche gescheitert. Die Approximationspraktiken (Z. 05 und Z. 07) reichen jedoch aus, dass B erkennt, von wem T spricht. D.h. die Personenreferenz gelingt und B erklärt eine weitere Suche nach dem Namen für überflüssig (Z. 07). T kann nun seinen Bericht dort fortsetzen, wo er durch die Namenssuche ins Stocken geraten ist. Dabei wird der immer noch fehlende Name durch den pronominalen Gebrauch des Artikels (*die sachte-* Z. 08) kompensiert.

Auch hier zeichnet sich ein schrittweises Vorgehen ab, das in vielen Fällen gescheiterter Wortsuchen und Reparaturen zu beobachten ist: Wenn die Wortsuche(n) oder Reparatur(en) nicht gelingen, konzentrieren sich die Beteiligten auf die Rettung der aktuellen Rahmenaktivität bzw. auf die Erfüllung der anstehenden sequenziellen Implikationen. Ist auch dies nicht möglich, werden Aktivitäten oder auch Themen verworfen und neue Aktivitäten bzw. Themen gestartet, um das Gespräch fortsetzen zu können.

Fassen wir zusammen: **Wortsuchen sind Problemlösungsverfahren**, die dazu dienen, kurzfristige mnenstische oder lexikalische Probleme zu bearbeiten, die den Sprecher daran hindern, seinen Redebeitrag wie geplant fortzusetzen. Sie sind dementsprechend **vorwärts** gerichtet. Wortsuchen werden in drei Formatvarianten realisiert: redezuginterne stille und offene Wortsuchen (siSR) oder auch mit einer erweiterten Partizipationsstruktur als kooperative Wortsuchen (siFR). Alle Varianten werden vom Sprecher initiiert. Sie beginnen mit ersten Anzeichen von Schwierigkeiten (PAS im Vorfeld) und der für Wortsuchen typischen Phase der inhaltlichen Stagnation (Häufungen von Pausen, Partikeln, Wort- und Phrasenwiederholungen etc.), in der es gilt, den Redebeitrag zu halten und das Zielwort zu suchen. Dieses Suchen kann ‚still' (mental) vollzogen werden (meist mit abgewandtem Blick und einem suchenden Gesichtsausdruck (dem *thinking face*, Goodwin 1981, 1983). Es kann aber auch hörbar und für den Rezipienten mitvollziehbar gesucht werden, wobei verschiedene Approximationspraktiken zum Einsatz kommen. Die Initiierung kooperativer Wortsuchen impliziert eine genauere Kennzeichnung der Wortsuche (Was wird gesucht?) und eine Eingrenzung des Suchbereichs. Die typischen Kennzeichnungsfloskeln ‚wie sagt man', ‚wie heißt das/der/die' signalisieren eine Öffnung der Partizipationsstruktur und stellen das Format der kooperativen Wortsuche als Option in den Raum. Hörbare Approximationen versorgen den Gesprächspartner mit Informationen über das Zielwort, die auch ihn bei der Wortsuche steuern und unterstützen. Dabei können Approximationen ebenfalls kooperativ realisiert werden. Können Wortsuchen weder vom Sprecher selbst noch in Kooperation mit dem GP zu einem erfolgreichen Abschluss gebracht werden, gibt man sich mit Approximationen zufrieden oder es werden die entsprechenden Redezüge reformuliert, um das gesuchte Wort überflüssig zu machen. In diesem Fall folgt der erfolglosen Wortsuche eine retrahierende Reparatur.

Im Vergleich zum Aufgabenmuster der Reparaturen entfällt bei Wortsuchen die Lokalisation des Reparandums in einem vorausgehenden Redebeitrag. Stattdessen muss ein ‚Suchraum' semantisch präzisiert werden. Der Fokus wird also von der Bearbeitung des Bisherigen auf die Erarbeitung des Nächsten verschoben. Hierfür muss Zeit (Suchpausen, Häsitstionsmarker/Haltesignale, Wiederholungen) und/oder Information (Approximationspraktiken) zur Verfügung gestellt werden. Daher sind Wortsuchen durch eine vielfältig gestaltbare Phase der Stagnation gekennzeichnet, die zugleich Ausdruck des Problems (Progression ist ausgesetzt) und Teil der Lösung (Zeit für Suche bzw. Annäherung) ist.

5.8 Wozu Reparaturen sonst noch verwendet werden!

Bislang haben wir Reparaturen in ihrer primären, äußerungs- und gesprächsorganisatorischen, quasi ‚technischen' Funktion betrachtet: Als Instrumente, mit denen Probleme des Sprechens, des Hörens und Verstehens und der Gesprächsorganisation bearbeitet werden können. Allerdings sind wir dabei auch auf einige Reparaturen gestoßen, die von den Beteiligten nicht bzw. nicht primär als Lösungen von Problemen des Sprechens, Hörens oder Verstehens verstanden werden.

So können Fremdkorrekturen (Format der fiFR) verwendet werden, um andere zu **belehren** und sich z. B. als ‚Experte' auszuweisen, besondere Kompetenzen oder Zuständigkeiten zu demonstrieren oder institutionelle Machtpositionen in Szene zu setzen. Im Format der fiFR wird Wissen vermittelt, und Praktiken, die normalerweise der Fremdinitiierung von Reparaturen dienen, kündigen Meinungsverschiedenheiten an, läuten eine nächste Runde in der Auseinandersetzung ein oder bringen inhaltliche Zweifel oder Erstaunen über eine Aussage zum Ausdruck. Reparaturen und Wortsuchen können als partizipations- und beziehungsorganisatorisches Instrument genutzt werden, um z. B. einen Teilnehmer als Mitverantwortlichen in ein kommunikatives Projekt einzubeziehen oder um sich selbst als solcher zu kennzeichnen und einzuschalten.

Was also formal als Reparatur daherkommt, dient anderen Zielen, und die sonst für das Reparieren typischen Vorgehensweisen – d.h. reparaturspezifische Initiierungs-, Durchführungs- und Ratifizierungspraktiken – werden ‚umfunktionalisiert' und als interaktionale Ressource genutzt (Jefferson 1974, 1983 Lerner et al. 2012; Kitzinger 2013). Damit rückt der im engeren Sinne ‚metasprachliche' Charakter der Reparatur in den Hintergrund und ihr soziales Gestaltungspotenzial tritt in den Vordergrund.

Die Folgehandlungen der Gesprächspartner zeigen, dass diese dennoch verstehen, was vor sich geht und in der Regel das zugrundeliegende Problem und die Ziele dieser Pseudo-Reparaturen erkennen. Damit stellt sich zum einen die Frage, wie sich ‚umfunktionalisierte' Reparaturen von den ‚echten' Reparaturen unterscheiden. Zum anderen muss gefragt werden, warum Sprecher oder Rezipienten Reparaturformate und reparaturtypische Praktiken einsetzen, wenn es nicht um das Reparieren in seinen Grundfunktionen geht. Auch in diesem Abschnitt werden wir uns darauf beschränken müssen, einige wenige Beispiele für diese Aspekte der Multifunktionalität von Reparaturformaten darzustellen.

Im ersten Beispiel wird das Format der redezuginternen Selbstreparatur (riSR) genutzt. Sybille beklagt sich, dass Josef mit dem Essen nicht auf sie gewartet hat. Josef beginnt sich zu rechtfertigen, bricht ab und geht zum Angriff über.

Beispiel (60) FRAU PRINZESSIN
```
01 Jos: isch weiß doch nisch wann DU; (.)
02      wann die frau prinZESsin-
03 Syb: <<genervt> haaaaa->
04      [wir Essen sonst IMmer zusammen;
05 Jos: [lust hat zu ESsen.
06 Syb: boah bist du geMEIN. ((schmunzelt))
```

Josef substituiert die zunächst gewählte Adressierung mit dem deiktischen Pronomen *du* (Z. 01) durch *die frau prinZESsin* (Z. 02). Bei einer näheren Betrachtung der Beziehung zwischen Reparandum und Reparans ergibt sich kein Hinweis auf einen Fehler, eine technische Gefährdung der Progression des Redebeitrags oder der gegenseitigen Verständigung. Josef repariert ein Element, das völlig korrekt und auch der Beziehung zwischen den Beteiligten angemessen ist. Auffällig ist hier das Reparans (Z. 02): Sybille ist keine Prinzessin und normalerweise adressiert Josef sie auch nicht in der 3. Person Singular. Damit kann das Reparans als inhaltlich falsch, wenn nicht sogar sozial inadäquat und damit als ‚markiert' betrachtet werden. Josef gibt zu verstehen, was er von Sybilles Klage hält. Diese Reparatur dient der Modifikation seines Handelns: Sie fügt seiner Verteidigung (etwas-nicht-wissen-können) einen Angriff (ungerechtfertigte Erwartungen) hinzu.

Diese besondere Relation zwischen Reparandum (gut verständlich, grammatisch korrekt, sachlich und interaktional passend) und Reparans (sachlich falsch und interaktional zumindest unüblich) zeigt Sybille, dass andere als die üblichen gesprächsorganisatorischen Reparaturziele vorliegen. Josef fügt seiner Rechtfertigung damit ein Argument hinzu, das zuvor nicht enthalten war: Mit der Änderung der Adressierung von „du" in *die frau prinZESsin* aktualisiert er Allgemeinwissen über die soziale Typisierung von Prinzessinnen als verwöhnt, wählerisch und launisch etc. Durch diese Gleichsetzung kritisiert er Sybilles Verhalten und entzieht ihrer Klage die Berechtigung. Sybille reagiert entsprechend zunächst auf das Argument ‚nicht wissen' (Z. 04) und dann auf die Kategorisierung ihrer Beschwerde als die einer *frau prinZESsin* (Z. 06). Ihre Entrüstung zeigt, dass sie Josef sehr genau verstanden hat. Das adressierende „du" (Reparandum) wird zwar formal ersetzt, bleibt aber funktional wirksam, denn obwohl Josef nun von einer dritten Person spricht (von der *frau prinZESsin*, Reparans) ist weiterhin Sybille gemeint.

Im folgenden Beispiel wird das Format der siSR in Form einer Reformulierung genutzt, um *face-work* zu betreiben:

Beispiel (61) ABGEFALLEN (aus Papantoniou 2012: 77)
```
01 I:   das is eingtlich nur °hh n_klein wenig rediGIERT worden,
02      °hh weil ich: äh für einen Anderen autor der Abgefallen
        is EINgesprungen BIN?
03      <<t>also ABgefallen' schlechter beGRIFF;=  ←benennt Problem
04      =also der (.) keine zEit hatte das zu SCHREIben,> °hhh
                                                    ↑Reparans
05      un:d ((schluckt)) ja was hab ich damals geSCHRIEben;
06      also ich hab geschrIeben für (.) von [°hhh ]
07 M:                                        [ich kann] nur ma
        ANfangen viellEicht;
```

Nachdem I. seine TKE abgeschlossen hat, kündigt er mit *also* (Z. 03) eine Reformulierung an, lokalisiert das Reparandum (Z. 03) und kennzeichnet dann sein Problem als eines der Wortwahl (Typ Formulierungsproblem). Anschließend ersetzt er *ABgefallen* durch eine präzise Angabe der Gründe für den Ausfall des Autors, für den er eingesprungen ist (Z. 04). Technisch betrachtet kann dieser

Vorgang als optional eingestuft werden: Die Äußerung wäre auch ohne Reparatur verständlich. Die Reparatur und mehr noch die Kennzeichnung des Problems als ein Problem der Wortwahl tragen jedoch dazu bei, allfällige Zweifel an der sematisch-lexikalischen Kompetenz des Sprechers auszuräumen, die sich aufdrängen würden, wäre die Wortwahl unkommentiert geblieben. Hier dient die Ausestaltung der Reparatur vor allem der *face*-Wahrung des Sprechers.

Auch Verzögerungsphänomene (PAS), die auf Wortsuchen hindeuten, können andere Funktionen erfüllen, als nur die, dem Sprecher Zeit für den lexikalischen Zugriff zu verschaffen. Das folgende Beispiel stammt aus einem Gespräch zwischen einer Therapeutin und einer Patientin. Letztere hat zuvor von einem Klinikaufenthalt berichtet, mit dem sie nicht sehr zufrieden war.

Beispiel (62) EMPFEHLUNG
```
01 T: von wem ging das eigentlich die empfehlung damals AUS?
02    sich an diese rEgner (.) klinik in sankt WENNdingen zu
      wenden,
03 P: das WAR (-) von der- (-) von (-) [der
04 T:                                  [von UNserer
      abteilung,=[oder-
05 P:            [ja.
```

Nach der Frage, auf wessen Empfehlung sie sich an diese Klinik gewandt hat, verzögern PAS die Antwort der Patientin (Z. 03) bis T sich einschaltet (Z. 04). Sie äußert den Verdacht, dass es die Abteilung war, zu der auch die Therapeutin gehört und erlöst damit die Patientin aus der Peinlichkeit, dies sagen zu müssen. Hier wird möglicherweise kein Wort gesucht, sondern es werden PAS eingesetzt, die für Wortsuchen typisch sind, um eine sozial delikate Aussage zu vermeiden (Lerner 2013).

Solche Pseudo-Wortsuchen können auch genutzt werden, wenn es z. B. darum geht, die eigene Unsicherheit über eine Aussage oder Formulierung zum Ausdruck zu bringen oder aber anderen Gesprächsteilnehmern die Beteiligung an einem Erzählprojekt anzubieten, d.h. die Partizipationsstrukturen dieses Projektes zu erweitern (Goodwin M.H. 1983; Goodwin & Goodwin 1986; Lerner 1992, 1993).

Im Beispiel (62) werden für Wortsuchen typische Praktiken eingesetzt, um das Gegenüber in eine Beurteilung des Verhaltens einer Mitbewohnerin einzubinden. Beispiel (63) stammt aus einer Sequenz, in der sich Sybille und Josef über die Unordentlichkeit einer Mitbewohnerin unterhalten.

Beispiel (63) SO EXTREM

```
01 Syb:  ((kichert, ca. 2.2 Sek lang))
02       <<all>ich_b² ich bin nich SO:->
03       <<all>ich lass auch> !DA! n ti shirt liegen und DA:,
04       aber NICH so:: (-)
                    ↑Abbruch + Initiierung
05       wEiss_e? (-)
06 Jos:  exTREM,                                    Reparans
07 Syb:  <<f>JA. (--)>                              Ratifizierung
```

Sybille vergleicht ihre eigene Unordentlichkeit mit einem graduierenden *NICH so:* (leicht steigende Intonation, Z. 04) mit der Unordentlichkeit der Mitbewohnerin. Sie lässt unausgesprochen, welche Eigenschaft sie meint (so unordentlich, so chaotisch...?), deshalb bleibt auch offen, auf welche Vergleichsgröße (so ... wie) sie sich bezieht. Ihre Äußerung ist nicht notwendigerweise unvollständig, aber syntaktisch erweiterbar. Auch das nun folgende *wEiss_e?* (Z. 05) ist keine eindeutige Reparaturinitiierung bzw. Aufforderung, sich an einer Wortsuche und der Vervollständigung des Redebeitrags zu beteiligen. *wEiss_e?* fungiert normalerweise als Frageanhängsel und fordert Josef zu einem Rezeptionssignal auf. Josef entscheidet sich jedoch für eine Vervollständigung der Äußerung, was man als (von Sybille eingeladene) Fremdreparatur betrachtet werden könnte. Er beteiligt sich nicht nur an syntaktischen Konstruktion in Z. 04, sondern zugleich an Sybilles vergleichenden Bewertung ihrer Unordentlichkeit mit der der Mitbewohnerin: Sybille ist nicht „so extrem" unordentlich wie diese. Die explizite Ratifizierung, die Sybille in Z. 06 äußert, unterstreicht den Ko-Konstruktionscharakter von Josefs Beitrag: Er hat ausgesprochen, was sie zum Ausdruck bringen – aber vielleicht nicht explizit sagen – wollte, und beide stimmen in ihrer Bewertung überein. Aus Sybilles Perspektive betrachtet, gelingt es ihr mit ihrem Vorgehen (syntaktisch unvollständige und semantisch vage Äußerung + Frageanhängsel, Z. 05) Josef ein Wort ‚in den Mund zu legen', d.h. ihn einzubeziehen und für die Bewertung mitverantwortlich zu machen. Derartige ‚Umfunktionalisierungen' des Formates der siFR und insbesondere der Wortsuche sind besonders häufig zu finden, wenn es darum geht, andere Gesprächsteilnehmer an einem kommunikativen Projekt zu beteiligen.

Auch Fremdinitiierungen können anderes tun, als Reparaturen zu initiieren. Im folgenden Beispiel bringt die Gesprächspartnerin ihre Überraschung zum Ausdruck, indem sie eine typische FIP mit Fragewort einsetzt.

Beispiel (64) DORA_1B_EXPERIMENT (aus Golato 2013: 35)

```
01 D: übrigens du bist zur zeit tei- teil eines
      wissenschaftlichen Forschungsprojekts.
```

```
02  C:   !WE:R,!                    starke Akzentuierung + Tonhöhensprung
03       (.)
04  C:   <<f>ICH?>
05  D:   ja. äh MAma [gestern auch schon.
```

Hier sind es die prosodische Markierung des *!WE:R,!* (Z. 02), auf das D trotz der kurzen Pause (Z. 03) nicht reagiert, und die nachfolgende, ebenfalls prosodisch markierte Antwort <<f>ICH?> (Z. 04), die zeigen, dass keine Reparatur freminitiiert, sondern Verwunderung zum Ausdruck gebracht wird (Golato 2013). Dass D dieses stark betonte *!WE:R,!* nicht als FIP versteht, zeigt sich im Ausbleiben einer Reaktion, die beim Reparieren (im Format der fiSR) konditionell relevant wäre. Funktional modifizierte Reparaturen werden als Pseudo-Reparaturen für das Gegenüber erkennbar und verständlich gemacht.

Auch im folgenden Beispiel bleibt der sonst obligatorische zweite Teil des Formats, die Reparatur, aus. Es kann also angenommen werden, dass Josefs Gesprächspartner verstanden haben, dass Josefs „wie bitte?" (Z. 15) nicht als Reparaturinitiierung fungiert.

Beispiel (65) DIÄT
```
((Fünf Bewohner einer WG unterhalten sich über die Dauer der
fleischlosen Zeit in ihrer WG.))
01  Max:  wieso diät is doch vor[BEI;
02  Jos:                        [<<p>hn?>
03        ↑ach SO?
04  Bia:  [nee GANZ ganz-
05  Jos:  [gi gi-
06        ging die nur EInen TAG oder wa- ((lacht))
07  Lin:  ((lacht))
08  Bia:  hab doch AUFgehört damit.
09  Jos:  ((lacht))
10  Max:  wieso nur einen TAG josef?
11        die ging ne [ganze WOChe].
12  Lin:              [ne ganze WO]Che.
13  Cla:  HM_hm.
14        [EIne woche].
15  Jos:  [WIE bitte?]                    unspezifische Reparaturinitiierung
16  Max:  wo wir nur Obst [und gEmüse geges]sen-
17  Jos:                  [was war_n GEStern]?
18  Max:  ja gestern war die woche vorBEI;
19  Jos:  wann hat die woche denn bei euch ANgefangen,
```

Obwohl drei WG-Bewohner (Maxi, Lina, Clara) sich einig sind, dass sie sich eine Woche lang vegetarisch ernährt haben (Z. 10–14), ist Josef der Überzeugung, dass die fleischlose Zeit lediglich einen Tag gedauert hat. In Überlappung mit Claras letzter Bestätigung dieser Aussage (Z. 14), äußert Josef ein prosodisch markiertes „wie bitte?" (Z. 15). Im Kontext der offenkundig gewordenen Meinungsverschiedenheit, also im Rahmen einer Verhandlung von Dissens, wird dieses „WIE bitte?" nicht als Reparaturinitiierung verstanden. Maxi wiederholt ihre Aussage nicht, sondern fährt fort und erweitert ihren Redebeitrag (Z. 16). Auch Josef besteht nicht auf einer Reparatur, sondern beginnt die Zeitangaben der anderen zu hinterfragen (Z. 17 ff.). Der sequenzielle Kontext, die Wahl der eher formellen Initiierungsform *wie bitte?* und deren prosodische Markierung lassen die Beteiligten ganz offensichtlich wissen, dass hier keine Reparatur initiiert werden soll, sondern eine Aussage in ihrem Wahrheitsgehalt in Frage gestellt wird.

Auch dem *wie bitte* (Z. 05) im nun folgenden Beispiel folgt keine Reparatur im engeren Sinn, sondern vielmehr eine Erklärung bzw. Begründung. Hier wird Dissens weder angekündigt noch fortgeschrieben, sondern eine Erklärung gefordert:

Beispiel (66) ELEKTRISCHE EISENBAHN
```
((Drei WG-Bewohner spielen mit einer elektrischen Eisenbahn.))
 01 Vio: is wie weihnachten so aʔ in der KINDheit.
 02 Jos: ja.
         (2)
 03 Mik: eigentlich überHAUPT <<:)>nich>.         offener Dissens
 04 Vio: wie bitte?=                              Reparaturinitiierung
 05 Mik: =also ER hat eigentlich wenig mit sowat zu tun jehabt
         als KIND.
 06      (-) und ICK eigentlich OOCH nich.        Erklärung
 07 Jos: [is so] ÄTzend (-)                       Bewertung
 08 Vio: [wieSO]?                      Frage nach Begründung für Bewertung
 09 Jos: ich [konnt mich] nich als Kind für so was beGEIStern,
 10 Mik:     [ja man    ]
 11 Jos: oder ich hab mich nich für so was beGEIStert,
 12      SCHIEnen zusammenstecken (-) tüf tüf
```

Viola fühlt sich durch die elektrische Eisenbahn, mit der die drei WG-Bewohner spielen, an Weihnachten und Kindheit erinnert (Z. 01), was von Josef (zunächst) bestätigt wird (Z. 02). Auf Mikes Widerspruch, den dieser mit Hilfe des „eigentlich" etwas relativiert, reagiert Viola mit *wie bitte?* (Z. 04). Diesem *wie bitte?* folgt allerdings nicht, wie bei einer FIP üblich, eine Wiederholung des Vorausgehenden, sondern die Begründung der Aussage (Z. 05–06). Mike hat es offensichtlich als Aufforderung verstanden, seinen Widerspruch zu erklären. Er geht davon aus, dass kein Übertragungsproblem vorliegt, sondern der Widerspruch, der die Allgemeingültigkeit von Violas Aussage in Frage stellt, das Problem ist. Er steht der **Präferenz für Übereinstimmung** (vgl. Kap. 4) entgegen, mit der solche allgemeingültigen Aussagen und Bewertungen in der Regel verknüpft sind und der Josef (zunächst) Folge leistet (Z. 02). Viola reagiert hier auf den (unerwarteten) Dissens. Ihr „*wie bitte?*" zeigt ungläubige Überraschung und nutzt zugleich die rückverweisende Qualität des Reparaturinitiators, um Mike aufzufordern, erneut Stellung zu nehmen. Dieser modifiziert seine allgemeine Aussage *eigentlich überHAUPT nich* (Z. 03) in *eigentlich wenig* (Z. 05) und erläutert, dass die von Viola konstatierte positive Assoziation von elektrischer Eisenbahn mit Weihnachten, glücklicher Kindheit etc. für Josef und ihn nicht gilt (Z. 05–06). Josefs Bewertung *ÄTzend* (Z. 07) bestätigt das. Nun fragt Viola explizit und offen nach einer Begründung (*wieSO?* Z. 08) und zeigt damit, dass sie wissen möchte, warum Josef und Mike ihre positive Assoziation nicht teilen. Es geht jetzt nicht mehr um Konfrontation, sondern um Verstehen im Sinne von Nachvollziehbarkeit und Akzeptanz.

In Beispiel (67) wird eine fiSR vollständig und regelgerecht ausgeführt. Dennoch weist die prosodische Markierung der FIP auf eine Funktionsänderung hin. Das prosodisch markierte <<h> WIE viel?> (Z. 05) transportiert die Zweifel, die A an der Korrektheit der von M genannten Zahl hegt. M zeigt, dass er das verstanden hat, indem er erklärt, was er eigentlich meinte (Z. 07).

Beispiel (67) 850 PLATTEN (aus Papantoniou 2012: 75)
```
01 M:   ich gloobe da HAB ich was für dich; (---)
02      und zwar son TY:P?
03      der macht glaub ich Achthunderfünfzig PLATten pro jahr,
04      (--)
05 A:   <<h> WIE viel?>
06 M:   hi <<p, all, lächelnd> achthundertfünfzig PLATten pro
            jahr;>=
07      =<<all> nein er hat einfach nur n_Unglaublich großen:>
            (-) äh ↑OUTput;
```

Hier zeigt A seine Zweifel mit einem prosodisch markierten *WIE viel?* (Z. 05), dass die genannte Zahl korrekt ist. M reagiert darauf mit einer von einem Lächeln begleiteten, eher leisen Wiederholung seiner Aussage (Z. 06), um dann schnell eine Modifikation nachzuschieben, die besagt, dass er übertrieben hat (Z. 08).

Eine besondere Funktionsänderung erfährt das Format der fiFR in Lehr-Lernkontexten (z. B. im Unterricht), die durch Wissensasymmetrien, institutionell verankerte Kompetenzunterschiede (Lehrende vs. Lernende) und einen eng umrissenen Arbeitsauftrag (Wissensvermittlung bzw. Aneignung) gekennzeichnet sind. Hier werden fiFR zu Arbeitsinstrumenten des Lehrens (Gardner 2013; Kääntä 2010; Kasper 2006). Sie verlieren dadurch ihren metakommunikativen Charakter und können auch nicht mehr als Nebensequenzen betrachtet werden (Seedhouse 2004, 2012), sondern gehören zum Kerngeschäft des Lehrens; das zeigt sich schon darin, dass diese Formate in Unterrichtssituationen deutlich häufiger zum Einsatz kommen als in informellen Gesprächen. Dennoch sind auch im Unterricht die normalen Präferenzen nicht völlig ausgesetzt, da auch Lehrende dem Format der fremdinitiierten **Selbst**reparatur (durch die Lernenden) in der Regel den Vorzug geben (McHoul 1990). Dabei wird die Lehrfunktion des Reparaturformats gleich mehrfach gekennzeichnet: Zum einen muss es sich beim Reparandum um einen Fehler handeln, zum zweiten sind es in der Regel die Lehrenden, die diese Korrekturen initiieren und zum dritten sind diese Korrekturen durch eine strukturelle, sequenzorganisatorische Veränderung der Formate fiFR und fiSR gekennzeichnet, sodass alle Unterrichtserfahrenen das Vorgehen unschwer als Lehrformat identifizieren können: Während in informellen Kontexten die fremdinitiierte Fremdkorrektur üblicherweise vom Korrigierten durch eine Ratifizierung (Übernahme oder Ablehnung der Berichtigung) abgeschlossen wird, enden Lehr-Korrekturen – auch die von der Lehrperson initiierten Selbstkorrekturen – in der Regel mit einer expliziten Evaluation durch den Lehrenden (McHoul 1990). Lehrkorrekturen charakterisieren Unterrichtskontexte derart, dass die Lehrenden sich mittels Korrekturen als Lehrende positionieren (*doing being teacher*), wohingegen die Korrigierten die Lernenden sind, d.h. sie dienen hier nicht nur dem Lehren, sondern auch **der Mitgliedschaftskategorisierung** (*membership categorization*) (vgl. Liebscher & Dailey-O'Cain 2003).

Die kontextspezifische Funktion der Lehrreparaturen wird nicht zuletzt daran deutlich, dass auch in Klassenzimmern ‚normal' repariert wird, wenn das Reparieren nicht dem Lehren dient, sondern Probleme des Sprechens, Hörens und Verstehens zu bearbeiten sind. Die zu Lehrformaten umfunktionierten fiFR und fiSR haben sich soweit verselbstständigt, dass sie nicht nur in institutionellen Lehr-Lern-Kontexten existieren, sondern – unter bestimmten Voraussetzungen – auch in informelle Kontexte importiert werden können und diese dann lokal als ‚Lehr-Lern-Gespräche' kontextualisieren.

In diesen informellen Kontexten sind lehrende fiFR/fiSR häufiger zu beobachten, wenn jemand an dem Gespräch teilnimmt, „der in bestimmten Domänen noch nicht kompetent ist" (SJS 1977: 381), was z. B. in Gesprächen zwischen Nichtmuttersprachlern und in Gesprächen mit Kindern der Fall ist (Corrin 2010; Forrester & Cherington 2009).

Beispiel (68) CORNFLAKES (von S. Reimers)
((Mirjam (dt.) und Scott (engl.) nutzen ein Gespräch für sprachliche Übungen))

```
01 M: was hast du heute schon geFRÜHstückt?
02    (3.0)
03 S: mai::sCORNflakes
04 M: cornflakes?
05 S: hm_hm
06 M: NUR cornflakes?
07 S: und_MIT milkch
08 M: mit MILCH:.                          fiFK (Artikulation): Vorgabe
09 S: MILCH:.                              Reproduktion
10 M: milCH: [sch]                         Ratifizierung (Evaluation)
11 S:        [hm ]und=                     Abbruch
12 M: =und?
13    und getrunken?
14 S: in ne SCHALE.
15 M: IN EINER SCHAle.                     fiFK (Morphologie): Vorgabe
16 S: so(h)o in einer SCHAle.=             Reproduktion
17 M: =oh sehr GUT; (-)                    explizite Evaluation
18    dein deutsch ist gar nicht SO schlecht.
19    SEHR gut.
20 S: SEHR schlecht.
```

Die Gestaltung der Korrektursequenzen, die M in diesem Gespräch mit S initiiert und strukturiert, entspricht einer Lehrreparatur. In Z. 08 korrigiert M einen phonetischen Fehler (Z. 07) und betont das für Angelsachsen schwierige CH durch Dehnung. S nimmt diese Korrektur als Vorlage und wiederholt (diesmal korrekt und ebenfalls gedehnt, Z. 09), woraufhin M das fehlerhaft artikulierte Wort ein weiteres Mal ausspricht. Schon im nächsten Schritt folgt eine weitere fremdinitiierte Korrektursequenz (Z. 14–20). Diesmal endet sie mit einer expliziten Evaluation (Z. 17) und Bewertung der Sprachkenntnisse von S (Z. 18–19), der das Kompliment jedoch ablehnt (Z. 20; siehe Kap. 2 Präferenzsysteme). Durch den Einsatz lehrender Formate wird transparent, dass M und S dieses Gespräch für Sprachübungen nutzen, also eine Lehr-Lernsituation *schaffen*. Zwar geht die Initiative immer von M aus, aber S lässt sich auf das Format ein und spielt mit. Die Korrekturen Ms sind hier ein Instrument des Unterrichtens und positionieren M zugleich als kompetente Muttersprachlerin und S als lernenden Fremdsprachler (Egbert 2004; Gardner 2013).

Allerdings sind auch in Gesprächen zwischen Muttersprachlern und Fremdsprachlern *face*-wahrendere Vorgehen beim lehrenden Korrigieren deutlich weiter verbreitet, als die *face*-bedrohenden fiFR, die das sprachliche Kompetenzgefälle exponieren. Im folgenden Beispiel bettet M eine Korrektur (Z. 07) in ihren nächsten Redebeitrag ein, dessen primäre Funktion aber wohl darin besteht, ihr Erstaunen über den Wunsch von S zum Ausdruck zu bringen (Jefferson 1983).

Beispiel (69) IM RHEIN (von S. Reimers)
```
((Mirjam (dt.) und Scott (engl.) planen den nächsten Tag und M
fragt Scott, was er unternehmen möchte.))
  01 M: was MÖCHtest du gerne machen?
  02 S: ähh KAFfee trinken,
  03    (3.0)
  04    spaZIEren gehen,
  05 M: hm_hm (--) und was [NOCH?]
  06 S:                    [in  ]dem rhein schwimmen,
  07 M: hehehehe du möchtest IM RHEIN schwimmen gehen?  Konjektur
                                                       + Korrektur
  08 S: (--) ja:,=                                     Ratifizierung
  09 M: =und wenn es zu KALT ist?
```

In Gesprächen zwischen (kleinen) Kindern und Erwachsenen (älteren Kindern) dienen fiSR und fiFR als

> [...] Vehikel für die Sozialisation [...], für den Umgang mit jenen, die noch lernen oder darin unterrichtet werden, mit einem System umzugehen, das für seinen Routinebetrieb adäquate Selbstkontroll- und Korrekturmechanismen erfordert, als Bedingung für seine Beherrschung. (SJS 1977: 381, Übersetzung A.B.).

Die Korrekturen beziehen sich dann in der Regel auf die Korrektheit der sprachlichen Formen (Spracherwerb) oder auf den Erwerb von Handlungskonventionen, wie die Beachtung der Regeln der Höflichkeit (Anrede, Sprecherwechsel, Markierung von Bitten etc.; vgl. Forrester 2012) oder auch den rezipientenspezifischen Zuschnitt und strukturellen Aufbau von Erzählungen (Hausendorf & Quasthoff 2005). Jefferson betont: „beim Korrigieren geht es nicht allein darum, etwas richtig zu stellen, [...] vielmehr beziehen sich Korrekturen auch auf Kompetenz(lücken) und Verhalten(sauffälligkeiten)" (Jefferson 1987: 88; vgl. auch die Arbeiten in Gardner & Forrester 2010 und Stivers 2012).

Auch hier überwiegt das Format der fiSR, die oft durch Konjekturen (als Initiierungspraktik) eingeleitet werden. Diese Konjekturen enthalten formale Korrekturen oder inhaltliche Präzisierungen und dienen damit als Modell. So haben die Initiierenden die Möglichkeit, korrekte Vorlagen anzubieten, ohne das Format der fiFR zu einzusetzen, so wie die Erwachsene dies im folgenden Auszug aus einem Gespräch mit einem Dreijährigen tut:

Beispiel (70) FLUGZEUG GEGUCKT
```
((Kind erzählt, wie es kürzlich zu einem kleinen Unfall kam.))
  01 Gast:   <<all> was_ist denn PASSiert?>
  02         (1.3)
  03 Kind:   ich FLU:Gzeug zugekUckt;
  04 Vater:  ((lacht leise durch die Nase, ca. 1.3 Sek lang))
  05         (--)
  06 Gast:   du hast nach dem FLUGzeug geguckt?       Konjektur
  07 Kind:   <<all,p> mh_HM,>                         Ratifizierung
  08 Gast:   [und DANN? (--)
  09 Kind:   dAnn (.) runterveFALL_N,
  10 Gast:   <<creaky> m:_woah°->
  11         (4.6)
```

In Beispiel (71) wählt Viktors Mutter eine andere Initiierungspraktik: Sie initiiert die Selbstkorrektur durch eine Wiederholung mit Frageintonation und deutlicher Akzentuierung des falschen Wortes (Lokalisation des Reparandums).

Beispiel (71) BUTTER UND MEHL
```
((Viktor (2;6 Jahre) und seine Mutter (A) sitzen am Esstisch und
frühstücken))
  01 A:  was möchtest du auf dein TOASTbrot drauf haben?
  02 V:  butTER;
  03     (3.0)
  04     und MEHL;
  05 A:  butter und MEHL? ((lächelt))
  06 V:  BUTter,
  07     (2.0) ((A beginnt Honig aus Brot zu streichen))
  08     und HOnig;
  09     (6.0) ((A streicht Honig aufs Brot))
  10     <<p> butter und> HOnig-= ((blickt auf sein Brot))
  11     =HIER is noch stelle; ((zeigt auf das Brot))
```

Mit ihrer Initiierungspraktik zeigt die Mutter, dass sie annimmt, dass Viktor in der Lage ist, den Fehler selbst zu erkennen und zu korrigieren. Dieses Vorgehen kann als Aufforderung verstanden werden, sprachliche (hier lexikalische) Kompetenzen zu demonstrieren (Lehrfunktion). Dass sie verstanden hat, was Viktor will, wird in ihrem Handeln deutlich: Sie beginnt Honig aufs Brot zu streichen, noch bevor Viktor seine Äußerung korrigiert hat.

Außerhalb von institutionell gegebenen oder von den Beteiligten einvernehmlich lokal geschaffenen Lehr-Lernkontexten werden belehrende fiFR als *face*-bedrohend wahrgenommen. Betrachten wir dazu noch das Beispiel (72) (vgl. a. Abschn. 5.6.3):

Beispiel (72) AMALGAM

```
09 AK: °h inwieweit isch des jetzt(.)äh koRREKT.
10     ER hat g_meint,
11     eh also eh dieses amalGAN,(.)    Reparandum
12 Z:  amalGAM.                          Reparans (fiFR R2)
13     mit EM am ende.                   & Erklärung
14 AK: ah amalGAM.                       Ratifizierung
                                         Verstehenssignal & Wiederholung
15 Z:  HM_hm.                            Bestätigung der Korrektheit
                                         (Evaluation)
16 AK: <<p>na; von mIr aus au SO.>       Kommentar
17     °hh ähm (---) KÖNnte,=            Fortsetzung von R1
18     =also Ich:: bin untersucht worden auf RHEUma,
19     weil ich öfters mal geLENKschmerzen [hab.  ]
20 Z:                                       [HM_hm.]
```

Hier bringt der Zahnarzt eine Fremdreparatur via Unterbrechung ein und verzichtet auf jegliche Verschleierungs- oder Abschwächungspraktiken. Z korrigiert den Fachbegriff „Amalgam", den AK falsch ausgesprochen hat: *amalgam. mit EM am ende.* (Z. 12–13). AK ratifiziert mit einem Erkenntnisprozessmarker *ah:* und wiederholt das Wort *amalGAM*. (Z. 14). Im nächsten Zug evaluiert Z, indem er die Korrektheit der Reproduktion des Wortes explizit bestätigt (Z. 15). Dieser typische Bestandteil einer Lehrkorrektur verwandelt die Reparatur im Sinne einer Berichtigung in eine (ungebetene) Belehrung (vgl. Keppler 1989). Bevor AK ihren Redebeitrag wiederaufnimmt (Z. 17), kommentiert sie Zs Belehrung (Z. 16). Dieser Kommentar *(von mIr aus au SO.)*, legt nahe, dass sie Zs Korrektur für unangemessen und irrelevant hält. AK ist es recht gleichgültig, ob es nun Amalgan oder Amalgam heißt; sie interessiert in erster Linie, ob die Amalgamfüllungen für sie schädlich sein könnten.

Diese fiFR ist aus mehreren Gründen markiert: Zum einen wird ein Lehrformat in einen Kontext importiert, in dem es nicht um Wissensvermittlung von Z zu AK geht. Im aktuellen Gesprächsabschnitt, der Anamnese, ist es vielmehr AK (als Wissende), die Z (den Unwissenden) über den bisherigen Krankheitsverlauf informieren soll. Zudem korrigiert Z einen phonologischen Fehler, der für das gegenseitige Verstehen und das gemeinsame kommunikative Projekt ‚Anamnese' unerheblich ist (vgl. dagegen das Beispiel 5). Darüber hinaus ist anzunehmen, dass es auch für das weitere Handeln des Arztes gleichgültig ist, wie AK Amalgam ausspricht. Vor diesem Hintergrund erscheint das Format der fiFR hinsichtlich Gegenstand und Form unberechtigt. Damit bleibt im gegebenen Gesprächszusammenhang lediglich die Wissensasymmetrie (als notwendige Voraussetzung für eine fiFR) wirksam. Die interaktional ungerechtfertigte Demonstration von ‚Besser-Wissen' verwandelt die Reparatur in ein Instrument der Beziehungsgestaltung (Experte vs. Laie), indem sie das asymmetrische Fachwissen betont.

Fassen wir zusammen: Wenn Sprecher oder Rezipienten Reparaturformate und -praktiken ‚umfunktionalisieren' (können), basiert dies auf der grundsätzlichen Unabhängigkeit des Reparatursystems vom Problemtyp. Am Beispiel der Ankündigung von Dissens mit Hilfe einer unspezifischen Fremdinitiierungspraktik („Wie?", „Hä?", „Bitte?") wird dies besonders deutlich: Hier wird das Problem ‚Meinungsverschiedenheit' (zunächst) als ‚Übertragungsproblem' verpackt. Damit die Beteiligten jedoch verstehen, dass es in dem, was nun folgen soll, eben nicht um die Sicherung von Verstehen/Intersubjektivität geht, muss das übliche Vorgehen in einer Weise modifiziert werden, die den Anderen erkennen lässt, welche Handlungen (lehren, belehren, widersprechen, bezweifeln etc.) hier stattfinden (sollen).

Hinsichtlich der Markierungsmittel haben wir gesehen, dass hier insbesondere auch die Prosodie eingesetzt wird (Couper-Kuhlen 1992; Selting 1996, Couper-Kuhlen & Selting 2017). Aber auch der Vergleich zwischen Reparandum und Reparans (Beispiel 60), strukturelle Erweiterungen wie die abschließende Evaluation in einer lehrenden fiFR (Beispiel 68), die Positionierung einer Reparatur im sequenziellen Kontext (Beispiel 72) und die institutionell vorgegebenen Rahmenbedingungen (Unterrichtsinteraktion) liefern Hinweise darauf, welche Handlungen hier realisiert werden.

Bleibt die Frage, warum Sprecher oder Hörer Reparaturformate oder Initiierungspraktiken einsetzen, wenn es ihnen nicht um Probleme des Sprechens, Hörens oder Verstehens geht? Warum ‚reparieren' Sprecher ihre Redezüge, wenn es nichts zu revidieren, eliminieren oder substituieren gibt und weder die Konstruktion des laufenden Redebeitrags noch die Progression der Aktivitäten, noch die gegenseitige Verständigung gefährdet erscheint? Was erreichen die Adressaten einer Aussage damit, dass sie eine Reparatur initiieren, wo sie doch gehört und verstanden haben und das Gespräch z. B. mit einem Gegenargument oder einer weiterführenden Frage fortsetzen könnten?

Hierfür können sowohl gesprächsorganisatorische als auch interaktionale/soziale Gründe angeführt werden. Betrachten wir zunächst die gesprächsorganisatorischen Aspekte: Reparaturen können aufgrund ihrer gesprächsorganisatorischen Relevanz jederzeit initiiert werden und die Initiierung stoppt das Bisherige. Sie schafft also Raum. Dieser eigentlich einer Reparatur zugewiesene Raum kann aber eben auch für Neues, Zusätzliches, Vertiefendes oder was immer dem Bisherigen (auch im Hinblick auf das Nachfolgende) hinzugefügt werden soll, genutzt werden. Was als Reparatur angekündigt wird, muss also nicht unbedingt als Reparatur enden. Reparaturen bieten sich daher nicht nur als

Instrument der **Revision**, sondern auch als Instrument der Redebeitragskonstruktion und Sequenzorganisation an. Letztlich zeigt in erster Linie der Vergleich zwischen dem, was formal als Reparandum und Reparans gekennzeichnet wurde, welche Probleme bearbeitet und welche Ziele damit verfolgt wurden, ob eine ‚echte' oder eine ‚umfunktionalisierte' Reparatur vorliegt.

Dies gilt für selbst- wie für fremdinitiierte Reparaturen. Auch mit einer Fremdinitiierung wird das Geschehen zunächst einmal gestoppt, was allen Beteiligten Zeit verschaffen kann, ihr bisheriges und weiteres Vorgehen zu überdenken. Dabei verschafft sich der Fremdinitiierende eine Möglichkeit den Beitrag des Sprechers indirekt, z. B. via Konjektur (FIP) oder direkt via Fremdreparatur (fiFR), zu bearbeiten. Wird der Ball zum Sprecher zurückgespielt, hat er die Gelegenheit, seinen Beitrag zu überarbeiten, z. B. um – wie im Fall von Dissens – im Folgenden eine dispräferierte offene Konfrontation zu vermeiden oder abzuschwächen (siehe Bsp. 66; Schegloff 2007: 100–106).

Wir haben gesehen, dass Reparaturen in sozialer Hinsicht besonders ‚sensibel' (*socially sensitive*) sind, wenn sie z. B. die sprachlichen und inhaltlichen Kompetenzen eines Sprechers oder auch die rezipientenseitigen Verpflichtungen zur Aufmerksamkeit (das Zuhören) in Frage stellen (Jefferson 1974, 1983). Insbesondere das Format der fiFR – als Korrektur realisiert – wirkt oft, aber keineswegs immer, *face*-bedrohend (vgl. Kap. 5.5. zum Präferenzsystem). Im Vergleich zu flüssig konstruierten und rezipientenspezifisch gestalteten TKEs, aufmerksamem Zuhören, unproblematischem Verstehen und anschlussfähigen nächsten Zügen, also zum reibungslosen Ablauf des Gesprächs, können Reparaturen als dispräferierte Aktivität betrachtet werden. Am Beispiel der Verhandlung von Dissens (und anderen interaktional dispräferierten Ereignissen) mit Hilfe von Reparaturen, wird jedoch deutlich, dass die Frage, ob eine Reparatur oder auch ein bestimmtes Reparaturformat als dispräferiert gelten kann, jeweils nur vor Ort und in Relation zum interaktionalen Präferenzstatus anderer Handlungsmöglichkeiten zu klären ist (Lerner 1996a). Im Beispiel (66) gelingt es S mit Hilfe einer FIP und der nachfolgenden Selbstreparatur, die Meinungsverschiedenheit (dispräferiert) in ein – zu klärendes – Missverständnis (weniger dispräferiert) zu transformieren (Schegloff 2007: 151). Dissens verstößt gegen die **Präferenz für Übereinstimmung**, und Dissens zu signalisieren könnte eine streitbare Auseinandersetzung einläuten. In dieser Situation verweisen unspezifische Initiierungen wie „wie bitte?" in einer maximal unverbindlichen Form darauf, dass zumindest einer der Beteiligten Schwierigkeiten mit den laufenden Ereignissen hat. Durch die Reparaturinitiierung wird dem Gegenüber die Möglichkeit gegeben, eine sich abzeichnende und für den Initiator ‚schwierige' Entwicklung des Gesprächs abzuwenden. Im Vergleich zu anderen, in dieser

Situation möglichen Praktiken (z. B. unmittelbarer Widerspruch) kann die fremdinitiierte Selbstreparatur hier einen Weg eröffnen, den Dissens als ‚technisches' Problem der Gesprächsorganisation oder Missverständnis zu behandeln (Lerner 1996a; Schegloff 2007). Ob dieses Vorgehen nachhaltigen Erfolg hat, muss sich dann zeigen: Im Beispiel (66) nutzt Mike die Chance und relativiert seine Aussage. Dies könnte der Ausgangspunkt für Verhandlungen sein, die zu einer differenzierten Einschätzung führen, die auch Vio akzeptieren kann.

Das Reparatursystem liefert also Handlungsformate und Realisierungspraktiken, die – über ihre primäre gesprächsorganisatorische Funktion der Sicherung von Progression und Intersubjektivität hinaus – für andere Funktionen eingesetzt werden können. All diesen Verwendungen ist allerdings gemeinsam, dass sie auf die grundlegenden Eigenschaften des Reparatursystems (Dringlichkeit, Abbruch, Rückverweis) und damit deren redebeitrags- und sequenzorganisatorisches Potential bauen und nur im Kontrast zu ‚normalen' Reparaturen als ‚besondere' Reparaturen in ihrer Funktion erkennbar werden.

6 Erzählen in Gesprächen

Helga Kotthoff*

6.1 Einleitung

Es gibt nur wenige verbale Aktivitäten, die im Alltag so viel Aufmerksamkeit auf sich ziehen wie das Erzählen, und gute Geschichtenerzähler/innen stehen nicht nur auf Partys schnell im Zentrum größerer Runden (Quasthoff 2001: 51). Das Erzählen ist ein menschliches Grundbedürfnis, weswegen der „Prozeß des Erzählens, in dem im persönlichen Alltagsgespräch eigene Erlebnisse einem Zuhörer kommunikativ vermittelt werden" (Quasthoff 1980: 11) breites wissenschaftliches Interesse verdient. Dieses Kapitel führt aus konversationsanalytischer Sicht in Grundbegriffe und elementare Strukturen des Erzählens ein. Der Fokus wird dabei auf zwei Fragen liegen:
1) Wie ist die Interaktion zwischen Erzähler/innen und Rezipient/innen organisiert?
2) Wie werden Erzählungen in den Gesprächszusammenhang eingebettet?

Seinerseits unter dem Begriff der „Rekonstruktiven Gattungen" (Bergmann & Luckmann 1995; vgl. a. Vertiefung unten), **fungiert der Terminus Narration als Oberbegriff für einen Diskurstyp, der interaktionelle und funktionelle Gemeinsamkeiten hat,** die wir im Folgenden beleuchten werden. Dabei gilt es, Erzählungen von anderen Formen (z. B. Bericht, vgl. Abschnitt 6) abzugrenzen. Der Begriff der „Geschichte" wird weitgehend synonym zu Erzählung verwendet.

In den vorherigen Kapiteln dieses Buches wurde deutlich, dass die Konversationsanalyse Gespräche als Ergebnis eines Zusammenspiels der Beteiligten begreift. Zum einen werden Erzählungen wie alle Redebeiträge auf die Rezipient/innen (z. B. auf ihren Wissenstand) zugeschnitten (vgl. Kap. 1 zum *recipient design*), und zum anderen gestalten sie durch ihre Aktivitäten, vom Blick bis zum Kommentar, das Format des Sprecherbeitrags mit. Erzählungen emergieren in einer konkreten Gesprächssituation zwischen spezifischen Sprecher/innen und Rezipient/innen; sie sind an der spezifischen Ausformung der Erzählung maßgeblich beteiligt. In allen narrativen Gattungen findet gemein-

---

* Für wertvolle Kommentare danke ich Elisabeth Gülich, Peter Auer und Karin Birkner.

same Wirklichkeits(re)konstruktion statt, aber auch Beziehungsgestaltung und Aushandlung von Moral und Selbstverständnis.

Prototypische Alltagsgeschichten werden über Ereignisse in der Vergangenheit erzählt; die Erzählerin weiß etwas, war dabei oder hat etwas gehört, das die Rezipientin noch nicht weiß. Von Erzählungen mit Neuigkeitswert unterscheiden sich beispielsweise Familiengeschichten, die wieder und wieder zum Besten gegeben werden und die häufig gemeinsam erzählt werden. Norrick (2000: 2) betont die Wichtigkeit der Unterscheidung zwischen Geschichten, die um ihrer selbst willen (*for their own sake*) erzählt werden, und solchen, die z. B. ein Argument illustrieren sollen.

Ist eine Erzählung einmal interaktional etabliert, sind mit Erzählungen Erwartungen in Hinsicht auf Form & Funktion verbunden. Solche Projektionen entstehen auf den unterschiedlichen Ebenen der sprachlichen Interaktion: von minimalen TKEs und Paarsequenzen (wie Einladungen, Bitten, Bewertungen etc., vgl. Kap. 4), der Organisation des Sprecherwechsels (vgl. Kap. 3), Gesprächsphasen (wie Eröffnung und Beendigung von fokussierten Interaktionen, vgl. a. Kap. 2) bis hin zu Aktivitäten und komplexen kommunikativen Gattungen (wie Unterrichtsinteraktion, Bewerbungsgespräch, Interview).

Das Kapitel beginnt mit einer Gegenüberstellung von konversationsanalytischen und textorientierten Interessen am mündlichen Erzählen und der dementsprechend unterschiedlichen Fokussierung, und zwar entweder auf die interaktionale Einbettung der Erzählung oder ihre monologische Produktion (Abschn. 1). In Abschnitt 2 widmen wir uns dem Einstieg ins Erzählen und unterscheiden zwischen Selbst- und Fremdinitiierung. Anschließend beschäftigen wir uns in Abschnitt 3 mit Ausleitungen aus Erzählungen. Mit der Ko-Konstruiertheit von Erzählungen, die sich u.a. auf die Erzählhaltung (*stance*, vgl. Niemelä 2011; Jaffe 2012) auswirkt, befasst sich Abschnitt 4, bevor es in Abschnitt 5 um die serielle Produktion von Erzählungen geht. Das Kapitel thematisiert außerdem spezifische Aspekte des Erzählens wie die Herstellung von Erzählwürdigkeit und Höhepunkten und die Kommunikation einer Erzählhaltung (*stance*). Im Kontrast zu Erzählen zeigt Abschnitt 6 die Merkmale des Berichtens (typischerweise in Institutionen) auf. In Abschnitt 7 beschäftigen wir uns noch mit der speziellen narrativen Gattung „Witz" und thematisieren dabei auch Leistungen der direkten Redewiedergabe. Am Schluss des Kapitels in Abschnitt 8 betrachten wir den Erwerb von Erzählkompetenzen, also die Frage, wie Kinder das Erzählen in Gesprächen mit erzählkompetenten Sprecher/innen lernen. Hier betrachten wir eine Erzählung aus einer Morgenrunde im Kindergarten, die erst mit der konversationellen Unterstützung der Erzieherin zu einer verständlichen Geschichte wird. Das Kapitel schließt mit einer Zusammenfassung.

6.2 Interaktionales Erzählen

Konversationelle Einheiten, die von vorn herein komplex angelegt werden, bringen für die Beteiligten die Herausforderung mit sich, dass die üblichen Regeln des Sprecherwechsels verändert werden müssen. Narrationen sind, wie Erklärungen oder komplexe Argumentationen, ihrer Natur nach Einheiten, die über eine erste minimale TKE hinaus ausgedehnt werden. Sacks (1986, 1992: 222–228) bezeichnete deshalb alltägliche Erzählungen sinnigerweise als „große Pakete", u. a. weil er erkannte, dass sie spezielle Anforderungen für die Organisation des Sprecherwechsels mit sich bringen, denn sie benötigen mehr als einen Redebeitrag zu ihrer Realisierung (Sacks 1992: 227; Jefferson 1978). Sprecher/innen müssen eine Lizenz für ihre Produktion erwirken, und Rezipient/innen von großen Paketen müssen erkennen, dass die Sprecherwechselregeln vorübergehend außer Kraft gesetzt werden sollen (vgl. Kap. 3).

Die für die Erzählung nötige, lange Redezeit wird von den Zuhörenden vor allem dann gewährt, wenn die Geschichte für sie interessant zu werden scheint, sie etwas angeht und Neuigkeits- und/oder Unterhaltungswert besitzt. Potentielle Erzähler/innen flechten Erzählungen möglichst so in die laufende Interaktion ein, dass sie ihr angekündigtes großes konversationelles Projekt zu einem Ende bringen können. Sie müssen sozusagen den Raum organisieren, in den sie ihre Erzählung einpassen können. Dazu dienen u.a. spezielle Präsequenzen (vgl. Kap. 4).

Etwa zu der Zeit, als Sacks seine ersten Vorlesungen abhielt und darin auch Erzählprozesse analysierte (vgl. Sacks' *Lectures* von 1971, 1978), entdeckten auch Labov & Waletzky (1967) bei ihren soziolinguistischen Erhebungen prototypische Strukturen von elizitierten, mündlichen Erzählungen als Forschungsthema. Sie hatten Erzählungen aufgezeichnet, bei denen sie zunächst auf soziophonetische Variablen achten wollten, begannen dann aber auch die Erzählungen selbst zu untersuchen. Allerdings interessierten sie sich nicht für die Interaktion, in die die Erzählung sich einbettet (Gülich & Mondada 2008: 101), sondern für die Struktur der Erzählung als monologischem Produkt des Erzählenden. In Anlehnung an Arbeiten des russischen Ethnologen Vladimir Propp fanden sie in diesen Erzählungen die folgenden Komponenten: Mittels eines **abstracts** wird eine Geschichte zunächst angekündigt. Dann liefert die Erzählerin eine **Orientierung** zu Ort, Zeit und Protagonisten der Handlung. Zentrum der Geschichte ist eine Sequenz von Handlungen oder Ereignissen, die zeitlich aufeinander folgen und die **Komplikation** (*complicating action*) ausmachen. Der Höhepunkt beinhaltet irgendeine Besonderheit, die als erzählwürdig ausgestaltet wird. Er führt zu einer Evaluation hin, woran sich die **Auflösung** (*resolution*) der Geschichte anschließt. Später führte Labov (1972) aus, dass sich

Evaluationen auch durch die ganze Geschichte ziehen können. Mittels einer **Koda** bindet der Erzähler die Geschichte wieder an die Erzählzeit, d.h. laufende Unterhaltung zurück. Dieses Modell wurde vielfach für weitere Erzählstudien aufgegriffen (z. B. Tannen 1989; Norrick 2000) und durch die Kombination mit konversationsanalytischen Herangehensweisen ausgebaut und ergänzt. Im Unterschied zu dieser produktorientierten Herangehensweise, in der die Erzählung als autonome Einheit gefasst wird, konzentrierten sich die Konversationsanalytiker der ersten Stunde, Sacks (1971), Jefferson (1978) und Schegloff (1980), von Beginn an auf die Frage, wie eine Geschichte in eine spezifische konversationelle Umgebung eingeflochten wird und wie die Beteiligung aller Anwesenden die Geschichte erst zu dem macht, was sie nach und nach wird. Konversationsanalytiker/innen rekonstruieren also, wie die Geschichte *accountably occasioned* (Sidnell 2010: 177), d.h. sinnvoll in die laufende Interaktion eingepasst wird. Wenn der Sprecherwechsel eine so zentrale Rolle spielt (vgl. Kap. 3), dann muss das Erzählen einer Geschichte zunächst als das Ergebnis der Aushandlung des Rederechts zwischen den Interagierenden gesehen werden. So gerieten u.a. die besonderen Funktionen von Einleitungen und Ausleitungen ins Blickfeld, die wir in Abschnitt 2 näher betrachten wollen.

---

i Vertiefung

Kommunikative Gattungen: Das narrative Rekonstruieren vergangener Ereignisse weist schematische Verdichtungen auf, die einem Muster folgen (Gülich & Mondada 2008: 113), welches aber die Unterscheidung verschiedener Untertypen (wie etwa Bericht, Witz, Empörungsgeschichte) erlaubt. Wir können hier am Konzept der ‚Gattung' anknüpfen, das aus der Wissenssoziologie und Anthropologischen Linguistik stammt. Es geht auf den russisches Kultursemiotiker Bachtin (1969/1985) zurück, der in den 20er und 30er Jahren des letzten Jahrhunderts argumentierte, dass Sprache ihren eigentlichen Sitz in der Interaktion habe, denn sie wird in Form konkreter Äußerungen in verschiedenartigen Aktivitäten realisiert. Das Konzept der ‚kommunikativen Gattungen' (Luckmann 1986, 1988) knüpft an diese Traditionen an und bindet sie in eine Theorie gesellschaftlichen Handelns ein (Luckmann 1996). Kommunikative Gattungen gelten als historisch und kulturspezifische, gesellschaftlich verfestigte und formalisierte Lösungen für kommunikative Probleme (Luckmann 1988). Luckmann – und in dieser Tradition auch Günthner & Knoblauch (1995) und Günthner (2007) – sieht kommunikative Vorgänge, in denen bestimmte sprachliche, formale und interaktive Elemente zusammengefügt und in ihren Anwendungsmöglichkeiten vorgezeichnet sind, als gattungshaft. Interaktionssteuernde Redegattungen (Günthner 2007) verkörpern nicht etwa von der Interaktion losgelöste Strukturen, sondern gelten als im Sprechen erzeugte und verfestigte interaktive Handlungsmuster. Charakteristikum einer Gattung ist die typische Verlaufsform im Handlungszusammenhang.

Erzählen wird von Bergmann & Luckmann (1995) zu den Rekonstruktiven Gattungen gezählt; diese kommen in unterschiedlichen Kontexten vor und sind Teil von Gattungen (z. B. das biographische Narrativ als Teil von Bewerbungsgesprächen oder der Witz mit seinem typischen Vorkommen in geselliger Runde). Welche Rekonstruktionsmethode (etwa im Format von Frage-Antwort oder narrativ) gewählt wird, hängt nach Gülich & Mondada (2008: 113) von verschiedenen Faktoren ab (z. B. der Situationseinschätzung). Klatschgeschichten, Berichte oder Witze wären dann mit ihren erwartbaren Besonderheiten Beispiele der rekonstruktiven Gattungsfamilie. Während beim Berichten das sachbezogene Interesse an bestimmten Inhalten im Vordergrund steht, will der Witz unterhalten und Amüsement erzeugen. Kindern etwa steht das Narrationsformat erst mit zunehmendem Alter zur Verfügung.

6.3 Vom Einstieg in Erzählungen

Sacks (1971: 309f.) identifizierte Techniken, die Sprecher/innen anwenden, um ihre Erzählaktivität über besondere Geschichteneinleitungen (*story prefaces*) in die Interaktion einzugliedern. Solche Einleitungen können den normalen Sprecherwechsel für die Dauer der Erzählung modifizieren.

Die Geschichte kann zum einen vom Erzähler selbst über eine Geschichteneinleitung angekündigt und von den Zuhörenden ratifiziert werden; es handelt sich dann um eine selbstinitiierte Geschichte. Sie kann sich aus dem Thema ergeben, das gerade verhandelt wird, oder auch nicht. Oft kommen bestimmte Formeln zum Einsatz, wie „Du kannst Dir nicht vorstellen, wen/was..." oder „Das erinnert mich an X". (Geschichteneinleitungen können sich aber auch über mehrere Gesprächszüge hinziehen, z. B., wenn sie gleichzeitig einen Themenwechsel herbeiführen sollen, siehe Abschn. 2.2 und 2.3). Zum anderen kann ein potentieller Rezipient eine Erzählung elizitieren, z. B. indem er sich mit der Frage nach einem Ereignis an den Gesprächspartner wendet; das gilt als „fremdinitiiert". Solche Fremdinitiierungen kommen beispielsweise in vielen institutionellen Kontexten vor. So fragen Ärzte ihre Patienten nach der Krankengeschichte, und auch in einer Therapie ist der persönliche Erlebnisbereich des Patienten hoch relevant und wird oft in Erzählungen rekonstruiert. Aber dennoch müssen Erzählungen lokal eingepasst werden.

Einleitungen sind nicht nur formal unterschiedlich gestaltet, sie nehmen auch verschiedene Funktionen gleichzeitig wahr. Sie leisten gemeinhin mehr als nur die Ankündigung einer Erzählung, sondern klären beispielsweise den Bezug zum Thema der Interaktion, die Rolle des Erzählers darin und auch seine Haltung (*stance*) zur Erzählung. Exemplifiziert die Geschichte durch das Darbieten persönlicher Erfahrung eine Behauptung? Oder problematisiert sie eine Aussage? Meist signalisieren die Einleitungen auch schon die Art der Erzählung, etwa als Erfolgsgeschichte, als Leidensgeschichte oder eine spaßige oder traurige Geschichte.

Eine grundlegende Unterscheidung betrifft die Selbst- und Fremdinitiierungen; hier lassen sich unterschiedliche Praktiken beschreiben. Eine zweite Differenzierung, die quer dazu verläuft, sind Erzähleinleitungen mit und ohne Bezug zum thematischen Kontext. Im Folgenden werden zunächst selbstinitiierte Erzählungen mit bzw. ohne Themenbezug vorgestellt (3.1–3.3), bevor dann Beispiele von Fremdinitiierung analysiert werden (3.4).

6.3.1 Erzähleinleitung mit Bezug zum aktuellen Thema

Eine Erzählung kann über Bezüge zum aktuellen Thema eingefädelt werden (vgl. Jefferson 1978: 220). An Beispiel (1) kann man dies gut nachvollziehen. Eine Runde von guten Bekannten spricht kritisch über den Erziehungsstil von Sybilles Mutter, worüber zum aktuellen Zeitpunkt schon einiges gesagt worden ist. Die Mutter ist also als Thema bereits etabliert.

Beispiel (1) MÜLL 1
```
((Josef, Bianca und Sybille sitzen beisammen und erzählen Kind-
heitserfahrungen. Sybille hat gerade erzählt, wie sie sich ver-
brannt hat und dafür bestraft wurde, weil sie nicht gut genug
aufgepasst hat))
  06 Bia:  [(das ist aber RAbenmutter.)
  07 Syb:  [bei uns war ICH die mutter. (-)
  08       [nee bei uns-
  09 Bia:  [als kind passiert dir doch jEde MENge °h
  10 Syb:  aber bei uns musste ICH halt (-) dIEjenige [sein.
  11 Jos:                                             [ja.
  12       da ist das so als FEHler gesehen [worden.
  13 Syb:                                   [JA.
  14       ich war die ÄLteste,
  15       und des (-) das_[s mein (FEHler).
  16 Bia:                  [HORror.
  17       HORror.=
  18 Jos:  =ja aber s_is fAlsche einstellung von deiner MUTter.
  19       ganz KLAR; ne?
  20 Syb:  ey ich SACH ja,=
  21       =ich war ja mit drEIzehn so wie andre mit SECHzehn.
  22       <<p>ECHT,>
  23       Aber, (.)
  24       s_war FURCHT-
→ 25       ich WEISS no;
→ 26       wie wir einmal nicht den MÜLL runtergebracht ham; ne,
  27       wer_ich NIE vergessen,
```

Die Gruppe diskutiert ausführlich die Erziehung, die Sybille in ihrer Kindheit erfahren hat (Z. 06–10). Mit mehreren Beiträgen baut Sybille einen Kontext auf, in den sich ihre Ankündigung einer Erzählung in Zeile 26 *wie wir einmal nicht den MÜLL runtergebracht ham;* bruchlos integriert. So bringt Sybille in Zeile 7 vor, dass sie als Kind bereits die Mutterrolle übernehmen musste, und betont in Zeile 10, dass sie zu Hause bestimmte Zuständigkeiten hatte. So lenkt sie die Aufmerksamkeit erneut auf ihre frühe, ungewöhnliche Rolle im Elternhaus. Bianca zeigt sich (Z. 16–17) als Zuhörerin affiliativ (Stivers 2008: 35) und bewertet mit dem zweimaligen Kommentar *HORror* Sybilles Kindheitserfahrungen negativ.

In Zeile 21 präsentiert Sybille zunächst eine Quintessenz der Verantwortung, die sie in ihrer Familie hatte: (*ich war ja mit dreizehn so wie andre mit SECHzehn.*) Die abgebrochene TKE in Zeile 24 *s_war furcht-* bestätigt die Bewertungsrichtung, die Bianca bereits benannt hat. Die Aufmerksamkeit liegt bereits auf dem Thema „Schwierige Kindheitserfahrungen" mit den beiden Protagonistinnen (Sybilles und ihre Mutter), und auch die Bewertungsperspektive ist schon umrissen.

Nach diesem erfolgreichen, stufenweisen Aufbau eines Kontextes holt sie zu einer Geschichte aus, indem sie ein *abstract* im Sinne von Labov & Waletzky (1967) liefert: *ich weiß noch, wie wir EINmal nicht den MÜLL runtergebracht ham, ne?* (Z. 25f.). In Zeile 27 (*wer_ich NIE vergessen,*) weist Sybille das Erlebnis als tief in ihrem Gedächtnis eingegraben aus. Die Zuhörenden können sich auf eine Problemerzählung einstellen.

Der Erzähler projektiert die Geschichte einleitend und ruft damit auch eine spezifische Rezeption hervor, die im Anschluss passend bekundet wird; insofern nimmt die Einleitung Einfluss auf die Rezeption der Erzählung. Schon während und nach der Einleitung der Geschichte können die Rezipienten Kommentare abgeben, die sich mit Inhalt und Bewertungsrichtung der Geschichte auseinandersetzen. Unterstützen die Rezipient/innen die Erzählung in ihrer Haltung (*affiliation*) oder lassen sie sie gar auflaufen oder zweifeln sie bestimmte Aspekte an (*disaffiliation*)? Damit sind Rezipient/innen am Zustandekommen einer bestimmten Ausprägung der Geschichte von Beginn an beteiligt (Norrick 2000), so dass man von einer kollaborativen Produktion ausgehen kann.

In Beispiel (2) passt die Erzähleinleitung ebenfalls thematisch zum vorherigen Gesprächsthema, auch wenn ein ganz anderer Typ von Ereignissen rekonstruiert wird.

Beispiel (2) SCHULBANK
```
((Gespräch über Schulerfahrungen mit schlechten Lehrern und dem
Sitzenbleiben))
  01 Vla: gibt wirklich auch super AUSnahmen, (--)
  02      wo auch super LEHrer sind, (--)
```

```
03        das hatte ich in der sIebten KLASse; das problem. (-)
04        bei uns war_s_SO,=
05        =mit drEi FÜNFer? (--)
06        durftest du noch mal die: (-) SCHULbank drücken.
07        in der [GLEIchen klasse.
08 Max:          [(das is) Überall so.
09 Vla: [ja?
10 Ant: [is Überall so.
11 Max: ich bin AUch mal in den [geNUSS gekommen. ((lacht))
12 Vla:                         [WEIßT,
13        jetzt PASS mal auf, (--)
14 Cla: ((→ Maxi))<<p>ECHT?>
15 Vla: ich hatte drEi FÜNfer, (-)
16        und dann HIESS es,
((etc.))
```

In der Runde werden negative Schulerfahrungen zum Besten gegeben, u.a. geht es um die Rolle von Lehrern beim Sitzenbleiben. Hieran knüpft Vlado an, der konstatiert, dass es auch *super AUSnahmen, (--) wo auch super LEHrer sind*, (Z. 01–02) gäbe und beginnt in der nächsten TKE eine Belegerzählung zu dieser Aussage: *das hatte ich in der sIebten KLASse; das problem.* (Z. 03). Er steigt ein, indem er Hintergrundinformationen dazu gibt: *=mit drEi FÜNFer? (--) durftest du noch mal die: (-) SCHULbank drücken. in der GLEIchen klasse.* (Z. 6, 7). Hier hakt Maxi ein, die, unterstützt von Anton, betont, dass diese Regel allgemein gelte (Z. 8, 10). Mit der Äußerung *AUCH mal in den Genuss gekommen* zu sein (Z. 11) beansprucht sie zum einen epistemische Autorität für diese Aussage und drückt zum anderen Empathie für Vlados Erfahrungen aus. Zum anderen aber etabliert sie sich als potenzielle nächste Erzählerin, die Vlado den Rederaum streitig machen könnte (siehe auch die interessierte Nachfrage *ECHT?* (Z. 14), mit der Clara auf Maxi reagiert). Auf diese Turbulenzen im Rederecht reagiert Vlado mit seiner expliziten Fokussierungsaufforderung: *WEIßT, jetzt PASS mal auf,* (Z. 12–13) und reetabliert sich schließlich erfolgreich als Erzähler (ab Z. 15).

6.3.2 Erzähleinleitung ohne Bezug zum aktuellen Thema

In der Konversationsanalyse wurden Praktiken beschrieben, die die Selbstinitiierung einer Geschichte außerhalb des aktuellen Gesprächsthemas ermöglichen, etwa durch Neuigkeits-Vorläufe (vgl. Kap. 4), wie z. B. „Weißt Du, wen ich heute getroffen habe?", eine Frage, die von Adressat/innen gar nicht beantworten werden kann. Sie weckt zum einen Neugierde und zum anderen verschafft sich die Erzählerin das Rederecht für einen längeren Beitrag, denn nur sie kann die Antwort liefern.

Im folgenden Beispiel (3) verwendet die 15-jährige Anna diese Praktik gegenüber ihrer Freundin Bea am Telefon: *un wEIsch du wen ich HEUT-* (Z. 02).

Beispiel (3) KERSTINS SCHWESTER 1
```
((Anna und Bea, zwei 15jährige Mädchen in einem Telefonge-
spräch))
  01 A:  un (.) JA:.
  02     un wEIsch du wen ich HEUT-
  03     hEUt war ich beim ARZT. ja? (-)
  04 B:  <<p>JA,>
  05 A:  un WEISCH du:,
  06     ich hab so_en SCHOCK kriegt,
  07     ich kOmm REIN. ja? (-)
  08     wEIsch du wer da SITZT?=
  09     =an der an der,
  10     wie_HEISST_des_no_ma?
  11     rezepTION.
  12     oder wie des no_mal ISCH,
  13 B:  eh_EH?
  14 A:  kErstins SCHWESter.
```

Den Neuigkeits-Vorlauf bricht Anna ab, bevor die TKE syntaktisch und semantisch vollständig ist. Sie geht in Zeile 3 zur Orientierung auf die Zeit des Geschehens (*hEUt*) und auf den Ort (*beim ARZT.*) ein. Orientierungen zu Ort, Zeit und Personen sind für Geschichten deshalb zentral, weil sie den Eintritt in eine Erzählwelt ermöglichen. Das wiederum kann der Anbahnung eines ausgedehnten Redebeitrags dienlich sein; zum Zeitpunkt heute und an dem Ort Arztpraxis, so kann die Rezipientin schließen, muss etwas Erzählwertes geschehen sein.

Bea ratifiziert in Zeile 04 die Mitteilung, dass Anna heute beim Arzt war. In der nächsten TKE (Z. 05) setzt Anna nochmal mit *un WEISCH du:* ein und fährt dann mit einer Darstellung ihrer Emotionen fort: *ich hab so_en SCHOCK kriegt,* (Z. 06). Dies wirkt u.a. deshalb spannungsaufbauend, da der Auslöser für diese dramatisierte Reaktion noch nicht genannt wurde. Sie fährt fort mit der Rekonstruktion von Ereignissen *ich kOmm REIN. ja? (-)* (Z. 07) und ein weiteres Mal folgt ein Neuigkeitsvorlauf: *wEIsch du wer da SITZT?* (Z. 08).

Nun steigt sie in eine weitere Spezifikation des Settings ein: Sie will artikulieren, wo die noch immer nicht benannte, „schockierende" Person saß, und initiiert aber zunächst mit einer Nebensequenz eine Fremdreparatur, die sie dann doch selbst durchführt:

```
09      =an der an der,
10      wie_HEISST_des_no_ma?
11      rezepTION.
12      oder wie des no_mal ISCH,
13 B:   eh_EH?
14      kErstins SCHWESter.
```

Sie benennt den Ort mit *rezepTION* (Z. 11) und einem die Tentativität der Bezeichnung markierenden *oder wie des no_mal ISCH* (Z. 12). Dieses Bemühen um Präzision, das sich in der Wortsuche manifestiert, dient der Authentisierung der Geschichte (Norrick 2000: 187). Zudem ergibt sich so ein retardierendes Moment, das als Stilelement der Spannungssteigerung gesehen werden kann. Darüber hinaus ist die besondere Relevanz dieser Ortsbezeichnung bereits absehbar: eine Person, die an der Rezeption steht, ist wohl Teil des Praxisteams. Beas Ratifizierung *eh_Eh?* (Z. 13) bestätigt, dass die Referenzherstellung geglückt ist und sie auf Fortsetzung wartet. Und schießlich lässt Anna endlich die Katze aus dem Sack: *kErstins SCHWESter.* (Z. 14).

An dieser Stelle ist das zufällige Treffen in der Arztpraxis auf eine Person, die sie bei ihrer Freundin offensichtlich als bekannt voraussetzen kann, in vielfacher Weise dramatisiert, so dass die Erzählwürdigkeit – zumindest für die Sprecherin – nicht in Zweifel steht. Alle Erzählforscher/innen betonen den Faktor der Herstellung von **„Erzählwürdigkeit"** (Quasthoff 1980) als wesentliches Element von Alltagserzählungen (*reportability* bei Labov & Waletzky 1967; vgl. a. Gülich & Mondada 2008: 111; Liddicoat 2007: 286; Norrick 2000). Die Protagonistin und das über sie Erzählwürdige werden bereits in der Einleitung in einem spezifischen Sinn aufbereitet und die Rezeption in Richtung auf Ungewöhnlichkeit oder gar Empörung gesteuert. Geschichten werden also in der Regel nicht nur räumlich, zeitlich, personell und thematisch situiert (*orientation* nach Labov & Waletzky (1967), sondern oft auch – wie oben – in Bezug auf eine Haltung (*stance*) geprägt, die die Erzählerin dem Erzählten gegenüber einnimmt und auch bei der Rezipientin erzeugen will.

Die Nennung der zentralen Protagonistin ihrer Erzählung, Kerstins Schwester, markiert den Endpunkt der Geschichteneinleitung. Bea bekundet auch in Zeile 13 ihre Rezeption und ratifiziert damit für Anna die Rolle der primären Erzählerin. Dies wird in der englischsprachigen Konversationsanalyse *alignment* (formale Ausrichtung auf eine Erzählung, Mandelbaum 2013: 500) genannt und von *affiliation* (einer inhaltlichen Gleichgerichtetheit mit der Erzählhaltung) unterschieden.

Die Geschichte in Beispiel (3) kommt in einem Telefongespräch unvermittelt auf; tatsächlich ist unter den Freundinnen eine Gesprächskultur verankert, in der von Personen erzählt wird, um sie hinterher gemeinsam zu bewerten. Allerdings zieht sich das Reden über ihr gemeinsames, soziales Umfeld durch das gesamte Telefonat der beiden Mädchen (Kotthoff 2008b, 2010). Plötzlich eingebrachte Erzählungen werden oft mit einem Disjunktionsmarker wie „apropos" oder „das erinnert mich an" eingeleitet (Liddicoat 2007: 281).

Eine dramatisierende Einleitung muss nicht unbedingt zu einer für Außenstehende auch tatsächlich dramatischen Geschichte führen. Gülich (2007: 57) betont, dass Erzählwürdigkeit als situiertes Phänomen aufzufassen ist. Alltagserlebnisse sind nicht an sich erzählenswert, sondern sie werden es durch das Erzählen. Anna empört sich im weiteren Verlauf über die Arroganz der Protagonistin in der neuen Rolle einer Praktikantin beim Arzt. Sie rekontextualisiert einen Dialog an der Rezeption der Arztpraxis, in dem Kerstins Schwester sie siezt (Z. 30–31).

Beispiel (4) KERSTINS SCHWESTER 2
```
((..))
   20 A:  [hat sich Ewig cool gefühlt.=
   21 B:  [JA ja.
   22 A:  =<<((acc))>dass sie da SITZT und so,>
   23     °h ICH so,
   24     ÄH.
   25     sie so jA: ehm halLO und so.
   26     und ICH s_ich so,
   27     ja ich brauch n reZEPT.
   28     °h und dann (.) ehm hat SIE so gesagt,
   29     ja äh HAM-
   30 →   ham SIE schon Angerufen?
   31 →   hat se glaub ich sogar geSAGT <<p>(dann noch)>.
   32     und dann ähm (.) hab ich gsagt NEE: un so.
   33     und dann hat SIE gsagt,
   34     <<((acc))>ja: dann musst du kurz WARten.>
   35     (schnalzt mit der Zunge) EWIG- (.)
   36     wie EINgebildet mAnn.
   37     wie die geMACHT hat.
```

Die minimale Geschichte wird im Wesentlichen zur Bewertung der Protagonistin verwendet, denn die Erzählung der Begegnung mündet in eine gemeinsame moralische Entrüstung über das Verhalten der gemeinsamen Bekannten (Transkript nicht gezeigt). Wir sehen, dass nach spektakulärem Auftakt durchaus eine unspektakuläre Episode erzählt werden kann, in deren Zentrum ein Dialog platziert wird.

6.3.3 Erzähleinleitung gegen ein laufendes Thema

In größeren Gruppen kann eine Erzählerin durchaus mehrere Anläufe brauchen, um eine Geschichte gegen ein laufendes oder gegen ein konkurrierendes Thema durchzusetzen.[149] Die Einleitung trägt dann gleichzeitig zur Beendigung oder vorübergehenden Suspendierung des laufenden Themas bei. Der Bäcker, von dem in Zeile 27 in Beispiel (5) die Rede ist, wurde in der Runde bereits als Protagonist anderer Geschichten thematisiert, weil die anwesende Helen aktuell in seiner Bäckerei jobbt;

Beispiel (5) MEHLALLERGIE
```
((Manuela, Helen, Sophia, Jürgen beschäftigen sich gerade mit
Bestellkarten für Rezepte.))
→ 27 M:    un BACke (-) SElber backe het er jo eh
  28 H→S:  echt?
  29       ham mir des verGESsen?
→ 30 M:    scho LANG nimmi. (-)
  31       do het er
  32 S→H:  ja.
  33 H→S:  den (-) die beSTELLkarte?
→ 34 M:    jo eh andre BÄCker khet,
                          ((gehabt))
→ 35       weil er het e MEHLallergie khet.
  36 H→S:  ECHT?
  37       oh desch aber LIEB,
  38       dass du an uns DENKSCH.
  39 J:    ach du LIEber gott.
  40 S→H:  BITte.
  41 H→S:  DANke schön.
→ 42 M:    no war t_backstube eh ZUE.
```

Helen und Sophia verhandeln beim sonntäglichen Kaffeetrinken den Austausch von Rezeptkarten (Z. 28–29, 32–33, 36–38, 40–41). In den Zeilen 27, 30, 34, 35 und 42 nimmt Mutter Manuela Anlauf zu einer im alemannischen Dialekt erzählten Geschichte über den Bäcker, der schon lange nicht mehr selbst backt, weil er unter einer Mehlallergie leidet – eine Geschichte, deren adäquater Rezeption sie sich sicher sein kann: Ein Bäcker mit „Mehlallergie" verspricht Erzählwürdigkeit. Jürgen ist der erste, der mit einer Interjektion eine emotionale Rezeption für die Geschichte bekundet: *ach du LIEber gott.* (Z. 39) Damit ist die Geschichte nicht nur ratifiziert, sondern der Rezipient zeigt sich auch affiliativ.

---

149 Ein vielsagendes Beispiel dafür findet sich in Gülich & Mondada (2006: 122f.).

In Zeile 42 präsentiert Manuela ein weiteres narratives Zentralstück: Die Backstube war zu. Im weiteren Verlauf zeigt sich, dass der Raum für Manuelas „großes Paket" nun eröffnet ist.

Vertiefung
Wie lässt sich ein Gesprächsthema fassen? Gesprächsthemen sind zunächst grob gesehen das, „worum es geht" oder „worüber gesprochen wird". Sacks (1995: 752) war zunächst beim Thema „Thema" eher skeptisch. Er schreibt, er könne dabei nicht so vorgehen wie sonst, nämlich formale Prozeduren zu identifizieren, welche Menschen in Gesprächen verfolgen (vgl. Sidnell 2010: 223ff.). Wenn man aber, so Sacks, Themenentwicklung als ein Beispiel für *tying structures* (koppelnde Strukturen) fasst, und diese als ein fundamentales Organisationsprinzip von Gesprächen erkennt, dann gehöre Themenentwicklung wieder dazu (1995: 541).
Konversationsanalytiker/innen haben sich besonders mit Themengrenzen und ihren Markierungen beschäftigt (*topic boundaries*, Scheglof 1990). In der Regel wird ein Thema aus dem vorherigen heraus entwickelt (*topic shading, stepwise topical transition*). Themen können auch explizit mit markiertem Wechsel, beispielsweise mit einem Fehlplatzierungsmarker eingeleitet werden (vgl. *apropos* in Beispiel (6)). Explizite Themenwechsel, wie z. B. *Und jetzt komme ich zum Thema X* sind eher typisch für Vorträge und andere institutionellen Gattungen, z. B. Bewerbungsgespräche (Birkner 2001). Die Art der Themenentwicklung verrät also auch etwas über den Kontext.
Im folgenden Beispiel (6) geht es aktuell gerade um die Einschätzung eines Jungen aus der Klasse, für den Chrissy schwärmt.

Beispiel (6) CLOONEY 1
```
((Chrissy (C)und Dora (D), zwei 14jährige Mädchen, im Telefongespräch))
   07 C: wenn der carsten ma AUCH so lieb wär.
   08 D: ja aber des is_er beSTIMMT.
   09    der is bestimmt nich so EINgebildet und sonst irgendwie so.
   11 C: ja SCHO:N; (h.) ne.
→  12    aber apropos der george CLOOney ja,
   13    ich mach ja über den noch ehm en SECHSkartenthema.
```

Mit der Thematisierung von „George Clooney" knüpft Chrissy an ein Thema an, das in dem Gespräch schon viele Sequenzen zurückliegt. Themenwechsel sind nach Jefferson (1993) delikate Angelegenheiten, die die Interagierenden in Ausrichtung auf die aktuellen Sequenzen bewerkstelligen müssen. Themeninitiativen sind nur dann erfolgreich, wenn Gesprächsteilnehmende sie aufgreifen und das Thema dadurch überhaupt erst zum Gesprächsthema machen (Maynard 1980; Linell 1998: 183, 2004). Ein Thema ohne Resonanz fällt unter den Tisch. Generell sind Themeneinführungen somit zunächst nur Kandidaten für ein Thema.
In informellen Gesprächen wird meist ein Thema kaum merklich ins andere geschraubt. In Bezug auf thematische Kohärenz sind wir ziemlich flexibel. Sacks unterscheidet *topic shifts* (Themenwechsel mit schrittweiser Themenentwicklung) von markierten Themenwechsel. Bei unmarkierter Themenentwicklung redet man beispielsweise übers Wetter, dann kommt man drauf, dass es zu kalt ist zum Fahrradfahren, was dann zum Thema Fahrradtour ausgebaut wird. In seinen Vorlesungen schreibt Sacks (1992, vol. 2: 566, Übersetzung H. K.):

Es ist ein generelles Merkmal der Themenorganisation, dass der beste Weg, sich von Thema zu Thema zu bewegen, nicht die Themenbeendigung mit anschließendem Themenneubeginn ist, sondern das, was wir schrittweise Bewegung nennen. So eine Bewegung umfasst das Verbinden dessen, worüber gerade geredet wurde, mit dem, worüber jetzt gesprochen wird, obwohl es verschieden ist.

Manchmal stimmen die Gesprächspartner/innen aber auch nicht darüber überein, was in einem bestimmten Kontext eigentlich Thema ist. Interagierende produzieren Äußerungen wie: "Das gehört doch gar nicht zum Thema", wehren also eine bestimmte Themenentwicklung ab und ernten damit u.U. Widerspruch. Themen sind Produkte von Zuordnungen, die vor allem dann nicht mehr im gemeinsamen Interesse liegen, wenn aus dem Gespräch eine Kontroverse wird. In Kontroversen orientiert man sich zwar weiterhin am aktuellen Gesprächsverlauf, verfolgt aber auch eigene Themeninteressen. Man hört Themenversuche von vorn herein strategisch und versucht, Themen zu vereiteln, die der eigenen Argumentation nicht dienen. In einigen Studien wurde gezeigt, dass Themeninitiativen und Durchsetzungsstrategien zu Dominanz in Gesprächen führen (Schmidt 1988).

6.3.4 Fremdinitiierung von Erzählungen

Erzählungen können wie in den Beispielen (1), (2), (3), (4) selbstinitiiert werden oder aber, wie in Beispiel (7) zu sehen sein wird, fremdinitiiert werden, etwa durch Fragen nach bestimmten Erlebnissen oder Abläufen. Fremdinitiierte Berichte spielen in vielen Institutionen eine Rolle, etwa bei der Diagnosefindung in Medizin und Psychotherapie (Lucius-Hoene 2009). In institutionellen Kontexten, wie z. B. auf Sozialämtern (Selting 1987), bei Bewerbungen (Birkner 2001; Kern 2000), in Kliniken oder in Beratungsgesprächen, werden die Klienten oft direkt nach der Begrüßung von Vertretern der Institution zum Erzählen aufgefordert. Das kann im Alltag natürlich auch der Fall sein, wenn die Anwesenden beispielsweise wissen, dass der potentielle Erzähler einen wichtigen Termin hatte, und dann nachfragen (z. B. mit „wie war's?")

In Beispiel (7) äußert der Therapeut eine globale Erzählaufforderung *wollen Sie e bissle was erZÄHlen,* (Z. 6). In psychotherapeutischen Erstgesprächen und auch in telefonischen Beratungsgesprächen muss eine solche Erzählaufforderung nicht begründet werden, weil in dem Kontext evident ist, dass die Ratsuchenden Geschichten von sich präsentieren, die auch die Probleme beinhalten, weswegen sie sich in den institutionellen Zusammenhang begeben haben.

Beispiel (7) PSYCHOTHERAPIE
```
01 T1: sie haben (-) ja (--) äh: (--) sie sind scho jetzt
       einige (.) WOChen da in der klinik und, äh
02 K1: ja gerade ZWEI wochen(-)[jetzt.
```

```
03 T1:                    [gerade ZWEI;
04      und äh (- -) nach äh: einer KRIse die sie-,>
05 K1:  ja.
06 T1:  wollen sie e bissle was äh sa- erZÄHlen?
07      von dem (.) dem, was sie jetzt hierHER führt und was
           sie,
08      (1.0)
09 K1:  ich kann natürlich die JÜNGste vergangenheit,=
10      [=zunächst mal kurz umREIßen;
11 T1:  [ja
12 K:   die ganzen HINtergründe kommen ja dann später mal;
13 T1:  ja. (.)
14      ja.
15 K1:  so (---) s_war sozusagen der (.) GIPfelpunkt einer (.)
           schiefen ebene-
16      die das ganze jahr (.) ABwärts führte-
17      von januar bis °h MAI. (-)
18      der GIPfelpunkt (.) mitte ende MAI,
19      und (--) der war eben (-) oder bestand in einem (.)
           suiZIDversuch,
```

Der Therapeut artikuliert seinen Kenntnisstand bezüglich der Aufenthaltsdauer des Patienten in der Klinik (Z. 1); K1 korrigiert das (statt *einige* = *zwei*). Norrick (2000: 58) bemerkt, dass Selbstreparaturen (vgl. Z. 01) und Fremdreparaturen beim Einstieg ins Erzählen allgemein häufig vorkommen. Dies habe mit Ansprüchen an die richtige Rekonstruktion der Geschichte zu tun.

Der Therapeut spricht eine *KRIse* (Z. 4) an, die den Klienten in die Klinik gebracht hat. Damit etabliert er auch das Thema der Geschichte. Eine globale Erzählaufforderung *wollen Sie e bissle was erZÄHlen,* (Z. 6) funktioniert nur, wenn der Kontext schon vorab allen als einer bekannt ist, in dem persönliche Geschichten relevant sind. Der Klient liefert zum Einstieg eine Zusammenfassung seiner psychischen Entwicklung und inkorporiert in die Darbietung die epistemischen Gründe dafür, dass er seine Geschichte so und nicht anders beginnt.

Auch in Beratungssendungen des Radios werden Narrative unmittelbar eingefordert. In dem folgenden Ausschnitt aus einer Beratungssendung in Radio Bayern 2 kann die Psychotherapeutin Brigitte Lämmle die Anruferin sogar mit *wir steigen EIN? (-) und sie erZÄHlen mir ein bisschen.* (Z. 05–06) zum Erzählen animieren. Wer hier anruft, weiß, dass er oder sie von seinen Problemen erzählen soll und dass die Psychotherapeutin davon ausgehend eine Beratung entwickeln wird. In einem anderen Kontext könnte die indikativische Aufforderung „und sie erzählen mir ein bisschen" eine Frechheit sein. Klientin A steigt mit einem Resümmée ihrer Geschichte ein.

Beispiel (8) ESSTÖRUNG
```
((BR 2 Nachtgespräch mit Brigitte Lämmle, 28.06.2009;
Lämmle (L), Anruferin (A)))
  05 L: °hh wir steigen EIN? (-)
  06 L: und sie [erZÄHlen mir ein bisschen.(°h)
  07 A:        [ja,
  08     oKAY,
  09     das MACH ich. (h°)
  10     e::m (--) also ich bin irgendwie seit_n pAAr wochen
         so in meine ESSstörung zuRÜCKgefallen, (-)
```

A ratifiziert die Erzählaufforderung (Z. 07, 08, 09) und nennt dann zusammenfassend und mit Zeitangaben den Hauptgrund ihres Anrufs in der Beratungssendung: ihre erneuten Essstörungen. Lämmle und das Radiopublikum erfahren sehr kompakt, dass die Essstörungen schon einmal überwunden waren. Die Anruferin orientiert ihre Rezipient/innen (Lämmle und die Radiohörer) sowohl inhaltlich als auch bewertend auf eine Geschichte, die sich um ein schon lange währendes Problem dreht.

Auf die Erzählaufforderungen hin präsentieren die Klienten schnell ein Zentralstück ihrer Probleme, wie die Anruferin in Beispiel (8) die Leidensgeschichte des Rückfalls in Essstörungen. Der Sprecherwechsel ist suspendiert, bis die Therapeutin Nachfragen stellt; das Ende dieses Arrangements mit einem primären Erzähler muss aber auch wieder bemerkbar sein.

Die Einleitungen von Geschichten erfüllen verschiedene Funktionen gleichzeitig. Sie präparieren den interaktionellen Raum für die Übermittlung des speziellen „Pakets", indem sie laufende Themen beenden helfen; sie proklamieren die spezifische Erzählwürdigkeit der kommenden Geschichte und sie bereiten die Rezipienten schon auf die Art der Geschichte vor (Problemgeschichte, Bericht, spaßige Geschichte usw.). Zudem projizieren Einleitungen, welche Art von Narrativen zu erwarten sind, z. B. Witze oder Berichte.

6.4 Vom Ausstieg aus Geschichten

Eine Geschichte hat – wie jedes große Projekt –ein bemerkbares Ende, was erneut Konsequenzen für das System des Sprecherwechsels mit sich bringt. Erzähler/innen und Rezipient/innen re-engagieren sich nun in der Wiedereinführung des Sprecherwechsels. Hinweise auf das Ende der Geschichte sind interaktionell so komplex wie Einleitungen. De Fina & Georgakopoulou (2012: 89) fassen zusammen, dass es vor dem endgültigen Ende der Erzählsequenz bereits genügend Hinweise darauf gegeben haben muss, dass die Rezipient/innen die Geschichte verstanden und gewürdigt haben.

Am Ende von Geschichten (allerdings nicht nur dort) ist es bedeutsam, ob Erzähler und Adressaten in ihrer Haltung zum Erzählten übereinstimmen. Der Ausstieg besteht oft aus einer mehrschrittigen Bewertung; das ist in Beispiel (9) zu sehen, wo diese noch einige Male lachend bekräftigt wird. Gerade am Schluss von Geschichten mit harmlosen Problemen wird oft gelacht.

Beispiel (9) DUMM
```
01 Max:  ((atmet laut ein und aus))
02 Ant:  das war hehe (DUMM.) [((lacht))
03 Max:                       [((lacht))
04 Ant:  und das WAR_S für mich auch erstmal,
05       da hab ich geSAGT,
06       NEIN. (.)
07       vorBEI. (--) ((lacht))
08       NEE. ((lacht))
09 Max:  [((lacht))
10 Ant:  [°h MACH ich nich. ((lacht))
11 Max:  ((lacht))
12 Ant:  PU::H.
13 Cla:  ((lacht))
```

Anton hat vorher von einer ersten sexuellen Annäherung an ein Mädchen erzählt, deren Geruch – wie sich bald herausstellte – er nicht mochte. Den holprigen Versuch der Herstellung von Intimität fasst er lachend mit *das war hehe DUMM.* (Z. 2) zusammen. Auch Maxi lacht mit. Anton berichtet dann noch von seinem expliziten Schlussstrich unter die Beziehung (*NEIN. vorBEI. (--) ((lacht)) NEE.* (Z. 6–8), der gleichzeitig das Ende seiner Geschichte über die erste sexuelle Begegnung markiert. Auch das wird vom Lachen seiner Rezipient/innen begleitet.

In Zeile 10 bekräftigt *°h MACH ich nich.* gleichermaßen das Ende der Geschichte wie das Ende der Beziehung in der Geschichte. Seine Konsequenz ist klar formuliert. Die Interjektion *PU::H* (Z. 12) setzt den endgültigen Schlusspunkt, der die damalige Anstrengung und die Anstrengung der Erinnerung markiert. Evaluationen wie *das war DUMM* und Resümées wie *das war_s für mich auch erstmal* gehören oft zur schrittweisen Beendigung. Das Lachen ratifiziert die Komik der Geschichte: Anton lacht in Z. 2, 7, 10, Maxi schließt sich in den Zeilen 3, 9 und 11 den Lacheinladungen von Anton an; auch Clara lacht in Zeile 13 mit. Jefferson (1984a, b), die sich früh mit Lachen in Interaktionen beschäftigt hat, arbeitet heraus, dass ein initiatives Lachen in den meisten Kontexten als eine Einladung an die Rezipient/innen fungiert, das Lachen zu erwidern (vgl. a. Glenn 2003). Die Geschichte von einer gescheiterten Beziehung endet so mit einer vom Erzähler demonstrierten Haltung (*stance*) des Leichtnehmens, der sich die Zuhörenden anschließen. Sie zeigen *affiliation* im Sinne von Stivers (2008: 35; vgl. a. Mandelbaum 2013: 500). Wenn die Haltungen von Erzähler und Publikum nicht übereinstimmen, verändert dies die Geschichte; es kann den thematischen Stoff für einen folgenden Meinungsaustausch abgeben.

Typisch für ein Geschichtenende ist auch eine zusammenfassende Bewertung der Geschichte, die sowohl Geschichtenproduzenten als auch -rezipienten vornehmen können. Der Bewertung durch die Rezipientin in Beispiel (10) geht Josefs Geschichte einer Bergtour voran, in der er seinen Rucksack in einem Lokal im Tal vergessen hat und also allein mit dem Rad eine weite Strecke zurückfahren muss.

Beispiel (10) KAMERA 1
```
50 Jos:  so_n bisschen auf gebrochen (.) ENGlisch,
51       °h hier öh mei BÄ:G und so nä?
52       <<h>OOH;
53       JE:S;>
54       (.)
55       <<all> ham se mir die rucksäcke geGEben,>
56       <<genervt>und dann kOnnt isch da noch mal HOCH.>
57 Syb:  <<all>hast aber glÜck gehabt dass d_en überhaupt
         WIEdergekricht hast.>
```

Josef inszeniert den minimalen Dialog mit einem Einheimischen auf gebrochenem Englisch in direkter Redewiedergabe (Z. 51–53). Während er am Ende in Zeile 56 die negativen Konsequenzen der Unternehmung zum Ausdruck bringt, nämlich, dass er dann mit dem zurückgewonnenen Rucksack erneut auf den Berg fahren musste, fasst Sybille die Gesamtbewertung der Geschichte zusammen: Josef hat Glück gehabt (Z. 57). Das entspricht auch Josefs eigener Gesamtevaluation der Geschichte.

Jefferson (1978) hat verdeutlicht, wie stark Geschichtenerzähler und -rezipienten auf Übereinstimmung in der Bewertung der Personen und Ereignisse aus sind und wie konsequenzenreich es für die weitere Interaktion ist, wenn diese nicht deutlich wird.[150]

---

150 Auch Labov & Waletzky (1967) fanden u.a. am Ende der von ihnen elizitierten Geschichten Bewertungen, deren Dialogizität sie allerdings nicht herausgearbeitet haben. Diese werden oft

6.5 Erzählungen als Ko-Konstruktionen

Es ist bereits deutlich geworden, dass die Konversationsanalyse Geschichten als das gemeinsame Produkt von Erzähler/in und Rezipient/in sieht. Erzähler/innen haben die Geschichte nicht vorher fix und fertig im Kopf, sondern passen sie in einen Kontext ein, den sie für die Rezipienten kreieren – an dem Letztere aber mitwirken. Gülich & Mondada (2008: 108) weisen darauf hin, dass zwar die narrative Rekonstruktion in der Regel hauptsächlich von einer Person geleistet wird, aber die Markierung von Relevanzen von den Beteiligten gemeinsam hervorgebracht wird. Es gibt eine Fülle von Aktivitäten der Zuhörer/innen, wie etwa Rezeptionssignale, Kommentare, Bewertungen, nonverbale Aktivitäten (z. B. Lachen), die dabei eine Rolle spielen.

6.5.1 Rezeptionskundgaben

In Beispiel (11) gestaltet das Mädchen Bernie im Telefonat mit ihrer Freundin Anna einen recht unmittelbaren Auftakt ihrer Geschichte vom aktuellen Geschehen auf dem Schulhof; ein Thema, das deshalb möglich ist, weil das Schulhofgeschehen sowieso ein Dauerbrennerthema ihrer nachmittäglichen Telefonate darstellt (Kotthoff 2008b, 2010). Bernie berichtet von einer Aufregung, die *A:Lle* (Z. 119) auf dem Schulhof erfasst hat, und liefert eine dramatisierte direkten Redewiedergabe, die allen zugesprochen wird, mit Namensanrede und der Interjektion *oh*. Der Hintergrund der mit *und so* (Z. 120) jugendsprachlich eingeleiteten Redewiedergabe (Kotthoff 2008a) der Mitschüler (Z. 121) muss nun erhellt werden. Anna reagiert prompt mit einer Nachfrage.

Die Protagonistin Franzi ist hier schon ohne weitere Umschweife eingeführt. Annas fragendes „wieso?" in Zeile 122 ratifiziert Bernies Rolle als Erzählerin und ermuntert sie zur Weiterführung der Geschichte, denn ihre Zuhörerin hat Interesse bekundet zu erfahren, was heute mit Franzi auf dem Schulhof passiert ist. Diese spezifische, „neugierige" Rezeption hat Bernie ihrer Gesprächspartnerin mit ihrer Art des Erzählens nahegelegt. Betrachten wir den weiteren Verlauf der Erzählung:

---

mit Klischees versprachlicht (Glück oder Pech gehabt z. B.) oder gar mit Sprichwörtern (Quasthoff 1980; Norrick 1993: 49) vom Typus „Ende gut – alles gut".

Beispiel (11) FRANZI
((Telefongespräch))
```
118 B: da ham-
119    A:Lle sin rumgerannt.
120    und so,
121    FRANzi: oh:: FRANzi: und so.=ja?
122 A: wieSO?
123 B: und dann hab ich de DENnie gefragt,
124    ja was WA:R jetzt eigentlich?
125    warum haben eigentlich alle FRANzi so lieb?
126    ja und SIE so,
127    ja weisch ehm,
128    heba hat ihr hm: ne FLASche übern kopf gehaun.
129    [und dann,
130 A: [huch?
131 B: ehm hat sie- (.)<<((acc))> also also aus aus SPA:ß>
132 A: aus SPA::ß?
133 B: ja h°
134    und dann hat halt ihr IRgendwie ehm so(.)
135    WARte, (.)
136    hat I:HR? (.)
137    AH ja-
138    hat sie en blaues AUge gehabt,
139    und ihr (--) ihre NAse hat geblutet.
140 A: oh jö:h
141 B: dann sind ALle rum gerannt.
142    und ham so gefragt (und gefragt) wo sie IS und so.
143 A: ja musst sie dann ins KRANkenhaus oder so?
144 B: WEIß nich.
145    sie war WEG.
146 A: oh des SCHAFFT,
147    dass die_es aus SPAß machen.
148 B: ha: JA::,
149 A: mit DEnen mach ich kein: spAß mehr.
```

Franzi wird zur Protagonistin der Geschichte, deren Zeitpunkt „heut" ist und deren Ort, die Schule, inferiert werden kann. Die Erzählerin Bernie führt sich selbst im Dialog auf dem Schulhof vor und zitiert sich in direkter Rede mit ihrer leicht ironischen Frage an Dennie (*warum haben eigentlich alle FRANzi so lieb?* Z. 125). Sie lässt diese in direkter Rede antworten: *heba hat ihr hm: ne FLAsche übern kopf gehaun.* (Z. 128). Darauf äußert Anna nach der Ereignisbenennung die Interjektion *huch* (Z. 130) und trägt dadurch zu einer gemeinsamen und gleichgerichteten Bewertung der Ereignisse bei. Damit wird die Erzählwürdigkeit des Ereignisses von Annas Rezeption mitkonstituiert.

In den Zeilen 138 und 139 beschreibt Bernie dann die Folgen des Schlags mit der Flasche für Franzi (blaues Auge, Nasenbluten) und weiter die Aufregung auf dem Schulhof. Darauf bewertet Anna mit *oh jöh* in Z. 140 erneut das Ereignis als bedauerlich und fragt sogar in Zeile 143 nach, ob Franzi ins Krankenhaus musste, womit sie erneut Interesse an den Details der Geschichte zum Ausdruck bringt. Die Information, dass Heba Franzi mit einer Flasche auf den Kopf geschlagen hat, ist ebenso zentral wie die Folgen und die gemeinsame Ablehnung der Verhaltensweisen einiger Mitschüler/innen. Zur Dramatisierung trägt auch die Tatsache bei, dass die Protagonistin *weg* (Z. 145) war. Anna präsentiert als Rezipientin ihre Empörung und Frustration über ein Geschehen, dessen Bewertung sie mit der Erzählerin verbindet (Z. 146). In Richtung der Ablehnung deutete auch schon ihre empörte Wiederholung in Zeile 132 *aus SPA:::ß* und die empathische Interjektion in Zeile 140.

An der Qualifikation „aus Spaß" kann die Zuhörerin am Ende noch ihre Konsequenz aus der Geschichte aufhängen (*mit DEnen mach ich kein: spAß mehr*. Z. 149). Rezipientin Anna schließt also die Geschichte mit Evaluationen ab und zieht explizit einen Schlussstrich unter die Beziehung (zu Schüler/innen wie Heba) und gleichzeitig unter die Geschichte.

Günthner (1997a, b) zeigt für Beschwerde- und Entrüstungsgeschichten (Beispiele (2), (9) und (11)) nicht nur, wie diese affektiv markiert werden, sondern auch, wie spezifische Rezipientenreaktionen ein „Einschwingen" auf die emotive Ladung der Geschichte produzieren. Diese emotionale Affiliation können wir in Beispiel (10) ebenso verfolgen wie in Beispiel (11). Mit der koproduzierten Geschichte handeln die Interaktand/innen eine geteilte Moral aus. Viele Erzählforscher/innen (z. B. Mandelbaum 2013: 493) weisen darauf hin, dass mit Geschichten gemeinsame Einstellungen zur sozialen Umwelt hergestellt werden; dabei werden Handlungen wie, sich Rat holen, Zeugnis vom Zeitgeschehen ablegen, das Gegenüber amüsieren und vieles mehr vollzogen.

Rezeptionsbekundungen spielen grundsätzlich eine große Rolle in der emergenten Entwicklung der Konversation und tragen zur Gestaltung des interpersonellen und sozialen Kontexts bei (McCarthy 2003). Schegloff (1982) untersuchte Rezeptionssignale wie „uh huh" (im Deutschen eher als „mh_mh" realisiert) und stellte fest, dass die Zuhörenden damit hauptsächlich den aktuellen Sprecher ermuntern fortzufahren; sie beanspruchen nicht selbst das Rederecht. Jefferson (1984b) stellte fest, dass „mh mh" oder „uh huh" sich hauptsächlich in Kontexten finden, wo ein aktueller Sprechender zum Weiterreden aufgefordert wird, während „yeah" häufiger schon das Anfangsstadium eines eigenen Redezugs projiziert.

Auch Goodwin (1986) unterscheidet zwischen Fortsetzungssignalen (*continuers*, z. B. engl. *uh huh*) und Bewertungen (wie *wow*). Die Fortsetzungssignale (vgl. a. Kap. 3) bilden Brücken zwischen Turnkonstruktionseinheiten; Evaluationen hingegen können den Turn des Sprechenden eher zum Ende bringen. In der Gruppe der letztgenannten wurde inzwischen genauer differenziert (vgl. Morita 2001), In Geschichten trägt eine affiliative Rezeptionskundgabe zur konkreten Ausgestaltung der Geschichte bei. (Annas Reaktionen in Beispiel (11) in den Zeilen 130, 132 und 140 sehen wir ebenfalls als Bewertungen.)

In der Konversationsanalyse wurden in den letzten Jahren verschiedene Rezeptionskundgaben intensiv untersucht (siehe Antaki 2002 zu hochgestuften Bewertungen wie *brilliant*; zum Deutschen Deppermann 2008b; Imo 2009). Heritage (1984a) untersucht englische Rezeptionsinterjektionen vom Typ *oh*, die er als Hinweise auf Veränderungen des Wissensstands deutete (Erkenntnisprozessmarker; im Deutschen eher „ah"). *Oh* taucht in unterschiedlichen Gesprächsumgebungen auf, z. B. nach Informationen, Gegeninformationen, fremdinitiierter Reparatur. *Oh* unterstützt die thematische Weiterführung nicht, oft leitet es hingegen Bewertungen ein. Wir unterscheiden also Rezeptionssignale der Fortführung (*continuers*) und solche der Bewertung, wohl wissend, dass es keine eins-zu-eins-Relation von Form und Funktion gibt und mit Zwischenformen gerechnet werden muss.

6.5.2 Zum Management von Erzählhaltung (*stance*)

Erzähler/innen nehmen Ereignissen oder anderen Komponenten einer Geschichte gegenüber immer auch eine Haltung ein (*stance taking*), wodurch die Geschichte sehr spezifisch perspektiviert wird (Niemelä 2011). Rezipient/innen können diese Haltung bestätigen (*affiliation*) oder nicht (*disaffiliation*, vgl. Lindström & Sorjonen 2013).[151] Sie können eine Haltung zur Geschichte, die der Erzähler mehr oder weniger deutlich kundtut, teilen, verschärfen oder auch ablehnen, was sich durch ihre Rezeptionskundgaben auf die Konstruktion der Geschichte auswirkt. Niemelä (2011: 18) unterscheidet genau wie Stivers (2008) Affiliation vom allgemeinen konversationellen *alignment*. Eine solches handlungsbezogenes *alignment* ist schon hergestellt, wenn der Rezipient eine Erzähl-

---

[151] In Beispiel (11) positioniert sich zunächst die Erzählerin zur Geschichte durch eine evaluative Erzählweise; die Rezipientin zeigt sich durch die bewertenden Interjektionen *oh jöh* (Z. 140) und *huch* (Z. 130) und auch durch ihre expliziten Bewertungen dazu in den Zeilen 146 und 147 als affiliativ; d.h. sie nimmt an der Konturierung einer empörten Erzählhaltung teil.

initiative bestätigt. Affiliation bedeutet darüber hinaus „*a like-minded stand on the content*" (Niemelä 2011: 18), d.h. den Anschluss an die Erzählhaltung, z. B. wenn die Rezipient/innen die Empörung, die Trauer oder Begeisterung der Erzählenden bestätigen.

Betrachten wir nun genauer, wie sich in Beispiel (12) die Rezipient/innen Sybilles kritischer Haltung den mütterlichen Erziehungspraktiken gegenüber nicht nur anschließen, sondern die Kritik sogar ausbauen und sich damit mit ihr affiliieren. Bis Zeile 27 wurde die Geschichte bereits in Beispiel (1) vorgestellt. Wir werden nun nachzeichnen, wie Sybille die Geschichte zu einem Höhepunkt führt, welche Art von Rezeption die Zuhörer/innen bekunden und wie sich diese auf die Geschichte auswirkt.

Beispiel (12) MÜLL 2

```
10 Syb: aber bei uns musste ICH halt (-) dIEjenige [sein
11 Jos:                                            [ja.
12      da ist das so als FEHler gesehen [worden.
13 Syb:                                  [JA.
14      ich war die ÄLteste,
15      und des (-) das_[s mein (FEHler).
16 Bia:                 [HORror.
17      HORror.=
18 Jos: =ja aber s_is fAlsche einstellung von deiner MUTter.
19      ganz KLAR; ne?
20 Syb: ey ich SACH ja,=
21      =ich war ja mit drEIzehn so wie andre mit SECHzehn.
22      <<p>ECHT,>
23      Aber, (.)
24      s war FURCHT-
25      ich WEISS noch,
26      wie wir einmal nicht den MÜLL runtergebracht ham; ne,
27      wer_ich NIE vergessen,=
28      =da hat meine mutter mich MITten (.) in der küche
           hIngesetzt?
29      da gabs vorher halbe HÄHNchen; ne,
30      und <<all>FLÜgelchen;=
31      =hat meine mutter immer FLÜgelchen gemacht.>
32 Jos: JA;
33 Syb: und dann (--) da hab ich verGESsen,
34      den MÜLL runterzubringen;
35      oder [beSCHEID sagen,
36 Jos:      [ja JA,
37 Syb: dass der müll [RUNtergebracht,
38 Jos:               [JA;
39 Syb: alles war geMACHT,
```

```
40       nur die MÜLLtüte stand noch in der küChe;=
41       =und die kAm °h abends nach HAUse, (-)
42       und sah die MÜLLtüte (.) danEben.
43       und ich hatte einfach ne mülltüte (.) um den HENkel,
44       um die TÜR gemacht.
45       das war das ALlerschlimmste sowieso, ne?
46       °hh ja ist meine mutter HINgegangen,
47       SO. (-)
48       und jetzt SETZ dich mal bitte auf den STUHL,
49       und wenn du nicht verSTEHST,
50       wenn ich dir SAge,
51       der MÜLL, (-)
52       hat PRO tAg runtergebracht (zu werden);
53       dann zEIg ich dir jetzt mal WIE das is.
54       hat mich auf den STUHL gesetzt,
55       hat meinen [brUder meine schwEster DAhingesetzt,
56 Bia:             [hahaha
57 Syb: hat die MÜLLtüte genommen,
58       und Über mir (.) entLEERT.
59 Bia: SAM_ma,
60       e_d_die HAT se doch nicht alle die frau.
61       ich sach doch nicht umsOnst das [ne RAbenmutter.
62 Syb:                                  [(seitdem JA.)
63 Bia: hast du den FILM mal gesehen,=
64       =meine liebe RAbenmutter,
65       mit der faye DOnoway?
66 Syb: ich hab aber NIE mehr vergessen,
67       den MÜLL runterzubringen;
68       DAS kann ich dir sagen.
69 Bia: na WAS ne tolle [lehre,
70 Syb:                 [wie die KNOChen,
71 Bia: das: ja IRre.
72 Syb: wie die KNOchen (-) so unter,
73       boa und da war ich SO erniedrigt, ne?
74 Jos: jaJA:.
75 Syb: boah da war ich SO erniedrigt.
76       deshalb [vergEss ich das auch NIE.
77 Bia:         [wie alt WARST du da?
78 Syb: ich schätze (--) ELF,
79 Bia: PFF.
80 Syb: zEhn ELF so.
81 Bia: poh,
82       HAMmer.
83 Mik: ((schlürft beim Trinken))
84 Jos: <<fassungslos>°hhh>
85       ((seufzt))
86 Bia: UNglaublich.
```

```
87        UNglaublich.
88 Mik:   ((räuspert sich))
89        mein vater war derjenje WELcher,
90        meine mutter hat immer (.) ANjestichelt, (-)
91        mein vadder (.) wollte bloß RUhe haben.
92        dusch.
93        ((haut auf den Tisch))
94 Jos:   hehe,
95        °hhh,
96        woa,
97        was habt ihr alles erLEBT, ey?
```

Sybilles Mutter steht seit längerem im Zentrum der Unterhaltung; so war gerade zuvor thematisiert worden, dass die Mutter Sybille bestraft hatte, als sich die Schwester in die Hand geschnitten hatte. Bianca hatte mit der Evaluation *HORror* (Z. 16, 17) schon zweimal das Vorgehen von Sybilles Mutter negativ bewertet und auch Josef benennt ihren Erziehungsstil explizit als die „falsche Einstellung" (Z. 18f.).

Hieran schließt sich eine weitere Erzählung an. Welche Erzählhaltung (*stance*) lässt sich Sybille hier zuordnen? Sie steigt mit einer psychologisierenden Quintessenz in ihre Geschichte ein (=*ich war ja mit drEIzehn so wie andre mit SECHzehn. Z. 21*). Es folgt der bereits erwähnte Erzählauftakt mit *ich WEISS noch* und der Unterstreichung der Relevanz der Geschichte: *wer_ich nie vergessen*. Die Lokalität ist detailliert benannt (*mitten in die Küche*) und auch Umstände, die für die Gestaltung des Höhepunkts zentral sind (*Hähnchen zum Abendbrot*). Sybille erzählt allerdings nicht streng chronologisch; in Zeile 28 ist schon zu erfahren, dass die Mutter Sybille mitten in die Küche gesetzt hatte, weil sie vergessen hatte, den Müll herunter zu bringen. Erst später wird verbalisiert, dass die Mülltüte noch in der Küche stand, als die Mutter nach Hause kam (Z. 41).

Die Geschichte ist frühzeitig als Problemgeschichte kontextualisiert; sie stellt ja auch schon die zweite Problemgeschichte im Themenkreis zu Sybilles Mutter dar. Sybilles Geschichte läuft auf einen narrativ vorbereiteten Höhepunkt hinaus, die von der Mutter über sie ausgeleerte Mülltüte. Alle Rezipient/innen sind bereits vorinformiert, dass die Mutter Mülltüten, die abends noch in der Küche zu finden sind, unverzeihlich findet.

In Zeile 33 ff. benennt Sybille ihr Fehlverhalten und pointiert es, indem sie es in einen Kontrast zum sonstigen Vorbereitungsgrad stellt (*alles war geMACHT, nur die MÜLLtüte stand noch in der kÜche; Z. 39–40*). Sybille bekundet gleich ein in den Augen der Mutter weiteres eigenes Fehlverhalten (*sie hatte die Tüte an die Tür gehängt, Z. 43*) und steigert die Spannung durch die Ankündigung: *das war das ALlerschlimmste sowieso, ne?* (Z. 45). Dann geht die Erzählerin auf weitere Details der Szene ein und lässt die Mutter in direkter Redewiedergabe in den Zeilen 47–53 mit höchst autoritärem Gestus zu Wort kommen, was die szenische Ausgestaltung erhöht. Hausendorf & Quasthoff (1996: 137) sprechen von einem „szenischen Muster," wenn Erzähler mittels direkter Redewiedergabe dramatisieren. Detailliert wird das weitere Arrangement ausgebreitet; so erfahren die Rezipient/innen, dass auch die beiden Geschwister neben sie platziert wurden (Z. 54f.). Detaillieren zählt zu den Verfahren, mit denen eine hohe Involviertheit erzielt wird. Nach Tannen (1989) finden sich solche Verfahren des Detaillierens oft vor Höhepunkten von Geschichten. Und tatsächlich folgt dieser auf dem Fuße: *hat die MÜLLtüte genommen, und Über mir (.) entLEERT.* (Z. 57–58). Das Bild eines mit Müll übersähten Kindes wird in seiner Drastik sofort plastisch vorstellbar.

Bianca echauffiert sich affiliativ in Zeile 60, indem sie die Mutter als *RAbenmutter* (Z. 61) kategorisiert und zu einer Erläuterung dieser Charakterisierung ausholt. Sybille verteidigt die Mutter in den Zeilen 66 bis 68 zumindest insofern, als sie dem Erziehungsstil Wirkung bescheinigt. Bianca wird nun ironisch (Z. 69). Sybille gestaltet das Bild der an ihr abfallenden Hähnchenknochen aus. (Der Satz in Z: 72f. ist nicht ausformuliert, das Bild wird aber deutlich genug.) Schon in Zeile 30 hatte sie von den „Flügelchen" berichtet, die die Mutter zubereitet hatte – in Geschichten fügen sich Teile oft erst mit Abstand zu etwas thematisch Kohärentem zusammen. In Zeile 73 und 75 fasst sie ihre Gefühle als „erniedrigt" zusammen und beteuert *deshalb vergEss ich das auch NIE.* (Z. 76), was Josef sofort zu einer affiliativen Rezeptionskundgabe bringt (Z. 74). Auch in den folgenden Zeilen macht vor allem Bianca deutlich, dass sie den Erziehungsstil von Sybilles Mutter, einer Zehn/Elf-Jährigen gegenüber äußerst kritisch sieht; Josef stimmt damit überein. Die Geschichte über einen Erziehungsstil, der Sybille erniedrigt hat, wird somit durch die Rezeption vervollständigt.

Sybille hat ihre Geschichte so erzählt, dass zu einer negativ-evaluativen Rezeption eingeladen wird. Sie selbst stellt aber ihre eigenen Befindlichkeiten in den Fokus und hält sich mit expliziten Bewertungen des Erziehungsstils der Mutter zurück; sie widerspricht aber Biancas sehr negativen Evaluationen auch nicht.

6.5.3 Eine Klatschgeschichte im Duett

In vielen Erzählungen des Alltags bewerten die Beteiligten nicht nur direkt oder indirekt Handlungen, Verhaltensweisen und Eigenschaften von Mitmenschen, die z. B. als Protagonist/innen von Geschichten auftauchen, sondern äußern sich auch in einer hämischen Weise über sie. Dieses gemeinhin als „Klatsch" bezeichnete Vorgehen (vgl. Bergmann 1987) ist so verbreitet wie verrufen. Einfachere Klatschformen können dem Austausch von Neuigkeiten über Bekannte entsprechen; um aber im engeren Sinne als Klatsch zu gelten, gehört dazu, dass sich die Interaktionsteilnehmer auch über Indiskretionen verständigen (und zwar diskret).[152] Klatschen gilt gesellschaftlich als Untugend; in einigen religiösen Gemeinschaften herrscht sogar ein Klatschverbot. Gleichwohl dient Klatsch der sozialen Vergemeinschaftung; Mitglieder von Gesellschaften können Klatsch nutzen, um sich implizit über moralische Werte auszutauschen (Bergmann 1987).

Eine wesentliche Voraussetzung für den Klatsch ist, dass die Protagonist/innen den Anwesenden bekannt sind. Während in Beispiel (12) nur die Erzählerin die Mutter kennt, ist das in Beispiel (13) anders. Und während in (12) nur Sybille die Geschichte kennt, gibt es hier neben der Erzählerin noch eine weitere Mitwissende. Das Gespräch, das wir schon aus Beispiel (5) kennen, fand bei einem älteren Ehepaar (Oma und Opa) während des allwöchentlichen Samstagskaffees statt, an dem Kinder und Enkelkinder teilnehmen. Der Sohn Jürgen (J), die Tochter Manuela (M) und Enkelin Helen (H) erzählen eine Klatschepisode über eine unzuverlässige Bäckersfrau. Die klassische Klatschtriade mit Klatschsubjekt, Klatschobjekt und einem Publikum, welches sich auch beteiligt, ist gegeben.

Mutter Manuela muss die Geschichte zuerst durchsetzen, wie oben in Beispiel (5) bereits analysiert wurde (Z. 36–41). In Zeile 35 präsentiert sie den ziemlich spektakulären Grund der Geschäftsaufgabe des Backens: eine Mehlallergie. Dann wird der Fokus vom Bäcker auf die Frau des Bäckers verschoben (Z. 47ff.). Seine Frau hat *ihm au t ganz KOHle (0.5) verju:belt* (Z. 48) und, so ist von Manuela zu erfahren, war bekannt dafür, nur die männlichen Kunden freundlich zu bedienen (Z. 60). Hier haben wir es schon mit zwei Indiskretionen zu tun.

---

[152] Zur Auseinandersetzung mit der These, dass Frauen mehr zum Klatsch neigen, siehe Althans (2000).

Beispiel (13) MEHLALLERGIE 2 (Fortsetzung von Bsp. 5)
```
Manuela (M), Helen (H), Sophia (S), Jürgen (J)
   42 M: no war t_backstube eh ZUE.
   43 J: DES isch des bäckers TOD. (-)
   44    e MEHLaller(-)allergie.
   45    (--) hehe
   46 M: ja (0.5) [un dann het sei frau- (-)
   47 J:          [un jetz het_a DICHT kmacht?
   48 M: het ihm au t ganz KOHle (0.5) verju:belt.
   49 J: welchi FRAU? (   )
   50 H: verSOFfe.
   51 M: verSOFfe un-
   52 H: verTANZT.
   53 M: verTANZT.
   54 H: jaja
   55 M: un FURT treit halt.
          ((dialektal: und fort getragen halt))
   56 J: ja war des die wo immer (-) beDIENT het?
   57 M: jaja (-) und KUNde vergrault.
   58    die het jo nur t MÄNner no freundlich bedient.
   59    als FRAU hesch als t weckli schief hehe um t_OHre hehe
          kworfe hehe kriegt.
   60    was kummsch jetzt DU do rie? hehe
          ((dialektal: was kommst du jetzt hier rein?))
   61 J: (       )
   62 M: hehe ja,
   63    toTAL frech.
```

In Beispiel (13) (vgl. a. Bsp. 5) wird eine Szene narrativ ko-konstruiert und unter Verwendung von direkter Redewiedergabe szenisch illustriert. Obwohl es sich nicht um eine klassische Höhepunktgeschichte handelt, wird doch etwas Erzählwürdiges rekonstruiert (ein Bäcker mit einer Mehlallergie hat außerdem noch eine liederliche Ehefrau). Gemeinsam inszenieren die Beteiligten die Handlungen der Bäckersfrau als Illustrationen zu der Aussage, sie habe die Kunden vergrault, und bekunden damit sehr ähnliche Haltungen zum Geschehen.

Ab Zeile 46 lenkt Manuela die Aufmerksamkeit auf die Bäckersfrau, die dann zur zentralen Protagonistin der Geschichte wird.: *un dann het sei frau- (-) het ihm au t ganz KOHle (0.5) verju:belt.* (Z. 48). Mit der Formulierung „ihm die Kohle verjubelt" ergreift sie keine neutrale Perspektive, sondern unterstellt durch die Verwendung des Dativus ethicus (*ihm*) dem Bäcker ein Problem. Wir sehen erneut, dass nicht erst am Ende der Geschichte evaluiert wird, sondern oft fortlaufend.

Jürgens Nachfrage in Zeile 47 wird übergangen, denn Helen und Manuela sind schon dabei, das Verjubeln unter Einsatz weiterer evaluativer Verben im Duett zu konkretisieren: *versoffen und vertanzt* hat die Bäckersfrau des Bäckers Geld.

```
50 H: verSOFfe.
51 M: verSOFfe un-
52 H: verTANZT.
53 M: verTANZT.
```

Helen und Manuela ergänzen im Duett ihre Beiträge in syntaktisch passender Weise (Schwitalla 1993), womit sie sich als kollaborative Erzählerinnen in Szene setzen. Helen weiß über den Bäcker genau so viel wie Manuela und kann sich deshalb an der Erzählung beteiligen. In Zeile 50 liefert sie die Konkretisierung, die ihre Mutter Manuela nur noch wiederholt. So kollaborieren sie auch in der evaluativen Ausrichtung der Geschichte. In Zeile 55 fasst Manuela die Schandtaten der Bäckersfrau zusammen: sie hat das Geld fortgetragen. Jürgen kommt auf die Identifizierung der Frau zurück (Z. 56). Auch dies pariert Manuela mit stark bewertenden Kategorisierungen (Kunden vergrault, nur die Männer angemessen bedient, sich frech verhalten, Z. 57–63).

Der Dialog mit der Kundin, die sie nicht bedienen will, wird als „beispielhaftes Ereignis" (Schwitalla 1991: 190) dargeboten. Für das Illustrieren ist eine solche Veranschaulichung mit Belegfunktion zentral: Sie fiktionalisieren eine Alltagsszene (dazu Kotthoff 2012; Ehmer 2011), in der die Frau des Bäckers eine Kundin geradezu anklagt, weil sie den Laden betritt. Dabei geht es nicht um die faktische Wahrheit, sondern um Veranschaulichung (Schwitalla 1991: 202).

Es ist deutlich geworden, wie in diesem Gespräch nicht neutral vom Pech im Leben eines Bäckers erzählt wird. Vor allem die Handlungen der Bäckersfrau werden schrittweise mit abwertenden Verben gekennzeichnet (verjubelt, versoffen, vertanzt, Kunden vergrault). Erzählerin und Rezipienten machen die Problemgeschichte außerdem gemeinsam zu einer heiteren Geschichte, bei der es nicht primär um das Erzeugen von Betroffenheit mit dem Schicksal des Bäckers geht. Klatschakteure sind nie bloß Ankläger (Bergmann 1987: 195), sondern können auch Mitleid mit den Objekten äußern. Sie können die Geschichte aber auch lustig ausgestalten, wie es hier der Fall ist.[153] Manuelas narrative Perfor-

---

[153] Quasthoff (1980) und Goodwin (1986) diskutieren gemeinsame Geschichtendarbietungen, in denen die Erzähler/innen unterschiedliche Ausrichtungen versuchen (vgl. auch Tucholskys „Ein Ehepaar erzählt einen Witz" (http://www.textlog.de/tucholsky-ehepaar-witz.html, Zugriff 19.07.2019).

manz steigert sich bis zur uneingeleiteten Redewiedergabe: *was kummsch jetzt DU do rie?* (Z. 60). Sie spricht nun mittels Inszenierung mit der Stimme der Bäckerin eine fiktive Kundin an, die sie abwimmelt. Die direkte Redewiedergabe ist eine narrative Involvierungsstrategie (Tannen 1989), mit der sich die Forschung in den letzten zwanzig Jahren ausgiebig beschäftigt hat (siehe z. B. Günthner 1997b; Kotthoff 2008). Manuela lacht und spricht auch lachend und modalisiert so diesen Teil der Klatschgeschichte als komisch (zum Lachen in Erzählungen vgl. a. Jefferson 1984; Kotthoff 1998). Die Beteiligten erzeugen eine Perspektive der Unterhaltung, nicht primär eine der moralischen Entrüstung. Auch am Ende der Redewiedergabe in Zeile 62 lacht sie. Lachen erfolgt hier nicht (nur) als Reaktion auf etwas Komisches, sondern als Kontextualisierungshinweis für Heiterkeit und Spaß. Es ist ein initialer Marker von Komischem – und nicht etwa nur die Reaktion auf einen komischen Stimulus, wie es in vielen Humortheorien behauptet wird (dazu auch Glenn 2003). Lachen findet sich oft am Ende einer Geschichte (Holt 2010) und unterstreicht damit u.a. auch den Abschluss eines Themas.

Viele Arten von Geschichten werden von vorn herein nicht neutral präsentiert. Sie enthalten beispielsweise Displays von Entrüstung und Ko-Entrüstung (Günthner 1997, 2000a), spaßige Detaillierungen bis hin zur teils fiktiven Inszenierung (z. B. hier des Agierens der Bäckersfrau) u.a.m. Die Anwesenden bestätigen sich gegenseitig in ihrer Haltung (*stance*), in Beispiel (13) dass es schlecht ist, dem kranken Ehemann die Kohle zu verjubeln und die weibliche Kundschaft zu vergraulen. Wie Bergmann (1987) erläutert, ist offenes Moralisieren gesellschaftlich dispräferiert; allerdings leisten lustig verpackte Geschichten den unverzichtbaren Dienst, dass man sich mittels Hyperbolik und performativ gestalteter Szenen amüsiert und sich unter der Hand auch noch im Teilen von Werten gegenseitig bestätigen kann (Bergmann & Luckmann 1999).

---

i Vertiefung

Erzählen multimodal: Videomitschnitte von Gesprächen ermöglichen schon seit längerer Zeit auch die Analyse nonverbaler redebegleitender Aktivitäten. Während bei Begrüßungen, Verabschiedungen (vgl. Kap. 2) oder Wegauskünften nonverbale Aktivitäten des Aufeinanderzugehens, Händeschüttelns, Umarmens oder des Zeigens (De Stefani & Mondada 2007) zentral sind, treten ikonische Gesten beim Erzählen vielleicht nicht ganz so stark in den Vordergrund. Wir werfen noch einmal einen Blick auf die der Erzählerin Sybille (vgl. auch Beispiel 1 und

12).[154] Die Erzählerin gestikuliert an einigen Stellen der Geschichte auffällig, so in den folgenden Zeilen:

```
43        und ich hatte einfach ne mÜlltüte (.) um¹ den HENkel,
44        um die TÜR gemacht.
```

1

Sybille zeigt mit einer ikonischen Geste, wie sie mit den Händen die Mülltüte befestigt hat. Sie bebildert sozusagen gestisch, wie sie mit der Mülltüte umgegangen ist. Ikonische Gesten bilden die Tätigkeit in übertragener Form ab – beispielsweise im Nachahmen einer Handlung, im Darstellen der Umrisse eines Objektes oder im Anordnen eines Objektes im Raum. Sie fährt mit ihrer ikonischen Gestik fort und zeigt dann, wie ihre Mutter sie und ihre Geschwister in der Küche platziert hat (Abbildungen 2 und 3).

```
54        hat mich auf den STUHL gesetzt,
55        hat meinen [brUder² meine schwEster³ DAhingesetzt,
```

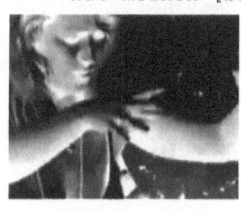

2   3

Sybille kreiert mit den Händen, Armen und ihrer Körperpositionierung hin zum offenen Raum ikonisch die imaginierte Küche und die Platzierungsanweisungen der Mutter. Dann folgt der dramatische Höhepunkt des Entleerens der Tüte über ihrem Kopf.

```
57 Syb:   hat die MÜLLtüte genommen,⁴
58        und Über mir (.) entLEERT⁵.
```

---

154 Ich danke an dieser Stelle Anna Khalizova herzlich für die Fotoauswahl und -herstellung und ihre Ideen zur Analyse des Gesteneinsatzes in dieser Geschichte.

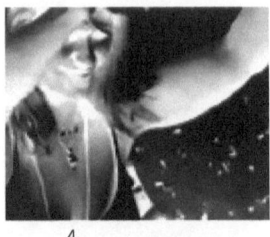 

        4   5

```
59 Bia: SAMma,
60      e_d_die hAt se doch nicht⁶ alle die FRAU.
```

        6

```
61      ich sach doch nicht umsOnst das ne RAbenmutter.
```

Vor allem die Höhepunkte von Geschichten werden oft gestisch ikonisiert und damit auf verschiedenen Ebenen besonders dramatisiert (Niemelä 2011: 38). Die Rezipient/innen sind dann auch besonders herausgefordert, multimodal eine affiliative Rezeption zu bekunden. Während Sybilles gestenreicher Erzählung begleiten Zuhörerin Bianca und Zuhörer Josef ihre Rede mit konzentriertem Blick auf sie und dem sprichwörtlich gewordenen offenen Mund (Josef in Screenshot 4). Beide haben einen leicht grimmigen Gesichtsausdruck. Mit drohendem Zeigefinger (einer ikonischen Geste) untermalt Bianca ihre Erinnerung daran, dass sie die Protagonistin bereits als „Rabenmutter" qualifiziert hatte. Beide Rezipienten ratifizieren auch sehr stark die affektive Haltung (*affective stance,* Kupetz 2014: 8) der Geschichte, wozu sie von der Erzählerin eingeladen werden. Kern (2016) fasst den Beitrag multimodaler Verfahren für die jeweils spezifische Konstitution von Geschichten folgendermaßen zusammen:
1. sie tragen zur Konstruktion mündlicher Erzählungen im situativen Kontext bei (Dimensionen der Vertextung und Markierung),
2. sie visualisieren und markieren wichtige Ereignisse implizit,
3. sie übernehmen eine wichtige Funktion für die Etablierung einer Erlebnisperspektive im Vorstellungsraum,
4. verschiedene Typen von Gesten haben verschiedene szenische Qualitäten (affektive Markierungen von ausagierenden Gesten sind größer als von ikonischen (‚holding', ‚bounding') Gesten),
5. sie dienen als Verständigungsressourcen.
Alle oben genannten Funktionen spielen in Sybilles Art des Erzählens eine Rolle, vor allem 2. und 3. Der drohende Zeigefinger gehört nach Kendon (2004) zu den Emblemgesten, einer speziellen Gruppe, die allein eine Botschaft übermitteln kann. Im obigen Beispiel unterstreicht sie nonverbal Biancas eindringliche verbale Botschaft, die zu Sybilles Inhalt und Haltung in einem affiliativen Verhältnis steht.

6.5.4 Serien von Geschichten

Auf erste Geschichten folgen oft zweite und dritte, die thematisch etwas gemeinsam haben (Ryave 1978),[155] so etwa in Beispiel (10). Das Ende der Geschichte gestalten der Erzähler und einige Zuhörer/innen gemeinsam aus. Sybille stellt in den Zeilen 56 und 57 fest, dass Josef Glück gehabt habe; Josef bestätigt diese Einschätzung und nennt zur Bestätigung teure Apparate, die in dem wiedergewonnenen Rucksack waren (Z. 59–61). Dann holt Josef ab Zeile 72 zu einer weiteren Geschichte über ein persönliches Missgeschick aus.

Beispiel (14) KAMERA 2
```
56 Syb: <<all>hast aber glÜck gehabt
57      dass d_en überhaupt WIEdergekricht hast_.>
58 Mik: hm::.
59 Jos: <<all> ja da war meine VIdeokamera;
60      FOtoapparat;>
61      alles drInne in dem RUCKsack.
62 Syb: und die hAm die dir WIEdergegeben.
63      stell dir mal VOR,
64      hier in KÖLN,((lachen))
65 Jos: (--) das war aber TYp-
66      das war TYpisch für mich,
67      dass ich da was verGESsen hab;
68 Mik: hm::.
69 Syb: dat is doch unser JOsef?
70      da wolln ma nisch ma so KLEINlich sein;
71 Jos: ((kichert))
72      <<all>muss_isch mal erZÄHlen.
73      da warn ma mit_m RAD unterwegs,>
74      und jEden (-) TAG,
75      (-) wo es dann Abend wurde,
((Josef erzählt, dass ein Mitreisender vergessen hatte, ein Hotel zu buchen, weshalb sie in einer fragwürdigen Unterkunft übernachten mussten.))
```

Sybille hebt die Besonderheit der Rückgabe des Rucksacks noch einmal hervor (Z. 62). Dann geht sie zu einem Vergleich des südamerikanischen Landes, in dem sich das Erlebnis zutrug, mit Köln über. Alle Beteiligten können aus Zeile 64 inferieren, dass sie die Kölner für weniger ehrlich hält und somit ein vergleichbares „happy end" rund um einen vergessenen Rucksack für wenig wahr-

---

[155] Verschiedene Typen von Geschichten können seriell erzählt werden, darunter vor allem auch Witze (dazu Abschnitt 7).

scheinlich. Trotzdem ist ihre mögliche Geschichteneinleitung nicht erfolgreich (falls eine Geschichte aus Köln angebahnt werden sollte), denn Josef schließt eine Psychologisierung seiner Person an (*das war TYpisch für mich, dass ich da was verGESsen hab;* Z. 66–67), die Sybille wohlwollend kommentiert (Z. 69f.). Die empathische Rezeption scheint ihn zu animieren, gleich die nächste Missgeschickgeschichte in Angriff zu nehmen. Wieder waren er und Freunde mit Fahrrädern unterwegs, als etwas Erzählwürdiges passierte. Nahtlos kann er einer Geschichte, die ein glückliches Ende nahm, eine ähnliche folgen lassen; in der wird zwar jemand anders einen Fehler begehen, aber sie wird auch wieder positiv enden.

Betrachten wir noch einmal das Ende von Beispiel (12). Hier beginnt in Zeile 89 eine thematisch passende „zweite Geschichte".

Beispiel (15) MÜLL 3
```
75 Syb: boa da war ich SO erniedrigt.
76       deshalb [vergEss ich das auch NIE.
77 Bia:         [wie alt WARST du da?
78 Syb: ich schätze (--) ELF,
79 Bia: PFF.
80 Syb: zEhn, ELF so.
81 Bia: poh,
82       HAMmer.
83 Mik: ((schlürft beim Trinken))
84 Jos: <<fassungslos>°hhh>
85       ((seufzt))
86 Bia: UNglaublich.
87       UNglaublich.
88 Mik: ((räuspert sich))
89       mein vater war derjenje WELcher,
90       meine mutter hat immer (.) ANjestichelt, (-)
91       mein vadder (.) wollte bloß RUhe haben.
92       dusch.
93       ((haut auf den Tisch))
94 Jos: hehe,
95       °hhh,
96       woa,
97       was habt ihr alles erLEBT, ey?
```

Mike setzt an, ebenfalls Erlebnisse aus seiner Kindheit zu rekonstruieren, indem er im Kontrast zur Geschichte von der Mutter eine über seinen Vater einführt und ihn als denjenigen bezeichnet, der zu aggressivem Verhalten neigte. Es hat eher die Form eines *abstracts*, das einlädt, grünes Licht zu erteilen, was zum Ausbau einer Erzählung über „schlechte Kindheitserlebnisse" führen würde.

Deutlich wird aber, wie eine Folgegeschichte an die vorangegangene abgebunden wird: eine „zweite Geschichte" nimmt in der Regel eine Kernaussage aus der ersten wieder auf. Nach Silverman (1998: 117) stellen von den Rezipienten erzählte zweite Geschichten eine starke Forme der Anerkennung der ersten dar.

6.6 Berichten

Narrative Rekonstruktionen in institutionellen Kontexte unterscheiden sich in mancherlei Hinsicht von alltäglichen Erzählungen und erfolgen oft in der Form von Berichten. Wenn der Kern des Narrativen darin besteht, zwei Ereignisse temporal zu verknüpfen, dann geschieht dies beim Berichten denkbar schlicht. Auch wird auf klassische Höhepunktgeschichten, auf starke Detaillierungen und direkte Redewiedergaben verzichtet.

Mit der Wahl einer Berichtsform wird ein institutioneller Kontext sowohl relevant gemacht als auch hergestellt. Heritage (1984a, 1984b) (vgl. a. Auer 1996a) warnt davor, den Kontext für ausschließlich „exogen" zu halten; Sprecher/innen bringen in der Interaktion zwar ein Wissen über kontextuelle Erfordernisse zum Anschlag, rekreieren aber den Kontext mit seiner Spezifik, und zwar z. B. durch die Wahl bestimmter narrativer Formen.

Im Folgenden gehen wir zurück zu dem Radiogespräch zwischen Frau Lämmle und einer Anruferin, das bereits in Beispiel (8) behandelt wurde. Wir sehen, wie der knappe Bericht der Anruferin über ihr Leiden auch durch eine sehr spezifische Mitwirkung der Rezipientin Lämmle entsteht.

Beispiel (16) ESSSTÖRUNG 2
```
((BR 2 Nachtgespräch mit Brigitte Lämmle, 28.06.2009;
Lämmle (L), Anruferin (A)))
   05 L: °hh wir steigen EIN? (--)
   06 L: und sie erZÄHlen [mir ein bisschen.°h
   07 A:                  [ja,
   08      oKAY,
   09      das MACH ich. h°
   10      e::m (--) also ich bin irgendwie seit_n pAar wochen so
            in meine ESSstörung zuRÜCKgefallen, (-)
   11      und eigentlich e:m (-) WEIß ich wie das alles GEHT,
   12      (-) °h aber irgendwie im momEnt grad NICH. (- -)
   13 L: °hhh (-) mh mh mh mh [mh.
   14 A:                     [(hehe)
   15 L: wie ALT? (-)
   16 A: SIEbenundzwanzig. (--)
   17 L: °h WAS für ne essstörung? (-)
   18 A: e:hm buliMIE. (-)
```

```
19 L: °h wie lange is sie schon beGLEIterin,
20    die buliMIE?
21 A: (1) mh: ja: (-) die ANfänge mitgerechnet,
22    so (-) zehn JAhre,
23    aber zwischendurch gab es halt immer MAL °h e:m (-)
         irgendwie PHAsen;
24    (-) wo_s richtig GUT ging.
25    und dann (-) gab_s halt auch wieder PHAsen; ('h)
26    mit Essen und NICH den finger in hals stecken,=
27    =und dann dementsprechend (--) e:m (-) ZUnehmen. (-)
28    also das is immer (-) verSCHIEden gewesen. (- -)
29 L: °h und sIcher auch schon theraPIE gemacht. (- -)
30 A: mh_HM? (-)
31    geNAU. (--)
32 L: °h wie LANge,
33    wie VIELE? (--)
```

Wir haben schon in Beispiel (8) gesehen, wie die Psychologin Lämmle die Anruferin begrüßt und für die Zuweisung der Rederechts das Verb *erzählen* verwendet: *sie erZÄHlen mir ein bisschen* (Z. 06). Was folgt, ist aber keine Erzählung, sondern eine geraffte Problempräsentation, in der die Anruferin in drei TKE ihr Anliegen darstellt:

```
10    e::m (--) also ich bin irgendwie seit_n pAar wochen
         so in meine ESSstörung zuRÜCKgefallen, (-)
11    und eigentlich e:m (-) WEIß ich wie das alles GEHT,
12    (-) °h aber irgendwie im momEnt grad NICH. (- -)
```

Damit liefert A einen Grund für ihr Bedürfnis nach Radioberatung und rekreiert ihre institutionellen Erwartungen, die davon geprägt sind, dass in einer Radioberatung eine gewisse Zeitknappheit herrscht. Ähnliches lässt sich an den Fragen beobachten, die Lämmle stellt. Sie erfragt Alter, Typ und Dauer der Essstörung und verwendet dabei unvollständige Syntax (Z. 15, 29). Mit dieser Fragebatterie evoziert sie ebenfalls Schnelligkeit, verhindert aber keineswegs, dass sich die Anruferin eine Sekunde lang Zeit nimmt, nachzudenken, wie lange die Erkrankung schon besteht (Z. 21) und dann ausführlicher verschiedene Phasen zu schildern (Z. 22–28). Im Unterschied zum szenischen Erzählen finden wir dabei aber keine Dramatisierungsstrategien (etwa der Redewiedergabe oder des Vorführens von Szenen) und keinen Spannungsaufbau. Die Information wird relativ knapp und mit dem Anspruch auf Neutralität und Faktizität erfragt und übermittelt. Es handelt sich um einen Bericht, einen Untertyp der Narration.

Berichte funktionieren in vielerlei Hinsicht anders als Geschichten über wiedergefundene Kameras oder Witze mit Pointen. Sie sind sachorientiert und dienen nicht der Unterhaltung, sondern der systematischen Rekonstruktion. Sie richten sich oft an Personen, die mit dem berichteten Sachverhalt in ihrer institutionellen Rolle befasst sind. Wir finden Berichte daher in vielen Beratungsgesprächen, in medizinischen Kontexten und anderen institutionellen Diskursen, z. B. vor Gericht oder bei der Polizei (Hoffmann 1984: 58), wo sie Teil einer systematischen Prozedur sind.[156]

Ratsuchende müssen zunächst relevante Daten über sich übermitteln und mit einem institutionenspezifischen Wissen abgleichen, bevor diese dann besprochen werden können (Selting 1987). Berichtende vermitteln die Ereignisse mit einem hohen Wahrheitsanspruch und unter einem spezifischen Blickpunkt (z. B. dem des Ratsuchens). Berichthafte Sequenzen können durchaus auch in eine Beurteilung eingebettet sein, wie in der Schulsprechstunde im folgenden Beispiel, in der die Lehrerin sich kritisch über den Sohn der in der Sprechstunde anwesenden Mutter äußert. Es geht zentral darum, dessen Leistungen einzuschätzen (Kotthoff 2012).

Beispiel (17) SCHULEMPFEHLUNG
```
((Eltern-Lehrer-Gespräche, Klasse 4 Lehrerin (L), Mutter (M)))
  87 L: aber diese ANstrengungsbereitschaft °h ist in MAthe (-)
           dA:,
  88     (-) aber in-
  89 M: hm_HM,=
  90 L: =in dEutsch ist die überHAUPT nicht da.
  91 M: ja
  92 L: da will er das dann auch nicht MAChen;
  93     und in mAthe geht_s AUCH nicht so weit dass er dann
  94       seine (-)HAUSaufgaben immer alle [macht. ne?
  95 M:                                    [((stöhnt))
  96 L: also da denkt er jetzt hat er geNUG,
  97     und dann (.) äh bricht er das AB,
  98     und des Übungsheft,
  99     ach was SOLL des?
 100     des mach ich jetzt einfach NICHT;
 101 M: hm
```

---

[156] Einige der hier berücksichtigten Untersuchungen zu Berichten entstammen anderen Forschungskontexten als der Konversationsanalyse (z. B. der funktionalen Pragmatik). Da sich die Konversationsanalyse aber auch mit Typen von Narrationen beschäftigt hat, soll an dieser Stelle eine Berührungsfläche mit einer anderen Tradition der Gesprächsforschung sichtbar werden.

```
102 L: °hh ER- (.)
103    er schafft_es TROTZdem immer noch auf ne_gute note.
104 M: hm_hm;
105 L: oder ne_MITtelwertige note;
106    Aber (-) des- (-)
107    ich will da NUR sagen,
108    des °h ist kEin (--) DURCHgehendes interesse. (-)
```

Ab Zeile 92 konkretisiert die Lehrerin die mangelnde Anstrengungsbereitschaft des Schülers. In ihrem Bericht (ab Zeile 96) finden wir indirekte Redewiedergabe (Z. 96) und auch die direkte Wiedergabe eines Gedankenzitats (Z. 98–100). Trotzdem steht hier nicht die Spannungserzeugung im Vordergrund, sondern die Lehrerin berichtet faktenorientiert weiter, dass der Sohn mittelmäßige Noten schafft (sie repariert das *gute note* in Z. 105). Berichte dienen oft der entscheidungsrelevanten Einordnung von Sachverhalten (Rehbein 1984: 71). So auch hier: am Schluss steht eine Quintessenz. Der Sohn zeigt am Unterricht kein durchgehendes Interesse. Diese Quintessenz soll bei der Frage, welchen Schultyp der Sohn nach der Grundschule besucht, die Entscheidung beeinflussen. Der Bericht läuft gewissermaßen auf diese Entscheidung hinaus; damit ist er erkennbar eingebettet in institutionelle (hier schulische) Abläufe.

Auch Kern (2000: 102) betont, dass beim Berichten die Erlebnisperspektive nicht im Vordergrund steht. Die Ereignisse werden vom Ergebnis her dargestellt. Der/die Berichtende bemüht sich nicht um einen persönlichen Erzählstil, besondere Inszenierungen sind in der Regel nicht enthalten. In den von Kern (2000) untersuchten Bewerbungsgesprächen werden Lebensläufe aus der Perspektive der Gegenwart dargestellt (Kern 2000: 117, Transkription leicht adaptiert). In Beispiel (18) wird der Bewerber aufgefordert, ein biographisches Narrativ zu liefern.

Beispiel (18) WERDEGANG (aus Kern 2000)

```
01 I1: ((schnalzt)) ehm: ihre BeWERbungsunterlagen ham_wa
       gelEsen,
02     °hhh (1)
03     un:d °h (-) is aber trotzdem (immer) so ganz
       SINNvoll,
04     zum anfang des geSPRÄCHS,
05     einfach um REINzukommen, (.)
06     dass dass SIE vielleicht mal (-)
07     ganz KURZ noch so ihren (-) gut; (.)
08     beruflichen WERdegang,
09     ka_man (.) ja letztendlich noch nich GANZ sagen,
10     aber °h (-) zumindest so seit der SCHUle,
```

```
11        so wie die entWICklungsschritte die da geLAUfen sind.
12        und (-) gegebenenfalls haken wir da einfach EIN,
13        und_und [stelln FRAgen,
14   B:            <<p>[hm>
15   I1: wenn (wir) SCHWIErigkeiten haben,
16        oder wenn_wa einfach noch mehr informaTIONSbedarf
                haben.
17   B:   (gut.)
18        also- (-) ((räuspert sich)) wie schon jeSCHRIeben, (-)
19        bin ich (-) am achtzehnten september siebzig jeBOren,
                (-)
20        in ((STADTname,))
21        hab da auch (.) eh (-) die janz normale (---) pe o ES
                besucht,
22        zehn JAHre halt, (-)
23        bin DAnach,
24        für zwei Jahre, (-)
25        hier an_ne (1) damals noch (-) TECHnische (-) #
                universiTÄT jegang, (-)
26        un_hab da: (.) mein abitur in:_ne:r spezialklasse für
                (-) mathematik und physik, (-)
27        abgelegt?
```

Die Themeneinführung nimmt relativ viel Raum ein (Z. 01–16), und es fällt auf, dass kein explizites Verb verwendet wird, das die erwartete Handlung des Bewerbers bezeichnen würde. Stattdessen werden als Folie die schriftlichen Bewerbungsunterlagen genannt, dann *beruflichen Werdegang,* (Z. 08) korrigiert in *seit der SCHUle, so wie die entWICklungsschritte die da geLAUfen sind.* (Z. 10–11). Ferner wird angekündigt, dass die Personalleiter *einhaken und* Fragen stellen (Z. 12–13), wenn *SCHWIErigkeiten* (Z. 15) oder *informaTIONSbedarf* (Z. 16) auftreten.

Kern beschreibt, wie der Bewerber die Darstellung linear entlang des zeitlichen Ablaufs der Ereignisse strukturiert; dabei wird keines der Ereignisse stärker herausgearbeitet als andere. Die vielen Verbanfangsstellungen versteht sie mit Rehbein (1984) als typische Elemente des mündlichen Berichtens. Narrative Expansionen, die sich auf die Innen- oder Außensicht des Sprechenden beziehen, fehlen. Der zeitliche Ablauf spielt die entscheidende Rolle, Zeitangaben durchziehen den Bericht und prägen seinen Verlauf.

Während Berichte nicht auf einen Höhepunkt hinauslaufen, spielt dessen Gestaltung bei Witzen eine herausragende Rolle. Im folgenden Abschnitt wollen wir uns die Merkmale anschauen, die Witze zu einem ganz anderen Narrationstyp als Berichte machen.

6.7 Witze

Heutzutage finden sich zahlreiche Witz-Seiten im Internet und es gibt nach wie vor Bücher mit Witzen vom Typus „Da lacht Westfalen". Hauptsächlich erfreut sich aber das mündliche Erzählen von Witzen in geselliger Runde nach wie vor großer Beliebtheit. Weit verbreitet sind Rätselwitze, Erzählwitze und auch absurde Metawitze, die mit den Regeln des Genres spielen: Wenn jemand z. B. „Kennste den mit der Maus?" gefragt hat und eine negative Reaktion erhält, folgt darauf: „Ich auch nicht." Da die Einleitungsfragen so hoch standardisiert sind, kann man den Zuhörer mit der geweckten Erwartung wiederum „auf's Glatteis" führen.

Der Witz hat eine besondere Art von Höhepunkt, die Pointe; sie gilt als zentrales Merkmal. Eine Pointe kommt immer am Schluss und muss die Rezipient/innen unbedingt überraschen. Der Witz verlangt folglich einen Aufbau, der auf die Pointe hinführt, ohne dass die Zuhörer/innen sich diese bereits im Laufe der Erzählung erschließen können. Zwar mögen sie mit der Gattung vertraut sein und deshalb auf mögliche Pointenkonstruktionen hinzuhören (aktive Rezeption); dies darf aber vor dem Schlussteil nicht gelingen. Es gibt ein Trigger-Element, das in der Pointe eine überraschende Umdeutung erfährt. Bei dem schlichten Dialog-Witz des Ehepaars

Er: Dein Gemecker geht bei mir zum einen Ohr rein und zum anderen wieder heraus.
Sie: Es ist ja auch nichts dazwischen, was es aufhalten könnte

besteht die Pointe daraus, dass SIE sich nicht an die übliche Lesart des vom Mann geäußerten Phraseologismus hält, welche metaphorisch wäre. Stattdessen nimmt sie seinen Text wörtlich und antwortet im Rahmen des Bildes. Preisendanz (1970) spricht von einem "Kollaps des Erwartungsschemas", der sehr unterschiedlich sein kann. Koestler (1964) nennt das Geschehen *bisociation* und fokussiert damit die kombinatorische Aktivität des Humor produzierenden und rezipierenden Individuums. Er fasst das, was im Witz bisoziiert wird — Kontexte, Rahmen oder Logiken — sehr weit. Es ist tatsächlich sinnvoll, diese Elemente nicht von vornherein theoretisch einzuengen, da sie sehr unterschiedlich sein können, was den hohen Originalitätsgrad der Pointe fördert (Kotthoff 2017).

Sacks (1978) analysiert aus konversationsanalytischer Perspektive einen „schmutzigen" Witz, den sich männliche Teenager im Kalifornien der sechziger Jahre erzählen. Er analysiert zuerst die Struktur des Witzes, die aus einer Reihe von Implausibilitäten besteht. Entgegen der Aussage einiger Humortheoretiker, dass der Witz den Unglauben suspendiere (beispielsweise bezüglich sprechender Tiere oder kleiner, grüner Männchen), zeigt Sacks, dass Witzrezipienten jedes Detail, und sei es noch so absurd, zur Generierung ihres Witzverständnisses nutzen (ähnlich argumentiert auch Norrick 1993). Wir präsentieren hier nicht den von Sacks beschriebenen Witz, sondern wenden sein Vorgehen auf ein Exemplar aus dem eigenen Korpus von Tischgesprächen unter guten Bekannten an. Auch wenn der Witz relativ lang ist, soll er hier in Gänze abgedruckt werden, um ihn in seinen verschiedenen Phasen nachvollziehbar zu machen.

Beispiel (19) NACKERMANN (aus Kotthoff 1998)

```
((David (D), Katharina (K), Rudolf (R), zwei Personen (m), alle
(a)))
  01 R: AH:::; (--)((lacht))
  02    der is TOLL. (0.5)
  03    hahaha. (0.5)
  04    ne,=so en_ganz normaler ANgestellter, ne.
  05    A' ARbeiter. (-)
  06    so, (-)
  07    ARbeitersiedlung,
  08    irgendwo in_er KLEINstadt. (--)
  09    mAnn hat ne_neue beSCHÄFtigung, (-)
  10    IS jetzt, (-)
  11    bei der firma NECkermann, (- -)
  12    E:HM,
  13    im (-) (    ) (-) HÄUSchen,
  14    WEIßte,
  15    was immer die SCHRANken, (-)
  16    zum beTRIEBSgelände hoch und runterlässt. ne?
  17 K: WÄRter.
  18 R: hm_hm. (1,5)
  19 D: (hochziehen)
  20 R: FRAU is auch ganz happy,
  21    dass der mAnn jetzt wieder nach der langen
           ARbeitslosigkeit,
  22    wieder en JOB gekriegt hat, ne?
  23 K: hm_hm.
  24 R: SELbe was er früher gemacht hat auch, ne. (2.0)
  25    ((Räuspern)) (1.5) und macht des,
  26    und macht des wUnderbar mit der SCHRANke, ne?
  27    kann er gAnz gAnz TOLL. (0.5)
  28    DANke, ((K füllt ihm das Glas nach))
  29 D: [hahahahahaha
  30 K: [hahahahaha bitte.
  31 R: hehe (-)
  32    und Irgendwann kommt halt der herr NECkermann,
```

```
33    mit seinem AUto,
34    und er dann also auch GANZ: (-) freundlich,
35    lässt die SCHRANke hoch und sagt,
36    guten morgen herr NACkermann. (1.5)
37    der herr neckermann,
38    <<p>HE?
39    WAS sagt der? (1.5)
40    hat der nicht grad NACkermann gesagt?>
41 K: [hehehe
42 R: [na GUT,
43 K: hahahaha[hahahaha
44 D:         [hehehe
45 R: [und der herr NECkermann,
46 K: [hahahahahahaha
47 R: (-) NICHT nackermann,
48    NECkermann.
49 D: hahahahahahaha[haha
50 R:               [und er, hahahahahaha
51 a: hahahahahaha[hahahahaha
52 D:             [bitte?
53    NECkermann.
54 R: ne woche später kommt der herr NECkermann halt wIEder,
55    und er wieder,
56    guten morgen herr NACkermann,°h
57    und der herr neckermann schon lEI:CHT gene:rvt,
58    °h HÖren sie mal her mein lieber, (1.0)
59    mein name ist nicht NACkermann,
60    _ich heiße NECkermann.
61    [und ich möchte-=
62 K: [hahahahahahaha
63 R: =auch so ANgesprochen [werden. °h
64 K:                      [hahahahahaha
65 R: ja: GUT. hehehehe (-)
66    die andere WOChe kommt er halt WIEder, ne?
67    ach guten morgen herr NACkermann,
68 D: hehehe
69 R: und der herr NECkermann,
70    also ich hat_s ihnen jetzt SCHON mal gesa:gt,
71 R: [also des erst mal SEHR freundlich,
72 K: [hahahahahahaha
73 R: das zweite mal, °h
74    hat mich das schon etwas geNERVT,
75    jetzt sage ich ihnen NOCH mal,
76    ich heiße NECkermann,
77    und wenn sie noch einmal NACkermann zu mir sagen,
78    dann KÜNdige ich ihnen.
79 K: hehehe
```

```
 80 R: <<lachend>ja> und so ne woche SPÄter, (1.0)
 81    hach guten mOrgen herr NACkermann,
 82 m: [hehehe hahahahahaha
 83 R: [FRISTlos entlassen worden. hehehehe=
 84 m: [hahahahahahahahahahahahahahahhaha
 85 R: =also er packt sein BUTterbrot wieder ei:n,
 86    und die kleine HANDtasche,
 87    und geht halt wieder nach HAUse,
 88    und die muttern steht halt DA,
 89    und schält schon die karTOFfeln, ne?
 90    fürs MITtagessen,
 91    hehehehe (0.5)
 92    <<all>und dann sagt_se WAS,> (-) _
 93    du kommst schon von der A:Rbeit? (1.0)
 94    und dann sagt er,
 95    ja ich bin grad FRISTlos geKündigt worden.
 96    <<lachend>da SAGT sie,> (- -)
 97    ja aber waRUM denn?
 98 K: hehe
 99 R: <<lachend> du(h) GA(h)NZ, hehe (°h)
100    GANZ genau desselbe wie bei QUALle,>
101 D: WAS? hehehehe
102 a: hahahahahaha
103 K: <<lachend>wie bei QUALle->
104 m: hahahahahahahahahahahahahahahahahaha
105    hahahaha
106 D: <<lachend> der der der dEr is GUT.>
107 m: hahahahahahahaha
108 R: <<lachend> dasselbe wie bei QUALle,
109    hahahahahahaha
110 a: hahahahahahahahahahaha
111    (1.0)
112 R: <<lachend>den kenn ich schon ZEHN jahre.>
```

Im Folgenden betrachten wir den Aufbau der Witzerzählung vom Einstieg und der Orientierung bis zur Auflösung. Der Einstieg erfolgt mit einer Evaluation des zukünftigen Erzählers: *der is TOLL* (Z. 02). Wohl kaum etwas anderes als einen Witz würde man vorab so ankündigen. Der Einstieg zeigt, dass Rudolphs Witzerzählung einer (oder mehreren) anderen folgt, die direkt vorher stattfand (Witze treten besonders häufig in Serien auf, vgl. Abschn. 5). Mit der Evaluation kündigt Rudolph nicht nur an, dass er einen weiteren Witz kennt (bzw. erinnert) und dass er ihn zum Besten geben will, sondern betont auch seinen Erzählwürdigkeit. Sie wird nicht nur über die positive Evaluation vermittelt, sondern auch durch sein Lachen (Z. 03), mit dem er zeigt, dass ihn die Lustigkeit seines Witzes selbst schon bei der Erinnerung einholt.

Er stellt seinen Protagonisten vor als *so en_ganz normalen ANgestellter* (Z. 04), einen Typus also, der als bekannt vorausgesetzt wird. Dieser wird dann lokal typisch eingeordnet (*so ARbeitersiedlung irgendwo* Z. 06–08). Anders als in Alltagserzählungen, wie wir sie in vorangegangenen Beispielen kennen gelernt haben, werden Protagonisten in Witzgeschichten als soziale Typen und nicht als konkrete Personen eingeführt. In Rudolphs Witz geht es um den Typus des männlichen Arbeiters aus einer Kleinstadt, der in einer Arbeitersiedlung wohnt. Das *so* (Z. 06) aktiviert, wie oft im gesprochenen Deutsch, die Suche im geteilten Wissen und verweist auf eine Stellung der Bezugselemente zwischen Konkretheit und Allgemeinheit, auf ihre Typikalität. Die artikellose Verwendung von *Arbeitersiedlung* (Z. 7), *Mann* (Z. 9), *Frau* (Z. 20) und *selbe* (Z. 24) erzeugt einen Raffungseffekt während der Orientierungsphase, der auf die Klimax vorbereitet.

Der so eingeführte Protagonist hat eine neue Beschäftigung bei Neckermann angetreten. In Zeile 20 wird die Frau des Protagonisten mit ihren Gefühlen in die fiktionale Welt eingeführt. Dadurch erfährt man auch vom persönlichen Stellenwert der Arbeit für den Mann. Rudolphs Bewertung der Tätigkeit seines Protagonisten mit der Schranke lässt dessen Berufsalltag plastisch werden. Die Orientierungsphase ist damit abgeschlossen.[157] Verschiedentlich elizitiert Rudolph Reaktionen seiner Zuhörer (z. B. Z. 16, 22). Durch häufiges *ne* versichert er sich des Kontaktes zu ihnen und fordert ihre Beteiligung an.[158]

Ab Zeile 32 beginnt das Kernstück des Witzes. Wie Sacks (1978) bei den von ihm analysierten Witzen können wir eine Einleitung, einen Hauptteil und einen Schluss ausmachen. Wie bei Sacks besteht der Kern aus drei sequentiellen Episoden. Viermal fährt in dem Witz Herr Neckermann vor. Die Begrüßungsworte des Wärters werden in direkter Rede wiedergegeben (Z. 36, 56, 67). Nach der Begrüßung in Zeile 36 findet sich eine Pause, die das Erstaunen des Herrn Neckermann evoziert. Auch die gedankliche Reaktion des Herrn Neckermann wird – leise gesprochen – direkt zitiert (Z. 38ff.). Katharina und David lachen. Einen so berühmten Namen falsch auszusprechen, hat schon einen eigenen Komikeffekt. Das Gliederungssignal *na gut* in Zeile 42 kann nicht eindeutig in der erzähl-

---

[157] Die meisten Witze haben, anderen Erzählungen ähnlich, eine Orientierungsphase; manche starten allerdings auch unvermittelt mit dem Kern.
[158] Das Lachen von David und Katharina bezieht sich an dieser Stelle nicht notwendigerweise auf Inhalte des Witzes, sondern vermutlich auf Katharinas erneutes Nachfüllen von Rudolphs Glas in kurzer Zeit. Allerdings hat die starke Bewertung der Fähigkeit des Wärters, die Schranke hochzulassen, auch etwas Komisches, was den Lachanlass geliefert haben könnte

ten Zeit oder der Erzählzeit angesiedelt werden. In Zeile 47 präsentiert der Erzähler Herrn Neckermanns knappe Korrektur, was wiederum Gelächter erzeugt. Man erwartet nun, dass sich ähnliche Szenen wiederholen werden und so ist es auch.

Der nächste Dialog beginnt wieder mit der freudigen Begrüßung des Wärters und seiner falschen Namensaussprache. Herrn Neckermanns Gereiztheit kommt in Zeile 70 ff. deutlicher zum Ausdruck. Seine Kritik am Wärter wird expliziter. Er bedient sich einer überfreundlichen Anrede (*mein Lieber*), wodurch in der Zurechtweisung Ironie aufscheint. Die expressive Intonation und klare Artikuliertheit der Worte dieser Anrede signalisieren, wie der animierte Herr Neckermann um Fassung ringt. Das Gliederungssignal in Zeile 65 *ja: gut.* funktioniert auf der fiktionalen und der realen Erzählebene. Rudolph erzählt von der erneuten Ankunft des Herrn Neckermann. Ohne Redeeinleitung präsentiert er die Begrüßung des Wärters (Z. 67). David lacht. Ohne ein *verbum dicendi* zu verwenden, wird die Aufmerksamkeit auf die Figur des Herrn Neckermann gerichtet. Dessen Gereiztheit wird über seine weit ausholende Rede und den für die Kündigungsandrohung durchgeführten Wechsel zu schnellem Tempo hin stilisiert (Z. 69–78). Katharina lacht.

Die nächste Szene am Wärterhäuschen wird ganz knapp geschildert. Es passiert, was man schon erwartet hat (*FRISTlos entlassen worden*, Z. 83). Der Dialog wird nicht ausgeführt, die erzählte Zeit somit verdichtet. Eine zentrale Phase des Witzes mit ihrer Dreiteilung ist abgeschlossen. Alle lachen.

Nun liefert Rudolph durch besondere Details nähere Einblicke in die Welt seiner Figur; die erzählte Zeit wird wieder gedehnt. Detaillierung ist eine besondere Erzählstrategie mit Zoom-Effekt (Tannen 1989): Der Wärter hat ein *Butterbrot* dabei und eine *kleine Handtasche* und geht nun nach Hause. Die *Muttern* (damit wird die zentrale Rolle der Ehefrau als Mutter in diesem stereotypisierten Milieu angesprochen) schält die *Kartoffeln* für das Mittagessen (was könnte die stereotypische Aktivität einer Ehefrau im Arbeitermilieu besser charakterisieren?). Ihr Erstaunen über die frühe Rückkehr des Manns wird durch hohe Stimmlage ausgedrückt. (Z. 92f.). Ihr Mann sagt ihr den Grund. Sie fragt weiter mit hoher Stimme nach dem Grund für die Entlassung (Z. 97).

David scheint nicht auf Anhieb verstanden zu haben, lacht aber trotzdem mit. Katharina wiederholt die Pointe. Alle lachen. Der Witz erzielt einen großen Erfolg. David bewertet den Witz lachend positiv (Z. 106) und Rudolph wiederholt noch einmal die Pointe. Nach einer kurzen Pause in Zeile 112 sagt Rudolph lachend, wie lange er den Witz schon kennt, und auch David kam der Witz bekannt vor. Im Anschluss wird die Witzpointe noch kreativ ausgestaltet (nicht zitiert, vgl. Kotthoff 1998; Ehmer 2011).

Nicht nur beim obigen Witz, sondern auch in den anderen hier vorgestellten Erzählungen ist aufgefallen, dass Erzähler die in der Geschichte agierende Personen direkt zu Wort kommen lassen. In Beispiel (11) führt Erzählerin Bernie beispielsweise ihre Mitschüler vor, wie sie angeblich auf dem Schulhof *FRANzi: oh:: FRANzi: o::* rufen. Direkte Redewiedergaben können verbale und intonatorische Charakterisierungen enthalten, durch die — auf der Basis von Stereotypen — Bilder von Personen, sozialen Gruppen usw. vermittelt werden (ein Überblick über die Forschung findet sich z. B. in Kotthoff 2008a). Indirekte Redewiedergabe leistet demgegenüber eher eine Distanzierung vom Gesagten.

Die Stimmen der Protagonist/innen werden in direkten Zitationen allerdings nicht einfach reproduziert, sondern vielfach gestaltet:

> Die Figuren, so haben wir betont, werden als spezifische „andere Stimmen" zu Wort gebracht: nicht nur ihr „Text" ist für ihr Sprechen konstruiert worden, auch ihre Prosodie deutet Haltungen an, die ihnen zugeschrieben wird – und/oder die der Konstrukteur, der aktuelle Sprecher, ihnen gegenüber einzunehmen wünscht. Anders ausgedrückt, der Sprecher betreibt nicht nur ein „*doing voices*", sondern tut auch etwas mit ihnen, das die Rezipienten inferieren müssen. Jedes Detail in der Art, wie in der Redewiedergabe Figuren konstruiert werden, muss also in Bezug darauf betrachtet werden, was der Sprecher mit diesen „Stimmen" tut. Insbesondere dient die prosodische und paralinguistische Konfiguration einer bestimmten „Stimme" als Hinweis darauf, wie der Sprecher die Figur versteht, und die nahelegt, wie sie oder das Gespräch, dessen Teil sie ist, von den Interagierenden wahrgenommen und bewertet werden soll. (Couper-Kuhlen 1999: 12; Übersetzung H.K.)

Direkte Zitate konstruieren also einen Redestil und versuchen damit, den Inhaber der „Stimme", den Protagonisten, zu typisieren. Sie liefern dem Publikum eine aus dem gegenwärtigen Erzählinteresse heraus gestaltete (Re)inszenierung einer Erfahrung des Protagonisten oder mit dem Protagonisten. Direkte Redewiedergabe verlebendigt die in der Geschichte agierenden Personen. Der aktuelle Erzähler konstruiert diese Protagonistenstimme so, wie es mit seinen Erzählabsichten aktuell übereinstimmt. Die Zitationen sind *performances*, die nicht beschreiben, sondern mimetisch darstellen (*depict*, Sidnell 2010: 381). Sie authentisieren so auch den unmittelbaren Zugang zum Geschehen.

In Beispiel (13) über den Bäcker mit der Mehlallergie hatte die Erzählerin Manuela die von ihr negativ bewertete Protagonistin der Bäckersfrau am Schluss mit deren vermeintlichen Worten zur Kundschaft zitiert: *was kummsch jetzt DU do rie? (hehe)* (Z. 60). Der reproduzierte Vorwurf (mit direkter Adressierung) wirkt aufgrund der empörten Stimme und der umgangssprachlichen Satzkonstruktion mit „was" im Vorfeld anmaßend. So spricht man nicht mit Kunden, denn diese begeben sich typischerweise in Geschäfte. Gleichzeitig ist das in seiner Frechheit so übertrieben, dass es von den Rezipienten kaum für bare Münze genommen wird. Wir haben es hier mit einer **Überlagerung von Stimmen** zu tun: Die Erzählerin reproduziert nicht nur die empörte Sprechhandlung der zitierten Figur (dass Kunden tatsächlich etwas von ihr wollen), sondern darüber hinaus auch eine Verurteilung dieser Frechheit (Günthner 1997a nennt das „Moralisierung zweiten Grades"): Die Vorwurfsäußerung wird als unangemessen reproduziert und wirkt deplatziert. So diskreditiert sie die Frau des Bäckers. Was hier mittels der überzogenen, hyperbolischen Darstellung der Redewiedergabe moniert wird, ist nicht nur die befremdliche Äußerung an sich, sondern auch der Verstoß gegen Normalerwartungen des Alltags.

Indirekte Rede hingegen signalisiert Distanzierung von der Erfahrung (Coulmas 1986). Wegen solcher Distanzeffekte ist sie in **Witzen** gänzlich ungeeignet. Es gibt durchaus auch Zwischenformen zwischen direkter und indirekter Redewiedergabe (Günthner 2000b; 2004), wenn etwa in der indirekten Redewiedergabe doch sprechsprachliche Momente untergebracht werden, etwa: *Er sagt, er sei ja ach so fu::rchtbar müde*). Die Interjektion und die Lautlängung werden dem zitierten Sprecher zugeordnet.

Ob mit direkter oder indirekter Redewiedergabe erzählt wird, ist ein Gestaltungselement, das Wesentliches zum Gelingen eines Witzes beiträgt. In der linguistischen Witzforschung wurde unterschätzt, dass der Erfolg eines Witzes neben der überraschenden Pointe stark von erzählstilistischen Strategien abhängt. Wer es schafft, in einem Witz, z. B. über den Schrankenwärter einer Firma und seinen Chef, diese Figuren nicht nur explizit zu benennen, sondern sie implizit durch direkte Redewiedergabe mit Imitation eines typischen Chef- und Untergebenentons, durch Inszenierung ihrer Lebenswelt anhand der Erwähnung verschiedener, kookkurrierender Details (wem werden wohl Pausenbrote und Kartoffeln kochende Ehefrauen zugeordnet?) lebendig werden zu lassen, hat die Lacher/innen allemal auf seiner Seite.

6.8 Erzählen mit Kindern

Wenn wir das Erzählen als eine so grundlegende Form der Weitergabe menschlicher Erfahrung begreifen, drängt sich sofort die Frage auf, wie Kinder das Erzählen lernen. Bruner (1990) geht sogar so weit zu sagen, dass es den Anschub für den Erwerb grammatischer Formen bildet:

> Eine der auffälligsten und mächtigsten Diskursformen in der menschlichen Kommunikation ist das Erzählen. Narrative Strukturen sind sogar schon der Praxis sozialer Interaktion inhärent, bevor der sprachliche Ausdruck dem entspricht. Ich will nun die radikale Behauptung aufstellen, dass der Schub, Narrationen zu konstruieren, die Ordnung und Prio-

ritäten bestimmt, in denen grammatische Formen vom kleinen Kind gemeistert werden. (Bruner 1990: 77; Übersetzung H.K.).

Bruner fahndet dann aber nicht primär nach Anlagen des Kindes, die in Richtung Erzählfähigkeit reifen (Wolf 2000: 139ff.), sondern wendet sich der Interaktionsdyade zu. Dieser interaktionale Ansatz entspricht dem konversationsanalytischen Vorgehen; so beschreiben Hausendorf & Quasthoff (1996: 301) ein *Discourse Acquisition Support System* (DASS), mit dem Erwachsene den Erzählerwerb von Kindern unterstützen. Das Kind trifft mit seinen spezifischen kognitiven und sprachlichen Fähigkeiten und Relevantsetzungen auf einen kompetenten Interaktionspartner, der mit dem Kind zusammen die Erzählformate ausbaut, Variationen von Grundmustern herausfordert und so die Herstellung einer konkreten Geschichte maßgeblich unterstützt. Um etwas erzählen zu können, muss sich das Kind aus der unmittelbaren Sprechsituation herauslösen können und vergangene Ereignisse über Abwesende und Abwesendes zur Sprache bringen. Erwachsene bauen mit ihren Beiträgen quasi Gerüste für die Erzählfragmente des Kindes (*scaffolding*), dabei übernehmen die Erwachsenen entscheidende Aufgaben (Hausendorf & Quasthoff 1996) und die Erzählung wird zu einem hochgradig kollaborativem Produkt. Sie helfen dem Kind u.a. bei der Kohärenzherstellung und bringen es dadurch von einer Kompetenzstufe zur nächsten (vgl. Wygotski 1988). Schwächen oder Probleme in der Erzählung beheben Erwachsene im Alltag an Ort und Stelle durch Nachfragen oder Widerspruch (Quasthoff 1987). Abstrakte Bewertungen geben sie in der Regel nicht, lokale und funktionale hingegen schon häufig, z. B. in Form von Rezipienzsignalen wie *toll* oder *oJE*. Damit lernt das Kind gleichzeitig und implizit, dass das Evaluieren eine Strukturkomponente der Geschichte ausmacht. Insgesamt verläuft das interaktive Unterstützungssystem in der Regel erfolgreich, jedoch nicht in allen Familien gleichermaßen (Heller 2013). Den Erwachsenen ist ihre Unterstützungstätigkeit in der Regel nicht bewusst. Es handelt sich um:

> [...] Wissen also, das wir mit Selbstverständlichkeit und ohne Reflexion benutzen, aber nur mit Mühe in Worte fassen können. Derartiges Wissen wird häufig implizites, handlungspraktisches, instrumentelles oder Erfahrungswissen genannt. (Meng et al. 1991: 11ff.)

Boueke et al. (1995) entwickeln ein mündlich-monologisches Stufenmodell, dessen höchste Stufe die folgenden Eigenschaften aufweist:
– Alle für die Darstellung relevanten Ereignisse kommen vor.
– Eine Linearisierung dieser Ereignisse zu kohärenten Ereignisfolgen ist erkennbar.
– Die Etablierung von Erzählwürdigkeit ist erkennbar.
– Die Ereignisfolgen werden emotional qualifiziert.

Daraus leiten sie ein Modell von vier Erwerbsstufen ab. Am Beginn steht das isolierte Ereignis. (Das scheint eine Vorphase zu repräsentieren, denn gerade eine Ereignisverbindung macht ja Narration aus.) Es folgt die Phase der linearen Verkettung von Ereignissen. Im dritten Stadium kann das Kind die Ereignisse in eine hierarchische Strukturierung bringen und somit auch einen Höhepunkt kreieren. In der letzten Stufe werden die Ereignisse auch emotional markiert.[159]

Im Folgenden analysieren wir eine Erzählrunde in einem hessischen Kindergarten. Der vierjährige Geoffrey hat gerade begonnen, ein paar Bemerkungen zu seinem Wochenende einzuwerfen, als Erzieherin Karin ihn in Zeile 27 zu mehr animiert. Wir werden sehen, wie die Erzieherin aus den inkohärenten Erzählfrag-menten des vierjährigen Geoffrey gemeinsam mit ihm eine Geschichte herstellt.

Beispiel (20) WEGGELAUFEN
```
((Erzieherin Karin (K), vierjähriger Junge Geoffrey (G), vier-
jähriger Junge (J), mehrere Kinder (m)))
 27 K: was denn NOCH?
 28 G: wir waren in BAHNhof,
 29     [(         )
 30 m: [((reden durcheinander))
 31 K: Aha.
 32 G: dann sollten wir einen °h JUNgen finden,
 33     der war bei der poliZEI.
 34 K: oJE:H,
 35     warum sollten ihr_n JUNgen finden?
 36 G: weil es war von von der von meiner mama die ehm die (.)
        ne FREUNdin.
 37 K: ach SO?
 38     is der WEGgelaufen.
 39     habt ihr verLOren,
 40     oder was.
 41 G: NEIN.
 42     von ihrem SOHN,
 43     des war_n klEIner KIND,
 44     eh der war noch_n BAby.
 45     der is WEGgelaufen einfach.
 46 K: ach SO.
 47     ich SAG ja.
 48     den habt ihr geSUCHT.
```

---

159 Kern (2011: 239) fasst einige Kritikpunkte an diesem monologischen Modell zusammen. So sind die beiden ersten Stufen gar nicht erzählspezifisch. Die Auswirkung der Rezeption auf die Geschichte ist in dem Monolog-Modell nicht enthalten.

```
49 G: HM_hm.
50 K: habt ihr_n auch geFUNden?
51 G: JA:,
52 J: WO denn.
53    unterm MÜLLeimer?
54 m: hehehehe[he
55 J:          [oder im KLO?
56 m: hehehehehehe
```

Geoffrey beginnt seine Geschichte in Zeile 28 mit der Nennung des Ortes (*bahnhof*) und des zentralen Protagonisten (*einen °h JUNgen* Z. 32). Die Ungewöhnlichkeit der Episode besteht darin, dass sie *einen °h JUNgen finden,* sollten, *der war bei der poliZEI.* (Z. 32-33). Karin schließt sich mit einer typischen Interjektion des Bedauerns an (*oJE:H*) und ratifiziert damit die Erzählwürdigkeit der Erzählung. Allerdings fehlen entscheidende Details, so dass sie nachfragt. Denn Geoffrey hat die Umstände dafür, dass sie einen Jungen finden sollten, nicht verbalisiert (*warum...* Z. 35), woraufhin Goeffrey äußert: *weil es war von von der von meiner mama die ehm die (.) ne-FREUNdin.* (in Z. 36). Damit erklärt er personelle Konstellationen, nicht aber, warum das Kind gesucht werden musste.

Dennoch ratifiziert Karin die Antwort (*ach SO?* Z. 37) mit einem Erkenntnisprozessmarker (Imo 2009), schließt aber weitere Fragen an, in denen sie mögliche Gründe für die Suche vorschlägt: *is der WEGgelaufen. habt ihr verLOren, oder was.* (Z. 38-40). Das verneint Geoffrey und erläutert: *von ihrem SOHN, des war_n klEIner KIND, eh der war noch_n BAby. der is WEGgelaufen einfach.* Gewisse Inkohärenzen sind unübersehbar, denn Geoffrey weist den Vorschlag der Erzieherin zurück, um den Protagonisten als ein kleines Kind, ein Baby (was eigentlich noch nicht weglaufen kann) näher zu beschreiben. Geoffreys Aufmerksamkeit ist darauf ausgerichtet, den Protagonisten seiner Geschichte in dessen komplexem sozialen Netzwerk zu positionieren, so dass er die Ereignisreihenfolge nur noch rudimentär präsentieren kann. Dann nennt er genau das, was Karin zuvor vorgeschlagen hatte: K: *is der WEGgelaufen* (Z. 38) versus G: *der is WEGgelaufen* (Z. 45).

Die Erzieherin ratifiziert erneut (*ach SO.* Z. 46) und wiederholt ihren Antwortkandidaten von vorher: *ich SAG ja. den habt ihr geSUCHT,* was Geoffrey nun bestätigt (*MH:hm.* Z. 49). Im nächsten Zug fragt Karin, ob der Junge gefunden wurde, was Geoffrey bejaht. Damit ist die Geschichte beendet. Der weitere Verlauf der Geschichte, die möglichen Details einer Suche, der Polizeibesuch, das glückliche Ende werden nicht rekonstruiert. Der Aufbau der Ereignisse in ihrer temporalen Abfolge gelingt ebenso wenig wie die Einführung aller relevanter Personen.

Die anderen Kinder zeigen sich als aktive Zuhörer. Ein Junge gleichen Alters wirft zwei absurde Möglichkeiten des Fundortes ein, die in der Kindergruppe für Heiterkeit sorgen. Vielleicht bemüht er sich, die fehlende Pointe der Geschichte zu konstruieren und erweist sich damit als kooperativer Zuhörer. Damit läge hier eine besondere Form der Ko-Konstruktion vor: Die Erwachsene hilft beim Zustandebringen der Geschichte und die kindlichen Rezipienten beteiligen sich an der Ausgestaltung der Geschichte und kreieren sogar witzige Pointen.

Eine von Peterson & McCabe (1983) durchgeführte Studie über die Entwicklung der Erzählkompetenz bei Kindern zwischen 3,5 bis 9,5 Jahren zeigt, dass Kinder (wie auch Erwachsene) eine Vielfalt von Varianten zu dem Schema von Labov und Waletzky realisieren. Die Vier- und Fünfjährigen zeigten ein sprunghaftes Erzählmuster, d.h. eine nicht konsistente Abfolge von Handlungen, und/oder sie gestalten keinen Schluss, d.h. die Geschichte bricht einfach ab. (Beides trifft auf Geoffrey auch zu.) Die jüngeren Kinder in der Untersuchung verstreuten Angaben zu den Protagonisten über den ganzen Text und führten neue ein, ohne deren Rolle für das Ereignis zu klären. Die Erwachsenen betrieben dann in der Regel schrittweise und für den Entwicklungsstand des Kindes angemessene Hilfeleistungen (*scaffolding*), wodurch sie die Beziehungen zwischen den in der Geschichte handelnden Protagonisten für das Kind deutlich machten. Hausendorf & Quasthoff (1996) bemühen die Metaphorik der Wippe, um zu verdeutlichen, dass zwei Seiten mit unterschiedlichem Gewicht an einer Geschichte beteiligt sind. Am Anfang dominiert der Erwachsene „mit seinem Gewicht" die Entwicklung; der Beitrag des Kindes wird im Laufe der Zeit dann immer „gewichtiger".

Boueke et al. (1995) zeigen in ihrer nicht interaktional angelegten Studie, dass junge Kindergartenkinder linear erzählen, d.h. mit vielen *und dann-Verknüpfungen* die Ereignisse einfach reihen. Sie filtern kein zentrales Ereignis heraus, um das herum sie die Protagonisten, Abfolgen und Details anordnen. Sobald kohärenzstiftende Verfahren erworben worden sind, werden sie im Prinzip vom Kind angewendet. Zunächst geraten dabei wieder viele Details einer Geschichte ins Hintertreffen. Mit sechs bis sieben Jahren gelingt es den Kindern dann, das Hauptthema mit den Details kohärent so zu verbinden, dass sie auch einen Höhepunkt gestalten können. Deshalb gelingen ihnen dann auch Witze mit ihrer typischen Pointenstruktur (siehe dazu Hauser 2004).

Die Erzählhilfen, die Erwachsene Kindern angedeihen lassen, sind ein Sonderfall besonders aktiver Rezeption, in der vom Alltagswissen ausgehend Schlüsse gezogen werden, die auf Komponenten der rudimentären Geschichte des Kindes beruhen und seine nicht versprachlichten Erzählschritte auffüllen können. So entsteht für und mit dem Input des Kindes im Gespräch eine Erzählung.

Vertiefung
Einsatz ikonischer Gesten bei kindlichen Erzählungen: Der Erzählerwerb ist Teil der Entwicklung einer dekontextualisierten Sprache. Darauf baut später der Schulunterricht auf, der auf eine verschränkte Weiterentwicklung des mündlichen und schriftlichen Erzählens setzt (Dannerer 2012; Ohlhus 2014). Im Mündlichen ist die redebegleitende Verwendung von Gestik, Mimik und Bewegung eine Stütze, derer sich das Kind im Schriftlichen nicht mehr bedienen kann. Ohlhus (2016) stellt bei mündlichen Erzählungen von Zweitklässlern fest, dass sie noch stark mit ikonischen Gesten arbeiten. Diese dienen (wie wir bei Sybilles Müll-Geschichte oben gesehen haben) der Veranschaulichung des Erzählten; sie tragen aber auch zur Herstellung der globalen Struktur der Geschichte bei. Er zeigt, wie Erzählerin Lea (zweites Schuljahr) bei der Durchführung der Äußerung „dann hüpfte der durch die Wälder" mit den Händen Hüpf-Gesten ausführt, die sozusagen die Bewegungen ihres Protagonisten, des Frosches, szenisch ergänzen. Diese Geste nimmt sie auch wieder auf, als später ein zweiter Frosch in die Geschichte eingeführt wird. Obwohl dieser Frosch zum erzählten Zeitpunkt gar nicht hüpft, versteht Ohlhus (2016: 53) die Geste als Markierung von Kohärenz. Episodenenden markiert Lea, indem sie die Hände zusammenfaltet. Das visualisiert zusätzlich ihre Strukturierung der Geschichte. Auch Levy und McNeill (2015: 158) finden viele solche gestischen Wiederaufnahmen in Kindergeschichten. Darüber hinaus hilft die Prosodie beim mündlichen Erzählen, z. B. bei der Herstellung von Haltungen (*stance*) und bei der Redewiedergabe.

6.9 Schlussbemerkung

Im Laufe des Kapitels wurden unterschiedliche Typen von Erzählungen vorgestellt, beispielsweise Klatschgeschichten, serielle Produktionen von Erzählungen usw. Die Ko-Konstruiertheit wurde herausgearbeitet, die sich auch auf die Erzählhaltung (*narrative stance*) auswirkt. Der Erzählhaltung sind wir an verschiedenen Stellen nachgegangen. Dem speziellen narrativen Typus „Witz" wurde ein Unterkapitel gewidmet und dabei auch Leistungen der direkten Redewiedergabe analysiert. Im Vergleich der narrativen Typen Witz und Bericht zeigten sich Besonderheiten innerhalb der narrativen Gattungsfamilie. Für das mündliche Erzählen haben wir die enge Beziehung zwischen Erzählprozess, Erzählstruktur und Interaktion herausgearbeitet. Und schließlich wurden multimodale Faktoren wie Prosodie und Gesten dargelegt. Am Schluss stand der Erwerb von Erzählkompetenzen im Fokus, also die Frage, wie Kinder das Erzählen in Gesprächen mit erwachsenen Sprecher(inne)n lernen, indem diese sich an ihrer Erzählung beteiligen. Eine Geschichte aus einer Erzählrunde im Kindergarten wurde näher betrachtet, die erst mit der konversationellen Unterstützung der Erzieherin (*scaffolding*) zu einer verständlichen Geschichte werden konnte. Auch für Kinder spielt der Einsatz ikonischer Gesten eine große Rolle, da mündliches Erzählen und Inszenieren immer miteinander verwoben sind.

In der konversationsanalytischen Beschäftigung mit dem Erzählen wirken sich die Prinzipien von Interaktivität, Sequenzialität und Prozessualität aus. Während andere linguistische Ansätze sich mit der Geschichte als fertigem Produkt beschäftigt haben, arbeiten Konversationsanalytiker die koordinierten Aktivitäten heraus, die eine Geschichte im interaktiven Prozess entstehen lassen. Aus dem Vorgängigen heraus muss eine Einleitungssequenz gestaltet werden; sie kontextualisiert einen spezifischen Narrationstyp, etwa eine Problemgeschichte, einen Witz oder einen Bericht.

Erzähler/innen stellen „Erzählwürdigkeit" her und evaluieren Bestandteile der Geschichten explizit und implizit (z. B. über die Redewiedergaben). Zur Herausstellung des Erzählenswerten dienen Gestaltungsverfahren wie Detaillierungen und direkte Redewiedergaben, die Erzählaktivitäten szenisch erzeugen. Die Erzählung selbst leistet die hauptsächliche Bewertungsarbeit. Rezipient/innen nehmen daran durch ihre aktive Rezeption teil. Bestimmte Narrationstypen, wie etwa Witze, laufen auf sehr spezifische Höhepunkte hinaus (Pointen, deren Sinn sich die Rezipient/innen selbst erschließen müssen); andere dramatisieren bei der Gestaltung die Höhepunkte mit direkter Redewiedergabe oder sie beschränken sich auf Ablaufschilderungen, vielleicht mit bestimmten Iterationen, und verzichten auf Dramatisierungsverfahren (dadurch werden sie nüchtern-berichthaft). Zur Beendigung der Erzählung gehört, dass Erzähler und Rezipienten Zug um Zug, oftmals mit einer Vorabbeendigung, wieder aus der Geschichte herausfinden und den Sprecherwechselmechanismus reetablieren (vgl. a. Lucius-Hoene & Deppermann (2002: 128) zum „Zwang zur Gestaltschließung"). Wie Lucius-Hoene & Deppermann (2002: 19) ausführen, erfüllen Geschichten unterschiedlichste Zwecke; meist sogar mehrere gleichzeitig: Unterhaltung, Selbstdarstellung, Informationsübermittlung, Teilen von Erlebtem mit den entsprechenden Gefühlen. Erzählt wird aus einer bestimmten Perspektive (Kallmeyer 1981), z. B. derjenigen von Beobachtern, Betrogenen, Amüsierten etc. Geschichten fungieren als Träger von Affekten und Werthaltungen und spielen insofern eine mehr oder weniger ausgeprägte Rolle in der Aushandlung intersubjektiver Moral (Ochs & Capps 1995).

7 Literaturverzeichnis

Agyekum, Kofi (2008): The Pragmatics of Akan Greetings. *Discourse Studies* 10 (4), 493–516.
Althans, Birgit (2000): *Der Klatsch, die Frauen und das Sprechen bei der Arbeit*. Frankfurt am Main: Campus.
Antaki, Charles (2002): "Lovely": Turn-Initial High-Grade Assessments in Telephone Closings. *Discourse Studies* 4 (1), 5–23.
Arminen, Ilkka & Minna Leinonen (2006): Mobile Phone Call Openings – Tailoring Answers to Personalized Summons. *Discourse Studies* 8 (3), 339–368.
Atkinson, J. Maxwell & Paul Drew (1979): *Order in Court. The Organization of Verbal Interaction in Judicial Settings*. London: Macmillan.
Auer, Peter (1983): Überlegungen zur Bedeutung der Namen aus einer 'realistischen' Sichtweise. In Manfred Faust (Hrsg.), *Allgemeine Sprachwissenschaft, Sprachtypologie und Textlinguistik (Festschrift für Peter Hartmann)*, 173–186. Tübingen: Narr.
Auer, Peter (1984): Referential Problems in Conversation. *Journal of Pragmatics* 8, 627–648.
Auer, Peter (1990): Rhythmic Integration in Phone Closings. *Human Studies* 13, 361–392.
Auer, Peter (1992): The Neverending Sentence: On Rightward Expansion in Spoken Syntax. In Miklós Kontra & Tamas Váradi (Hrsg.), *Studies in Spoken Languages: English, German, Finno-Ugric*, 41–60. Budapest: Hungarian Academy of Sciences.
Auer, Peter (1996a): Kontextualisierung. *Studium Linguistik* 19, 22–48.
Auer, Peter (1996b): On the Prosody and Syntax of Turn-Continuations. In Elizabeth Couper-Kuhlen & Margret Selting (Hrsg.), *Prosody in Conversation*, 57–100. Cambridge: Cambridge UP.
Auer, Peter (1999/2013): *Sprachliche Interaktion. Eine Einführung anhand von 22 Klassikern*. Tübingen: Niemeyer.
Auer, Peter (2000): Online-Syntax – Oder: was es bedeuten könnte, die Zeitlichkeit der mündlichen Sprache ernst zu nehmen. *Sprache und Literatur* 85, 43–56.
Auer, Peter (2004): Delayed Self-Repairs as a Structuring Device for Complex Turns in Conversation. *InLiSt: Interaction and Linguistic Structures* 40. http://www.inlist.uni-bayreuth.de/issues/40/index.htm (Zugriff 19.07.2019).
Auer, Peter (2005): Delayed Self-Repairs as a Structuring Device for Complex Turns in Conversation. In Auli Hakulinen & Margret Selting (Hrsg.), *Syntax and Lexis in Conversation*, 75–102. Amsterdam: Benjamins.
Auer, Peter (2006): Increments and More. Anmerkungen zur augenblicklichen Diskussion über die Erweiterbarkeit von Turnkonstruktionseinheiten. In Arnulf Deppermann, Reinhard Fiehler & Thomas Spranz-Fogasy (Hrsg.), *Grammatik und Interaktion*, 279–294. Radolfzell: Verlag für Gesprächsforschung.
Auer, Peter (2007): Syntax als Prozess. In Heiko Hausendorf (Hg.), *Gespräch als Prozess. Linguistische Aspekte der Zeitlichkeit verbaler Interaktion*, 95–124. Tübingen: Narr.
Auer, Peter (2014): The Limits of Collaboration – Speakership in Interaction with Persons with Aphasia. In Martin J. Ball, Nicole Müller & Ryan L. Nelson (Hrsg.), *Handbook of Qualitative Research in Communication Disorders*, 187–206. New York: Psychology Press.
Auer, Peter (2015): The Temporality of Language in Interaction: Projection and Latency. In Arnulf Deppermann & Susanne Günthner (Hrsg.), *Temporality in Interaction*, 27–56. Amsterdam: Benjamins.

Auer, Peter (2018): Gaze, Addressee Selection, and Turn-Taking in Three-Party Interaction. In Geert Brône & Bert Oben (Hrsg.), *Eye-Tracking in Interaction. Studies on the Role of Eye Gaze in Dialogue*, 197–231. Amsterdam: Benjamins.

Auer, Peter, Elizabeth Couper-Kuhlen & Frank Müller (1999): *Language in Time – The Rhythm and Tempo of Verbal Interaction*. New York: Oxford UP.

Auer, Peter & Susanne Uhmann (1982): Aspekte der konversationellen Organisation von Bewertungen. In *Deutsche Sprache*, 1, 1–32.

Bachtin, Michail M. (1969/1985): *Literatur und Karneval. Zur Romantheorie und Lachkultur*. München: Hanser.

Bauer, Angelika & Peter Auer (2008): *Aphasie im Alltag*. Stuttgart: Thieme.

Beißwenger, Michael (2007): *Sprachhandlungskoordination in der Chat-Kommunikation*. Berlin, New York: de Gruyter.

Bergmann, Jörg (1980): *Interaktion und Exploration. Eine konversationsanalytische Studie zur sozialen Organisation der Eröffnungsphase von psychiatrischen Aufnahmegesprächen*. Unveröffentliche Dissertation, Universität Konstanz.

Bergmann, Jörg (1982): Schweigephasen im Gespräch – Aspekte ihrer interaktiven Organisation. In Hans-Georg Soeffner (Hrsg.), *Beiträge zu einer empirischen Sprachsoziologie*, 143–184. Tübingen: Narr.

Bergmann, Jörg (1987): *Klatsch. Zur Sozialform der diskreten Indiskretion*. Berlin: de Gruyter.

Bergmann, Jörg (1988): Haustiere als kommunikative Ressourcen. In Hans-Georg Söffner (Hrsg.), *Soziale Welt, Sonderband 6*, 299–312. Göttingen: Schwartz & Co.

Bergmann, Jörg (1990): On the Local Sensitivity of Conversation. In Ivana Marková & Klaus Foppa (Hrsg.), *The Dynamics of Dialogue*, 201–226. Hemel Hempstead: Harvester Wheatsheaf.

Bergmann, Jörg (1991): Deskriptive Praktiken als Gegenstand und Methode der Ethnomethodologie. In Max Herzog & Carl F. Graumann (Hrsg.), *Sinn und Erfahrung. Phänomenologische Methoden in den Sozialwissenschaften*, 86–102. Heidelberg: Asanger.

Bergmann, Jörg (1994): Ethnomethodologische Konversationsanalyse. In Gerd Fritz & Franz Hundsnurscher (Hrsg.), *Handbuch der Dialoganalyse*, 3–16. Tübingen: Niemeyer.

Bergmann, Jörg & Thomas Luckmann (1995): Reconstructive Genres of Everyday Communication. In Uta Quasthoff (Hrsg.), *Aspects of Oral Communication*, 289–304. Berlin: de Gruyter.

Bergmann, Jörg & Thomas Luckmann (1999): Moral und Kommunikation. In Jörg Bergmann & Thomas Luckmann (Hrsg.), *Die kommunikative Konstruktion von Moral*, 13–39. Opladen: Westdeutscher Verlag.

Betz, Emma & Andrea Golato (2008): Remembering Relevant Information and Withholding Relevant Next Actions: The German Token "achja.". *Research on Language and Social Interaction* 41 (1), 58–98.

Bies, Andrea (2015): *Deutsch-spanische Erstkontakte: eine Gattungsanalyse*. München: ludicium.

Bilmes, Jack (1988): The Concept of Preference in Conversation Analysis. *Language in Society* 17, 161–181.

Birkner, Karin (2001): *Bewerbungsgespräche mit Ost- und Westdeutschen*. Tübingen: Niemeyer.

Birkner, Karin, Sofie Henricson, Camilla Lindholm & Martin Pfeiffer (2012): Grammar and Self-Repair: Retraction Patterns in German and Swedish Prepositional Phrases. *Journal of Pragmatics* 44 (11), 1413–1433.

Bögels, Sara, Lilla Magyari & Stephen C. Levinson (2015): Neural Signatures of Response Planning Occur Midway Through an Incoming Question in Conversation. *Scientific Reports* 5, 12881. https://doi.org/10.1038/srep12881 (Letzer Zugriff 19.07.2019).

Bolden, Galina (2012): Across Languages and Cultures: Brokering Problems of Understanding in Conversational Repair. *Language in Society,* 41–121.

Boueke, Dietrich, Frieder Schülein, Hartmut Büscher, Evamaria Terhorst & Dagmar Wolf (1995): *Wie Kinder erzählen. Untersuchungen zur Erzähltheorie und zur Entwicklung narrativer Fähigkeiten.* München: Fink.

Brenning, Jana (2015): *Syntaktische Ko-Konstruktionen im gesprochenen Deutsch.* Heidelberg: Winter.

Broth, Mathias & Lorenza Mondada (2013): The Embodied Achievement of Activity Closings in Mobile Interaction: Walking Away. *Journal of Pragmatics* 47, 41–58.

Bruner, Jerome (1990): *Acts of Meaning.* Cambridge: Harvard UP.

Button, Graham (1987): Moving out of Closings. In Graham Button & John R.E. Lee (Hrsg.), *Talk and Social Organisation*, 101–151. Clevedon: Multilingual Matters.

Button, Graham (1990): On Varieties of Closings. In George Psathas (Hrsg.), *Interactional Competence*, 93–147. Washington: UP of America.

Campagna, Anna (2005): *Redezuginterne Bearbeitungsstrategien für Lexikalisierungsprobleme bei Aphasie.* Magisterarbeit Universität Freiburg. https://www.freidok.unifreiburg.de/pers/10838 (26.12.2018).

Chen, Rong (1993): Responding to Compliments. A Contrastive Study of Politeness Strategies between American English and Chinese Speakers. *Journal of Pragmatics* 20 (1), 49–75.

Chomsky, Noam (1965): *Aspects of the Theory of Syntax.* Cambridge: MIT Press.

Chow, Cecilia, Jude Mitchell & Cory Miller (2015): Vocal Turn-Taking in a Non-Human Primate is Learned During Ontogeny. *Proceedings of the Royal Society B-Biology* 282 (1807), 20150069 https://www.ncbi.nlm.nih.gov/pmc/articles/PMC4424641/ (Zugriff 28.07.2019).

Churchill, Lindsey (1971): Ethnomethodology and Measurement. *Social Forces* 50, 183–91.

Clark, Eve V. (2009): *First Language Acquisition.* Cambridge: Cambridge UP.

Clark, Herbert (1992): *Arenas of Language Use.* Chicago: U of Chicago P.

Clark, Herbert (1996): *Using Language.* Cambridge: Cambridge UP.

Clayman, Steven (2011): Turn-Constructional Units and the Transition-Relevance Place. In Jack Sidnell & Tanya Stivers (Hrsg.), *The Handbook of Conversation Analysis*, 150–166. Malden: Wiley-Blackwell.

Clayman, Steven & Chase Wesley Raymond (2015): Modular Pivots: A Resource for Extending Turns at Talk. *Research on Language and social Interaction* 48 (4), 388–405.

Clift, Rebecca (2016): *Conversation Analysis.* Cambridge: Cambridge UP.

Corrin, Juliette (2010): Hm? What? Maternal Repair and Early Child Talk. In Hilary Gardner & Michael Forrester (Hrsg.), *Analysing interactions in childhood: insights from conversation analysis*, 23–41. Chichester: Wiley-Blackwell.

Coulmas, Florian (1986): Reported Speech: Some Issues. In Florian Coulmas (Hrsg.), *Direct and Indirect Speech*, 1–28. Berlin: de Gruyter.

Couper-Kuhlen, Elizabeth (1992): Contextualizing Discourse: The Prosody of Interactive Repair. In Peter Auer & Aldo Di Luzio (Hrsg.), *The Contextualization of Language*, 337–364. Amsterdam: Benjamins.

Couper-Kuhlen, Elizabeth (1999): Coherent Voicing. On Prosody in Conversational Reported Speech. In Wolfram Bublitz, Uta Lenk & Eija Ventola (Hrsg.), *Coherence in Spoken and Written Discourse*, 11–32. Amsterdam: Benjamins.

Couper-Kuhlen, Elizabeth (2001): Interactional Prosody: High Onsets in Reason-for-the-Call Turns. *Language in Society* 30, 29–53.

Couper-Kuhlen, Elizabeth & Dagmar Barth-Weingarten (2011): A system for transcribing talk-in-interaction: GAT 2. *Gesprächsforschung: Online-Zeitschrift zur verbalen Interaktion* 10, 353–402.

Couper-Kuhlen, Elizabeth & Margret Selting (2018): *Interactional Linguistics*. Cambridge: Cambridge UP.

Couper-Kuhlen, Elizabeth & Tsuyoshi Ono (2007): 'Incrementing' in Conversation. A Comparison of Practices in English, German and Japanese. *Pragmatics* 17 (4), 513–552.

Curl, Traci & Paul Drew (2008): Contingency and Action: A Comparison of Two Forms of Requesting. *Research on Language and Social Interaction* 41 (2), 129–153.

Dannerer, Monika (2012): *Narrative Fähigkeiten und Individualität. Mündlicher und schriftlicher Erzählerwerb im Längsschnitt von der 5. bis zur 12. Schulstufe*. Tübingen: Stauffenburg.

Deppermann, Arnulf (1999/2008a): *Gespräche analysieren. Eine Einführung in konversationsanalytische Methoden*. Opladen: Leske & Budrich.

Deppermann, Arnulf (2008b): Verstehen im Gespräch. In Heidrun Kämper & Ludwig Eichinger (Hrsg), *Sprache – Kognition – Kultur. Sprache zwischen mentaler Struktur und kultureller Prägung*, 225–261. Berlin: de Gruyter.

Deppermann, Arnulf (2013): Turn-Design at Turn-Beginnings: Multimodal Resources to Deal with Tasks of Turn-Construction in German. *Journal of Pragmatics*, 46 (1), 91–121.

Deppermann, Arnulf (2018): Wissen im Gespräch. In Birkner Karin & Nina Janich (Hrsg.) *Handbuch Text und Gespräche*. 104–142. Berlin, Boston: De Gruyter Mouton.

Deppermann, Arnulf & Hardarik Blühdorn (2013): Negation als Verfahren des Adressatenzuschnitts: Verstehenssteuerung durch Interpretationsrestriktionen. *Deutsche Sprache* 41 (1), 6–30.

Deppermann, Arnulf & Henrike Helmer (2013): Zur Grammatik des Verstehens im Gespräch: Inferenzen anzeigen und Handlungskonsequenzen ziehen mit *also* und *dann*. *Zeitschrift für Sprachwissenschaft* 32 (1), 1–39.

Deppermann, Arnulf & Jürgen Streeck (Hrsg.) (2018): *Time in Embodied Interaction. Synchronicity and Sequentiality of Multimodal Resources*. Amsterdam: Benjamin.

Deppermann, Arnulf & Reinhold Schmitt (2008): Verstehensdokumentationen: Zur Phänomenologie von Verstehen in der Interaktion. *Deutsche Sprache* 36 (3), 220–245.

Dingemanse, Mark & Nick J. Enfield (2015): Other-Initiated Repair across Languages: Towards a Typology of Conversational Structures. *Open Linguistics* 1 (1), 98–118.

Dingemanse, Mark, Joe Blythe & Tyko Dirksmeyer (2014): Formats of Other-Initiation of Repair across Languages: An Exercise in Pragmatic Typology. *Studies in Language* 38, 5–43.

Dingemanse, Mark, Seán Roberts, Julija Baranova, Joe Blythe, Paul Drew, Simeon Floyd, Rosa Gisladottir, Kobin H. Kendrick, Stephen C. Levinson, Elizabeth Manrique, Giovanni Rossi & Nick J. Enfield (2015): Universal Principles in the Repair of Communication Problems. *PLoS One*, 10 (9), e0136100. https://doi.org/10.1371/journal.pone.0136100 (27.12.2018)

Drake, Veronika (2016): German Questions and Turn-Final 'oder'. *Gesprächsforschung* 17, 168–195.

Drew, Paul (1989): Recalling Someone from the Past. In Derek Roger & Peter Bull (Hrsg.), *Conversation. An Interdisciplinary Perspective*, 96–115. Clevedon: Multilingual Matters.

Drew, Paul (1997): Open Class Repair Initiators in Response to Sequential Sources of Troubles in Conversation. *Journal of Pragmatics* 28, 69–101.
Drew, Paul (2011): Turn Design. In Jack Sidnell & Tanya Stivers (Hrsg.), *The Handbook of Conversation Analysis*, 131–149. Malden: Wiley-Blackwell.
Drew, Paul & Elizabeth Couper-Kuhlen (2015): Requesting – From Speech Act to Recruitment. In Sandra A. Thompson, Barbara Fox & Elizabeth Couper-Kuhlen (Hrsg.), *Grammar in Everyday Talk: Building Responsive Actions*, 1–34. Cambridge: Cambridge UP.
Drew, Paul & Elizabeth Couper-Kuhlen (Hrsg.) (2014): *Requesting in Social Interaction*. Benjamins, Amsterdam.
Drew, Paul & Jörg Bergmann (2018): *Gail Jefferson: Repairing the Broken Surface of Talk*. New York: Oxford UP.
Duranti, Alessandro (1997): Universal and Culture Specific Properties of Greetings. *Journal of Linguistic Anthropology* 7 (1), 63–97.
Egbert, Maria (1996): Context Sensitivity in Conversation Analysis: Eye Gaze and the German Repair Initiator 'bitte'. *Language in Society* 25 (4), 587–612.
Egbert, Maria (1997a): Schisming: The Collaborative Transformation from a Single Conversation to Multiple Conversations. *Research on Language and Social Interaction* 30, 1–51.
Egbert, Maria (1997b): Some Interactional Achievements of Other-Initiated Repair in Multiperson Conversation. *Journal of Pragmatics* 27 (5), 611–634.
Egbert, Maria (2004): Other Initiated Repair and Membership Categorization – Some Conversational Events that Trigger Linguistic and Regional Membership Categorization. *Journal of Pragmatics* 36, 1467–1498.
Egbert, Maria (2009): Der Reparatur-Mechanismus in deutschen Gesprächen. Mannheim: Verlag für Gesprächsforschung. http://www.verlag-gespraechsforschung.de/2009/pdf/reparaturen.pdf (27.12.2018)
Egbert, Maria, Andrea Golato & Jeffrey Robinson (2009): Repairing Reference. In Jack Sidnell (Hrsg.), *Conversation Analysis–Comparative Perspectives*, 104–132. Cambridge: Cambridge UP.
Ehlich, Konrad & Jochen Rehbein (1977): Batterien sprachlicher Handlungen. *Journal of Pragmatics* 1, 393–406.
Ehmer, Oliver (2011): *Imagination und Animation. Die Herstellung mentaler Räume durch animierte Rede*. Berlin: de Gruyter.
Ehmer, Oliver, Luis Ignacio Satti, Angelita Martínez & Stefan Pfänder (2019): Un sistema para transcribir el habla en la interacción: GAT 2, traducido y adaptado al español. *Gesprächsforschung: Online-Zeitschrift zur verbalen Interaktion* 19, 64–114.
Enfield, Nick J. (2013): Reference in Conversation. In Jack Sidnell & Tanya Stivers (Hrsg), *The Handbook of Conversation Analysis*, 433–454. Malden: Wiley-Blackwell.
Enfield, Nick J. & Tanya Stivers (Hrsg.) (2007): *Person Reference in Interaction: Linguistic, Cultural, and Social Perspectives*. Cambridge: Cambridge UP.
Enfield, Nick J., Mark Dingemanse, Julija Baranova, Joe Blythe, Penelope Brown, Tyko Dirksmeyer, Paul Drew, Simeon Floyd, Sonja Glipper, Rósa Gísladóttir, Gertie, Hoymann, Kobin Kendrick, Stephen Levinson, Lilla Magyari, Elizabeth Manrique, Giovanni Rossi, Lila San Roque & Francisco Torreira (2013): Huh? What? – A First Survey in Twenty-One Languages. In Makoto Hayashi, Geoffrey Raymond & Jack Sidnell (Hrsg.), *Conversational Repair and Human Understanding*, 343–380. Cambridge: Cambridge UP.
Enfield, Nick J., Tanya Stivers & Stephen Levinson (2010): Question-Response Sequences in Conversation across Ten Languages. *Journal of Pragmatics* 42 (10), 2615–2860.

Fina, Anna de & Alexandra Georgakopoulou (2012): *Analyzing Narrative: Discourse and Sociolinguistic Perspectives*. Cambridge: Cambridge UP.

Floyd, Simeon, Giovanni Rossi, Julija Baranova, Joe Blythe, Mark Dingemanse, Kobin H. Kendrick, Jörg Zinken & Nick J. Enfield (2018): Universals and Cultural Diversity in the Expression of Gratitude. *Royal Society Open Science 5*, 180–391. https://doi.org/10.1098/rsos.180391 (28.2.2019).

Ford, Cecilia, Barbara Fox & Sandra Thompson (1996): Interactional Units in Conversation: Syntactic, Intonational, and Pragmatic Resources for the Management of Turns. In Elinor Ochs, Emanuel A. Schegloff & Sandra Thompson (Hrsg.), *Interaction and Grammar*, 134–184. Cambridge: Cambridge UP.

Ford, Cecilia, Barbara Fox & Sandra Thompson (2002): Constituency and the Grammar of Turn Increments. In Cecilia Ford, Barbara Fox & Sandra Thompson (Hrsg.), *The Language of Turn and Sequence*, 14–38. Oxford: Oxford UP.

Ford, Cecilia, Barbara Fox & Sandra Thompson (2013): Units of Action Trajectories – The language of Grammatical Categories and the Language of Social Action. In Beatrice Szczepek-Reed & Geoffrey Raymond (Hrsg.), *Units of Talk – Units of Action*, 13–56. Amsterdam: Benjamins.

Forrester, Michael (2008): The Emergence of Self-Repair: A Case Study of One Child during the Early Preschool Years. *Research on Language and Social Interaction* 41 (1), 99–128.

Forrester, Michael (2012): Conversation Analysis and Language Acquisition. In Carol Chapelle (Hrsg.), *The Encyclopedia of Applied Linguistics*. Oxford: Wiley-Blackwell. http://dx.doi.org/0.1002/9781405198431.wbeal0197 (27.12.2018).

Forrester, Michael & Sarah Cherington (2009): The Development of Other-Related Conversational Skills: A Case Study of Conversational Repair during the Early Years. *First Language* 29 (2), 166–191.

Fox, Barbara, Makoto Hayashi & Robert Jasperson (1996): Resources and Repair: A Crosslinguistic Study of Syntax and Repair. In Elinor Ochs, Emanuel A. Schegloff & Sandra Thompson (Hrsg.), *Interaction and Grammar*, 185–237. Cambridge: Cambridge UP.

Fox, Barbara, Sandra Thompson, Cecilia Ford & Elizabeth Couper-Kuhlen (2013): Conversation Analysis and Linguistics. In Jack Sidnell & Tanya Stivers (Hrsg.), *The Handbook of Conversation Analysis*, 726–740. Malden: Wiley-Blackwell.

Fox, Barbara, Trevor Benjamin & Harrie Mazeland (2012): Conversation Analysis and Repair Organization: Overview. In Carol Chapelle (Hrsg.), *The Encyclopedia of Applied Linguistics*. Oxford: Wiley-Blackwell. https://doi.org/10.1002/9781405198431.wbeal1314 (27.12.2018).

Fox, Barbara, Yael Maschler & Susanne Uhmann (2010): A Cross-Linguistic Study of Self-Repair: Evidence from English, German, and Hebrew. *Journal of Pragmatics* 42 (9), 2487–2505.

Freed, Alice & Susan Ehrlich (2010): *Why Do You Ask? The Function of Questions in Institutional Discourse*. Oxford: Oxford UP.

French, Peter & John Local (1983): Turn-Competitive Incomings. *Journal of Pragmatics* 7, 17–38.

Gardner, Rod (2001): *When Listeners Talk: Response Tokens and Listener Stance*. Amsterdam, Philadelphia: Benjamins.

Gardner, Rod (2013): Conversation Analysis in the Classroom. In Jack Sidnell & Tanya Stivers (Hrsg.), *The Handbook of Conversation Analysis*, 593–611. Malden: Wiley-Blackwell.

Gardner, Hilary & Michael Forrester (Hrsg.) (2010): *Analysing Interactions in Childhood. Insights from Conversation Analysis*. Chichester: Wiley-Blackwell.

Garfinkel, Harold (1967): *Studies in Ethnomethodology*. Englewood Cliffs/New Jersey: Prentice-Hall.
Gilles, Peter (2005): *Regionale Prosodie im Deutschen. Variabilität in der Intonation von Abschluss und Weiterweisung*. Berlin: de Gruyter.
Glenn, Philipp (2003/2006): *Laughter in Interaction*. Cambridge: Cambridge UP.
Goffman, Erving (1955): On *face*-work: An Analysis of Ritual Elements in Social Interaction. *Psychiatry* 18 (3), 213–231.
Goffman, Erving (1963): *Behavior in Public Places. Notes on the Social Organization of Gatherings*. New York: The Free.
Goffman, Erving (1967): *Interaction Ritual*. Garden City: Anchor Books.
Goffman, Erving (1971): *Relations in Public. Microstudies of the Public Order* (2. Aufl.). New York: Basic Books.
Goffman, Erving (1979): Footing. *Semiotica* 25,1–2, 1–29.
Goffman, Erving (1981): Footing. In Erving Goffman (Hrsg.), *Forms of Talk*, 124–159. Philadelphia: University of Pennsylvania Press.
Goffman, Erving (1982): The Interaction Order. *American Sociological Review* 48 (1), 1–17.
Golato, Andrea (2002): German Compliment Responses. *Journal of Pragmatics* 35 (5), 547–571.
Golato, Andrea (2010): Marking Understanding versus Receipting Information in Talk: *achso* and *ach* in German Interaction. *Discourse Studies* 12 (2), 147–176.
Golato, Andrea (2013): Reparaturen von Personenreferenzen. *Deutsche Sprache* 41 (1), 31–51.
Golato, Andrea (2018): Turn-Initial *naja* in German. In John Heritage & Marja-Leena Sorjonen (Hrsg.), *Between Turn and Sequence: Turn-Initial Particles across Languages*, 413–444. Amsterdam: Benjamins.
Golato, Andrea & Emma Betz (2008): German *ach* and *achso* in Repair Uptake: Resources to Sustain or Remove Epistemic Asymmetry. *Zeitschrift für Sprachwissenschaft* 27, 7–37.
Goodwin, Charles (1980): Restarts, Pauses, and the Achievement of a State of Mutual Gaze at Turn-Beginnings. *Sociological Inquiry* 50, 272–302.
Goodwin, Charles (1981): *Conversational Organization. Interaction between Speakers and Hearers*. New York: Academic Press.
Goodwin, Charles (1986): Between and Within: Alternative Sequential Treatments of Continuers and Assessments. *Human Studies* 9 (2/3), 205–217.
Goodwin, Charles (2007): Interactive Footing. In Elizabeth Holt & Rebecca Clift (Hrsg.), *Reporting talk: Reported speech in interaction*, 16–46. Cambridge: Cambridge UP.
Goodwin, Marjorie (1983): Searching for a Word as an Interactive Activity. *Semiotics* 1981: 129–138.
Goodwin, Marjorie & Charles Goodwin (1986): Gesture and Coparticipation in the Activity of Searching a Word. *Semiotica* 62, 51–75.
Gratier, Maya, Emmanuel Devouche, Bahia Guellai, Rubia Infanti, Ebru Yilmaz & Erika Parlato-Oliveira (2015): Early Development of Turn-Taking in Vocal Interaction between Mothers and Infants. *Frontiers in Psychology* 6, Art. 1167.
https://doi.org/10.3389/fpsyg.2015.01167 (19.06.2019)
Grice, Herbert P. (1975): Logic and Conversation. In Peter Cole & Jerry Morgan (Hrsg.), *Speech Acts*, 41–58. New York: Academic Press.
Groß, Alexandra (2018): *Arzt/Patient-Gespräche in der HIV-Ambulanz. Facetten einer chronischen Gesprächsbeziehung*. Mannheim: Verlag für Gesprächsforschung.
Gruber, Helmut (1996): *Streitgespräche. Zur Pragmatik einer Streitform*. Opladen: Westdeutscher Verlag.

Gülich, Elisabeth (2007): Mündliches Erzählen: narrative und szenische Rekonstruktion. In Uwe Weise, Andreas Ruwe, Louis Jonker & Sylke Lubs (Hrsg.), *Behutsames Lesen*, 53–61. Leipzig: Evangelische Verlagsanstalt.

Gülich, Elisabeth & Lorenza Mondada (2008): *Konversationsanalyse. Eine Einführung am Beispiel des Französischen*. Tübingen: Niemeyer.

Gülich, Elisabeth & Thomas Kotschi (1987): Reformulierungshandlungen als Mittel der Textkonstitution. Untersuchungen zu französischen Texten aus mündlicher Kommunikation. In Wolfgang Motsch (Hrsg.), *Satz, Text, sprachliche Handlung*, 199–261. Berlin: Akademie.

Günthner, Susanne (1991): ‚PI LAO ZHENG' („Müdigkeit im Kampf"). Zur Begegnung deutscher und chinesischer Gesprächsstile. In Bernd-Dietrich Müller (Hrsg.), *Interkulturelle Wirtschaftskommunikation*, 294–324. München: Iudicium.

Günthner, Susanne (1995): Gattungen in der sozialen Praxis. Die Analyse 'kommunikativer Gattungen' als Textsorten mündlicher Kommunikation. In: *Deutsche Sprache* 3, 193–218.

Günthner, Susanne (1997a): Stilisierungsverfahren in der Redewiedergabe. In Margret Selting & Barbara Sandig (Hrsg.), *Sprech- und Gesprächsstile*, 94–123. Berlin, New York: de Gruyter.

Günthner, Susanne (1997b): Complaint Stories. In Helga Kotthoff & Ruth Wodak (Hrsg.), *Communicating Gender in Context*, 179–219. Amsterdam: Benjamins.

Günthner, Susanne (2000a): *Vorwurfsaktivitäten in der Alltagsinteraktion. Grammatische, prosodische, rhetorisch-stilistische und interaktive Verfahren bei der Konstitution kommunikativer Muster und Gattungen*. Tübingen: Max Niemeyer.

Günthner, Susanne (2000b): Zwischen direkter und indirekter Rede. Formen der Redewiedergabe in Alltagsgesprächen. In *Zeitschrift für germanistische Linguistik* 28 (1), 1–22.

Günthner, Susanne (2004): Inszenierung und Spiel mit Varietäten am Beispiel von Redewiedergaben. *Der Deutschunterricht* 1, 59–69.

Günthner, Susanne (2007): Intercultural Communication and the Relevance of Cultural Specific Repertoires of Communicative Genres. In Helga Kotthoff & Helen Spencer-Oatey (Hrsg.), *Intercultural Communication*. Handbook of Applied Linguistics, Vol. 7. 127–152. Berlin: de Gruyter

Günthner, Susanne (2008): Projektorkonstruktionen im Gespräch: Pseudoclefts, *die Sache ist-*Konstruktionen und Extrapositionen mit *es*. *Gesprächsforschung* 9, 86–114.

Günthner, Susanne (2013): Sprache und Kultur. In Peter Auer (Hrsg.), *Sprachwissenschaft: Grammatik – Interaktion – Kognition*, 347–176. Stuttgart: Metzler.

Günthner, Susanne & Hubert Knoblauch (1995): Culturally Patterned Speaking Practices – the Analysis of Communicative Genres. *Pragmatics* 5 (1), 1–32.

Haddington, Pentti, Lorenza Mondada & Maurice Nevile (Hrsg.) (2013): *Interaction and Mobility*. Berlin, Boston: de Gruyter.

Haddington, Pentti, Tiina Kreisanen, Lorenza Mondada & Maurice Nevile (Hrsg.) (2014): *Multiactivity in Social Interaction: Beyond Multitasking*. Amsterdam: Benjamins.

Harren, Inga (2015): *Fachliche Inhalte sprachlich ausdrücken lernen. Sprachliche Hürden und interaktive Vermittlungsverfahren im naturwissenschaftlichen Unterrichtsgespräch der Mittel- und Oberstufe*. Mannheim: Verlag für Gesprächsforschung.

Harren, Inga & Mia Raitaniemi (2008): The Sequential Structure of Closings in Private German Phone Calls. *Gesprächsforschung* 9, 198–223.

Hausendorf, Heiko (2012): Über Tische und Bänke. Eine Fallstudie zur interaktiven Aneignung mobiliarer Benutzbarkeitshinweise an der Universität. In Heiko Hausendorf, Lorenza

Mondada & Reinhold Schmitt (Hrsg.), *Raum als interaktive Ressource*, 139–186. Tübingen: Narr.
Hausendorf, Heiko & Uta Quasthoff (1996): *Sprachentwicklung und Interaktion*. Opladen: Westdeutscher Verlag.
Hausendorf, Heiko & Uta Quasthoff (2005): *Sprachentwicklung und Interaktion*. Mannheim: Verlag für Gesprächsforschung.
Hauser, Stefan (2004): *Wie Kinder Witze erzählen. Eine linguistische Studie zum Erwerb narrativer Fähigkeiten*. Bern: Lang.
Have, Paul ten (1999): *Doing Conversation Analysis. A Practical Guide*. London, Thousand Oaks, New Dehli: Sage.
Hayashi, Makoto (2011): Turn Allocation and Turn Sharing. In Jack Sidnell & Tanya Stivers (Hrsg.), *The Handbook of Conversation Analysis*, 167–190. Malden: Wiley-Blackwell.
Hayashi, Makoto, Geoffrey Raymond & Jack Sidnell (Hrsg.) (2013): *Conversational Repair and Human Understanding*. Cambridge: Cambridge UP.
Heath, Christian (1986): *Body Movement and Speech in Medical Interaction*. Cambridge: Cambridge UP.
Heinemann, Trine (2006): 'Will you or can't you?' Displaying Entitlement in Interrogative Requests. *Journal of Pragmatics* 38, 1081–1104.
Heller, Vivian (2013): *Kommunikative Erfahrungen von Kindern in Familie und Unterricht*. Tübingen: Stauffenburg
Henry, Laurence, Adrian Craig, Alban Lemasson & Martine Hausberger (2015): Social Coordination in Animal Vocal Interactions. Is there any Evidence of Turn-Taking? The Starling as an Animal Model. *Frontiers in Psychology* 6, 1416. https://doi.org/10.3389/fpsyg.2015.01416 (27.12.2018).
Heritage, John (1984a): A Change-of-State Token and Aspects of its Sequential Placement. In J. Maxwell Atkinson & John Heritage (Hrsg.), *Structures of Social Action: Studies in Conversation Analysis*, 299–345. Cambridge: Cambridge UP.
Heritage, John (1984b): *Garfinkel and Ethnomethodology*. Oxford: Polity.
Heritage, John (1988): Explanations as Accounts. A Conversation Analytic perspective. In Charles Antaki (Hrsg.), *Analysing Everyday Explanation: A Case Book for Methods*, 127–144. London: Sage.
Heritage, John (1995): Conversation analysis: methodological aspects. In Uta M. Quasthoff (Hrsg.), *Aspects of Oral Communication*, 391–418. Berlin: de Gruyter.
Heritage, John (2007): Intersubjectivity and Progressivity in Person (and Place) Reference. In Tanya Stivers & Nick J. Enfield (Hrsg.), *Person Reference in Interaction: Linguistic, Cultural, and Social Perspectives*, 255–280. Cambridge: Cambridge UP.
Heritage, John (2012): The epistemic engine: sequence organization and territories of knowledge. *Research on Language and Social Interaction* 45, 25–50.
Heritage, John (2013): Language and Social Institutions: The Conversation Analytic View. In *Journal of Foreign Languages* 36, 2–26.
Heritage, John & Steven Clayman (2010): *Talk in Action. Interactions, Identities, and Institutions*. Malden: Wiley-Blackwell.
Hoffmann, Ludger (1984): Berichten und Erzählen. In Konrad Ehlich (Hrsg.), *Erzählen in der Schule*, 55–66. Tübingen: Narr.
Holt, Elisabeth (2010): The Last Laugh: Shared Laughter and Topic Termination. *Journal of Pragmatics* 42, 1513–1525.
Hopper, Robert (1992): *Telephone Conversation*. Bloomington: Indiana UP.

Hutchby, Ian & Robin Wooffitt (2005): *Conversation Analysis*. Cambridge: Polity.
Hutchby, Ian & Simone Barnett (2005): Aspects of the Sequential Organization of Mobile Phone Conversation. *Discourse Studies* 7 (2), 147–171.
Imo, Wolfgang (2009): Konstruktion oder Funktion? Erkenntnisprozessmarker im Deutschen. In Susanne Günthner & Jörg Bücker (Hrsg.), *Grammatik im Gespräch*, 57–87. Berlin: de Gruyter.
Irvine, Judith (1976): Strategies of Status Manipulation in the Wolof Greeting. In Richard Bauman & Joel Sherzer (Hrsg.), *Explorations in the Ethnography of Speaking*, 167–191. Cambridge: Cambridge UP.
Jaffe, Alexandra (2012): *Stance. Sociolinguistic Perspectives*. Oxford, New York: Oxford UP.
Jefferson, Gail (1972): Side Sequences. In D.N. Sudnow (Hrsg.) *Studies in Social Interaction*, 294–333. New York, NY: Free Press.
Jefferson, Gail (1974): Error Correction as an Interactional Resource. *Language in Society* 3 (2), 181–199.
Jefferson, Gail (1978): Sequential Aspects of Storytelling in Conversation. In Jim Scheinkein (Hrsg.), *Studies in the Organization of Conversational Interaction*, 219–249. New York: Academic.
Jefferson, Gail (1983): On Exposed and Embedded Correction in Conversation. *Studium Linguistik* 14, 58–68.
Jefferson, Gail (1984a): On the Organization of Laughter in Talk about Troubles. In J. Maxwell Atkinson & John Heritage (Hrsg.), *Structures of Social Action: Studies in Conversation Analysis*, 346–369. Cambridge: Cambridge UP.
Jefferson, Gail (1984b): On Stepwise Transition from Talk about a Trouble to Inappropriately Next-Positioned Matters. In J. Maxwell Atkinson & John Heritage (Hrsg.), *Structures of Social Action: Studies in Conversation Analysis*, 191–221. Cambridge: Cambridge UP.
Jefferson, Gail (1987): On Exposed and Embedded Correction in Conversation. In Graham Button & John R.E. Lee (Hrsg.), *Talk and Social Organisation*, 86–100. Clevedon: Mulitlingual Matters.
Jefferson, Gail (1993): Caveat Speaker. Preliminary Notes on Recipient Topic-Shift Implicature. *Research on Language and Social Interaction* 26 (1), 1–30.
Jefferson, Gail (2015): *Talking About Troubles in Conversation*. Oxford: Oxford UP.
Kääntä, Leila (2010): *Teacher Turn Allocation and Repair Practices in Classroom Interaction: A Multisemiotic Perspective*. Dissertation, University of Jyväskylä.
Kallmeyer, Werner (1981): Gestaltungsorientiertheit in Alltagserzählungen. In Rolf Kloepfer & Gisela Janetzke-Dillner (Hrsg.), *Erzählung und Erzählforschung im 20. Jahrhundert*, 409–429. Stuttgart u.a.: Kohlhammer.
Kasper, Gabriele (2006): Beyond Repair: Conversation Analysis as an Approach to SLA. *AILA Review* 19, 83–99.
Kasper, Gabriele & Johannes Wagner (2011): A Conversation-Analytic Approach to Second Language Acquisition. In Dwight Atkinson (Hrsg.), *Alternative Approaches to Second Language Acquisition*, 117–142. New York: Taylor & Francis.
Kendon, Adam (1967): Some functions of gaze direction in social interaction. *Acta Psychologica* 26, 22–63.
Kendon, Adam (1976/1990): The F-Formation System: Spatial-Orientational Relations in *Face* to *Face* Interaction. *Man Environment Systems* 6, 291–296.
Kendon, Adam (2004): *Gesture: Visible Action as Utterance*. Cambridge: Cambridge UP.

Kendon, Adam & Andrew Ferber (1973): A Description of Some Human Greetings. In Richard P. Michael & John H. Crook (Hrsg.), *Comparative Ecology and Behaviour of Primates*, 591–668. London: Academic.
Kendrick, Kobin (2015): The Intersection of Turn-Taking and Repair: The Timing of Other-Initiations of Repair in Conversation. *Frontiers in Psychology* 6, 250.
Kendrick, Kobin H. & Drew, Paul (2014): The Putative Preference for Offers over Requests. In Paul Drew & Elizabeth Couper-Kuhlen (Hrsg.), *Requesting in Social Interaction*, 87–114. Amsterdam: Benjamins.
Kendrick, Kobin H. & Drew, Paul (2016): Recruitment: Offers, Requests, and the Organization of Assistance in Interaction. *Research on Language and Social Interaction*, 49 (1), 1–19.
Keppler, Angela (1989): Schritt für Schritt. Das Verfahren alltäglicher Belehrungen. *Soziale Welt* 40 (4), 539–557.
Keppler, Angela (1994): *Tischgespräche: Über Formen kommunikativer Vergemeinschaftung am Beispiel der Konversation in Familien*. Frankfurt: Suhrkamp Verlag.
Keppler, Angela & Thomas Luckmann (1991): ›Teaching‹: conversational transmission of knowledge. In: Ivana Markova & Karl Foppa (Hrsg.) *Asymmetries in Dialogue*, 143–165. Hertfordshire: Harvester Wheatsheaf.
Kern, Friederike (2000): *Kulturen der Selbstdarstellung. Ost- und Westdeutsche im Bewerbungsgespräch*. Wiesbaden: Deutscher UV.
Kern, Friederike (2011): Der Erwerb kommunikativer Praktiken und Formen – Am Beispiel des Erzählens und Erklärens. In Stefan Habscheid (Hrsg.), *Textsorten, Handlungsmuster, Oberflächen. Linguistische Typologien der Kommunikation*, 231–298. Berlin: de Gruyter.
Kern, Friederike (2016): Multimodale Verfahren als Erwerbsressourcen in mündlichen Erzählungen. Vortrag beim Symposium *Erwerbsmechanismen und schulische Fördermöglichkeiten narrativer Kompetenzen*. 25. Deutscher Germanistentag, Bayreuth, September.
Kimura, Daiji (2001): Utterance Overlap and Long Silence among the Baka Pygmies: Comparison with Bantu Farmers and Japanese University Students. *African Study Monographs* (Supplementary Issue) 26, 103–121.
Kitzinger, Celia (2013): Repair. In Jack Sidnell & Tanya Stivers (Hrsg.), *The Handbook of Conversation Analysis*, 229–256. Malden: Wiley-Blackwell.
Koestler, Arthur (1964): *The Act of Creation*. London: Hutchinson.
König, Katharina (2017): Question tags als Diskursmarker? – Ansätze zu einer systematischen Beschreibung von *ne* im gesprochenen Deutsch. In Hardarik Blühdorn, Arnulf Deppermann, Henrike Helmer & Thomas Spranz-Fogasy (Hrsg.), *Diskursmarker im Deutschen. Reflexionen und Analysen*, 233–258. Radolfzell: Verlag für Gesprächsforschung.
Koshik, Irene (2002): Designedly Incomplete Utterances: A Pedagogical Practice for Eliciting Knowledge Displays in Error Correction Sequences. *Research on Social Interaction* 35, 277–309.
Kotthoff, Helga (1989): Stilunterschiede in argumentativen Gesprächen oder: Zum Geselligkeitswert von Dissens. In Volker Hinnenkamp & Margret Selting (Hrsg.), *Stil und Stilisierung. Arbeiten zur interpretativen Soziolinguistik*, 187–202. Tübingen: Niemeyer.
Kotthoff, Helga (1998): *Spaß Verstehen. Zur Pragmatik von konversationellem Humor*. Tübingen: Niemeyer.
Kotthoff, Helga (2008a): Potentiale der Redewiedergabe im Spannungsfeld von Mündlichkeit und Schriftlichkeit, Spracherwerb, Jugendsprache und Sprachdidaktik. *Muttersprache* 118, 1–26.

Kotthoff, Helga (2008b): Konversationelle Verhandlungen des romantischen Marktes. Adoleszente Freundinnen am Telefon. *Freiburger Geschlechterstudien* 22, 127–154.
Kotthoff, Helga (2010): Constructions of the Romantic Market in Girls' Talk. In Normann Jorgensen (Hrsg.), *Vallah, Gurkensalat 4U&me! Current Perspectives in the Study of Youth Language*, 43–75. Frankfurt: Peter Lang.
Kotthoff, Helga (2012): LehrerInnen und Eltern in schulischen Sprechstunden an Grund- und Förderschulen. Zur interaktionalen Soziolinguistik eines institutionellen Gesprächstyps. *Gesprächsforschung: Online-Zeitschrift zur verbalen Interaktion* 13, 290–321.
Kotthoff, Helga (2017): Linguistik und Humor. In Uwe Wirth (Hrsg.), *Handbuch der Komikforschung*, 112–122. Stuttgart: Metzler.
Kupetz, Maxi (2014): Empathy Displays as Interactional Achievements – Multimodal and Sequential Aspects. *Journal of Pragmatics* 61, 4–34.
Laakso, Minna (2010): Children's Emerging and Developing Self-Repair Practices. In Hilary Gardner & Michael Forrester (Hrsg.), *Analysing Interactions in Childhood. Insights from Conversation Analysis*, 74–100. Chichester: Wiley-Blackwell.
Labov, William (1972): The Transformation of Experience in Narrative Syntax. In William Labov (Hrsg.), *Language in the Inner City. Studies in the Black English Vernacular*, 354–396. Philadelphia: U of Philadelphia P.
Labov, William & Josua Waletzky (1967): Narrative Analysis: Oral Versions of Personal Experience. In June Helm (Hrsg.), *Essays on the Verbal and Visual Arts*, 12–44. Seattle: U of Washington P.
Lammertink, Imme, Marisa Casillas, Titia Benders, Brechtje Post & Paula Fikkert (2015): Dutch and English toddlers' Use of Linguistic Cues in Predicting Upcoming Turn Transitions. *Frontiers in Psychology* 6, Art. 495. https://doi.org/10.3389/fpsyg.2015.00495 (Zugriff 19.06.2019).
Lee, Yo-An (2007): Third Turn Position in Teacher Talk. Contingency and the Work of Teaching. *Journal of Pragmatics* 39 (1), 1204–1230.
Lehn, Dirk von (2012): *Harold Garfinkel*. Konstanz, München: UVK.
Lerner, Gene H. (1992): Assisted Story-Telling: Deploying Shared Knowledge as a Practical Matter. *Qualitative Sociology* 15, 247–271.
Lerner, Gene H. (1993): Collectivities in Action: Establishing the Relevance of Conjoint Participation in Conversation, *Text* 13 (2), 213–245.
Lerner, Gene H. (2003): Selecting Next speaker: The Context Sensitive Operation of a Context-Free Organization. *Language in Society* 32, 177–201.
Lerner, Gene H. (1996a): Finding „face" in the Preference Structures of Talk-in-Interaction. *Social Psychology Quarterly* 59 (4), 303–321.
Lerner, Gene H. (1996b): On the Semi-Permeable Character of Grammatical Units in Conversation: Conditional Entry into the Space of Another Speaker. In Elinor Ochs, Emanuel Schegloff & Sandra Thompson (Hrsg.), *Interaction and Grammar*, 238–276. Cambridge: Cambridge UP.
Lerner, Gene H. (2002): Turn-Sharing: The Choral Production of Talk in Interaction. In Cecilia Ford, Barbara Fox & Sandra Thompson (Hrsg.), *The Language of Turn and Sequence*, 225–257. Oxford: Oxford UP.
Lerner, Gene H. (2013): On the place of hesitating in delicate formulations: a turn constructional infrastructure for collaborative indiscretion. In Makoto Hayashi, Geoffrey Raymond & Jack Sidnell (Hrsg.), *Conversational Repair and Human Understanding*, 95–134. Cambridge: Cambridge UP.

Lerner, Gene H., Galina B. Bolden, Alexa Hepburn & Jenny Mandelbaum (2012): Reference Recalibration Repairs: Adjusting Formulations for the Task at Hand. *Research on Language and Social Interaction* 45 (2), 191–212.
Levelt, Willem (1983): Monitoring and Self-Repair in Speech. *Cognition* 14, 41–104.
Levelt, Willem (1989): *Speaking. From Intention to Articulation*. Cambridge: The MIT Press.
Levinson, Stephen (1983): *Pragmatics*. Cambridge: Cambridge UP.
Levinson, Stephen (1992): Activity Types and Language. In Paul Drew & John Heritage (Hrsg.), *Talk at Work: Interaction in Institutional Settings*, 66–100. Cambridge: Cambridge UP.
Levinson, Stephen (2013): Action Formation and Ascription. In Jack Sidnell & Tanya Stivers (Hrsg), *The Handbook of Conversation Analysis*, 103–130. Malden: Wiley-Blackwell.
Levinson, Stephen (2016): Turn-Taking in Human Communication – Origins and Implications for Language Processing. *Trends in Cognitive Sciences* 20 (1), 6–14.
Levy, Elena & David McNeill (2015): *Narrative Development in Young Children: Gesture, Imagery, and Cohesion*. Cambridge: Cambridge UP.
Liberman, Ken (1980): Ambiguity and Gratuitous Concurrence in Inter-Cultural Communication. *Human Studies* 3 (1), 65–85
Liddicoat, Antony (2007): *An Introduction to Conversation Analysis*. New York: Continuum.
Liebscher, Grit & Jennifer Dailey-O'Cain (2003): Conversational Repair as a Role-Defining Mechanism in Classroom Interaction. *Modern Language Journal* 87 (3), 375–390.
Lindström, Anna & Marja-Leena Sorjonen (2013): Affiliation in Conversation. In Jack Sidnell & Tanya Stivers (Hrsg.), *The Handbook of Conversation Analysis*, 350–369. London: Blackwell.
Linell, Per (1998): *Approaching Dialogue. Talk, Interaction, and Contexts in Dialogical Perspectives*. Amsterdam: Benjamins.
Linell, Per (2005): *The Written Language Bias in Linguistics: Its Nature, Origins, and Transformations*. London: Routledge.
Linell, Per (2009): *Rethinking Language, Mind, and World Dialogically*. Charlotte: Information Age Publishing.
Linell, Per (2010): Communicative Activity Types as Organisations in Discourses, and Discourses in Organisations. In Sanna-Kaisa Tanskanen, Marja-Liisa Helasvuo, Marjut Johansson & Mia Raitaniemi (Hrsg.), *Discourses in Interaction*, 33–59. Amsterdam: Benjamins.
Linke, Angelika (1996): *Sprachkultur und Bürgertum: Zur Mentalitätsgeschichte des 19. Jahrhunderts*. Stuttgart: Metzler.
Local, John (1996): Some Aspects of News Receipts in Everyday Conversation. In Elizabeth Couper-Kuhlen & Margret Selting (Hrsg.), *Prosody in Conversation*, 177–230. Cambridge: Cambridge UP.
Local, John & Gareth Walker (2004): Abrupt-Joins as a Resource for the Production of Multi-Unit, Multi-Action Turns. *Journal of Pragmatics* 36 (8), 1375–1403.
Local, John K., John Kelly & W.H.G. Wells (1986): Towards a Phonology of Conversation: Turn-Taking in Tyneside English 1. *Journal of Linguistics* 22 (2), 411–437.
Local, John, W. H. G. Wells & Mark Sebba (1985): Phonolgy for Conversation: Phonetic Aspects of Turn Delimination in London Jamaican. *Journal of Pragmatics* 9 (2), 309–330.
Lucius-Hoene, Gabriele & Arnulf Deppermann (2002): *Rekonstruktion narrativer Identität*. Wiesbaden: Verlag für Sozialwissenschaften.
Lucius-Hoene, Gabriele (2009): Erzählen als Bewältigung. In Geneviève Grimm, Nicole Kapfhamer, Hanspeter Mathys, Suleika Michel & Brigitte Boothe (Hrsg.), *Erzählen, Träumen und Erinnern. Erträge klinischer Erzählforschung*, 139–147. Lengerich, Berlin: Pabst.

Luckmann, Thomas (1988): Kommunikative Gattungen im kommunikativen 'Haushalt' einer Gesellschaft. In Gisela Smolka-Koerdt, Peter M. Spangenberg & Dagmar Tillman-Bartylla (Hrsg.), *Der Ursprung der Literatur*, 279–288. München: Fink.

Luckmann, Thomas (1986): Grundformen der gesellschaftlichen Vermittlung des Wissens: Kommunikative Gattungen. *Kölner Zeitschrift für Soziologie und Sozialpsychologie*, Sonderheft 27, 191–211.

Luckmann, Thomas (1995): Interaction Planning and Intersubjective Adjustment of Perspectives by Communicative Genres. In Esther Goody (Hrsg.), *Social Intelligence and Interaction*, 175–186. Cambridge: Cambridge UP.

Luckmann, Thomas (1996): Die intersubjektive Konstitution der Moral. *Arbeitspapier Nr. 18 des Projektes "Moral" der Fachgruppe Soziologie*, Universität Konstanz.

Mandelbaum, Jenny (2013): Storytelling in Conversation. In Jack Sidnell & Tanya Stivers (Hrsg.), *The Handbook of Conversation Analysis*, 492–507. Malden: Blackwell.

Maynard, Douglas (1980): Placement of Topic Changes in Conversation. In *Semiotica* 30, 263–290.

Maynard, Douglas (2003): *Bad News, Good News. Conversational Order in Everyday Talk and Clinical Settings*. Chicago: U of Chicago P.

Mazeland, Harrie (1983): Sprecherwechsel in der Schule. In Konrad Ehlich & Jochen Rehbein (Hrsg.), *Kommunikation in Schule und Hochschule*, 77–101. Tübingen: Narr.

McCarthy, Michael (2003): Talking back – „Small" Interactional Response Tokens in Everyday Conversation. *Research on Language and Social Interaction* 36 (1), 33–63.

McHoul, Alexander (1990): The Organization of Repair in Classroom Talk. *Language in Society* 19, 349–377.

Meer, Dorothee (2011): Kommunikation im Alltag – Kommunikation in Institutionen: Überlegungen zur Ausdifferenzierung einer Opposition. In Karin Birkner & Dorothee Meer (Hrsg.), *Institutionalisierter Alltag: Mündlichkeit und Schriftlichkeit in unterschiedlichen Praxisfeldern*, 28–50. Mannheim: Verlag für Gesprächsforschung.

Mehan, Hugh (1979): *Learning Lessons. Social Organization in the Classroom*. Cambridge: Harvard UP.

Meng, Katharina, Barbara Kraft & Ulla Nitsche (1991): *Kommunikation im Kindergarten. Studien zur Aneignung der kommunikativen Kompetenz*. Berlin: Akademieverlag.

Meyer, Christian (2017): The Cultural Organization of Intercorporeality. Interaction, Emotion, and the Senses among the Wolof of Northwestern Senegal. In Christian Meyer, Jürgen Streeck & Scott Jordan (Hrsg.), *Intercorporeality. Emerging Socialities in Interaction*, 143–171. New York: Oxford UP.

Molder, Hedwig te & Jonathan Potter (2007): *Conversation and Cognition*. Cambridge: Cambridge UP.

Mondada, Lorenza (2007): Multimodal Resources for Turn-Taking: Pointing and the Emergence of Possible Next Speakers. *Discourse Studies* 9 (2), 194–225.

Mondada, Lorenza (2011): The Situated Organization of Directives in French: Imperatives and Action Coordination in Video Games. In *Nottingham French Studies* 50 (2), 19–50.

Mondada, Lorenza (2013): The Conversation Analytic Approach to Data Collection. In Jack Sidnell & Tanya Stivers (Hrsg.), *The Handbook of Conversation Analysis*, 31–56. Malden: Wiley-Blackwell.

Mondada, Lorenza (2014): Bodies in Action: Multimodal Analysis of Walking and Talking. *Language and Dialogue* 4 (3), 357–403.

Mondada, Lorenza (2016): Challenges of Multimodality: Language and the Body in Social Interaction. *Journal of Sociolinguistics* 20 (3), 336-366.
Mondada, Lorenza (2018): Multiple Temporalities of Language and Body in Interaction: Challenges for Transcribing Multimodality, *Research on Language and Social Interaction*, vol. 51, no. 1, pp. 85-106.
Morgenstern, Aliyah, Marie Leroy-Collombel & Stéphanie Caët (2013): Self- and Other-Repairs in Child-Adult Interaction at the Intersection of Pragmatic Abilities and Language Acquisition. *Journal of Pragmatics* 56, 151-167.
Morita, Masumi (2001): *Hörverhalten in Zweiergesprächen im Deutschen und Japanischen*. Dissertation, Universität Göttingen.
Mushin, Ilana & Rod Gardner (2009): Silence is Talk: Conversational Silence in Australian Aboriginal Talk-in-Interaction. *Journal of Pragmatics* 41, 2033-2052.
Niemelä, Maarit (2011): *Resonance in Storytelling: Verbal, Prosodic, and Embodied Practices of Stance Taking*. Dissertation, Universität Oulu.
Norrick, Neal R. (1993): *Conversational Joking. Humor in Everyday Talk*. Bloomington: Indiana UP.
Norrick, Neal R. (2000): *Conversational Narrative*. Amsterdam: Benjamins.
Ochs, Elinor & Lisa Capps (1995): *Constructing Panic – The Discourse of Agoraphobia*. Cambridge: Harvard UP.
Ochs, Elinor & Lisa Capps (2002): *Living Narrative. Creating Lives in Everyday Storytelling*. Cambridge: Harvard UP.
Ogiermann, Eva (2015): Object Requests: Rights and Obligations Surrounding Object Possession and Object Transfer, *Journal of Pragmatics* 82, 1-4.
Ohlhus, Sören (2014): *Erzählen als Prozess: Interaktive Organisation und narrative Verfahren in mündlichen Erzählungen von Grundschulkindern*. Tübingen: Stauffenburg.
Ohlhus, Sören (2016): Narrative Verfahren und mediale Bedingungen. Überlegungen zur Analyse mündlicher und schriftlicher Erzählungen. In Ulrike Behrens & Olaf Gätje (Hrsg.), *Mündliches und schriftliches Handeln im Deutschunterricht. Wie Themen entfaltet werden*, 39-65. Frankfurt: Peter Lang.
Oloff, Florence (2013): Embodied Withdrawal after Overlap Resolution. *Journal of Pragmatics* 46, 139-156.
Papantoniou, Theodoros (2012): *Über die Darstellung von Problemtypen des Sprechens im Deutschen. Eine interaktional-linguistische Untersuchung von Reparaturen*. Mannheim: Verlag für Gesprächsforschung.
Parsons, Talcott (1937): *The Structure of Social Action*. Glencoe: Free Press.
Paul Drew & Kobin H. Kendrick (2018): Searching for Trouble: Recruiting assistance through embodied action. *Social Interaction. Video-Based Studies of Human Sociality*, vol. 1, no. 1. https://doi.org/10.7146/si.v1i1.105496 (Zugriff 19.07.2019).
Peterson, Carole & Allyssa McCabe (1983): *Developmental Psycholinguistics: 3 Ways of Looking at a Child's Narrative*. New York u.a.: Plenum.
Pfeiffer, Martin (2008): *Reparaturen vor syntaktischem Abschluss im gesprochenen Deutsch*. Unveröffentlichte Masterarbeit, Universität Freiburg i.Br.
Pfeiffer, Martin (2010): Zur syntaktischen Struktur von Selbstreparaturen im Deutschen. *Gesprächsforschung: Online-Zeitschrift zur verbalen Interaktion* 11, 183-207.
Pfeiffer, Martin (2015): *Selbstreparaturen im Deutschen. Syntaktische und interaktionale Analysen*. Berlin, Boston: de Gruyter.
Polanyi, Michael (1967): *The Tacit Dimension*. Garden City: Anchor Books.

Pomerantz, Anita (1975): Second Assessments: A Study of Some Features of Agreements/Disagreements. University of California PhD thesis.
Pomerantz, Anita (1978): Compliment Responses: Notes on the Cooperation of Multiple Constraints. In Jim Schenkein (Hrsg.), *Studies in the Organization of Conversational Interaction*, 79–112. New York: Academic Press.
Pomerantz, Anita (1984a): Agreeing and Disagreeing with Assessments: Some Features of Preferred/Dispreferred Turn Shapes. In Max Atkinson & John Heritage (Hrsg.), *Structures of Social Action: Studies in Conversation Analysis*, 57–101. Cambridge: Cambridge UP.
Pomerantz, Anita (1984b): Pursuing a Response. In Max Atkinson & John Heritage (Hrsg.), *Structures of Social Action: Studies in Conversation Analysis*, 152–163. Cambridge: Cambridge UP.
Pomerantz, Anita (1986): Extreme Case Formulations. *Human Studies* 9, 219–229.
Preisendanz, Wolfgang (1970): Über den Witz. *Konstanzer Universitätsreden* 13. Konstanz: Konstanzer UV.
Proske, Nadine (2017): Zur Funktion und Klassifikation gesprächsorganisatorischer Imperative. In Hardarik Blühdorn, Arnulf Deppermann, Henrike Helmer & Thomas Spranz-Fogasy (Hrsg.), *Diskursmarker im Deutschen - Reflexionen und Analysen*, 73–102. Göttingen: Verlag für Gesprächsforschung.
Quasthoff, Uta (1980): *Erzählen in Gesprächen*. Tübingen: Narr.
Quasthoff, Uta (1987): Sprachliche Formen des alltäglichen Erzählens: Struktur und Entwicklung. In Willi Erzgräber & Paul Goetsch (Hrsg.), *Mündliches Erzählen im Alltag, fingiertes mündliches Erzählen in der Literatur*, 54–85. Tübingen: Narr.
Quasthoff, Uta (2001): Erzählen als interaktive Gesprächsstruktur. In Klaus Brinker, Gerd Antos, Wolfgang Heinemann & Sven Sager (Hrsg.), *Text- und Gesprächslinguistik. Ein internationales Handbuch zeitgenössischer Forschung*, Halbband 2, 1293–1309. Berlin, New York: de Gruyter.
Raitaniemi, Mia (2014): *Die Beendigung von finnischen und deutschen Telefonaten. Eine interaktionslinguistische, kontrastierende Untersuchung*. Frankfurt am Main u.a.: Peter Lang.
Rehbein, Jochen (1984): Beschreiben, Berichten und Erzählen. In Konrad Ehlich (Hrsg.), *Erzählen in der Schule*, 67–124. Tübingen: Narr.
Reisman Karl (1974): Contrapuntal Conversations in an Antiguan Village. In Richard Bauman & Joel Sherzer (Hrsg.), *Explorations in the Ethnography of Speaking*, 110–124. Cambridge: Cambridge UP.
Roberts, Sean, Francisco Torreira & Stephen Levinson (2015): The Effects of Processing and Sequence Organisation on the Timing of Turn Taking: A corpus Study. *Frontiers in Psychology* 6, 509.
Robinson, Jeffrey D. (2006): Managing Trouble Responsibility and Relationships during Conversational Repair. *Communication Monographs* 73, 137–161.
Robinson, Jeffrey D. (2016): Accountability in Social Interaction. In Jeffrey D. Robinson (Hrsg.), *Accountability in Social Interaction*, 1–44. New York: Oxford University Press.
Rönfeldt, Barbara & Peter Auer (2002): Erinnern und Vergessen. Erschwerte Wortfindung als interaktives und soziales Problem. In Michael Schecker (Hrsg.), *Wortfindung und Wortfindungsstörungen*, 77–108. Tübingen: Narr.
Rossano, Federico (2013): Gaze in Conversation. In Jack Sidnell & Tanya Stivers (Hrsg.), *The Handbook of Conversation Analysis*, 308–329. Malden: Wiley-Blackwell.

Rossano, Federico, Penelope Brown & Stephen C. Levinson (2009): Gaze, Questioning, and Culture. In Jack Sidnell (Hrsg.), *Conversation Analysis. Comparative Perspectives*, 187–249. Cambridge: Cambridge UP.

Rossi, Giovanni (2012): Bilateral and Unilateral Requests: The Use of Imperatives and Mi X? Interrogatives in Italian. *Discourse Processes* 49 (5), 426–458.

Rossi, Giovanni (2015): Responding to Pre-Requests: The Organisation of hai x 'do you have x' Sequences in Italian. *Journal of Pragmatics* 82, 5–22.

Ryave, Alan (1978): On the Achievement of a Series of Stories. In Jim Schenkein (Hrsg.), *Studies in the Organization of Conversational Interaction*, 113–132. New York: Academic.

Sacks, Harvey (1966): *The Search for Help: No One To Turn To*. Unpublished doctoral dissertation, University of California, Berkeley.

Sacks, Harvey (1971): Das Erzählen von Geschichten innerhalb von Unterhaltungen. In Rolf Kjolseth & Fritz Sack (Hrsg.), Zur *Soziologie der Sprache – ausgewählte Beiträge vom 7. Weltkongress der Soziologie*, 307–314. Opladen: Westdeutscher Verlag.

Sacks, Harvey (1972): An Initial Investigation of the Usability of Conversational Data for Doing Sociology. In David Sudnow (Hrsg.), *Studies in Social Interaction*, 31–74. New York: The Free.

Sacks, Harvey (1975): Everyone Has to Lie. In Ben Blount & Mary Sanches (Hrsg.), *Sociocultural Dimensions of Language Use*, 57–80. New York: Academic.

Sacks, Harvey (1978): Some Technical Considerations of a Dirty Joke. In Jim Schenkein (Hrsg.): *Studies in the Organization of Conversational Interaction*, 249–275. New York: Academic.

Sacks, Harvey (1984): Notes on Methodology. In John Atkinson & John Heritage (Hrsg.), *Structures of Social Action*, 21–27. Cambridge: Cambridge UP.

Sacks, Harvey (1986): Some Considerations of a Story Told in Ordinary Conversations. *Poetics* 15, 127–138.

Sacks, Harvey (1987): On the Preferences for Agreement and Contiguity in Sequences in Conversation. In Graham Button & John R.E. Lee (Hrsg.), *Talk and Social Organisation*, 54–69. Clevedon: Multilingual Matters.

Sacks, Harvey (1992/1995): *Lectures on Conversation, I and II*. Chichester: Blackwell.

Sacks, Harvey & Emanuel Schegloff (1979): Two Preferences in the Organization of Reference to Persons in Conversation and their Interaction. In George Psathas (Hrsg.), *Everyday Language: Studies in Ethnomethodology*, 15–21. New York: Irvington.

Sacks, Harvey, Emanuel Schegloff & Gail Jefferson (1974): A Simplest Systematics for the Organization of Turn Taking for Conversation. *Language* 50 (4), 696–735.

Sacks, Harvey, Emanuel Schegloff & Gail Jefferson (1978): A Simplest Systematics for the Organization of Turn Taking for Conversation. In Jim Schenkein (Hrsg.), *Studies in the Organization of Conversational Interaction*, 7–55. New York, San Francisco, London: Academic.

Schegloff, Emanuel (1967): *The first five seconds: the order of conversational openings*. Unpublished PhD dissertation. Departement of Sociology, UCLA.

Schegloff, Emanuel (1968): Sequencing in Conversational Openings. *American Anthropologist* 70 (6), 1075–1095.

Schegloff, Emanuel (1979a): Identification and Recognition in Telephone Conversation Openings. In George Psathas (Hrsg.), *Everyday Language. Studies in Ethnomethodology*, 23–78. New York: Irvington.

Schegloff, Emanuel (1979b): The Relevance of Repair to Syntax-for-Conversation. In Talmy Givón (Hrsg.), *Discourse and Syntax*, 261–286. New York: Academic Press.

Schegloff, Emanuel (1980): Preliminaries to Preliminaries: "Can I ask you a question?" *Sociological Inquiry* 50, 104–152.
Schegloff, Emanuel (1982): Discourse as an Interactional Achievement: Some Uses of 'uh huh' and Other Things that Come Between Sentences. In Deborah Tannen (Hrsg.), *Analyzing Discourse: Text and Talk*, 71–93. Washington, DC: Georgetown UP.
Schegloff, Emanuel (1984): On Some Gestures' Relation to Talk. In John Atkinson & John Heritage (Hrsg.), *Structures of Social Action*, 266–296. Cambridge: Cambridge UP.
Schegloff, Emanuel (1986): The Routine as Achievement. *Human Studies* 9, 111–151.
Schegloff, Emanuel (1987a): Between Micro and Macro: Context and other Connections. In Jeffrey C. Alexander (Hrsg.) *The Micro-Macro Link*, 207–204. Berkeley: University of California Press.
Schegloff, Emanuel (1987b): Recycled Turn Beginnings: A Precise Repair Mechanism in Conversation's Turn-Taking Organization. In Graham Button & John R.E. Lee (Hrsg.), *Talk and Social Organisation*, 70–85. Clevedon: Multilingual Matters.
Schegloff, Emanuel (1987c): Some Sources of Misunderstanding in Conversation. *Linguistics* 25, 201–218.
Schegloff, Emanuel (1988): Goffman and the Analysis of Conversation. In Paul Drew & Anthony Wooton (Hrsg.), *Erving Goffman: Exploring the Interaction Order*, 89–135. Cambridge: Polity.
Schegloff, Emanuel (1990): On the Organization of Sequences as a Source of "Coherence" in Talk-in-Interaction. In Bruce Dorval (Hrsg.), *Conversational Organization and its Development*, 51–77. Norwood, New Jersey: Ablex.
Schegloff, Emanuel (1996a): Some Practices for Referring to Persons in Talk-in-Interaction: A Partial Sketch of a Systematics. In Barbara Fox (Hrsg.), *Studies in Anaphora*, 437–485. Amsterdam: Benjamins.
Schegloff, Emanuel (1996b): Turn Organization: One Intersection of Grammar and Interaction. In Elinor Ochs, Emanuel Schegloff & Sandra Thompson (Hrsg.), *Interaction and Grammar*, 52–133. Cambridge: Cambridge UP.
Schegloff, Emanuel (1997a): Practices and Actions: Boundary Cases of Other Initiated Repair. *Discourse Processes* 23, 499–545.
Schegloff, Emanuel (1997b): Third Turn Repair. In Gregory Guy, Crawford Feagin, Deborah Schiffrin & John Baugh (Hrsg.), *Towards a Social Science of Language: Papers in Honor of William Labov. Volume 2: Social Interaction and Discourse Structures*, 31–40. Amsterdam: Benjamins.
Schegloff, Emanuel (2000a): Overlapping Talk and the Organization of Turn-Taking for Conversation. *Language in Society* 29 (1), 1–63.
Schegloff, Emanuel (2000b): When „Others" Initiate Repair. Applied Linguistics 21 (2), 205–243.
Schegloff, Emanuel (2002): Beginnings in the Telephone. In James E. Katz & Mark Aakhus (Hrsg.), *Perpetual Contact: Mobile Communication, Private Talk, Public Performance*, 284–300. Cambridge: Cambridge UP.
Schegloff, Emanuel (2007): *Sequence Organization in Interaction. A Primer in Conversation Analysis*. Cambridge: Cambridge UP.
Schegloff, Emanuel (2013): Ten Operations in Self-Initiated, Same-Turn Repair. In Makoto Hayashi, Geoffrey Raymond & Jack Sidnell (Hrsg.), *Conversational Repair and Human Understanding*, 41–70. Cambridge: Cambridge UP.
Schegloff, Emanuel & Harvey Sacks (1973): Opening up Closings. *Semiotica* 8 (4), 289–327.

Schegloff, Emanuel, Gail Jefferson & Harvey Sacks (1977): The Preference for Self-Correction in the Organisation of Repair. *Language* 53, 361–382.
Schenkein, Jim (1978): Sketch of an *analytic mentality* for the study of conversational interaction. In Jim Schenkein (Hrsg.), *Studies in the Organization of Conversational Interaction*, 1–6. New York, San Francisco, London: Academic.
Scheutz, Hannes (1992): Apokoinukonstruktionen. Gegenwartssprachliche Erscheinungsformen und Aspekte ihrer historischen Entwicklung. In Andreas Weiss (Hrsg.), *Dialekte im Wandel*, 243–264. Göppingen: Kümmerle.
Schmidt, Claudia (1988): ‚*Typisch weiblich – typisch männlich'. Geschlechtstypisches Kommunikationsverhalten in studentischen Kleingruppen*. Tübingen: Niemeyer.
Schmitt, Reinhold (2005): Zur multimodalen Struktur von turn-taking. *Gesprächsforschung* 6, 17–61.
Schütz, Alfred (1932): *Der sinnhafte Aufbau der sozialen Welt. Eine Einleitung in die Verstehende Soziologie*. Wien: Springer-Verlag.
Schütz, Alfred (1962): *Collected Papers. Vol. 1: The Problem of Social Reality*. The Hague: Martinus Nijhoff.
Schütz, Alfred (2004): Common-Sense und wissenschaftliche Interpretation menschlichen Handelns. In Jörg Strübing & Bernt Schnettler (Hrsg.), *Methodologie interpretativer Sozialforschung. Klassische Grundlagentexte*, 155–197. Konstanz: UVK.
Schwitalla, Johannes (1991): Das Illustrieren – eine narrative Textsorte mit zwei Varianten. In Jürgen Dittmann, Hannes Kästner & Johannes Schwitalla (Hrsg.): *Erscheinungsformen der deutschen Sprache: Literatursprache, Alltagssprache, Gruppensprache, Fachsprache*, 189–204. Berlin: Schmidt.
Schwitalla, Johannes (1993): Über einige Weisen des gemeinsamen Sprechens. *Zeitschrift für Sprachwissenschaft* 11 (1), 68–99.
Seedhouse, Paul (2004): *The Interactional Architecture of the Language Classroom: A Conversation Analysis Perspective*. Malden, Oxford: Blackwell.
Seedhouse, Paul (2012): Conversation Analysis and Classroom Interaction. In Carol Chapelle (Hrsg.), *The Encyclopedia of Applied Linguistics*. Oxford: Wiley-Blackwell. https://doi.org/10.1002/9781405198431.wbeal0198 (Zugriff 06.01.2019).
Selting, Margret (1987): *Verständigungsprobleme. Eine empirische Analyse am Beispiel der Bürger-Verwaltungs-Kommunikation*. Tübingen: Niemeyer.
Selting, Margret (1988): The Role of Intonation in the Organization of Repair and Problem Handling Sequences in Conversation. *Journal of Pragmatics* 12, 293–322.
Selting, Margret (1996): Prosody as an Activity-Type Distinctive Cue in Conversation: The Case of So-Called 'Astonished' Questions in Repair Initiation. In Margret Selting & Elizabeth Couper-Kuhlen (Hrsg.), *Prosody in Conversation. Interactional Studies*, 231–270. Cambridge: Cambridge UP.
Selting, Margret (2001): Fragments of Units as Deviant Cases of Unit-Production in Conversational Talk. In Margret Selting & Elizabeth Couper-Kuhlen (Hrsg.), *Studies in Interactional Linguistics*, 229–258. Amsterdam: Benjamins.
Selting, Margret (2007): Lists as Embedded Structures and the Prosody of List Construction as an Interactional Resource. *Journal of Pragmatics* 39, 483–526.
Selting, Margret, Peter Auer, Dagmar Barth-Weingarten, Jörg Berg-mann, Pia Bergmann, Karin Birkner, Elizabeth Couper-Kuhlen, Arnulf Deppermann, Peter Gilles, Susanne Günthner, Martin Hartung, Friederike Kern, Christine Mertzlufft, Christian Meyer, Miriam Morek, Frank Oberzaucher, Jörg Peters, Uta Quasthoff, Wilfried Schütte, Anja Stukenbrock, Su-

sanne Uhmann (2009): Gesprächsanalytisches Transkriptionssystem 2 (GAT 2). *Gesprächsforschung: Online-Zeitschrift zur verbalen Interaktion* 10, 353–402.
Seo, Mi-Suk & Irene Koshik (2010): A Conversation Analytic Study of Gestures That Engender Repair in ESL Conversationan Tutoring. *Journal of Pragmatics* 42 (8), 2219–2239.
Sidnell, Jack (2009): *Conversation Analysis. Comparative Perspectives*. Cambridge: Cambridge UP.
Sidnell, Jack (2010): Questioning Repeats in the Talk of Four-Year-Old Children. In Hilary Gardner & Michael Forrester (Hrsg.), *Analysing Interactions in Childhood: Insights from Conversation Analysis*, 103–127. London: Wiley-Blackwell.
Sidnell, Jack & Tanya Stivers (Hrsg.) (2013): *The Handbook of Conversation Analysis*. Malden: Wiley-Blackwell.
Silverman, David (1998): *Harvey Sacks: Social Science and Conversation Analysis*. Cambridge: Polity.
Sinclair, John. M., & Coulthard, R. Malcolm. (1975). *Towards an Analysis of Discourse: The English Used by Teachers and Pupils*. London: Oxford University Press.
Sorjonen, Maria-Leena (2001): *Responding in Conversation. A Study of Response Particles in Conversation*, Amsterdam, Philadelphia: Benjamins.
Spiegel, Carmen (1991): *Streit. Eine linguistische Untersuchung verbaler Interaktion in alltäglichen Zusammenhängen*. Tübingen: Narr.
Spranz-Fogasy, Thomas (2010): Verstehensdokumentation in der medizinischen Kommunikation: Fragen und Antworten im Arzt-Patient-Gespräch. In Arnulf Deppermann, Ulrich Reitemeier, Reinhold Schmitt & Thomas Spranz-Fogasy (Hrsg.), *Verstehen in professionellen Handlungsfeldern*. (=Schriften zur Deutschen Sprache), 27–121. Tübingen: Gunter Narr Verlag.
Stefani, Elwys de & Lorenza Mondada (2007): L'organizzazione multimodale e interazionale dell'orientamento spaziale in movimento. *Bulletin VALS ASLA* 85, 131–159.
Stefani, Elwys de & Lorenza Mondada (2009): Die Eröffnung sozialer Begegnungen im öffentlichen Raum: Die emergente Koordination räumlicher, visueller und verbaler Handlungsweisen. In Lorenza Mondada & Reinhold Schmitt (Hrsg.), *Situationseröffnungen: Zur multimodalen Herstellung fokussierter Interaktion*, 103–170. Tübingen: Narr.
Stivers, Tanya (2008): Stance, Alignment and Affiliation during Story Telling. When Nodding is a Token of Premiminary Affiliation. *Research on Language in Social Interaction* 41, 29–55.
Stivers, Tanya (2012): Language Socialization in Children's Medical Encounters. In Alessandro Duranti, Elinor Ochs & Bambi Schieffelin (Hrsg.), *The Handbook of Language Socialization*, 247–268. Malden: Wiley-Blackwell.
Stivers, Tanya & Federico Rossano (2010): Mobilizing Response. *Research on Language & Social Interaction* 43 (1), 3–31.
Stivers, Tanya & Jeffrey Robinson (2006): A Preference for Progressivity in Interaction. *Language in Society* 35, 367–392.
Streeck, Jürgen & Ulrike Hartge (1984): Previews: Gestures at the Transition Place. In Peter Auer & Aldo Di Luzio (Hrsg.), *The Contextualization of Language*. Amsterdam: Benjamins, 135–158.
Stresing, Anne (2009): *Patienten mit somatoformen Störungen im psychotherapeutischen Gespräch. Eine konversationsanalytische Untersuchung zur interaktiven Erarbeitung eines psychosomatischen Krankheitsverständnisses*. Dissertation, Freidoc, Universität Freiburg i.Br.

Stukenbrock, Anja (2013): Sprachliche Interaktion. In Peter Auer (Hrsg.), *Sprachwissenschaft. Grammatik – Interaktion – Kognition*, 217–259. Stuttgart: Metzler. https://www.researchgate.net/profile/Anja_Stukenbrock
Stukenbrock, Anja (2018): Forward-Looking. Where do we go with Multimodal Projections? In Arnulf Deppermann & Jürgen Streeck (Hrsg.), *Time in Embodied Interaction*, 31–68. Amsterdam: Benjamins.
Stukenbrock, Anja (2014): Taking the Words out of my Mouth: Verbal Instructions as Embodied Practices. *Journal of Pragmatics* 65, 80–102.
Svennevig, Jan (2008): Trying the Easiest Solution First in Other-Initiation of Repair. *Journal of Pragmatics* 40 (2), 333–348.
Tannen, Deborah (1984/2005): *Conversational Style: Analyzing Talk among Friends*. Norwood: Ablex.
Tannen, Deborah (1989): *Talking Voices*. Oxford: Oxford UP.
Tannen, Deborah (2012): Turn-Taking and Intercultural Discourse and Communication. In Elizabeth Rangel, Scott Kiesling & Christina Bratt Paulston (Hrsg.), *The Handbook of Intercultural Discourse and Communication*, 135–157. Malden: Wiley-Blackwell.
Tsui, Amy B.N. (1989). Beyond the adjacency pair. *Language in Society*, 18(4), 545–564.
Uhmann, Susanne (1997): Selbstreparaturen in Alltagsdialogen. Ein Fall für eine integrative Konversationstheorie. In Peter Schlobinski (Hrsg.), *Syntax des gesprochenen Deutsch*, 157–180. Opladen: Westdeutscher Verlag.
Uhmann, Susanne (2001): Some Arguments for the Relevance of Syntax to Same-Sentence Self-Repair in Everyday German Conversation. In Margret Selting & Elizabeth Couper-Kuhlen (Hrsg.): *Studies in Interactional Linguistics*, 373–404. Amsterdam: Benjamins.
Uhmann, Susanne (2006): Grammatik und Interaktion: Form follows function? Function follows form? In Arnulf Deppermann, Reinhard Fiehler & Thomas Spranz-Fogasy (Hrsg.), *Grammatik und Interaktion*, 179–201. Radolfzell: Verlag für Gesprächsforschung.
Vorreiter, Susanne (2003): Turn Continuations: Towards a Cross-Linguistic Classification. *Interaction and Linguistic Structures* 39 http://nbn-resolving.de/urn:nbn:de:bsz:352-opus-11486 (Zugriff 06.01.2019).
Walker, Gareth (2010): The Phonetic Constitution of a Turn-Holding Practice: Rush-Throughs in English Talk-in-Interaction. In Dagmar Barth-Weingarten, Elisabeth Reber & Margret Selting (Hrsg.), *Prosody in Interaction*, 51–72. Amsterdam: Benjamins.
Wegner, Lars (2016): *Lehrkraft-Eltern-Interaktionen am Elternsprechtag. Eine gesprächs- und gattungsanalytische Untersuchung*. Berlin, Boston: De Gruyter Mouton.
Weiß, Clarissa (2018): When Gaze-Selected Speakers Do Not Take the Turn. *Journal of Pragmatics* 133, 28–44.
Wolf, Dagmar (2000): *Modellbildung im Forschungsbereich sprachliche Sozialisation*. Frankfurt: Lang.
Wygotski, Lew S. (1988): *Denken und Sprechen*. Frankfurt am Main: Fischer.
Zima, Elisabeth, Clarissa Weiß & Geert Brône (2019): Gaze and Overlap Resolution in Triadic Interactions. *Journal of Pragmatics* 140, 49–69.
Zinken, Jörg & Eva Ogiermann (2011): How to Propose an Action as Objectively Necessary: The Case of Polish *Trzeba* x ('One Needs to x'). *Research on Language and Social Interaction* 44 (3), 263–287.
Zinken, Jörg (2016): *Requesting Responsibility. The Morality of Grammar in Polish and English Family Interaction*. New York: Oxford UP.

8 Glossar

Englisch	Deutsch
abstract	(vorangestellte) Zusammenfassung
accomplishment	Herstellung(sleistung)
account	Begründung (Erklärung, Rechtfertigung...)
acknowledgement	Quittierung
action	Handlung
action projection	Handlungsprojektion
action type	Handlungstyp
adjacency pair	Paarsequenz (auch: Adjazenzpaar, Nachbarschaftspaar)
adressee	Adressat
affiliation	Affiliation, z. B. Übernahme der Erzählhaltung oder Meinung/Bewertung durch Rezipient/in
affirmation	Bejahung, Bestätigung
agreement/disagreement	Übereinstimmung/Nichtübereinstimmung
alignment	Ausrichtung des Rezipienten auf den Sprecher, z. B. bei der Übermittlung einer spezifischen Geschichte
for-all-practical-purposes	für alltagspraktische Zwecke
big package	Großes Paket (z. B. eine Geschichte)
breaching experiments	Krisenexperimente
candidate repair	Reparaturvorschlag
chain of action	Handlungsverkettung
change of state token	Erkenntnisprozessmarker
closing sequence	Abschlusssequenz (des Gesprächs)
closing, conversational	Gesprächsbeendigung
co-categorization	Ko-Kategorisierung
co-construction	Ko-Konstruktion
complex turn (multi-unit turn)	komplexer Redebeitrag
conditional relevance	konditionelle Relevanz
contiguity	Prinzip der unmittelbaren Nachbarschaft
continuer	Fortsetzungssignal

disengagement	Auflösung (einer Körperkonstellation bzw. einer fokussierten Interaktion)
dispreferred	Dispräferiert
epistemic	Epistemisch
expansion	Erweiterung
face-to-face interaction	Angesichts-Kommunikation, auch: direkte oder unmittelbare Interaktion
final intonation	Tonhöhenbewegung am Ende von Äußerungseinheiten
first pair part & second pair part (kurz: first, second)	Erster & Zweiter Paarteil (Kurz: EPT, ZPT)
first topic	erstes (Gesprächs-)Thema
floor	Rederaum
focussed interaction	fokussierte Interaktion
gap	Redezugvakanz
increment	TKE-Erweiterung
insert expansion	Einschub-Erweiterung
intersubjectivity	Intersubjektivität
involvement	Involviertheit
latching	unmittelbarer Anschluss
level intonation	progrediente Intonation
membership categorization	Mitgliedschaftskategorisierung
minimal feedback	minimale Rezeptionskundgabe
misplacement marker	Fehlplatzierungsmarker
move	Redezug
multimodal	multimodal
multi-party conversation	Mehrparteiengespräch
narrative stance	Erzählhaltung
next turn proof procedure	Sinnüberprüfung am nächsten Redebeitrag
next turn repair initiation	Reparaturinitiierung im nächsten Turn
noticeable absence	bemerkbare Abwesenheit
open state of talk	offener Gesprächszustand
opening, conversational	Gesprächseröffnung
order at all points	allgegenwärtige Ordnung

other-	Fremd-...
other-initiated other-repair	fremdinitiierte Fremdreparatur (fiFR)
other-initiated repair	fremdinitiierte Reparatur (auch: Fremdreparatur)
other-initiated self-repair	fremdinitiierte Selbstreparatur (fiSR)
overlap	Überlappung
participation framework	Partizipationsrahmen, auch Partizipationsstruktur
pitch accent	Nukleusakzent
post-first insert expansions	Nach-EPT-Einschubsequenz
post-expansion	Nachlauf
pre-pre	Vor-Vorlauf
pre-closing	Beendigungsvorlauf
pre-expansion	Vorlauf-Erweiterung
preference	Präferenz
preference for agreement	Präferenz für Übereinstimmung
preference/dispreference marker	Präferenz-/Dispräferenzmerkmal
pre-invitation	Einladungs-Vorlauf
pre-offer	Angebots-Vorlauf
pre-request	Bitten-Vorlauf
pre-second insert expansion	Vor-ZPT-Einschubsequenz
pre-sequence	Sequenz-Vorlauf
pre-starter	Turn-Übernahmeankündigung
principal	Eigner
progressivity	Progression
ratification	Bestätigung (auch: Ratifizierung)
recipient	Rezipient
recipient design	Adressatenzuschnitt (auch: Rezipientenzuschnitt)
recognitional display	Erkennungssignal
relevant absence	relevante Abwesenheit
repair	Reparatur
repair initiation opportunity space	Reparaturinitiierungsraum
repair organization	Reparatursystem

repairable	Reparandum
request	Anliegensformulierung
request for information	Informationsfrage
response	Erwiderung
response to summons	Fokussierungsbestätigung
response type	Erwiderungstyp
schism	Abspaltung, Schisma
second story	Folgeerzählung (auch Zweite Geschichte)
self-	Selbst-…
self-deprecation	Selbstabwertung
self-initiation (kurz: self)	Selbstinitiierung
self-initiated other repair	selbstinitiierte Fremdreparatur (siFR)
self-initiated self-repair	selbstinitiierte Selbstreparatur (siSR)
self-repair	Selbstreparatur
sequence closing third (SCT)	sequenzschließender Dritter (SSD)
sequence organisation	Sequenzstruktur, auch: Sequenzorganisation
sequentiality	Sequenzialität
side sequence	Nebensequenz
social interaction	soziale Interaktion
stance	Haltung
story preface	Geschichteneinleitung
summons	Fokussierungsaufforderung
supportive interchange	bestätigender Austausch
tag	Nachlaufpartikel
tag question	Frageanhängsel
talk	Sprechen, Rede
talk-in-interaction	Sprache-in-Interaktion
TCU	Siehe: Turn constructional unit
tellability (auch: reportability)	Erzählwürdigkeit
terminal overlap	(turn-)finale Überlappung
topic change	Themenwechsel
topic shift	Themenverschiebung (schrittweise Themenentwicklung)

transition relevant place (TRP)	Möglicher Übergabepunkt (MÜP)
trouble indicating behavior	problemanzeigende Signale (kurz: PAS)
TRP	Siehe: *transition relevance place*
turn	Redebeitrag (auch: Turn)
turn constructional unit (TCU)	Turn-Konstruktionseinheit (TKE) (auch: Äußerungseinheit)
turn exit device	(Redebeitrag-)Ausstiegspraktik
turn holding device	(Redebeitrags-)Haltepraktik
turn taking	Sprecherwechsel
turn-allocation	Zuweisung des Rederechts (Redebeitragsverteilung)
turn-taking	Sprecherwechsel
type conforming	typadäquat
type specific	typspezifisch

9 Index

account, 9, 13, 14, 79, 81, 101, 201, 264, 288, 290, 292, 335
adressatenspezifischer Zuschnitt, 253, 284
affiliation, 445, 449, 456, 461
– *disaffiliation*, 445, 461
Affiliation, 460, 461
– affiliativ, 303, 445, 451, 460, 465, 470
– affiliieren, 197, 462
Aktivitätstyp, 36, 61, 155
alignment, 449, 461
allgegenwärtige Ordnung, 16, 20
Alltagsgespräch, 175, 346, 348, 439
Angesichtskommunikation, 39, 79, 108, 109, 114
Arzt/Patient-Gespräch, 6, 273, 278, 413
Arzt/Patient-Interaktion, 6, 88
Ausklammerung, 169, 217
bemerkbare Abwesenheit, 22
Bewerbungsgespräch, 62, 310, 338, 339, 440
big package, 155, 157, 228, 349
Blickkontakt, 28, 36, 37, 46, 53, 55, 106, 174, 187, 223, 237
confirmation requests, 273
contiguity, 265, 313
current speaker selects next, 118, 172
Deixis
– Deiktika, 11
– deiktisch, 58, 176, 183, 337, 424
– deiktische Verschiebungen, 12
– diskursdeiktisch, 225
– katadeiktisch, 135, 156
– textdeiktisch, 128
Deklarativsatzfragen, 271, 273, 274
designierter nächster Sprecher, 118, 171, 206, 357, 404
display, 19, 469
– Verstehensdisplay, 407
doing, 19, 431, 486
endogen, 110, 246
epistemisch, 181, 183, 187, 197, 205, 273, 324, 446, 454

Erkenntnisprozessmarker, 277, 299, 322, 359, 419, 435, 490
Erkennungssignale, 64
Erzählwürdigkeit, 440, 448, 449, 451, 455, 459, 483, 488, 490, 493
face
– *negative face*, 395
– *positive face*, 395
face-bedrohend, 40, 53, 92, 101, 147, 174, 209, 240, 284, 299, 339, 343, 348, 395, 432, 434, 437
face-to-back, 47
face-to-face, 39, 43, 47, 53, 60, 79, 88, 102, 108, 109, 113, 114, 354
face-wahrend, 410, 425, 432
face-work, 43, 64, 75, 79, 81, 98, 333, 394, 395, 424
Fehlplatzierungsmarker, 324, 451
– fehlplatziert, 233
F-Formation, 44, 45, 46, 47, 53, 69, 201
Frageanhängsel, 195, 196, 197, 212, 218, 221, 385, 426, 427
Geschichteneinleitung, 443
Gesicht, 41, 187
– Gesichtsbedrohung, 52, 240, 242
– Gesichtsverlust, 41
– Gesichtswahrung, 96, 140, 142, 239, 252
Gesprächsbeendigung, 89, 92, 97, 98, 99, 102, 109
Gesprächseröffnung, 14, 37, 58, 64, 77, 81, 256
Handlungsverkettung, 315
Heckenausdrücke, 286
Indexikalität, 11, 12
Institution, 9, 476
– institutionalisiert, 63, 175
– institutionell, 5, 37, 40, 41, 43, 61, 62, 84, 88, 110, 175, 182, 276, 345, 346, 348, 349, 358, 379, 382, 389, 413, 423, 430, 431, 434, 436, 443, 451, 453, 474, 475, 476, 477

Intersubjektivität, 14, 20, 21, 250, 254, 356, 357, 361, 367, 379, 393, 436, 438, 493, 518
involvement, 115, 173
Involviertheit, 173, 174, 194, 228, 242, 465
Ko-Konstruktion, 376, 426, 440, 457, 467, 491, 492
Konditionelle Relevanz, 63, 111, 209, 210, 212, 213, 238, 255, 259, 260, 261, 276, 299, 303, 324, 333, 334, 335, 336, 337, 338, 343, 344, 354, 372, 390, 418, 427
kontextsensitiv, 175, 253, 350, 397
Kopräsenz, 14, 35, 81, 82, 104
Krisenexperimente, 8, 11
Lachen, 57, 172, 241, 252, 269, 275, 307, 324, 384, 385, 455, 456, 458, 469, 483, 484, 485, 487
– Lachpartikel, 145, 223
misplacement marker, 158, 324
Miteinander-Sprechen, 3, 4, 15, 16, 17, 20, 254
Mitgliedschaftskategorie, 238, 317, 431
multimodal, 24, 27, 29, 53, 108, 115, 187, 201, 246, 247, 262, 349, 366, 470, 492
next turn repair initiation, 377
next-turn-proof-procedure. Siehe Sinnüberprüfung am nächsten Redebeitrag
noticable absence, 22
Partizipation
– *participation frame*, 116
– *participation framework*, 38
– Partizipationsstatus, 171, 212, 394
– Partizipationsstruktur, 38, 39, 116, 171, 347, 348, 361, 366, 394, 413, 418, 421, 422, 426
pre-starters. Siehe Turn-Übernahmeankündigung
Prinzip der unmittelbaren Nachbarschaft, 255, 264, 313
Progression, 17, 354, 356, 367, 392, 404, 414, 415, 416, 422, 424, 436, 438
recipient design, 18, 253, 284, 439
recognitional displays, 64

Redewiedergabe, 12, 440, 457, 458, 464, 465, 467, 468, 469, 474, 476, 477, 485, 486, 487, 492, 493
Redezugvakanz, 171, 209
relevante Abwesenheit, 261, 347
Ressource, 19, 41, 254, 423
– Ausdrucksressource, 22, 24, 29
Rezeptionskundgabe, 195, 458, 460, 461, 465
Rezeptionssignale, 88, 98, 186, 187, 189, 191, 192, 194, 197, 203, 208, 209, 228, 233, 457, 460, 461
Schisma, 39, 171
Schule, 110, 147, 208, 345, 413, 446, 458, 459, 476, 477, 492
Sequenzorganisation, 16, 17, 111, 249, 250, 314, 333, 356, 358, 370, 436
Sequenzstruktur, 50, 101, 229, 248, 249, 255, 256, 272, 333, 346, 348, 349
Simultanstart, 200, 217
Sinnüberprüfung am nächsten Redebeitrag, 254, 268
soziale Handlung, 5, 7, 10, 19, 250, 295
soziale Interaktion, 3, 9, 15, 23, 295, 355, 487
soziale Ordnung, 3, 4, 9, 13, 15, 16, 19, 21, 108, 394
soziale Wirklichkeit, 8, 9, 10, 12
Sprechakttheorie, 15, 23
stance, 440, 444, 449, 456, 461, 464, 469, 470, 492
Synchronisierung, 37, 43, 100, 102, 114, 115
– synchronisiert, 37, 39, 114
thinking face, 422
Turn-Übernahmeankündigungen, 205, 208
typadäquat, 255, 256, 257, 259, 260, 262, 276, 307
Vollzugswirklichkeit, 10
Vorlaufsequenz, 150, 316
Widerspruch, 121, 219, 243, 263, 267, 301, 309, 311, 312, 349, 429, 437, 451, 488
– präferiert, 140, 265, 266, 267, 306, 312
Witz, 130, 284, 329, 440, 442, 455, 476, 479, 480, 483, 484, 485, 486, 487, 491, 492, 493

www.ingramcontent.com/pod-product-compliance
Lightning Source LLC
Chambersburg PA
CBHW031408230426
43668CB00007B/243